Holland
Dialogmarketing

Dialogmarketing

Offline- und Online-Marketing, Mobile- und Social Media-Marketing

von

Prof. Dr. Heinrich Holland

4., vollständig überarbeitete Auflage

Verlag Franz Vahlen München

Prof. Dr. Heinrich Holland lehrt an der Hochschule (University of Applied Sciences) Mainz. Er ist Akademieleiter der Deutschen Dialogmarketing Akademie (DDA) und Mitglied zahlreicher Beiräte und Jurys. Im Jahr 2004 wurde er in die Hall of Fame des Direktmarketings aufgenommen. Er hält Vorträge im In- und Ausland und berät namhafte Unternehmen. Mit der Holland Consulting betreut er Beratungs-Projekte in den Bereichen Dialogmarketing, Integrierte Kommunikation, CRM und Marktforschung.

ISBN 978 3 8006 5313 3

© 2016 Verlag Franz Vahlen GmbH
Wilhelmstr. 9, 80801 München
Satz: Fotosatz H. Buck, Zweikirchenerstr. 7, 84036 Kumhausen
Druck und Bindung: Westermann Druck Zwickau GmbH
Crimmitschauer Str. 43, 08058 Zwickau
Umschlaggestaltung: Ralph Zimmermann – Bureau Parapluie
Bildnachweis: Deutscher Dialogmarketing Verband e. V. (DDV)
Gedruckt auf säurefreiem, alterungsbeständigem Papier
(hergestellt aus chlorfrei gebleichtem Zellstoff)

Vorwort

Das Dialogmarketing hat in den letzten Jahren eine rasante Entwicklung mit beträchtlichen Zuwachsraten erlebt. Immer mehr Unternehmen aus den unterschiedlichsten Branchen haben es in ihr Marketing-Instrumentarium übernommen und damit bewirkt, dass gerade in Deutschland neben den USA das Dialogmarketing besonders weit entwickelt ist.

Dem Direkt- oder Dialogmarketing wird von zahlreichen Unternehmen bereits eine größere Bedeutung zugemessen als dem „klassischen" und in der amerikanischen Literatur kursiert der Ausspruch „In ten years all marketing will be direct-marketing". Es wird sicherlich nicht das klassische Marketing verdrängen, aber es ergänzt im Rahmen des Integrierten Marketings das Instrumentarium und führt zu Umschichtungen in der Allokation der Budgets.

Auch die akademische Lehre hat sich in dem letzten Jahrzehnt mit diesem Thema stärker beschäftigt. Allerdings wird in vielen klassischen Marketing-Lehrbüchern das Dialogmarketing immer noch allenfalls im Rahmen der Kommunikationspolitik kurz erwähnt.

Das vorliegende Buch gibt einen Überblick über alle wichtigen Bereiche des Dialogmarketings. Es ist sowohl für die Zielgruppe der Studierenden, die sich an den Hochschulen mit dem Dialogmarketing auseinander setzen, als auch für Praktiker gedacht, die die Möglichkeiten für ihr Unternehmen nutzen wollen.

In dieses Buch sind meine langjährigen praktischen Erfahrungen eingeflossen und meine Erkenntnisse aus der Beratung von Unternehmen und unzähligen Seminaren und Vorlesungen, die ich über das Dialogmarketing gehalten habe.

In den letzten Jahren seit der dritten Auflage hat sich das Dialogmarketing grundlegend geändert. Die rasante Ausbreitung des Internets hatte die Fortschritte des Online- Dialogmarketings zur Folge, und aus dem Kundenbindungsmanagement wurde in den letzten Jahren ein weit entwickeltes Customer Relationship Management. Aus den Grundlagen des Database Marketings wurde das Data Warehouse mit dem „Buzzword" Big Data und neuen Analyseverfahren wie OLAP und Data Mining.

An diesen Beispielen wird bereits deutlich, dass für die vorliegende vierte Auflage das Buch überarbeitet und aktualisiert werden musste.

Das Buch ist bewusst pragmatisch ausgerichtet. Es zeigt den aktuellen Stand dieser Disziplin auf und gibt an Hand zahlreicher Beispiele aus den unterschiedlichsten Branchen Anregungen für die praktische Umsetzung.

Diese pragmatische Orientierung wäre nicht möglich gewesen ohne die Unterstützung vieler Praktiker, die mir ihre Erfahrungen und Unterlagen zur Verfügung gestellt haben. Da ich die Personen nicht alle nennen kann und um dem Risiko einer unvollständigen Liste zu entgehen, möchte ich erst gar nicht den Versuch einer Aufzählung machen.

Herrn Hermann Schenk vom Verlag Vahlen danke ich für die hervorragende Umsetzung meines Manuskriptes.

Mainz, im Mai 2016 *Heinrich Holland*

Inhaltsverzeichnis

Vorwort V

Abbildungsverzeichnis XV

1 Grundlagen des Dialogmarketings 1
   1.1 Ursprünge des Direkt- und Dialogmarketings 1
   1.2 Entwicklung zum Direktmarketing im 19. Jahrhundert 1
   1.3 Direktmarketing im 20. Jahrhundert. 4
   1.4 Begriff des Direktmarketings. 10
   1.5 Begriff des Dialogmarketings 12
   1.6 Interaktives Marketing 13
   1.7 Dialogmarketing-Mix 14
   1.8 Dialogmarketing und Klassisches Marketing. 16

2 Erfolgsfaktoren und Aufgaben des Dialogmarketings. 21
   2.1 Die wirtschaftliche Bedeutung des Dialogmarketings 21
   2.2 Vom Massenmarketing zum Dialogmarketing. 23
   2.3 Entwicklungen zum Dialogmarketing. 26
       2.3.1 Veränderungen der Märkte 26
       2.3.2 Veränderungen der Konsumenten 28
       2.3.3 Veränderungen des Marketings 29
       2.3.4 Integriertes Marketing 30
       2.3.5 Online-, Mobile-, Social Media-Marketing 31
       2.3.6 Informations-Technologie. 32
   2.4 Vorteile des Dialogmarketings. 33
       2.4.1 Erfolgsfaktoren. 33
       2.4.2 Markttendenzen. 33
       2.4.3 Kundenorientierung 35
       2.4.4 Zielgenauigkeit. 36
       2.4.5 Wirkungsgrad. 38
       2.4.6 Erfolgskontrolle 39
       2.4.7 Flexibilität 40
       2.4.8 Entwicklung der Informationstechnologie 40
   2.5 Anwendungsbeispiele 41
   2.6 Aufgaben des Dialogmarketings. 43

3 Medien des Dialogmarketings 47
   3.1 Dialogmarketing über alle Medien 47
   3.2 Nutzung der Medien 49

4	**Offline-Medien des Dialogmarketings**.............................		**53**
	4.1	Adressierte Werbesendungen	53
		4.1.1 Bestandteile eines Mailings	53
		4.1.2 Leseverhalten bei Mailings.........................	55
		4.1.3. Erfolgsfaktoren für die Mailinggestaltung	57
		4.1.4 Cases zu adressierten Werbesendungen	58
	4.2	Teil- und unadressierte Werbesendungen	62
		4.2.1 Postwurfsendungen, Haushaltswerbung, Postwurf Spezial	62
		4.2.2 Cases zu unadressierten Werbesendungen...........	63
	4.3	Printmedien...	65
		4.3.1 Pressebeilagen	65
		4.3.2 Anzeigen..	65
	4.4	Out-of-Home...	66
		4.4.1 Medien der Außenwerbung........................	66
		4.4.2 Case zu Außenwerbung	66
	4.5	Funk und Fernsehen	68
		4.5.1 Responsefähige Spots	68
		4.5.2 Case zu TV-Spots	68
	4.6	Telefonmarketing	69
		4.6.1 Grundlagen des Telefonmarketings	69
		4.6.2 Aktives Telefonmarketing	70
		4.6.3 Passives Telefonmarketing	72
	4.7	Persönliche Kontakte	73
		4.7.1 Promotions, Messen und Events als Instruments des Dialogmarketings	73
		4.7.2 Case zu Persönlichen Kontakten....................	73
	4.8	Sonstige Medien des Dialogmarketings.....................	75
5	**Online-Marketing**		**77**
	5.1	Das Internet und seine Bedeutung für das Dialogmarketing..................................	77
	5.2	Vom Massen- zum Individualmarketing durch Online-Dialogmarketing	79
	5.3	Internetbasiertes Marketingmix	80
	5.4	Formen des Online-Marketings............................	81
	5.5	Einsatzmöglichkeiten des WWW im Dialogmarketing........	85
	5.6	Online-Maßnahmen des elektronischen Kundenbeziehungsmanagements	86
		5.6.1 Elektronisches Kundenbeziehungsmanagement	86
		5.6.2 Online-Beratung und -Information	86
		5.6.3 Case zur Kundenansprache per Website	88
	5.7	Formen der Online-Kommunikation	89
		5.7.1 Online-Diskussionsforen (Newsgroups)	89
		5.7.2 Online-Kundenclubs..............................	90
		5.7.3 Customer Interaction- und E-Mail-Beschwerdecenter..	90

		5.7.4	Mobile Commerce-Anwendungen	92
	5.8		Personalisierung im Internet	93
		5.8.1	Kundenidentifikation und Kundendatenerfassung	93
		5.8.2	Kundenidentifikation als Voraussetzung	94
		5.8.3	Datenerfassung zur Generierung des Kundenprofils	96
		5.8.4	Case zur Datenerfassung zur Generierung des Kundenprofils	97
		5.8.5	Anforderungen an Kundenprofildaten	98
		5.8.6	Kundenprofildaten	100
		5.8.7	Beurteilung des Kundenprofils	100
	5.9		Nutzung des Internetauftritts	100
	5.10		Cases zum Online-Dialogmarketing	101

6	**E-Mail-Marketing**		105
	6.1	E-Mails im Online-Dialog	105
	6.2	Gründe für den Erfolg des E-Mail-Marketings	107
	6.3	Aufgaben und Ziele des E-Mail-Marketings	110
	6.4	Permission basiertes E-Mail-Marketing	110
	6.5	Formen des E-Mail-Marketings	112
		6.5.1 E-Mailings und Standalones	112
		6.5.2 Newsletter	113
		6.5.3 Anzeigenschaltung in Newslettern	115
		6.5.4 E-Mail-Abruf, E-Mail-on-Demand	115
		6.5.5 Weitere Formen des E-Mail-Marketings	115
	6.6	Interessenten-Generierung per E-Mails	116
	6.7	Vorgehen bei E-Mail-Marketing-Kampagnen	117
	6.8	Gestaltungsregeln für E-Mailings	118
	6.9	Erfolgskontrolle von E-Mail-Aktionen	120
	6.10	Cases zum E-Mail-Marketing	121

7	**Mobile Marketing**		125
	7.1	Grundlagen des Mobile Marketings	125
	7.2	Technische Voraussetzungen des Mobile Marketings	127
	7.3	Akzeptanz der Konsumenten	128
	7.4	Ziele des Mobile Marketings	129
	7.5	Zielgruppen des Mobile Marketings	131
	7.6	Potenziale von Mobile Marketing	133
	7.7	Mobile Marketing-Mix	136
	7.8	Mobile Marketing-Trends	141
	7.9	Entwicklung des Mobile Marketings	144
	7.10	Cases zum Mobile Marketing	147

8	**Social Media-Marketing**		151
	8.1	Entwicklung zum „Mitmach-Internet"	151
	8.2	Gesellschaftliche Trends	153
	8.3	Typische Anwendungen von Social Media	155

8.4	Social Media-Controlling	157
8.5	Open-Source-Marketing	160
8.6	Cases zum Social Media-Marketing	162

9 Planung von Dialogmarketing-Aktionen 169
- 9.1 Planung im Dialogmarketing. 169
- 9.2 Integriertes Marketing, Integrierte Kommunikation und Integriertes Dialogmarketing. 170
- 9.3 Planungsschema. 172
- 9.4 Tests im Dialogmarketing. 174
  - 9.4.1 Arten von Tests. 174
  - 9.4.2 Test-Design 176
  - 9.4.3 Probleme bei Tests 177
  - 9.4.4 Testumfang 178

10 Planung crossmedialer Kampagnen 181
- 10.1 Crossmediales Dialogmarketing 181
- 10.2 Kampagnenmanagement 183
  - 10.2.1 Grundlagen des Kampagnenmanagements 183
  - 10.2.2 Aufgaben im Dialogmarketing 184
  - 10.2.3 Funktionen 187
- 10.3 Customer Journey-Analyse. 191
  - 10.3.1 Begriff Customer Journey-Analyse 191
  - 10.3.2 Verzahnung von On- und Offline in der Customer Journey-Analyse. 193
  - 10.3.3 Prozessschritte einer Customer Journey-Analyse. 196

11 Wahl der Zielgruppe 199
- 11.1 Differenziertes Marketing 199
- 11.2 Die Loyalitätsleiter 200
- 11.3 Kriterien der Marktsegmentierung. 202
- 11.4 Mikrogeografische Segmentierung. 211
  - 11.4.1 Grundgedanke der mikrogeografischen Segmentierung. 211
  - 11.4.2 Vorgehensweise 212
  - 11.4.3 Datenschutzrechtliche Aspekte 216
  - 11.4.4 Leistungsspektrum 217
- 11.5 Zielgruppenselektion auf Business-to-Business Märkten 219
- 11.6 Listbroking 222
  - 11.6.1 Adressmiete 222
  - 11.6.2 Novelle des Bundesdatenschutzgesetzes (BDSG). 224
  - 11.6.3 Business-Adressen. 225
  - 11.6.4 Consumer-Adressen 227
  - 11.6.5 Datenpflege und Adressqualifizierung 228

12 Data-Driven-Marketing ... 233
- 12.1 Bedeutung des Data-Driven-Marketings ... 233
- 12.2 Speicherrelevante Daten ... 235
- 12.3 Big Data ... 237
  - 12.3.1 Bedeutung von Big Data ... 237
  - 12.3.2 Die „5 Vs" von Big Data ... 239
  - 12.3.3 Herausforderungen für Unternehmen ... 244
  - 12.3.4 Fazit und Ausblick ... 252
- 12.4 Kundenwert-gesteuertes Dialogmarketing ... 253
  - 12.4.1 Steuerung von Marketing-Maßnahmen ... 253
  - 12.4.2 Verfahren der Kundenbewertung ... 253
  - 12.4.3 ABC-Analyse ... 254
  - 12.4.4 Scoring-Modelle ... 257
  - 12.4.5 Dynamisches Kundenscoring ... 259
  - 12.4.6 Customer Lifetime Value ... 261
  - 12.4.7 Kundenportfolios ... 262
- 12.5 Einsatzmöglichkeiten des Datenbasierten Marketings ... 263

13 Data Warehouse und Data Mining ... 269
- 13.1 Grundlagen ... 269
- 13.2 Datenqualität ... 270
- 13.3 Data Warehouse und Data Mining im Regelkreis des Data-Driven-Marketings ... 271
- 13.4 Begriff des Data Warehouse ... 273
- 13.5 Auswertungen mit OLAP ... 275
- 13.6 Data Mining ... 279
  - 13.6.1 Data Mining-Prozess ... 279
  - 13.6.2 Data Mining-Verfahren ... 280
- 13.7 Multivariate statistische Verfahren ... 288

14 Customer Relationship Management ... 293
- 14.1 Notwendigkeit des Beziehungsmanagements ... 293
- 14.2 Gründe für die Entwicklung des CRM ... 296
- 14.3 Begriffe des Customer Relationship Managements ... 299
  - 14.3.1 CRM ... 299
  - 14.3.2 Electronic-CRM und Social-CRM ... 302
  - 14.3.3 Customer Experience Management ... 303
- 14.4 Charakteristika und Ziele von CRM ... 305
- 14.5 Effekte des Customer Relationship Managements ... 307
- 14.6 CRM und integriertes Marketing ... 311
- 14.7 CRM-Instrumente im Marketing ... 313
- 14.8 Komponenten von CRM-Systemen ... 314
- 14.9 E-CRM ... 316
  - 14.9.1 Relationship Management im Internet-Zeitalter ... 316
  - 14.9.2 Begriff des E-CRM ... 318
  - 14.9.3 Kundenorientierte Sichtweise des E-CRM ... 319

Inhaltsverzeichnis

    14.9.4 Informations- und Wissensmanagement als
            Voraussetzungen für E-CRM 320
    14.9.5 Systemorientierte Betrachtung des E-CRM 321
    14.9.6 E-CRM-Systeme 322

15 Beziehungsmanagement 325
15.1 Phasen einer Kundenbeziehung 325
15.2 Anspruchsniveau in einer Beziehung 326
15.3 Faktoren der Kundenbeziehung 326
15.4 Kundenanalyse 328
15.5 Kundenzufriedenheitsanalyse 329
15.6 Generierung von Kundenbindungsstrategien 332
15.7 Kundenkontaktprogramme 335

16 Kundenzufriedenheit, Kundenbindung und Kundenwert 337
16.1 Bedeutung der Kundenzufriedenheit 337
16.2 Kano-Modell der Kundenzufriedenheit 342
16.3 Kundenbindung 344
16.4 Zusammenhang zwischen Kundenzufriedenheit und
     Kundenbindung 347
16.5 Kette der Kundenwerttreiber 350
    16.5.1 Kundennutzen 350
    16.5.2 Einstellung und Image 351
    16.5.3 Kundenzufriedenheit 351
    16.5.4 Vertrauen, Commitment, Kundenloyalität 352
    16.5.5 Kundenbindung 353
    16.5.6 Kundenwert 354
16.6 Kundenzufriedenheit und Kundenwert 357

17 Kundenclub und Kundenkarten 361
17.1 Begriff des Kundenclubs 361
17.2 Anforderungen und Voraussetzungen 362
17.3 Ziele eines Clubs 364
17.4 Kommunikationsinstrumente 366
    17.4.1 Clubkarte 366
    17.4.2 Clubmagazin 368
17.5 Prämiensysteme 369
17.6 Finanzierungskonzept 370
17.7 Virtual Communities 373
    17.7.1 Merkmale 373
    17.7.2 Brand Communities 375
    17.7.3 Zielsetzung 376
    17.7.4 Cases zu Kundenclubs 377

18	**Controlling von Dialogmarketing-Aktionen**	381
	18.1 Kontrollierbarkeit des Dialogmarketings..................	381
	18.2 Erfolg in Abhängigkeit von der Zielsetzung	382
	18.3 Kundenwert als zentrale Kennzahl......................	384
	18.4 Messung des Kundenwertes............................	385
	18.5 Balanced Scorecard im Dialogmarketing..................	387
	18.6 Kennziffern des Dialogmarketing-Controllings.............	389
	18.6.1 Responsequote	389
	18.6.2 Kosten pro Bestellung und Break-Even-Point	391
	18.7 Case zum Dialogmarketing-Controlling	392
	18.8 Dialogmarketing-Controlling in der Praxis................	395
	18.9 Case zur Erfolgskontrolle bei einer Neukundengewinnung ..	396

Literaturverzeichnis 401

Stichwortverzeichnis 415

Abbildungsverzeichnis

Abbildung 1:	Meilensteine in der Geschichte des Dialogmarketings	2
Abbildung 2:	Hall of Fame des Deutschen Dialogmarketing Verband (DDV)	8
Abbildung 3:	Entwicklung des Direktmarketings	9
Abbildung 4:	Instrumente des klassischen Marketings	15
Abbildung 5:	Instrumente des Dialogmarketings	15
Abbildung 6:	Klassisches Marketing versus Dialogmarketing	16
Abbildung 7:	Dialogmarketing im Kaufentscheidungsprozess	18
Abbildung 8:	Das öffentliche und das private Gesicht einer Marke	19
Abbildung 9:	Aufwendungen für Dialogmarketing in Mrd. Euro	22
Abbildung 10:	Struktur des Werbemarktes	22
Abbildung 11:	Aufwendungen für die einzelnen Medien im Jahr 2014 in Mrd. Euro	24
Abbildung 12:	Vom Massenmarketing zum One-to-One-Marketing	25
Abbildung 13:	Entwicklungen zum Dialogmarketing	27
Abbildung 14:	Erfolgsfaktoren des Dialogmarketings	34
Abbildung 15:	Kostenreduktion durch Dialogmarketing	37
Abbildung 16:	Kostenreduktion durch Integrierte Strategie	38
Abbildung 17:	Informationstechnologie und Dialogmarketing	41
Abbildung 18:	Aufgaben des Dialogmarketings	44
Abbildung 19:	Medien des Dialogmarketings	47
Abbildung 20:	Nutzeranteile der Medien des Dialogmarketings	50
Abbildung 21:	Vor- und Nachteile der Medien des Dialogmarketings	51
Abbildung 22:	Bestandteile eines Mailings	54
Abbildung 23:	Leseverhalten bei Mailings	56
Abbildung 24:	Konzeptionelles Modell zur Bedeutung gestalterischer Erfolgsfaktoren	58
Abbildung 25:	Audi: Test Drive Cube	59
Abbildung 26:	Geers: Das Hörtest-Mailing	60
Abbildung 27:	Stihl: Champagner Mailing	61
Abbildung 28:	BMW: Boring News	63
Abbildung 29:	Ikea: Briefkastenaufkleber	64

Abbildung 30:	Ikea: Eröffnungskampagne	67
Abbildung 31:	Sky: Livespots	69
Abbildung 32:	Anwendungsbereiche des Outbound-Telefonmarketings	71
Abbildung 33:	Anwendungsbereiche des Inbound-Telefonmarketings	72
Abbildung 34:	BMW i8: Google Glass Experience	74
Abbildung 35:	Buchungszeile einer Überweisung als Werbefläche	76
Abbildung 36:	Instrumente des Online-Marketings	78
Abbildung 37:	Formen des Online-Marketings	82
Abbildung 38:	Erscheinungsformen des Online-Marketings	82
Abbildung 39:	Online-Marketing – Branding oder Response	83
Abbildung 40:	Lufthansa: Passagiere on Tour	88
Abbildung 41:	Login bei Porsche	98
Abbildung 42:	Montblanc: A Parisian Winter Tale	102
Abbildung 43:	Axel Springer Mediahouse: Media Shouter	103
Abbildung 44:	Lego: Builders of Infinity	104
Abbildung 45:	Vorteile des E-Mail-Marketings	106
Abbildung 46:	Gründe für den Erfolg des E-Mail-Marketings	108
Abbildung 47:	Zahlen zum E-Mail-Marketing	109
Abbildung 48:	Einverständniserklärung beim E-Mail-Marketing	111
Abbildung 49:	Instrumente des E-Mail-Marketings	116
Abbildung 50:	Ablauf einer E-Mail-Marketing-Kampagne	118
Abbildung 51:	Lufthansa: Miles & More	122
Abbildung 52:	Lufthansa: eXperts Programm	123
Abbildung 53:	Scholz & Friends: Pizza Digitale	133
Abbildung 54:	Marketingstrategien und Konsumentenverhalten	136
Abbildung 55:	ROI ausgewählter Marketinginstrumente für Hersteller	145
Abbildung 56:	Miles & More App	148
Abbildung 57:	Miles for Meals: Die Kalorien-Spende-App der Tafeln	149
Abbildung 58:	Ausgewählte Thesen des Cluetrain Manifesto	152
Abbildung 59:	Wesen des Web 2.0	153
Abbildung 60:	Können Sie auf Ihren Social Media-Plattformen klar Interessenten von Kunden unterscheiden?	158
Abbildung 61:	Ist Social Media ein effizientes Tool zur Kundenbindung?	159
Abbildung 62:	Sind Ihre Social Media-Strategien immer eng verzahnt mit den CRM-Aktivitäten?	159

Abbildung 63:	Fiat Abarth 500: #ZeroFollowers	163
Abbildung 64:	Continental: Die Fahrt Deines Lebens	165
Abbildung 65:	Kia: Der Deal Deines Lebens	166
Abbildung 66:	Ritter Sport: Blog-Schokolade	167
Abbildung 67:	Beispiele für typische Fehler bei Mailings	170
Abbildung 68:	Gründe für eine Integration der Kommunikation	172
Abbildung 69:	Planungsschema für Dialogmarketing-Aktionen	173
Abbildung 70:	Tests im Dialogmarketing	175
Abbildung 71:	Kriterien für erfolgreiche Crossmediale Kampagnen	183
Abbildung 72:	Standardisierter Kampagnenprozess	187
Abbildung 73:	Prozessschritte einer Customer Journey-Analyse	196
Abbildung 74:	Loyalitätsleiter	200
Abbildung 75:	Kriterien der Kundensegmentierung	202
Abbildung 76:	Segmentierung eines Finanzdienstleisters nach Familienlebenszyklus und Loyalitätsleiter	204
Abbildung 77:	Sinus-Milieus	207
Abbildung 78:	38 Wohngebietstypen von Mosaic	209
Abbildung 79:	Limbic Types	211
Abbildung 80:	Wohnquartier, Wohnblock und Zelle	213
Abbildung 81:	Einsatzmöglichkeiten der mikrogeografischen Segmentierung im Marketing	217
Abbildung 82:	Selektionskriterien in B-t-B Märkten	221
Abbildung 83:	Listbroking	223
Abbildung 84:	Datenquellen für Business-Adressen	226
Abbildung 85:	Negativ- und Risiko-Adressen	231
Abbildung 86:	Closed Loop des Data-Driven-Marketings	235
Abbildung 87:	Aufbau einer Kundendatenbank	236
Abbildung 88:	Das Wachstum des weltweiten Datenaufkommens 2005–2020	239
Abbildung 89:	Die 5 Vs von Big Data	243
Abbildung 90:	Herausforderungen an Unternehmen im Big Data-Zeitalter	251
Abbildung 91:	Kundenbewertungsmodelle	254
Abbildung 92:	ABC-Analyse nach dem Umsatz	256
Abbildung 93:	ABC-Analyse nach dem Deckungsbeitrag	256
Abbildung 94:	Beispiel zur RFMR-Methode	258
Abbildung 95:	Scoring-Modell zur Prognose von Kaufwahrscheinlichkeiten	260

Abbildung 96:	Scoring-Modell zur Prognose von Reaktionswahrscheinlichkeiten	261
Abbildung 97:	Customer Lifetime Value	262
Abbildung 98:	Kundenattraktivitäts-Wettbewerbsposition-Portfolio	263
Abbildung 99:	Lorenz-Kurve einer Fundraising-Organisation	264
Abbildung 100:	Steigerung der Datenqualität	271
Abbildung 101:	Logisches Modell eines Database Marketing-Systems	272
Abbildung 102:	Data Warehouse eines Versandhändlers	274
Abbildung 103:	Die Architektur des Data Warehouses	274
Abbildung 104:	OLAP-Würfel	276
Abbildung 105:	OLAP-Auswertung	278
Abbildung 106:	Ausgewählte Data Mining-Verfahren	281
Abbildung 107:	Clusteranalyse zur Segmentierung abgesprungener Kunden	282
Abbildung 108:	Beispiele für die Anwendung von Fuzzy Logic	287
Abbildung 109:	Ökonomische Wirkung der Kundenbindung	293
Abbildung 110:	Statements zum Kundenbindungsmanagement	294
Abbildung 111:	Durchschnittlicher Umsatz pro Besuch	295
Abbildung 112:	Gründe für die Entwicklung des CRM	297
Abbildung 113:	Abgrenzung des CRM	301
Abbildung 114:	Ziele des CRM-Ansatzes	307
Abbildung 116:	Wirkungen des Kundenbindungsmanagements	308
Abbildung 115:	Effekte des Managements der Kundenbeziehung	308
Abbildung 117:	Kommunikationsziele im Laufe des Kaufentscheidungsprozesses	312
Abbildung 118:	Marketinginstrumente im CRM	313
Abbildung 119:	Instrumente des Kundenbindungsmanagements	314
Abbildung 120:	Funktionalitäten von CRM-Systemen	315
Abbildung 121:	Verfahren zur Messung der Kundenzufriedenheit	330
Abbildung 122:	Phasen-Schema zur Kundenzufriedenheitsanalyse	331
Abbildung 123:	Kundenbeziehungslebenszyklus	333
Abbildung 124:	Der Weg zur Kundenloyalität	334
Abbildung 125:	Entwicklungsstufen der Kundenbindung	335
Abbildung 126:	Confirmation/Disconfirmation-Paradigma	338
Abbildung 127:	Verhaltensoptionen bei Unzufriedenheit	341
Abbildung 128:	Kano-Modell	344
Abbildung 129:	Kundenbindung aus nachfragebezogener Sicht	345

Abbildungsverzeichnis

Abbildung 130:	Wirkungskette der Kundenbindung	346
Abbildung 131:	Moderierende Größen des Zusammenhangs zwischen Kundenzufriedenheit und Kundenbindung	348
Abbildung 132:	Kette der Kundenwerttreiber	350
Abbildung 133:	Kundenbindungsprozess bei Banken	354
Abbildung 134:	Ausgewählte Kennzahlen der Wirkungskette	356
Abbildung 135:	Kundenwertmodell	358
Abbildung 136:	Kundenzufriedenheit und Unternehmenswert	359
Abbildung 137:	Aus welchem Grund nutzen Sie Kundenkarten? (Angaben in %)	366
Abbildung 138:	Arten von Kundenkarten	367
Abbildung 139:	Funktionen von Kundenkarten	368
Abbildung 140:	Nutzenpotenziale von Kundenkartenprogrammen aus Unternehmenssicht	370
Abbildung 141:	Finanzierungskonzept eines Kundenclubs	371
Abbildung 142:	Kennzahlen des Kundenclub-Controllings	372
Abbildung 143:	Lufthansa Miles & More: „Mein Weg zum Mond"	378
Abbildung 144:	Payback: „Achtung, Payback Gammelpunkte!"	379
Abbildung 145:	Ergebnisse einer Neukundengewinnungsaktion	383
Abbildung 146:	Determinanten des Kundenwertes	384
Abbildung 147:	Wertorientiertes Dialogmarketing-Management	386
Abbildung 148:	Aufbau einer Dialogmarketing-Scorecard	388
Abbildung 149:	Responsekurve	390
Abbildung 150:	Kosten des Mailings	393
Abbildung 151:	Deckungsbeitrag	393
Abbildung 152:	Kennziffern der Erfolgskontrolle	394
Abbildung 153:	Rohgewinn	395
Abbildung 154:	Controlling von Dialogmarketing-Aktionen	396
Abbildung 155:	Erfolgsrechnung verschiedener Neukundengewinnungswege	398
Abbildung 156:	Werbekosten für Neukundengewinnungswege	400

1 Grundlagen des Dialogmarketings

1.1 Ursprünge des Direkt- und Dialogmarketings

> **Direktwerbung** ist eine der ältesten Formen der Werbung (der Begriff wird im Kapitel 1.4 geklärt). Schon in Ägypten (ca. 3000 v. Chr.) wurden Botschaften auf Papyrus oder Stoff geschrieben und an den Empfänger versandt. Die Assyrer, Babylonier und Perser betreiben Direktwerbung mit Keilschriftzeichen auf Tontafeln um das Jahr 2000 vor Christus.

Die ersten Kataloge erschienen in der Mitte des 15. Jahrhunderts, bald nachdem Johannes Gutenberg 1437 den Druck mit beweglichen Drucktypen erfunden hatte. Aldus Manutius bot beispielsweise schon im Jahre 1498 in Venedig seine Bücher in einem Katalog an. Der älteste noch erhaltene Katalog ist der des englischen Gärtners William Lucas aus dem Jahre 1667.

Benjamin Franklin brachte 1744 seinen Bücherkatalog mit 600 Angeboten heraus und zählt damit zu den Pionieren der Direktwerbung in Amerika. Dieser Katalog enthielt eine Garantie zur Steigerung der Kundenzufriedenheit, in der dem Postkunden die gleiche Behandlung wie dem Kunden im Geschäft versprochen wurde.

Einen weiteren Auftrieb erhielt das Verkaufen per Post durch die Erfindung der Schreibmaschine Anfang des 18. Jahrhunderts. Als sich die Schreibmaschinen in den sechziger Jahren des 19. Jahrhunderts auf dem Markt durchgesetzt hatten, und auch die Briefmarken erfunden waren und ein funktionierendes Postwesen etabliert war, kam die Direktwerbung zu einem Durchbruch. Es entstand eine Fülle von neuen Unternehmen, die ihre Angebote auf dem Postweg verkauften.

1.2 Entwicklung zum Direktmarketing im 19. Jahrhundert

> In diesen einführenden Kapiteln werden folgende Begriffe noch ohne genaue Differenzierung genutzt:
> - **Direktwerbung**
> - **Direktmarketing**
> - **Dialogmarketing**
> - **Interaktives Marketing**
>
> Definitionen und Abgrenzungen finden sich ab dem Kapitel 1.4.

1 Grundlagen des Dialogmarketings

Ein entscheidendes Datum für die Entwicklung des Direktmarketings in Deutschland ist der 31. Oktober 1823, als in Preußen per Erlass die Anbringung von Briefkästen an zentralen Stellen eines Ortes bzw. einer Region bekannt gegeben wurde. Die ersten Unternehmen, die davon direkt profitierten, waren die Versandhäuser.

Durch die Aufhebung der Landes- und Zollgrenzen des Heiligen Römischen Reichs wurde ein prosperierender grenzüberschreitender Verkehr in einem einheitlichen Wirtschaftsgebiet ermöglicht. Im Jahr 1834 schließen sich die meisten deutschen Staaten unter Führung Preußens zum „Deutschen Zollverein" zusammen.

Eng mit dieser Entwicklung verbunden war der Aufbau eines Schienen-, Wasser- und Straßenverkehrsnetzes. Insbesondere der Bau der großen Eisenbahnlinien schuf die Voraussetzung für das Funktionieren der so genannten freien Marktwirtschaft mit freier Preisbildung und freiem Waren- und Kapitalverkehr. Im Jahr 1835 wurde zwischen Fürth und Nürnberg die erste Eisenbahnstrecke im deutschsprachigen Raum eingeweiht.

Die Einführung der Briefmarke in Bayern, Preußen, Sachsen und anderen deutschen Bundesstaaten erfolgte Mitte des Jahrhunderts. Im Jahr 1871 wurde die Deutsche Reichspost gegründet im Zusammenhang mit der Proklamierung des „Deutschen Reiches".

Werbliche Botschaften auf Papyrus in Ägypten ca. 3000 v. Chr.
Erste Kataloge im 15. und 16. Jahrhundert
Bücherkatalog von Benjamin Franklin 1744
Erfindung der Schreibmaschine
Anbringung von Briefkästen 1823
Aufhebung der Landes- und Zollgrenzen des Heiligen Römischen Reichs 1834
Aufbau eines Schienen-, Wasser- und Straßenverkehrsnetzes
Gründung der Deutschen Reichspost 1871
Gründung der ersten Versandhäuser in den USA ab 1872
Gründungswelle im deutschen Versandhandel in den zwanziger und fünfziger Jahren des 20. Jahrhunderts
1948 Gründung der Arbeitsgemeinschaft der Adressenverleger (ADV)
1981 Umfirmierung in Allgemeiner Direktwerbe- und Direktmarketing Verband e. V. (ADV)
1985 Umfirmierung in Deutscher Direktmarketing Verband e. V. (DDV)
2008 Umfirmierung in Deutscher Dialogmarketing Verband e. V. (DDV)

Abbildung 1: Meilensteine in der Geschichte des Dialogmarketings

In dem „Mutterland" des Dialogmarketings, den Vereinigten Staaten, waren zwei Faktoren für die Entwicklung besonders wichtig. Die schnell zunehmende Technisierung der Wirtschaft (beispielweise durch die Dampfmaschine) und der große Wirtschaftsraum, der durch das Ende des amerikanischen Bürgerkriegs entstanden war.

> **Beispiele für Dialogmarketing:**
>
> 1872 versandte Aaron Montgomery Ward eine einseitige Preisliste; daraus entwickelte sich in zwölf Jahren ein Katalog mit 240 Seiten und 10.000 angebotenen Artikeln. Auch dieser Katalog bot die Garantie „satisfaction or your money back". 1887 verkaufte Richard Warren Sears Uhren auf dem Postweg und legte damit den ersten Grundstein für die 1893 gegründete Sears Roebuck & Company, heute einer der weltgrößten Händler. Schon 1897 versandte Sears Roebuck 750seitige Kataloge mit 6.000 Artikeln. 1902 betrug der Umsatz des Unternehmens 50 Millionen Dollar. Der Spiegel-Versand, der heute zum Otto-Konzern gehört, wurde 1905 von Joseph Spiegel gegründet.
>
> Die erste Gründungswelle im deutschen Versandhandel lag in den zwanziger Jahren des 20. Jahrhunderts: Eduscho (1924), Friedrich Baur (1925), Robert Klingel (1925), Friedrich Wenz (1926), Quelle (1927), Schöpflin (1929), Bruno Bader (1929), Vorwerk (1930). Eine zweite große Gründungswelle fand in der Nachkriegszeit statt: Otto Versand (1949), Neckermann (1950), Heinrich Heine (1951), Schwab (1955).
>
> Einen wichtigen Anteil an der Entwicklung des Dialogmarketings haben auch die Buchversender und -clubs. 1926 wurde in den USA der „Book-of-the-Month Club" von Harry Sherman und Maxwell Sackheim gegründet, die erstmals die negative Option einführten. Die Bücher wurden monatlich verschickt, falls der Kunde dies nicht ausdrücklich ablehnte. In Deutschland griff Bertelsmann mit seinem Bücherclub diese Idee auf.

Die revolutionären Fortschritte in der elektronischen Datenverarbeitung im Bereich der Hard- und Software und die Entwicklung der neuen Kommunikationstechnologien begünstigen die Unternehmen in ihrem direkten Kontakt zu den Kunden. Die Laserdrucker ermöglichen den massenhaften Versand von individualisierten Werbebriefen, und die 0180er Telefonnummer oder der 800er Service in den USA erleichtern den telefonischen Kontakt zwischen Unternehmen und Kunden durch die Übernahme der Telefonkosten durch den Anbieter.

Nachdem die Grundlagen für die Entwicklung zu einem modernen Dialogmarketing gelegt waren, entstanden die ersten Adressenverlage. Zunächst waren deren Geschäftsaktivitäten darauf ausgerichtet, Adressen zu sammeln, aufzuschreiben und zu sortieren.

Diese Sammler von Adressen entwickelten sich dann zu Adressenverlagen, als sie begannen, ihre Adressen im großen Stil zu vervielfältigen und anderen Unternehmen zur Verfügung zu stellen. Schon 1884 wurden von dem Adressenverlag Robert Tessmer, gegründet in Berlin 1878, die ersten selektierten Adressengruppen zusammengestellt. Beispielsweise konnten Unternehmen die Adressen von Bewohnern einer ausgewählten Stadt oder die Adressen von Beamten eines Landes erwerben.

Die wichtigste Quelle stellten die damaligen Branchenadressbücher dar. So wurden in der zweiten Hälfte des 19. Jahrhunderts beispielsweise zahlreiche Adressbücher spezieller Branchen veröffentlicht, z.B. der Lederindustrie und des Lederhandels, der Rübenzuckerfabriken und der Bauindustrie.

Die Adressenverlage weiteten im Laufe der Zeit ihre Geschäftstätigkeit aus und übernahmen Schritt für Schritt den kompletten Versandservice für adressierte Postsendungen in ihr Dienstleistungsangebot auf. Daraus entwickelten sich später die Lettershops.

> Trotz der zunehmenden Aktivitäten der damaligen Adressenverlage waren der eng mit dem Adressengeschäft verbundenen Direktwerbung im 19. Jahrhundert noch deutliche technische Grenzen gesetzt. Die Werbebriefe wurden vielfach mit Hand geschrieben und hatten eine sehr kleine Auflage. Man setzte zwar auch mechanische Herstellungsverfahren (Buchdruck etc.) ein, konnte damit aber zunächst die angestrebte Briefähnlichkeit meist nicht in der gewünschten Qualität erreichen. Auch das Adressieren selbst wurde bis ins 20. Jahrhundert fast ausschließlich mit Hand vorgenommen, in der Regel von Heimarbeiter/innen mit einer schönen Handschrift.

Diese Probleme mit der technischen Umsetzung haben dazu beigetragen, dass Werbebriefe bis zum Zweiten Weltkrieg noch nicht den hohen Wirkungsgrad hatten, wie er später erreicht wurde. Doch mit der Möglichkeit der Personalisierung entwickelte sich der Werbebrief im Lauf der folgenden Jahrzehnte zum wichtigsten Instrument in der Direktwerbung.

1.3 Direktmarketing im 20. Jahrhundert

> Die **Ursprünge des Direktmarketings in seiner heutigen Form** liegen in:
> - dem Direktverkauf durch Versandhandel oder direkten Vertrieb ohne Einschaltung des Handels
> - dem Adressenhandel und -management
> - der direkten kommunikativen direkten Ansprache

Ab 1960 beeinflusste der Computer zunehmend das Direktmarketing. Der Einfluss der Informationstechnologie ist bis heute ungebrochen. Im Jahr 1963 brachte IBM in den USA einen Drucker auf den Markt, der 600 Zeilen pro Minute drucken konnte. Damit war der Computerbrief möglich geworden. Diese Form der personalisierten Werbung kam schnell aus den USA auch in die Bundesrepublik.

In der Geburts- und Entwicklungszeit von Marketing und Direktmarketing war der Einfluss von amerikanischen Unternehmen groß. Aus Mangel an deutscher Fachliteratur griffen die Praktiker im Direktmarketing auf amerikanische Bücher zurück. 1967 erschien die erste Auflage von „Praxis der Direktwerbung" von Gerhard Kirchner, einem Versandhausspezialisten und Pionier des bundesdeutschen Direktmarketings. Kirchner befreite die Direktwerbung von ihrem Ruf, nur für das „Verkaufen per Post" geeignet zu sein, und er wendet sich gegen eine undifferenzierte Übernahme amerikanischer Rezepte (Kirchner 1967).

Im Jahr 1965 wurde die erste Fachzeitschrift von Alfred Gerardi gegründet: sie trug den Titel: „Direktwerbung und Verkaufsförderung". Der Leitkommentar Gerardis in der ersten Ausgabe stand unter der provokanten Überschrift: „Was ist Direktwerbung?"

Nur zwei Jahre später, 1967, führte Alfred Gerardi einen bisher in der Bundesrepublik noch so gut wie völlig unbekannten Begriff ein: „Direktmarketing". Er definierte wie folgt (Löffler, Scherfke 1999 S. 47 f.):

> „**Direktmarketing** ist mehr als Direktwerbung. Sie (die Direktwerbung) übermittelt eine schriftliche, vervielfältigte oder gedruckte Werbeaussage direkt an einen ausgewählten Empfängerkreis und ist deshalb an den Weg über die Post oder über private Verteilerorganisationen gebunden.
>
> Das Direktmarketing kann Direktwerbung einbeziehen … und tut dies meistens. Im Rahmen des Direktmarketing kann aber auch der Einsatz von Zeitschriftenbeilagen oder Großanzeigen angebracht erscheinen, denn – Direktmarketing ist kein neues Medium und auch keine neue Werbemethode, sondern der Begriff für eine Denkweise, die sich dagegen wendet, die Aufgabe der Werbung auf das Wecken der Aufmerksamkeit des Verbrauchers zu beschränken.
>
> Die Idealform des Direktmarketing zielt darauf ab, Werbung und Kauf zu einer einzigen Handlung zu verschmelzen. Im Sinne dieser Definition kann man den Versandhandel als Pionier des Direktmarketing betrachten. Direktmarketing wird aber beileibe nicht nur von Versandhäusern betrieben. Jedes Unternehmen, das die Aufgabe des Verkaufens an den Endverbraucher nicht Dritten überlassen will, praktiziert Direktmarketing – oder ist dafür prädestiniert.
>
> Ein Markenhersteller, der sich bei der Einführung eines neuen Produktes nicht allein auf den Handel verläßt, sondern die neue Marke dem Verbraucher durch Verteilung von Warenproben vorstellt, ist damit auf dem besten Wege zum Direktmarketing. Zeitschriften, die durch Direktwerbung Abonnenten werben, praktizieren Direktmarketing ebenso wie eine Versicherungsgesellschaft, die schriftlich verkauft".

Alfred Gerardi sah Direktmarketing also als Summe aus Direktkommunikation und Direktverkauf an. Damit tat er einen entscheidenden Schritt in die Richtung, dem Direktmarketing eine tragfähige theoretisch-begriffliche Grundlage zu verschaffen.

Im Jahr 1968 wurde in Montreux in der Schweiz die so genannte Direktmarketing-Internationale gegründet; die Branche hatte einen Treffpunkt, an dem sich jährlich die Direktmarketing-Experten aus dem In- und Ausland einfanden. Der Initiator dieser Veranstaltung war Walter Schmid.

In dieser Aufbauphase des Direktmarketings wurde es von der klassischen Werbung nicht ernstgenommen und als „below-the-line-Aktivität" abgetan. Erst in den 70er Jahren wurde das Direktmarketing schrittweise mehr und mehr akzeptiert. Man erkannte, dass es nicht förderlich ist, Feindbilder aufzubauen und zu diskutieren, welche Form der Kundenansprache die „bessere" sei. Statt „entweder-oder" kommt es im Integrierten Marketing auf die optimale Kombination aller Instrumente an, also „sowohl- als auch".

> **Integriertes Marketing** → statt „entweder-oder" jetzt „sowohl- als auch"

Während die Direktwerbung und das Direktmarketing in der Bundesrepublik eine rasante Entwicklung durchliefen, beschäftigte sich die Theorie anfänglich kaum mit diesen Themen. Die ersten Lehrbücher stammten aus den USA, an deutschen Hochschulen spielte die direkte Kundenansprache lange Zeit keine Rolle. Dem Direktmarketing mangelte es noch lange an akademischer Reputation und theoretischer Professionalität. Die ersten deutschen Bücher stammten von Praktikern und enthielten praktische Anleitungen und Ratschläge, aber keine konzeptionelle Auseinandersetzung mit dem neuen Thema.

Entscheidende Impulse für eine weitere theoretische Fundierung der Direktwerbung und des Direktmarketings kamen zu der damaligen Zeit vor allem von Dr. Heinz Dallmer, Geschäftsführer des Adressenverlages AZ Bertelsmann und damals einer der wenigen Akademiker in der Branche. Dallmer trieb schrittweise durch verschiedene Beiträge die theoretische Auseinandersetzung mit dem Gegenstand Direktwerbung und Direktmarketing voran und legte Definitionen und Begriffsbestimmungen vor.

1972 veröffentlichte Dallmer in der Fachzeitschrift „Marketing-Journal" einen Aufsatz unter dem Titel: „Von der Direktwerbung zum Direktmarketing". In diesem Beitrag nahm er die von Gerardi 1967 entwickelten Begriffsvorstellungen von Direktmarketing auf und fügte neue, weiterführende Gedanken zur Definition von Direktmarketing an.

Dallmer schrieb: „Mit der Begriffserweiterung der Direktwerbung zum Direktmarketing wurde wohl am allerwenigsten beabsichtigt, ein Synonym zu schaffen, um damit ein 'antiquiertes' Medium zu aktualisieren. Der neue, umfassendere Begriff enthält mehr als die Direktwerbung mit ihrer Definition der gedruckten, vervielfältigten, schriftlichen oder mündlichen werblichen Aussage, die direkt an einen bestimmten Empfängerkreis gerichtet ist.

Direktmarketing enthält zwei Komponenten:

1. den Anspruch auf systematische Analyse der Einsatzmöglichkeiten des Instrumentariums für eine direkte Kontaktpflege mit der Zielgruppe oder der Zieleinheit als Funktion des Marketingproblems;
2. das kommunikative Element (Rückkoppelung) eines Informationsprozesses. Während die Direktwerbung eine einseitige Aktivität ist, die nicht unmittel-

bar eine spontane Reaktion fordert (z.B. Zusendung einer Jubiläumsschrift), basiert Direktmarketing auf Gegenseitigkeit.

Direkte Kommunikation als mehrstufiger Prozeß könnte die Kurzdefinition von Direktmarketing sein. Direktmarketing ist also kein schönklingender Name für Direktwerbung oder für Direct-Mail. Er hat seine eigene Existenzberechtigung." (Dallmer 1972)

1975 erscheint die erste Auflage des von Heinz Dallmer herausgegebenen „Handbuch des Direktmarketing", das erste umfassende Werk zum Direktmarketing in deutscher Sprache. In diesem Buch gibt Heinz Dallmer erstmals der breiten Öffentlichkeit seine berühmten beiden Trennkriterien zwischen dem klassischen Marketing und dem Direktmarketing an: „Kommunikation" und „Distribution". Daraus leitet sich dann auch seine Definition von Direktmarketing ab, die mittlerweile zu einem Klassiker geworden ist.

> Die Definition Dallmers lautet (Dallmer 2002, S. 11):
>
> „**Direct Marketing** umfasst alle Marktaktivitäten, die sich einstufiger (direkter) Kommunikation und/oder des Direktvertriebs bzw. des Versandhandels bedienen, um Zielgruppen in individueller Einzelansprache gezielt zu erreichen. Direct Marketing umfasst ferner solche marktgerichteten Aktivitäten, die sich mehrstufiger Kommunikation bedienen, um einen direkten, individuellen Kontakt herzustellen."

1979 erscheint die Dissertation von Dr. Heinz Dallmer unter dem Titel „Erfolgsbedingungen der Kommunikation im Direktmarketing" und wenig später der unter seiner Regie erstellte Arbeitsordner „Checklist Direktmarketing".

Prof. Siegfried Vögele, aus dem Direktvertrieb kommend, entwickelte Anfang der 80er Jahre seine „Dialog-Methode" zur Konzeption und Gestaltung von Mailings. Zentrale Zielstellung seiner Überlegungen war, das professionelle Verkaufsgespräch mit allen Erkenntnissen und Bausteinen in ein „geschriebenes Verkaufsgespräch" umzusetzen. Hierzu schuf er das zwischenzeitlich vielfach aufgelegte Standardwerk „Dialogmethode: Das Verkaufsgespräch per Brief und Antwortkarte" (Vögele 2005).

Das Standardwerk „Direktmarketing" von Prof. Dr. Heinrich Holland erschien im Jahr 1993. 2004 wurde die völlig überarbeitete und stark erweiterte 2. Auflage veröffentlicht, die auch in Moskau in einer russischen Übersetzung erschien. Die 3. Auflage umfasste auch das Online-Direktmarketing und erschien 2009; die 4. Auflage liegt hier vor.

Seit dem Jahr 2000 nimmt der Deutsche Dialogmarketing Verband verdiente Personen in die Hall of Fame des Dialogmarketings auf (Abbildung 2).

2000	Dr. Heinz Dallmer
2000	Klaus Schober
2000	Prof. Siegfried Vögele
2001	Beate Rotermund
2001	Heinz Fischer
2002	Walter Schmid
2002	Klaus Wirth
2003	Alfred Gerardi
2003	Reimer Thedens
2003	Prof. Dr. Heinz Weinhold-Stünzi
2004	Günter Greff
2004	Prof. Dr. Heinrich Holland
2005	Helmut Graf
2005	Hans R. Schmid
2011	Jürgen Gerdes
2011	Claus Mayer
2015	Michael Koch

Abbildung 2: Hall of Fame des Deutschen Dialogmarketing Verband (DDV)
Quelle: DDV

Prof. Dr. Heribert Meffert stellt die Entwicklung des Direktmarketings in den letzten fünf Jahrzehnten dar (Abbildung 3).

- 1950er Jahre: Die Ursprünge in der jüngeren Vergangenheit liegen im direkten Verkauf in den fünfziger Jahren, also der direkten Distribution.
- 1960er Jahre: In den sechziger Jahren führten die Fortschritte in der Drucktechnologie zu einem vermehrten Einsatz des Mailings.
- 1970er Jahre: Mit der Verbreitung privater Telefonanschlüsse kam ein weiteres Medium im direkten Kundenkontakt hinzu. Bisher werden die unterschiedlichen Medien aber nicht im Sinne einer Integrierten Kommunikation koordiniert und integriert, sondern isoliert eingesetzt.
- 1980er Jahre: In den achtziger Jahren erleichterte die Datenbanktechnik die Segmentierung eigener Kunden und erlaubte es den Wert auszuschöpfen, der im eigenen Kundenstamm liegt.
- 1990er Jahre: Die weitere Computerisierung der Unternehmen führte dazu, dass sowohl die Produktion (CIM = Computer Integrated Manufacturing, CAD = Computer Added Design) als auch der Vertrieb (CAS = Computer Added Selling) durch den Einsatz der Informationstechnologie stärker auf den Kunden ausgerichtet (customized) werden konnte.
- 2000er Jahre: Der Beginn des neuen Jahrhunderts ist durch die Integration aller IT-Systeme gekennzeichnet, das Customer Relationship Management

(CRM) ist das wichtigste Thema im Marketing und Direktmarketing bis in die heutige Zeit.
- 2010er Jahre: Das Marketing wird durch die Themen Web 2.0 und Soziale Medien bestimmt. Gerade das Direktmarketing profitiert von den neuen Formen des Dialogs mit den Kunden.

Zeit	Schwerpunkt	Anspruchsspektrum
1950er	Direkter Verkauf	Einzelinstrument
1960er	Direct Mail	Separativ-instrumental
1970er	Telefonmarketing	Spezifikativ-funktional
1980er	Datenbanken	Kundenstamm-Marketing
1990er	IT-gestützte Produktions- und Verkaufskonzepte (CIM, CAD, CAS)	Customized Marketing
2000er	IT-gestützte Integration aller Parameter	CRM
2010er	Social Media	Mitmachen und Mitbestimmen der Kunden

Abbildung 3: Entwicklung des Direktmarketings
Quelle: Meffert 2002, S. 41, letzte Zeile ergänzt durch den Autor

Die Entwicklung des Direktmarketings ist sehr stark mit dem Siegeszug der elektronischen Datenverarbeitung verbunden. Die Entwicklung leistungsfähiger Hardware und Software machte es möglich, alle Tätigkeitsfelder des Direktmarketings professioneller zu gestalten und zu bearbeiten und vor allem neue Tätigkeitsfelder zu erschließen. Das Direktmarketing wird auch heute sehr stark von der Technologie vorangetrieben.

In den sechziger und siebziger Jahren war es die schnelle Durchdringung der Bevölkerung mit dem Telefon, die die direkte Kommunikation zwischen Unternehmen und Kunden erleichterte. Später kam die E-Mail dazu.

In den achtziger Jahren beeinflussten und vereinfachten die Computer die Adressenerfassung, Adressenverwaltung und Adressenvervielfältigung.

In den letzten Jahrzehnten hat das Internet vollkommen neuartige Kommunikations- und Informationswege geschaffen. Die Verbraucher hatten durch das Internet die Möglichkeit sich ohne Grenzen zu informieren und global einzukaufen. Als Resultat dieser Entwicklung ist die Nachfragemacht des Käufers im Vergleich zu früher bedeutend gestiegen. Viele Käuferschichten wurden immer kritischer und artikulierten individuellere Wünsche, erwarteten in allen Marktbereichen ein attraktives Preis-, Qualitäts- und Serviceangebot.

Das Massenmarketing der Unternehmen stieß an seine Grenzen – es gab immer weniger Massen. Die Verbraucher entwickelten sich zu einer immer stärkeren Individualisierung und Differenzierung und forderten immer speziellere Angebote.

Dadurch zersplitterten die Märkte in immer kleinere Marktnischen und das Massenmarketing produzierte immer stärkere Streuverluste. Direktmarketing bot die Möglichkeit, diese kleineren Marktnischen ohne Streuverluste anzusprechen.

Im Lauf der Jahre haben nach den Versandhändlern zahlreiche Branchen die Vorteile des Direktmarketings für ihr eigenes Geschäft erkannt. Zeitschriftenverlage nutzten es zu Gewinnung neuer Abonnenten, Lotterieunternehmen verlagerten ihre Aktivitäten mehr und mehr weg vom stationären Handel, Pharmakonzerne und Automobilhersteller sahen sich gesättigten Märkten gegenüber und verfeinerten ihre Verkaufsstrategien. Viele Branchen segmentierten ihre Kundengruppen immer differenzierter und sprachen diese auch immer individueller an. Die Computerisierung der Wirtschaft machte neue Marketingstrategien möglich.

1.4 Begriff des Direktmarketings

Die Entwicklung des Direktmarketings begann mit dem reinen Postversandgeschäft (Direct-Mail), wobei Direct-Mail einen Distributionskanal darstellte. Die Versandhändler stellten den Kunden Kataloge oder Prospekte zur Verfügung, aus denen Waren bestellt werden konnten, die dann per Post zugestellt wurden. Direct-Mail bedeutet den Versand von Werbebriefen (Mailings). Aus diesem haben sich die Direktwerbung und daraus schließlich das Direkt- und Dialogmarketing entwickelt. (Schleuning 1997, S. 61).

> Direct-Mail → Direktwerbung → Direktmarketing → Dialogmarketing → One-to-One-Marketing, Interactive Marketing, …

Direktwerbung umfasst neben den Mailings bereits weitere Kommunikationsmedien wie beispielsweise das Telefon. Mit dem Eintritt des Telefonmarketings und auch weiterer Medien passte der Begriff des Direct-Mail nicht mehr.

Im Folgenden soll eine Einordnung der Begriffe Direktmarketing und Dialogmarketing erfolgen, wobei eine für dieses Buch geltende Definition herausgearbeitet wird, ohne dass hier – wegen der pragmatischen Ausrichtung des Buches – eine vertiefte systematische Diskussion eines wissenschaftlich exakten Begriffs geführt werden soll.

Die Definition der Begriffe Direktmarketing ist aus mehreren Gründen problematisch:

- Im Laufe der Zeit haben sich durch neue Aufgaben die Inhalte des Direktmarketings erweitert.
- Die Möglichkeiten des Direktmarketings sind durch neue Techniken und die rasanten Entwicklungen der Informationstechnologie (IT) ständig ausgeweitet worden.
- Die Online-Medien haben zu neuen Formen der Kundenansprache geführt.

1.4 Begriff des Direktmarketings

Unter Direktmarketing versteht man heute alle Marketing-Aktivitäten, die auf eine gezielte Ansprache der Zielpersonen und eine Response ausgerichtet sind (Dallmer 2002, S. 11).

> **Direktmarketing**
> - umfasst alle Marketinginstrumente, die eingesetzt werden, um
> - eine gezielte und direkte Interaktion mit Zielpersonen
> - aufzubauen und dauerhaft aufrecht zu erhalten, und
> - hat das Ziel, eine messbare Reaktion (Response) auszulösen.

Mit dieser weit gefassten Definition, die auch Aktivitäten mit dem Ziel der Kontaktherstellung beinhaltet, lassen sich neben dem Werbebrief (Mailing) auch weitere Medien zum Direktmarketing zählen, wie beispielsweise die Response-Anzeige, das Direct-Response-Television und die in den letzten Jahren immer mehr an Bedeutung gewinnenden Online, Mobile sowie die Social Media.

Das entscheidende Merkmal des Direktmarketings ist die direkte und individuell gezielte Ansprache einer Zielgruppe, die bei einer Aktion realisiert oder zumindest für eine spätere Stufe des Kontaktes angestrebt wird. Diese direkte Ansprache erlaubt eine genaue Erfolgskontrolle, da die Reaktionen auf eine Kampagne schon nach wenigen Tagen eintreten und den Aussendungen genau zugeordnet werden können.

Die **Besonderheiten des Direktmarketings** lassen sich wie folgt beschreiben (Wirtz 2005, S. 14 ff.):

- Im Direktmarketing werden alle Marketinginstrumente integriert eingesetzt.
- Direktmarketing umfasst auch mehrstufige Kampagnen mit dem Ziel, den direkten Kontakt aufzubauen.
- Direktmarketing nutzt alle Medien der Kommunikationspolitik einschließlich der elektronischen und interaktiven Medien.
- Das Database Management mit der Erfassung aller Kundenkontakte bietet die Grundlage für die individualisierte und personalisierte Ansprache des Direktmarketings.
- Direktmarketing hat das Ziel, den Kundenwert zu maximieren.

Der Grundgedanke des Direktmarketings lässt sich sehr anschaulich durch das „Tante Emma-Prinzip" erläutern. Als „Tante Emma" wird hier die Inhaberin eines kleinen Lebensmittelgeschäfts, eines Nachbarschaftsladens, bezeichnet. Zwar wurde diese Handelsbetriebsform durch die Großbetriebsformen verdrängt, jedoch hatte sie einige Vorteile im Kundenkontakt.

„Tante Emma" kannte ihre Kunden und konnte sie mit Namen ansprechen. Sie kannte ihr Einkaufsverhalten und kommunizierte individuell („tratschte") mit ihren Kunden. Auf diese Weise baute sie eine intensive Kundenbindung auf.

> Diese Kundenbeziehung der „Tante Emma" soll im Direktmarketing nachempfunden werden.
>
> Der Kunde wird nicht mehr als anonymer Kunde behandelt, sondern durch Interaktives Marketing mit messbaren Kontakten entsteht eine Beziehung.
>
> Bei zunehmendem Geschäftsvolumen muss das Gedächtnis von „Tante Emma" durch technische Hilfsmittel, beispielsweise Datenbanken, unterstützt werden.
>
> Durch Direktmarketing-Aktionen wird der Kunde direkt und gezielt angesprochen.
>
> Die Reaktionen werden erfassbar und können in Kundendatenbanken ausgewertet werden.

1.5 Begriff des Dialogmarketings

In den letzten Jahren hat sich der Begriff „Dialogmarketing" durchgesetzt und das „Direktmarketing" abgelöst.

Der Deutsche Direktmarketing Verband heißt nun Deutscher Dialogmarketing Verband (DDV) und die Deutsche Direktmarketing Akademie heißt nun Deutsche Dialogmarketing Akademie (DDA). Auch die Deutsche Post AG und die Werbeagenturen haben die Bezeichnung übernommen.

> Die Begriffe **Direkt- und Dialogmarketing** können weitgehend als Synonyme aufgefasst werden. Das Dialogmarketing setzt einen besonderen Schwerpunkt auf den langfristigen Dialog mit der Zielperson, also mit dem Kunden oder Interessenten.
>
> Das Direktmarketing ist auf eine Response ausgerichtet. Das Dialogmarketing sieht sein Ziel in einer längerfristigen Interaktion. Auf eine Aktion des Unternehmens erfolgt eine Reaktion des Angesprochen, das Unternehmen antwortet, die Zielperson reagiert wieder, etc.

Der Erfolg des Begriffs Dialogmarketing ist sicher auch dadurch zu erklären, dass er wesentlich sympathischer klingt. „Direktmarketing" hat im Namen bereits Assoziationen zu einer sehr „direkten" und „verkäuferischen" Vorgehensweise. „Dialogmarketing" spricht den „Dialog mit dem Kunden" und eine „partnerschaftliche Beziehung" an und ist damit schon vom Begriff her wesentlich freundlicher belegt.

Direct-Mail	→ Versand von Werbebriefen
Direktwerbung	→ Direkte Kommunikation über mehrere Medien, z.B. Telefon
Direktmarketing	→ Nutzung aller Marketinginstrumente, strategischer Ansatz
Dialogmarketing	→ Schwerpunkt auf dem langfristigen Dialog

Da sich das Dialogmarketing in einer stürmischen Entwicklung befindet, werden ständig neue Begriffe in diesem Zusammenhang geprägt. Einige dieser aktuellen Begriffe sollen hier kurz erläutert werden:

- **One-to-One-Marketing:** One-to-One-Marketing setzt den Schwerpunkt auf die Gestaltung der Beziehung mit der einzelnen Person (und nicht mit Kundensegmenten).
- **Database Marketing:** Database Marketing erfasst die Kundendaten, stellt diese für gezielte Marketingaktionen zur Verfügung und bildet eine Voraussetzung des Dialogmarketings.
- **Dialogmarketing:** Dialogmarketing stellt die interaktive Kommunikation und den langfristigen Dialog mit der Zielperson in den Mittelpunkt.
- **Interaktives Marketing:** Interaktives Marketing (Interactive) hat den Schwerpunkt auf den elektronischen, interaktiven Medien.

1.6 Interaktives Marketing

In der Definition des Interaktiven Marketings von Shankar und Malthouse wird deutlich, dass es auch dabei um den Dialog mit Zielpersonen geht (Shankar, Malthouse 2006, S. 2–4):

> "**Interactive marketing** is an integrated exchange process by which an organization uses the understanding of customer behavior, technology, and other resources to create and manage customer value und collaborative relationships and enhance shareholder value through relevant brands, products/services offerings, ideas, and messages communicated and delivered to the right customers through appropriate channels and contact points at appropriate times."

Die **"Interaction Orientation"** bedeutet:
- die Fähigkeit eines Unternehmens,
- mit seinen einzelnen Kunden direkt zu interagieren
- und aus den so gewonnenen Informationen
- eine Gewinn bringende Kundenbeziehung aufzubauen.

Um diese Interaction Orientation realisieren zu können sind folgende Voraussetzungen zu erfüllen:

1. **Customer Concept:** Nicht mehr ein bestimmtes Marktsegment, sondern der einzelne Kunde ist der Untersuchungsgegenstand der Analyse im Marketing.
2. **Interaction Response Capacity:** Im Unternehmen sind Prozesse und Systeme vorhanden für die Kommunikation mit seinen Kunden.
3. **Customer Empowerment:** Die aufgeklärten und informierten Kunden erhalten die Möglichkeit, mit dem Unternehmen zu kommunizieren und zusammenzuarbeiten.
4. **Customer Value Management:** Das Unternehmen ist in der Lage, den individuellen Wert eines Kunden zu messen und für die Allokation der Ressourcen zu nutzen. (Ramani, Kumar 2008, S. 27–45)

1.7 Dialogmarketing-Mix

Das klassische Marketing richtet sich an eine Zielgruppe, die sich im Rahmen der Marktsegmentierung selektieren lässt. Diese Selektion geht aber nicht so weit, dass jeder Empfänger der Werbebotschaft identifiziert werden kann. Die Zielpersonen werden durch Massenmedien angesprochen, wobei zum Teil große Streuverluste in Kauf genommen werden.

Dagegen ist die Botschaft des Dialogmarketings an einzelne, individuell bekannte Zielpersonen gerichtet. Zumindest wird der Aufbau einer solchen individuellen Beziehung zwischen dem Absender und dem Empfänger der Botschaft angestrebt. Statt eines Monologs besteht das Ziel in einer interaktiven Kommunikation, also in einem Dialog.

Wie das Marketing in verschiedene Instrumente unterteilt wird (Abbildung 4), lässt sich auch das Dialogmarketing in die vier Marketinginstrumente zerlegen, wie die Abbildung 5 zeigt. In allen Marketinginstrumenten finden sich spezielle Aufgaben des Dialogmarketings; im Rahmen eines Integrierten Marketings sind alle Aktivitäten aufeinander abzustimmen, um damit eine optimale synergetische Wirkung zu erreichen.

In allen vier Marketinginstrumenten – den „4 p's" – finden sich Instrumente des Dialogmarketings; vor allem liegen diese in der Kommunikations- und Distributionspolitik. Im Dialogmarketing werden diese Instrumente geplant und koordiniert und auf die Zielgruppe abgestimmt.

Die Distributionspolitik ist zum Instrumentarium des Dialogmarketings zu zählen, wenn sie sich auf die direkte Distribution bezieht. Der Direktvertrieb, der Vertreterversandhandel und der Mail-Order-Versandhandel betreffen die Distributionsebene des Dialogmarketings.

Auch in der Produkt- und Sortimentspolitik sowie der Kontrahierungspolitik sind im Rahmen des Dialogmarketings spezielle Probleme zu lösen, da sich hier Restriktionen durch die Eignung der Produkte für diesen Absatzweg und

1.7 Dialogmarketing-Mix

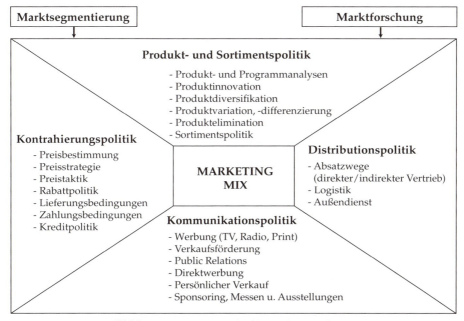

Abbildung 4: Instrumente des klassischen Marketings

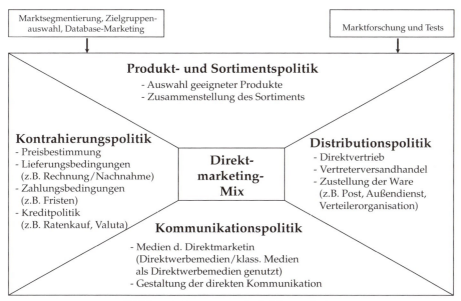

Abbildung 5: Instrumente des Dialogmarketings

die eingeschränkten Möglichkeiten der Preis- und Konditionenpolitik ergeben (der Preis ist nicht flexibel, wenn er in einem Katalog abgedruckt ist, der ein halbes Jahr gültig ist).

Die Direktwerbung, als Instrument der Kommunikationspolitik, stellt nur einen Entscheidungstatbestand unter vielen im System des Dialogmarketings dar. Bei der Direktwerbung wird dem Empfänger ein Angebot präsentiert, wobei die strategische Planung der Aktion im Dialogmarketing erfolgt. Das Dialogmarketing definiert die Zielgruppe, entscheidet über das Timing und eventuelle Tests, stellt das Sortiment zusammen, legt den Preis sowie die Lieferungs- und Zahlungskonditionen fest, plant die Distribution und die werbliche Ansprache der Zielpersonen (Abbildung 5).

1.8 Dialogmarketing und Klassisches Marketing

In der Abbildung 6 sind die wichtigsten Unterschiede zwischen dem klassischen Marketing und dem Dialogmarketing zusammengefasst (Holland 2014b, S. 8).

	Klassisches Marketing	Direktmarketing
Ziel	Bekanntheit, Image Einseitige Transaktion (Kunde kauft Leistung)	Reaktion Langfristige Kundenbeziehung (Kundenbindung)
Zielgruppe	Massenmarkt, Personengruppe	Individuell bekannte Zielperson, Einzelperson
Medien	Massenmedien ohne Responsemöglichkeit	Direktwerbemedien Klassische Medien als Direktwerbemedien genutzt mit Responsemöglichkeit
Kommunikationsfluss	Einseitige Transaktion	Zweiseitig, Dialog
Kommunikationswirkung	Hohe Streuverluste Aufbau von Markenimages und -präferenzen	Geringe Streuverluste Individuelle Kundenbetreuung Kosten relativ gering in Verbindung mit Wirkung
Paradigma/Philosophie	StandardisierterLeistungsaustausch Mass Production, Economies of Scale	IndividualisierteLeistungsgenerierung Customized Production, Economies of Scope
Kundenverständnis	Anonymer Kunde Relative Unabhängigkeit Verkäufer/Kunde	Kenntnis individueller Kunden Interdependenz Verkäufer/Kunde
Marketingverständnis	Fokus auf Produkte Kundenkontakte als episodische Ereignisse Monolog zu aggregierter Kundenmenge	Fokus auf Service Kundenkontakt als kontinuierlicher Prozess Individualisierter Dialog

Abbildung 6: Klassisches Marketing versus Dialogmarketing
Quelle: Wehrli, Wirtz 1996, S. 26

Die Frage danach, wann das Dialogmarketing besser geeignet ist als das klassische Marketing und wann eine direkte Kommunikation der indirekten vorgezogen werden soll, lässt sich so pauschal natürlich nicht beantworten. Im Rahmen des Integrierten Marketing stellt sich nicht die Frage nach dem Entweder – Oder, sondern es ist eine optimale Kombination aller Instrumente zu finden.

Allerdings lassen sich einige Bedingungen formulieren, unter denen dem direkten Marketing der Vorzug gegenüber dem klassischen zu geben ist.

1.8 Dialogmarketing und Klassisches Marketing

Bedingungen für das Dialogmarketing
- Identifizierbare Zielgruppe/Zielperson
- Bekannte Zielpersonen
- Erklärungsbedürftiges Angebot
- Angebot mit hohem Involvement
- Komplexer Kaufentscheidungsprozess
- Kauf bleibt kein einmaliges Ereignis, sondern es gibt Folgekäufe
- Kein geringwertiger Kauf
- …

Dialogmarketing setzt eine identifizierbare Zielgruppe, ja sogar eine individuell identifizierbare Zielperson voraus, denn anders kann kein direkter Kontakt stattfinden.

Wenn die Zielpersonen dem Unternehmen bekannt sind, kann es diese direkt, beispielsweise durch Mailings, ansprechen. Wenn das Unternehmen die Zielpersonen nicht kennt aber diese kennen lernen möchte, können mehrstufige Dialogmarketing-Aktionen eingesetzt werden, die zunächst der Ermittlung von Interessenten dienen.

Bei erklärungsbedürftigen Angeboten können diese Erklärungen wirkungsvoll durch die Medien des Dialogmarketings übermittelt werden.

Wenn die (potenziellen) Kunden gegenüber dem Produkt ein hohes Involvement haben, werden sie auch bereit ist, sich mit einem Werbemittel zu diesem Thema zu beschäftigen.

Wenn das Kaufverhalten mit komplexen Entscheidungsprozessen verbunden ist, kann der Einsatz des Dialogmarketings diesen Prozess unterstützen. Impulskaufverhalten findet eher am Point-of-Sale statt.

Dialogmarketing dient dem Aufbau einer Beziehung. Wenn ein Kauf also kein einmaliges Ereignis ist, sondern es Folgekäufe gibt, kann eine Kundenbeziehung aufgebaut werden mit dem Ziel, dass es auf Grund von Loyalität zu Folgekäufen kommt.

Dialogmarketing ist sinnvoll, wenn der Kauf nicht geringwertig ist, sondern ein bestimmtes Volumen erreicht, so dass die Kosten für den direkten Kontakt wirtschaftlich sind. Der direkte Kontakt ist wesentlich effektiver aber pro Kontakt auch mit höheren Kosten verbunden als die Massenkommunikation, die in Tausender-Kontakt-Preisen rechnet; die Kosten müssen sich in die Verkaufspreise der verkauften Produkte einkalkulieren lassen.

Wenn man den Prozess eines Kunden betrachtet, den dieser von dem ersten Kontakt mit einem Angebot bis zur Stufe eines treuen Käufers durchläuft, lässt sich die zunehmende Bedeutung des Dialogmarketings feststellen (siehe Abbildung 7).

> Für die Erregung der Aufmerksamkeit und den Aufbau von Bekanntheitsgrad und Image können das klassische Marketing und die klassische Kommunikation ihre Stärken ausspielen. Bei dem Übergang von der Kaufbereitschaft zum Kauf und vor allem beim Aufbau einer loyalen Kundenbeziehung sind die Instrumente des Dialogmarketings und der direkten Kommunikation besonders geeignet.

Durch die Klassik wird das „öffentliche Gesicht" einer Marke geprägt, da deren Instrumente sich an alle (potenziellen) Kunden oder sogar an die breite Öffentlichkeit richten. Alle Empfänger einer Botschaft bilden sich somit ein Bild von dem betreffenden Angebot.

Die Kommunikation durch das direkte Marketing erreicht dagegen nicht die Öffentlichkeit, sondern nur den Kreis der Adressaten. Hier werden vor allem Kunden und Interessenten angesprochen.

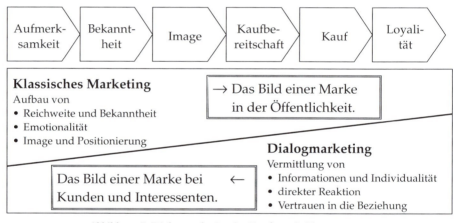

Abbildung 7: Dialogmarketing im Kaufentscheidungsprozess

Die Botschaften der klassischen Kommunikation verfolgen die Ziele, Bekanntheitsgrad und Image für die Produkte aufzubauen und ein Unternehmen und seine Marken auf dem Markt zu positionieren. Man spricht von dem „öffentlichen Gesicht" einer Marke, weil jeder die Chance hat, dies wahrzunehmen (Abbildung 8).

Im Gegensatz dazu sehen die Menschen den größten Teil der direkten Kommunikation nicht. Sie erhalten nur die Kundenbindungsmaßnahmen von Unternehmen, bei denen sie Kunden sind. Mit ihnen wird nur dann ein Dialog aufgebaut, wenn sie dazu ihren Teil beitragen. Aus diesem Grund spricht man von dem „privaten Gesicht" einer Marke, das über Maßnahmen des Dialogmarketings vermittelt wird.

1.8 Dialogmarketing und Klassisches Marketing

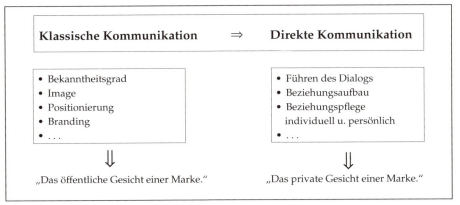

Abbildung 8: Das öffentliche und das private Gesicht einer Marke

2 Erfolgsfaktoren und Aufgaben des Dialogmarketings

2.1 Die wirtschaftliche Bedeutung des Dialogmarketings

> Das **Dialogmarketing** hat in den letzten Jahrzehnten im Vergleich zu den Klassischen Medien einen enormen Aufschwung erlebt. Im Jahr 2014 betrugen die Aufwendungen für das Dialogmarketing in Deutschland ca. 27,3 Mrd. Euro (Deutsche Post AG 2015, S. 13).

Die Deutsche Post AG erhebt in jedem Jahr durch eine große repräsentative Befragung bei deutschen Unternehmen die Ausgaben dieser Unternehmen für die Medien des Dialogmarketings und der klassischen Kommunikation. Diese Studie wird jeweils im Sommer eines Jahres veröffentlicht und bezieht sich auf das Vorjahr. Zusätzlich werden die befragten Unternehmen gebeten, eine Prognose für das laufende Jahr abzugeben. Da es sich um eine repräsentative Stichprobe deutscher Unternehmen mit einem großen Umfang handelt, können die Daten auf die Grundgesamtheit hochgerechnet werden.

In dieser Befragung, deren ausführliche Ergebnisse als Download auf der Homepage der Deutschen Post AG bereitstehen, wird auch die genaue Unterteilung in die unterschiedlichen Medien der klassischen und der Dialogkommunikation ermittelt.

In der Abbildung 9 sind die Aufwendungen der Unternehmen in Deutschland für das Dialogmarketing seit 2004 in einer Zeitreihe zusammengestellt. Die rezessive Wirtschaftsentwicklung der letzten Jahre ist auch an den Werbeausgaben nicht spurlos vorbeigegangen. Im Jahr 2010 gaben deutsche Unternehmen nach dieser Studie noch insgesamt 76,2 Mrd. Euro für Werbung aus, im Jahr 2015 waren es noch 74,2 Mrd. Euro; das entspricht einem Rückgang von 2,6 Prozent.

Der Dialog mit dem Kunden steht eindeutig im Vordergrund bei der Verteilung der Werbebudgets. Von dem Gesamtwerbevolumen im Jahr 2014 in Höhe von 74,2 Mrd. Euro werden 64 Prozent für das Dialogmarketing aufgewendet, wie die folgenden Tabellen zeigen (Deutsche Post AG 2015, S. 11 ff.).

Allerdings ist im Jahr 2014 ein leichter Rückgang zu verzeichnen. Die Werbeausgaben sind um 1,8 Prozent gefallen, die für das Dialogmarketing sind um 0,7 Prozent gefallen.

2 Erfolgsfaktoren und Aufgaben des Dialogmarketings

Jahr	Dialogmarketingaufwendungen in Mrd. Euro	Veränderungsraten in Prozent
2004	32,7	
2005	30,0	– 8,3 %
2006	31,1	+ 3,7 %
2007	31,6	+ 1,6 %
2008	30,0	– 5,4 %
2009	27,6	– 8,2 %
2010	27,0	– 2,0 %
2011	27,7	+ 2,6 %
2012	27,5	– 0,8 %
2013	27,5	0,0 %
2014	27,3	– 0,7 %

Abbildung 9: Aufwendungen für Dialogmarketing in Mrd. Euro
Quelle: Deutsche Post AG 2015, S. 13

Für ihre Studie hat die Deutsche Post AG den Werbemarkt in Klassikmedien, Dialogmarketingmedien und Medien mit Dialogelementen unterteilt (Abbildung 10). Bei den Dialogmarketingmedien ist auch die Online-Kommunikation erfasst. Die Medien mit Dialogelementen beinhalten Messen, Promotionaktionen und Kundenzeitschriften.

Klassikmedien	Dialogmarketingmedien	Medien mit Dialogelementen
TV-Werbung	Volladressierte Werbesendungen	Messen
Funkwerbung	Teil- und unadressierte Werbesendungen	Aktionen in Geschäften z.B. Promotion, Couponing
Anzeigenwerbung	Aktives Telefonmarketing	Kundenzeitschriften
Beilagenwerbung	Passives Telefonmarketing	
Plakat-/ Außenwerbung	Eigene Website (Aufbau und Pflege der Homepage)	
Kinowerbung	Onlinemarketing (Display- oder Video-Advertising, Suchmaschinenmarketing, Affiliate-Mark., Social Media Mark., Mobile Display Advertising, SMS- oder MMS-Werbung)	

Abbildung 10: Struktur des Werbemarktes
Quelle: Deutsche Post AG 2015, S. 11

Abbildung 11 enthält die wichtigsten zusammenfassenden Ergebnisse dieser Studie. Die deutschen Unternehmen hatten demnach im Jahr 2014 Aufwendungen für Anzeigenwerbung in Printmedien (Zeitschriften und Zeitungen) in Höhe von 11,3 Mrd. Euro. An zweiter Stelle folgt die Fernsehwerbung mit 6,9 Mrd. Euro. Insgesamt wurden von den Unternehmen in Deutschland im Jahr 2014 27,1 Mrd. Euro für die Werbung in klassischen Medien ausgegeben.

Ein Teil davon wird aber in klassische Werbebotschaften investiert, die den Empfänger zu einer Reaktion auffordern. Sobald eine solche Reaktion, oder Response, angestrebt wird, sind diese Werbebotschaften dem Dialogmarketing zuzurechnen.

Im nächsten Teil der Tabelle folgen die Medien des Dialogmarketings. Für adressierte Mailings (Werbebriefe) haben die Unternehmen im Jahr 2014 8,6 Mrd. Euro aufgewendet. Weitere bedeutende Medien sind nach dieser Aufstellung das Telefonmarketing (aktiv und passiv) mit 2,7 und das Online-Marketing mit 7,1 Mrd. Euro. Das Internet wird differenziert in den Internetauftritt (eigene Website) und das Online-Marketing, das Banner, Suchmaschinen-Marketing, Affiliate-Marketing sowie Social und Mobile Werbeformen umfasst. Auch die teil- und unadressierten Werbesendungen und das E-Mail-Marketing spielen eine wichtige Rolle.

Wenn man das Dialogmarketing weit fasst und analysiert, über welche weiteren Medien mit Dialogelementen es umgesetzt werden kann, kommt man zum letzten Teil der Tabelle. Zu Messen wird auf direktem Weg eingeladen. Auf den Messen werden dann persönliche Kontakte gesucht und Visitenkarten eingesammelt, um den weiteren Dialog führen zu können. Bei Promotion- oder Couponing-Aktionen in Geschäften wird auf persönlichem Weg Kontakt zur Zielgruppe gesucht. Kundenzeitschriften werden adressiert zugestellt.

> Nach dieser Studie der Deutschen Post AG, bei der das Dialogmarketing auch die Medien mit Dialogelementen umfasst, werden etwa 2/3 (64 Prozent) der Aufwendungen für Werbung in Dialogmedien investiert; das entspricht 54,4 Mrd. Euro (Deutsche Post 2015, S. 12–14).
>
> 37 Prozent aller Werbeausgaben, also bezogen auf die 74,2 Mrd. Euro, entfallen auf die klassischen Medien, 37 Prozent auf die Dialogmarketingmedien und 27 Prozent auf die sogenannten Medien mit Dialogelementen.

2.2 Vom Massenmarketing zum Dialogmarketing

Die Abbildung 12 zeigt den Weg vom undifferenzierten Massenmarketing mit undifferenzierter Ansprache in der Kommunikation und nicht individualisierter Leistung bis zum One-to-One-Marketing, bei dem sowohl die Kommunikation als auch die Leistungserstellung individualisiert stattfinden (Holland 2014b, S. 22).

2 Erfolgsfaktoren und Aufgaben des Dialogmarketings

Klassikmedien	Gesamtaufwendungen in Mrd. Euro	Durchschnittl. Aufwendungen pro Nutzer in Tsd. Euro
Anzeigenwerbung	11,3	5,9
Plakat-/Außenwerbung	3,3	3,2
Beilagenwerbung	4,2	6,9
Funkwerbung	1,3	18,6
TV-Werbung	6,9	223,2
Kinowerbung	0,1	8,9
Gesamt	27,1	11,8

Dialogmarketingmedien	Gesamtaufwendungen in Mrd. Euro	Durchschnittl. Aufwendungen pro Nutzer in Tsd. Euro
Eigene Website	6,4	2,8
Online-Marketing	7,1	4,6
Volladressierte Werbesendungen	8,6	16,5
Passives Telefonmarketing	1,1	2,7
Aktives Telefonmarketing	1,6	4,1
Teil- und unadressierte Werbesendungen	2,5	7,1
Gesamt	27,3	10,0

Medien mit Dialogelementen	Gesamtaufwendungen in Mrd. Euro	Durchschnittl. Aufwendungen pro Nutzer in Tsd. Euro
Messen	15,5	22,0
Aktionen in Geschäften, z.B. Promotion, Couponing	1,7	5,7
Kundenzeitschriften	2,6	11,7
Gesamt	19,8	20,0

Abbildung 11: Aufwendungen für die einzelnen Medien im Jahr 2014 in Mrd. Euro
Quelle: Deutsche Post AG 2015, S. 12–14

2.2 Vom Massenmarketing zum Dialogmarketing

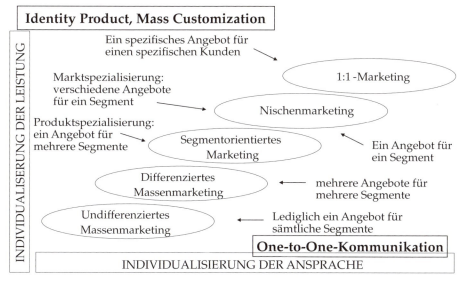

Abbildung 12: Vom Massenmarketing zum One-to-One-Marketing
Quelle: Becker 2002, S. 907

In der Zeit der Entstehung des Marketings und des Übergang von den Verkäufermärkten zu den Käufermärkten veränderte sich das wirtschaftliche Handeln und es lagen Massenmärkte vor. Inzwischen haben sich die Märkte immer weiter in kleine und kleinste Marktnischen fragmentiert. In der Automobilbranche beispielsweise wird von „Nischenfahrzeugen" gesprochen. Neben den klassischen Karosserieformen entstehen jährlich neue Fahrzeugkonzepte wie SUVs, Mini Vans oder „Cross-Over-Fahrzeuge" (wie die Mischung aus SUV und Coupé), in denen Stil- und Designelemente neu zusammengesetzt werden.

> Ein Ergebnis dieser Entwicklung ist, dass diese Nischen zu klein sind für eine Bearbeitung mit den klassischen Marketinginstrumenten; die Streuverluste wären zu groß. Wenn man diese Entwicklung weiterdenkt, besteht die Nische im Endeffekt nur noch aus einem einzigen Kunden, das „segment of one" und das One-to-One-Marketing sind Realität geworden.

Dieser Entwicklung kann mit dem Dialogmarketing hervorragend begegnet werden. Die Individualisierung der Kommunikation wird durch den Dialog auf der Basis der in der Kundendatenbank gespeicherten Informationen möglich. Dies ist auf der Abszisse (der x-Achse) der Abbildung 12 abgetragen.

Wenn nun ein Unternehmen, das seine Kunden und deren Bedürfnisse genau kennt und mit ihnen sehr individuell kommuniziert, diesen Kunden nun ein Produkt anbietet, das es zu Tausenden in identischer Form im Lager hat, ist dies ein Widerspruch. Neben der Kommunikation sollte auch die Leistungserstellung individuell erfolgen. Diese Individualisierung der angebotenen Leistung ist auf der Ordinate (der y-Achse) der Abbildung 12 eingetragen.

Unternehmen aus dem Bereich der Investitionsgüterindustrie haben schon lange ihren Kunden individuelle Problemlösungen offeriert. In Kooperation zwischen Anbieter und Nachfrager werden Maschinen entwickelt, die zur Lösung des Problems auf Kundenseite erforderlich sind – beispielsweise ein Industrieroboter zur Fertigung in der Automobilindustrie. Auch die Finanzdienstleister entwickeln in Absprache mit dem Kunden individuelle Problemlösungen (z.B. eine Hypothekenfinanzierung).

Neu ist, dass heute diese individuellen Leistungen durch die Fortschritte der Technik auch bei vielen Gütern des täglichen Bedarfs angeboten werden können.

Im Dialogmarketing sind die Techniken für eine individuelle Kommunikation seit langem geläufig; die individuelle Leistungserstellung lässt sich heute durch „mass customization" technisch umsetzen. Mit numerisch gesteuerten Maschinen sowie CAD- und CAM-Technologien (Computer-aided Design und Computer-aided Manufacturing) sind die Unternehmen in der Lage, für ihre Kunden individuell angefertigte Produkte zu liefern.

Identity Products sind Produkte, die in dieser Form nur einmal existieren, individuell für den Kunden.

Für den Bedeutungsaufschwung des Dialogmarketings sind zahlreiche Entwicklungstendenzen verantwortlich. Während früher zahlreiche Massenmärkte existierten, agieren viele Unternehmen heute auf immer kleiner werdenden Nischenmärkten mit zunehmendem Wettbewerbsdruck. Die Kosten der Marketingkommunikation steigen, während die für Informationstechnologie fallen. Der Druck zum Controlling der Werbewirkung steigt, und die Konsumenten sind einer großen Flut an werblicher Ansprache, vor allem durch die Massenmedien, ausgesetzt.

2.3 Entwicklungen zum Dialogmarketing

2.3.1 Veränderungen der Märkte

Nischenmärkte

Frühere anonyme Massenmärkte haben sich heute in wesentlich kleinere Teilmärkte aufgegliedert. Beispielsweise gibt es statt der wenigen Automodellreihen der Vergangenheit jetzt eine unüberschaubare Vielzahl von „Nischenmodellen". So bewirbt Mercedes aktuell immer nur eine seiner ca. 20 Modellreihen mit klassischer Kommunikation, für alle anderen liegt der Schwerpunkt auf dem Dialogmarketing.

> Bei abnehmender Bedeutung der Massenmärkte kann das Dialogmarketing seine spezifischen Vorteile ausspielen.

2.3 Entwicklungen zum Dialogmarketing

Veränderungen der Märkte
- Nischenmärkte
- Gesättigte Märkte und austauschbare Produkte
- Wachstum auch in wirtschaftlich schwierigen Zeiten

Veränderungen der Konsumenten
- Wertewandel der Verbraucher
- Geändertes Einkaufsverhalten
- Abnehmende Loyalität
- Informationsüberlastung
- Demografischer Wandel
- Neue Segmentierungsmodelle

Veränderungen des Marketings
- Vom Transaktionsmarketing zum Beziehungsmarketing
- Kundenbindungsmanagement
- Pull-Marketing durch Permission

Integriertes Marketing
- Steigende Kosten für klassische Kommunikation und Außendienst
- Integriertes Marketing und Integrierte Kommunikation
- Integration der Kommunikationskanäle und Medienkonvergenz
- Bedeutung des Dialogmarketing erkannt

Online-, Mobile-, Social Media-Marketing
- Online-Marketing
- Mobile Marketing
- Social Media-Marketing

Informations-Technologie
- Hard- und Software
- Mass Customization
- Database Management
- Optimierung der Selektion durch Data Mining
- Marketing-Automation

Abbildung 13: Entwicklungen zum Dialogmarketing

Gesättigte Märkte und austauschbare Produkte

Die meisten Märkte sind gesättigt, es herrscht ein Überangebot mit heftigen Verdrängungswettkämpfen. Gleichzeitig fällt es den Kunden immer schwerer, die spezifischen Vorteile einzelner Produkte zu erkennen. Die Angebote werden ähnlicher und austauschbar. Statt kaum unterscheidbarer Produkte ist es heute der Wert einer Beziehung zum Anbieter, die über den Erfolg entscheidet.

Wachstum auch in wirtschaftlich schwierigen Zeiten

Das erste Jahrzehnt des 20. Jahrhunderts ist durch Rezessionen gekennzeichnet. Zunächst ist die „Internetblase" geplatzt, dann erschütterte eine Finanz- gefolgt von einer Wirtschaftskrise die globale Wirtschaft.

In diesen Rezessionszeiten hatte auch das Dialogmarketing nicht mehr die Zuwachsraten, mit denen es früher verwöhnt worden war, aber es hat doch deutlich „weniger Federn lassen müssen" als das klassische Marketing. Während die

Kommunikationsetats kräftig beschnitten wurden, haben viele Unternehmen die Vorteile der direkten Kundenansprache für sich entdeckt.

> Gerade in Krisenzeiten legen die Unternehmen einen gesteigerten Wert auf das Controlling ihrer Marketingaktivitäten. Durch die Orientierung an der Response ist der Erfolg des Dialogmarketings sehr gut nachweisbar.

2.3.2 Veränderungen der Konsumenten

Wertewandel der Verbraucher

Die Verbraucher fragmentieren sich in immer kleinere Zielgruppen, damit werden die Streuverluste von Massenmedien wie Zeitung oder Fernsehen immer größer. Menschen verhalten sich individueller, auch in ihrem Kaufverhalten, und werden unberechenbarer; sie wechseln immer häufiger und schneller ihr Rollenverhalten und entwickeln zum Teil sehr spezielle Interessen und Bedürfnisse. Diesem Trend kann man durch die individuelle Ansprache des Dialogmarketings gut begegnen.

Geändertes Einkaufsverhalten

Die Kosten für den Einsatz von Online- und Offline-Medien des Dialogmarketings sind im Vergleich zum Außendiensteinsatz und zur klassischen Kommunikation gesunken, auch die Akzeptanz der Verbraucher ist gestiegen. Die Online-Bestellung ist beispielsweise gegenüber dem Einkauf beim Händler oftmals die attraktivere Art des Einkaufs. Besonders deutlich wird dies am aktuellen Trend zum E-Commerce und Mobile-Commerce.

Abnehmende Loyalität

Die Loyalität der Verbraucher gegenüber Produkten und Unternehmen nimmt dramatisch ab. Durch Dialogmarketing und Kundenbindungsmanagement versucht man, die Markentreue zu steigern.

Informationsüberlastung

Der Werbedruck mit den „Push-Medien" der klassischen Kommunikation wird immer größer und der Verbraucher leidet unter dem Information Overload der vielen Werbebotschaften, denen er täglich ausgesetzt ist. Es wird immer schwieriger, seine Aufmerksamkeit zu gewinnen.

> Das Dialogmarketing dagegen kennt seine Kunden und kann ihnen ein passendes Angebot zur richtigen Zeit zukommen lassen. Wenn die Kommunikation dann auch noch den Empfänger individuell anspricht, ist die Chance für einen erfolgreichen Kontakt groß.

Demografischer Wandel

In nahezu allen Altersschichten ist eine deutliche Zunahme von Single-Haushalten zu registrieren, also Haushalten, die zwangsläufig eine andere Art des Kommunikations- und Einkaufsverhaltens aufweisen als traditionelle Mehr-Personen-Haushalte. Anbieter von Produkten und Dienstleistungen stehen damit vor der Herausforderung, Wege der Kontaktaufnahme zu finden, die der spezifischen, stark individualisierten Lebenssituation der Singles entsprechen.

Ein weiterer wichtiger demografischer Trend liegt in dem starken Wachstum der älteren Mitbürger, die eine hohe Kaufkraft haben und für die geeignete Marketingmaßnahmen entwickelt werden müssen.

Neue Segmentierungsmodelle

Die Konsumenten werden in ihrem Verhalten widersprüchlicher und schwerer zu erklären. Es ist nicht mehr möglich, aus soziodemografischen Merkmalen auf das Verhalten zu schließen.

2.3.3 Veränderungen des Marketings

Vom Transaktionsmarketing zum Beziehungsmarketing

Mit der Entwicklung der Datenbanktechnologie war es den Unternehmen möglich, den Wert zu erkennen und auszuschöpfen, der in den bestehenden Kunden liegt. Nach der Pareto-Regel (80–20-Regel), die in der Betriebswirtschaftslehre an vielen Stellen eingesetzt wird, macht ein Unternehmen mit 20 Prozent seiner Kunden 80 Prozent seines Umsatzes. Diese Anteile liegen in vielen Unternehmen sehr nah an der Realität, so dass man schon fast von einer Gesetzmäßigkeit sprechen könnte. Durch die Database und die individuelle Ansprache mit Dialogkommunikation hat man die Möglichkeit, diese 20 Prozent der Top-Kunden wirkungsvoller zu bearbeiten.

> Der Schwerpunkt des Marketings, der lange darauf gelegen hatte, neue Kunden zu gewinnen und Transaktionen (Käufe) herbeizuführen, änderte sich. Die Marketingwissenschaft und viele Unternehmen verlagerten ihren Schwerpunkt auf die Pflege bestehender Kundenbeziehungen – der Paradigmenwechsel vom Transaktionsmarketing zum Beziehungsmarketing war nicht mehr zu übersehen.

Das klassische Marketing – als Transaktionsmarketing – ist auf einseitige Transaktionen ausgerichtet. Das Ziel besteht darin, den Kunden zum Kauf einer Leistung zu bewegen. Der Kunde bleibt beim Erwerb dieser Leistung, beispielsweise im stationären Handel, anonym. Der standardisierte Leistungsaustausch führt nicht zu einer engen Beziehung zwischen Anbieter und Nachfrager.

Im Dialogmarketing steht nicht mehr die einseitige Transaktion, sondern die langfristige Kundenbeziehung und Kundenbindung im Fokus. Mit dem individuell bekannten Kunden wird ein Dialog geführt, es besteht eine enge

Beziehung zwischen Anbieter und Nachfrager. Statt des standardisierten Leistungsaustausches wird hier eine individuelle Leistungsgenerierung mit einem kontinuierlichen Kundenkontakt angestrebt.

Kundenbindungsmanagement

Das Beziehungsmarketing führte dazu, dass sich Wissenschaft und Praxis vermehrt um die Themen Kundenbindungsmanagement, CRM, Kundenclubs und Communities auseinander setzten.

Pull-Marketing durch Permission

Das klassische Marketing geht von dem Push-Modell aus. Die Kommunikation und die Waren werden auf den Markt „gedrückt". Ob es der Verbraucher möchte oder nicht, er wird damit überschüttet.

Permission Marketing bedeutet, dass der Empfänger sein Einverständnis gegeben hat, die Kommunikation zu erhalten. Für manche Medien ist dies vorgeschrieben, für aktives Telefonmarketing, für E-Mails, für Fax-Werbung und für Kampagnen auf das Smartphone.

Es gibt aber auch Unternehmen, die sich von ihren Kunden deren Interessen angeben lassen und dies bei ihren Werbebriefen berücksichtigen. Man muss seine Kunden ja nicht mit Kundenbindungsmaßnahmen „zwangsweise beglücken", man kann sich auch die Genehmigung dafür einholen.

Auf diese Weise wird „push" zu „pull". Der Interessent „pullt" sich die Informationen, an denen er Bedarf hat. Er schreibt sich für einen E-Mail-Newsletter ein, die Streuverluste sind eliminiert.

2.3.4 Integriertes Marketing

Steigende Kosten für klassische Kommunikation und Außendienst

Die Kosten für den Besuch durch Außendienstmitarbeiter haben sich in den letzten Jahren sehr stark erhöht. Viele Unternehmen haben einen Teil ihrer Kundenkontakte vom Außendienstbesuch auf die Medien des Dialogmarketings verlagert. Auch die Kosten einer klassischen Kommunikationskampagne sind, vor allem durch die Zersplitterung der Medien (eine Unzahl von Fernsehkanälen, Radiosendern, Zeitschriften, etc.) stark angestiegen. Eine Verlagerung auf die direkte Kommunikation ist eine Folge.

Integriertes Marketing und Integrierte Kommunikation

Das Integrierte Marketing verfolgt ein ganzheitliches Konzept. Es geht nicht um die Optimierung jedes einzelnen Marketinginstrumentes sondern um die Erzielung einer optimalen Gesamtwirkung. Alle Marketinginstrumente und alle Kommunikationskanäle sollen aufeinander abgestimmt werden. Ein Unternehmen, das die zunehmend komplexeren Märkte erfolgreich bearbeiten will, kommt um ein Integriertes Marketing und damit auch um ein professionelles Dialogmarketing nicht mehr herum.

Integration der Kommunikationskanäle und Medienkonvergenz

Die Integrierte und Crossmediale Kommunikation werden schon seit den 90er Jahren diskutiert. Es ist aber noch immer ein Gebiet mit großem Optimierungsbedarf. Die Dialog-Medien müssen mit den anderen vernetzt werden und ständig kommen neue Kommunikationskanäle hinzu, wie das Mobile Marketing und die Kanäle der Social Media.

Unter dem Stichwort „Konvergenz der Medien" werden die Abstimmung der Offline- und Online-Medien und deren Zusammenwachsen diskutiert. Die Unternehmen haben bei dieser Aufgabe noch viel Nachholbedarf.

Bedeutung des Dialogmarketing anerkannt

Während das Dialogmarketing früher von den oberen Unternehmensebenen nicht ernst genommen wurde, hat man heute seine Bedeutung erkannt. Auch die Beratungsunternehmen und die Marketing-Lehrstühle an den Universitäten beschäftigen sich mit diesem Thema.

2.3.5 Online-, Mobile-, Social Media-Marketing

Online-Marketing

Gerade durch die Entwicklung des Internets, insbesondere durch dessen multimedialen Teil, das World Wide Web (WWW), wurde ein neuer Kommunikationskanal für das herkömmliche Marketing geschaffen, der neue Perspektiven für die Wirtschaft und die Unternehmen eröffnet, um sich so im Wettbewerb besser profilieren zu können.

> Da nahezu alle Instrumente des Online-Marketings auf Interaktionen und Dialog ausgerichtet sind, haben sich durch den Siegeszug des Internets neue Perspektiven für das Dialogmarketing ergeben. Dass die Medien der Marketingkommunikation Response-orientiert sind, wird seit einigen Jahren als selbstverständlich angesehen.

Mobile Marketing

Das Mobiltelefon kann den Dialog mit den Interessenten und Kunden optimal aufbauen und permanent aufrechterhalten. Über diesen personalisierten und interaktiven Kommunikationskanal kann dem Kunden ein Mehrwert geboten werden, der genau auf ihn zugeschnitten ist. Das Mobile-Marketing verfolgt unter anderem sowohl das Ziel der Kundengewinnung als auch der langfristigen Kundenbindung.

> Unternehmen, die sich des Mobile Marketings bedienen, sollten aus diesem Grunde den aktiven Dialog mit dem Kunden fördern und die daraus gewonnenen Informationen und Daten auch gezielt nutzen.

Social Media-Marketing

In Zeiten zunehmend gesättigter Märkte, austauschbarer Produkte und Dienstleistungen und einer steigenden Anzahl von Kommunikationskanälen bei gleichzeitiger Informationsüberlastung des Konsumenten wird die individuelle (bidirektionale) Kommunikation, ein aktuelles Konsumentenverständnis und Differenzierung wichtiger denn je. In Zeiten einer steigenden Anzahl von erfahrenen Internet-Usern mit Breitbandanschlüssen erhalten die Unternehmen dazu völlig neue Möglichkeiten.

Die wichtigsten Komponenten von Social Media sind der Plattformcharakter, Mobilität, offene Schnittstellen, Open Source und kollektive Intelligenz. Diese Komponenten fördern den Dialog zwischen den Teilnehmern und können im Dialogmarketing genutzt werden.

2.3.6 Informations-Technologie

Hard- und Software

Die rasante Entwicklung in der Informationstechnologie nimmt einen entscheidenden Einfluss auf den Erfolgsverlauf des Dialogmarketings. Die Datenbanken bieten vorher ungeahnte Kapazitäten für die Speicherung persönlicher Daten und Merkmale von Zielpersonen (Big Data). Damit ist eine wesentliche Voraussetzung für den Einsatz von Dialogmarketing-Instrumenten gegeben. Während sich die Kosten für entsprechende Komponenten zur elektronischen Speicherung steil nach unten bewegen, wird die Software professioneller und vor allem benutzerfreundlicher.

> Die Systeme und Tools zur Speicherung und Verarbeitung von Adressen und individuellen Merkmalen haben stetig mehr Funktionen bei gestiegener Bedienungsfreundlichkeit und zunehmender Kompatibilität mit anderen Anwendungen.

Mass Customization

Mass Customization bedeutet die Herstellung von Gütern und Serviceleistungen für einen relativ großen Absatzmarkt, wobei die unterschiedlichen Bedürfnisse jedes einzelnen Nachfragers hinsichtlich persönlicher, technischer, funktionaler und ästhetischer Ansprüche erfüllt werden – und dies zum Preis eines vergleichbaren Standardprodukts.

Durch Digitaldruck ist es heute möglich, beispielsweise Kundenzeitschriften für einzelne Kundengruppen unterschiedlich zusammenzustellen; im Prinzip könnte jeder Kunde auf der Basis der über ihn in der Database gespeicherten Informationen seine individuelle Zeitschrift erhalten.

Anbieter wie Nike, Adidas, mymuesli, chocri und viele andere bieten ihren Kunden die Möglichkeit, ihre individuellen Produkte, wie in einem Car-Configurator, zu gestalten und zu bestellen. Damit wird neben der individuellen Kommunikation auch die individuelle Leistungserstellung realisiert.

Database Management

Mit dem zunehmenden Einsatz der Hard- und Software entwickelte sich zwangsläufig auch das Database Management. Nur mit einer Kenntnis der einzelnen Kontakte in den Kundenbeziehungen ist ein zielgerichtetes und erfolgreiches Dialogmarketing möglich. Ausschließlich dann, wenn die Aktionen und Reaktionen in der Beziehung zwischen Unternehmen und Kunde gespeichert werden und ein umfassendes Wissen über den Kunden vorliegt, kann in der direkten Ansprache darauf zurückgegriffen werden.

> Die Themen **Big Data** und **Data-Driven-Marketing** haben für Praxis und Wissenschaft in den letzten Jahren eine enorme Bedeutung erhalten.

Optimierung der Selektion durch Data Mining

Die Fortschritte der Informationstechnologie haben zu neuen Möglichkeiten beim Data Warehouse geführt. Speicherplatz ist kostengünstig geworden und die Programme werden immer benutzerfreundlicher. In der Folge wird es einfacher, die Kunden aus der Datenbank nach bestimmten Kriterien zu selektieren. Die Auflagen der Mailings werden kleiner, die Aktionen immer zielgenauer.

Marketing-Automation

Die Kaufentscheidungsprozesse von Kunden werden in Customer Journey-Analysen erforscht. Die Marketing-Aktivitäten werden auf der Basis dieser Erkenntnisse optimiert und automatisiert umgesetzt.

2.4 Vorteile des Dialogmarketings

2.4.1 Erfolgsfaktoren

Die Entwicklung des Dialogmarketings ist auf zahlreiche Gründe zurückzuführen, die im Folgenden dargestellt werden und in Abbildung 14 zusammengestellt sind.

2.4.2 Markttendenzen

Der Wertewandel in der Gesellschaft hat zu einer Individualisierung und Differenzierung mit einem abnehmenden gesellschaftlichen Druck zur Konformität geführt. Die Bedeutung der traditionellen Werte nahm ab, es wuchsen die Bereitschaft und die Möglichkeiten in der Bevölkerung, das Verhalten an den eigenen Wertvorstellungen auszurichten.

Dieser Trend zur Individualisierung ist auch an den wachsenden Sortimenten zu erkennen, die den Konsumenten angeboten werden. Die Marktnischen wurden immer kleiner, so dass eine Zielgruppenansprache durch klassische Marketinginstrumente zu immer größeren Streuverlusten führen musste.

Markttendenzen: Fragmentierung der Märkte Wertewandel: Individualisierung IT-Entwicklung	**Kundenorientierung:** Kundenbindung individuelle Kundenbeziehungen
Zielgenauigkeit: geringere Streuverluste steigende Kosten für klassische Kommunikation und Außendienst	**Wirkungsgrad:** Personalisierung höhere Aufmerksamkeit „Konkurrenzausschaltung"
Erfolgskontrolle: Wirkungsmessung Rentabilitätsberechnung Testmöglichkeit	**Flexibilität:** flexibler Einsatz auch bei kleinen Etats Internationalisierung

Abbildung 14: Erfolgsfaktoren des Dialogmarketings

Aus einer „Massenmarktstrategie mit totaler Marktabdeckung" wurde über die Zwischenstufen „Massenmarktstrategie mit partialer Marktabdeckung" und „Segmentierungsstrategie mit totaler Marktabdeckung" schließlich eine „Segmentierungsstrategie mit partialer Marktabdeckung" (Becker 2002, S. 240).

> **Beispiele für Segmentierungsstrategien:**
>
> Während beispielsweise Beiersdorf ursprünglich mit einem Produkt im Bereich der Verbandmittel den ganzen Markt abdeckte (Hansaplast endlos), kamen im Laufe der Zeit immer mehr Produktvarianten hinzu, die immer kleiner werdende Marktsegmente bedienten. Beispielhaft seien hier die Hansaplast-Strips (fertige Pflaster), das Produkt Hansaplast für Kinder und die Hansaplast-Sprühpflaster genannt.
>
> Ähnliche Entwicklungen sind auch in allen anderen Produktbereichen zu finden. Während Coca-Cola ursprünglich nur ein Cola-Getränk anbot, gibt es heute unter anderem die Produktvarianten Coca-Cola, Coca-Cola light, Coca-Cola Zero, die in den unterschiedlichsten Verpackungsvarianten angeboten werden. In den Deckeln der Flaschen finden sich Codes, die auf der Plattform „mein Coke Bonus" online eingelöst werden können. Damit hat das Unternehmen die Möglichkeit, mit den Kunden in den Dialog zu treten und das Kundenbindungsmanagement zu nutzen.

Die Verbraucher haben sich mehr und mehr zu sogenannten „hybriden Konsumenten" entwickelt. Sie verhalten sich am gleichen Tag extrem preisbewusst und kaufen bei einem Discounter ein, anschließend gönnen sie sich in einer teuren Boutique den Erlebniskauf. Von hybriden Konsumenten spricht man, wenn die Käufer ein gespaltenes Konsumverhalten an den Tag legen, analog zum Kraftfahrzeug mit Hybridantrieb (zwei verschiedene Antriebstechniken:

Verbrennungs- und Elektromotor). Sie konzentrieren sich nicht auf einen Einzelhandelssektor, sondern sie kaufen beispielsweise ihre Lebensmittel sowohl bei einem Discounter als auch in einem Delikatessladen. Bei dem Discounter decken sie den Grundbedarf, bei dem Delikatessgeschäft kaufen sie die Produkte, die über das Alltägliche hinausgehen.

Dieser Trend hat die Bildung von kleinen und kleinsten Marktsegmenten begünstigt und die Fragmentierung der Märkte beschleunigt. Dadurch wird die Bildung von Konsumententypologien erschwert, neue Anforderungen an die Marktforschung werden gestellt.

> **Beispiel für die Bildung von kleinen und kleinsten Marktsegmenten:**
>
> Ein Produkt wie das Katzenfutter „Whiskas" lässt sich in Massenmedien bewerben. Wenn ca. 15 Prozent der Haushalte eine Katze hält, bedeutet dies aber bereits Streuverluste in Höhe von 85 Prozent. Eine Spezialisierung dieses Produktes führte zu der Variante „Sheba" für die Zielgruppe der anspruchsvollen Katzenfreunde, die vielleicht 10 Prozent der Katzenhalter umfasst. Die Streuverluste bei einer Kommunikation in Massenmedien betragen dann schon über 98 Prozent.
>
> Der Hersteller Mars setzt darum schon seit vielen Jahren auf Dialogmarketing und hat eine europaweite Datenbank für Tierhalter aufgebaut und pflegt den direkten Kontakt über Offline- und Online-Medien.

2.4.3 Kundenorientierung

> In Zukunft können nur solche Unternehmen erfolgreich sein, die sich eng an ihren Kunden orientieren. Das Dialogmarketing bietet die Möglichkeit, diese Kundenorientierung durch den Dialog mit dem Kunden zu intensivieren und die Bindung zwischen Unternehmen und Kunden dadurch zu stärken.

Zahlreiche neue Ansätze im Marketing stellen die Beziehung zwischen dem Unternehmen und seinen Kunden in den Mittelpunkt:

- **Kundenbindungsmanagement**
- **Relationship-Marketing**
- **Loyalty-Marketing**
- **Customer Relationship Management (CRM)**

Das im Kapitel 14 beschriebene Customer Relationship Management nutzt die Möglichkeiten des Dialogmarketings, um damit eine individuelle Kundenbeziehung aufzubauen.

> **Beispiel für Kundenorientierung:**
>
> Diese enge Orientierung am Kunden, der bekannt ist und individuell angesprochen wird, ist als „Tante Emma-Prinzip" bekannt. Die großen Handelsorganisationen versuchen diese enge Kundenbeziehung, über die auch die Versandhändler verfügen, durch ihre Kundenclubs und Kundenkarten zu erreichen.
>
> Durch die Vorlage einer Kundenkarte an der Kasse, wobei der Kunde Vorteile für sich erwartet (beispielsweise Rabatte, Bonuspunkte), ist der Kunde nicht mehr anonym, die Kontakte können in einer Datenbank gespeichert werden. So kann der Kunde in einer späteren Aktion individuell und gemäß seinen Bedürfnissen angesprochen werden.
>
> Dafür, dass der Kunde trotz eventueller Bedenken zum Datenschutz seine Daten preisgibt, erwartet er einen verantwortlichen Umgang mit diesen Daten und attraktive Vorteile für sich.

2.4.4 Zielgenauigkeit

Steigende Kosten der Kommunikation in Massenmedien und vor allem stark gestiegene Kosten des Außendienstes haben zu einer Substitution durch Dialogmarketing geführt, das Streuverluste minimiert. Das Zeitalter des Massenmarketings mit seiner „Gießkannenmethode" wird abgelöst durch ein zielgenaues One-to-one-Marketing.

Die Kosten für einen Außendienstbesuch werden auf einen Durchschnittswert von 250 Euro geschätzt. Wenn nur jeder vierte Besuch zu einem Kaufabschluss führt, bedeutet das Kosten in Höhe von 1.000 Euro, die dieser eine Kauf tragen muss. Die Anzahl der Produkte, die sich so kalkulieren lassen, dass sie einen Außendienstbesuch rentabel verkraften, ist begrenzt. Aus diesem Grund wird der Außendienstbesuch, der von seinen Voraussetzungen und Zielen her dem Dialogmarketing sehr nahe steht, immer mehr durch Instrumente des Dialogmarketings ersetzt.

> **Beispiel für Kostenreduktion:**
>
> Das in der Abbildung 15 dargestellte Beispiel zeigt auf, wie sich durch die Medien des Dialogmarketings eine Reduktion der Kosten bei gleich bleibender Betreuungsqualität erreichen lässt.
>
> In dieser Rechnung wird davon ausgegangen, dass eine Telefonanlage im Business-to-Business-Bereich im Wert von 5.000 Euro verkauft werden soll. Dazu können Außendienstbesuche eingesetzt werden, die jeweils mit 200 Euro zu veranschlagen sind. Wenn jeder siebte Besuch zu einem Verkauf führt, bedeutet das Kosten in Höhe von 1.400 Euro, also 28 Prozent des Umsatzes.

2.4 Vorteile des Dialogmarketings

Durch den Einsatz von Mailings, die (großzügig kalkuliert) Kosten in Höhe von 5 Euro verursachen, lassen sich die Gesamtkosten auf ein Vierzigstel reduzieren. Allerdings werden Mailings sicherlich nicht die gleiche Erfolgsquote aufweisen wie der Außendienstbesuch.

Der Einsatz von Telefonmarketing wird hier mit 20 Euro pro Telefonat kalkuliert.

Die letzte Zeile zeigt einen Mix der unterschiedlichen Kanäle. Mit vier Mailings, zwei Telefonaten und einem Außendienstbesuch werden Kosten in Höhe von 210 Euro verursacht und diese somit gegenüber der ersten Alternative (nur Besuche) auf ein Siebtel reduziert.

In der Abbildung 16 sind die Vorteile einer Integrierten Strategie differenzierter aufgeschlüsselt. Die Kunden werden nach einer A-B-C-Analyse in drei Segmente aufgeteilt und unterschiedlich behandelt.

Die A-Kunden, die durch ausschließliche Außendienstbetreuung Kosten von 2.000 Euro für 10 Besuche verursachen, werden nun durch 5 Besuche, 6 Telefonate und 8 Mailings fast doppelt so häufig kontaktiert bei halbierten Kosten.

Auch bei den B-Kunden werden die Kosten auf die Hälfte gesenkt, obwohl sich die Kontakte von 5 auf 13 steigern.

Bei den C-Kunden wird auf Besuche völlig verzichtet, so dass die Kosten sich fast auf ein Viertel reduzieren und das bei einer Vervierfachung der Kontakte.

Anzahl Kontakte	Kanäle	Kosten	Gesamtkosten	Vertriebskosten (% vom Umsatz)
7	Besuch	200	1.400	28 %
7	Mailing	5	35	0,7 %
7	Call Center	20	140	2,8 %
7	4 Mailing 2 Call 1 Besuch	5 20 200	20 40 200	5,2 %

Abbildung 15: Kostenreduktion durch Dialogmarketing
Quelle: Krumb 2002, S. 99

Kunden-segment	Außendienst		Integrierte Strategie			
	Kontakte	Kosten	Tätigkeit	Kosten	Kontakte	Gesamt-kosten
A	10	2.000	5 Besuche 6 Calls 8 Mails	1.000 120 40	19	1.160
B	5	1.000	2 Besuche 3 Calls 8 Mails	400 60 40	13	500
C	2	400	4 Calls 4 Mails	80 20	8	100

Abbildung 16: Kostenreduktion durch Integrierte Strategie
Quelle: Krumb 2002, S. 99

2.4.5 Wirkungsgrad

> Durch die **gezielte und individuelle Kundenansprache** kann beim Dialogmarketing mit einem höheren Wirkungsgrad gerechnet werden. Dieser Wirkungsgrad wird durch eine höhere Aufmerksamkeit und die Konkurrenzausschaltung beim Werbemittelkontakt verstärkt. Durch die persönliche Ansprache wird eine Ablenkung durch konkurrierende Werbebotschaften verhindert.

Die persönliche Ansprache erbringt eine höhere Wirkung, auch wenn inzwischen allgemein bekannt ist, dass ein Mailing nicht mit einem persönlichen Brief zu vergleichen ist. Tests belegen die Erfolgswirkung der personalisierten Anrede.

Die Briefkästen privater Verbraucher sind noch nicht mit Mailings verstopft – der durchschnittliche Haushalt empfängt ca. 2 Mailings wöchentlich – und diese haben eine wesentlich stärkere Wirkung als die klassischen Kommunikationsmedien. Selbst wenn ein Mailing nach dem ersten Überblick in den Papierkorb geworfen wird, hatte es ca. 20 Sekunden Zeit zu wirken und Bekanntheitsgrad sowie Image aufzubauen.

Durch die Personalisierung ist ein wichtiger Faktor zur Steigerung der Aufmerksamkeit gegeben. Eine häufig im Dialogmarketing zitierte Regel lautet: „Der Mensch liest nichts Anderes so gern wie seinen eigenen Namen!"

Wenn man bedenkt, welchen Aufwand viele Menschen auf sich nehmen, ihre Initialen auf dem Nummernschild ihres Autos zu haben, oder wie wichtig ein mit dem Namen gravierter Füller bzw. das Monogramm auf dem Hemd sind, versteht man diese Regel. Ein Werbebrief, der den Empfänger persönlich anspricht, hat damit einen Blickfang geschaffen und genießt eine höhere Aufmerksamkeit.

Die vielen klassischen Werbeanstöße, die der Verbraucher täglich erlebt – man spricht von ca. 5.000 bis 6.000 täglichen klassischen Werbeansprachen – bleiben zum großen Teil unbeachtet. Wenn der Verbraucher aber abends seinen Briefkasten leert und dort einen adressierten Werbebrief vorfindet, so hat dieser eine große Chance zu wirken. Wenn dieses Mailing gut auf den Empfänger abgestimmt ist und seine Wünsche kennt, wird eine Wirkung eintreten.

Immer mehr Konsumenten werden aktiv, um sich gegen diese werbliche Überlastung zu wehren (Customer Resistance). Sie werden aktiv, um Werbung oder Kundenbindungsmaßnahmen zu entgehen. Zum zeitversetzten Anschauen eines Spielfilms oder zur Ausblendung von Werbespots installieren sie Spamfilter und Pop-up-Blocker.

Push-Maßnahmen, die vom Unternehmen auf den Markt gedrückt werden, führen zu steigendem Wettbewerbsdruck und zu Information Overload.

Die Ursachen für wachsende Customer Resistance liegen in einer unzureichenden Zielgenauigkeit und damit übermäßigen Quantität der Kommunikationsmaßnahmen bei nicht adäquater Qualität der Kommunikations-Maßnahmen (Fassnacht, Möller 2005, S. 48–53).

Das Dialogmarketing bietet die Möglichkeit, dieser Customer Resistance zu entgehen. Durch zielgenaue Angebote zur richtigen Zeit an die richtige Person können die Vorteile der gezielten und wirkungsvollen Ansprache durch direkte Kommunikation genutzt werden. Der Konsument, der täglich mit 5.000 Werbeansprachen konfrontiert wurde und sich an die wenigsten davon erinnert, kann durch eine direkte Ansprache eines Unternehmens, das ihn als Kunden gut kennt, wirkungsvoll kontaktiert werden.

2.4.6 Erfolgskontrolle

> Ein **Hauptvorteil des Dialogmarketings** liegt in der schnellen und eindeutigen Messbarkeit des Erfolges einer Aktion. Der Erfolg einer Aktion ist schon nach kurzer Zeit zu beurteilen. Die Messbarkeit des Erfolges mit der eindeutigen Zuordnungsmöglichkeit von Kosten und Erträgen erlaubt eine genaue Rentabilitätsberechnung und die Durchführung von Tests zur Optimierung der Werbeansprache.

Ein Unternehmen, das Dialogmarketing betreibt, kennt seine Kunden durch die Auswertung der Kundendatenbank und weiß, wie diese auf ein bestimmtes Werbemittel reagieren. Dagegen hat ein Stationärgeschäft oder ein Markenartikelhersteller nur wenige Kenntnisse über seine Kunden oder die Leser seiner Anzeige.

Durch die Möglichkeit der Rentabilitätskontrolle und der unmittelbaren Messbarkeit des Erfolges lassen sich Tests durchführen, die einer Optimierung der Werbeansprache dienen. Vor der Aussendung einer Werbeaktion an einen breiten Kundenkreis können Werbemittel an wesentlich kleineren Testgruppen versandt werden. Die Erfolgskontrolle unterschiedlicher Testvarianten erlaubt ein Herantasten an ein „optimales" Werbemittel.

2.4.7 Flexibilität

Die Handhabung des Dialogmarketings ist sehr flexibel, und der Einsatz lässt sich auch kurzfristig variieren. Es ist auch bei kleinen Werbeetats möglich und damit auch für mittelständische Unternehmen gut geeignet.

Unternehmen, die ein Produkt oder eine Dienstleistung für einen begrenzten Kundenkreis anbieten, haben aufgrund des eingeschränkten Etats kaum eine andere Möglichkeit als das Dialogmarketing zur Kontaktaufnahme mit den Abnehmern.

Der Verkauf per Dialogmarketing über Websites, Kataloge oder andere Werbemittel ist der einfachste Weg bei einer Internationalisierungsstrategie. Ohne großen Aufwand lassen sich die Werbemittel in ausländische Märkte senden, wenn die Marktakzeptanz der eigenen Produkte getestet werden soll und die Voraussetzungen dafür gegeben sind.

2.4.8 Entwicklung der Informationstechnologie

Schließlich hat das Dialogmarketing von der rasanten Entwicklung im Bereich der Informationstechnologie profitiert, die zu immer leistungsfähigeren und kostengünstigeren Möglichkeiten der Informationsverarbeitung führte und damit die Bedeutung des Database Marketings erhöhte. Das Dialogmarketing setzt eine sehr leistungsfähige Hard- und Software voraus und kann auf der Basis der Technologie seine Vorteile ausspielen. Dies betrifft neben den Bereichen Database und Online beispielsweise auch die Drucktechnologie (Laser-, Ink-Jet-, Digital-Druck).

> Dialogmarketing ist in starkem Maße „technology-driven".

Die Abbildung 17 zeigt die Entwicklungen in der Informationstechnologie auf, die das Dialogmarketing beflügelt haben.

Die im Unternehmen für das Dialogmarketing notwendige Technologie wird, wie auch die privat eingesetzte, immer kostengünstiger oder der Preis bleibt gleich, aber die verfügbare Leistung steigt permanent an. Nach dem Mooreschen Gesetz verdoppelt sich die Rechnerleistung alle 18 Monate, das bedeutet alle zehn Jahre eine Steigerung um den Faktor Einhundert (etwa 2 hoch 7).

Sinkende Kosten bei steigender Leistung machen es möglich, große Datenbestände in Kundendatenbanken zu speichern und für Marketingaktivitäten zu nutzen. Neue Technologien in den Bereichen Data Warehouse und Data Mining erlauben eine immer wirkungsvollere und auch benutzerfreundlichere Selektion von Kunden.

Diese selektierten Kunden können dann mit Hilfe von leistungsfähiger Drucktechnologie (Laser- und Ink-Jet-Drucker sowie Digitaldruck) individuell angesprochen werden. Der Laserdrucker erlaubte den Druck individualisierter

Werbebriefe in großer Auflage zu geringen Kosten. Digital-Print ermöglicht nun auch den Einsatz von individuellen Fotos oder Grafiken.

Weiterhin profitiert das Dialogmarketing von den Fortschritten und der zunehmenden Akzeptanz der Online-Kommunikation und dem Zusammenwachsen von Telefon, Internet und Fernsehen. Die so genannten Offline- und Online-Welten wachsen zusammen.

Abbildung 17: Informationstechnologie und Dialogmarketing

2.5 Anwendungsbeispiele

Das rasante Wachstum des Dialogmarketings ist nicht zuletzt auf den verstärkten Einsatz von Dialogmarketing-Aktionen bei Investitionsgüterunternehmen, Markenartikelherstellern und Finanzdienstleistern zurückzuführen. Viele Unternehmen neben den Versandhändlern und anderen klassischen Dialogmarketing-Unternehmen haben die Vorteile dieses Instruments erkannt und es in ihr Marketing integriert.

Beispielsweise rentiert es sich für Versicherungsunternehmen wegen der hohen Kosten für den persönlichen Verkauf nicht mehr, einen Außendienstmitarbeiter in einen Haushalt zu schicken, um eine Erhöhung der Hausratsversicherung vorzuschlagen. Sie können aber aus ihrer Datei die vor längerer Zeit abgeschlossenen Verträge selektieren und den Kunden mit Methoden des Dialogmarketings eine Vertragsanpassung vorschlagen. Weiterhin lassen sich auf diesem Weg andere Versicherungsprodukte bewerben. Falls der Kunde Interesse daran hat, kann er weitere Informationen oder einen Außendienstbesuch anfordern. Der Erfolg der Direktversicherer zeigt die Wirksamkeit des Dialogmarketings.

Automobilhändler, bei denen ein Kunde ein Auto gekauft hat, taten früher wenig, um den aufgebauten Kontakt zu pflegen. Dies hat sich geändert. Die meisten Automobilhändler oder -hersteller nutzen heute das Dialogmarketing, um den Kundenkontakt aufrecht zu erhalten und zu intensivieren. Sie schreiben den Kunden an, um ihn an fällige Werkstattbesuche oder TÜV-Termine zu erinnern, sie laden ihn zu Sonderaktionen ein, bieten ihm Zubehör an oder schreiben ihm einfach einen Geburtstagsbrief.

> **Beispiele für Dialogmarketing:**
>
> **Unilever:**
>
> Der CMO von Unilever, Keith Weed, sagte in einem Interview im Jahr 2016 (Campillo-Lundbeck 2016):
>
> „Das Marketing des 20. Jahrhunderts hat bald ausgedient. … Generell denke ich, wir müssen unsere Haltung verändern: Weniger „Marketing für Konsumenten" und mehr „Bedeutsamkeit für Menschen". Das setzt allerdings voraus, eine Beziehung zu den Menschen herzustellen und individuell und persönlich mit ihnen zu interagieren. Wir haben uns daher zum Ziel gesetzt, Beziehungen mit einer Milliarde Menschen aufzubauen. Und wenn Sie so vielen Menschen glaubwürdig, authentisch und wirkungsvoll einen Mehrwert bieten wollen, benötigen Sie verlässliche Daten und müssen diese intelligent einsetzen."
>
> „Technologie macht das Unmögliche möglich! Konsumenten suchen – und erwarten förmlich – die individuelle, persönliche Ansprache. Dieser Trend wird sich verfestigen. Unser Job ist es, diese Erwartung mit maßgeschneiderten Markenerlebnissen zu befriedigen, egal ob es um eine Luxusmarke wie Dermalogica geht oder um Massenmarken wie Dove oder Magnum. Auch wenn sich an der Rolle des Marketers zuletzt nichts geändert hat – nämlich Bedürfnisse zu identifizieren und zu erfüllen – bin ich dennoch der festen Überzeugung, dass klassische Marketingkonzepte aus dem 20. Jahrhundert schon sehr bald ausgedient haben. Unsere Herausforderung besteht also darin, personalisierte Markenkonzepte zu entwickeln, die reproduzierbar sind und uns gleichzeitig weiter wachsen lassen."
>
> **Porsche:**
>
> Klaus Zellmer, der Marketingleiter von Porsche Deutschland sagte zum Relaunch des Modells 911 im Jahre 2008: „Der neue 911er wird hauptsächlich mit Dialogmaßnahmen beworben. Wir setzen vereinzelt zwar auch auf Printwerbung, auf TV-Werbung verzichten wir jedoch völlig. Im Fernsehen ist die Streubreite einfach zu groß." (o.V. 2008, S. 20)
>
> **Mercedes:**
>
> Auch für den Relaunch der S-Klasse gab es mit Ausnahme eines Printauftritts keine klassische Werbung. Stattdessen setzt Mercedes vor allem auf Dialogmarketing (Peymani 2005, S. 6 f.).
>
> **Coca-Cola:**
>
> Coca-Cola wurde im Jahr 2010 mit dem EDDI (Erfolg durch Dialogmarketing) geehrt. Der Marketing-Direktor sagte dazu: „Das Erfolgsrezept von Coca-Cola heißt „Fans First". Wir verstehen Markenkommunikation als Dialog mit unserer Zielgruppe über relevante und ansprechende Themen.

… Aber wir sehen, dass gerade im Interactive-Marketing der Dialog mit den Konsumenten immer wichtiger wird, egal ob User Generated Content, Social Media- oder Mobile Marketing. Wir stellen immer wieder fest, dass unsere Konsumenten positiv auf unsere Kampagnen reagieren und Spaß und Freude haben, sich daran zu beteiligen." (DDV 2010)

McDonald's:

Der Vorstandsvorsitzende von McDonald's Deutschland Bane Knezevic bestätigte die Bedeutung des Dialogmarketings in einem Interview im Jahr 2013 (o.V. 2013). Er sagt: „ Traditionelle Werbung ist überholt" und stellt fest, dass die Interaktion mit dem Kunden auf der Prioritätenliste ganz weit oben steht.

DM:

Die Drogerie-Kette DM schließt im Jahr des 40-jährigen Firmenjubiläums dank dialogorientiertem Marketing mit einem Umsatzrekord ab und blieb dabei in den Werbeumfeldern der Massenmedien unsichtbar (Campillo-Lundbeck 2013).

2.6 Aufgaben des Dialogmarketings

Vielfalt der Aufgaben

Dialogmarketing hat das Ziel, Reaktionen bei den Empfängern auszulösen. Diese Reaktionen können unterschiedlicher Art sein. Die wichtigsten Ziele und Aufgaben des Dialogmarketings sollen im Folgenden in einem Überblick dargestellt werden, der in der Abbildung 18 zusammengefasst ist.

In den späteren Kapiteln werden dann ausführliche Beispiele zu den einzelnen Aufgaben in unterschiedlichen Branchen folgen.

2 Erfolgsfaktoren und Aufgaben des Dialogmarketings

Kundengewinnung	Kundenbindung
Interessentengewinnung Interessenten umwandeln Freundschaftswerbung Neukundengewinnung	Kundenaktivierung Kundenpflege Clubaktivitäten Sammeln von Kundendaten
Verkauf	**Einladungen**
Verkauf Test von Produktneuheiten Sonderangebote	zu Messen zum „Tag der offenen Tür" zu Events
Ziele der klass. Kommunikation	**Sonstige Ziele**
Bekanntheitsgrad Image Informationen	Außendienstunterstützung Sampling, Spendenbitte Informationsgewinnung

Abbildung 18: Aufgaben des Dialogmarketings

Kundengewinnung

Eine der bedeutendsten Aufgaben des Dialogmarketings besteht darin, Interessenten zu werben, die dann durch eine mehrstufige Aktion später in Kunden umgewandelt werden sollen. Zur Neukundengewinnung werden Adressen von erfolgsversprechenden Zielgruppen angemietet und mit dem Ziel angeschrieben, sie als Kunden für das Unternehmen zu gewinnen. Auch Freundschaftswerbung oder „Member gets Member"-Aktivitäten werden zur Neukundengewinnung eingesetzt.

Oft ist es problematisch, Nichtkunden mit einer einstufigen Aktion direkt zum Kauf zu bewegen, so dass zunächst knapp gefasst einige wenige Informationen über das Angebot gegeben werden. Die Interessenten haben die Möglichkeit, weitergehende Informationen anzufordern.

Erst in einem zweiten oder späteren Schritt wird versucht, diese Interessenten in Käufer umzuwandeln.

Kundenbindung

Seit einigen Jahren haben die Unternehmen den Wert ihres Kundenstammes neu entdeckt. Während der Schwerpunkt des Marketings früher auf der Neukundengewinnung lag, rückt jetzt das Kundenbindungsmanagement zunehmend in den Fokus. Durch Kundenkontaktprogramme oder Clubaktivitäten werden bestehende Kunden enger an das Unternehmen gebunden.

Bestehende Kunden, die seit längerer Zeit nicht mehr bestellt haben und somit „inaktiv" sind, lassen sich mit einem besonderen Angebot ansprechen, so dass ein „Abreißen" des Kontaktes möglichst vermieden wird.

Automobilhändler nutzen das Dialogmarketing, um den einmal aufgebauten Kontakt zu Kunden, die ein Auto gekauft haben, zu pflegen und zu intensivieren; damit wird eine Markentreue angestrebt.

Verkauf

Vor allem Kunden, die bereits mehrfach gekauft haben und über die Informationen in der Datenbank vorliegen, können in einstufigen Dialogmarketing-Aktionen mit bestellfähigen Angeboten angesprochen werden. Ein testweises Angebot in einem E-Mailing oder schriftlichen Mailing ist ein einfacher und wirkungsvoller Ersatz für einen Testmarkt.

Im Konsumgüterbereich besteht das Ziel von Dialogmarketing an bereits bestehende Kunden meist darin, eine Bestellung herbeizuführen. Dazu werden den Kunden Kataloge oder Prospekte zugesandt, aus denen telefonisch, brieflich oder online bestellt werden kann.

Einladungen

Im Investitionsgüterbereich führen Werbebriefe selten unmittelbar zu einem Vertragsabschluss. Hier stehen eher die Vorstellung neuer Produkte, Messeeinladungen oder Sonderaktionen im Vordergrund. Auch im Handel werden häufig Kunden oder Interessenten zu bestimmten Events eingeladen.

Aufgaben der klassischen Kommunikation

Obwohl die Ziele des Dialogmarketings im Allgemeinen darin liegen, eine Reaktion bei den Umworbenen zu erzeugen, können damit auch die Ziele der klassischen Werbung verfolgt werden, wie die Informationsübermittlung und die Steigerung von Image und Bekanntheitsgrad.

Sonstige Aufgaben

Dialogmarketing dient beispielsweise im Investitionsgüterbereich der Unterstützung des Außendienstes, dessen Besuche vorbereitet und durch den Kunden angefordert werden können.

Auch die Versicherungsunternehmen schalten vor den Außendienstbesuch häufig Dialogmarketing-Aktionen, um Interessenten zu gewinnen, die zu einem Gespräch mit einem Vertreter bereit sind.

Dadurch wird ein „Türöffner" für den Außendienstmitarbeiter installiert, der auf vorinformierte Gesprächspartner trifft und effektiver eingesetzt werden kann.

Fundraising-Unternehmen setzen Mailings zur Spendenbitte ein.

Häufig dient die erste Stufe einer Dialogmarketing-Aktion dem Sammeln von Informationen über potenzielle Kunden in einer Database, um Interessenten für spätere Angebote herauszufiltern. Diese Informationssammlung kann an ein Gewinnspiel gekoppelt werden.

3 Medien des Dialogmarketings

3.1 Dialogmarketing über alle Medien

Die Entwicklungen der letzten Jahre haben die Einsatzmöglichkeiten des Dialogmarketings ausgeweitet. Damit ist auch die Palette von nutzbaren Medien immer umfangreicher geworden. Neben den klassischen Medien, die mit einem Response-Element zum Aufbau eines Dialogs genutzt werden können, sind es vor allem die Online-, Mobile- und Social Media, die dem Dialogmarketing neue Impulse gegeben haben.

In diesem Kapitel wird ein Überblick über die wichtigsten Medien gegeben, die für das Dialogmarketing genutzt werden können. Die Abbildung 19 erhebt keinen Anspruch auf Vollständigkeit, sie zeigt jedoch eine Übersicht der wichtigsten Medien. Durch den technischen Fortschritt und die Kreativität der Anwender entwickeln sich ständig neue Dialogmedien (Holland 2014c, S. 352).

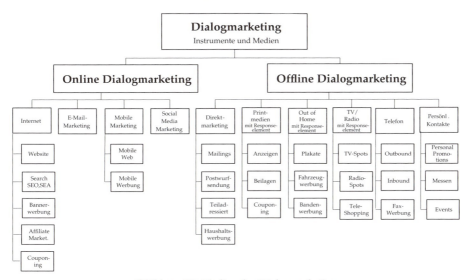

Abbildung 19: Medien des Dialogmarketings

> In diesem Kapitel werden die einzelnen Instrumente kurz vorgestellt; die folgenden Kapitel vertiefen die wichtigsten Medien und präsentieren Beispiele dazu.

Auf der ersten Ebene werden die Offline- und Online-Medien und Instrumente des Dialogmarketings unterschieden.

Die Online-Medien des Dialogmarketings werden in der Abbildung 19 in vier Bereiche aufgespalten.

Die Website eines Unternehmens dient vielen Interessenten und Kunden als Anlaufpunkt und Auslöser für einen langfristigen Dialog. Hier werden Informationen zu dem Unternehmen und seinen Angeboten gesucht. Wenn der Besucher seine Daten in dem System hinterlässt, seine E-Mail- oder postalische Adresse eingibt, fließen diese Daten in die Datenbank und das Unternehmen kann in den Dialog eintreten.

Über Suchmaschinen wird in vielen Fällen der erste Kontakt gesucht, der gegebenenfalls zu einem langfristigen Dialog führen kann. Search-Engine-Optimization (SEO) bedeutet den eigenen Online-Auftritt so zu gestalten, dass er für die Suchmaschinen die optimal auffindbar ist und hoch gerankt wird. Search-Engine-Advertising (SEA) beinhaltet die bezahlte Anzeige der eigenen Website bei der Suche.

Auch über Banner und auf Vermittlungsprovisionen beruhende Affiliate-Systeme mit Verlinkung auf Partner-Webseiten können User einen direkten Kontakt zu Unternehmen aufbauen.

Couponing bedeutet in diesem Zusammenhang über das Internet verteilte Coupons für einen Rabatt oder einen Gutschein; Coupons sind auch in der Spalte der Printmedien noch einmal aufgeführt.

Das E-Mail-Marketing führt den Dialog auf elektronischem Weg und kann mit dem gedruckten Werbebrief verglichen werden.

Die zunehmende Mobilität und das Bedürfnis nach ständiger Erreichbarkeit haben dem Mobile Marketing hohe Wachstumsraten beschert. Sowohl die mobile Website als auch die unterschiedlichsten mobilen Werbeformen erlauben den Dialog zwischen Kunde und Unternehmen unabhängig von Zeit und Ort.

Ein großes Wachstum erzielten die Sozialen Medien in den letzten Jahren. Sie ermöglichen die Vernetzung der Konsumenten untereinander, aber auch den Kontakt mit Unternehmen. Wenn das Social Media-Marketing auf Response und Reaktionen ausgerichtet ist, verfolgt es Ziele des Dialogmarketings.

Bei den Offline-Medien unterscheidet die Abbildung 19 zwischen sechs Varianten.

Die Direktmarketing-Medien stellen den Ursprung des Dialogmarketings dar und umfassen adressierte (Mailings), teiladressierte (Postwurf Spezial) und unadressierte (Postwurf und Haushaltswerbung) Werbesendungen.

Anzeigen, Beilagen und Couponing in Printmedien, wie Zeitschriften und Zeitungen, können durch Coupons, Antwortkarten, Telefonnummern oder E-Mail-Adressen eine Reaktion und damit den Beginn eines Dialogs ermöglichen. Diese, der klassischen Kommunikation zugehörigen Medien, und auch die folgenden werden nur dann dem Dialogmarketing zugerechnet, wenn sie über ein Response-Element verfügen.

Auch Out-of-Home-Medien, wie Plakate, City-Light-Poster, Werbung auf Fahrzeugen und auf Banden im Sport, werden zunehmend, beispielsweise durch QR-Codes, responsefähig.

In Fernsehen und Rundfunk sind es häufig Telefonnummern, durch die zu einer Reaktion aufgerufen wird.

Das Telefonmarketing wird in Outbound (aktives) Telefonmarketing und Inbound (passives) Telefonmarketing untergliedert. Aktives Telefon- und Faxmarketing sind bei privaten Kunden nur mit deren Einverständnis (permission) zulässig.

Die persönlichen Kontakte sind der Ursprung jeder Form von Dialog. Dialogmarketing wir jedoch im Allgemeinen so verstanden, dass Medien verwendet werden. Diese Medien können bei Personal Promotions Prospekte mit Proben oder Teilnahmekarten an Gewinnspielen sein. Zu Messen und Events wird häufig durch Mailings oder E-Mails eingeladen.

3.2 Nutzung der Medien

Im Jahr 2014 wendeten deutsche Unternehmen insgesamt 27,3 Milliarden Euro für den direkten Dialog mit ihren Kunden auf, wie in Kapitel 2.1 gezeigt wurde (Deutsche Post AG 2015, S. 13).

Eine eigene Website hat 70 Prozent der Unternehmen, Anzeigenwerbung schaltet 57 Prozent (Abbildung 20). Auf dem dritten Platz folgt das Online-Marketing mit 46 Prozent. Viele der Werbeformen hatten im Vergleich zum Vorjahr stagnierende oder rückläufige Nutzeranteile. Die Kundenzeitschriften (minus 2,7 Prozentpunkte) und die unadressierten Werbesendungen (minus 2,9 Prozentpunkte) mussten starke Einbußen hinnehmen. Die Beilagenwerbung konnte den Nutzeranteil um 2,3 Prozentpunkte steigern (Deutsche Post AG 2015, S. 15).

Abbildung 21 zeigt eine zusammenfassende Beurteilung der unterschiedlichen Medien des Dialogmarketings mit ihren Vor- und Nachteilen.

3 Medien des Dialogmarketings

	Nutzeranteil einzelner Medien 2014 (Anteil der Unternehmen, die das Medium nutzen)
Klassikmedien	
• TV-Werbung	0,9 %
• Funkwerbung	2,0 %
• Anzeigenwerbung	57,2 %
• Beilagenwerbung	18,3 %
• Plakat- und Außenwerbung	30,8 %
• Kinowerbung	0,4 %
Dialogmarketingmedien	
• Volladressierte Werbesendungen	15,7 %
• Teil- und unadressierte Werbesendungen	10,4 %
• Aktives Telefonmarketing	11,7 %
• Passives Telefonmarketing	12,0 %
• Eigene Website	69,3 %
• Online-Marketing	45,8 %
Medien mit Dialogelementen	
• Aktionen in Geschäften (Promotion, Couponing)	9,1 %
• Kundenzeitschriften	6,6 %
• Messen	21,1 %

Abbildung 20: Nutzeranteile der Medien des Dialogmarketings
Quelle: Deutsche Post AG 2015, S. 15

Medien	Vorteile	Nachteile
Adressiertes Mailing	Direkte und individuelle Ansprache Zielgenauigkeit	Relativ hohe Kontaktkosten
Postwurfsendung/ Haushaltswerbung	Kostengünstig Geografisch selektierbar	Streuverluste Geringere Beachtung als personalisierte Ansprache
Print-Anzeige mit Responseelement	Gestaltungsmöglichkeiten Emotionale Bilder Responsealternativen	Streuverluste Kosten
Pressebeilage	Zielgruppe je nach Medium	Streuverluste abhängig vom Medium
Plakat mit Responseelement	Emotionale Bilder Andere Zielgruppen	Streuverluste Flüchtige Wahrnehmung Einfache Responsemöglichkeit notwendig (E-Mail, QR-Code, Telefon)
Fernsehen/DRTV	Multisensorisch Adressgewinnung Bei nicht eng definierten Zielgruppen	Kosten Streuverluste Responsekanal muss eingeblendet werden

3.2 Nutzung der Medien

Medien	Vorteile	Nachteile
Hörfunk	Regional einsetzbar	Kosten Streuverluste Flüchtige Wahrnehmung Responsekanal muss eingeblendet werden
Telefonmarketing	Unmittelbarer Dialog Nachfassinstrument	Rechtliche Grenzen
Telefax	Effizient bei bestehenden Kontakten Vor allem im B-t-B-Bereich	Rechtliche Grenzen Abnehmende Bedeutung
Promotion, Messen, Events	Persönliche Kontakte für intensiven Dialog	Kosten
Website	Weltweite Präsenz Imagewirkung Möglicher Vertriebskanal	Aktualisierungsbedarf
Suchmaschinenmarketing	Pull – der User sucht aktiv	Aufwendige Optimierung Evtl. hohe Kosten für Buchung von Suchbegriffen
E-Mail	Schnell und effizient Kostengünstiger Informationsaustausch Dialogmöglichkeit	Antwortorganisation erforderlich Permission erforderlich
Mobile Marketing	Unabhängigkeit von Zeit und Ort Erreichbarkeit des mobilen Verbrauchers	Rechtliche Grenzen Akzeptanzprobleme
Social Media-Marketing	Zunehmende Bedeutung Teilnahme an kollektiver Kommunikation	Kontrolle wird abgegeben Effizienzmessung

Abbildung 21: Vor- und Nachteile der Medien des Dialogmarketings

4 Offline-Medien des Dialogmarketings

4.1 Adressierte Werbesendungen

4.1.1 Bestandteile eines Mailings

> Im Jahr 2014 wendeten deutsche Unternehmen insgesamt 27,3 Milliarden Euro für den direkten Dialog mit ihren Kunden auf. Bei der Differenzierung nach den einzelnen Medien liegen die adressierten Werbesendungen mit 8,3 Milliarden Euro sehr weit vorn (Deutsche Post AG 2015, S. 13).

Wenn man nur die Unternehmen betrachtet, die das Mailing nutzen, so haben diese durchschnittlich Aufwendungen von 16,5 Tausend Euro für die adressierten Werbebriefe. Der Handel und die Dienstleister setzen dieses Medium in erster Linie ein. Das produzierende Gewerbe hat das Mailing noch nicht so stark für sich entdeckt. Mit zunehmender Unternehmensgröße (gemessen am Umsatz) steigen der Anteil der Nutzer von Werbebriefen und auch die durchschnittlichen Aufwendungen für dieses Instrument (Deutsche Post AG 2015, S. 13).

Trotz der steigenden Bedeutung von Internet und E-Commerce ist die Rolle der adressierten Werbesendungen nicht zurückgegangen. Mailings und Internet sollen zum einen Synergieeffekte schaffen, indem ihr kombinierter Einsatz die Kundenansprache intensiviert. Andererseits werden Mailings zur Akquisition von Online-Kunden eingesetzt.

Dabei wird die Zielgruppensegmentierung immer wichtiger werden. Unternehmen intensivieren und optimieren die Ansprache ihrer Kunden und dafür bieten die Mailings ein gutes Preis-Leistungs-Verhältnis. Die Zielgruppen für Mailings werden stärker segmentiert, was durch die Fortschritte im Database Management unterstützt wird (Burow 2013, S. 213 f.).

> Die klassische Form der adressierten Werbesendung stellt das **Mailing** (klassisches Mail-Order-Package) dar, das aus mindestens vier Bestandteilen besteht:
> 1. **Kuvert** zur Weckung von Aufmerksamkeit und Neugierde
> 2. **Brief** zur persönlichen Ansprache des Empfängers
> 3. **Prospekt** mit Detailinformationen zu dem Angebot
> 4. **Response-Element** zur möglichst einfachen Reaktion

Diese Bestandteile zeigt Abbildung 22 im Überblick.

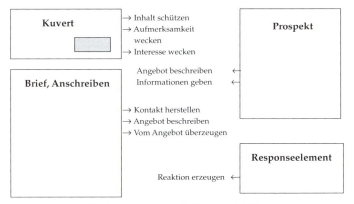

Abbildung 22: Bestandteile eines Mailings

Kuvert

Mit dem Kuvert oder der Versandhülle wird der erste Kontakt zum Empfänger hergestellt. Es hat die Aufgabe, den Inhalt auf dem Weg zum Empfänger zu schützen und dessen Interesse zu wecken.

Wenn der Empfänger das Mailing erhält, entscheiden die ersten Sekunden darüber, ob er das Kuvert öffnet und sich mit dem Angebot beschäftigt oder ob der Werbebrief ungeöffnet entsorgt wird. Aus diesem Grund kommt dem Kuvert die Aufgabe zu, das Interesse des Empfängers zu wecken und ihn zu einer Beschäftigung mit dem Angebot anzuregen.

Die Aufgaben des Kuverts sind mit denen einer Verpackung eines Markenartikels vergleichbar. Auch diese Verpackung soll den Inhalt schützen und die Aufmerksamkeit und das Interesse des Käufers wecken. Schließlich hat sie auch noch die Aufgabe, die notwendigen Informationen zu geben. Beim Mailing betrifft dies die postalischen Angaben und die Nennung des Absenders.

Brief

Der Brief übernimmt die Funktion, die mit dem Verkaufsgespräch bei einem persönlichen Kontakt vergleichbar ist. Er soll die wichtigsten Fragen des Lesers beantworten und die Vorteile des Angebots erläutern.

In dem Brief erfolgt die namentliche Anrede des Empfängers. Hier wird der besondere Vorteil des Dialogmarketings – die Individualisierung – ausgespielt. Die Anforderungen an den Texter sind hoch, gilt der Brief doch als Ersatz für das persönliche Gespräch in einem Dialog.

Der Brief stellt einen Übergang dar zwischen dem ersten Überblick über das Mailing und einer ausführlichen Beschäftigung mit dem Angebot. Ein Empfänger, dessen Interesse durch den Brief geweckt wird, wendet sich dann dem Prospekt zu und seine Bereitschaft zur Reaktion steigt.

Prospekt

Der Prospekt stellt das Angebot ausführlich dar; je nach Umfang des Werbebriefes ist eine Bandbreite von einem kleinformatigen Flyer bis zu einem umfangreichen Katalog möglich.

Wenn man ein Mailing mit einem Verkaufsgespräch vergleicht, so entspricht der Brief dem Außendienstmitarbeiter mit seinen Argumenten für das Angebot. Sobald das Interesse des potenziellen Kunden geweckt ist, verlangt dieser nach Detailinformationen. Der Verkäufer greift in diesem Fall zu seinem Prospektmaterial – im Mailing kommt nun der beiliegende Prospekt mit weiteren Informationen und Abbildungen zum Einsatz.

Reaktionsmittel

Das Ziel des Dialogmarketings besteht darin, den Empfänger zu einer Reaktion zu veranlassen. Deshalb muss das Mailing eine Antwortkarte bzw. einen Bestellschein mit einem Rückumschlag enthalten. Das Reaktionsmittel ist so zu gestalten, dass es möglichst einfach auszufüllen ist.

Wenn der Empfänger dieses Response-Mittel ausfüllt und zurücksendet, ist das Ziel des Dialogmarketings erreicht: der Dialog geht in eine weitere Stufe. Diese Antwortkarte oder dieser Bestellschein kommt zum Absender zurück und kann in der Erfolgsmessung erfasst werden. Die Reaktion wird in der Datenbank gespeichert und führt zu einer Antwort des Unternehmens. Ein weiterer Schritt in dem langfristigen Dialog ist erreicht.

Neben diesem sogenannten „klassischen Mail-Order-Package" mit vier Bestandteilen werden auch viele weitere Arten von Werbebriefen eingesetzt.

4.1.2 Leseverhalten bei Mailings

> **Werbebriefe** finden sich im Allgemeinen unaufgefordert im Briefkasten des Empfängers. Die ersten Sekunden entscheiden darüber, ob der Brief gelesen oder ungeöffnet weggeworfen wird. Der Anteil der ungeöffnet in den Papierkorb geworfenen Mailings ist gering. Eine Untersuchung des GfK Mailing-Panels zeigt Werten zwischen 10 und 15 Prozent.

Wie der Behandlung eines Werbebriefes ablaufen kann, zeigt die Abbildung 23. In jeder Stufe der Beschäftigung mit dem Mailing droht der Papierkorb.

Nach dem Empfang des Mailings beeinflussen externe und soziale Bedingungen und die Gestaltung des Kuverts die Entscheidung darüber, ob das Mailing geöffnet wird. Anschließend verschafft sich der Leser sich einen Überblick über alle Teile des Mailings.

Der Empfänger liest hierbei noch keine längeren Texte, sondern schaut sich den Brief, die Prospekte und das Reaktionsmittel an. Er nimmt Bilder, Überschriften und Fettgedrucktes wahr. Er erkennt seinen eigenen Namen bei personalisierten Werbebriefen und sucht nach dem Absender. Nach diesem Überblick entscheidet sich der Leser, ob er sich ausführlich mit dem Mailing beschäftigt oder ob er es weg wirft.

Ein Mailing, das die „Wegwerf-Welle" nach dem ersten Überblick überstanden hat, hat bereits gute Chancen für einen erfolgreichen Abschluss in Form einer Reaktion des Empfängers. In dieser Stufe wenden sich die meisten Leser dem Brief zu. Das Auge eilt im Schnelldurchlauf durch den Text und wird dort aufgehalten, wo etwas hervorgehoben wird. Zunächst wendet sich der Leser dem Briefkopf zu, um festzustellen, wer der Absender des Mailings ist. Dann blickt er auf die hervorgehobenen Teile des Textes (Fettdruck, Unterstreichungen), um den Inhalt des Briefes zu erfahren. Am Ende fällt sein Blick auf die Unterschrift und das PS. In einer, oft S-förmigen, Kurve hat der Empfänger den Brief betrachtet und einzelne Worte aufgenommen.

Viele Leser, deren Interesse an der Botschaft des Briefes geweckt wurde, legen diesen in ihre Ablage. Sie heften ihn ab oder legen ihn in Kartons mit dem Ziel, sich später noch einmal damit zu beschäftigen. Erfahrungsgemäß wird der größte Teil dieser abgelegten Mailings später doch weggeworfen.

Für den Erfolg einer Aktion ist es vorteilhafter, wenn das Mailing nicht abgelegt, sondern zur Seite (in die Wiedervorlage) gelegt wird. In dieser Phase hat der Leser ein großes Interesse an einer Reaktion. Er antwortet jedoch nicht sofort, sondern plant, sich mit dem Mailing später ausführlich zu beschäftigen oder es mit anderen zu besprechen.

Wenn der Werbebrief das Interesse des Empfängers erregt und eine Reaktion bewirkt, hat er sein Ziel erreicht. Dazu versucht man im Mailing, die Leser zu einer sofortigen Reaktion zu bewegen, sie sollen das Responsemittel möglichst unmittelbar zurücksenden. Durch Gewinnspiele oder Geschenke für sofortiges

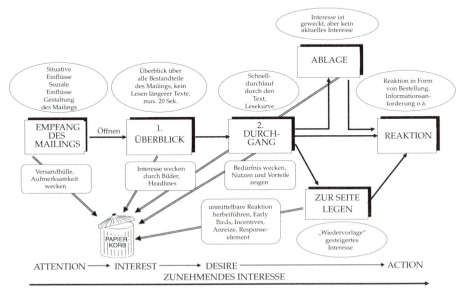

Abbildung 23: Leseverhalten bei Mailings

Antworten („Die ersten 100 Einsender erhalten …") wird das Ziel verfolgt, die Antworten zu beschleunigen, da Mailings, die zunächst abgelegt werden, nur zu einem geringen Erfolg führen.

4.1.3. Erfolgsfaktoren für die Mailinggestaltung

Der Grundstein dafür, dass ein Mailing von seinem Empfänger wahrgenommen wird und zu der beabsichtigten Reaktion führt, wird in der Konzeptionsphase gelegt.

Ziele

In der ersten Stufe der Konzeption müssen die Ziele der Aktion festgelegt werden. Es ist genau zu definieren, was mit einer Dialogmarketing-Aktion erreicht werden soll (Umsatz, Interessenten- oder Neukundengewinnung). Im Folgenden wird im Allgemeinen davon ausgegangen, dass das Ziel der Aktion in einem Verkauf von Waren oder Dienstleistungen liegt.

Natürlich ist ein Mailing, das das Ziel verfolgt eine maximale Responsequote zu erreichen, anders zu konzipieren als ein Werbebrief, der qualitativ hochwertige Reaktionen erreichen möchte.

Zielgruppe

Die genaue Auswahl und Definition der Zielgruppe ist der größte Erfolgsfaktor einer Mailing-Aktion. Der Erfolg einer Aktion hängt ganz entscheidend von der richtigen Zielgruppenauswahl ab. Schätzungen gehen davon aus, dass die Hälfte des Werbeerfolges durch die Zielgruppenauswahl beeinflussbar ist.

Angebot

Die Wahl des Produktes, das in dem Mailing offeriert werden soll, stellt einen weiteren für den Erfolg der Aktion elementaren Faktor dar. Für den Empfänger steht schließlich das Produkt im Mittelpunkt der Aktion und nicht etwa die Werbung selbst, auch wenn diese von den Werbetreibenden oft als Mittelpunkt gesehen wird.

Im Rahmen der Produktpolitik ist die Eignung des Angebotes für die Vermarktung über ein Mailing zu prüfen. Das Produkt sollte eine USP (Unique Selling Proposition), einen einzigartigen Verkaufsvorteil, aufweisen, der sich werblich in einem Mailing darstellen lässt.

Timing

Auch das Timing beeinflusst die Erfolgsquote des Mailings. Ein Business-to-Consumer Werbebrief sollte den privaten Empfänger eher zum Ende der Woche erreichen, ein Business-to-Business Mailing hat dagegen größere Chancen in der Wochenmitte. Auch saisonale Zyklen im Laufe eines Jahres sind zu beachten.

4 Offline-Medien des Dialogmarketings

Nach Schätzungen von Praktikern wird der **Erfolg** bestimmt zu:
- 40 bis 55 Prozent durch die richtige Auswahl der Zielpersonen
- 20 bis 35 Prozent durch das richtige Angebot
- 15 bis 25 Prozent durch den richtigen Zeitpunkt
- 10 bis 20 Prozent durch die richtige Kreation

Gestaltung

Die Gestaltung des Mailings – das Thema dieses Kapitels – bestimmt also nach dieser Aussage nur 10 bis 20 Prozent des Gesamterfolges.

Abbildung 24 zeigt die Bedeutung der einzelnen Bestandteile eines Mailings und ihre Wirkung auf den Erfolg. Angefangen vom ersten Blick auf den Umschlag des Mailings bis zur Reaktion des Empfängers mithilfe des Response-Elements wird der Entscheidungsprozess analog zum AIDA-Schema dargestellt.

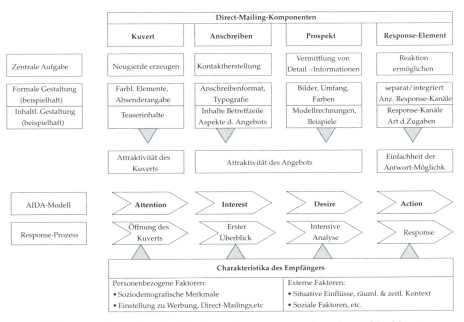

*Abbildung 24: Konzeptionelles Modell zur Bedeutung gestalterischer Erfolgsfaktoren
Quelle: Feld, Peters 2008, S. 130*

4.1.4 Cases zu adressierten Werbesendungen

Eines der am meisten Aufsehen erregenden und vielfach preisgekrönten Mailings der letzten Jahre war der „Audi Test Drive Cube", den die Agentur Philipp und Keuntje GmbH für den Audi A8 entwickelt hat. Diese Aktion wurde im

Jahr 2015 mit dem vom Deutschen Dialogmarketing Verband (DDV) verliehenen Deutschen Dialogmarketing Preis (ddp) in Gold prämiert und erhielt auch zahlreiche internationale Preise (www.ddp-award.de).

Zur Markteinführung des neuen Audi A8 wurden in einer exklusiven Zielgruppe 50 Mailings in Form eines hochwertigen Audi Test Drive Cube persönlich überreicht.

Um auf den neuen Audi A8 aufmerksam zu machen und für diesen Probefahrten zu generieren, musste eine exklusive Zielgruppe angesprochen werden. Dieser anspruchsvolle Kundenkreis lässt sich für Probefahrtenabschlüsse nur durch eine besondere Ansprache gewinnen. Um die Dynamik, Sportlichkeit und Luxuriösität des Audi A8 in Verbindung mit dem Markenversprechen „Vorsprung durch Technik" zu kommunizieren, galt es ein einzigartiges und progressives Kommunikationsmittel zu entwickeln.

Die Agentur entwickelte den Audi Test Drive Cube. Ein innovatives Mailing, das sich an einen exklusiven und schwer zu begeisternden Kundenkreis richtet. Ausgewählte Kunden erhielten den Test Drive Cube in einer schwarzen Box – vom Audi-Händler persönlich überreicht.

Per Knopfdruck auf den originalen Start-Stopp-Knopf auf der Oberseite des Cube wird der Countdown gestartet und ein GPS-Signal an den nächstgelegenen Audi Händler übermittelt. Nach exakt 90 Minuten erreicht der neue Audi A8 den Kunden für eine 24-Stunden-Probefahrt – egal wo sich dieser gerade befindet.

Der Audi Test Drive Cube hat das Image von Audi positiv geprägt und unterstreicht das Markenversprechen „Vorsprung durch Technik". Jeder ausgelieferte Cube führte zu einer Probefahrt. Somit erreichte diese Dialog-Maßnahme eine Response von 100 %. Fast jeder vierte Cube Empfänger kaufte gleich im Anschluss an die Probefahrt einen neuen Audi A8. So konnte eine Conversionrate von 24 % verbucht werden (DDV 2015, S. 86 f.).

Abbildung 25: Audi: Test Drive Cube

Während das Audi-Mailing sehr aufwendig gestaltet war, zeigt das folgende Beispiel, dass auch ein minimaler Aufwand bei einer guten kreativen Idee zu fantastischen Ergebnissen führen kann.

Für den Auftraggeber Geers Hörakustik hat die Agentur serviceplan das Hörtest-Mailing entwickelt.

Zielgruppe für dieses Mailing sind Männer und Frauen im Alter ab 55 Jahren. Die Aufgabe war es, die Empfänger eines Mailings dazu zu bringen, ein Geers Fachgeschäft zu besuchen, um einen Hörtest machen zu lassen und ihnen die Problematik immer häufiger auftretender Gehörschäden vor Augen zu führen.

Der Grenzwert, ab dem man als „geringgradig schwerhörig" gilt, liegt bei 40 Dezibel, dieses Geräusch entsteht genau beim Zerreißen eines Papiers. Diese Tatsache wurde genutzt und Geers versandte ein Mailing mit dem ersten Hörtest zum Selbermachen: Die Empfänger mussten nur das Mailing zerreißen und hatten sofort ein Ergebnis. Verbunden damit war die Aufforderung, ein Geers Fachgeschäft aufzusuchen und gegebenenfalls einen professionellen Hörtest machen zu lassen.

In den ersten 3 Wochen nach dem Versand des Mailings stieg die Anzahl der Vertragsabschlüsse im beworbenen Fachgeschäft um 50%. Die Anzahl der durchgeführten Hörtests verdoppelte sich sogar.

Das Mailing wurde mit dem ddp-Award 2014 in Silber prämiert (DDV 2014, S. 38 f.).

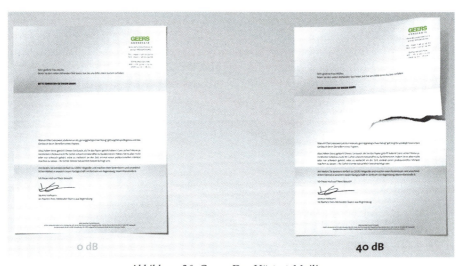

Abbildung 26: Geers: Das Hörtest-Mailing

Mailings werden auch im Business-to-Business-Bereich mit großem Erfolg eingesetzt, wie das Champagner Mailing der Stihl AG zeigt, das von Scholz & Friends konzipiert wurde.

4.1 Adressierte Werbesendungen

Das beworbene Produkt ist der Trennschleifer Stihl TS 500i, die Zielgruppe sind die Fachhändler für Baugeräte.

Der Trennschleifer TS 500i von Stihl, ist eine Weltsensation: das weltweit erste handgehaltene Gerät mit elektronisch gesteuerter Einspritzung. Da Stihl Produkte ausschließlich beim qualifizierten Fachhändler erhältlich sind, vertrauen Kunden seinem Urteil mehr als jeder Werbung. Deshalb galt es zur Produkteinführung ein Werbemittel zu entwickeln, das zunächst die Händler vom TS 500i begeistert. Nur wenn die Fachhändler das Gerät kennen und davon überzeugt sind, können sie es ihren Kunden empfehlen.

Die kreative Idee für das Mailing lautete: Stihl feiert die Weltneuheit mit den Händlern persönlich. Fachhändler für Baugeräte erhalten ein Stihl-echt verpacktes Mailing: eine einbetonierte Champagnerflasche.

Wie kommt man am besten an die Champagnerflasche heran? Natürlich mit dem neuen Trennschleifer, der den Betonblock sauber aufsägt. Nach erfolgreichem Öffnen des Mailings kann dann auf die Weltneuheit angestoßen werden.

Das Mailing wurde zum Jahreswechsel versendet. Endgültige Responsezahlen lagen bis zur Einreichung für den Deutschen Dialogmarketing Preis noch nicht vor. Mit 50 bestellten Mailings bis Mitte Januar im deutschen Markt wurden die Erwartungen aber bereits übertroffen. Die Begeisterung der internationalen Stihl Vertriebsgesellschaften für die Idee aus Deutschland war so groß, dass das Champagner-Mailing jetzt bereits in Frankreich, Kanada und Australien zum Einsatz kommt.

Das Champagner Mailing wurde mit dem ddp-Award 2012 in Silber prämiert (DDV 2012, S. 124 f.).

Abbildung 27: Stihl: Champagner Mailing

4.2 Teil- und unadressierte Werbesendungen

4.2.1 Postwurfsendungen, Haushaltswerbung, Postwurf Spezial

> **Unadressierte Werbesendung:**
> - Werbesendung, die in den Briefkasten eingeworfen wird,
> - ohne Angabe von Empfänger und Adresse,
> - in Form von Haushaltswerbung, Postwurfsendungen, Prospekte, Handzettel

Die Postwurfsendungen tragen den Aufdruck „An alle Haushalte" oder „An alle Haushalte mit Tagespost". Im letzten Fall wirft der Postbote die Werbesendung nur dann ein, wenn er auch adressierte Briefe einzuwerfen hat. Man kann davon ausgehen, dass es sich in diesem Fall um aktivere Haushalte handelt.

> **Postwurfsendungen** werden durch den Postboten in den Briefkasten eingeworfen.
> **Haushaltswerbung** wird durch Verteilerorganisationen verteilt.

Die Einordnung der unadressierten Werbesendungen in das System des Dialogmarketings ist problematisch. Im Allgemeinen besteht kein direkter Kontakt zwischen dem Absender und dem Empfänger. Nach der Definition des Dialogmarketings lassen sich unadressierte Werbesendungen nur dann zum Dialog rechnen, wenn durch sie ein direkter Kontakt aufgebaut werden soll, wenn sie also ein Responseelement enthalten.

Postwurf Spezial, als teiladressierte Werbesendung, stellt eine Zwischenform zwischen adressierten und unadressierten Werbesendungen dar. Hier wird auf den Namen verzichtet („An die Bewohner des Hauses ..."). Es müssen also keine Adressen gemietet werden, die Streukosten sind geringer (kein Porto), aber die Zielgruppen lassen sich mikrogeografisch sehr genau bestimmen. Allerdings sind die Vorteile einer individuellen, persönlichen Ansprache der Zielperson auf diesem Weg natürlich nicht nutzbar.

> **Teiladressierte Werbesendung bzw. Postwurf Spezial:**
> - Werbesendung, die in den Briefkasten eingeworfen wird,
> - ohne Angabe des Empfängers,
> - aber mit Angabe der Adresse

Teil- und unadressierte Werbesendungen haben mit 10,4 % einen wesentlich geringeren Nutzeranteil bei den deutschen Unternehmen als die adressierten Mailings. Die Gesamtaufwendungen dafür betrugen im Jahr 2014 2,5 Milliarden

4.2 Teil- und unadressierte Werbesendungen 63

Euro. Die durchschnittlichen Aufwendungen der Unternehmen, die teil- und unadressierte Werbesendungen nutzen, liegen bei 7,1 Tausend Euro (Deutsche Post AG 2015, S. 13).

4.2.2 Cases zu unadressierten Werbesendungen

Für die BMW Schweiz AG realisierte die Agentur serviceplan suisse die „BMW Boring News".

Die Auflage betrug total 799.781 Exemplare; davon wurden 29.115 Exemplare über Mailings zugestellt und 770.666 Exemplare als unadressierte Streuwurfsendung.

Die Herausforderung bestand darin, dass mit dem BMW 2er Active Tourer BMW ein für die Marke neues Fahrzeugsegment erschließt: das der Kompaktvans. Fahrzeuge dieser Klasse – genau wie ihre Zielgruppe – gelten bei vielen Menschen als pragmatisch, irgendwie langweilig und eintönig. Dieses Vorurteil galt es innerhalb der Kampagne „Tausche Langeweile gegen Probefahrt" zu widerlegen.

Dazu wurde ein Mailing in Form einer echten Zeitung verschickt oder unadressiert gestreut. Die „Boring News" karikierten die Welt des typischen Kompaktvan-Fahrers: Mit News ganz ohne Nachrichtenwert, die stellvertretend für die vermeintlich langweilige Kompaktvan-Klasse standen.

In diese Klasse bringt der neue BMW 2er Active Tourer endlich Abwechslung; nicht nur im Werbemittel selbst, sondern vor allem bei einer Probefahrt beim BMW Partner.

Abbildung 28: BMW: Boring News

Mit einer Auflage von 799.781 Exemplaren erreichten die „Boring News" über 23 % der Schweizer Haushalte und machten sie bereits mit ihrer ersten Ausgabe zu einer der auflagenstärksten Zeitungen im Land.

Das Mailing generierte über 5.000 Probefahrten innerhalb von nur 2 Wochen. Das gesetzte Verkaufsziel wurde um 16,5 % übertroffen. Zahlreiche Medien berichteten über die ungewöhnliche Zeitung. Fotos wurden auf Facebook, Twitter und Instagram geteilt. Aufgrund der überwältigenden Resonanz entschied sich BMW zur Publikation einer 2. Ausgabe der „Boring News".

Prämiert wurde die Aktion mit dem ddp 2015 D-A-CH International Gold (DDV 2015, S. 108 f.).

Viele Menschen haben die Aufkleber an ihren Briefkästen: „Bitte keine Werbung!", die vor unerwünschten unadressierten Werbesendungen schützen. Dieser Schutz gilt auch gegen den Ikea-Katalog, der in diesen Fällen nicht zugestellt werden darf. Allerdings sehen viele Menschen, auch diejenigen mit den Briefkastenaufklebern den Ikea-Katalog nicht als Werbung, sondern als willkommenes Angebot voller Einrichtungstipps.

Mit dieser Herausforderung hat Ikea Deutschland die Agentur Ogilvy One worldwide konfrontiert.

Die Idee zur Lösung lautete: Wer den Katalog also zukünftig bekommen will, ohne in unerwünschter Werbung zu ertrinken, sollte seinen Briefkasten aufmöbeln. Auf Edgar-Cards und in Tageszeitungs-Beilagen gab es Aufkleber, die ganz klar sagen: „Ja, ich will Post von Ikea". Und das ganz formschön in Silhouetten verschiedener Ikea-Lieblingsmöbel; Missverständnisse wurden völlig ausgeschlossen.

Abbildung 29: Ikea: Briefkastenaufkleber

Das Ergebnis war überwältigend. Ikea ist (fast) überall herzlich willkommen. Die Ziele wurden nicht nur zu 100 Prozent erfüllt, sondern übertroffen, d.h. die Nachfrage nach zusätzlichen Katalogen konnte nicht befriedigt werden. Auch im Web erfreute sich diese kleine, aber feine Aktion großer Aufmerksamkeit in verschiedenen Blogs.

Im Jahr 2010 wurde die Aktion mit dem ddp Auszeichnung prämiert (DDV 2010, S. 116 f.).

4.3 Printmedien

4.3.1 Pressebeilagen

> Die **Printmedien** gelten als Medien der klassischen Marketingkommunikation. Sobald aber Anzeigen oder Beilagen in Zeitungen oder Zeitschriften mit einer Response-Möglichkeit ausgestattet werden, dienen sie dem Aufbau eines Dialogs. Der Anteil der Printmedien mit einem Response-Element in Form eines Coupons, einer E-Mail-Adresse oder Telefonnummer hat in den letzten Jahrzehnten stark zugenommen.

Die Beilagen in Pressemedien wie Zeitschriften, Zeitungen oder Anzeigenblättern enthalten häufig direkte Rückantwortmöglichkeiten und werden dann zum Dialogmarketing gezählt.

Die Rückantwortmöglichkeit kann durch Coupon, Rückantwortkarte, E-Mails oder Telefonnummer gegeben werden. Mittels Coupons, die ausgeschnitten, ausgefüllt und eingesandt werden, können Leser Bestellungen aufgeben, Informationen anfordern oder an Gewinnspielen teilnehmen. Auch lässt sich ein Coupon als Gutschein für einen Rabatt, eine Warenprobe oder ein Geschenk gestalten (Couponing).

An Stelle des Coupons kann eine Rückantwortkarte verwendet werden, die vor allem der Bequemlichkeit des Lesers dient; er kann die Karte ausfüllen, frankieren und als Postkarte verschicken. Eine weitere Antwortmöglichkeit kann durch eine aufgedruckte Telefonnummer und passives Telefonmarketing gegeben werden.

4.3.2 Anzeigen

Immer mehr Anzeigen in Zeitungen und vor allem in Zeitschriften enthalten die Aufforderung an die Leser, in Kontakt mit dem Unternehmen zu treten. Dies kann – wie bei den Beilagen – über Coupons (Coupon-Anzeigen) oder über Rückantwortkarten geschehen.

Diese Rückantwortkarten sind häufig so geschickt auf die Anzeige aufgeklebt („ad-a-card"), dass sie in das Anzeigenmotiv integriert sind, aber dennoch eine dritte Dimension zu der Anzeige hinzufügen. Sie laden förmlich dazu ein, diese abzulösen und einzusenden.

4.4 Out-of-Home

4.4.1 Medien der Außenwerbung

Zur Außenwerbung werden alle werblichen Aktivitäten außerhalb von geschlossenen Räumen gerechnet. Neben Plakaten (Litfasssäule, City-Light-Poster etc.) zählen dazu beispielsweise die Verkehrsmittelwerbung und die Bandenwerbung auf Sportplätzen.

Die Außenwerbung rechnet man dann zum Dialogmarketing, wenn der Betrachter aufgefordert wird, in Kontakt mit dem Unternehmen zu treten. Die Außenwerbung wird im Allgemeinen nur flüchtig wahrgenommen, beispielsweise im Vorbeifahren aus dem Auto. Daher werden hauptsächlich emotionale Bilder übermittelt.

In den letzten Jahren hat der Anteil der Plakatwerbung mit aufgedruckten Telefonnummern und der Aufforderung zur Reaktion deutlich zugenommen. Viele Plakate von Telekommunikationsanbietern, Reiseunternehmen, Energieversorgern und vielen anderen nutzen diese Möglichkeit der Interessentengewinnung.

> Durch **QR-Codes**, die sich in Printmedien oder auf der Außenwerbung befinden, kann eine Verbindung zwischen Offline- und Online-Medien hergestellt werden.

4.4.2 Case zu Außenwerbung

Für den Auftraggeber Ikea entwickelte die Agentur Grabarz zweite Werbeagentur GmbH eine Eröffnungskampagne für den Standort Lübeck. Die Kampagne richtet sich an alle Menschen in Lübeck und Umgebung.

Mit Ikea Lübeck eröffnete 2014 das 47. Ikea Einrichtungshaus in Deutschland.

In der Kampagne sollten die Lübecker von ihrem neuen Nachbarn Ikea begeistert werden. Man wollte zeigen, wie einfach und inspirierend spontane Veränderungen sein können und wie viel Spaß es macht, ganz spontan selbst ein Teil davon zu werden. Es galt also, eine ungesehene, involvierende und vor allen Dingen integrierte, lokale Kampagne auf die Beine zu stellen.

Spontanität war die kreative Strategie. Denn die neue Nähe ermöglichte es den Lübeckern ja jetzt auch, „einfach mal so" bei Ikea vorbeizuschauen und sich inspirieren zu lassen. Um das zu zeigen und Lübeck mitzureißen, veränderte Ikea schon vor der Eröffnung ganz Lübeck mit überraschenden Ikea-Installationen, die gleichzeitig Out-of-Home-Motive und Teil einer großen interaktiven „Snitseljakt" waren, zu der die Lübecker eingeladen wurden.

Zusätzlich aktivierte man die treuen Ikea Family- Mitglieder und machten sie zu Botschaftern einer Kampagne, die über vier Wochen das Stadtgespräch Nummer eins war.

Dank der präzise abgestimmten Kampagnendramaturgie wurde über mehrere Wochen die Spannung bis zur Eröffnung gehalten und maximale Aufmerksamkeit erreicht. 200.000 Besucher auf der Landingpage; 140.000 Teilnehmer an der Ikea Snitseljakt; 18.000 Ikea-Family-Mitglieder beim Pre-Shopping-Event und überdurchschnittlich hohe Besucherzahlen im Ikea Einrichtungshaus machten die Eröffnungskampagne zu einem nie dagewesenen Erfolg – für das neue Einrichtungshaus in Lübeck und für die Marke Ikea.

Der Erfolg war die Prämierung mit dem Deutscher Dialogmarketing Preis 2015 in Gold (DDV 2015, S. 76 f.).

Abbildung 30: Ikea: Eröffnungskampagne

4.5 Funk und Fernsehen

4.5.1 Responsefähige Spots

Wenn in TV- oder Funk-Spots eine Telefonnummer oder Adresse eingeblendet wird, die der Zuschauer oder Zuhörer kontaktieren kann, um etwas zu bestellen oder Informationen anzufordern, dient er den Zwecken des Dialogmarketings.

Vor allem in den privaten Fernsehprogrammen werden direkt bestellfähige Spots ausgestrahlt. Aber auch bei den öffentlich-rechtlichen Sendern mehrt sich das Direct Response Television (DRTV) mit eingeblendeten Telefonnummern, über die die Teilnahme an Gewinnspielen ermöglicht wird.

4.5.2 Case zu TV-Spots

Einen preisgekrönten Fernsehspot mit der Aufforderung zur Reaktion hat die Agentur serviceplan für Sky Deutschland unter dem Titel „Sky Livespots" kreiert. Zur Zielgruppe wurden alle Fußballfans ohne Sky-Abonnement gezählt.

Die Herausforderung wurde wie folgt beschrieben: Fußball hat so viele Fans wie noch nie. Aber nur Sky zeigt alle Spiele der UEFA Champions League live und in voller Länge. Mit einer Promotion-Aktion sollten auf dieses exklusive Angebot Lust gemacht und direkt Abo-Abschlüsse sowie positive PR generiert werden.

Die kreative Idee zur Umsetzung lautete: Manchmal ist die beste Werbung für ein Produkt das Produkt selbst. Der Spot verschaffte potenziellen Kunden einen kurzen Einblick in das exklusive Live-Fußball-Angebot von Sky und ließ sie so die Faszination von Sky unmittelbar selbst erleben. Sky übertrug das Champions League Spitzenspiel Arsenal London gegen Bayern München in die Werbeblöcke großer deutscher Privatsender (SAT.1, ProSieben, Kabel Eins, Sport 1). Die Übertragung war live – aber nur für 40 Sekunden in sechs individuellen Schaltungen.

Das Ergebnis war offenkundig. Ganz Deutschland sprach über die Idee; große Offline- und Online-Zeitungen (z.B. die Titelseite der BILD), Fachpresse, Radio und Social Media berichteten. Die Aktion wurde zum „Trending Topic" auf Twitter, als sogar ein Tor in einem der Livespots eingefangen wurde. Mehr als 5 Millionen Menschen erlebten so gleichzeitig die Faszination, aber auch die Exklusivität von Sky und konnten am Ende der Spots telefonisch ihr Sky-Abo bestellen und so direkt auf den Spot reagieren.

Diese Aktion wurde mit dem Deutschen Dialogmarketing Preis 2014 in Gold ausgezeichnet (DDV 2014, S. 192 f.).

Abbildung 31: Sky: Livespots

4.6 Telefonmarketing

4.6.1 Grundlagen des Telefonmarketings

Aktives Telefonmarketing bei Privatkunden ist nur bei einer bestehenden Geschäftsbeziehung erlaubt oder wenn eine Einwilligung seitens des Kunden vorliegt. Anrufe (Kaltanrufe) zur Neukundengewinnung sind wegen „Kundenfangs durch Belästigung" nach §§ 3, 7 Abs. 2 Nr. 2 Fall 2 UWG unlauter und verboten. Weitere Einschränkungen werden diskutiert. Die rechtlichen Voraussetzungen haben sich verschärft; die Strafen bei Verstößen wurden empfindlich erhöht.

Die Einwilligung kann beispielsweise mit einem Responseelement bei einer Anzeige durch einen entsprechenden Zusatz erreicht werden. Für die Marktforschung dürfen auch Privatpersonen telefonisch angesprochen werden. Hierzu muss zu Beginn des Gesprächs das Einverständnis des Angerufenen erfragt werden (Tapp, Engels 2014, S. 499).

> Die **aktive Ansprache per Telefon, Fax oder E-Mail** ist im Privatkundengeschäft sowohl bei bestehenden Kunden als auch bei „Kaltadressen" untersagt, wenn keine Einwilligung vorliegt. Die Gerichte argumentieren, dass ein Anruf eine unzumutbare Belästigung darstellen kann, ein Fax die Telefonnummer des Empfängers belegt und bei ihm zudem Kosten in Form von Strom und Papierverbrauch verursacht.

Im Business-to-Business-Bereich gelten nicht die gleichen restriktiven Grenzen wie im Privatkundenbereich. Im gewerblichen Bereich ist Telefonmarketing zulässig, wenn der Angerufene das Telefonat angefordert hat, oder wenn ein Einverständnis anzunehmen ist. Dieses anzunehmende Einverständnis ist kaum generell zu beurteilen. In zahlreichen Einzelentscheidungen haben die Gerichte von Fall zu Fall geurteilt.

Insgesamt kann für das Telefonmarketing im gewerblichen Bereich zusammenfassend festgestellt werden, dass es zulässig ist, wenn:

- der Angerufene sein Einverständnis ausdrücklich oder konkludent erklärt hat.
- bereits eine Geschäftsbeziehung besteht.
- der Anruf den „eigentlichen Geschäftsgegenstand" des Gewerbetreibenden betrifft.
- das Einverständnis des Angerufenen vermutet werden kann.

Das Telefonmarketing kann den unterschiedlichsten Aufgabenstellungen dienen, wenn die rechtlichen Grundlagen dies erlauben.

Beim direkten Verkauf werden Kunden, zu denen im Normalfall schon eine Geschäftsbeziehung besteht, vor allem im Business-to-Business-Bereich mit dem unmittelbaren Ziel eines Vertragsabschlusses angerufen.

Im Rahmen der Marktforschung kann Telefonmarketing genutzt werden, um Datenbanken aufzubauen oder zu aktualisieren.

Zu Zwecken der Verkaufsförderung kann das Telefonmarketing die klassische Werbung unterstützen. Über eingeblendete Telefonnummern können Bestellungen aufgegeben oder Informationen abgerufen werden.

Eine große Anzahl von Unternehmen betreibt Telefonmarketing als Service für die Kunden. So haben Auto-Vermieter einen 24-Stunden-Service eingeführt, über den telefonisch Hilfe und Ersatzfahrzeuge bei Pannen und Unfällen geordert werden können.

Zahlreiche vor allem private Radio- und Fernseh-Sender fordern in ihren Sendungen ihre Hörer und Zuschauer auf, in Kontakt mit ihnen zu treten. Sie führen beispielsweise Gewinnspiele oder Meinungsumfragen durch.

In den genannten Aufgabenbereichen arbeiten die Unternehmen häufig mit professionellen Telefonmarketing-Agenturen zusammen, die ihr Know-how und ihre Technik zur Verfügung stellen.

4.6.2 Aktives Telefonmarketing

> Unter **Telefonmarketing** ist ein direkter persönlicher Dialog mit selektierten Personen über das Medium Telefon zu verstehen. Hierbei handelt es sich zweifelsfrei um eine Form des Dialogmarketings, denn es besteht ein direkter Kontakt, und auch der Erfolg ist unmittelbar feststellbar. Über das Telefon können Informationen unmittelbar und gezielt ausgetauscht werden. Gegenüber dem Außendienst ist das Telefonmarketing kostengünstig und schnell.

4.6 Telefonmarketing

Die rechtliche Situation des Telefonmarketing hat sich in den letzten Jahren aufgrund von Missbrauchsfällen und der zunehmenden öffentlichen Kritik verschärft. Das Telefonmarketing kann den unterschiedlichsten Aufgabenstellungen dienen, wenn die rechtlichen Grundlagen dies erlauben.

Beim aktiven (Outbound-)Telefonmarketing ruft das Unternehmen oder eine beauftragte Agentur bei Zielpersonen an – die Aktivität geht von dem Unternehmen aus. Entweder werden Produkte oder Dienstleistungen telefonisch verkauft, oder es werden Informationen weitergegeben bzw. gesammelt. Abbildung 32 gibt einen Überblick über die verschiedenen Anwendungsbereiche des Outbound-Telefonmarketings.

In der Investitionsgüterbranche werden durch aktives Telefonmarketing häufig Vertriebsaktivitäten des Außendienstes vorbereitet. Der teure Außendienstbesuch kann so zum Teil durch Telefonate substituiert werden. Der Bedarf oder das Interesse an Produkten wird telefonisch geklärt, so dass sich der Außendienstmitarbeiter auf das Gespräch vorbereiten und qualifiziert auf die entsprechenden Wünsche der Kunden eingehen kann.

Auch der Versandhandel nutzt das aktive Telefonmarketing, um beispielsweise Kunden anzurufen, deren Bestellung wegen Lieferproblemen nicht (vollständig) ausgeführt werden kann. Diesen Kunden werden gegebenenfalls Ausweichartikel angeboten.

Ein weiteres wichtiges Einsatzgebiet des aktiven Telefonmarketings ist der Nachfass auf Dialogmarketing-Maßnahmen. So können Konsumenten, die bereits auf einen Werbebrief oder eine Anzeige reagiert haben und sich somit

---

Neukundengewinnung und Vertriebsvorbereitung:

- Neukundengewinnung
- Adressenqualifizierung
- Terminvereinbarung
- Entscheider-Ermittlung
- Einladungen
- Bedarfsklärung
- Kundenrückgewinnung

Informationsgewinnung:

- Marktforschung
- Potenzialanalyse

Vertriebsunterstützung:

- Bestandskundenpflege
- Interessentenbetreuung

Telefonverkauf:

- Direktverkauf
- Auftragserhöhung
- Cross-Selling

Abbildung 32: Anwendungsbereiche des Outbound-Telefonmarketings
Quelle: Holland 2014c, S. 359

als Interessent zu erkennen gegeben haben, durch ein Telefonat angesprochen werden, wenn ihre Zustimmung dazu vorliegt.

Die Diskussionen zum Thema Datenschutz und die Verschärfung der rechtlichen Bedingungen haben die Entwicklung des aktiven Telefonmarketings beeinflusst. Im Jahr 2014 nutzten es 11,7 % der Unternehmen, insgesamt wurden dafür 1,1 Milliarden Euro aufgewandt. Von den nutzenden Unternehmen werden durchschnittlich 4,1 Tausend Euro für das aktive Telefonmarketing ausgegeben. Am stärksten ist die Nutzung in der Dienstleistungsbranche (Deutsche Post AG 2015, S. 13, 15).

4.6.3 Passives Telefonmarketing

Beim passiven (Inbound-)Telefonmarketing geht es um die Annahme von Kundentelefonaten. Die Aktivität geht also vom Kunden aus, wodurch die rechtlichen Beschränkungen entfallen. Das Unternehmen ruft in einer Werbemaßnahme ausdrücklich die Kunden zum Anruf auf und ist damit bestrebt, einen direkten Kontakt aufzubauen. Abbildung 33 gibt Aufschluss über die verschiedenen Anwendungsbereiche des Inbound-Telefonmarketings.

Kundenservice und Interessentenservice:
- Informationsdienste
- Produktberatung
- Anwendungsunterstützung

Bestellannahme:
- Bestellentgegennahme
- Lieferinformation
- Teleshopping
- Telefonpromotion
- Gewinnspiele

Beschwerdemanagement:
- Reklamationsannahme
- Reklamationsbearbeitung

Service:
- Helpline
- Hotline
- Notfalldienste

Abbildung 33: Anwendungsbereiche des Inbound-Telefonmarketings
Quelle: Holland 2014c, S. 360

Das passive Telefonmarketing wird oft in Verbindung mit Zeitschriftenanzeigen genutzt. In der Anzeige werden die Leser aufgefordert, telefonisch weitere Informationen über ein Produkt anzufordern, sich an einem Gewinnspiel zu beteiligen oder auch Bestellungen aufzugeben. Die Nutzung eines kostenlosen Telefonservice steigert die Anzahl der Anrufe. Aber auch die telefonische Bestellannahme eines Versandhauses, die Entgegennahme von telefonischen

Reklamationen oder der telefonische Kundenservice eines Versicherungsunternehmens wird zum passiven Telefonmarketing gerechnet, wenn die Firma in ihren Werbemaßnahmen die Kunden ausdrücklich zum Rückruf ermuntert.

Das passive Telefonmarketing wurde im Jahr 2014 von etwas weniger Unternehmen genutzt als im Vorjahr (12 %). Insgesamt werden dafür 1,1 Milliarden Euro (im Vorjahr 1,3 Milliarden Euro) aufgewandt. Die Unternehmen haben ihre Aufwendungen gesenkt, sodass die durchschnittlichen Ausgaben der verbliebenen Unternehmen auf 2,7 Tausend Euro fielen (Deutsche Post AG 2015, S. 13, 15).

4.7 Persönliche Kontakte

4.7.1 Promotions, Messen und Events als Instruments des Dialogmarketings

In der Einführung wurde die „Tante Emma" mit ihren persönlichen Kontakten, der genauen Kundenkenntnis und der intensiven Kundenorientierung als Vorbild für das Dialogmarketing vorgestellt. Der persönliche Kontakt bietet sicherlich die beste Voraussetzung für einen wahren Dialog, um das Dialogmarketing aber vom Außendienst abzugrenzen, wird in vielen Definitionen ein Medium vorausgesetzt, dass in den Kommunikationsprozess zwischen Sender und Empfänger geschaltet ist.

Bei den Personal Promotions werden beispielsweise Prospekte, Muster oder Proben ausgegeben. Auf Teilnahmekarten, Gewinnspielen oder durch Visitenkarten, die hier die Rolle eines Responseelements einnehmen, werden Adressen und Daten der Interessierten gesammelt. Dies dient als Basis für den weiteren Dialog.

Auch auf Messen und Events ist eine vergleichbare Vorgehensweise üblich. Zudem wird zu Messen und Events üblicherweise durch Mailings oder E-Mails eingeladen, so dass der Bezug zum Dialogmarketing unmittelbar gegeben ist.

4.7.2 Case zu Persönlichen Kontakten

Für die BMW AG hat die Agentur mediaplus/serviceplan eine Kampagne für den BMW i8 unter Einsatz von Google Glass konzipiert und realisiert.

Die Käuferzielgruppe des BMW i8 ist fasziniert von den neuesten, modernsten Technologien und gehört in jedem Fall zu den „Early Adopters" beziehungsweise der technischen Avantgarde. Die Zielgruppe ist beruflich ausgesprochen erfolgreich, sowohl beruflich als auch privat mobil sehr gut erreichbar und verfügt über ein deutlich überdurchschnittl. Haushaltsnettoeinkommen.

Der i8 wird von BMW als eine Ikone, die Krone des BMW Produktportfolios und der Innovationsträger am Markt gesehen. Er ist das innovative Statement einer neuen Mobilität und ein Publikumsmagnet, der Faszination auslöst.

Die Herausforderung für die Dialogmarketingaktion bestand darin, für den BMW i8 eine Sonderinszenierung zu entwickeln, die so innovativ ist wie das Fahrzeug selbst.

Die Agentur nutzte Google Glass als eine der fortschrittlichsten Kommunikationstechnologien. Sie hat zwei innovative Vorreiter – BMW i8 und Google Glass – zu einem einzigartigen Produkterlebnis aus Design und Technik verbunden und entwickelte eine visuell gesteuerte, interaktive Google Glass App, die die innovative Technik des i8 dank Augmented Reality live erlebbar macht.

Der BMW i8 wurde den auf drei der kontaktstärksten Flughäfen Deutschlands sowie auf der Feier zu den ersten BMW i8 Auslieferungen in der BMW Welt platziert. Mit Hilfe von Google Glass ließ man die Menschen unter die Fahrzeugverkleidung schauen und die vielen innovativen Technologien des BMW i8 hautnah entdecken. Nach Aufsetzen der Google Glass bekam der Betrachter je nach Perspektive die innovativen Features des BMW i8 dreidimensional vorgeführt.

Die Google Glass Brille war so intelligent programmiert, dass sie das jeweilige Produktfeature anhand des Blickwinkels auf das Fahrzeug selbst erkannt und eingespielt hat.

Die Google Glass Kampagne für den BMW i8 verband die Präsentation an auswählten Standorten mit innovativster Technologie und dem persönlichen Dialog und wurde im Jahr 2015 mit dem Deutschen Dialogmarketing Preis 2015 in Silber ausgezeichnet (DDV 2015, S. 88 f.).

Abbildung 34: BMW i8: Google Glass Experience

4.8 Sonstige Medien des Dialogmarketings

Zusätzlich gibt es viele weitere Möglichkeiten, eine potenzielle Zielperson anzusprechen und zu einer Reaktion aufzufordern.

Wenn ein Unternehmen Rechnungen oder regelmäßige Kontoauszüge verschickt, kann es diese Gelegenheit nutzen und werbliche Botschaften beilegen. Dabei kann es sich um eigene Produkte oder Dienstleistungen handeln oder um Angebote anderer Unternehmen, mit denen es zusammenarbeitet.

Versandhandelsunternehmen wie Amazon nutzen Paketbeilagen in Abhängigkeit von den Bestellungen ihrer Kunden; gegen eine Gebühr werden auch Paketbeilagen von Fremdunternehmen eingesetzt. Beim Packen des Paketes werden die Informationen über die Bestellung und weitere Informationen aus der Datenbank verwendet. Es ist also möglich, solche passenden Beilagen zu wählen, von denen man eine Akzeptanz bei dem Empfänger erwarten kann.

Auf oder in vielen Packungen finden sich Coupons oder andere Response-Elemente, die den Käufer zu einer Reaktion aufrufen. Im Deckel einer Coca-Cola-Flasche findet sich ein Code, der den Kunden auf die Homepage des Unternehmens führt. Der Kunde kann dort Punkte sammeln und einlösen. Es handelt sich hier um ein Instrument des Kundenbindungsmanagements.

Auch am Point of Sale oder durch Promotionteams werden Werbemittel mit Reaktionsmöglichkeit verteilt.

Die Abbildung 35 zeigt eine ungewöhnliche, einmalige Form einer Dialogmarketing-Aktion. Die Agentur Draftfcb Partners sucht einen neuen Buchhalter. Da keine lange Einarbeitungszeit möglich war, sollte ein Buchhalter einer anderen Agentur in Österreich, der Schweiz oder Deutschland abgeworben werden.

Die Herausforderung lautete: „Draftfcb Partners sucht einen Buchhalter. Aber nicht irgendeinen – sondern einen, der genauer hinsieht."

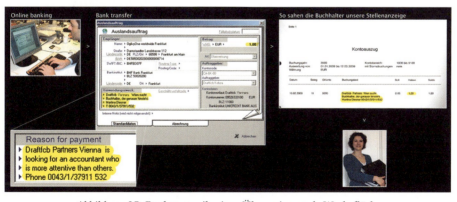

Abbildung 35: Buchungszeile einer Überweisung als Werbefläche

Dazu kam die Agentur auf eine noch nie dagewesene und kostengünstige Idee – sie nutzte die Buchungszeile einer Überweisung als Werbefläche. Via Onlinebanking wurde je ein Euro an die Agenturen überweisen. Die Buchungszeile wurde als Stellenanzeige verwendet und rief so zur Bewerbung als Buchhalter auf.

Die Aufsehen erregende Aktion erreichte die Zielgruppe direkt und erzielte 60 Prozent Response, wobei die Kommentare nicht alle positiv gewesen sein mögen, und zahlreiche Bewerbungen. Die Agentur hat einen neuen Buchhalter gefunden.

Der Erfolg war die Prämierung mit dem Deutscher Dialogmarketing Preis 2010 in Gold in der Kategorie D-A-CH International (DDV 2010, S. 222 f.).

5 Online-Marketing

5.1 Das Internet und seine Bedeutung für das Dialogmarketing

Das Dialogmarketing steht vor großen Herausforderungen, zum einen bedingt durch die turbulenten Veränderungen der gesellschaftlichen, wirtschaftlichen, technologischen, kulturellen und ökologischen Rahmenbedingungen, aber auch durch die rasche Weiterentwicklung von der Industriegesellschaft zu einer Multimedia-, Hightech- und Wissensgesellschaft.

Die Werbe- und Informationsüberlastung der Verbraucher nimmt weiter zu, sodass sich für die Marketingverantwortlichen die Frage stellt, mit welchen Kommunikationsmitteln es trotzdem gelingen kann, das Bewusstsein ihrer Kunden langfristig zu erreichen.

Gerade durch die Entwicklung des Internets, insbesondere durch dessen multimedialen Teil, das World Wide Web (WWW), wurden neue Kommunikationskanäle für das herkömmliche Marketing geschaffen, der neue Perspektiven für die Wirtschaft und die Unternehmen eröffnet, um sich so im Wettbewerb besser profilieren zu können.

> **Online-Marketing** wird als die absatzpolitische Verwendung des Internets verstanden, um unter den technischen Rahmenbedingungen (Rechnerleistung, Vernetzung, Digitalisierung und Datentransfer) die Produkt-, Preis-, Vertriebs- und Kommunikationspolitik mit Hilfe der innovativen Möglichkeiten der Online-Kommunikation (Virtualität, Multimedia, Interaktivität und Individualität) marktgerecht zu gestalten.

Dabei zielen die Maßnahmen des Online-Marketings darauf ab, den Internetnutzer (User) auf eine ganz bestimmte Internetpräsenz oder Website, die Landing Page, zu lenken. Von dort aus kann dann direkt ein Geschäft abgeschlossen oder angebahnt werden.

Die Instrumente des Online-Marketings werden je nach Einsatz der Werbemittel dem Dialogmarketing zugeordnet (Abbildung 36). Sie unterscheiden sich von klassischen Marketinginstrumenten, da die Kundenansprache spezifischer und individueller ist. Das ist begründet durch die Kommunikationsform der neuen Konzepte, die in der Regel zweikanalig und interaktiv ist und nicht einkanalig wie im klassischen Marketing. Die Kundenansprache beruht folglich darauf, dass das Unternehmen in einen interaktiven Dialog mit seinen (potenziellen oder Bestands-) Kunden tritt.

5 Online-Marketing

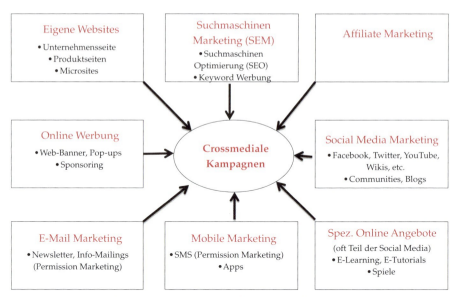

Abbildung 36: Instrumente des Online-Marketings
Quelle: Kreutzer 2012, S. 101 ff.

Der Einsatz von Online-Medien ermöglicht es Unternehmen, Marketingmaßnahmen zielgruppengerecht anzupassen und Streuverluste zu minimieren. Dabei sollte das Ziel der Einbindung kommerzieller Angebote in vorhandene Online-Strukturen, wie beispielsweise Websites, nicht alleine darin liegen, die Aufmerksamkeit des Users zu erreichen, sondern vielmehr die angebotenen Inhalte mit den Nutzerinteressen in Übereinstimmung zu bringen.

Weitere Herausforderungen des Online-Marketings sind die kontinuierliche Weiterentwicklung der Online-Medien und Technologien und die ständige Veränderung der Nutzerinteressen.

Dadurch, dass die Information für den Interessenten zum Abruf bereitgestellt wird, werden die Streuverluste praktisch eliminiert. Die werblichen Informationen werden nicht mehr nach dem „Push-Prinzip" an die Zielgruppe gesandt, sondern für die Interessierten bereitgestellt und von diesen nach dem „Pull-Prinzip" abgerufen.

> Die **Instrumente des Online-Marketings** sind dialogfähig und damit für den Einsatz im Dialogmarketing prädestiniert. Durch das rasante Wachstum des Online-Marketings hat sich das Dialogmarketing etabliert; es führt kein „Nischendasein" mehr, sondern ist zum „Normalfall" geworden.

Die Kontaktaufnahme erfolgt im Online-Marketing durch das Anklicken eines Symbols oder die Angabe einer E-Mail-Adresse. Das Unternehmen hat die Möglichkeit, die Interessenten in E-Mail-Listen aufzunehmen und elektronische Mailings zu versenden.

5.2 Vom Massen- zum Individualmarketing durch Online-Dialogmarketing

Der Konsument entwickelt sich immer mehr zu einem sogenannten „Informationsverweigerer". Grund hierfür ist die zunehmende Informationsüberlastung, die es dem Verbraucher mehr oder weniger unmöglich macht, die ihm massenhaft angebotene Marketing-Kommunikation und die stetig wachsende Anzahl der Medien überhaupt noch wahrzunehmen und voneinander zu unterscheiden.

Aber nicht nur einzelne Kommunikations-Maßnahmen sind ununterscheidbar und substituierbar. Es drängen immer mehr Produkte auf die Märkte, die sich hinsichtlich Qualität, Inhalt, Preis und auch Serviceleistung kaum noch unterscheiden lassen. Dies ermöglicht es dem Verbraucher, jederzeit problemlos Produkte, Marken und auch Unternehmen zu wechseln. Hier verhelfen auch Innovationen lediglich zu einem kurzzeitigen Wettbewerbsvorteil, da andere Unternehmen meist schnell darauf reagieren und ein gleichwertiges oder sogar besseres Produkt auf den Markt bringen.

Auf Grund dieser Veränderungen stellt sich nun die Frage, ob diesen genannten Herausforderungen, Entwicklungen und Trends mit den klassischen Kommunikationsmedien noch erfolgreich zu begegnen ist. Es ist zu erkennen, dass die Gesellschaft, der Markt und auch die Verbraucher die Notwendigkeit eines grundsätzlichen Umdenkens signalisieren. Die Unternehmen müssen in Zukunft versuchen, mit ihren potenziellen Kunden in einen direkten persönlichen Kontakt zu treten und ihnen etwas Neues und Attraktives zu bieten, um so deren Aufmerksamkeit gewinnen zu können.

Durch die neu entstandene Konsumkultur erwartet der Kunde bzw. die Zielperson von einem Unternehmen, dass dieses seine Probleme und Bedürfnisse genau kennt und darauf eingeht. Diese Gründe setzen aber einen kontinuierlichen persönlichen Dialog und eine systematische Interaktion mit dem Kunden und potenziellen Konsumenten voraus, was gleichzeitig aber den Ausstieg aus dem Massenmarketing, der Massenwerbung und der Massenkommunikation und einen Einstieg in ein zielgruppenorientiertes Individualmarketing bzw. One-to-One-Marketing über die Online-Medien bedeutet.

Es ist nun die Aufgabe der Unternehmen, hinsichtlich der Sicherung ihrer Wettbewerbsfähigkeit mit maßgeschneiderten Produkten und mit dialogisierter Kundenansprache dem Konsumententrend dieser Individualisierung (das heißt kundenindividuelle Ansprache mit Informationen, Produkten und Dienstleistungen) nachzukommen. Dies bedeutet, dass jeder Kunde als ein eigenständiges Marktsegment zu begreifen und seinen Bedürfnissen entsprechend im Marketing zu bedienen ist. Durch eine Individualisierung der Kundenbeziehung lernt das Unternehmen mehr und mehr über den jeweiligen Kunden und kann diese Wissen für die Befriedigung der Kundenbedürfnisse einsetzen.

> Durch die **Entwicklung des Internets** und der darauf aufsetzenden Technologien wurde ein Medium geschaffen, welches das Potenzial hat, als Massenmedium den Dialog im Sinne eines Tante-Emma-Ladens zu führen, also eine zeitgleiche Zwei-Wege-Kommunikation zwischen Kunde und Anbieter. Dies unterscheidet das Internet wesentlich von den bisherigen Massenmedien (Fernsehen, Radio), bei denen lediglich eine eindirektionale Kommunikation vom Anbieter zum Kunden stattfand.

Hierzu stellt das Internet unterschiedliche Anwendungen bereit, mit denen ein Anbieter-Kunden-Dialog zustande kommt: Vom Chat über WWW-Formulare bis hin zu E-Mails gibt es zahlreiche Möglichkeiten. Durch eine beständige Interaktion und den Dialog mit dem Anbieter hinterlässt der Kunde Informationen über sich und seine Vorlieben, welche somit dem Unternehmen ein sich ständig verfeinerndes Bild über den einzelnen Verbraucher gestatten. Durch dieses so generierte Kundenwissen können die Unternehmen schließlich maßgeschneiderte Produkte und Leistungen anbieten.

Die Individualisierung verspricht aber nicht nur auf Kundenseite, sondern auch aus Unternehmenssicht einige Vorteile: Kunden können heute auf Grund der Interaktivitätsmöglichkeit des Internets selbst entscheiden, welche Informationen in welcher Form sie haben wollen und welche nicht. Sie sind somit also nicht wie früher den Entscheidungen der Unternehmen, welche Informationen sie ihren Kunden zukommen lassen, ausgeliefert. Aus der Sicht der Unternehmen verspricht die Individualisierung unter anderem die Möglichkeit einer höheren Kundenbindung durch die Darstellung individueller Angebote und ein größeres Markt-Know-how eben durch systematische Sammlung verfügbarer Kundendaten und deren Nutzung im Rahmen von Produktentwicklung und Marketing.

Dies alles zeigt deutlich, dass die Grundlage eines effektiven One-to-One-Marketings eine aussagekräftige Datenbasis über jeden einzelnen Kunden bildet, welche in erster Linie das Kaufverhalten und die Präferenzen der einzelnen Kunden wiedergeben muss. Diese Datenerhebung, welche zur Erstellung von Nutzerprofilen dient, muss allerdings kontinuierlich fortgeführt und aktualisiert werden, denn nur so kann die Anwendung des One-to-One-Marketing-Konzeptes erfolgreich sein, und zwar sowohl im Geschäftskundenbereich (Business-to-Bussiness) als auch bei Endkunden (Business-to-Consumer).

5.3 Internetbasiertes Marketingmix

Die Strategie des Dialogmarketings wirkt sich im klassischen Marketing-Mix aus, den sogenannten „vier Ps": product, price, place, promotion (Produkt, Preis, Distribution, Kommunikation). Diese „vier Ps" bleiben zwar auch weiterhin für ein effektives Marketing bedeutsam, müssen aber dem neuen Medium Internet angepasst werden. Daher gilt es, sie auf die individuellen Bedürfnisse der Kunden auszurichten, das heißt sie zu personalisieren (Mühlenhoff, Hedel 2014, S. 521).

Produkt- und Sortimentspolitik:

Gerade das Internet bietet hinsichtlich des Produktes zahlreiche Möglichkeiten der Individualisierung, wobei sich ein personalisiertes Produkt durch ein hohes Maß an Kundenspezifität kennzeichnen lässt. Dies bedeutet, dass der Verbraucher beispielsweise bei der Zusammensetzung oder der Qualität des Produktes bestimmend ist.

Kontrahierungspolitik:

Aber auch die Personalisierung des Preises ist mittels Internet möglich. Hierbei bestimmt der Verbraucher selbst, welchen Preis er bereit ist für ein Produkt zu zahlen, so wie es schon bei Online-Auktionen der Fall ist.

Kommunikationspolitik:

Auch im Bereich der Promotion eröffnet das Internet Möglichkeiten, Werbebotschaften kundenspezifischer zu gestalten, die somit auch vom Konsumenten aufgenommen werden. Ein Grund legender Vorteil bei der Werbung über das Medium Internet ist sicherlich in der Interaktivität des Verbrauchers mit dem Anbieter zu sehen. Der Kunde hat hier die Möglichkeit, Werbebotschaften zu selektieren, also nur diejenigen aufzurufen, an denen er interessiert ist.

Distributionspolitik:

Aber auch der vierte Bestandteil des Marketing-Mix, die Distribution, wird durch das Internet an den Verbraucher angenähert. Durch dieses Medium ist der Markt für den Kunden immer und überall erreichbar und muss nicht erst aufgesucht werden.

Der Internetmarkt ist an keinen festen Ort gebunden und demnach nicht real existent, denn es handelt sich hierbei um sogenannte virtuelle Märkte im Datennetz, die somit dem Konsumenten auch permanent zur Verfügung stehen.

Aus Unternehmenssicht besteht allerdings gerade hier ein Problem des Internets, und zugleich der Vorteil, dass es innerhalb dieses Mediums kaum Eintrittsbarrieren gibt, wie es auf den „realen" Märkten der Fall ist. Im Internet neu agierende Unternehmen stehen so einerseits kaum Markteintrittsbarrieren gegenüber, andererseits bedeutet diese Situation aber für bereits im Internet aktive Unternehmen, dass sie ständig mit neuen Wettbewerbern zu rechnen haben. Daher gilt es gerade für virtuelle Unternehmen, gewisse Kundenpräferenzen als Eintrittsbarrieren gegenüber potenziellen Konkurrenten aufzubauen, um so auf diesem Markt längerfristig wettbewerbsfähig zu bleiben.

5.4 Formen des Online-Marketings

Die Abbildung 37 gibt einen Überblick über die Formen des Online-Marketings, die auf das direkte Geschäft, wie Online-Shops, oder auf eine indirekte Unterstützung des bestehenden Geschäfts, beispielsweise über den Stationärhandel, hinauslaufen.

Affiliate-Marketing
Search Engine Marketing SEM
Online-Werbung
Online-Direkt-marketing
Search Engine Optimization SEO
Keyword-Werbung
Web-Banner Sponsoring, etc.
E-Mail-Marketing Newsletter, etc.
Internetpräsenz
Direktes Geschäft - Online-Shop
Indirektes Geschäft

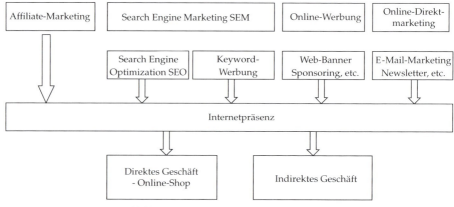

Abbildung 37: Formen des Online-Marketings

Viele dieser Instrumente des Online-Marketings sind für den Nutzer erkennbar, andere werden, ohne Sichtbarkeit nach außen, nur intern verwendet. Abbildung 38 zeigt diese Erscheinungsformen des Online-Marketings.

Online-Marketing
Sichtbar für den Endnutzer
Online-Werbung Sponsored-Links E-Kundenbindungsprogramme Online-PR
Corporate Website Virales Marketing E-Mails E-Newsletter E-Commerce
Soziale Netzwerke Apps Foren/Communities Online-Wettbewerbe E-Coupons
M-Coupons SMS/MMS Media-Sharing-Plattformen Location-based-Services
Micro-Blogging Social-Bookmarking Corporate Blogs E-Sampling
Unsichtbar für den Endnutzer
Suchmaschinen-Optimierung Keyword-Advertising Web-Monitoring
Affiliate-Marketing Web-Analytics Targeting

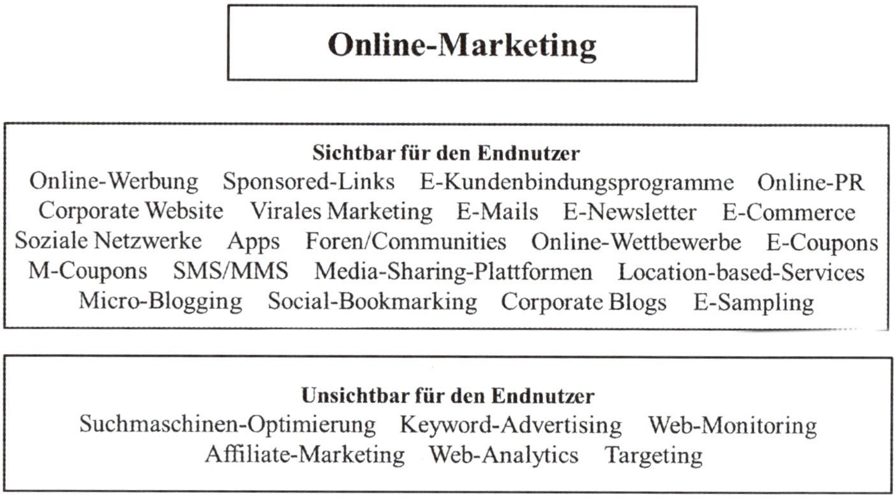

Abbildung 38: Erscheinungsformen des Online-Marketings
Quelle: Kreutzer 2012, S. 28

Auch die Formen des Online-Marketings verfolgen unterschiedliche Ziele, die in der Abbildung 39 in einem Spektrum von Branding (eher Ziel der klassischen Kommunikation) bis zum Response (Ziel des Dialogmarketings) augeführt werden.

5.4 Formen des Online-Marketings

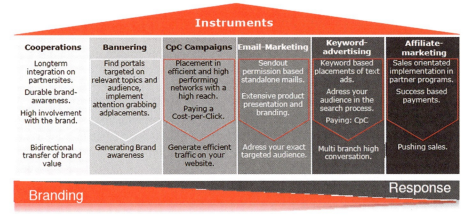

Abbildung 39: Online-Marketing – Branding oder Response
Quelle: Mühlenhoff, Hedel 2014, S. 526

Affiliate-Marketing

Im Affiliate-Marketing platziert ein Website-Betreiber Produktempfehlungen auf seiner Website mit inhaltlich passenden Produkten und Leistungen eines anderen Anbieters. Diese Empfehlung wird auf die Website des Anbieters verlinkt. Wenn es dann zu einem Vertragsabschluss kommt, bekommt der Partner eine erfolgsabhängige Vergütung.

Die Vergütung kann als „pay per sale" (pps) für Verkaufsabschlüsse gezahlt werden oder als „pay per lead" (ppl) für beispielsweise eine Registrierung oder Gewinnspielteilnahme. Auch eine Vergütung auf Klickbasis „pay per click" (ppc) oder für weitere Aktionen, die bei dem Internetnutzer ausgelöst werden, kann vereinbart werden (Römer 2014, S. 633–651).

Suchmaschinen-Optimierung

Die Suchmaschinen-Optimierung, oft auch als Search-Engine-Optimizing (SEO) bezeichnet, beschäftigt sich mit der Frage, wie man seine Website optimal gestaltet, sodass sie bei einer Suche auch schnell gefunden und auf der Suchliste auf einer der ersten Stellen angezeigt wird.

Dazu müssen bestimmte Begriffe, sogenannte Keywords, gefunden werden, mit denen die User nach Angeboten suchen. Das Ziel besteht darin, bei den Suchergebnissen ganz oben zu erscheinen. Die Website wird möglichst gut auf die Algorithmen der Suchmaschine zugeschnitten. Diese Algorithmen kennen und nutzen mehr als 100 Faktoren.

Man unterscheidet zwischen OnPage- und OnSite-Faktoren, die der Betreiber einer Seite beeinflussen kann. Eine weitere wichtige Rolle bei der Bewertung einer Website durch die Suchmaschinen spielt die Verlinkung.

Die OnPage-Optimierung einer Seite beinhaltet alle Faktoren, die man durch die Anzeige des Quelltextes oder beim Betrachten der Seite sehen kann. Dabei handelt es sich um grafische Formatierungen und um Angaben, die hauptsächlich für die Suchmaschinen gemacht wurden.

Die OnSite-Optimierung betrifft alle Entscheidungen, die ein Webmaster auf seiner Domain treffen kann, um in den Suchmaschinen möglichst gut platziert zu sein. Diese Maßnahmen können nicht immer direkt im Seitenquelltext gesehen werden. Dabei geht es beispielsweise um Technologien, die bei der Gestaltung der Seite verwendet werden und die einen Einfluss auf den Erfolg der Seite in den Suchergebnissen haben können. So können Inhalte in Flash, Java oder Shockwave nicht von allen Suchmaschinen ausgelesen werden.

Die externe Verlinkung ist das wichtigste Instrument einer erfolgreichen Suchmaschinenoptimierung. Es wird versucht, von anderen Seiten, beziehungsweise Domains, möglichst viele, qualitativ hochwertige Links zu bekommen. Die Anzahl der Links hat einen direkten Einfluss auf das Ranking (Stülpnagel 2014, S. 593–607).

Keyword-Werbung

Keyword-Advertising (SEA = Search Engine Advertising, wie Google Adwords) bedeutet das Buchen von relevanten Keywords für das Angebot eines Werbetreibenden. Wenn ein Internet-Nutzer eine bestimmte Suchanfrage eingibt, erscheint zu den Keywords eine Textanzeige des werbetreibenden Unternehmens im oberen und rechten Teil der Suchergebnisliste. Die Anzeige enthält eine Titelzeile, einen kurzen beschreibenden Text und eine Zieldomain. (Ringel, Goede 2014, S. 609–631).

Online-Werbung

Die bekannteste Form von Online-Werbung ist die Bannerwerbung, für die internationale Standards und Größenformate existieren. Durch die Nutzung neuer Technologien kann ein Unternehmen eine höhere Aufmerksamkeit für seine Werbekampagnen erreichen, beispielsweise durch Wallpaper oder synchronisierte Formate, bei denen Werbemittel miteinander kommunizieren. In einem synchronisierten Format ist es beispielsweise möglich, dass ein Auto in einem Werbebanner startet, aus diesem herausfährt und dann in einem Skyscraper wieder erscheint (Mühlenhoff, Hedel 2014, S. 528 f.).

Online-Dialogmarketing

Wenn der Dialog über digitale Medien geführt wird, spricht man vom Online-Dialogmarketing. In diesem Zusammenhang ist vor allem das E-Mail-Marketing als Ersatz für das schriftliche Mailing wichtig.

Alle diese Aktivitäten können dazu beitragen, das Unternehmensgeschäft zu unterstützen und den Verkauf in den Filialen zu fördern. Mit dem Stichwort „direktes Geschäft" in Abbildung 36 sind beispielsweise Online-Shops gemeint, bei denen direkt im Internet Umsätze generiert werden.

5.5 Einsatzmöglichkeiten des WWW im Dialogmarketing

Das World Wide Web (WWW) ist ein weltweites Informations- und Präsentationssystem für Text-, Grafik-, Foto-, Audio- und Videodaten. Die Ursprünge des WWW gehen unter anderem auf das Genfer Kernforschungsinstitut CERN zurück. Dort wurde 1991 zum schnelleren Austausch von Forschungsarbeiten ein Hypertextsystem entwickelt, mit dem Informationen am Bildschirm der verschiedensten Endgeräte dargestellt werden konnten. Die sogenannte Webtechnik war das Ergebnis, denn hier werden auf einem Webserver (Lagerstätte) Webdokumente zum Abruf bereitgehalten. Die WWW-Dokumente werden durch ein spezielles Programm, den sogenannten Web-Browser (to browse = blättern), abgerufen und am Bildschirm angezeigt. Dieser Browser ermöglicht somit die Navigation durch die WWW-Seiten.

Die Einsatzmöglichkeiten des World Wide Web (WWW) im Dialogmarketing sind vielfältig und lassen sich wie folgt klassifizieren:

- **WWW als Informationsmedium:** Das WWW ist ein ideales Medium für die Präsentation aktueller Informationen über das Unternehmen und dessen Angebote. Im Unterschied zu klassischen Werbemitteln (wie einem Prospekt) bestimmt der Nutzer selbst, wann er die Informationen aus dem Web abruft.

- **Online-Beratung über das WWW:** Vor einem Kauf kann der Kunde online beraten werden, indem das System nach seinen Bedürfnissen und Wünschen fragt und ein individuelles Angebot für ihn zusammenstellt.

- **Online-Verkauf über das WWW:** Gut geeignet für den Online-Verkauf sind Software- oder andere digitale Produkte (Downloads). Hier wird nicht nur der Kaufvertrag online abgeschlossen, sondern auch die Distribution erfolgt online. Relativ häufig werden auch Bücher und CDs über das WWW vertrieben. Für die nächsten Jahre ist ein weiteres Wachstum beim E-Commerce zu erwarten.

- **Zahlungen im WWW:** Immer mehr Anbieter integrieren auch Zahlungssysteme in ihr Internet-Angebot. Dazu können Kundenkonten eingerichtet werden, oder es wird von der Kreditkarte abgebucht. Neue Ansätze der Zahlung mit „virtuellem Geld" (z.B. Bitcoins) werden die Sicherheitsrisiken minimieren.

- **Online-Befragungen über das WWW:** Gerade das Internet eignet sich für die Online-Marktforschung und zur Generierung von Adressdaten in einer Database.

5.6 Online-Maßnahmen des elektronischen Kundenbeziehungsmanagements

5.6.1 Elektronisches Kundenbeziehungsmanagement

> Ein Unternehmen sollte die Kunden kennenlernen und basierend auf diesem Wissen seine **Marketing-Aktivitäten** auf die Kunden ausrichten. Auf der Suche nach Kundeninformationen bietet das Internet insbesondere durch dessen hohen Interaktivitätsgrad der Kommunikation zwischen Anbieter und Nachfrager einzigartige Möglichkeiten, die Kundenbeziehung zu verbessern und zu intensivieren. Es werden aber innerhalb des E-CRM bestimmte Online-Maßnahmen bzw. -Instrumente benötigt, um schließlich den Kunden identifizieren, zwischen den Kunden differenzieren sowie die Marketingaktivitäten individualisieren zu können und damit die Kundenbindung zu fördern.

Insbesondere im Hinblick auf die Kundenbindung bestimmen aber auch Begriffe wie Mehrwert oder Zusatznutzen immer mehr das Kundenverhalten, denn die meisten Benutzer des Internets bleiben gerade Online-Angeboten mit hohem Nutzwert treu. Im Unternehmen sorgt vielfach das Kerngeschäft für den Umsatz, der Zusatznutzen aber für die Kundenbindung. So soll gerade durch einen servicebedingten Zusatznutzen bei Interessenten eine Präferenz für das Kernleistungsangebot im Kaufentscheidungsprozess geschaffen werden. Der Service als gebotener Mehrwert einer Primärleistung (Sachgut) ist bei seiner Erstellung durch eine mehr oder minder starke Kundenbeteiligung (Integration des externen Faktors) gekennzeichnet.

Durch diese notwendige Kundenintegration kommt es bei den meisten Serviceleistungen zu einer Interaktion zwischen Anbieter und Kunde, wobei sich gezielt Informationen von Unternehmen an Kunden weitergeben und auch spezielle Informationen über Bedürfnisse, Erwartungen und Zufriedenheiten der Kunden erheben lassen. Durch diese Informationsfunktion des Services als Zusatznutzen lässt sich die Kundennähe und auch die Kundenorientierung eines Unternehmens verbessern, denn schließlich bilden beide Bereiche wesentliche Grundlagen für eine erfolgreiche Marktbearbeitung sowie eine Individualisierung des Marketings. Somit erhöhen individuelle Serviceleistungen die Zufriedenheit der Kunden mit dem Anbieter und bilden als Kundenbindungsfunktion einen wichtigen Baustein des Relationship Managements.

5.6.2 Online-Beratung und -Information

> Die **Beratung und Information** sind Kernstücke der Online-Kommunikation, da sie wichtige Bestandteile des personenbezogenen Service darstellen. Es handelt sich aber hierbei – im Unterschied zur allgemeinen Online-Kommunikation – ausschließlich um auf Serviceansprüche ausgerichtete Informationen und nicht um allgemeine Werbeinformationen.

Dies bedeutet, dass es hier weniger darum geht, Interessenten durch aktivierende und motivierende Informationen zu (Kauf-)Handlungen zu bewegen, sondern es steht vielmehr die Weitergabe von speziell auf die Bedürfnisse der Interessenten und Kunden abgestimmten Informationen im Vordergrund. Dabei lassen sich im Wesentlichen drei Vorgehensweisen, wie die Informationen zum Adressaten gelangen können, differenzieren: On Demand, On Stock und On Delivery.

On-Demand-Information

Bei der On-Demand-Information werden in der Regel individuelle Informationen vom Unternehmen an den Interessenten bzw. Kunden mit Hilfe von E-Mail versandt. Dieser Anwendungsfall ist charakteristisch für sogenannte Online-Hotlines, bei denen dem Interessenten oder Kunden die Möglichkeit gegeben wird, spezielle E-Mail-Anfragen beispielsweise zu Anwendungsmöglichkeiten und Fehlerbehebungen eines Produktes zu stellen und das Unternehmen meist ebenfalls via E-Mail antwortet.

Allerdings sollte bei diesem Verfahren eine umgehende Beantwortung der Kundenanfragen sichergestellt werden, um somit wichtige Kundenkontakte auch entsprechend behandeln zu können und keine Verärgerung bei Interessenten bzw. Kunden hervorzurufen. Aus diesem Grund ist es oft zweckmäßig, die Online-Hotline nur auf außergewöhnliche Anfragen zu reduzieren. Alle anderen Fragen können beispielsweise mit Hilfe der Freqently Asked Question (FAQ) Lists online beantwortet werden.

On-Stock-Informationen

Bei den FAQ-Listen handelt es sich um On-Stock-Informationen, die von Interessenten oder Kunden je nach Bedarf über das Internet aufgerufen werden können. Hierbei werden für typische Fragestellungen und zwar von der Bestellung über die Auftragsabwicklung bis hin zur Produktanwendung entsprechende Antworten in einer Datenbank vorgeschlagen.

On-Delivery-Informationen

On-Delivery-Informationen sind Informationen, die mehr oder minder unaufgefordert vom Anbieter an die Kunden weitergeleitet werden. Hierzu zählen insbesondere E-Mail basierte Informations- und Nachrichtendienste. Die servicebezogenen Informationsinhalte beziehen sich dabei oft auf neue Anwendungsbereiche, Verbesserungen, Hinweise auf aktuell aufgetretene Mängel und Probleme von bestimmten Produktversionen oder Veränderungen innerhalb der Vertriebsorganisation des Anbieters. Allerdings gelten bei vom Kunden nicht ausdrücklich angeforderten E-Mails dieselben rechtlichen Grundlagen wie bei Telefon- und Telefaxwerbung, nach denen eine nicht zuvor genehmigte und erbetene Kontaktaufnahme mit Privatpersonen grundsätzlich verboten ist.

Häufig werden aber auch nur allgemeine Informationen systematisch in personifizierter Form mittels E-Mail an einen großen Kreis von Interessenten und Kunden versandt. In diesem Fall ist die Institutionalisierung der Informationsaktivitäten als elektronischer Newsletter sinnvoll, wobei der Kunde in der

Regel mit Hilfe einer E-Mail animiert wird, aus einer Auswahlliste spezifischer Themen (Teaser) die ihn interessierenden Informationsbereiche zu selektieren. Danach erhält er dann – bis auf seinen Widerruf – aktuelle Informationen zu diesem Bereich per E-Mail zugesandt.

5.6.3 Case zur Kundenansprache per Website

Die Agentur serviceplan entwickelte für die Deutsche Lufthansa eine weltweite Online Promotion auf der Basis der Website zur Ansprache von Passagieren unter dem Titel „Lufthansa – Passagiere on Tour".

Die Herausforderung lautete: Es sollte eine 14-tägige Online-Promotion für den weltweiten Markt kreiert werden, die die Zielgruppe kurzweilig unterhielt und zum wiederholten Mitmachen einlud. Aufgabe war es darüber hinaus, die Zielgruppe mit dem Portfolio von Produkten und Services vertraut zu machen und dauerhaft das Interesse an Lufthansa zu wecken. Ebenfalls sollte Traffic auf lufthansa.com sollte generiert werden.

Dabei galt es besondere Marktspezifika (z.B. USA, Südamerika, Italien) zu berücksichtigen und vor allen Dingen auch „ethnische Fallstricke" zu vermeiden.

Die Agentur entwickelte folgende Idee: Das Gewinnspiel „Passagiere on Tour" mit den allseits beliebten Wimmelbildern. Für eine repräsentative Auswahl von Lufthansa Destinationen wurden Wimmelbilder gestaltet, welche eine spannende Situation in der jeweiligen Stadt zeigen. So rückte das weltweite Streckennetz von Lufthansa in den Fokus und wurde mit der beliebten Wimmelbild-Mechanik verbunden. Ein handelte sich um ein Spiel, das „jung und alt" zum Mitmachen einlud und auf eine spannende Reise mitnahm. Frei nach dem Motto: „Spürsinn beweisen und die Welt erkunden."

Abbildung 40: Lufthansa: Passagiere on Tour

Täglich konnte in einem neuen Wimmelbild ein Lufthansa Passagier gefunden werden. Zur charmanten Integration von Lufthansa Produkten und Services tauchte der Fluggast immer in einem Kontext auf, der auf ein Lufthansa Angebot einzahlt und als Teaser zu lufthansa.com genutzt wurde.

Eine Idee, die aufging – wie 433.000 Teilnehmer und über 6 Mio. Klicks bewiesen. Wertvoll sind zudem die rund 70.000 Interessierten, die sich über die Microsite für den Lufthansa Newsletter registriert haben. Außerdem wurde diese Aktion im Jahr 2015 mit dem Deutschen Dialogmarketing Preis 2015 in Bronze ausgezeichnet (DDV 2015, S. 34 f.).

5.7 Formen der Online-Kommunikation

5.7.1 Online-Diskussionsforen (Newsgroups)

Das Internet bietet viele Möglichkeiten der Kommunikation zwischen Unternehmen und Kunden oder potenziellen Kunden – der Dialog wird online geführt.

> In **Newsgroups** werden Informationen zwischen Kunden untereinander ausgetauscht, aber auch das anbietende Unternehmen sollte in diesen Diskussionsforen präsent sein, da dort ein Dialog stattfindet, der dem Dialogmarketing neue Wege eröffnet. Online-Diskussionsforen dienen dem Austausch allgemeiner Informationen über die Kernleistungen des Anbieters, wobei der üblicherweise kostenlose Zugang zu diesen Diskussionsforen bzw. Newsgroups in der Regel jedem potenziellen und tatsächlichen Kunden offen steht.

Bei der Einrichtung eines Diskussionsforums oder einer Newsgroup ist vom Unternehmen grundsätzlich die Entscheidung zu treffen, wie stark es die Inhalte und die Teilnehmer steuern möchte. Es ist empfehlenswert, sich in ein Diskussionsforum einzuschalten, damit Fragen, die dort entstehen, auch eine schnelle Beantwortung finden. Das Unternehmen kann also durchaus die Diskussion moderieren und so den Dialog mit den Kunden führen. Es sollte aber sehr sensibel mit diesem Instrument umgehen und keinesfalls unerwünschte Einträge entfernen oder positive Kommentare selbst verdeckt dort platzieren. Die Nutzer reagieren oft sehr heftig auf Manipulationen, die auch meist sehr schnell aufgedeckt werden.

So lassen sich bei einem vom Unternehmen initiierten und moderierten Diskussionsforum einerseits zwar spezifische Kundeninformationen beispielsweise zu Bedürfnissen, Erwartungen und Erfahrungen mit Wettbewerbsleistungen etc. gezielter erheben, andererseits besteht aber grundsätzlich ein Akzeptanzproblem, und zwar wenn sich der Teilnehmer bei einer strikten Vorgabe der Inhalte und Ablaufprozesse eingeengt fühlt. Für die Unternehmen bieten diese Foren aber grundsätzlich die Möglichkeit, die Kunden in die zukünftige Entwicklung des Unternehmens zu integrieren und somit auch eine höhere Planungssicherheit auf Grund der Kenntnis der Erwartungen der Kunden zu erreichen.

5.7.2 Online-Kundenclubs

Im Dialogmarketing werden schon seit vielen Jahren Kundenclubs geführt. Wenn die Kommunikation in diesen Kundenclubs nun von den Offline- auf die Online-Medien verlagert wird, entstehen Online-Kundenclubs mit ihren schnellen, flexiblen und kostengünstigen Formen der Kommunikation. Neben den Kontakten im Rahmen eines Kundenclubs sollten auch Online-Beschwerdekanäle eingerichtet werden.

> Die **Kundenclubs** im Internet sind gegenüber den Diskussionsforen in der Regel geschlossene Einrichtungen, das heißt es bestehen häufig bestimmte Zugangsvoraussetzungen und -anforderungen. Die Club-Teilnehmer erhalten ihre persönliche Zugangsberechtigung mit ID-Nummer (Identitätsnummer), die es ihnen somit ermöglicht, clubspezifische Informationen abzurufen, spezielle Clubangebote zu ordern und mit anderen Clubteilnehmern in Kontakt treten zu können.

Diese Online-Kundenclubs sind oft als besonderer Vertriebsweg für spezielle Waren und Angebote, die sich an bestimmte Kunden richten, konzipiert. Sie sollen als Online-Bestellservice den Kunden eine bequeme sowie auch schnelle Transaktionsabwicklung ermöglichen. Durch die Zugangsbeschränkung zu den Online-Clubs lassen sich für die Anbieter möglicherweise Probleme bei der Auftragsabwicklung umgehen, die beim anonymen Online-Selling an Endverbraucher auftreten können, wie beispielsweise nicht zustellbare Lieferungen oder Annahmeverweigerungen. Der Online-Kundenclub bietet die Möglichkeit einer Quantitäts- und auch Qualitätssteigerung der Kundenkenntnisse, was eine individuellere Kundenansprache zulässt.

5.7.3 Customer Interaction- und E-Mail-Beschwerdecenter

Um Kundenkontakte zum Ausbau einer profitablen Beziehung zu schaffen, ist es eine unabdingbare Voraussetzung, die häufig bereits im Unternehmen existierenden Call- und Service Center zu einem sogenannten Customer Interaction Center (CIC) als umfassendes Instrument zur Optimierung der Kundenbegegnung und -beziehung weiterzuentwickeln.

Dabei integriert das Customer Interaction Center die Bereiche Support, Kundenservice, Beschwerdemanagement etc. Es dient als Hilfsmittel bei dem Bemühen um Integrierte Kommunikation. Ohne Customer Interaction Center ist es kaum möglich die vielen, und immer neuen, Kommunikationskanäle zu den Kunden aufeinander abzustimmen.

Das Customer Interaction Center führt die zahlreichen Kommunikationskanäle, die zwischen Unternehmen und Kunden zur Verfügung stehen, die Customer Touchpoints, zusammen.

Ein modernes CIC sollte generell mit einer Computer-Telefon-Integration und automatischen Anrufverteilung, einer sogenannten Voice Response Unit und auch auf den Internetseiten des Unternehmens mit einem Call-Back-Button ausgestattet sein, damit so der Kunde oder auch Online-Besucher schnell und bequem mit dem Unternehmen in Kontakt treten kann.

> Das **Customer Interaction Center** unterscheidet sich gravierend von herkömmlichen Call- und Service Centern. Es ist nicht mehr nur eine isolierte Anlaufstelle für Kundenanfragen und Beschwerden, sondern vielmehr eine immer zentraler werdende Schnittstelle zur unmittelbaren Realisation von One-to-One-Kommunikation und um neue Kundeninformationen sowie Daten zu generieren. Um aber in diesem Zusammenhang das individuelle Kundenprofil weiter verfeinern zu können, spielt das Beschwerdecenter innerhalb des CIC eine wichtige Rolle.

Viele Unternehmen machen es für die Kunden möglichst schwierig sich zu beschweren – Kunden, die sich beschweren, sind ihnen lästig. Das Gegenteil ist richtig!

Kunden, die sich beschweren, geben dem Unternehmen die Chance sie zufrieden zu stellen. Eine Beschwerde ist wesentlich besser als ein Kunde, der abwandert und vielen Freunden und Bekannten von seinen schlechten Erfahrungen mit dem Unternehmen berichtet.

Das Beschwerdecenter bietet unzufrieden Kunden die Möglichkeit, ihre Probleme und Fragen beispielsweise zu bereits erworbenen Produkten dem Unternehmen mitzuteilen. Es handelt sich hierbei häufig lediglich um einen zusätzlichen Beschwerdekanal, es sei denn, der Anbieter vertreibt seine Produkte ausschließlich über das Medium Internet. Der Grund hierfür liegt in der Tatsache, dass unzufriedene Kunden für Beschwerden meistens die gleichen Kommunikationskanäle bevorzugen wie bei der Kaufanbahnungs- und Kaufabschlussphase.

Daher sollten Unternehmen, die ernsthaft an einem Konfliktdialog interessiert sind, grundsätzlich mehrere Beschwerdekanäle für unzufriedene Kunden bereitstellen, welche eine möglichst einfache Kontaktaufnahme durch den Kunden ermöglichen, wie es beispielsweise bei Hotlines der Fall ist. Schließlich sind Beschwerden ein Service, den die Kunden dem Unternehmen erbringen, da sie wichtige Hinweise auf etwaige Schwachstellen und Probleme der Leistungen und Prozesse eines Unternehmens darstellen. In diesem Zusammenhang ist zwar das Schreiben und Versenden eines Beschwerdetextes in Form einer E-Mail für den Kunden meist arbeitsaufwendiger als beispielsweise ein Telefonat, aber die elektronische Post ermöglicht eine Dokumentation der Beschwerdeführung durch Versendungs- und Empfangsprotokolle.

Beschwerden sind also als Anregung zur Leistungsoptimierung eines Unternehmens zu betrachten, denn sie signalisieren Kundenunzufriedenheit und müssen daher analysiert, behandelt und auch beigelegt werden. Um dies zu gewährleisten, ist ein sogenanntes Beschwerdemanagement notwendig, zu dessen Aufgaben die Planung, Organisation, Durchführung und Kontrolle aller Maßnahmen gehört, die ein Anbieter im Zusammenhang mit Kundenunzufriedenheit ergreift.

5.7.4 Mobile Commerce-Anwendungen

Schließlich stellt das Mobiltelefon, mit dem der größte Teil der Kunden ständig und überall erreichbar ist, eine große Herausforderung für das Dialogmarketing dar.

> Unter **Mobile Commerce** ist jede Transaktion auf Basis der Informationsübertragung über Mobilfunknetze und damit über mobile Endgeräte zu verstehen. Der mobile Informations-, Kommunikations- und Vertriebsweg stellt eine Untergruppe des elektronischen Handels, also E-Commerce, dar. M-Commerce-Anwendungen, das heißt internetfähige Endgeräte (beispielsweise das Smartphone) bieten gerade im Zusammenhang des E-CRM hinsichtlich der Lokalisierung und Identifikation von Nutzern und der darauf aufbauenden Personalisierung von Inhalten und Diensten neue Möglichkeiten einer interaktiven, dialogischen Marketingkommunikation für ein effizientes One-to-One-Marketing.

Zu den M-Commerce-Anwendungen über das Mobiltelefon gehören unter anderem die Nutzungen von Short-Message-Services (SMS) und von Wireless Application-Protocol (WAP)-Diensten.

SMS

SMS wird überwiegend zur Kommunikation und zum Informationsaustausch genutzt und hat sich daher in letzter Zeit auch als Standard für den Nachrichtenaustausch in Form von Texten in Mobilfunknetzen etabliert. Mobilfunknutzer und -betreiber sind damit gleichermaßen in der Lage, Textnachrichten von maximal 160 Zeichen von Mobiltelefonen zu senden und zu empfangen.

Der SMS-Versand kann durch Unternehmen gesponsert werden oder es versendet SMS mit werblichen Botschaften.

WAP

Der offene Industriestandard WAP geht noch einen Schritt weiter und ermöglicht es sogar, dass modifizierte Internetseiten auf mobilen Endgeräten wie Mobilfunktelefone oder Laptops mit kleinen Displays dargestellt werden können.

Diese M-Commerce-Anwendungen bieten, gerade im Hinblick auf den Aufbau und die Pflege von Kundenbeziehungen, entscheidende Vorzüge. Der Mobilfunkteilnehmer ist auf Grund seiner Mobilfunknummer vom Anbieter eindeutig identifizierbar, wodurch sich Dienste und auch Angebote personalisieren lassen. Weiterhin hat der Kunde das mobile Endgerät permanent zur Verfügung und kann somit jederzeit und überall kontaktiert werden. Dadurch ergeben sich neue Möglichkeiten, die Kundenbindung zu erhöhen, da hier beispielsweise zielgruppenspezifische Verkaufsförderungs-Aktionen, mit denen die Anbieter aktiv und zeitnah auf ihre Kunden zugehen können, denkbar sind. Der Nutzer ist außerdem mit den mobilen internetfähigen Endgeräten in der Lage, Echtzeit-Informationen abzurufen, Services ortsunabhängig zu nutzen und Transaktionen durchzuführen.

Die vorstehenden Ausführungen haben grundsätzliche Ansatzpunkte von einigen die Kundenbindung betreffenden Online-Maßnahmen skizziert. Hierbei wurden schon die Möglichkeiten offensichtlich, die sich durch eine stärkere Interaktion zwischen Anbieter und Kunde innerhalb der digitalen Kundenbetreuung für das Unternehmen ergeben. Gerade auch die Möglichkeiten, die sich im Bereich des M-Commerce durch das Internet als mobile Plattform für die Interaktion zwischen den Geschäftspartnern ergeben, bieten ein zukunftsträchtiges Potenzial zu Zwecken der Intensivierung der Kundenbeziehung bzw. -bindung im Rahmen des E-CRM.

5.8 Personalisierung im Internet

5.8.1 Kundenidentifikation und Kundendatenerfassung

Wahrscheinlich fast jeder Internetnutzer hat sich schon darüber gewundert, dass er auf der Homepage eines Unternehmens namentlich angesprochen wurde oder ihm sogar, wie bei Amazon, Vorschläge für Produkte gemacht wurden, die seinen Interessen entsprechen.

> Durch die **Personalisierung** eines Online-Angebotes, das heißt durch die kundenspezifische Ausprägung, wird das Ziel verfolgt, die Attraktivität für den Kunden zu steigern. Dazu werden gezielt solche Inhalte gefiltert, die für den Nutzer von verstärktem Interesse sind. Die Personalisierung kann sich auf Produkte und Content (redaktionelle Inhalte), Preise, Navigation, Layout sowie die geschaltete Werbung beziehen.

Auch im Online-Marketing kann die Individualisierung und Personalisierung des Dialogmarketings genutzt werden, um eine kundenspezifische Ausprägung von Angeboten im Internet auf der Grundlage von Informationen über Kunden zu realisieren. Der Anbieter filtert dazu gezielt solche Elemente, die für den Nutzer von verstärktem Interesse sind. Die Personalisierung bezieht sich auf Produkte und Content (redaktionelle Inhalte), Preise, Navigation, Layout sowie die geschaltete Werbung.

Die Voraussetzung für die Personalisierung im Internet ist die Erhebung der relevanten Kundendaten.

Das Internet als Erhebungsinstrument weist dabei gegenüber den klassischen Verfahren besondere Stärken auf. Die erhobenen Daten sind aktuell und lassen sich effizient einfordern. Zusätzlich ist bei der elektronischen Datenerhebung und Verarbeitung eine schnellere Auswertung mit einer geringeren Fehlerquote möglich.

> Bei der **Erhebung zur Generierung der Nutzerdaten** wird zwischen der Kundenidentifikation und der Kundendatenerfassung unterschieden. Die Kundenidentifikation ist die Voraussetzung, die erhobenen Daten einem Kunden eindeutig zuzuordnen. Der Fokus liegt jedoch bei den Verfahren, die zur Erfassung der jeweiligen Kundendaten eingesetzt werden.

5.8.2 Kundenidentifikation als Voraussetzung

Bei der **Kundenidentifikation** wird zwischen aktiven und passiven Verfahren unterschieden. Zu der aktiven Kundenidentifikation, bei der die User um Mitwirken bei deren Identifizierung gebeten werden, zählen Logins, Chipkarten und biometrische Verfahren.

Login

Unter einem Login wird die Einwahl des Kunden in den Angebotsbereich durch die Eingabe einer User-ID und eines Passwortes verstanden. Immer häufiger müssen die User dabei persönliche Daten hinterlegen, welche allerdings der Datenerfassung und nicht der eigentlichen Kundenidentifikation zuzuordnen sind. Kombiniert mit den anfallenden Nutzungsdaten des Angebotes wird der Kunde analysiert und sein Profil erstellt. Eine Registrierung sollte allerdings möglichst einfach vorzunehmen sein, denn fehlgeschlagene Logins und zu umfangreiche Abfragen von Kundenmerkmalen können den User von der Nutzung des Angebotes abschrecken.

Chipkarte

Eine Chipkarte ist ein Hardware-gestütztes Login-Verfahren, welches die höchste Sicherheitsstufe bei einer geschützten Angebotsseite gewährleistet.

Biometrische Verfahren

Bei den biometrischen Verfahren erfolgt die Identifikation der Kunden anhand der Stimme, des Fingerabdruckes oder der Scan der Iris. Diese Verfahren gehen derzeit von der Pilotphase in den Regelbetrieb über.

> **Passive Verfahren der Kundenidentifikation** nutzen den Umstand, dass User beim Surfen im Netz Spuren hinterlassen, die sowohl zu ihrer Identifikation als auch der Datenerfassung dienen. Die passiven Verfahren lassen sich in Globally Unique Identifies, Cookies und Session IDs gliedern.

Globally Unique Identifies

Darunter werden technische Merkmale wie Systemnummern des BIOS (Basic Input Output System), des Prozessors oder der Netzwerkkarte sowie die IP-Adresse verstanden. Einen traditionell hohen Stellenwert nimmt dabei die Identifikation der Kunden anhand der IP-Adresse ein, welche jeden Computer eines Netzwerkes kennzeichnet, dessen Datentransfer über das TCP/IP-Protocoll geregelt wird. Die IP-Adresse wird beim erstmaligen Nutzen eines Angebotes als Element des Kundenprofils gespeichert und daran kann der Kunde bei jeder weiteren Session identifiziert werden. Allerdings werden ebenfalls dynamische IP-Adressen benutzt, welche für jede Session neu vergeben werden. Hier ist die Erstellung eines auf Dauer angelegten Kundenprofils nicht möglich.

Cookies

Cookies sind kleine Datenpakete, die ein Server zur Identifikation auf der Festplatte des Nutzers ablegt und bei jedem Aufruf des Angebotes abruft. In diesen kleinen Textdateien sind Einstellungen und Vorlieben gespeichert, die beim Besuch der Website gewählt wurden. Je nach Zeithorizont lassen sich Session Cookies und Persistant Cookies unterscheiden. Während Session Cookies nach Beendigung der Nutzung der Website wieder gelöscht werden, sind Persistant Cookies dauerhaft, das heißt für wiederholte Nutzungen des Angebotes verfügbar. Letztere können daher neben der Identifikation ebenfalls zur Speicherung von Kundeninformationen genutzt werden.

Session ID

Weiterhin gibt es die Möglichkeit, einen Kunden mittels einer Session ID, die vom Server vergeben wird, zu identifizieren. Diese wird für die Dauer der Nutzung eines E-Commerce-Angebotes als Session Cookie gespeichert oder als URL codiert. Der Pfad durch das Angebot sowie die Verweildauer des Kunden kann somit protokolliert und analysiert werden.

Die aktive und passive Kundenidentifikation stehen in einem umgekehrten Verhältnis zueinander, die Stärken der einen Identifikationsmöglichkeit entsprechen den Schwächen der anderen.

Die passive Kundenidentifikation bewahrt die Nutzer vor einer aufwendigen Dateneingabe, allerdings stellt dies Anbieter des Online-Angebotes vor eine technische Herausforderung. Vor allem die Sessionübergreifende Identifizierung kann aufgrund dynamischer IP-Adressen oder Unterbindung von Cookies erschwert werden.

Bei der aktiven Kundenidentifikation hingegen kann der Nutzer Session übergreifend identifiziert werden.

5.8.3 Datenerfassung zur Generierung des Kundenprofils

Analog der Kundenidentifikation gliedern sich die Verfahren der Datenerfassung entsprechend der Involvierung der Kunden in implizite und explizite Verfahren.

Implizite Datenerfassung

Die implizite Datenerfassung wird als passives Erhebungsverfahren bezeichnet.

> Wie auch das passive Verfahren der Kundenidentifikation, ist das **implizite Verfahren** auf die Spuren der User in Form von Seitenaufrufen des Online-Angebotes oder die Nutzung von Suchfunktionen angewiesen. Basierend auf der automatischen Protokollierung des Datenaustausches zwischen dem Server des Online-Angebotes und des Browsers des Kunden werden alle Interaktionen des Users aufgezeichnet oder getrackt.

Die Daten werden dann in so genannte Logfiles gespeichert, welche personalisierungsrelevante Daten des Kunden wie beispielsweise die User-ID, die IP-Adresse, den Zeitpunkt der abgerufenen Dateien oder die zuvor abgerufene Seite umfassen. Da die Einträge der Logfiles in chronologischer Abfolge erscheinen, wird das Nutzerverhalten anhand des Useragents, eine Kombination aus IP-Adresse, Browser und Betriebstyp, ermittelt.

Logfiles geben damit Hinweise auf die Nutzungsintensität einzelner Angebote und können dadurch die Wirtschaftlichkeit bestimmter Werbebanner transparent machen.

Explizite Datenerfassung

> Die **explizite Datenerfassung** wird als aktives Erhebungsverfahren bezeichnet, welches eine bewusste Informationseingabe des Kunden nutzt.

Bei diesen Befragungen durchläuft der Kunde die einzelnen Masken selbstständig. Spätestens während der Datenabfrage muss dem Kunden verdeutlicht werden, welche Vorteile er durch die Preisgabe seiner persönlichen Daten hat. Der Eingabeaufwand des Kunden muss dahingehend optimiert werden, dass die Daten über mehrere Nutzungsvorgänge abgefragt werden und der Kunde nicht schon zu Beginn der Befragung von der großen Datenmasse abgeschreckt wird.

Auch die implizite und explizite Datenerfassung stehen in einem umgekehrten Verhältnis zueinander. Die Stärken der impliziten Datenerfassung sind die Schwächen der expliziten und umgekehrt.

Durch die Verbindung beider Methoden kann die Datenerfassung optimiert werden. So kann beispielsweise eine Logfile-Analyse Aufschluss darüber geben, zu welchem Zeitpunkt User aus dem Fragebogen aussteigen oder an welchen Stellen es zu langen Antwortzeiten kommt.

Zentraler Nachteil der expliziten Datenerfassung ist die unkontrollierbare Befragungssituation, die auf die externen Einflüsse des Kunden während der Befragungsphase zurückzuführen ist. Unvollständige oder sogar falsche Antworten des Nutzers, bedingt durch beispielsweise den zu großen Aufwand der Dateneingabe oder der Limitation der Dateneingabe, können vom Anbieter nicht nachvollzogen werden.

Vorteil der impliziten Datenerfassung ist wie bei der Identifikation, dass der Kunde keine aufwendige Dateneingabe vornehmen muss. Mit fortschrittlicher Technologie kann sein Verhaltensmuster auch so analysiert werden.

Allerdings steht diesem Verfahren die Schwierigkeit im Zusammenhang mit dem Datenschutz gegenüber. Laut dem Teledienstedatenschutzgesetz (TDDSG) und dem Mediendienste-Staatsvertrag (MDStV) ist die Datenerfassung nur dann erlaubt, wenn „der Zusammenhang zu der Person des Kunden nicht herstellbar ist". Wenn die erhobenen Daten einem Kunden persönlich zuzuordnen sind, muss bei der personenbezogenen Erfassung die Einwilligung des Kunden eingefordert werden. Nicht nur die Einhaltung des Rechtsrahmens stellt beim Thema Datenschutz ein Problem dar, auch um das Vertrauen der Nutzer zu gewinnen, sollten die Unternehmen über ihre Datenschutzpolitik aufklären. Dabei darf der Kunde allerdings nicht verunsichert werden.

5.8.4 Case zur Datenerfassung zur Generierung des Kundenprofils

Wenn ein Autofan sich für einen Porsche interessiert und auf der Website nach weiteren Informationen sucht, wird ihm die Möglichkeit gegeben, sich dort zu registrieren.

Porsche bewertet die Interessenten nach einem Scoring-Modell, um deren Kaufwahrscheinlichkeit zu prognostizieren. Man kann sich vorstellen, dass zahlreiche Autofreunde an den hochwertigen Informationsbroschüren, Kalendern oder DVDs interessiert sind. Nicht alle Interessenten werden von Porsche allerdings als ernsthafte Kaufinteressenten mit einer hohen Kaufwahrscheinlichkeit angesehen.

Porsche behandelt nicht alle Interessenten gleich, sondern ordnet diese in „heiße", „warme" und „kalte" Interessenten. Ein „heißer" Interessent hat eine hohe Kaufwahrscheinlichkeit und wird mit einem wesentlich größeren Aufwand betreut als ein jugendlicher Sammler von Autoprospekten.

Aus diesem Grund erhebt Porsche bei der Eintragung in die Datei zahlreiche Daten, aus denen auf die Kaufwahrscheinlichkeit geschlossen werden kann.

Die Abbildung 41 zeigt den entsprechenden Fragebogen. Zuerst wird nach Anrede, Name, E-Mail-Adresse etc. gefragt. Bereits die Frage nach dem Beruf ist sicherlich aufschlussreich für den Anbieter. In einem Drop-Down-Menue werden die Alternativen vorgegeben. Diese stimmen nicht mit den üblichen Berufsbezeichnungen bei Marktforschungsuntersuchungen überein: Arbeiter, Angestellter, Beamter, Schüler, Hausfrau/Hausmann, nicht erwerbstätig, Rentner/Rentnerin, etc.

Auch die Frage nach den im Haushalt zugelassenen Fahrzeugen, wobei das hauptsächlich genutzte genau spezifiziert werden soll, ergänzt die Datenerhebung. Diese Angaben sind sicherlich für Porsche sehr aufschlussreich, wenn auf eine Wahrscheinlichkeit geschlossen wird, mit der dieser Interessent ein Auto von Porsche erwerben wird.

5.8.5 Anforderungen an Kundenprofildaten

Das Kundenprofil entsteht durch die Zuteilung der gesammelten Daten zum korrespondierenden Kunden.

Die Daten des Kundenprofils weisen Parallelen zu den Segmentierungskriterien der Marktforschung auf. Um den Identitätsgrad zwischen angebotenem Produkt und anvisierter Zielgruppe zu erhöhen, dienen die Kriterien in der Marktforschung der Gruppierung der Nachfrager in intern homogene und extern heterogene Segmente. Durch die differenzierte Bearbeitung dieser Segmente werden die Bedürfnisse der einzelnen Konsumenten besser befriedigt. Je detaillierter und transparenter das zu bewerbende Kundenprofil ist, desto höher ist die Wahrscheinlichkeit, den Kunden aufgrund seiner Bedürfnisse richtig zu erfassen und damit Streuverluste zu minimieren.

Wie auch die Segmentierungskriterien müssen die Daten des Kundenprofils zum Personalisierungszweck folgende Anforderungen erfüllen:

- **Verhaltensrelevanz:** Als Ausgangspunkt für das personalisierte Angebot sind geeignete Indikatoren zu wählen, welche in einem ursächlichen Zusammenhang mit dem Kundenverhalten stehen. Es sind nur solche Daten für die Erstellung eines Kundenprofils zu erfassen, die auch eine Beziehung zu dem Kaufverhalten des Kunden bei dem jeweiligen Unternehmen haben.
- **Erfassbarkeit:** Die Möglichkeit der Erfassbarkeit der Daten gilt als Voraussetzung für die Erstellung eines Kundenprofils. Die Erfassbarkeit der Datensätze sollte für alle Kunden gewährleistet sein.
- **Zeitstabilität:** Zur Erstellung eines verwertbaren Profils sollten die Daten über einen bestimmten Zeitraum stabil sein. Dabei ist weniger das isolierte Zeitintervall entscheidend, vielmehr darf die Dynamik der persönlichen Daten nicht größer sein als die Nutzung des personalisierten Angebots. Ansonsten können die Daten nicht aktuell genug erhoben werden und das Kundenprofil hängt dem tatsächlichen Profil hinterher.
- **Wirtschaftlichkeit:** Die mit der Erhebung der Kundendaten verbundenen Kosten dürfen nicht höher als der erzielbare Nutzen sein. Die Kosten entstehen durch die Implementierung der Technik und durch den Abbruch der Dateneingabe des Nutzers (Opportunitätskosten). Der Nutzen eines genauen Kundenprofils zeigt sich in dem Verständnis des Käuferverhaltens und der damit einhergehenden Möglichkeiten der Personalisierung des Angebotes. Je besser das Unternehmen seine Kunden kennt, umso besser passende Angebote kann es diesen offerieren.

5.8 Personalisierung im Internet

↑ Registrierung

Persönliche Angaben
Anrede * | Titel | sonstige
Vorname * | Nachname *
E-Mail *
Passwort * | Passwortbestätigung *
Nationalität
Beruf
--- | Firmeninhaber / Geschäftsführer / Angestellter / Beamter / Selbständig/Freiberufler / Student / Andere
Anzahl d. Personen im Haushalt
Davon Kinder unter 18 Jahren
Mitglied im Porsche Club ○ ja ○ nein

Adressdaten
bevorzugte Kontaktadresse ○ privat ○ geschäftlich
Privatadresse
Straße | Hausnummer
PLZ | Ort | Land
Geschäftsadresse
Firma | Straße | Hausnummer
PLZ | Ort | Land

Telefonischer Kontakt
Bitte geben Sie mindestens eine Telefonnummer an.
Telefon (privat) | Vorwahl | Telefonnummer
Telefon (geschäftlich) | Vorwahl | Telefonnummer
Telefon (mobil) | Vorwahl | Telefonnummer

Hobbies und Interessen
Bitte wählen Sie max. 6 Themen aus.
☐ Motorsport ☐ Segeln/Motorboot ☐ Fliegen
☐ Tennis/Squash ☐ Golf ☐ Jogging/Fitneß
☐ Reiten ☐ Haus/Garten ☐ Autosammlungen
☐ Reisen ☐ Kino/Fernsehen ☐ Lesen
☐ Shopping ☐ Sonstiges

Fahrzeugdaten
Anzahl Fahrzeuge im Haushalt
Ihr hauptsächlich verwendetes Fahrzeug
Marke
Modell
Baujahr
Fahrgestellnummer
Amtl. Kennzeichen
Leistung (KW)
Getriebe
Kilometerstand
Überwiegende Nutzungsart ○ privat ○ geschäftlich
Für welches Fahrzeug interessieren Sie sich? ○ Neuwagen ○ Gebrauchtwagen
Wann planen Sie den Kauf Ihres nächsten Fahrzeugs?

Porsche Zentrum
Ihr bevorzugtes Porsche Zentrum

Porsche Newsletter
☐ Ja, ich möchte den E-Mail-Newsletter „Porsche News" abonnieren
(Abmeldung jederzeit möglich).

Einwilligung in die Datennutzung und Datenschutzhinweise
Ich möchte zukünftig über Aktuelles von Porsche informiert werden. Daher bin ich damit einverstanden, dass meine hier angegebenen Daten in einer von der Dr. Ing. h.c. F. Porsche AG verwalteten zentralen Datenbank gespeichert werden. Zudem bin ich damit einverstanden, dass die Dr. Ing. h.c. F. Porsche AG, die zuständige Vertriebsgesellschaft und das zuständige Porsche Zentrum und falls zutreffend die zuständige Porsche Financial Services Gesellschaft sowie – in deren Namen und Auftrag – beauftragte Dienstleister diese Daten mit anderen Daten aus dem Porsche Konzern zusammenführen. Darüber hinaus bin ich damit einverstanden, dass die vorgenannten Unternehmen diese Daten zur individuellen Kunden- und Interessentenbetreuung, für Befragungen zur Kundenzufriedenheit und Informationen zu Fahrzeugen sowie zu fahrzeugbezogenen Dienstleistungen von Porsche nutzen und mich zu diesen Zwecken per Briefpost kontaktieren können.
Ich bin zudem damit einverstanden, dass

☐ die von mir angegebene Telefonnummer

☐ die von mir angegebene E-Mail-Adresse

von den genannten Unternehmen genutzt wird/werden, um mich zu den aufgeführten Zwecken zu kontaktieren.

Ein einmal gegebenes Einverständnis kann ich jederzeit bei der Dr. Ing. h.c. F. Porsche AG widerrufen – eine kurze Nachricht genügt.

Ich bin mit der Verwendung meiner Daten *
○ Einverstanden. ○ Nicht einverstanden.

Abbildung 41: Login bei Porsche
Quelle: www.porsche.de

5.8.6 Kundenprofildaten

> Für das **Kundenprofil** kommen grundsätzlich soziodemografische und psychografische Daten, Infrastruktur- und Verhaltensdaten in Betracht.

Unter Infrastrukturdaten werden die technischen Zugangsvoraussetzung des Internetzuganges und die Einstellung der User gegenüber der Technologie verstanden. Das Wissen über die technischen Zugangsvoraussetzungen der User ist deshalb so wichtig, weil nur dann eine technisch adäquate Auslieferung der Werbemittel gewährleistet werden kann. Um beispielsweise zu wissen, wie aufwendig die Banner gestaltet werden dürfen, ist für die Werbetreibenden die verfügbare Bandbreite des Internetzuganges des Kunden wichtig. Auch gibt die Grafikkarte darüber Auskunft, wie das Unternehmen seine Darstellung auf das jeweilige Bildschirmformat abzustimmen hat.

Weitere technologische Aspekte sind die Leistungsfähigkeit des verwendeten PCs, die Aktualität des Betriebssystems, der Browser und der Anwendungsprogramme.

Die Einstellung zur Technologie hat Einfluss darauf, ob die User Produkte im Internet kaufen und bezahlen und ob diese neuen Entwicklungen der Internettechnologie annehmen oder ablehnen.

5.8.7 Beurteilung des Kundenprofils

Die obigen Beschreibungen verdeutlichen, dass sich ein Kundenprofil aus Daten zusammensetzt, welche mittelbar oder unmittelbar die Kundenpräferenzen anzeigen. Während psychografische Daten und zum Teil auch Verhaltensdaten direkt vom Personalisierungsverfahren verarbeitet werden können, müssen soziodemografische Daten und Infrastrukturdaten oftmals mit entsprechenden Personalisierungsverfahren aufbereitet werden, um Rückschlüsse auf das Kundenverhalten zu ziehen.

Als Personalisierungsergebnis ist stets ein vollständiges und aktuelles Kundenprofil anzustreben. Vollständig ist das Profil dann, wenn es alle Daten enthält, die wichtig für das Verhalten sind. Zudem kann das Profil als aktuell bezeichnet werden, wenn es die tatsächlichen Kundenpräferenzen repräsentiert.

5.9 Nutzung des Internetauftritts

Dialogmarketing über das Internet wurde im Jahr 2014 von 69,3 % der deutschen Unternehmen in Form einer eigenen Website genutzt, um die Besucher der Homepage oder Website auf das Angebot des Unternehmens aufmerksam zu machen. 45,8 % der Unternehmen betrieb Onlinemarketing in Form von Bannerwerbung, Suchmaschinen-, Affiliate-, Social Media- oder Mobile Marketing.

Die Ausgaben für die Website sind von 6,3 auf 6,4 Milliarden Euro gestiegen, für das Online-Marketing stiegen sie von 7.0 auf 7,1 Mrd. Euro (Deutsche Post AG 2015, S. 16).

Folgende Inhalte fanden sich im Jahr 2014 auf den Internetseiten der Unternehmen (Deutsche Post AG 2015, S. 72):

- Information zu Unternehmen bzw. Angeboten 98 %
- Online-Kontaktmöglichkeit (E-Mail-Adresse/Kontaktformular) 96 %
- Facebook Connect-/Share on Twitter-Button/Verknüpfung zu anderen sozialen Netzwerken 20 %
- Möglichkeit, einen Newsletter zu abonnieren 16 %
- Online-Shop zur Bestellung von Produkten bzw. Dienstleistungen 14 %
- Eigene Kommunikationsplattformen (Nutzer können eigene Inhalte einstellen) 7 %

Display- oder Videowerbung nutzen 18 % der Unternehmen, Suchmaschinenmarketing 44 % und E-Mail-Marketing 52 %. Die Gesamtaufwendungen für E-Mail-Marketing betragen 1,9 Milliarden Euro.

Social Media-Marketing hat eine Nutzungsquote von 34 % nach 29 % im Vorjahr.

Affiliate-Marketing nutzen 21 % der Unternehmen und Mobile Display Advertising 4 % mit durchschnittlichen Aufwendungen von 8,1 Tausend Euro.

SMS- und MMS-Werbung hat eine Nutzungsquote von 2 % mit durchschnittlichen Aufwendungen von 3,3 Tausend Euro pro Unternehmen (Deutsche Post AG 2015, S. 76 f.).

5.10 Cases zum Online-Dialogmarketing

Eine mit dem Deutschen Dialogmarketing Preis in Silber 2015 ausgezeichnete Kampagne mit dem Schwerpunkt auf der Website entwickelte Scholz & Friends für Montblanc International GmbH.

Unter dem Titel „A Parisian Winter Tale" wurde eine globale Weihnachtskampagne für die „Contemporary Professionals" für mehrere 100.000 Adressaten weltweit launcht.

Die Agentur hatte die Herausforderung, eine emotionale Weihnachtskampagne zu kreieren, die sämtliche Touchpoints der Marke bespielt und die Markenphilosophie „Made by Hand" zum Leben erweckt.

Zur Lösung dieser Aufgabe wurde die erste globale Crossmedia-Kampagne von Montblanc gestartet. Zusammen mit der französischen Bestsellerautorin Tatiana de Rosnay erzählte die Marke eine dreiteilige Weihnachtsgeschichte: Ein einsames Mädchen findet im weihnachtlichen Paris eine Brieftasche und gelangt daraufhin auf zauberhaften Wegen zu ihrer großen Liebe.

Wie bei ihren Produkten setzte Montblanc für die Umsetzung der Geschichte auf Handarbeit. Ein Set, erschaffen aus kleinteiliger, filigraner Papierarbeit, bildete die Kulisse für „A Parisian Winter-Tale". Die Geschichte war der Ausgangspunkt für den Dialog mit dem User und Plattform für die Präsentation der Produkte.

Auf einer interaktiven Website und über Social Media-Kanäle wurde die Serie ausgerollt. Hotspots im Film wiesen den Weg zu Bastelanleitungen, mit denen sich Elemente der Papierwelt der Story nachbauen lassen.

Zudem griff ein klassisches Mailing die Winterwelt auf. Begleitet wurde die Kampagne von Newslettern, die die Nutzer auf neue Folgen aufmerksam machen.

Die Kampagne führte in der Vorweihnachtszeit zu einem langanhaltenden Dialog zwischen Usern und der Marke. Die Geschichte wurde über mehrere Wochen ausgerollt, und sowohl auf der interaktiven Microsite als auch über sämtliche Social Media-Kanäle von Montblanc verfolgten und unterhielten sich Menschen in der ganzen Welt über „A Parisian Winter-Tale". User bastelten die weihnachtliche Papierwelt nach und teilten ihre Ergebnisse über Instagramm und Co. – von Los Angeles bis Osaka (DDV 2015, S. 138 f., S. 170 f.).

Die Agentur Saint Elmo's München konzipierte für das Axel Springer Mediahouse Berlin eine Dialogmarketing-Kampagne mit einem Schwerpunkt auf dem Einsatz von Bannern.

Mit dem Titel „Media Shouter" wurden für die Zeitschrift „Metal Hammer" Banner mit einer Reichweite von ca. 6.000 Personen aus der Zielgruppe geschaltet.

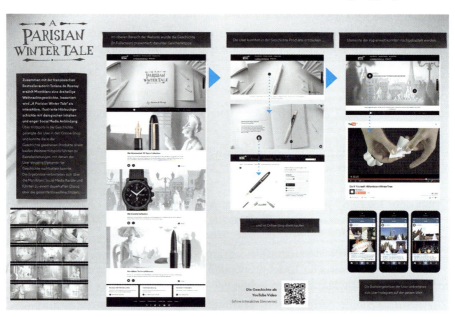

Abbildung 42: Montblanc: A Parisian Winter Tale

Die Aufgabe bestand darin, ein Nischenprodukt wie die Zeitschrift „Metal Hammer" in den Fokus der Aufmerksamkeit zu rücken bei einer sehr stark von der Verlagsbranche umworbenen Zielgruppe, den Mediaplanern in den renom-

5.10 Cases zum Online-Dialogmarketing

mierten Mediaagenturen. Die erreichte Aufmerksamkeit musste anschließend mit den nüchternen Mediadaten des Mediums in Verbindung gebracht werden.

Die Agentur entwickelte das erste dialogische Konzert der Welt: Mediaplaner konnten sich die Band „Mediashouter" zu einem exklusiven persönlichen Live Event ins Haus holen. Die Band performte die Mediadaten, wie es sich auf Metal-Art gehört: Sie wurden live vor Ort „geshoutet".

Ein exklusives zweistufiges Mailing brachte die Band „Mediashouter" zu den handverlesenen Mediaentscheidern. Wer kein exklusives Konzert auf die Einladung hin buchte, erhielt ein Fan-Package mit den „geshouteten" Mediadaten auf CD.

Ein Film dokumentierte zusätzlich den ersten Auftritt von Mediashouter, der darüber hinaus auf einer Kampagnenwebseite angeschaut werden konnte. Begleitet wurde die Aktion durch eine Banner-Kampagne, die den User zum „Mitmoshen" einlud. Wer klickte, konnte einen Auftritt von „Mediashouter" für seine Agentur gewinnen.

Die Banner-Kampagne generierte 112 Bewerber über das Gewinnspiel. Ein begleitendes Mailing an 30 Mediaagenturen hatte eine Responsequote von 40 %; 12 Agenturen buchten das Konzert. Durch die Gesamtaktion (On- und Offline) konnte das Anzeigen- und Banner-Buchungsvolumen im Vergleich zum Vorjahr um 17 % gesteigert werden.

Die Aktion gewann im Jahr 2015 den ddp in Bronze (DDV 2015, S. 144 f., 178 f., 184 f.).

Für den Kunden Lego entwickelte die Agentur Serviceplan die Aktion „Lego Builders of Infinity". Zielgruppe waren Lego Fans auf der gesamten Welt.

Abbildung 43: Axel Springer Mediahouse: Media Shouter

Die Herausforderung bestand darin, eine digitale Kampagne zu entwickeln, die den Kern der Marke Lego bewirbt: Kreativität. Und da jeder, der mit Lego Steinen spielt, seine eigene Kreativität nutzt, war es wichtig den User dazu zu bewegen, auch online etwas großes Neues selbst zu erschaffen. Dabei sollte jeder, der mit der Idee in Kontakt kam, dank seiner eigenen Kreativität Teil eines großen Ganzen werden.

Die kreative Idee war: Auf der www.buildersofinfinity.com können User ihr eigenes Level erstellen und damit Teil eines niemals endenden Jump'n'Run-Spiels werden: Lego Builders of Infinity.

Das Ergebnis war überzeugend: In wenigen Wochen spielten und erschufen tausende Lego Fans das längste Online-Jump'n'Run-Spiel der Welt. Und um in den Highscore zu kommen, spielten einige User sogar mehrere Stunden lang.

Der DDV prämierte diese Aktion im Jahr 2012 mit dem Deutschen Dialogmarketing Preis in Gold (DDV 2012, S. 86 f.).

Abbildung 44: Lego: Builders of Infinity

6 E-Mail-Marketing

6.1 E-Mails im Online-Dialog

> Das **E-Mail-Marketing** bietet den Unternehmen Vorteile wegen der geringen Kosten, der hohen Aktualität und der guten Möglichkeiten der Erfolgskontrolle. Auch für die Nutzer spielen die Aktualität und Schnelligkeit der erhaltenen Informationen sowie die einfache Reaktion auf eine E-Mail eine wichtige Rolle. Wegen der vielen Vorteile auf beiden Marktseiten ist es nicht verwunderlich, dass der Siegeszug des E-Mail-Marketings ungebrochen ist. Für den Versand von werblichen E-Mails muss jedoch eine Einverständniserklärung, eine Permission, des Empfängers vorliegen.

E-Mail-Marketing wird definiert als die gezielte Versendung und Verwaltung von Informationen und Werbebotschaften über das Medium E-Mail an Kunden oder potenzielle Kunden zu Marketingzwecken.

Aktuelle Studien zeigen, dass E-Mail-Marketing derzeit eines der wachstumsstärksten Instrumente innerhalb des Dialogmarketings ist. E-Mail steht als meistgenutzte Anwendung durch die Online-Nutzer im Internet mit Abstand an erster Stelle, gefolgt von Informationssuche und ziellosem Surfen. Die E-Mail-Kommunikation ist für einen Großteil der Bevölkerung in Deutschland zu einem festen Bestandteil des Alltags geworden.

E-Mails haben mittlerweile im Kundenservice bei vielen Unternehmen andere Medien wie Telefon, Fax und Post überholt.

Die Vorteile des E-Mail-Marketings aus der Sicht des Unternehmens und der Kunden sind in der Abbildung 45 zusammengestellt.

Vorteile für die Unternehmen

Aus dem Blickwinkel des Unternehmens ist die werbliche E-Mail im Vergleich mit dem Papier-Mailing (adressierte Werbesendung) wesentlich kostengünstiger, da die Ausgaben für Papier und Druck entfallen und auch die Zustellkosten viel niedriger sind (Abbildung 45).

Die Zustellung erfolgt sehr schnell; das Unternehmen kann aktuelle Informationen nahezu ohne Zeitverlust übermitteln. Die Responsequoten sind sehr hoch und genau messbar. E-Mails können zum Dialog mit den Kunden oder Interessenten ohne Streuverluste genutzt werden, denn sie lassen sich genauso so zielgerichtet auf den Empfänger auszurichten wie der Werbebrief.

Vorteile für Unternehmen	Vorteile für Kunden
Niedrige Kosten, da Ausgaben für Papier und Druck entfallen	Keine physische Aufbewahrung notwendig
E-Mail-Versand verläuft in Sekundenschnelle; hoch aktuelle Informationen lassen sich zeitnah übermitteln	Aktuelle Informationen lassen sich zeitnah empfangen
Hohe Rücklaufquoten im Vergleich zu Post- und Fax-Mailings	Die Antwort auf eine E-Mail ist sehr einfach, z.B. durch die Reply-Funktion
Reaktionen sind perfekt messbar	Kunden erhalten nur relevante E-Mails
Multimediale und interaktive Inhalte erzielen eine höhere Aufmerksamkeit	Attraktive und interaktive Gestaltung der E-Mails
Möglichkeit One-to-One-Marketing umzusetzen	Durch individuelles Zusammenstellen der Texte orientieren sich E-Mails an den kundenspezifischen Interessen
Streuverluste sind so gut wie ausgeschlossen	Kunden erhalten nur erwünschte E-Mails, da Permission Marketing umgesetzt werden muss

Abbildung 45: Vorteile des E-Mail-Marketings
Quelle: Aschoff 2002, S. 2–7

Vorteile für die Empfänger

Aus der Sicht der Empfänger ist der Erhalt aktueller Informationen (beispielsweise Sonderangebote, Last-Minute-Angebote) sehr attraktiv; die Antwort auf eine E-Mail ist besonders einfach und komfortabel.

Wenn die Mail attraktiv und interaktiv gestaltet ist und auch individuell auf die Interessen des Empfängers ausgerichtet ist, kann sie echte Vorteile bieten. Schließlich liegt ein wesentlicher Vorteil des E-Mail-Marketings darin, dass der Empfänger nur erwünschte Mails erhält, da ihr Versand eine Permission (Einverständnis) erfordert.

Dabei ist natürlich nicht das Problem der „Spams" zu unterschätzen. Diese unaufgeforderten und illegalen E-Mails, die meist aus dem Ausland kommen und kaum verfolgt werden können, zerstören die Vorteile der erwünschten Mails und führen dazu, dass häufig auch angeforderte Newsletter beim Entfernen der Spams mitgelöscht werden. Viele Personen, die die große Menge ihrer empfangenen E-Mails „aufräumen" und zunächst alle „Spam-Mails" löschen, entfernen bei dieser Gelegenheit auch die von ihnen angeforderten Newsletter, um sich dann den wichtigen Nachrichten widmen zu können.

Eine geringe Vorlaufzeit ohne den aufwendigen Produktionsprozess für Druckunterlagen erlaubt eine schnelle und preiswerte Zustellung (ohne Portokosten). Die Rückläufe liegen bereits in elektronischer Form vor, so dass ohne großen Aufwand eine genaue Messung der erreichten Responsequote ermöglicht werden kann.

Die bequeme Response-Möglichkeit verschafft darüber hinaus das Potenzial höherer Rücklaufquoten, da von der reinen Text-E-Mail bis hin zu Transaktions-E-Mails mit Bestell-Knopf fast alles möglich ist.

Die Inhalte der Mails lassen sich je nach Interessenslage des Empfängers weitgehend personalisieren und bieten so die Möglichkeit eines effektiven One-to-One-Marketing- und Kundenbindungs-Tools.

6.2 Gründe für den Erfolg des E-Mail-Marketings

Die wichtigsten Gründe für den Erfolg der E-Mails, die die Unternehmen dazu veranlassen dieses Instrument in ihrer Kommunikation mit den Kunden intensiver einzusetzen, sind in der Abbildung 46 zusammengefasst.

Die Abbildung 47 enthält einige aktuelle Fakten zum E-Mail-Marketing (Quelle: www.absolit.de).

In den USA hat E-Mail-Marketing bereits eine weit höhere Bedeutung als hierzulande. Auf die Frage nach dem leistungsstärksten Marketinginstrument gaben achtzig Prozent der befragten Unternehmen die E-Mail an. Suchmaschinen nannten 57 Prozent. 59 Prozent steigern ihr Budget für E-Mail-Marketing. Bei Suchmaschinen sind es 54 Prozent.

Newsweaver hat B2B-Marketer befragt, von denen 78 Prozent E-Mail-Marketing für wichtig hielten und 77 Prozent ihr Budget erhöhen. Noch wichtiger ist Online-Marketing für Online-Händler. Forrester befragte US-Online-Händler: 92 Prozent investieren in E-Mail-Marketing und neunzig Prozent in Suchmaschinenwerbung.

E-Mail-Käufer geben im Schnitt doppelt soviel Geld aus wie andere Kunden. Jeder zweite Online-Kauf wurde von einer E-Mail angestoßen. Ein Viertel des deutschen Online-Handelsumsatzes geht inzwischen auf einen Anstoß per E-Mail zurück (alle Angaben von www.absolit.de).

E-Mail ist an Effizienz nicht zu überbieten. Das ist besonders in wirtschaftlich kritischen Zeiten relevant. Während viele Unternehmen bei der klassischen Werbung den Gürtel enger schnallen, werden Online-Budgets erhöht. Im B2B-Bereich ist dieser Trend besonders ausgeprägt: 48 Prozent der Unternehmen reduzieren ihre Gesamtwerbebudgets (Marketingsherpa) – aber nicht generell. Im Online-Marketing steigern 31 Prozent ihre Ausgaben, beim E-Mail-Marketing an eigene Adressen erhöhen sechzig Prozent ihre Ausgaben.

94 Prozent der von Marketingsherpa befragten 1200 US-Marketer nutzen E-Mail-Marketing für Mailings an den eigenen Adressverteiler. 53 Prozent versenden auch an gemietete Adressen. Jupiter Research prognostiziert eine Verdopplung des E-Mail-Marketing-Umsatzes bis 2012.

Die Zeit ist reif für E-Mail-Marketing. Zwei Drittel aller Deutschen haben inzwischen eine E-Mail-Adresse (ARD/ZDF). 53 Prozent rufen ihre E-Mails täglich ab (Bitkom). In den USA checkt die Hälfte sogar über viermal täglich (AOL). 42 Prozent haben auch eine dienstliche E-Mail-Adresse (Bitkom). 89 Prozent der

Kostenvorteile

Bei E-Mails entfallen im Vergleich zu Werbebriefen die Druck-, Papier- und Portokosten, stattdessen entstehen relativ geringe Kosten für Softwarelizenzen und Providergebühren. Die Kosten für die Kreation sind vergleichbar, aber die Versandkosten (0,5 bis 10 Cent) betragen nur etwa ein Zehntel im Vergleich zur Aussendung von Briefen, die auf Papier gedruckt sind.

Responsequoten

Um auf eine E-Mail zu antworten genügt ein einfacher Mausklick; die Responseraten liegen meist deutlich über jenen von Briefen und bei interessanten Angeboten auch häufig im zweistelligen Prozent-Bereich.

Präzises Marketing-Controlling

Anders als beim Werbebrief kann bei E-Mailings gemessen werden, welche Botschaft gelesen wird und welche nicht. Beispielsweise wird auch gemessen, welche E-Mails an Bekannte weitergegeben werden. Oder es kann genau ermittelt werden, welches Produkt in welchem Mailing die höchste Klickrate hatte und welches schließlich am meisten gekauft wurde. Diese Kontrollen geschiehen vollautomatisch und steht als fertige Reports zum Ausdruck bereit, wobei die Werte im Verlauf der Kampagne automatisch aktualisiert werden. Natürlich kann auch der CPI (Cost per Interest) und der CPO (Cost per Order) unterschiedlicher Mailings verglichen werden.

Für Produkte mit niedrigem Preis geeignet

Während Werbebriefe gut für hochpreisige Waren geeignet sind, die so kalkuliert sind, dass sie die Aktionskosten der Mailingaktion decken, kann per E-Mail auch für geringwertige Angebote geworben werden.

Schnelligkeit

E-Mails können sehr kurzfristig realisiert werden, der Großteil der Antworten liegt bereits am ersten und zweiten Tag vor. Tests können schon nach Stunden bewertet werden.

Akzeptanz von E-Mails

Immer mehr Kunden wünschen die einfach archivierbaren, aktuellen Informationen per E-Mail. Reaktionen sowie der Abruf weiterer Information sind per Mausklick möglich.

Gezielte Ansprache von Segmenten

Beim E-Mail-Marketing können automatisch und per Mausklick Interessenten und Kunden in Abhängigkeit von deren Aktion differenziert angesprochen werden.

Interaktivität

Durch interaktive Elemente (z.B. Formulare, Befragungsbögen, anklickbare Objekte, Multimedia-Präsentationen) kann der Dialog mit den Empfängern realisiert werden.

Abbildung 46: Gründe für den Erfolg des E-Mail-Marketings
Quelle: www.absolit.de

Onliner nutzen das Internet, um E-Mails zu senden und zu empfangen. Damit ist E-Mail die meistgenutzte Online-Anwendung (AGOF).

In den USA liest schon jeder fünfte während des Essens seine E-Mails (eMarketer). 13 Prozent sind während des Fernsehens im Internet (Mindline). Ebenfalls 13 Prozent nutzen ihr Mobiltelefon, um E-Mails zu senden und zu empfangen

Allgemeine Daten

- 94 Prozent der Unternehmen in den USA setzen E-Mail-Marketing an eigene Adressen ein – (Marketingsherpa 2009)
- 88 Prozent der Unternehmen in Deutschland setzen auf E-Mail-Marketing – (Absolit 2009)
- 77 Prozent der Unternehmen steigern E-Mail-Marketing-Budget – (Newsweaver-2008)
- 92 Prozent der US-Onlinehändler investieren in E-Mail-Marketing – (Forrester-2008)
- E-Mail-Marketing in Deutschland wächst um 13 Prozent – (Deutsche Post 2008)
- E-Mail-Käufer geben doppelt soviel aus – (Forrester 2007)
- Jeder zweite Online-Shopper von E-Mail angestoßen – (eMarketer 2008)
- 53 Prozent verstärken Online-Marketing, 7,7 Prozent reduzieren – (Absolit 2009)
- 45 Prozent Markenbekanntheit durch E-Mail – (eCircle 2008)

Nutzung

- 96 Prozent unter dreißig sind online – (ARD/ZDF 2008)
- 36 Prozent sehen weniger fern – 57 Prozent surfen öfter – (IBM/ZEW 2008)
- 87 Prozent nutzen E-Mail: es ist die beliebteste Online-Aktivität – (AGOF 2008)
- Jeder fünfte liest beim Essen E-Mails – (eMarketer 2008)
- Die Hälfte checkt E-Mails viermal täglich – (AOL 2008)
- 13 Prozent lesen E-Mails am Handy – (Bitkom 2008)
- 27 Prozent lesen nur im Vorschaufenster – (Marketingsherpa 2008)

Gestaltung

- E-Mailings besser abends versenden – (Dialogmail 2008)
- Montag und Dienstag sind am besten Versandtage – (eMarketer 2009)
- 27 Prozent im Textformat, 69 Prozent als HTML und vier als PDF – (Absolit 2007)
- 88 Prozent senden im HTML-Format – (Eworx 2008)
- 35 Prozent mit Anrede „Sehr geehrte ." 18 Prozent mit „Guten Tag ." – (Absolit 2007)
- 60 Prozent ohne Willkommens-Mail – (Returnpath 2009)
- 28 Prozent höhere Öffnungschance bei sachlicher Betreffzeile – (Dialogmail 2008)

Abbildung 47: Zahlen zum E-Mail-Marketing
Quelle: www.absolit.de

(Bitkom). 220 Milliarden E-Mail werden weltweit jeden Tag verschickt (Cisco) (alle Angaben von www.absolit.de).

6.3 Aufgaben und Ziele des E-Mail-Marketings

Die wichtigsten **Aufgaben und Ziele des E-Mail-Marketings** lassen sich wie folgt klassifizieren (Schwarz 2014, S. 412 ff.):

- **Image und Branding:** Neben einer guten Aufmachung, die zum Image des Unternehmens und der Marke passt, ist der relevante Inhalt noch wichtiger, damit die E-Mails auch langfristig gelesen werden.
- **Bekanntheit und Awareness:** Durch Sponsoring und Anzeigenschaltung in reichweitenstarken Newslettern können Markenbekanntheit und Awareness für ein Unternehmen und dessen Produkte gesteigert werden.
- **Informationsübermittlung:** E-Mails können im Rahmen des Dialogs dazu genutzt werden, den Kunden schnell über Neuerungen im Unternehmen oder die Leistungen betreffend zu informieren, oder ihn mit zusätzlichen Gebrauchsanweisungen zu versorgen. Der Kunde ist außerdem in der Lage, Anfragen oder Beschwerden direkt an den Anbieter zu richten.
- **Kostenersparnisse:** E-Mails führen zu Kostenersparnissen, beispielsweise indem gedruckte Mailings und Kataloge durch elektronisch versendete ersetzt werden.
- **Neukundengewinnung:** Durch Marketing-Maßnahmen sollen Interessenten gewonnen und zum Kauf bewegt werden. Um den Prozess der Neukundengewinnung zu beschleunigen, enthalten viele E-Mail-Kampagnen Incentives als Response-Verstärker.
- **Kundenbetreuung:** Für den Vertrieb besteht die Möglichkeit, seine Kunden unterstützend per E-Mail zu betreuen, so dass Informationen schriftlich vorliegen und der Kunde selbst entscheiden kann, wann er sie liest.
- **Kundenbindung:** Kunden sollen an das Unternehmen gebunden und Wiederholungskäufe generiert werden. Dem Kunden muss durch die E-Mails allerdings ein Zusatznutzen geboten werden, so dass er motiviert ist, Newsletter und E-Mailings zu lesen und Produkte zu erwerben.
- **Marktforschung:** Durch E-Mails lässt sich Marktforschung betreiben, beispielsweise durch den Versand von elektronischen Fragebögen oder durch die Auswertung der Reaktionen auf eine E-Mail.

6.4 Permission basiertes E-Mail-Marketing

E-Mail-Marketing erfordert im Rahmen des geltenden Rechts, dass dem Absender vor dem Verschicken seiner Botschaften die Erlaubnis dafür durch den Empfänger erteilt wurde. Hierauf basiert das Konzept des Permission Marketings.

Ziel der Permission Marketing-Konzeption ist es, eine langfristige Beziehung zwischen Unternehmen und Kunde aufzubauen, die geprägt ist durch das Vertrauen des Empfängers in die Inhalte und Informationen, die an ihn gesendet werden.

6.4 Permission basiertes E-Mail-Marketing

Es werden drei Arten der **Zustimmung von Seiten der Kunden bzw. Interessenten** für die Zusendung von Werbe-E-Mails unterschieden.

- **Opt-Out:** Opt-Out bedeutet, dass der Empfänger, der seine Erlaubnis zum Versand von E-Mails an seine Adresse gegeben hat, diese jederzeit widerrufen kann.
- **Single Opt-In:** Beim Single Opt-In übersendet der Interessent, der beispielsweise einen bestimmten Newsletter erhalten möchte, seine E-Mail-Adresse an das anbietende Unternehmen. Seine Daten werden dann in die gewünschte Verteilerliste aufgenommen und er erhält den Newsletter.
- **Confirmed Opt-In:** Mit dem Single Opt-In ist es möglich, einen Newsletter für eine andere Person bzw. für eine fremde E-Mail-Adresse anzufordern. Diese Gefahr des Missbrauchs wird durch das Confirmed Opt-In vermindert, bei dem der Empfänger nach dem Eintrag in eine E-Mail-Adressliste eine Bestätigung per E-Mail vom Anbieter erhält und damit eine Kontrollmöglichkeit erhält.
- **Double Opt-In:** In der Praxis üblich ist das Double Opt-In, bei dem der Empfänger nach der Adresseingabe ebenfalls eine Bestätigung erhält, auf die er mit einer Gegenbestätigung reagieren muss, wodurch die Registrierung endgültig wirksam wird. Dadurch soll verhindert werden, dass E-Mail-Adressen von Dritten für unerwünschte Anmeldungen missbraucht werden.

	Opt-Out	Opt-In	Confirmed Opt-In	Double Opt-In
Verfahren	Empfänger wird selbst aktiv und streicht seine E-Mail-Adresse aus der Verteilerliste	Interessent trägt sich bspw. in ein Webformular ein und erhält eine Bestätigung	Interessent erhält bspw. nach der Registrierung eine Bestätigung per E-Mail	Zusätzlich zum Confirmed Opt-In verifiziert der Interessent die Bestätigungs-E-Mail durch Rückantwort
Probleme	Nur bei bestehendem Kundenverhältnis rechtlich anwendbar	Missbrauchsgefahr, da keine Verifizierung der Richtigkeit der E-Mail-Adresse	Missbrauchsgefahr, da Identität zwischen Eintragendem und Inhaber der E-Mail-Adresse unsicher	Umständlich aber sicherstes Verfahren

Abbildung 48: Einverständniserklärung beim E-Mail-Marketing
Quelle: Wirtz 2005, S. 180

6.5 Formen des E-Mail-Marketings

6.5.1 E-Mailings und Standalones

E-Mailings (auch Standalones genannt) sind einzelne E-Mails, die außerhalb des turnusmäßigen Versands eines Newsletters verschickt werden. Unternehmen, die bereits Newsletter an einen Interessentenkreis versenden, verstärken so ihren Kontakt zum (potenziellen) Kunden, während Unternehmen, die keine Newsletter verschicken, mit E-Mails und Standalones Interesse und Kaufanreize schaffen wollen.

Standalone-E-Mails werden sowohl an unternehmenseigene E-Mail-Adressen versandt als auch an gemietete Fremdadressen mit entsprechender Permission, um neue Zielgruppen zu erreichen.

> **E-Mailings** sind das Online-Pendant zu traditionellen Mailings per Briefpost. Sie stellen eine kostengünstige Alternative dar und bieten gute Möglichkeiten zur Response-Messung. Sie lassen sich aktionsbezogen einsetzen, das heißt es werden einmalig und unregelmäßig Anschreiben zu einem bestimmten Anlass verschickt. Primär haben sie werbliche Inhalte, können aber auch als außerplanmäßiges Informationsmedium eingesetzt werden. Aktionsbezogene E-Mailings führen bei zielgenauer Ansprache des Interessenten zu hohen Klick- und Aktionsraten.

Mögliche Anlässe zum Versenden von Standalones sind beispielsweise die Erhöhung des Abverkaufs eines bestimmten Produkts (beispielsweise durch Sonderangebote), Einladungen zu einer Veranstaltung, die Bekanntmachung von Terminen oder die Veröffentlichung aktueller Unternehmensdaten.

Durch ein Standalone kann einer Zielgruppe auch ein regelmäßig erscheinender Newsletter vorgestellt, eine Umfrage gestartet oder ein Produktangebot getestet werden.

Damit die E-Mail nicht ungelesen gelöscht wird, muss sofort ersichtlich sein, wer der Absender der Nachricht ist. Bereits in der Betreffzeile sollten die Relevanz und die Vorteile für den Empfänger erkenntlich sein. Es bietet sich an, die Nachricht nach der KISS-Methode zu formulieren (Keep it short and simple). Bei konkreten Angeboten führt ein Link den Interessenten ohne Umwege zum Bestellformular. Die E-Mail darf den Empfänger nicht belästigen, sondern sollte noch einmal deutlich seine zuvor gegebene Erlaubnis zum Ausdruck bringen, vor allem, wenn die Adresse nicht aus einer eigenen Mailing-Liste des Unternehmens stammt, sondern von einem Listbroker gemietet wurde.

6.5.2 Newsletter

> **Newsletter** sind Massenmails, die in regelmäßigen Abständen (beispielsweise wöchentlich oder monatlich) erscheinen und deren Inhalt aus redaktionellen Beiträgen und gegebenenfalls dazwischen platzierter Werbung besteht.

Sie dürfen nur mit vorhergehender Einwilligung der Empfänger versendet werden; daraus lässt sich schließen, dass diese an den Inhalten interessiert sind und die E-Mails auch beachten.

Newsletter sind ein Serviceangebot eines Unternehmens an seine Kunden und beinhalten für die Adressaten interessante Meldungen wie beispielsweise Unternehmens- und Produktinformationen. In der Regel enthalten sie Hyperlinks zu weiterführenden und für den Empfänger relevanten Berichten oder Produktnachrichten auf der Unternehmenswebsite oder anderen Websites. Der Versand kann täglich, wöchentlich, monatlich oder in unregelmäßigen Abständen erfolgen.

Zwei Typen von Newslettern lassen sich unterscheiden:

- **Newsletter zur Kundenbindung:** Der Newsletter mit dem Ziel der Kundenbindung kommuniziert hauptsächlich für den Empfänger relevante Informationen und Neuigkeiten über die Leistungen des Unternehmens (z.B. Produktentwicklungen, Branchen-News, die Beantwortung von Kundenfragen, Ankündigung von Sonderangeboten oder auch die Bekanntgabe von Terminen).
- **Newsletter als Traffic-Builder:** Der „Traffic-Builder" soll in erster Linie die Besucherzahlen auf der Webseite erhöhen.

Im Rahmen des Dialogmarketings werden Newsletter personalisiert, der Empfänger wird mit seinem Namen angesprochen, die Inhalte werden individuell zusammengestellt, je nach Themeninteresse des Lesers.

Vorteile der Online-Newsletter sind vor allem ihre niedrigen Herstellungskosten im Vergleich zum traditionellen Print-Newsletter. Es entfallen Druck- und Papierkosten sowie Arbeitskosten und das Porto. Die anfallenden Telefonkosten für den elektronischen Versand betragen nur ein Minimum der beim Print-Newsletter entstehenden Kosten. Weitere Kosteneffizienz lässt sich durch das Vermarkten von Werbeflächen an (Partner-)Firmen realisieren.

Das erlaubt dem Unternehmen, häufiger mit seinen Kunden in Kontakt zu treten und dadurch mehr Kaufanstöße zu bewirken. Weiterhin werden die Leser zeitnah über aktuelle Themen und neue Produkte informiert, da der zeitliche Aufwand für Druck und Versand entfällt. Feedback von den Kunden kann schneller an das Unternehmen herangetragen werden, da sie nur durch einen Mausklick von der Unternehmenswebseite entfernt sind und bequem ihre Fragen und Anregungen per E-Mail an den Versender richten können. So lassen sich frühzeitig Kundenwünsche und Tendenzen erkennen. Durch das Einfügen von Hyperlinks erhält der Leser nicht nur die Möglichkeit, Detailinformationen abzurufen, sondern für das Unternehmen dienen sie als Responsemesser, welcher Informationen über die Wirkung der Inhalte preisgibt.

Newsletter werden im Online-Abonnement versandt, der Empfänger hat ausdrücklich den Empfang genehmigt bzw. sich selbst hierzu auf der Unternehmenswebsite angemeldet. Ein seriös gestalteter Newsletter, der meist in gleichmäßigen Abständen erscheint, bietet den Abonnenten in jeder Ausgabe die Möglichkeit zum Opt-Out, dem Beenden des Bezugs. Newsletter können im reinen Textformat oder in HTML (mit Grafiken und Animationen) versendet werden.

> Wichtigstes **Qualitätsmerkmal für einen Newsletter** ist ein für den Abonnenten relevanter Inhalt, auch als Content bezeichnet. Mit diesem lassen sich bestehende Kundenbeziehungen vertiefen und neue Kunden bzw. Interessenten gewinnen.

Ein **relevanter Content** erhöht die Klickrate, dabei handelt es sich beispielsweise um:

- Branchen-News und Marktanalysen
- Berichte über Trends und Fallstudien
- Ankündigung neuer Dienstleistungen und Produkte des Unternehmens
- Pressemeldungen und Rezensionen zu relevanten Themen (idealer weise mit weiterführendem Link)
- Tipps, Rezepte und (Gewinn-)Spiele
- Börsen-Nachrichten

Der ideale Mix aus den obigen Inhalten ist je nach Unternehmen und Zielgruppe unterschiedlich zu gestalten. Darüber hinaus muss der Absender des Newsletters sofort für den Empfänger erkenntlich sein sowie der Betreff auf den Newsletter hinweisen. Neben dem Opt-Out oder Unsubscribe Button sollte der Newsletter Hinweise zum Datenschutz, Feedback-Button sowie einen Button besitzen, mit dem der Newsletter an Bekannte weitergeleitet werden kann (virales Marketing).

Der Inhalt des Newsletters kann aus unternehmenseigenen Quellen wie Fachabteilungen, Marketing- oder PR-Abteilung, der Offline-Kundenzeitung sowie einer eigenen Online-Redaktion geschöpft werden. Externe Quellen sind neben Einbindung des Leser-Feedbacks auch unternehmensexterne Experten, das kostenlose Generieren von Informationen per Webnapping, das Zusammenstellen themenrelevanter Links auf andere Websites sowie der Einkauf von Texten über Informationsbroker, Autorenpools und Redaktionsdienste. Beim Einkauf von externen Stellen besteht jedoch die Gefahr, dass Inhalte mit denen anderer Newsletter übereinstimmen, wenn sie nicht exklusiv erstellt wurden.

6.5.3 Anzeigenschaltung in Newslettern

Wenn das Unternehmen selbst keinen Newsletter veröffentlicht oder einen neuen Abonnentenkreis ansprechen möchte, gibt es die Möglichkeit, Werbung in firmenfremden Newslettern zu schalten. Auch wenn für die Zukunft ein eigener Newsletter geplant ist, können auf diesem Wege erste Interessenten gewonnen werden. Als Auswahlkriterien gelten demnach Auflage, Inhalt und Zielgruppe der in Frage kommenden Newsletter.

Ziele der Anzeigenschaltung sind ferner die Präsentation der Produkte und der Aufbau oder die Verbesserung des eigenen Unternehmensimage. Ferner kann der Traffic auf der eigenen Webseite erhöht werden.

6.5.4 E-Mail-Abruf, E-Mail-on-Demand

Der E-Mail-Abruf ist für die Interessentengewinnung wichtig, denn der Interessent ersucht aktiv und unverbindlich um Informationen, indem er eine Mail an eine bestimmte Adresse sendet und innerhalb kurzer Zeit automatisch von dort per Autoresponder hinterlegte Informationen erhält. So gestaltet sich der E-Mail-Abruf als Online-Variante des Fax- oder Telefonabrufs, bei dem der Interessent Zeitpunkt der Information und Inhalte selbst aussucht.

Versendet werden auf diese Art und Weise beispielsweise Informationen zum Leistungsangebot, Preislisten, AGBs, Bestellformulare, Auftragsbestätigungen, Online-Seminare, Links zum Abruf von ausführlichen Newsletter-Artikeln, Gewinnspiele und Befragungsbögen.

Die Erfolgsmessung gestaltet sich durch konkrete Abrufzahlen sehr einfach, da die jeweilige Nachfrage sofort quantifiziert werden kann. Der E-Mail-Abruf eines Unternehmens erleichtert einem Kunden die Kontaktaufnahme und Informationsrecherche. Die Rückantwort auf die Kundenanfrage geschieht via Autoresponder in Sekunden. Per Autoresponder können beispielsweise Produktneuheiten, Kataloge, Preislisten oder andere häufig nachgefragte Hintergrundinformationen mit geringem Aufwand bereitgestellt werden. Auf diese Weise lassen sich Beschwerden aufgrund unbeantworteter Anfragen vermeiden.

6.5.5 Weitere Formen des E-Mail-Marketings

Abbildung 49 gibt eine Übersicht über die verschiedenen Instrumente im E-Mail-Marketing.

- **E-Mailing:** Elektronisches Mailing: Mailing-Versand (z.B. Messeeinladungen) per E-Mail, bequem, schnell und kostensparend, bei Einverständnis des Kunden.
- **Info-Mailings:** Info-Mailings erscheinen nach Bedarf und können von Kunden abonniert werden. Diese E-Mails liefern den Käufern im Rahmen des After-Sales-Service nützliche begleitende oder ergänzende Informationen zu dem gekauften Produkt oder der Dienstleistung.
- **E-Newsletter:** Elektronische Kundenzeitung: Regelmäßiger Versand von aktuellen Informationen, kostenlos per E-Mail an Kunden und Interessenten.
- **Sondernewsletter:** Konsumenten haben ihr Einverständnis gegeben, dass sie per E-Mail Werbung von Dritten erhalten. Dabei tritt meist der Permission-Eigner als Absender auf und der Werbetreibende gestaltet die Inhalte der E-Mail.
- **Communities:** Diskussionslisten oder Communities bieten ein Forum für Personen, die Informationen, Fragen, Meinungen etc. über ein bestimmtes Thema oder Produkt austauschen. Die Kommunikation kann per E-Mail zwischen den Teilnehmern erfolgen. Der Anbieter einer Community erhält durch die Diskussion Informationen über seine Kunden und deren Wünsche.
- **Elektronischer Katalog:** Viele Unternehmen bieten ihr Angebot mittlerweile über einen elektronischen Katalog an. So entfallen Kosten für Druck und Versand; Bestellungen sind einfacher zu handhaben.
- **E-Zine:** Elektronische Zeitschriften („Magazine"): Fast alle Printperiodika haben heute einen E-Mail-Newsletter, der redaktionellen Inhalt bietet und meist auch Werbeanzeigen enthält. Darüber können Unternehmen Adressen für ihren eigenen Newsletter generieren.

Abbildung 49: Instrumente des E-Mail-Marketings

Neben den bisher beschriebenen Formen von E-Mail-Marketing existieren zahlreiche weitere und ständig kommen neue hinzu.

6.6 Interessenten-Generierung per E-Mails

Eine wichtige Aufgabe des E-Mail-Marketings besteht neben dem Kontakt zu bestehenden Kunden darin, neue Interessenten für das Unternehmen zu generieren. Personen, die an den Angeboten interessiert sind, können schnell und einfach Informationen anfordern oder beispielsweise Newsletter abonnieren. Sie geben dazu ihre Permission ab und tragen sich in Datenbanken des Unternehmens ein, so dass damit ein Dialog in Gang gesetzt wird.

Bei der Generierung von Interessenten sind die folgenden Formen zu unterscheiden.

Vorhandene Adressen

Beim E-Mail-Marketing kann ein Unternehmen auf bereits vorhandene Adressen seiner Kundendatenbank zurückgreifen. Das setzt den Aufbau einer gut gepflegten Datenbank mit aktuellen E-Mail-Adressen aus bestehenden Daten voraus.

Liegen noch keine E-Mail-Adressen der Bestandskunden vor, können diese – wie auch neue Adressen – auf verschiedene Arten generiert werden.

Online-Adressgenerierung

Online kann dies über die Unternehmens-Website geschehen, wenn der Kunde beispielsweise einen Newsletter abonniert.

Offline-Adressgenerierung

Offline kann die E-Mail-Adresse durch den Vertrieb oder das Call Center, am Point of Sale, auf Messen bzw. anderen Veranstaltungen erfragt werden.

Member gets Member

Wichtig für die Interessenten-Generierung ist es, gerade bei Bestandskunden um die Weiterleitung der Information an Bekannte zu werben, da die Erfolgsquote hier besonders groß ist, zielgruppenrelevante Adressen zu generieren, die mittelfristig zu Umsatzsteigerungen führen können.

Fremdadressen

Zur Gewinnung von Neukunden kann ein Unternehmen auch auf Fremdadressen zurückgreifen. E-Mail-Adressen werden von Listbrokern angeboten und zumeist über einen Tausender-Kontakt-Preis oder Cost per Click abgerechnet.

Bei einem Listbroker werden Kriterien für die gewünschte Zielgruppe festgelegt. Je genauer diese Zielgruppenselektion erfolgt, desto höher gestaltet sich die Responsequote. Der Listbroker muss darüber hinaus sicherstellen können, dass die Adressaten der Liste ihr Einverständnis zum Empfang von Werbe-Mails gegeben haben. Im Auftrag des Unternehmens versendet der Listbroker das Standalone oder den Newsletter und erstellt anschließend ein Versandprotokoll, anhand dessen der Erfolg der Listen bezüglich Versandmenge, geöffneter E-Mails, unerreichter E-Mails (sogenannte Bounces) und Klickrate gemessen werden kann.

Die anschließende Weiterbetreuung der so generierten Leads obliegt dann dem Unternehmen. Die konsequente Erfassung und Analyse der Kundenreaktionen sichert den Erfolg der Kundendatenbank in einem kontinuierlichen Prozess. Ständige Aktualisierung der Kundendaten auf Grundlage der Kundenresponse stellen sicher, dass Kundeninformationen aktuell sind und Streuverluste minimiert werden.

6.7 Vorgehen bei E-Mail-Marketing-Kampagnen

Der Ablauf einer E-Mail-Marketing-Kampagne lässt wie in der Abbildung 50 dargestellt systematisieren (Ploss 2002, S. 143–149):

- Definition der Ziele
- Bestimmung der Zielgruppe
- Zusammenstellung der E-Mail-Adressen
- Sicherstellen des Vorliegens der Permission
- Auswahl des Werbemittels, Form des E-Mails
- Festlegung der Frequenz
- Festlegung des Kampagnenzeitraums
- Gestaltung von Landing Pages
- Tests
- Realisation
- Kontrolle
- Optimierung

Abbildung 50: Ablauf einer E-Mail-Marketing-Kampagne

Am Anfang einer erfolgreichen E-Mail-Marketing-Kampagne steht die konkrete Definition der angestrebten Ziele. Danach ist die Zielgruppe zu bestimmen; diese sind Internetnutzer mit bestimmten Interessen bzw. einem bestimmten Problem, das das Unternehmen zu lösen imstande ist. Nachdem die E-Mail-Adressen und das Einverständnis der Empfänger vorliegen, ist das Werbemittel auszuwählen. Zur Verfügung stehen die verschiedenen Formen des E-Mail-Marketings. Diese lassen sich sehr flexibel und in beliebig vielen Stufen einsetzen. In diesem Zusammenhang ist festzulegen, in welcher Frequenz der Kunde kontaktiert werden soll und über welchen Zeitraum sich die Kampagne erstrecken soll. Parallel sind interessante und ansprechende Landing Pages zu gestalten; das sind die Webseiten, auf denen der Kunde landet, sobald er einen Link in der E-Mail anklickt.

Nach diesen vorbereitenden Maßnahmen beginnt der wesentliche Teil der Kampagne: Zielgruppen bzw. deren Adressen, Medien, Inhalte, Gestaltungen, Betreffzeilen und Landing Pages sollten getestet werden. Ziel dabei ist es, herauszufinden, wo und wie am erfolgreichsten geworben wird. Dies geschieht durch die Kombination der verschiedenen oben genannten Faktoren.

Vor dem Hintergrund der gewünschten Kundenbindung kann nun mit der Zielgruppe regelmäßig kommuniziert werden, sofern diese es wünscht.

Regelmäßige Kontrollen sind die Voraussetzung für eine Optimierung der Kommunikation.

6.8 Gestaltungsregeln für E-Mailings

Wenn E-Mailings im Dialog mit den Kunden eingesetzt werden, besteht die erste Aufgabe darin sicherzustellen, dass diese E-Mails auch die Aufmerksamkeit

6.8 Gestaltungsregeln für E-Mailings

des Empfängers gewinnen. Noch schneller als ein uninteressanter Werbebrief in den Papierkorb geworfen wird, ist der Delete-Button bei einer E-Mail gedrückt.

> Durch die Beachtung einiger elementarer **Gestaltungsregeln** kann die Erfolgsquote von Mails erheblich gesteigert werden.
>
> Bei der Gestaltung von E-Mails ist zu bedenken, dass die meisten Menschen wenig Zeit haben. Sie lesen entweder nur Absender und Betreff oder überfliegen die E-Mail sehr schnell.
>
> Wenn die Mail möglichst viele Menschen erreichen will, muss sie so geschrieben sein, dass Schnellleser das Wichtigste finden und die gründlichen Leser trotzdem genug inhaltliche Tiefe vorfinden.

Zahlreiche Regeln aus dem Dialogmarketing für die Gestaltung von Werbebriefen können auf E-Mailings übertragen werden (Schwarz 2014, S. 421 ff.).

- **Zielgruppenbestimmung:** Wie bei dem Versand postalischer Mailings ist die Auswahl der richtigen Zielgruppe das wichtigste Erfolgskriterium. Je genauer die Zielgruppe definiert ist, desto größer wird der Erfolg. Da die Kosten für den Versand von E-Mailings gering sind, wird der gründlichen Selektion in der Praxis oft nicht die notwendige Sorgfalt geschenkt.

- **Absender und Betreffzeile:** Der erste Blick des Empfängers fällt auf den Absender und die Betreffzeile; daran entscheidet sich, ob die E-Mail gelesen oder wegen Verdacht auf Spam gelöscht wird. Der Empfänger muss sofort erkennen, wer der Absender ist und um welches Thema es in der E-Mail geht und welchen Nutzen er davon hat.
Absender ist das Unternehmen oder die Marke. Der Name soll beim Empfänger sofort möglichst positive Emotionen auslösen.
Im Betreff wird dem Leser verraten, warum er diese Mail nicht ungelesen löschen soll.

- **Corporate Design:** Der Leser muss den Absender klar erkennen können, damit die Mail nicht für Spam gehalten und ungelesen gelöscht wird. Dies lässt sich durch visuelle Botschaften (z.B. Logos, Farben, Bilder) erreichen.

- **Personalisierung:** Wie im schriftlichen Werbebrief zeigt die persönliche Anrede dem Leser die Wertschätzung, die ihm entgegen gebracht wird. Die persönliche Ansprache erregt die Aufmerksamkeit und betont den persönlichen Kontakt.

- **Nur ein klar definiertes Angebot**: Der Absender sollte sich auf ein Angebot beschränken und nicht unterschiedliche Alternativen vorstellen. Die Botschaft muss einfach zu verstehen sein und dem Empfänger zeigen, wie er darauf reagieren kann.

- **Vorschaufenster:** Manche Menschen schauen nur das Vorschaufenster an. Wenn sich hier kein Blickfänger findet, wird die E-Mail schnell gelöscht. Wenn die Kopfzeile schmaler gestaltet wird, bleibt noch Platz im Vorschaufenster für ein Inhaltsverzeichnis oder ein Anschreiben.

- **Kurzes Anschreiben:** Zu jeder E-Mail gehört ein Anschreiben, das möglichst kurz gehalten werden sollte, möglichst als Dreizeiler. E-Mails werden sehr schnell gelesen. Es bleiben nur wenige Zeilen, um der Mail eine persönliche Note zu geben.
- **Inhaltsverzeichnis:** Das Inhaltsverzeichnis ist für all diejenigen Empfänger, die schnell sehen wollen, ob etwas für sie Interessantes in der Mail steht. Hinter dem Inhaltsverzeichnis finden sich Links mit Sprungmarken, die den Leser direkt auf die richtige Stelle führen.
- **Bilder:** Bilder sind immer dann sinnvoll, wenn sie helfen, die schnelle Informationsaufnahme zu unterstützen. „Ein Bild sagt mehr als tausend Worte." Das Bild sollte dann auch die Kernaussage unterstützen oder ein für Leser wichtiges Produktdetail zeigen.
- **Kurze Sätze und klare Worte:** Die Mail sollte genau das sagen, was ein interessierter Leser wissen will. Die einzelnen Meldungen sollten kurz angerissen werden und die wirklich wichtigsten Informationen enthalten. Der Leser, der mehr wissen will, klickt auf den Link.
- **Links:** Die Hyperlinks tragen zu einer kurzen und ansprechenden E-Mail bei; sie verschonen den Leser von Details. Wer sich dann für ein Thema oder ein Produkt näher interessiert, findet sämtliche Details und Zusatzinformationen per Mausklick. Das Anklicken der Hyperlinks kann ausgewertet werden, so dass das Unternehmen analysieren kann, welche Themen am besten ankommen.
- **Recht und Technik:** Sehr wichtig ist es, die Rechtsvorschriften (Impressum und Abbestellmöglichkeit) zu beachten und mit professioneller Software zu arbeiten. Der Versand sollte über einen zertifizierten Server laufen, damit die Mails nicht von Spamfiltern blockiert werden.

6.9 Erfolgskontrolle von E-Mail-Aktionen

Die Messbarkeit des Erfolgs von Marketing-Maßnahmen speziell im Internet wird durch die Auswertung vieler verschiedener Messparameter ermöglicht, von denen ein Großteil sich jedoch nur für die Bewertung von Webseiten und Bannerwerbung eignet. Die für die Messung der Wirksamkeit von E-Mail-Aktionen geeigneten Kriterien lassen sich wie folgt zusammenfassen (Schwarz 2014, S. 425 f.):

- **Opening Rate:** Die Öffnungsrate misst den Anteil der Empfänger, die eine Nachricht nicht nur erhalten, sondern auch geöffnet haben.
- **Click Through Rate (CTR):** Die Durchklickrate gibt die Stärke der Reaktion auf eine Maßnahme an. Sie misst den Anteil der Empfänger, die auf einen in einer E-Mail enthaltenen Hyperlink geklickt haben.
- **Conversion Rate:** Die Umwandlungsrate misst den Anteil der Empfänger, welche die vom Unternehmen angestrebte Aktion durchgeführt haben. Diese kann beispielsweise in einem Kauf, einer Registrierung oder einer Informationsanforderung bestehen.

- **Churn Rate:** Diese Kennzahl gibt Auskunft über die Qualität einer Aussendung, indem sie den Anteil derjenigen misst, die sich im Anschluss von dem Verteiler abmelden und ihre Erlaubnis für den Empfang weiterer Nachrichten entziehen.
- **Costs per Klick**
- **Costs per Selling**
- **Costs per Reader**
- **Retention Rate (Kundenbindungsrate)**

6.10 Cases zum E-Mail-Marketing

Die Agentur Wundermann hat für die Lufthansa eine äußerst wirkungsvolle E-Mail-Kampagne zur Generierung von Einverständniserklärungen realisiert, der Titel der Aktion lautete: „Nichts Neues von Miles & More".

Miles & More Teilnehmer müssen regelmäßig ihre Permission aktualisieren, damit Miles & More auf ihre Interessen abge-stimmte Informationen über Produkte, Angebote und Aktionen per E-Mail, Newsletter oder SMS-Service senden darf.

Für Miles & More ist diese Zustimmung von eminenter Bedeutung. Falls der Kunde nicht zustimmt, muss der wichtige Dialog zur weiteren Kundenbindung beendet werden.

Die Programmteilnehmer erhielten eine E-Mail, die ihnen exakt zeigte, was sie künftig an Informationen erhalten – nämlich nichts. Der Betreff der Mail lautete: „Nichts Neues". Der Inhalt war: Nichts (außer „Guten Tag" und „Tschüs").

Über den doppeldeutigen Button: „Wenn Sie auf nichts Neues verzichten möchten – hier klicken" gelangte der Teilnehmer auf eine Log-in-Seite.

Das E-Mailing wurde im August 2012 an 8 Mio. Miles & More Teilnehmer versendet. 14 % der angeschriebenen Teilnehmer setzten ihren Haken und gaben ihre Zustimmung zur weiteren Information rund um Miles & More sowie Lufthansa ab.

Diese E-Mail-Kampagne wurde im 2013 mit dem ddp in Silber prämiert (DDV 2013, S. 44 f.).

Noch erfolgreicher war eine weitere E-Mail-Kampgane von Wunderman für die Deutsche Lufthansa AG.

Die Zielgruppe waren 3.000 am eXperts Programm teilnehmende Reisebüroexpedienten, die sich über das Programm eine Freemail-Adresse zugelegt haben, diese jedoch nicht nutzen. In der Mehrzahl (73 %) ist die Zielgruppe weiblich.

Abbildung 51: Lufthansa: Miles & More

Obwohl sich diese Zielgruppe durchaus häufig auf der Seite einloggt, ist sie für gezielte, personalisierte Ansprache durch Newsletter und E-Mail für Lufthansa derzeit unerreichbar. Einziges Kommunikationsziel der vorliegenden Aktion war es, die tatsächlich beruflich oder privat genutzte E-Mail-Adresse inklusive Permission zu erhalten.

Die Herausforderung lautete: Generierung der E-Mail-Adresse inklusive Permission von 3.000 eXperts Teilnehmern.

Die kreative und im Erfolg kaum zu übertreffende Idee lässt sich mit dem folgenden Slogan beschreiben: „Sag es mit Blumen" mal ganz anders.

Die Programmteilnehmer erhielten eine echte Orchidee. Das Dumme daran: Der Zugang zu der Pflanze war durch ein Nummernschloss verwehrt – „gießen impossible". Die passende Zahlenkombination gab es nur im Gegenzug zur E-Mail-Adresse – via E-Mail. Parallel dazu wurden die betreffenden Expedienten nach dem Log-in auf der eXperts Website durch eine animierte Orchidee an ihren Durst leidenden Schützling erinnert.

Die Aktion brachte 97 % Response: 2.912 gültige E-Mail-Adressen kamen durch diese Aktion zustande.

Ein weiterer Erolg war der Deutsche Dialogmarketing Preis in Bronze im Jahr 2010 (DDV 2010, S. 62 f.).

6.10 Cases zum E-Mail-Marketing

Das Mailing – links geschlossen, rechts geöffnet

Compliment Card mit Anschreiben und Webadresse

Website: Animation einer „durstigen" Orchidee; „Danke" Screen

Ende gut, alles gut: 2.912 eXperts haben ihre Orchidee „gerettet" – das sind 97 % der Adressaten.

Abbildung 52: Lufthansa: eXperts Programm

7 Mobile Marketing

7.1 Grundlagen des Mobile Marketings

> Das Mobiltelefon kann den Dialog mit den Interessenten und Kunden optimal aufbauen und permanent aufrechterhalten. Über diesen personalisierten und interaktiven Kommunikationskanal kann dem Kunden ein Mehrwert geboten werden, der genau auf ihn zugeschnitten ist. Das **Mobile Marketing** verfolgt unter anderem sowohl das Ziel der Kundengewinnung als auch der langfristigen Kundenbindung. Unternehmen, die sich des Mobile Marketings bedienen, sollten aus diesem Grunde den aktiven Dialog mit dem Kunden fördern und die daraus gewonnenen Informationen und Daten auch gezielt nutzen.

Jede Kundenantwort (Response) ist wertvoll und hilft den Kunden besser zu verstehen, um entsprechend auf ihn einzugehen und zu reagieren. Durch die besonderen Vorteile der mobilen Endgeräte können speziell im Mobile Marketing weitere Daten gesammelt werden. Aufbauend auf diesen Daten können gezielte Folgeaktionen durchgeführt werden, die wiederum im Laufe der Zeit weitere Informationen generieren. Daher sollten die Konsumenten zu Beginn einer Kundenbeziehung in keine langwierigen Registrierungsprozesse (bezüglich persönlicher Daten) verwickelt werden. Durch wachsendes Vertrauen und positive Erfahrungen mit dem Unternehmen sollte der Kunde seine Daten nach und nach freiwillig preisgeben.

Durch die Erweiterung der traditionellen CRM-Systeme um die mobilen Datenzugriffe, was sowohl Datenspeicherung als auch -aufarbeitung beinhaltet, können Mobile Marketing-Maßnahmen effektiver und gezielter eingesetzt werden. Dabei werden die Grundlagen zur Entwicklung von Loyalitäts- bzw. Kundenbindungsprogrammen geschaffen, die wiederum die Wechselbarrieren für den Kunden erhöhen.

Im Jahr 2010 hat Google das „mobile Zeitalter" ausgerufen. Dass Google damit Recht haben sollte, zeigt sich an der stark wachsenden Verbreitung mobiler Endgeräte. Mobiltelefone, Smartphones und Tablet-PCs haben einen festen Platz im Leben vieler Konsumenten und sind fast schon gesellschaftliche Pflicht. Etwa jeder dritte Deutsche aus allen Alters- und sozialen Klassen besitzt eines der Geräte, die heimische Desktop- und Laptop-PCs allmählich ablösen – Tendenz stark steigend (Holland, Koch 2014, S. 431–458).

92 % können sich nicht vorstellen, einen Tag ohne ihr Gerät zu verbringen, und 36 % der Deutschen gehen bereits mobil ins Netz (BMWi 2012, S. 66; BVDW 2012a, S. 5). Die Geräte werden nahezu immer mitgeführt und sind eingeschal-

tet, was theoretisch eine ständige Erreichbarkeit ermöglicht. Dies ist über andere Medien kaum möglich.

> Das enorme Reichweitenpotenzial hat dazu geführt, dass Mobilgeräte verstärkt in das Interesse der Werbetreibenden rückten. Da die mobilen Technologien stetig weiter entwickelt werden, eröffnen sie Unternehmen immer neue Werbeformen bzw. Möglichkeiten, mit Konsumenten zu interagieren. Die zunehmende Reizüberflutung bedingt attraktive Werbeformen, welche die Aufmerksamkeit der Konsumenten erlangen können. Die steigende Bedeutung mobiler Werbeformen im Marketing-Mix von Unternehmen zeigt sich unter anderem an den Ausgaben für **Mobile Advertising** (MAdvertising), die in den letzten Jahren deutlich anstiegen (BVDW 2013, S. 6 f.).

Auch die Zunahme mobiler Applikationen (Apps) macht dies deutlich: Während 2008 ca. 500 Apps angeboten wurden, sind es heute 850.000 Apps (Apple 2013). Nach der Telekommunikations- und der Medienbranche hat die Konsumgüterbranche 2011 am stärksten in mobile Werbeformen investiert. So entfielen 10 % der Gesamtausgaben für Mobile Advertising auf Konsumgüter mit hoher Umschlaggeschwindigkeit (Fast Moving Consumer Goods, FMCG). 2012 sind diese Ausgaben um 1.700 % gestiegen, was dem stärksten Zuwachs im Branchenvergleich entsprach (madvertise 2012, S. 12 f.).

M-Marketing ist ein Teilbereich von Mobile Commerce (M-Commerce) bzw. Mobile Business (M-Business). Daher werden zunächst die beiden letzteren Begriffe definiert und inhaltlich abgegrenzt.

M-Business

M-Business umfasst die Abwicklung und Unterstützung von Geschäftsprozessen unter Zuhilfenahme kabelloser Datenübertragungstechnologien auf Mobilgeräte (Möhlenbruch, Schmieder 2002, S. 68).

M-Commerce

M-Commerce stellt eine spezielle Ausprägung des Electronic Commerce (E-Commerce) dar und bezeichnet die Anbahnung, Vereinbarung und/oder Abwicklung von Transaktionen über mobile Endgeräte bzw. über das Mobilfunknetz. Nach einem engen Begriffsverständnis, welches auch hier zugrunde liegt, beschränkt sich M-Commerce auf die Transaktion selbst, d.h. den Kauf von Gütern (Wriggers 2006, S. 12 f.).

M-Marketing

Der Begriff M-Marketing ist in der Literatur nicht einheitlich definiert. Ein Ansatz sieht M-Marketing als Synonym für Wireless Advertising (Michael, Salter 2006, S. 25, 57). Problematisch dabei ist jedoch die Begrenzung auf den Kommunikationsaspekt.

Nach dem zweiten Verständnis bezeichnet M-Marketing den Prozess der Planung, Durchführung und Kontrolle sämtlicher Marketingaktivitäten unter Nutzung kabelloser Datenübertragungstechnologien auf mobile Endgeräte, um mit den Anspruchsgruppen in Kontakt zu treten (Möhlenbruch, Schmieder 2002, S. 77). Da dieses Verständnis sämtliche Komponenten des Marketing-Mix einschließt, wird es nachfolgend zugrunde gelegt.

> **M-Marketing** ist die Schnittstelle zwischen klassischem Marketing, das am bzw. außerhalb des POS ansetzt, und Online-Marketing, das sich primär zu Hause abspielt. Indem es beide Bereiche und den Bereich dazwischen (unterwegs) abdeckt, ist M-Marketing das Verbindungsglied der realen und der virtuellen Welt. Man unterscheidet inhaltsorientierte Formen, bei denen die Informationsvermittlung im Vordergrund steht, transaktionsorientierte Formen, die direkt auf den Verkauf abzielen, sowie response-orientierte Formen, die auf den Dialog mit potenziellen oder bestehenden Kunden abzielen (Wriggers 2006, S. 17; Clemens 2003, S. 74).

7.2 Technische Voraussetzungen des Mobile Marketings

> M-Marketing basiert auf dem Prinzip der **Mobilkommunikation** – einem Teilbereich der Telekommunikation. Elektromagnetische Wellen ermöglichen die drahtlose Sprach- bzw. Datenübertragung zwischen Mobilgeräten. Voraussetzung dafür ist neben der Existenz dieser Geräte ein drahtloses Kommunikationsnetz inklusive entsprechender Datenübertragungs-, Service- und Lokalisierungstechnologien (Holland, Bammel 2006, S. 21).

Immer kürzere Entwicklungszyklen und der hohe Innovationsdruck im Hardwarebereich haben zu einem vielfältigen Angebot an mobilen Endgeräten geführt. Dazu zählen sämtliche Endgeräte, die es ermöglichen, Dienste über drahtlose Netzwerke bzw. lokal verfügbare mobile Anwendungen zu nutzen. Systemseitig gleichen die Geräte Arbeitsplatzrechnern, jedoch sind alle Systembestandteile auf einen niedrigen Stromverbrauch ausgerichtet, da die Geräte zwecks Portabilität über eine eigene Energieversorgung betrieben werden müssen. Daneben zeichnen sich Mobilgeräte durch eine eindeutige Nutzerzuordnung aus, denn für den Zugang zum Mobilfunknetz benötigen die Geräte eine eindeutige SIM-Karte (Subscriber Entity Module). 2012 besaß jeder Deutsche im Durchschnitt 1,4 Mobilfunkanschlüsse – ein Wert, der durch beruflich genutzte Zweitgeräte und sogenannte „Surfsticks" zustande kommt (Bundesnetzagentur 2013, S. 78). Ein Surfstick ist ein Funkmodem in Form eines USB-Sticks (Universal Serial Bus), das den mobilen Internetzugang ermöglicht.

Ebenso typisch sind für den mobilen Einsatz konzipierte Benutzungsschnittstellen. Dies sind neben der Tastatur berührungsempfindliche Displays (Touchscreens) und die Sprachsteuerung. Der Trend geht hin zu kleinen, leichten und leistungsstarken Geräten. Die unterschiedlichen Systemspezifikationen der zahlreichen Gerätehersteller am Markt (z.B. Betriebssystem, unterstützte Anwendungsformate, Displaygröße) haben Implikationen für die technische Ausgestaltung der M-Marketing Maßnahmen.

Die bedeutendsten Geräteklassen sind derzeit Notebooks (inkl. Sub-Notebooks und Netbooks), Tablet-PCs, Personal Digital Assistants (PDAs), Smartphones und Mobiltelefone. Diese Reihenfolge entspricht der physikalischen Größe und Leistungsfähigkeit (Rechenleistung, nutzbare Applikationen) der Geräte (Nösekabel 2010, S. 73). Einige Smartphones können PDAs in Bezug auf die Leistungsfähigkeit jedoch überlegen sein. Generell ist festzustellen, dass es deutliche Überschneidungen im Leistungsspektrum gibt und Geräteklassen zunehmend konvergieren. Geräte mit relativ eng gefassten Einsatzfeldern werden zunehmend durch „Alleskönner" ersetzt. So zeigen sich Substitutionseffekte bei Sub-Notebooks und Netbooks durch Tablet-PCs. Gleiches gilt für Mobiltelefone: 2013 wird nur noch eines von fünf verkauften Geräten ein klassisches Mobiltelefon sein – den Rest machen Smartphones aus (BITKOM 2011, S. 2; BITKOM 2013b, S. 1).

Notebooks werden hier nicht zu den Mobilgeräten im engeren Sinne gezählt und daher nicht weiter berücksichtigt. Mobilfunkfähige PDAs werden zu den Smartphones gezählt, Modelle ohne diese Funktion werden ebenfalls nicht berücksichtigt. Smartphones und Tablet-PCs eignen sich aufgrund ihrer Leistungsfähigkeit und Ausstattung gut für Mobile Marketing. Sie erlauben eine Individualisierung durch zusätzliche Software, ermöglichen den mobilen Internetzugriff und eine gute Darstellung multimedialer Inhalte. Auch Mobiltelefone werden wegen ihrer hohen Verbreitung berücksichtigt, wegen ihres eingeschränkten Leistungsumfangs jedoch nur sekundär betrachtet. Viele der relevanten Funktionen weisen nur neuere Modelle auf; Software-Installationen sind generell nicht möglich.

Allgemein unterliegen mobile Endgeräte einigen Einschränkungen, die bei der Ausgestaltung der M-Marketing-Aktivitäten berücksichtigt werden müssen: Die Geräte verfügen nur über begrenzte Speichermöglichkeiten, über eine eingeschränkte Rechen- und Batterieleistung sowie über die bereits erwähnten limitierten Darstellungsmöglichkeiten (Holland, Bammel 2006, S. 21).

7.3 Akzeptanz der Konsumenten

Selbst wenn alle technischen und rechtlichen Rahmenbedingungen erfüllt sind, ist die konsumentenseitige Akzeptanz die entscheidende Voraussetzung für den Erfolg von M-Marketing-Kampagnen. Generell muss zwischen Push- und Pull-Kampagnen unterschieden werden.

> Bei der **Push-Kommunikation** versenden Unternehmen aktiv Botschaften an ihre (potenziellen) Kunden ohne eine explizite Informationsanforderung von deren Seite. Datenbasis ist dabei eine eigene Datenbank oder ein angemieteter Adressenpool mit Opt-in Profilen.

Da ein Großteil der Massenwerbung als störend empfunden wird und aus rechtlichen Gründen eine Einverständniserklärung für den Einsatz des Mobile Marketings vorliegen muss, empfiehlt sich das „Permission (based) Marketing". Dabei verzichten Werbetreibende bewusst auf den Massenversand; stattdessen ist die Einwilligung der Konsumenten zum Empfang von Werbebotschaften die Voraussetzung für den Versand. Dieser Ansatz soll zur Akzeptanzsteigerung beitragen sowie die Werbewirkung und letztlich auch die Zielerreichung der Maßnahmen steigern. Ein weiteres Grundprinzip des Permission Marketing ist die Personalisierung der Botschaften. Durch die Abstimmung der Inhalte auf das Interessenprofil des Empfängers werden diese weniger als Werbung und vielmehr als nützliche Services angesehen.

Nicht zuletzt wegen der relativ geringen Kosten wird Push-Kommunikation im M-Marketing am häufigsten angewandt. Es eignet sich besonders zur Kommunikation mit Bestandskunden. Allerdings birgt es einige Risiken, wie die Wahl der richtigen Inhalte und Versandzeitpunkte. Wird eine Nachricht zusammenhangslos im „unpassenden" Moment empfangen, besteht die Gefahr, dass sie als Spam angesehen wird. Etwa 80 % der Mobiltelefon-/Smartphone-Nutzer geben an, regelmäßig Spam zu erhalten, was bei diesem persönlichen Medium als sehr störend empfunden wird. Ein Problem sind auch wechselnde Präferenzen von Konsumenten im Zeitablauf.

> Setzen Unternehmen hingegen auf **Pull-Kommunikation**, werden nur relevante Informationen aus Konsumentensicht übermittelt, was eine Reduktion der Reaktanz zur Folge hat. Pull-Kampagnen gelten als vorteilhafter, da die Initiative von den Konsumenten ausgeht. Problematisch sind allerdings die Kosten, welche diesen bei der Anforderung von Informationen oder Diensten entstehen können. Auch für Unternehmen entstehen durch den Personalisierungsaufwand höhere Kosten.

Generell gilt, dass M-Marketing nur erfolgreich sein kann, wenn es einen Mehrwert für Konsumenten bietet und bedürfnisrelevante Inhalte vermittelt.

7.4 Ziele des Mobile Marketings

Das übergeordnete Ziel von M-Marketing ist die langfristige Befriedigung von Konsumentenbedürfnissen über mobile Kanäle zur Erhöhung des Kundennutzens. Durch individuelle Angebote und Leistungen soll letztlich das Kaufverhalten der Zielpersonen beeinflusst werden.

Mobile Endgeräte haben Einzug in alle Altersgruppen und sozialen Schichten gehalten und versprechen so eine hohe Reichweite. Allerdings sind nicht alle Konsumenten M-Marketing gegenüber gleichermaßen aufgeschlossen.

Neben der langfristigen Befriedigung von Konsumentenbedürfnissen zahlt das Mobile Marketing auch auf folgende Marketing- und Kommunikationsziele ein:

Kundengewinnung & Verkaufsförderung

M-Marketing kann eingesetzt werden, um bei potenziellen Kunden Interesse zu wecken. So kann der mobile Kanal in Kampagnen, die über mehrere Medien abgewickelt werden (Crossmedia-Kampagnen), als Response-Kanal genutzt werden. Durch die Orts- und Zeitunabhängigkeit können Konsumenten jederzeit an Aktionen (Promotions) teilnehmen oder Bestellungen aufgeben.

Ein anderer Ansatz sind kontextsensitive Dienste, die Konsumenten auf ihren Standort oder die Nutzungssituation abgestimmte Angebote zusenden und/ oder sie zum POS führen. Durch die zielgruppengenaue Ansprache werden Streuverluste minimiert (Wurster 2010, S. 45). Auch am POS kann M-Marketing Kaufanreize schaffen. Mobile Vertriebswege oder preispolitische Instrumente können Einfluss auf die Transaktionsbereitschaft von Konsumenten ausüben, denn letztlich zielen diese Maßnahmen auf eine Steigerung des Kaufvolumens bzw. der -frequenz ab (Holland, Bammel 2006, S. 108).

Kundenbindung

Um eine Abwanderung zu verhindern, müssen Zusatznutzen geschaffen bzw. Wechselbarrieren aufgebaut werden. Dies lässt sich z.B. durch einen verbesserten (mobil unterstützen) Kundenservice bzw. mobile Zusatzleistungen oder Produktkomponenten erreichen. Durch die Interaktion können wertvolle Kundendaten generiert werden, die eine genauere Abstimmung der Angebote auf die Kundenbedürfnisse erlauben. Dies kann eine Steigerung der Zufriedenheit bewirken und zur Bindung beitragen (Steimel, Paulke, Klemann 2008, S. 33 f.).

Image- & Markenbildung

Ein weiteres Ziel kann die Bildung bzw. Stärkung eines speziellen Produkt- oder Markenimages sein. Gerade Unternehmen, die sich durch Innovationskraft, Aktualität oder persönlichen Service auszeichnen, können ihre Positionierung durch Mobile Marketing stärken. Auch einzelne Produkte oder Marken können so positioniert werden. Nutzer neuer Medien schätzen Marken, mit denen sie über diese Medien interagieren können. Sie empfinden Marken, die M-Marketing betreiben, als moderner und innovativer. Darüber hinaus vermag M-Marketing durch seine hohe Reichweite den Bekanntheitsgrad von Produkten bzw. Marken zu steigern. Besonders originelle M-Marketing-Kampagnen können virale Effekte erzielen und sich selbständig verbreiten. Gleichermaßen können schlecht funktionierende Dienste zu einem Imageverlust führen (Reust 2010, S. 53).

Marktforschung & Werbeerfolgskontrolle

Durch die Integration von mobilen Response-Elementen in Offline-Werbekampagnen können Unternehmen wertvolle Informationen über Konsumenten sammeln. Unter Offline-Werbung werden sämtliche Maßnahmen verstanden, die nicht über digitale Medien abgewickelt werden. Auch im Rahmen des Kundenbeziehungsmanagements (Customer Relationship Management, CRM) können die Daten hilfreich sein, z.B. um Kundenprofile zu erstellen, die als Grundlage für Bindungsmaßnahmen dienen. Gleichermaßen kann so der Erfolg von M-Marketing-Kampagnen selbst gemessen werden (Steimel, Paulke, Klemann 2008, S. 34).

Wichtig bei der Zieldefinition sind eine Priorisierung und eine klare Zielformulierung. Häufig wird versucht, mehrere Zielsetzungen gleichzeitig zu verfolgen – die Konzentration auf ein konkretes Ziel erweist sich jedoch in der Regel als vielversprechender. 80% der Unternehmen geben an, mit M-Marketing neue Absatzkanäle erschließen zu wollen. 2/3 streben eine Steigerung der Markenbekanntheit (Awareness) an, und die Hälfte zielt auf einen erweiterten Kundenservice und somit eine höhere Kundenloyalität (Wurster 2010, S. 38).

> M-Marketing eignet sich nachweislich besonders zur **Kundenbindung** sowie für die **Image- und Markenbildung**. Auch zu Marktforschungszwecken empfiehlt sich der Einsatz. Bei der Kundengewinnung hingegen konnte M-Marketing die Erwartungen der Unternehmen nicht erfüllen (SEMPORA Consulting 2012, S. 1; Schipper 2005).
>
> M-Marketing kann sowohl zur Kommunikation im Geschäftsumfeld (Business-to-Business, B2B) als auch zur Kommunikation mit Konsumenten (Business-to-Consumer, B2C) eingesetzt werden.

7.5 Zielgruppen des Mobile Marketings

Jugendliche

Besonders empfänglich für mobile Kampagnen sind Jugendliche. Da sie bereits mit mobilen Endgeräten und den neuen Technologien aufgewachsen sind, nutzen sie diese selbstverständlich im Alltag. Sie schätzen den Unterhaltungswert von Kampagnen (Entertainment) und geben relativ schnell persönliche Daten im Gegenzug für interessante Angebote preis (Berlecon Research 2003, S. 46).

Männer

Männer zwischen 18 und 34 Jahren stellen die Zielgruppe dar, die sich am besten mit M-Marketing erreichen lässt. Die Klickrate (Click-Through-Rate, CTR) für mobiles Internet ist in dieser Gruppe mit 9% am höchsten. Frauen in dieser Altersgruppe sind zwar ebenfalls aktiv, klicken aber seltener auf Werbung (Krum 2012, S. 57). Auch in der Altersgruppe 30+ besteht Potenzial für M-Marketing. Voraussetzungen dafür sind neben dem bedürfnisgerechten Inhalt ein geeigneter Initialkontakt sowie eine zielgruppengerechte Ansprache.

Generation Tekki

Gerade die „Generation Tekki" eignet sich als Zielgruppe für Mobile Marketing. Diese Personen sind 30–49 Jahre alt, voll berufstätig mit einem hohen Haushaltsnettoeinkommen und weisen eine hohe Affinität zu mobiler Technik auf. Sie nutzen häufig neue Medientechniken, besitzen mindestens ein neues Mobilgerät und sind über technische Neuheiten gut informiert. Über mobile Kanäle sind diese Konsumenten besser zu erreichen als über klassische Medien (Interone Worldwide 2005, S. 10 ff., 22).

Geschäftsleute

Ebenso aufgeschlossen sind Geschäftsleute, die berufsbedingt oftmals aktuelle und personalisierte Informationen abrufen möchten (Dushinski 2009, S. 13).

Mütter

Eine interessante Zielgruppe können auch vielbeschäftige Mütter sein. 2/3 geben an, dass Smartphones für sie beim Einkauf von Bedeutung sind. Die Wahrscheinlichkeit, dass sie Inhalte mobil herunterladen, ist um 43 % höher. Hinzu kommt, dass sie häufig Entscheidungen im Haushalt treffen und die Haushaltskasse kontrollieren. Da sie oft unterwegs sind, ist es schwierig, sie über andere Medien zu erreichen (Greystripe 2011, S. 2 ff.; Krum 2012, S. 57 f.).

Nutzung des mobilen Internets

Auch bei der Nutzung des mobilen Internets gibt es Unterschiede hinsichtlich der demografischen Merkmale. Die meisten Zugriffe werden von den 20- bis 29-Jährigen getätigt, danach folgen die 30- bis 39-Jährigen sowie Jugendliche zwischen 16 und 19 Jahren. Im Verhältnis greifen Männer etwas öfter als Frauen auf das mobile Internet zu, und mit steigendem Haushaltsnettoeinkommen steigt auch die Nutzungsintensität. Als Hauptgründe für die Nichtnutzung geben 89 % an, dass ihnen die stationäre Internetnutzung ausreicht, 64 % sehen keinen Nutzen darin und 63 % haben Sicherheits- bzw. Datenschutzbedenken (Krum 2012, S. 57 ff.; Initiative D21 2013, S. 7).

> Auch in der Praxis richten Unternehmen ihre Mobile Marketing-Aktivitäten primär auf jüngere Zielgruppen aus. 23 % wenden sich an Personen zwischen 10 und 19 Jahren. Dabei ist zu beachten, dass nicht alle Jugendlichen von 10 bis 19 Jahren ein Smartphone besitzen. Im jüngeren Alter besitzen die meisten Jugendlichen vermutlich eher ein Mobiltelefon. Mehr als die Hälfte (53 %) konzentriert sich auf die 20- bis 29-Jährigen. Weitere 21 % wenden sich an die 30- bis 39-Jährigen und nur 3 % sprechen Konsumenten zwischen 40 und 49 Jahren an. Aktionen für die Zielgruppe 50+ werden bislang nicht durchgeführt (Holland, Bammel 2006, S. 121). Bedenkt man jedoch, dass die heute 20- bis 30-Jährigen, die Mobilgeräte intensiv nutzen, älter werden, wird M-Marketing in Zukunft auch attraktiver für Produkte mit Zielgruppen 50+.

Junge Kreative

Die Agentur Scholz & Friends sah sich im Jahr 2011 vor der Aufgabe, digitale Kreative für Scholz & Friends zu begeistern, zu rekrutieren – und dabei die digitale Expertise von Scholz & Friends zu beweisen.

Dazu wurde eine sehr kreative und ungewöhnliche Lösung erarbeitet: Zusammen mit dem Lieferservice Croque Master entwickelte Scholz & Friends die Pizza Digitale, die vier Wochen lang mit jeder Bestellung ausgeliefert wurde – natürlich kostenlos. Diese kostenlose Zuage wurde aber nur an Agenturen geliefert, in denen potenzielle Bewerber Überstunden leisten. Das Rezept ist übrigens ganz einfach: Pizzateig mit leckerer Tomatensauce in Form eines QR-Codes, der direkt auf eine mobile Landingpage verlinkt. So konnte Scholz & Friends sichergehen, dass die Botschaft von genau den Richtigen entschlüsselt wurde: von digitalen Kreativen.

Als Ergebnis der Aktion konnten zwölf Bewerbungsgespräche geführt und zwei neue Teams für die Digital Family eingestellt werden. Die Aktion schaffte es beim DMMA OnlineStar 2011 auf die Shortlist (BVDW 2011, S. 106 f.).

Abbildung 53: Scholz & Friends: Pizza Digitale

7.6 Potenziale von Mobile Marketing

Das **Potenzial von M-Marketing** ergibt sich aus der hohen erzielbaren Reichweite. Im Medienvergleich weist es die höchsten Werte, noch vor TV und Radio, auf (Oswald, Tauchner 2005, S. 24). Das Mobiltelefon hat sich als wichtigstes Kommunikationselement der Deutschen etabliert und auch Smartphones bzw. Tablet-PCs verzeichnen enormes Wachstum.

> Für viele Menschen hat sich das Mobiltelefon zu einem omnipräsenten Wegbegleiter und vielfach sogar zu einem „life-support tool" mit Lebensunterstützender Funktion entwickelt. Wer einmal sein Handy zu Hause vergisst, fühlt sich plötzlich unsicher, so als würde ihm etwas Wichtiges fehlen.

Daneben weisen mobile Endgeräte eine Reihe von Eigenschaften auf, die sich das M-Marketing zunutze machen kann:

Ubiquität

Da mobile Endgeräte unterwegs mitgeführt werden, kann an nahezu jedem Ort Kontakt zum Konsumenten aufgenommen werden – vorausgesetzt das Gerät ist eingeschaltet, verfügt über Empfang zum Mobilfunknetz bzw. zum mobilen Internet und erlaubt je nach Maßnahme einen Zugriff via Bluetooth, Near Field Communication (NFC) oder Ähnliches. Zudem tragen Konsumenten die Geräte nahezu ständig bei sich: 64% verlassen das Haus nicht ohne Smartphone/Mobiltelefon und gerade Jugendliche haben es immer in greifbarer Nähe (Google, Ipsos OTX Media CT 2012, S. 8). Dabei gilt das „always on"-Prinzip – im Schnitt bleiben die Geräte vierzehn Stunden täglich eingeschaltet, so dass theoretisch eine dauerhafte Erreichbarkeit ermöglicht wird. Zum Schutz der Privatsphäre sollten jedoch bestimmte Zeitfenster eingehalten werden.

Lokalisierbarkeit

Teilweise kann es erforderlich sein, den Aufenthaltsort von Konsumenten zu erfassen, um gezielte Marketingimpulse zu setzen. Durch die Lokalisierungstechnologien wird es möglich, die Position von Mobilfunknutzern relativ genau zu bestimmen. Auf dieser Basis können Location-based-Services angeboten werden.

Personalisierung und Individualisierung

In der Regel werden mobile Endgeräte nur von einer Person genutzt, sodass Nutzer und Gerät durch die SIM-Karte eindeutig zugeordnet werden können. Somit wird eine individualisierte Ansprache ermöglicht. Liegt eine Kundendatenbank vor, eignet sich M-Marketing auch für gezieltes, individuelles CRM. Daneben gilt das eigene Mobilgerät als Ausdruck der Persönlichkeit. Durch M-Marketing kann dem Rechnung getragen werden, indem Konsumenten sich z.B. mobile Newsletter individuell zusammenstellen oder Apps auf das Gerät laden können (Bauer, Reichardt, Neumann 2008, S. 111 f.).

Interaktivität und Aktualität

Mobile Endgeräte sind interaktive Medien, die direktes Reagieren auf empfangene Botschaften ermöglichen (Dialogaufbau). Eine Versorgung mit aktuellen Informationen ist ohne Zeitverlust möglich. Während Konsumenten z.B. über neue Produkte informiert werden, erhalten Werbetreibende vice versa Angaben über die wechselnden Präferenzen ihrer Kunden. Durch die Interaktivität eignen sich die Geräte dazu, virale Effekte zu erzeugen und somit die Reichweite von Kampagnen zu erhöhen. Virale Effekte entstehen, wenn Konsumenten erhaltene Werbebotschaften an Empfänger weiterleiten, die nicht zur Initialgruppe der Kampagne gehören (Wohlfahrt 2001, S. 256). 65 % würden interessante Botschaften an Freunde/Bekannte weiterleiten. Konsumenten bedürfen für die Nutzung der „tell-a-friend-Funktion" der Zustimmung des Freundes/Bekannten als Werbeempfänger, sonst handelt es sich laut geltender Rechtsprechung um rechtswidrige Werbung.

Neben dem Reichweitenausbau wird so auch die Werbewirkung verstärkt, da Konsumenten Botschaften, die sie von persönlich bekannten Absendern empfangen, größere Aufmerksamkeit schenken. So werden auch Akzeptanz und Glaubwürdigkeit erhöht, da dem Absender kein werbliches Interesse unterstellt wird. Demnach steigern virale Effekte auch die Effektivität von Kampagnen (Förster 2010, S. 78, 86).

Entertainment und Emotionalisierung

Konsumenten werden täglich mit tausenden von Werbebotschaften konfrontiert. Um aus dieser Masse hervorzustechen und in Erinnerung zu bleiben, muss Werbung unterhalten und Emotionen wecken. Kaum ein anderes Instrument ist dazu besser in der Lage als M-Marketing. Realisiert werden kann dies durch die Integration von interaktiven Elementen, Bewegtbildern, Sprache oder Musik (Hetzel 2011, S. 133).

Analyse von Konversionspfaden

Ein weiterer Vorteil des Mobile Marketing ist die Nähe zum Entscheider. Durch eine zielgruppengerechte Ansprache können Kaufentscheidungen unmittelbar beeinflusst bzw. durch M-Commerce-Angebote forciert werden. Zudem ist es durch Trigger-Kampagnen möglich, den Konversionspfad von Konsumenten zu analysieren bzw. zu optimieren. Ein Konversionspfad bezeichnet den (vordefinierten) „Weg" eines Konsumenten, bis er die gewünschte Aktion des Unternehmens ausgeführt hat, z.B. der Verlauf besuchter Webseiten bis zur Bestellung im Online-Shop. Dabei werden Botschaften nur versandt, wenn ein bestimmtes Ereignis oder eine Ereigniskette eingetreten sind, was die Relevanz der Botschaften steigert.

So können Potenziale für Querverkäufe und Verkäufe höherpreisiger Produkte (Cross-/Upselling) ausgeschöpft und Lead-Kosten gesenkt werden. Ein Lead ist die Anzahl über einen bestimmten Kanal erfolgreich abgeschlossener Aktionen, z.B. Anfragen, Anmeldungen oder Bestellungen. Lead-Kosten berechnen sich wie folgt: Gesamtkosten pro Kanal/generierte Leads (in der gleichen Periode).

7.7 Mobile Marketing-Mix

> Nachdem Ziele und Zielgruppen definiert wurden, werden auf Basis der Informationen über das Konsumentenverhalten Marketingstrategien und -maßnahmen abgeleitet. Letztere lassen sich den vier Instrumenten des Marketing-Mix zuordnen: **Produkt-, Preis-, Distributions- und Kommunikationspolitik**. Entscheidend für den Erfolg des eingesetzten Marketing-Mix ist das Zusammenspiel der Maßnahmen innerhalb eines Instrumentalbereichs sowie der Instrumente untereinander. Der Einsatz von M-Marketing erstreckt sich demnach nicht nur auf die Kommunikationspolitik – auch in den restlichen Instrumenten findet es Anwendung.

Die Maßnahmen beeinflussen entweder zunächst die kognitiven und aktivierenden Prozesse oder direkt das Verhalten. Der Einfluss auf die psychologischen Prozesse kann mittels Marktforschungsstudien ermittelt werden. Die Beeinflussung des Verhaltens zeigt sich an Marktdaten wie Absatzzahlen oder Marktanteilen. Diese Erkenntnisse können wiederum als Grundlage für die Anpassung bestehender oder die Entwicklung neuer Maßnahmen dienen. Nachfolgend werden die Einsatzfelder von M-Marketing entlang des gesamten Marketing-Mix gezeigt, wobei nur diejenigen berücksichtigt wurden, die sich für die Vermarktung von Konsumgütern eignen.

Produktpolitik

Abbildung 54 stellt dar, wie das Konsumentenverhalten durch Maßnahmen der Anbieter beeinflusst werden kann.

Abbildung 54: Marketingstrategien und Konsumentenverhalten
Quelle: Peter, Olson 1999, S. 225

Entscheidungen im Rahmen der Produktpolitik beziehen sich auf die Gestaltung des Leistungsprogramms eines Unternehmens (Produkte und Services). Mobile Anteile sind die Entwicklung mobiler Produktkomponenten (Mobile Features) oder Zusatzdienste (Mobile Add-on Services) für bestehende Produkte oder die Entwicklung neuer mobiler Produkte. Diese Angebote können kostenlos oder kostenpflichtig sein, wobei letztere zum M-Commerce zählen.

Ein Beispiel ist die Sonderausstattung ConnectedDrive Services von BMW, über die Fahrer ihr Smartphone mit dem Fahrzeug verbinden und zusätzliche Kommunikations- oder Auskunftsfunktionen nutzen können.

Die Entwicklung von Mobile Features oder Services verfolgt vorwiegend das Ziel der Kundenbindung, während neue mobile Produkte auf die Kundengewinnung abzielen. In beiden Fällen kann eine Steigerung des Produkt-Involvements erreicht werden.

Preispolitik

Im Rahmen der Preispolitik werden Preise und Konditionen für die Leistungen des Unternehmens festgelegt. Die mobile Unterstützung erfolgt dabei primär in der Distribution preispolitischer Instrumente, z.B. durch Preisdifferenzierung.

Ein Beispiel sind SMS-Discounts bzw. Mobile Coupons (M-Coupons), d.h. digitale Berechtigungsnachweise, die bei Vorlage einen Vorteil, z.B. einen Rabatt, versprechen. Da Konsumenten ihr Mobilgerät fast immer bei sich tragen, kann der mobile Rabatt direkt eingelöst werden – es wird somit Einfluss auf die Transaktionsbereitschaft genommen. Eine Effizienzsteigerung kann zudem durch die Reduktion von Streuverlusten erreicht werden. Dies lässt sich durch schnellen und ggf. orts- und zeitbezogenen Versand von Sonderangeboten erreichen, die auf die Präferenzen der Konsumenten abgestimmt sind (Holland, Bammel 2006, S. 54).

Distributionspolitik

Entscheidungen, die sich auf die Versorgung der unterschiedlichen Vertriebsstufen mit den Leistungen des Unternehmens beziehen, sind der Distributionspolitik zuzurechnen. Mobile Maßnahmen finden hier primär im M-Commerce Anwendung. Durch die Verknüpfung von mobilen Transaktionsfunktionalitäten wird ein neuer, mobiler Vertriebskanal geschaffen. M-Commerce ist weder orts-, noch zeitgebunden und kann in klassische Werbeformen integriert werden.

Ein entscheidender Vorteil des M-Commerce ist zudem, dass kein Medienbruch zwischen der Bewerbung eines Produktes und dessen Kauf notwendig ist. Durch die direkte Bestellmöglichkeit wird ebenfalls Einfluss auf die Transaktionsbereitschaft von Konsumenten genommen. Dies trifft jedoch nur bei Produkten zu, die über einen Online-Shop bezogen werden können.

Derzeit besteht jedoch noch Potenzial seitens der Shop-Betreiber: Knapp 1/3 der Online-Shops (29 %) sind mobil optimiert; weitere 23 % planen die Anpassung (IFH Institut für Handelsforschung 2013, S. 3). Dies kann Umsatzverluste verhindern, denn 45 % der Konsumenten geben an, dass sie bereits Produkte mit dem Smartphone kaufen wollten, der Shop aber nicht mobil optimiert und somit die Navigation zu umständlich war. 38 % scheiterten an der fehlenden Bezahlungsmöglichkeit über Smartphones (Eckstein, Halbach 2012, S. 51).

Für Hersteller, die ihre Produkte über einen (eigenen) Online-Shop vertreiben, ist auch die Einführung von Quick Response (QR-) Code Shopping eine Alternative. Dabei werden Codes auf Plakaten, in Anzeigen oder Katalogen integriert, die beim Scannen einen Produktkauf auslösen.

> **Beispiele:**
>
> Als Vorreiter führte die Supermarktkette Tesco dieses Verfahren 2010 in Südkorea durch, wo Konsumenten während des Wartens auf die U-Bahn über QR-Codes auf Plakaten mobil einkaufen konnten und die Produkte nach Hause geliefert bekamen. Die Online-Umsätze von Tesco stiegen innerhalb von 3 Monaten um 130% an und die App für das QR-Code-Shopping wurde in diesem Zeitraum mehr als 900.000-mal heruntergeladen (Flier 2012).
>
> Auch Pilotprojekte von Konsumgüterherstellern werden bereits durchgeführt. So hat Pampers 2012 eine absatzwirksame Plakatkampagne umgesetzt, in der Konsumenten per QR-Code die Produkte über Amazon oder Windeln.de beziehen konnten (LZ net 2012; cocomore 2013).

Kommunikationspolitik

Maßnahmen der Kommunikationspolitik dienen dazu, sich selbst und die eigenen Leistungen gegenüber den Zielgruppen darzustellen. M-Marketing ist kein Instrument für Massenwerbung; es eignet sich aufgrund der eindeutigen Nutzerzuordnung sehr gut für individualisiertes Dialogmarketing, wo es auch die stärkste Anwendung findet. Zudem zeichnet es sich durch einen hohen Grad an Interaktion und Integration aus.

Mobile Marketing kann alleinstehend eingesetzt werden, erfolgversprechender ist jedoch die crossmediale Einbindung, da sie zu stärkeren Erinnerungs- und Wirkungseffekten führt. Daneben zeigt der mobile Kanal die stärkste Aktivierungsleistung; auch andere Produkte einer Dachmarke können durch Übertragungseffekte (Spill-over-Effekte) von M-Marketing profitieren (BVDW 2013, S. 21–25).

Generell ist zwischen der Bereitstellung eigener mobiler Inhalte, der Integration von Werbung in fremde mobile Angebote (M-Advertising) und der Nutzung mobiler Response-Kanäle (Mobile Response) zu unterscheiden (Täubrich 2006, S. 13). Durch die Verbindung von Off- und Online-Kommunikation kommt M-Marketing auch bei der VKF zum Einsatz (Mobile Promotion).

Mobile Inhalte

Zu den eigenen mobilen Inhalten zählen unter anderem mobile Websites, sogenannte mobile „Microsites" und mobile Anwendungen. Während früher separate Websites für die Darstellung in WAP-Browsern (Wireless Application Protocol) entwickelt werden mussten, unterstützen heute die meisten mobilen Browser Websites nach dem XHTML-Standard. Extensible Hypertext Markup Language (XHTML) ist die derzeit am weitesten verbreitete Codesprache für Mobilgeräte. Künftig wird Prognosen zufolge HTML5 die am weitesten verbreitete Markup-Sprache mit dem größten Leistungsumfang sein.

Architektur und Programmierung einer mobilen Website beeinflussen unter anderem deren Erfolg. Mobile Microsites sind Websites, die mit einem bestimmten Ziel oder für eine bestimmte Kampagne erstellt werden. Auf diese Weise muss die primäre Website nicht angepasst werden und man kann flexibler agieren. Marken können sich auf einer Microsite trendiger und frecher darstellen, um gegebenenfalls virale Effekte zu erzeugen. Für Nischenbegriffe, die nicht auf der primären Website integriert werden können, ist so eine bessere Platzierung in Suchmaschinen möglich (Krum 2012, S. 148 f.).

Mobile Endgeräte werden in der Regel mit einem vorinstallierten Betriebssystem und einigen Programmen ausgeliefert. Smartphones und Tablet-PCs können um zusätzliche Apps erweitert werden. Diese können (teil-) werbefinanziert oder als Werbeträger genutzt werden (In-App Advertising) (Reust 2010, S. 93 ff.).

Weltweit werden mehr als 1,8 Mio. Apps angeboten. 83 % aller Smartphone-Besitzer haben mobile Applikationen installiert. Dabei haben die Nutzer im Durchschnitt 23 Apps auf ihrem Gerät – etwa jeder Dritte lädt pro Woche eine neue App herunter (madvertise 2012, S. 4). Der Großteil (88 %) ist kostenlos, der Rest kostet wenige Euro. 38 % sind bereit, zumindest hin und wieder Geld für kostenpflichtige Apps auszugeben. Dabei werden pro App max. 7,64 € und jährlich etwas mehr als 21 € ausgegeben. Die Download-Zahlen und der Umsatz mit mobilen Apps sind seit 2009 signifikant angestiegen. 2012 wurden mehr als 1,7 Mrd. Apps heruntergeladen und es wurde ein Gesamtumsatz von 430 Mio. € erwirtschaftet. Dieser Betrag setzt sich aus Verkaufserlösen sowie kostenpflichtigen Services oder Werbung innerhalb der Apps zusammen (BITKOM 2013d, S. 1 f.; BITKOM 2012a, S. 1; BITKOM 2012b, S. 1 f.; BITKOM 2013a, S. 1; BITKOM 2013c, S. 1).

Mobile Advertising

Werbung in fremden mobilen Inhalten kann viele Formen annehmen und wird meist beim Surfen im mobilen Internet oder der Nutzung von Apps konsumiert. Ein Klick auf die Werbung leitet den Nutzer meist auf eine Website bzw. Microsite, eine Download-Seite oder löst den Anruf einer hinterlegten Rufnummer aus. Zu den bekanntesten Einsatzformen zählen: Bannerwerbung, Mobile Suchmaschinenwerbung (Mobile Search Engine Advertising, mSEA), Werbung auf dem Ruhebildschirm (Idle Screen), mobile Kurznachrichten (Mobile Messaging) sowie mobiles Fernsehen (Mobile-TV) (Krum 2012, S. 109 ff.).

Unternehmen können wie im klassischen Online-Marketing Banner und Grafiken auf mobilen Websites bzw. in mobilen Werbenetzwerken platzieren. Wird Text- oder Bildwerbung neben den Ergebnissen einer mobilen Suchmaschine angezeigt, handelt es sich um mSEA. Die Werbung wird angezeigt, wenn sie relevant für die Suche des Nutzers ist, was anhand von definierten Schlüsselwörtern (Keywords) oder seiner räumlichen Position bestimmt wird. Kosten entstehen für Werbetreibende nur, wenn auf die Werbung geklickt wird. Auch mobile Kontextwerbung wird von mobilen Suchmaschinen bereitgestellt. Dabei wird die Bereitschaft der Werbekunden, für eine bestimmte Position zu zahlen, mit der Relevanz der Werbung für die Suchanfrage kombiniert. Angezeigt wird diese Werbung auf mobilen Websites mit relevantem Kontext, welche für diese Leistung entlohnt werden (Dushinski 2009, S. 159).

Bei Werbung auf dem Idle Screen werden Botschaften während des Ladevorgangs von Websites oder Anwendungen eingeblendet. Einige Sonderformen der Bannerwerbung, sogenannte „Inter- bzw. Superstitials", ermöglichen die Einblendung einer nahezu bildschirmfüllenden Fläche im Vorder- oder Hintergrund aktiver Anwendungen – vorausgesetzt es wurde kein Pop-up-Blocker aktiviert. Letzteres ist ein Programm, welches das unerwünschte Öffnen zusätzlicher Browserfenster unterbindet (Wurster 2010, S. 50).

Mobile Messaging beschreibt die Platzierung von Werbung in SMS/MMS. Bei sogenannten „sponsored" SMS/MMS akzeptieren Nutzer für den kostenlosen Versand einer Nachricht, dass diese Werbebotschaften des Anbieters enthält. Da der Nachrichtenversand heute oft pauschal (Flatrate) abgerechnet wird, verlieren sponsored SMS/MMS an Attraktivität. Bestehen Nachrichten komplett aus der Werbebotschaft eines Unternehmens, handelt es sich um sogenannte „commercial" SMS/MMS. Deren Vorteil liegt in der integrierten Response-Möglichkeit. Möchten Nutzer regelmäßig Informationen von bestimmten Marken erhalten, können sie Benachrichtigungssysteme in Apps oder mobile Newsletter abonnieren (Holland, Bammel 2006, S. 76–82).

Mobile-TV bezeichnet die Nutzung von Fernsehprogrammen auf Mobilgeräten. Die beiden Hauptübertragungswege sind der Empfang über Rundfunknetze (einheitliches Programm für alle Nutzer) oder über Mobilfunknetze (individuelles Programm, Videostreaming). In Europa hat sich im Rundfunkbereich der Standard DVB-H (Digital Video Broadcasting for Handhelds) etabliert, im Mobilfunkbereich wird auf das Universal Mobile Telecommunications System (UMTS) zurückgegriffen. Hersteller haben demnach die Möglichkeit Werbespots auch über Mobile-TV auszustrahlen, Werbung im Vor- bzw. Abspann (Pre-/Post-Roll Werbung) zu schalten oder Videoclips zu sponsern (Krone 2010, S. 50 f.).

Der Anteil der Unternehmen, die M-Advertising durchführen, steigt und damit einhergehend auch die Ausgaben in diesem Bereich. 2012 wurden in Deutschland 61,8 Mio. € in M-Advertising investiert. Für 2013 werden Ausgaben von 105,1 Mio. € prognostiziert, was einem Wachstum von 70 % entspricht (BVDW 2013, S. 6 f.). Dies umfasst Ausgaben für Mobile Display Ads & Mobile Apps. Der größte Ausgabenblock entfällt auf Mobile Messaging, gefolgt von Mobile Display Advertising und zuletzt mSEA (Krum 2012, S. 302, 316). Mobile Display Advertising beinhaltet Banner, Links oder Symbole in mobilen Websites und Apps (Banner- und Display-Werbung). mSEA umfasst: gesponserte Display Ads und Textlinks sowie Audio-Ads beim Anruf der Auskunft.

Mobile Response

Des Weiteren kann der mobile Weg auch als Response-Kanal für Offline-Kampagnen genutzt werden. So können Konsumenten direkt mit dem Unternehmen in Kontakt treten, z.B. um per SMS/MMS an Promotions oder Gewinnspielen teilzunehmen oder Informationen anzufordern. Durch das beschriebene QR-Code-Shopping können Produkte direkt bestellt werden, die in Anzeigen oder auf Plakaten beworben wurden. Auch M-Coupons stellen ein Response-Tool dar ebenso wie Mobile Votings, d.h. Umfragen in Bezug auf Produkte oder aktuelle Themen. Durch die Interaktionsmöglichkeit sollen das Involvement der Konsumenten gesteigert und eine messbare Response ausgelöst werden. Dieses Vorgehen dient gleichzeitig auch der Erfolgsmessung von Kampagnen (Wurster 2010, S. 50).

Mobile Promotion

Vor dem Hintergrund der zunehmenden Reizüberflutung müssen sich Unternehmen bei der Vermarktung ihrer Produkte von der Konkurrenz abheben, z.B. indem sie einen Mehrwert bieten oder sich Überraschungseffekte zunutze machen bzw. Neugierde wecken. Innovative und spannende Komponenten vermögen dies zu leisten, weshalb M-Marketing auch zunehmend in der VKF Anwendung findet. Offline-Elemente am POS werden dabei mit mobilen Elementen verbunden (Reust 2010, S. 60).

7.8 Mobile Marketing-Trends

Location Based Services

> Bei **Location Based Services (LBS)** handelt es sich um standortbezogene Dienste, die Konsumenten unter Rückgriff auf positionsabhängige Daten selektive Botschaften zusenden oder Serviceangebote unterbreiten. Man unterteilt proaktive (Push-) und reaktive (Pull-) Dienste. Push-Dienste reagieren auf zuvor definierte Stimuli, z.B. das Betreten eines bestimmten Bereiches. Weiter verbreitet sind Pull-Dienste, die vom Nutzer explizit angefordert werden müssen. Sie zeigen Angebote in räumlicher Nähe zum Standort des Konsumenten auf. Unternehmen erleichtern ihren potenziellen Kunden so die Orientierung und erhöhen gleichzeitig Relevanz und Qualität der angebotenen Services. Dies wiederum steigert die Kundenzufriedenheit und im Idealfall letztlich auch die Zahlungsbereitschaft (Bauer, Reichardt, Bökamp 2008, S. 209).

LBS stoßen auf relativ hohe Akzeptanz: 20 % der Smartphone-Besitzer nutzen sie regelmäßig, weitere 43 % zumindest gelegentlich. Bei den Tablet-PC Nutzern sind es 15 %, die LBS regelmäßig und weitere 35 %, welche sie zumindest gelegentlich nutzen (Fittkau & Maaß Consulting 2013a, S. 23, 31). Die größte Nutzungsbereitschaft zeigen Männer von 20–29 Jahren mit einem monatlichen Haushaltsnettoeinkommen von über 3.000 € (TNS Emnid 2011, S. 10 f.). Die absolut gesehen dennoch geringe Nutzungsrate von LBS hängt damit zusammen, dass die meisten Konsumenten zu Hause auf das mobile Internet zugreifen, LBS jedoch für den Einsatz unterwegs ausgelegt sind (TOMORROW FOCUS Media 2013, S. 19).

Das häufigste Anwendungsgebiet ist die Routenplanung, welche 84 % der LBS-Nutzer einsetzen. Danach folgt die Suche nach umliegenden Geschäften (61 %) sowie nach günstigen Angeboten in der Nähe (34 %), welche auch für Konsumgüterhersteller große Potenziale bieten.

LBS am Point of Sale sind aufgrund mangelnden Empfangs kaum möglich. Als Hauptgrund für die Nichtnutzung werden Sicherheitsbedenken genannt. Knapp 2/3 der Smartphone-Nutzer (64%) haben aus Datenschutzgründen Bedenken ihren Standort preiszugeben. Rund 3/4 (74%) geben an, darauf zu achten, welche Anwendungen den Standort abrufen wollen (Fittkau & Maaß Consulting 2012). Auch die Unternehmen erkennen zunehmend das Potenzial von LBS: 2011 enthielten 10% aller M-Advertising Kampagnen standortbezogene Elemente (madvertise 2012, S. 13).

Mobile Tagging

> Unter **Mobile Tagging** wird die „Markierung für das Mobiltelefon" verstanden. Mit der Kamera im Mobilgerät können Strichcodes von gekennzeichneten Objekten ausgelesen werden. So werden reale Gegenstände mit digitalen Informationen verknüpft („Physical World Connection"). Meist werden dazu 2D-Barcodes eingesetzt, also optoelektronisch lesbare Schriften, die aus verschieden breiten Punkten oder Strichen bestehen. Die Vorteile derartiger Codes liegen darin, dass sie eine hohe Dichte an Nutzerinformationen auf kleiner Fläche und die Möglichkeit, verschiedene Dateiformate zu hinterlegen, bieten. Sie sind vielseitig anwendbar und bieten Konsumenten eine schnelle und einfache Konnektivität zu mobilen Diensten.

Als bekannteste Beispiele für 2D-Barcodes mit ISO-Norm sind der QR-Code und die DataMatrix zu nennen. Die häufigsten Code-Inhalte beim Mobile Tagging sind Internet-Adressen, sog. „Uniform Resource Locators" (URLs), die direkt im Browser geöffnet werden. Auch Transaktions- oder Zugangscodes, die den einmaligen Zugriff auf bestimmte Daten oder Vorteile ermöglichen, sind oft zu finden. Trotz vielfältiger Einsatzmöglichkeiten sind die Nutzungsraten bisher gering. Technische Voraussetzung für die Nutzung ist neben einer integrierten Kamera eine spezielle Software (Reader), die kostenlos heruntergeladen werden kann (Varnali, Toker, Yilmaz 2010, S. 37 f.; Kato, Tan, Chai 2010, S. 31 f.).

Ca. jeder fünfte Nutzer (21%) mobiler Endgeräte hat schon einmal QR-Codes gescannt. Weitere 29% würden sie gerne nutzen – 50% lehnen es jedoch ab (TNS Infratest 2012, S. 16). Als Grund dafür wird neben Unkenntnis primär mangelndes Interesse angegeben; Sicherheitsbedenken gibt es kaum (SKOPOS 2012, S. 5; 8 f.). Je nach hinterlegtem Inhalt und Trägermedium variiert die Nutzungsintensität: Am häufigsten werden Codes gescannt, um Informationen zu Produkten zu erhalten. Primär werden diese von Produkten oder Displays gescannt (27%), aus Katalogen/Magazinen (23%) sowie von Plakaten (18%).

Codes zum Kauf von Produkten werden selten genutzt – lediglich 11% der Smartphone Nutzer haben bereits QR-Code-Shopping über Plakate durchgeführt und jeweils 15% über Codes auf den Produkten oder in Anzeigen (Eckstein, Halbach 2012, S. 35). Derzeit bleibt Mobile Tagging noch hinter seinen Möglichkeiten zurück – auch im M-Marketing für Konsumgüter. Es stellt eine

Alternative mit gutem Preis-/Leistungsverhältnis dar, um Informationen oder Transaktionsmöglichkeiten zu hinterlegen. Solange die Akzeptanz jedoch nicht steigt, wird es nur eine geringe Bedeutung haben.

Mobile Payment (M-Payment)

> Ein weiteres Trendthema ist **Mobile Payment**, also bargeldlose Bezahlvorgänge, bei denen Konsumenten mobile elektronische Techniken einsetzen. Die Bezahlung kann dabei auf unterschiedlichen Wegen erfolgen. So kann sie in regulären Online-Shops beispielsweise über das mobile Internet abgewickelt werden. Auch möglich ist die Bezahlung über einen Kartenleser (Card Reader), der in die Audiobuchse des Mobilgeräts gesteckt wird und über den anschließend eine EC- oder Kreditkarte eingelesen wird. Ein anderer Ansatz ist die Abwicklung über NFC (Steimel, Paulke, Klemann 2008, S. 29). Dabei können NFC-fähige Kreditkarten auf ein mobiles Endgerät kopiert und als mobiles Zahlungsmittel eingesetzt werden. Der Konsument hält dazu sein Gerät an ein spezielles Lesegerät bei teilnehmenden Händlern und der Betrag wird von seinem Konto abgebucht.

M-Payment ist ein junges Feld und noch nicht flächendeckend etabliert. Derzeit bietet z.B. die Deutsche Bahn vereinzelte M-Payment Dienste über NFC an – vorwiegend für Kleinbeträge (Micropayment). Auch der Handel hat seine Systeme bisher nur vereinzelt (< 5 %) umgestellt. 80 % planen jedoch erste Pilotprojekte innerhalb der nächsten drei Jahre (ECC Handel, GS1 Germany 2012, S. 16). Demnach gibt es noch keine einheitlichen Standards in diesem Bereich, lediglich einzelne Anwendungen bzw. Anbieter.

Dementsprechend sind auch die Nutzungszahlen bislang gering. Etwa jeder zehnte Nutzer mobiler Endgeräte (11 %) hat schon einmal mobile Bezahlmöglichkeiten über NFC in Anspruch genommen. Weitere 28 % würden gerne derartige Services nutzen (TNS Infratest 2012, S. 16). Durch die geringe Übertragungsreichweite kann der Fremdzugriff und somit Missbrauch aus der Ferne nahezu ausgeschlossen werden. Dennoch gibt es beim Großteil der Konsumenten Bedenken hinsichtlich der Sicherheit von M-Payment – primär in Bezug auf die Datensicherheit sowie technische Probleme (PWC 2013).

Auch wenn M-Payment ein wichtiges Thema ist, hat es für Konsumgüterhersteller bislang kaum Relevanz, da die Initiative zur Systemumstellung primär vom Handel ausgehen muss und in der Regel nicht beeinflusst werden kann. Einige Händler wie Netto oder Edeka bieten eigene M-Payment-Apps an. Hersteller könnten theoretisch Konsumenten über diese Apps auf ihr Einkaufsverhalten bezogene Angebote machen – deren Einwilligung vorausgesetzt. Zudem ist die Dokumentation aufgrund des Datenschutzrechts bislang nicht möglich.

Konsumgüterhersteller können demnach derzeit nur mit Anwendungen für sogenannte digitale Brieftaschen (Mobile Wallets) zusammenarbeiten. Dabei handelt es sich um mobile Gutschein- und Kreditkartenspeicher für Konsumenten. Hersteller können darüber M-Coupons verteilen oder sonstige Promotions durchführen. 45 % der Konsumenten haben Interesse, Mobile Wallets zu nutzen (PWC 2013). Ob und wie M-Payment aus Sicht der Hersteller künftig genutzt werden kann, ist derzeit noch unklar.

Augmented Reality (AR)

> Mit **Augmented Reality (AR)**, der „erweiterten Realität", wird die computergestützte Erweiterung der Realitätswahrnehmung umschrieben. Dabei werden Bilder oder Videos in Echtzeit durch Einblendung oder Überlagerung computergenerierter Zusatzinformationen oder virtueller Objekte ergänzt. Reale und virtuelle Elemente werden kombiniert und stehen in dreidimensionalem Bezug zueinander (Azuma 1997, S. 355 f.).

Die Einsatzgebiete von AR sind weitreichend; auch im Mobile Marketing findet es Anwendung. So bekommen Konsumenten beispielsweise beim Betrachten von Plakaten, Anzeigen oder Produkten mit versteckten Markern durch die Kamera ihres mobilen Endgeräts zusätzlich virtuelle Objekte bzw. Informationen eingeblendet. Voraussetzungen dafür sind spezielle Apps, eine integrierte Kamera, ein GPS-Empfänger sowie optional Beschleunigungssensoren zur Bestimmung der Blickrichtung (Mehler-Bicher, Reiß, Steiger 2011, S. 79 ff.).

> **Beispiel für Augmented Reality (AR):**
>
> Besonders attraktiv ist AR für Konsumenten bei der Wohnungseinrichtung. Jeder zweite Internetnutzer findet AR nützlich, wenn es darum geht, die eigenen Räume zu filmen und die Wohnungseinrichtung bzw. Wandgestaltung durch Einblendung verschiedener Möbelstücke bzw. Tapeten entsprechend zu planen. Auch die virtuelle Anprobe von Modeprodukten stößt auf Interesse. 42 % der Internetnutzer finden die Möglichkeit des virtuellen Anprobierens interessant, insbesondere bei Brillen, T-Shirts, Hosen und Haarfarben (Fittkau & Maaß Consulting 2013b).

Die Nutzungszahlen im mobilen Bereich sind jedoch gering. 13 % der Nutzer mobiler Endgeräte haben bereits AR-Anwendungen genutzt und weitere 19 % würden sie gerne testen. Für 2/3 der Nutzer ist diese Technologie jedoch irrelevant (TNS Infratest 2012, S. 16). Ob sich AR daher im M-Marketing für Konsumgüter etablieren kann, ist derzeit noch unsicher.

7.9 Entwicklung des Mobile Marketings

Im internationalen Vergleich ist Deutschland im Bereich Mobile Marketing noch rückständig. Dies liegt zum einen an der geringen Technologie-Affinität der Deutschen und der damit einhergehend geringen Verbreitung mobiler Endgeräte (Kotabe, Helsen 2010, S. 343). 2012 betrug die Durchdringung von

7.9 Entwicklung des Mobile Marketings

Smartphones in Singapur 92 % und in den USA 78 % (Flurry Analytics 2012). In Deutschland betrug sie 38 % (BITKOM 2012c, S. 1). Auch bei der Mobilfunkpenetration liegt Deutschland zurück. 80 % der deutschen Haushalte besitzen einen Mobilfunkanschluss – der EU-Durchschnitt liegt bei 87 % (Europäische Kommission 2010, S. 62). Zudem ist der Anteil von Guthabenkarten-Besitzern (Prepaid) in Deutschland gering (42 %) (Axel Springer, Bauer Media KG o. J.). In allen anderen Weltregionen bevorzugt man Prepaid-Angebote (A.T. Kearney 2012, S. 21).

Dies hat Auswirkungen auf die Nutzung des mobilen Internets. Vertragskunden nutzen oft Datenflatrates, die den mobilen Internetzugang „erleichtern". 2012 betrug der Anteil dieser Nutzer in Deutschland 77 %. Prepaid-Kartenbesitzer müssen in der Regel für die Internetnutzung separat zahlen, weshalb die Nutzungsraten im Vergleich geringer sind. Aufgrund des hohen Anteils an Kunden mit Datenflatrate bietet das mobile Internet in Deutschland grundsätzlich großes Potenzial im M-Marketing. Dem steht jedoch die Nutzung von nur 36 % der Deutschen ab 14 Jahren gegenüber. Auch hier sind asiatische Länder wie Japan (92 %) bereits weiter (BMWi 2012, S. 64 ff.). Ob und inwieweit Unternehmen diese Potenziale in Deutschland ausschöpfen und sich den internationalen Entwicklungen angleichen können bzw. werden, bleibt derzeit noch fraglich.

Gegenwärtig setzen 22 % der deutschen Unternehmen Mobile Marketing ein – 2012 waren es noch 15 % (Absatzwirtschaft 2013). 46 % setzen dabei auf response-orientierte, 32 % auf inhaltsorientierte Formen. Transaktionsorientierte Formen werden von 20 % umgesetzt. Als größte Umsetzungshürden von M-Marketing werden mangelnde Erfahrung, fehlendes Wissen und hohe Kosten genannt (Bauer, Reichardt, Neumann 2008, S. 115 ff.). Dabei liegt der Preis pro Response von M-Marketing Maßnahmen niedriger als bei anderen Dialogmarketinginstrumenten.

Abbildung 55 lässt erkennen, dass M-Marketing aus Herstellersicht einen vergleichsweise geringen ROI aufweist, was wiederum für eine crossmediale Einbindung spricht.

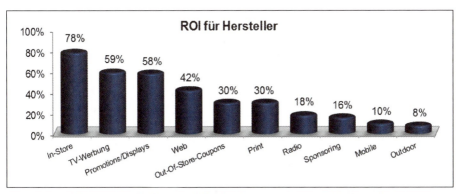

Abbildung 55: ROI ausgewählter Marketinginstrumente für Hersteller
Quelle: Czech-Winkelmann 2011, S. 333

Mobile Marketing eignet sich nicht für alle Konsumgüterhersteller. Generell sollte im Vorfeld überprüft werden, ob M-Marketing als Kommunikationskanal zur Zielgruppe bzw. zum gegenwärtigen oder angestrebten Image passt. Je ungewöhnlicher die Werbeidee, desto kritischer sollte dies hinterfragt werden, um einen Misserfolg der Kampagne und, noch wichtiger, einen Imageschaden zu verhindern. Der Einsatz von M-Marketing ist nicht nur Produkten aus den niedrigen Preissegmenten vorbehalten. Auch für hochpreisige Produkte kann M-Marketing eingesetzt werden.

Insbesondere namhafte Marken können von den Möglichkeiten des Instrumentes profitieren, da M-Marketing zur Erhaltung des Markenwertes bzw. zum Aufbau von Markentreue beitragen kann. Zudem haben große Marken in der Regel auch mehr finanzielle, personelle sowie technische Ressourcen zur Verfügung, um neue Technologien und Werbeformen zu testen. Hinzu kommt, dass sie meist auch über vielfältige Informationen über ihre Kunden verfügen, was bei der Segmentierung und Ausgestaltung der M-Marketing-Aktivitäten von Vorteil ist.

Die deutschen Konsumenten stehen M-Marketing bislang skeptisch gegenüber und sind noch nicht von der persönlichen Relevanz und dem Mehrwert der Dienste überzeugt. Neue digitale Anwendungen und Technologien werden von den Deutschen vergleichsweise langsam adoptiert (BMWi 2012, S. 64; ComScore 2012, S. 16). Dies bestätigen auch die bislang geringen Nutzungszahlen der vorgestellten M-Marketing-Trends. Besonders deutlich werden die Unterschiede bei Mobile Tagging. 96 % der Japaner wissen wie man QR-Codes nutzen kann; bei den Deutschen sind es nur 56 %. Regelmäßig gescannt werden sie von 40 % der Japaner; in Deutschland werden sie nur von ca. jedem Fünften (21 %) und auch nur ab und zu gescannt (SKOPOS 2012, S. 4). Auch bei LBS zeigen sich deutliche Unterschiede: Während man LBS in Großbritannien offen gegenübersteht, sind die Deutschen eher skeptisch. Es dominiert die Angst, dass man beobachtet und überwacht wird. Es wird großer Wert auf den Schutz der Privatsphäre gelegt (Kehr, Lührig 2006, S. 126).

Im Hinblick auf die zukünftige Entwicklung, deuten die Statistiken weiteres Wachstum für M-Marketing an – es gilt als am stärksten wachsende Mediengattung (BVDW 2012b, S. 1). Zukünftig plant knapp jedes vierte Unternehmen (24 %) die Umsetzung von M-Marketing und ca. 3/4 der bereits aktiven Unternehmen wollen ihre Budgets für M-Marketing stark ausbauen (Absolit 2011, S. 9; SEMPORA Consulting 2012, S. 2). Die steigende Bedeutung zeigt sich auch am Anteil mobiler Werbeformen an den Ausgaben für digitale Werbung. Dieser stieg von 1,1 % im Jahr 2009 auf 9,7 % in 2013 (madvertise 2013, S. 6 f.). Die Investitionen in M-Marketing belaufen sich 2012 in Westeuropa auf ca. 1,2 Mio. €, wobei M-Advertising den größten Anteil ausmacht. Es wird erwartet, dass die Ausgaben weiter zunehmen und bis 2016 auf ca. 6,4 Mio. € ansteigen. Von 2013 auf 2014 wird ein Anstieg um 57 % erwartet – für Deutschland sogar 62 % (eMarketer 2013). Für einige mobile Werbeformen wird besonderes Wachstum erwartet, wie In-App Advertising, Spots im Mobile-TV und LBS (Arthur D. Little Austria, denkwerk, Mediencluster NRW 2011, S. 40). Ein Ausgabenanstieg wird ebenfalls bei Kartenanwendungen und sozialen Netzwerken erwartet. Die internationalen Unterschiede lassen sich besonders anhand der Ausgaben für mSEA verdeutlichen. 2012 lagen die Ausgaben im asiatisch-pazifischen Raum 20 % über denen in Westeuropa. In den USA investierte man sogar 53 % mehr (Krum 2012, S. 302, 318).

7.10 Cases zum Mobile Marketing

Für die Miles & More GmbH entwickelte die Agentur serviceplan eine App mit dem Titel: Shake it or take it!

Die Zielgruppe für diese Aktion zur Kundenbindung waren die Miles & More Teilnehmer.

Miles & More stand vor der Herausforderung, das größte Vielfliegerprogramm Europas in einer einzigen Weihnachtspromotion darzustellen. Dabei galt es, die mannigfaltigen Möglichkeiten zum Meilensammeln und -einlösen in das Bewusstsein der Teilnehmer zu bringen.

Die von serviceplan entworfene Lösung ist eine mobile App, die es in der Adventszeit jeden Tag Gewinne schneien lässt. Alles, was der User dafür tun muss: sein Smartphone schütteln. Die Bewegung wird vom Bewegungssensor erkannt und lässt neben Schneeflocken je einen von über 160.000 Gewinnen aus der Welt von Miles & More auf den Screen wirbeln.

Dann entscheidet jeder Nutzer selbst, ob er sein Geschenk behält oder nicht. Denn bei Gefallen klickt der User „Take it", bei Nicht-Gefallen kann er per Klick auf „Shake it" einfach erneut schütteln. So kommt mit etwas Glück der nächste Gewinn, mit Pech aber eine Niete. No risk, no fun!

Dieser Xmas-Shaker übertraf alle Erwartungen: Die App wurde in 24 Tagen über 88.000 mal heruntergeladen. Mehr als 30.000 Teilnehmer spielten über die gesamte Laufzeit mit. Bereits in der zweiten Woche rangierte die App gemeinsam mit mit Dauerbrennern wie WhatsApp in den Top 10 der meistgeladenen iPhone Apps. Aufgrund des großen Erfolgs wird die App im Dezember 2015 erneut gelauncht.

Diese Aktion wurde im Jahr 2015 mit dem Deutschen Dialogmarketing Preis in Silber ausgezeichnet (DDV 2015, S. 164 f.).

Die Nonprofit-Organisation Bundesverband Deutsche Tafel e.V. wurde von der Agentur Grabarz & Partner mit einer Mobile App unterstützt.

Potenzielle Unterstützer des Bundesverbands Deutsche Tafel e.V. wurden mit „Miles for Meals. Die Kalorien-Spende-App der Tafeln" angesprochen.

Damit wurde eine innovative, digitale Idee zur Spendengenerierung für den Bundesverband Deutsche Tafel e.V. realisiert, die hohe Reichweite bei niedrigen Kosten generiert.

Miles for Meals ist die erste Lauf-App, mit der man gleichzeitig etwas Gutes für Andere tut. Denn mit dieser Mobile App kann der Nutzer seine verbrauchten Kalorien beim Laufen nicht nur messen, sondern direkt an die Tafeln spenden. So stiftet man sie genau denen, die sie gut gebrauchen können.

Abbildung 56: Miles & More App

Die Kalorien werden dabei in einen Geldbetrag umgerechnet (dieser richtet sich nach dem Hartz IV Arbeitslosengeld II-Tagessatz: eine Mahlzeit – circa 500 kcal – gleich 1,50 Euro) und können direkt per PayPal gespendet werden.

Dies ist über eine Synchronisation mit Nike+ sowie mit dem integrierten Zähler möglich.

Dank Miles for Meals wurden höchste Downloadraten im Bereich Charity-Apps erreicht, zusätzlich sorgte die App für eine Steigerung der digitalen Spenden von fast 300 Prozent.

Der DDV prämierte diese Aktion im Jahr 2014 mit dem Deutschen Dialogmarketing Preis in Bronze (DDV 2014, S. 26 f.).

Abbildung 57: Miles for Meals: Die Kalorien-Spende-App der Tafeln

8 Social Media-Marketing

8.1 Entwicklung zum „Mitmach-Internet"

Die Entwicklung des Internets zum Web 2.0, zum sogenannten „Mitmach-Internet", ist eine der am stärksten diskutierten Trends im Marketing. Der Nutzer wird im Internet selbst aktiv, er stellt Videos bei Youtube ein, bewertet Bücher bei Amazon, verkauft Überflüssiges bei Ebay und stellt sein Expertenwissen bei Wikipedia zur Verfügung. Außerdem pflegt er seine Kontakte beim Social Networkung, wie Xing, StudiVZ oder Wer-kennt-wen.

Bereits 1999 veröffentlichten Rick Levine, Christopher Locke, Doc Searls und David Weinberger in ihrem „Cluetrain Manifesto" 95 Thesen für die neue Unternehmenskultur im digitalen Zeitalter. Sie beschrieben, wie das Internet im Laufe der Zeit die klassischen Kommunikationsmechanismen der Unternehmen verändern wird und die Bereitschaft und Fähigkeit zum Dialog auch im Massenmarketing an Bedeutung gewinnen werden (Levine 2001).

Anfangs belächelt und kritisiert scheinen ihre Vorhersagen heute aktueller denn je. Thesen, wie beispielsweise „Märkte bestehen aus Menschen, nicht aus demographischen Daten" (These 2) oder „Firmen müssen von ihrem hohen Ross herabsteigen und mit den Menschen sprechen, mit denen sie Beziehungen aufbauen wollen" (These 25) widerspricht heute kaum noch jemand. An der konsequenten Umsetzung mangelt es allerdings.

Die Abbildung 58 enthält einige ausgewählte Thesen aus dem Cluetrain Manifesto.

Die ersten Thesen weisen darauf hin, dass es bei der Kommunikation mit Kunden um eine menschliche Kommunikation handelt. Es geht um Menschen, nicht um demografische Daten!

Durch das Internet wird eine nahezu uneingeschränkte Kommunikation unter den vernetzten Menschen ermöglicht. Dies führt dazu, dass der Informationsstand gesteigert wird, die Anbieter haben keinen Informationsvorsprung mehr vor ihren Kunden.

In der These 11 geht es darum, dass die Glaubwürdigkeit von Informationen, die Kunden untereinander verbreiten, höher eingestuft wird als die Unternehmenskommunikation. Bevor ein Urlaubshotel gebucht wird, schauen die Kunden nicht nur auf die Informationen der Reiseanbieter, sondern informieren sich auf unabhängigen Bewertungsportalen.

Dabei sind gerade in Zeiten zunehmend gesättigter Märkte, austauschbarer Produkte und Dienstleistungen und einer steigenden Anzahl von Kommunikationskanälen bei gleichzeitiger Informationsüberlastung des Konsumenten eine individuelle (bidirektionale) Kommunikation, ein aktuelles Konsumenten-

8 Social Media-Marketing

verständnis und Differenzierung wichtiger denn je. In Zeiten einer steigenden Anzahl von (erfahrenen) Internet-Usern mit Breitbandanschlüssen erhalten die Unternehmen dazu völlig neue Möglichkeiten.

---

1. Märkte sind Gespräche.
2. Märkte bestehen aus Menschen, nicht aus demografischen Daten.
3. Gespräche zwischen Menschen klingen menschlich. Sie werden mit einer menschlichen Stimme geführt.
6. Das Internet ermöglicht Gespräche unter Menschen, die in den Zeiten der Massenmedien einfach nicht möglich waren.
10. Daraus resultierend werden die Märkte intelligenter, sind besser informiert und organisiert. Die Teilnahme am vernetzten Markt verändert die Leute fundamental.
11. Die Menschen in vernetzten Märkten haben herausgefunden, dass sie sich weit bessere Information und Unterstützung gegenseitig bieten können als sie von ihren Verkäufern erhalten. Soviel zur Unternehmensrethorik über den Mehrwert der eigenen Produkte.
12. Es gibt keine Geheimnisse. Der vernetzte Markt weiß mehr als die Unternehmen über ihre eigenen Produkte. Und egal ob die Nachricht gut oder schlecht ist, sie erzählen es jedem.
18. Unternehmen, die nicht begreifen, dass ihre Märkte jetzt von Person zu Person vernetzt sind, daraus resultierend intelligenter werden und sich in Gesprächen vereinen, versäumen ihre beste Chance.
25. Firmen müssen von ihrem hohen Ross herabsteigen und mit den Menschen sprechen, mit denen sie Beziehungen aufbauen wollen.

Abbildung 58: Ausgewählte Thesen des Cluetrain Manifesto
Quelle: www.cluetrain.de

Zusammenfassend sind die wichtigsten Komponenten von Social Media der Plattformcharakter, Mobilität, offene Schnittstellen, Open Source und kollektive Intelligenz. Diese Komponenten fördern den Dialog zwischen den Teilnehmern und können im Dialogmarketing genutzt werden.

Kollektive Intelligenz äußert sich am offensichtlichsten im Prinzip des User Generated Content (UGC): Webseiten werden in Teilen oder gar im Ganzen von den Usern mit Inhalten gefüllt. Beispiele für den ergänzenden Inhalt sind Bücherrezensionen durch Kunden bei Amazon oder in Internetforen. Letztere gab es zwar schon deutlich vor Web 2.0, allerdings führen die Entwicklungen insbesondere im Hardware-Bereich zu völlig neuen Dimensionen des UGC, wie beispielsweise an der Videoplattform YouTube zu erkennen ist.

Ein beliebtes Beispiel für vollständig von Usern erstellte Webseiten sind die sogenannten Wikis, allen voran Wikipedia. Aber auch in diesem Bereich lassen sich erste Ansätze bereits vor dem Aufkommen des Begriffs Web 2.0 finden. So ist zum Beispiel ebay von Beginn an eine der ersten Seiten, die nahezu vollständig aus User-Inhalten besteht. Obwohl der Entstehungsprozess nicht mehr zentral, sondern über viele Einzelpersonen verteilt ist, kontrollieren sich die meisten Angebote über die Community nahezu selbst.

Eine Auswirkung dieses „Mitmach-Internets" auf das Marketing besteht darin, dass Marketing immer häufiger ohne die Unternehmen stattfindet. Um dem entgegenzuwirken, versuchen die Unternehmen, diese Entwicklung zumindest für sich zu nutzen und im Internet verstärkt zu einer Pull-Strategie überzugehen. Die Konsumenten sollen so zu einer selbstständigen, aktiven Beteiligung und Interaktion bewegt werden, und es soll ein freiwilliges Empfehlungsmarketing in Form von Mundpropaganda erzielt werden (Beck 2014, S. 721–751).

In der Abbildung 59 sind die wichtigsten Charakteristika des Web 2.0 zusammengestellt.

1. Das Web 2.0 ist eine Service-Plattform, mit der sich das alltägliche Leben ins Netz übertragen lässt.
2. Die Einbeziehung aller Nutzer macht es zu einem „Mitmach-Netz", in dem der User-generated Content einen wichtigen Bestandteil darstellt. Je mehr Nutzer sich integrieren, desto mehr individueller Nutzen entsteht für jeden Einzelnen.
3. Die Daten stehen im Web 2.0 im Vordergrund. Das gesammelte Wissen aller Nutzer gibt diesem Medium überhaupt erst Gewicht.
4. Software ist nicht mehr als ein Produkt zu verstehen, sondern sie kommt einem Service gleich, der ständig weiterentwickelt wird.
5. Die Konnektivität nicht nur der User, sondern auch der Web-Applications steht im Vordergrund: Alles ist miteinander verzahnt und die Inhalte lassen sich leicht teilen bzw. zusammenbringen.
6. Der Zugang zum Web 2.0 beschränkt sich nicht auf den PC, sondern es ist darauf ausgelegt, möglichst Endgeräte übergreifend (Smartphones, Tablets etc.) genutzt zu werden.
7. Die Usability ist einfach und benutzerfreundlich gehalten, sodass auch die Grenze zwischen Desktop- und Webtop-Anwendungen verschwimmt.
8. Die neuen juristischen Herausforderungen in Bezug auf die Transparenz persönlicher Informationen sowie die Probleme des Datenschutzes und Copyrights stellen Anforderungen an das Web 2.0 und erfordern neue rechtliche Grundlagen.
9. Neue Arten von Geschäftsmodellen stellen neue Herausforderungen für Unternehmen dar (Software auf Open-Source Basis, Crowdsourcing, Micro-Payment, Free vs. Premium etc.).
10. Die neue kreative Web 2.0-Designwelt nach dem Motto „Look & Feel" bringt eine bisher unbekannte Ästhetik ins Netz. Sie zeigt sich verspielt, farbenfroh und kennt keine strengen Gestaltungsregeln.

Abbildung 59: Wesen des Web 2.0
Quelle: Ebersbach, Glaser, Heigl 2011, S. 28–32

8.2 Gesellschaftliche Trends

Die aktuellen Trendstudien sind sich in ihrer Grundtendenz einig: Die Globalisierung durch das Internet, soziale Kontakte, Rückkehr zu traditionellen Werten wie Glaubwürdigkeit/Authentizität/Loyalität und die Alterung der Gesellschaft sind die wichtigen aktuellen Themen.

Die Globalisierung der Gesellschaft
Soziale Beziehungen bestehen nicht mehr ausschließlich im nahen sozialen Umfeld. Das Internet ermöglicht es den Menschen, zeitnah und mit einfachen

Mitteln soziale Beziehungen rund um den Globus aufzubauen. Die wichtigsten Instrumente hierfür sind Weblogs und Communities.

Das Bedürfnis nach sozialen Kontakten

Die Gesellschaft wird zunehmend mobiler und flexibler. Diese Entwicklung wiederum fördert eine multikulturelle Gesellschaft. Communities sind eine Reaktion auf diese mobilen und multikulturellen Entwicklungen in der Gesellschaft. Im alltäglichen Leben treffen immer häufiger die verschiedenen Kulturen aufeinander und Menschen entwickeln ein sehr starkes Bedürfnis nach sozialen Kontakten.

Demografische Entwicklung

In Deutschland ist häufig von der negativen demografischen Entwicklung die Rede: Die Lebenserwartung der Menschen steigt und die Geburtenrate bleibt auf niedrigem Niveau.

Doch die Altersforschung spricht von einem „Jugendgewinn" von zehn Jahren.

Die Medien werden sich dieser demografischen Entwicklung anpassen, sie werden als einfach zu bedienende Lebenshilfe fungieren. Denn ein großer Anteil der Freizeitgestaltung und beruflichen Zeiteinteilung wird auf die Nutzung verschiedener Medien entfallen.

Ehrlichkeit, Authentizität und Loyalität

Moralische Aspekte gewinnen für Marken- und PR-Strategien an Bedeutung. So ergaben Umfragen, dass ein großer Anteil der Deutschen eine Marke bevorzugen würde, wenn sich das Unternehmen sozial engagiert. Kampagnen wie die von Dove propagieren ein ehrliches und erreichbares Ziel: „Sei wie Du bist."

Corporate Social Responsibilty oder Brand Democratisation sind Formen der Kommunikation, die verstärkt an Bedeutung gewinnen. Unternehmen können sich nicht mehr hinter Call-Centern verstecken. Mit Hilfe von Weblogs kommunizieren sie direkt mit ihren Kunden und steigern so ihre Glaubwürdigkeit und das Vertrauen der Kunden/Konsumenten.

Individualisierung

Es besteht ein genereller Trend der Individualisierung in vielen Bereichen unserer Gesellschaft. Der Kunde möchte nicht mehr als Masse wahrgenommen werden, sondern als Individuum mit seinen spezifischen Bedürfnissen. Heutige Mediensysteme müssen sich an die Bedürfnisse der Nutzer anpassen. Die Ära der digitalen Individualisierung wird eingeleitet. Das beste Beispiel für digitale Individualisierung ist der Apple iPod. Der Konsument kann selbst bestimmen, was er wann, wie und wo hört. Er ist nicht an Verträge oder monatliche Kosten gebunden. Er gestaltet sein Produkt ganz individuell.

Das Open-Source-Marketing ist eine logische Weiterentwicklung der Internet-Philosophie, also der idealerweise unbeschränkten Teilhabe aller Nutzer. Zunächst müssen die Unternehmen und vor allen Dingen die Konsumenten lernen, verantwortungsvoll mit dem Instrument Open-Source-Marketing umzugehen. Wenn das gelingt, ist es schwer vorstellbar, dass die Konsumenten diese neu gewonnene Freiheit und Mitsprachemöglichkeit gegenüber den Unternehmen wieder aufgeben sollten.

8.3 Typische Anwendungen von Social Media

> Das **zentrale Merkmal der Sozialen Medien** ist die aktive Teilhabe an der Gestaltung von Internetauftritten. Die Nutzer beschränken sich nicht mehr auf die Rolle eines passiven Empfängers von Kommunikation. Einen wichtigen Anteil an dieser Entwicklung hat die neue Beschreibbarkeit des Internets, die das Veröffentlichen eigener Inhalte einfach macht (Michelis, Schildhauer 2010, S. 15 ff.).

Grundvoraussetzungen für das Entstehen von Web 2.0-Plattformen waren in erster Linie die Verbreitung von Breitband-Internetverbindungen in Privathaushalten, die gesunkenen Onlinekosten und die Akzeptanz des Internets in großen Teilen der Bevölkerung.

Die meisten Angebote des Web 2.0 fallen in den Bereich der Social Software (Wikis, Netzwerke, etc). Ziel von Social Software ist es Systeme zu bilden, mit denen Menschen kommunizieren oder interagieren können und welche parallel den Aufbau und das Selbstmanagement einer Community fördern. Die erste Social Software Systeme existierten bereits vor dem Aufkommen der Web 2.0 in Form von Chats, Messengern und ersten Wikis.

Im Folgenden folgt ein kurzer Überblick über die typischen Arten von Web 2.0 Anwendungen.

Social Networking

Das Grundprinzip von sozialen Onlinenetzwerken ist, dass „jeder jeden über sechs Ecken kennt." Man legt ein Profil mit seinen Daten an und verlinkt sich, je nach Anbieter, mit Freunden, Kommilitonen, Arbeitskollegen und Geschäftspartnern. Netzwerke bieten eine Plattform für das Verwalten und Sammeln von aktuellen Kontaktdaten, Diskussionsgruppen und Nachrichtenaustausch. In verschiedenen Netzwerken hat der User zusätzlich die Möglichkeit der Einbindung von Fotos, Videos und Blogs (Fiege, Redenz 2014, S. 705–719).

Beispiele für diese sozialen Netzwerke sind Facebook, XING, Linkedin oder andere.

Social Bookmarking

Jeder kann Links und Lesezeichen (Bookmarks) mit beliebigen Tags versehen. Die Lesezeichen selber werden dann auf dem Server des Bookmarking-Anbieters gespeichert und können somit über das Internet von jedem Ort aus abgerufen werden. Die Web 2.0-Komponente liegt darin, dass die Bookmarks öffentlich zugänglich gemacht werden können und so untereinander vernetzt werden. Auf diese Weise ist es nicht nur möglich, über die Anzahl der nutzenden User die Popularität einer Seite abschätzen zu können, sondern einfach über die Tagsuche und die Verknüpfungen interessante thematisch verbundene Seiten zu finden.

Video-/Fotoportale

Video- und Fotoportale bieten dem User die Möglichkeit, eigene Fotos und Videos hochzuladen, in Alben zu veröffentlichen und mit Tags zu versehen. Beiträge andere User können bewertet und kommentiert werden. Insbesondere Videoportale wurden bereits oft von Unternehmen und Agenturen für die Verbreitung viraler Kampagnen genutzt (Beispiel: Youtube).

Wikis

Eine Wiki ist eine Softwareplattform für ein Onlinenachschlagewerk, bei dem jeder User alle Einträge editieren kann. Hierdurch entsteht gleichzeitig ein selbstregulierender Mechanismus im Sinne einer „wisdom of crowds" sowie ein hohes Manipulationspotenzial. Langfristig kontrolliert die Community der Wiki die Richtigkeit der Einträge, kurzfristig sind aber falsche Änderungen möglich. Praktisch gesehen sind Wikis eine Sammlung von verlinkten Webseiten (Beispiel: Wikipedia).

Blogs

Blogs sind eine Mischung aus Informationen und Meinungen und unterscheiden sich so von einer herkömmlichen Webseite. Blogs bieten den direkten und persönlichen Zugang nicht nur zum Kunden, sondern zu allen Stakeholdern. Diese haben die Möglichkeit, Neuigkeiten und Stellungnahmen aus dem Unternehmen zu erfahren und gleichzeitig persönlich zu kommentieren. Damit lässt sich ein gut geführter Blog fast mit einem realen Kundenbesuch gleichsetzen. Wichtig dabei ist aber eine ehrliche und authentische Kommunikation.

Podcasts

Bei Podcasts handelt es sich um meist frei verfügbare Audiobeiträge von Unternehmen oder Privatpersonen. Gerade im Zuge der Verbreitung mobiler MP3-Player und der technologischen Entwicklung von Mobiltelefonen als universale Mediaplayer können so normalerweise als Text verfügbare Inhalte bequem überall mit hingenommen und angehört werden. Podcasts finden ihren Einsatz auf den verschiedensten Webseiten und mit allen erdenklichen Inhalten. Eine besondere Form der Podcasts ist die audiovisuelle Variante: der Videocast.

Online-Communities

Online-Communities ermöglichen den sozialen Austausch und Interaktionen im Internet zu einem gemeinsamen Interessensschwerpunkt. Der Betreiber verfolgt in der Regel eine kommerzielle Ausrichtung und integriert auch von Mitgliedern bereit gestellte Informationen.

8.4 Social Media-Controlling

> Die Anzahl von Followern, Fans, Lesern, Hörern oder Betrachtern kann man als absolute Zahl leicht ablesen, sie sagt aber letztlich noch nicht endgültig etwas über den Erfolg der Social Media-Maßnahme aus, denn aus diesen Zahlen lässt sich nicht schlussfolgern, ob die Nutzer mit dem Unternehmen kommunizieren und die Informationen lesen, teilen, kommentieren oder weiterempfehlen. Die Zahl der Multiplikatoren gilt daher als wertvoller.

Man kann allgemein davon ausgehen, dass etwa 70 % der Nutzer von Social Media nicht selbst aktiv werden. Sie lesen Kommentare und konsumieren Inhalte. Etwa 20 % geben Kommentare ab und nicht mehr als 10 % erstellen eigene Inhalte.

Li und Bernhoff reilen die Nutzerzielgruppe in sechs Nutzerprofile ein:

1. **Creators** veröffentlichen Blogbeiträge oder Artikel, haben ihre eigene Website, laden eigene Videos oder Audiobeiträge hoch.
2. **Critics** posten Bewertungen zu Produkten und Services, kommentieren Blogeinträge, sind in Online-Foren aktiv und verfassen Wikipedia-Einträge.
3. **Collectors** nutzen RSS-Feeds, fügen Schlagworte und Schlüsselwörter zu Webseiten oder Fotos und bewerten Webseiten.
4. **Joiners** besitzen ein Profil bei einem sozialen Netzwerk und besuchen soziale Netzwerke.
5. **Spectators** lesen Blogbeiträge, Beiträge in Foren und Nutzerempfehlungen, schauen sich Videos und hören sich Podcasts von anderen an.
6. **Inactives** folgen keinen der genannten Aktivitäten.

Eine Person wird einem Profil zugeordnet, wenn sie mindestens einmal im Monat eine der oben genannten Social Media-Aktivitäten unternimmt. Die Mehrheit der sogenannten Social Technographics Profiles in Deutschland sind Inactives, knapp 40 % sind Spectators (Li, Bernoff 2008, S. 43).

Für das Erfolgscontrolling qualitativer und quantitativer Ziele lassen sich beispielsweise folgende Kennzahlen verwenden:

- **Share of Voice:** Markenerwähnungen/Gesamterwähnungen (eigene Marke + Konkurrenten)
- **Zufriedenheits-Score (Satisfaction Score):** Kundenfeedback/gesamtes Kundenfeedback
- **Diskussionsreichweite (Conversation Reach):** Summe aller Diskussionsteilnehmer/kalkulierte Diskussionsteilnehmer
- **Stimmungs-Barometer (Sentiment Ratio):** Positive, neutrale, negative Markenerwähnungen, Summe aller Markenerwähnungen
- **Einfluss der Markenfans (Advocate Influence):** einmaliger Einfluss von Markenfans/Summe aller Einflüsse von Markenfans

Der Deutsche Dialogmarketing Verband hat im Jahr 2013 127 Marketingverantwortliche von Unternehmen und Dienstleistern zum Thema Erfolgskontrolle der Social Media-Aktivitäten befragt. Es zeigt sich, dass in der Praxis noch eine große Unsicherheit über die Wirkung der Instrumente herrscht (Deutscher Dialogmarketing Verband 2013b).

Auf die Frage „Können Sie auf Ihren Social Media-Plattformen klar Interessenten von Kunden unterscheiden?" konnte in einer zehnstufigen Skala geantwortet werden. Die Hälfte der Befragten wählten die ersten drei Ausprägungen, sehen sich dazu also nicht in der Lage. Nur ein Viertel hat die letzten drei Kategorien angekreuzt, wie die Abbildung 60 zeigt.

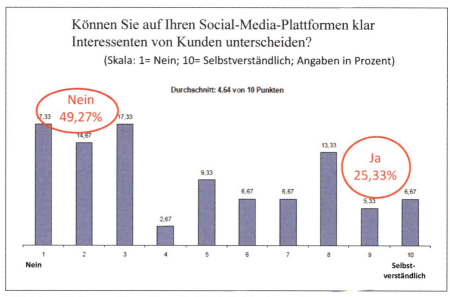

Abbildung 60: Können Sie auf Ihren Social Media-Plattformen klar Interessenten von Kunden unterscheiden?
Quelle: Deutscher Dialogmarketing Verband 2013b

Eine weitere Frage lautete: „Ist Social Media ein effizientes Tool zur Kundenbindung?" Zweidrittel der Befragten geben zu, dass sie diese Frage nicht beantworten können (Abbildung 61).

Weiterhin gaben die befragten Marketingverantwortlichen zu 74 % zu, dass sie noch nicht in der Lage sind, ihre Social Media-Strategien eng mit den CRM-Aktivitäten zu verzahnen (Abbildung 62).

Das Controlling der Social Media-Aktivitäten der Unternehmen hat demnach noch großes Optimierungspotenzial.

8.4 Social Media-Controlling

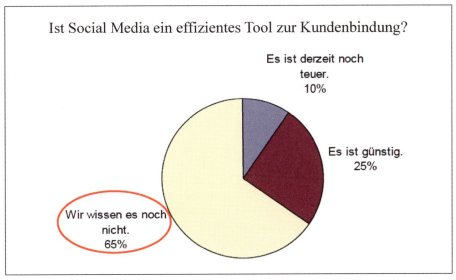

Abbildung 61: Ist Social Media ein effizientes Tool zur Kundenbindung?
Quelle: Deutscher Dialogmarketing Verband 2013b

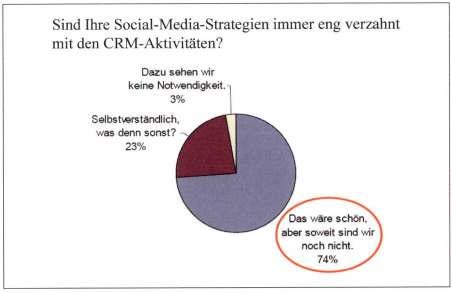

Abbildung 62: Sind Ihre Social Media-Strategien immer eng verzahnt mit den CRM-Aktivitäten?
Quelle: Deutscher Dialogmarketing Verband 2013b

8.5 Open-Source-Marketing

Bei Open-Source-Marketing handelt sich hierbei um einen Oberbegriff für eine neue, interaktive Entwicklung im Internet. Zu Beginn diente das Internet lediglich der Publikation von Informationen, Medien oder Daten. Man unterschied zwischen Editoren, die aktiv die Inhalte des Internets gestalteten, und Benutzern, die sich die Informationen lediglich ansahen und keine Möglichkeit hatten, die Inhalte zu beeinflussen.

Diese Trennung zwischen Editor und Benutzer verwischt. Der Benutzer stellt eigene Beiträge auf Servern ein (User Generated Content) oder er veröffentlicht private Interessen auf einem Weblog. Das Internet wandelt sich immer mehr zu einer interaktiven Plattform, deren Informationen von den Benutzern kontinuierlich aktualisiert und verbessert werden. Das Open-Source-Marketing ist als ein Teil dieser Entwicklung einzuordnen.

Der Begriff Open-Source oder deutsch Quelloffenheit hat seine Ursprünge in der Informatik, in der Open-Source-Software. Voraussetzung für eine solche Software ist die Offenlegung sowie die uneingeschränkte Erlaubnis der Veränderung und Weitergabe des gesamten Quellcodes. Der Quellcode ist der für den Menschen lesbare Text eines Computerprogramms in einer Programmiersprache.

Open-Source-Marketing bezieht sich nicht allein auf die Kommunikation, sondern auf alle Instrumente des Marketingmix, die in enger Zusammenarbeit mit Kunden gestaltet werden.

> **Beispiel für ein Open-Source-Marketing-Projekt:**
>
> Der Internet Browser Firefox ist ein Paradebeispiel für ein Open-Source-Marketing-Projekt. Nachdem das Mozilla Projekt ein erfolgreiches Programmpaket im Internet entwickelt hatte, wurde dieses im Jahr 2002 in einzelne Komponenten geteilt. Eine davon war der Webbrowser Mozilla Firefox, zuvor Mozilla Phoenix genannt.
>
> Eigendynamisch begannen User ein Marketingkonzept für Firefox zu entwickeln, mit dem Erfolg, dass er heute der zweithäufigst genutzte Internetbrowser nach Microsoft Internet Explorer ist.

Das Open-Source-Marketing ist jedoch, wie viele Praxisbeispiele zeigen, nicht nur in der Computerwelt ein Trend. Immer mehr Unternehmen lassen sich von dem schnellen Entwicklungsprozess und dem kreativen Potenzial inspirieren.

Die Konsumenten haben sich gewandelt. Der klassische 30 Sekunden Werbespot im Fernsehen reicht nicht mehr aus, um die Konsumenten von einem Produkt zu überzeugen. Sie finden diese Art von Information oft irrelevant oder lästig und nutzen Technologien, um dem Druck der werblichen Kommunikation zu entkommen (wie Pop-Up-Blocker, Spamfilter, Festplattenrecorder).

Auffallend ist, dass neue Technologien und Services, wie Musik Downloads, Weblogs, Podcasts oder Telefonieren über das Internet sehr schnell angenommen werden. Es werden solche Projekte begünstigt, die auf Informationsaustausch beruhen und den Wunsch des Konsumenten nach Mitbestimmung befriedigen. Open-Source-Marketing verbindet Ziele, Strategien und Maßnahmen des klassischen Marketings mit Idealen, Ideen und Erfolgsfaktoren der Open-Source-Bewegung.

Der bisher steuernde und kontrollierende Marketer muss nun loslassen können. Die Zielgruppe hat die Marke in der Hand, deren Gestaltung und Weiterentwicklung zuvor unter Ausschluss der Öffentlichkeit stattfand. Sie hat nicht nur das Recht erhalten, sondern sie wird dazu aufgefordert, das Marketing der Unternehmen mit Weiterentwicklungen, kreativen Ideen oder auch Kritik zu verbessern und zu gestalten.

Das widerspricht zwar bisherigen Marketingstrategien, doch nur wenn diese Voraussetzungen erfüllt werden, kann sich das Marketing Konzept ganz nach dem Open-Source-Gedanken entwickeln: uneingeschränkt, schnell und innovativ!

Dazu gehört auch die Bereitstellung sämtlicher Daten als Download auf der Webseite. Darunter befinden sich nicht nur die Endprodukte, sondern auch alle Vorprodukte und Entwürfe, Storyboards, Basisanimationen, Texte, Audiodateien usw.

Die technischen Entwicklungen der letzten zehn Jahren führten zu einer mobilen, komfortablen und vor allem schnellen Kommunikation auf einer Vielzahl von Kommunikationsplattformen im Internet. Der größte Vorteil für die Open-Source-Bewegung besteht darin, dass die Nutzung der Technik immer weniger technisches Wissen voraussetzt; die Bedienung wird ständig einfacher. Dadurch ist kreatives Schaffen im Internet und vor allem die Online-Kommunikation für jedermann möglich geworden (Holland, Hoffmann 2014, S. 327–347).

Plattformen wie beispielsweise YouTube ermöglichen es Laien, mehr oder weniger professionell gedrehte Videos über das Internet in der ganzen Welt zu verbreiten.

Eine besondere Rolle in der Online-Kommunikation spielen Weblogs/Blogs. Das sind Online-Tagebücher, die sich mit einem bestimmten Thema auseinander setzen. Diese Form der Kommunikation im Internet hat Menschen (Blogger) dazu inspiriert, ihre Meinungen und kreativen Ideen mit der Welt zu teilen. Die Entwicklung nutzerfreundlicher Weblog–Software-Tools ist eine wichtige technische Voraussetzung für die Open-Source-Bewegung. Sie ermöglichen den Usern, ihrer Kreativität und ihrem Drang zur Meinungsäußerung freien Lauf zu lassen.

Beispiele für Open-Source-Marketing und Crowdsourcing:
- **Springer Verlag**

Im Jahr 2009 veröffentlichte der Springer Verlag einen Aufruf, Werbeideen für sein Boulevardblatt einzusenden: „Bild Dir Deine Werbung!" Mehr als 10.000 Einsendungen erreichten das Unternehmen: 387 Werbespots,

9.581 Plakate und 478 weitere Ideen (beispielsweise Gemälde, T-Shirts, Gebasteltes). Die BILD-Leser konnten die Einsendungen bewerten. Nach einer finalen Bewertung durch eine Jury aus Top-Kreativen wurden Preise in Höhe von 60.000 Euro vergeben.

- **Beiersdorf**

Im Jahr 2008 initiierte Beiersdorf mit großem Erfolg eine Prototyping-Gruppe. Der Ausgangspunkt war die Unzufriedenheit der Kunden mit Schweißflecken in Textilien von Deos. Ein Aufruf im Internet brachte 400 verfärbte Kleidungsstücke.

Beiersdorf analysierte Online-Diskussionen in Spezial-, Schönheits- und Kosmetikforen und identifizierte Lead-User. Daraufhin wurde eine Taskforce aus Experten, Lead-Usern, Jugend-forscht-Gewinnern, Lebensmittel- und Medizintechnikern gegründet, die 30 Ideen entwickelte. Diese Ideen bewertete ein repräsentatives Onlinepanel nach Innovationsgrad, Zusatznutzen und Markenfit. Auch die Online-Community wurde per Banner zu Einschätzungen aufgefordert.

Der Erfolg waren 500 qualifizierte Kommentare, die halfen, Duft- wie Pflegeeigenschaften und Ideenfavoriten herauszuschälen. Das Unternehmen erarbeitete eine Strategie für das Antifleckendeo „Invisible for Black & White" und begann die chemische Entwicklung.

Als Ergebnis dieser Crowdsourcing-Aktion konnte die erfolgreichste Produkteinführung seit Bestehen des Konzerns festgestellt werden. Die Markteinführung war im Februar 2011, 9 Monate später hatte das Produkt 4 Mio. Käufer. Netzforen prüften und berichteten begeistert von fleckenloser Wäsche; für Beiersdorf fielen durch diese Aktion zwei weitere Innovationsideen ab (Willhardt 2013, S. 24–27).

8.6 Cases zum Social Media-Marketing

Eine sehr erfolgreiche Dialogmarketing-Aktion mit Twitter-Einsatz hat die Agentur Leo Burnett für FIAT unter dem Titel #ZeroFollowers realisiert. Das beworbene Produkt war der Abarth 500.

Zur Zielgruppe gehörten Heavy Twitter-User aus den Bereichen PR, Marketing und natürlich Automotive. Aber auch Mitbewerber, Multiplikatoren, Influencer und Meinungsführer, die Twitter ohnehin intensiv nutzen.

Diese Meinungsführer sind in diesem Fall auch ideale potenzielle Kunden für das Auto: junge, dynamische Menschen, die das Budget und die Einstellung mitbringen, ein solches Fahrzeug fahren zu wollen.

Die Aufgabe der Aktion war es, die Marke Abarth bekannt zu machen und ihr Markenbild zu transportieren. Zudem sollte das einzigartige Rennsport-Feeling des Abarth 500 in die digitale Welt gebracht werden.

8.6 Cases zum Social Media-Marketing

Neben Word-of-Mouth und Presse war das Ziel, Probefahrten im Rahmen der „Kurvengier"-Aktion zu generieren. Bei dieser konnten Interessierte den Abarth 500 auf einer Rennstrecke unter professioneller Anleitung testen.

Die kreative Idee zur Erreichung dieser Ziele wurde durch eine Twitter-Kampagne umgesetzt. Während auf Twitter Marken normalerweise versuchen, Follower zu generieren, nutzte FIAT die Online-Plattform radikal anders. Die Idee: Einem wirklich schnellen Auto kann man nicht folgen. Deshalb eröffnete FIAT den weltweit ersten Twitter-Account, dem man nicht folgen kann. Jeder, der es versuchte, wurde gnadenlos abgehängt und erhielt per Sofortnachricht eine Einladung zu einer Testfahrt auf einer bekannten Rennstrecke.

Ursprünglich für den deutschen Markt geplant, ging unser Twitter-Stunt viral um die Welt. Tausende von Menschen drückten den Follow-Button und tweeteten dann über ihr Erlebnis. Zudem kommentierten unzählige Blogs und Medien die Idee als eine der außergewöhnlichsten Kampagnen auf Twitter überhaupt.

Die Aktion erreichte 9 Mio. Impressions auf Twitter und 60 Mio. Impressions im Web. Der Traffic auf Abarth Websites stieg um 800 %. Die Anmeldungen zu Testfahrten waren um 30 % höher. Das Media Spending für dieses phantastische Ergebnis betrag Null Euro!

Der Deutsche Dialogmarketing Verband prämierte diese Aktion im Jahr 2014 mit dem Deutschen Dialogmarketing Preis in Gold (DDV 2014, S. 92 f.).

Für den Reifenhersteller Continental entwickelte die Agentur serviceplan eine Dialogmarketing-Aktion mit Facebook-Einsatz. Der Titel dieser Kampagne lautete: Die Fahrt Deines Lebens

Das beworbene Produkt war das Reifenmodell ContiSportControl 5; zur Zielgruppe gehörte jeder Mensch mit Führerschein und Facebook-Account.

Abbildung 63: Fiat Abarth 500: #ZeroFollowers

Die Herausforderung für diese Kampagne bestand darin, dass im letzten Jahr 62 % der deutschen Autofahrer mit schlechten Reifen unterwegs war. Als Folge daraus waren über 1.200 Unfälle mit Verletzten und Toten zu beklagen.

Continental ist der Experte für kurze Bremswege. So sorgt auch das Reifenmodell ContiSportContact 5 durch eine innovative Gummimischung für verkürzte Bremswege, mehr Grip und bessere Kontrolle bei allen Wetterbedingungen. Diese Merkmale sollten den Usern anschaulich näher gebracht werden – in einem Banner.

Um die Vorteile des Reifens auf persönliche Art und Weise zu erleben, wurde eine innovative, ungewöhnliche Idee realisiert. Es entstand ein Banner mit Facebook Connect. Zuerst nimmt der User in einem sportlichen Auto Platz und fährt in Ego-Perspektive auf einer kurvigen Landstraße. Als plötzlich ein Traktor auf die Straße stößt, erlebt der User eine Schrecksekunde: Sein Leben, in Form seiner eigenen Facebook-Bilder und -Daten, zieht sprichwörtlich an ihm vorbei. Aufgrund der optimalen Bremswirkung kann ein Zusammenstoß schließlich verhindert werden.

Das hervorragende Ergebnis bewies die Wirkung dieser Kampagne. 12 % aller Nutzer, die im Banner die Fahrt ihres Lebens machten, griffen auf die Homepage von Continental Reifen zu. Bei einer gewöhnlichen Bannerschaltung gelangen durchschnittlich ca. 0,8 % der Nutzer auf die Homepage. Der Normalwert konnte also um das 15fache gesteigert werden.

Diese Aktion wurde im Jahr 2013 mit dem Deutschen Dialogmarketing Preis in Silber ausgezeichnet (DDV 2013, S. 68 f.).

Auch die Dialogmarketing-Kampagne von Kia Motors Deutschland GmbH, die von der Frankfurter Agentur gkk DialogGroup GmbH entwickelt wurde, band Facebook erfolgreich in die Aktion ein.

Unter einem Titel „Der Deal Deines Lebens" wurde die Zielgruppe aller Facebook-Nutzer, insbesondere die Fans der Seite von Kia Motors Deutschland, angesprochen.

Die Herausforderung bestand darin, dass die Markteinführung des neuen Kia pro cee'd GT durch eine aufmerksamkeitsstarke und vor allem emotionale Kampagne begleitet werden sollte. Schließlich startet Kia damit seinen Angriff auf die etablierten Konkurrenten in diesem prestigeträchtigen Fahrzeugsegment. Die Kampagne sollte mit wenig Budget viele neue Facebook-Fans und qualifizierte Leads generieren.

Man entwickelte die Idee, die Zielgruppe vor eine echte, emotional involvierende Herausforderung zu stellen und ihnen auf Facebook nichts weniger anzubieten als den Deal ihres Lebens: „Sag uns, von welchem liebgewonnenen Gegenstand du dich trennst, beziehungsweise welche Gegenleistung du in die Waagschale wirfst, um dir den neuen Kia pro cee'd GT zu verdienen. Geld spielt keine Rolle – es geht nur darum, wie persönlich, ausgefallen und kreativ dein Tauschangebot ist."

Die Challenge, die der Kia pro cee'd GT an seine Konkurrenz richtete, wurde somit auch in der Kampagne und für die Zielgruppe erlebbar.

Abbildung 64: Continental: Die Fahrt Deines Lebens

Trotz des vergleichsweise hohen Aufwands für die Teilnehmer wurden alle Ziele übererfüllt: Am Ende freute sich Kia über mehr als 40.000 neue Facebook-Fans und mehr als 1.000 qualifizierte Interessenten, die direkt an den Handel weitergeleitet werden konnten.

Auch die Interaktionsrate auf Facebook stieg während des Kampagnenzeitraums um 50 % an.

Auch diese Kampagne wurde mit Silber ausgezeichnet im Jahr 2015 (DDV 2015, S. 156 f.).

Abbildung 65: Kia: Der Deal Deines Lebens

Als weiteres Beispiel soll hier eine Crowdsourcing-Aktion beschrieben werden, die die Agentur elbking für Ritter Sport realisert hat.

Seit fast 100 Jahren trifft Ritter Sport mit wegweisenden Innovationen den Geschmack der Zeit. Die bis heute einzige quadratische Schoko-Tafel ist das beste Beispiel: Sie startete als gewagte Idee und begeistert heute Schoko-Freunde auf der ganzen Welt. Die Aufgabe dieser Kampagne bestand darin, den Ritter Sport-Pioniergeist ins Social Web zu übertragen und für die jahrelang gewachsene, treue Fan-Gemeinde das „Mitmach-Web" neu definieren.

Als Lösung wurde die Blog-Schokolade kreiert – die erste Crowdsourcing-Aktion, bei der die Fans einer Marke die volle Macht über eine Produkt-Neuentwicklung hatten. Vorgaben, Grenzen oder Regeln gab es hierbei keine: Fans durften ihre Traumschokolade völlig frei erfinden. Hunderte Schoko-Sorten wurden erfunden; „Cookies & Cream" machte das Rennen. Auch für das Packungs-Design wurden viele kreative Vorschläge eingereicht. Natürlich lag auch hier die Entscheidung ganz bei den Ritter Sport-Fans.

8.6 Cases zum Social Media-Marketing

Als Ergebnis blieb festzuhalten, dass komplett ohne Media-Budget die Aktion hohe virale Wellen schlug: 30.000 Leser auf dem Ritter Sport-Blog, 120.000 Google Einträge für die Suche „Ritter Sport Blog-Schokolade" und zahllose begeisterte Kommentare auf allen Markenplattformen. Das beste Ergebnis ist aber die neue Sorte Cookies & Cream. Und die schmeckt so gut, dass sie ständig ausverkauft ist.

Diese Aktion wurde im Jahr 2011 auf die Shortlist für den DMMA OnlineStar gesetzt (BVDW Düsseldorf 2011b, S. 60 f.).

Abbildung 66: Ritter Sport: Blog-Schokolade

9 Planung von Dialogmarketing-Aktionen

9.1 Planung im Dialogmarketing

Als einer der Vorteile des Dialogmarketings gilt die Flexibilität, mit der sich seine Instrumente einsetzen lassen. Dieser Vorteil der Flexibilität führt aber auf der anderen Seite dazu, dass zahlreiche Dialogmarketing-Aktionen in der Praxis als „Feuerwehr-Maßnahmen" missbraucht werden, um kurzfristig Fehler auszugleichen und in Gefahr geratene Zielsetzungen „doch noch zu retten". Häufig ist es gerade bei solchen „Schnellschüssen" zu beobachten, dass die Maßnahmen nur unzureichend abgestimmt, nicht sorgfältig geplant und damit auch nicht optimal ausgeführt werden, so dass der gewünschte Erfolg ausbleibt (Abbildung 67).

Die Vorgehensweise nach einem systematischen Planungsschema gewährleistet die Abstimmung mit den übrigen, klassischen Marketing-Instrumenten im Rahmen eines Integrierten Marketings und Integrierten Dialogmarketings und dient der Erreichung von Synergieeffekten. Das Schema hilft bei der Vermeidung schwerwiegender Planungsfehler, die die Erreichung der Ziele verhindern.

Das Planungsschema bezieht das Follow-up in die Planung ein, damit die gewonnenen Kunden oder Interessenten nicht durch zu späte oder qualitativ stark abfallende Antworten verärgert werden.

Die einzelnen Tätigkeiten innerhalb des Unternehmens lassen sich durch eine sorgfältige Planung aufeinander abstimmen, wie sie im Folgenden beschrieben wird. Nur wenn alle beteiligten Abteilungen über die Ziele einer Dialogmarketing-Maßnahme informiert sind, können sie an der Zielerreichung zweckgerichtet mitwirken. So ist es zu vermeiden, dass ein Kunde, der durch eine Kommunikationsmaßnahme angeregt in Kontakt zu einem Unternehmen tritt, dort auf Unkenntnis trifft und sein Interesse schnell wieder verliert.

Die Nutzung des großen Vorteils, der in der Kontrollierbarkeit von Dialogmarketing-Aktionen liegt, lässt sich nur durch eine entsprechende Planung realisieren. Durch die Planung werden Soll-Ziele aufgestellt, die dann mit Ist-Ergebnissen verglichen werden können.

Ein geflügeltes Wort der Betriebswirtschaftslehre drückt dies wie folgt aus:

„Planung ersetzt den Zufall durch den Irrtum. Aber aus Irrtum kann man lernen."

Ausgehend von der strategischen Unternehmens-Planung und der daraus abgeleiteten Marketing-Planung ist die Dialogmarketing-Planung zu entwickeln und in die Unternehmenspolitik einzubinden.

Kreation:
- Gefahr der Routine, z.B. Übernahme veralteter Inhalte aus alten Mailings
- Eins-zu-Eins-Umsetzung eines erfolgreichen Kampagnenmotivs ohne Rücksicht auf eine andere Zielgruppe

Daten und Technik:
- Keine Plausibilitätskontrolle bei der Abnahme, z.B. Mailing an Personen < 18 Jahre statt > 18 Jahre
- Internet-Link in der Konzeptionsphase eingefügt, aber er funktioniert nicht, wenn die Aktions ausgerollt wird

Produktion:
- Klebepunkte gehen nicht auf
- Verschiedene Papierqualitäten ohne gemeinsamen Andruck führen zu farblichen Abweichungen

Incentive:
- Endtermin für ein Incentive wurde gesetzt, aber keine Mengenbegrenzung
- Problematische Reisebedingungen bei geschenkten Flügen sind unattraktiv für die Kunden
- Verschiebung des Versandtermins, zu knapper Einsendeschluss des Gewinnspiels verhindert Teilnahme
- Sammeln, Aufbereitung und Antworten auf Gewinnspiel macht unter Umständen extrem viel Arbeit

Terminvereinbarungshotline:
- Falsche Rufnummer angegeben
- Rufnummer ist überlastet

Filiale:
- Hoher Andrang, Schlangenbildung
- Mitarbeiter kennen Mailing-Aktion nicht

Abbildung 67: Beispiele für typische Fehler bei Mailings

9.2 Integriertes Marketing, Integrierte Kommunikation und Integriertes Dialogmarketing

Integriertes Marketing bedeutet die Eingliederung aller Marketing-Instrumente in das strategische Unternehmenskonzept. Es umfasst die Koordination aller Marketing-Mix-Instrumente (Produkt- und Sortimentspolitik, Kontrahierungspolitik, Distributionspolitik, Kommunikationspolitik) und deren strategische Ausrichtung auf globale Oberziele (Gewinnmaximierung) bis hin zur Ableitung operativer Subziele (Kundenzufriedenheit), wodurch Synergieeffekte bei der Erreichung der Unternehmensziele angestrebt werden.

9.2 Integriertes Marketing/Kommunikation/Dialogmarketing

Das Ziel des Integrierten Marketings besteht darin, alle auf den Markt gerichteten Aktionen im Sinne einer „Orchestrierung der Marketing-Instrumente" in einen Gleichklang zu bringen. Durch den gleichzeitigen und aufeinander abgestimmten Einsatz entstehen Synergieeffekte. Das Ergebnis ist effektiver als die Summe der Resultate bei einzelner, voneinander unabhängiger Anwendung der verschiedenen Instrumente.

Schon Aristoteles wusste: „Das Ganze ist mehr als die Summe seiner Teile."

Die synergetische Abstimmung aller Aktivitäten im Bereich der Kommunikationspolitik wird als Integrierte Kommunikation (Integrated Marketing Communication) bezeichnet. Aufgabe der Integrierten Kommunikation ist es, die zunehmend homogener werdenden Produkte in den Köpfen der Verbraucher emotional, wertmäßig und nach dem Image zu differenzieren. Diesbezüglich richten sich die Integrationsbemühungen auch auf das Dialogmarketing. Somit ist es notwendig, dass im Rahmen des Integrierten Dialogmarketings alle hierbei eingesetzten Instrumente in den Marketing- und Kommunikations-Mix eingebettet werden.

Durch die systematische Abstimmung aller Kommunikations-Instrumente ist dafür zu sorgen, dass eine optimale Wirkung erzielt und ein einheitliches Erscheinungsbild des Unternehmens vermittelt wird. Beispielsweise hat eine formale Abstimmung zu erfolgen, die aus einer visuellen oder akustischen Vereinheitlichung besteht und die unmittelbar erkennen lässt, um welches Unternehmen oder welche Marke es sich handelt. Dies lässt sich unter anderem durch den Gebrauch von einheitlichen Farben, Logos, Firmenslogans oder Schrifttypen erreichen (Corporate Design). Damit wird versucht, die Wahrnehmung und die gedankliche Präsenz des Unternehmens oder der Marke zu fördern.

Darüber hinaus sollten in Form der inhaltlichen Abstimmung kontinuierliche Werbebotschaften erzeugt sowie mit dem Einsatz von Schlüsselbildern möglichst hohe Synergieeffekte erzielt werden (Bruhn 2013, S. 91).

Die Gründe dafür, dass sich die Unternehmen seit einigen Jahren verstärkt mit dem Problem der Integration beschäftigen müssen, sind in Abbildung 68 zusammengefasst.

Marktbedingungen:

- Die Märkte stagnieren und sind übersättigt.
- Die weltwirtschaftlichen Verflechtungen wachsen.
- Im europäischen Binnenmarkt wird die internationale Konkurrenz schärfer.
- Private Haushalte sind zunehmend computerisiert mit schnellen Internetzugängen.
- Die Endverbraucher werden immer kritische, emanzipierter und anspruchsvoller.
- Die Produktlebenszyklen werden kürzer.
- Bei den Produkten ist eine qualitative Nivellierung festzustellen. Produkte können sich kaum noch über ihre technische Überlegenheit gegenüber der Konkurrenz profilieren.
- Innovationsvorsprünge können nicht lange gehalten werden.

Konsumentenverhalten:

- Der Wertewandel der Gesellschaft hin zu Erlebnisorientierung, Freizeitbetonung und zunehmendem Umweltbewusstsein schreitet voran.
- Die Verbraucher haben einen größeren Erfahrungsschatz bezüglich der Werbung, sie sind gesättigt und überfordert.
- Die Medien stehen in Zeiten der kommunikativen Übersättigung im Wettbewerb um die knappe Aufmerksamkeit.

Veränderungen der Medien- und Kommunikationsmärkte:

- Die neuen Medien erleben einen Boom.
- Die Anzahl der eingesetzten Kommunikationsmittel und -instrumente steigt.
- Dies führt zu einer Atomisierung der Medien.
- Der Werbedruck wächst.
- Es ist eine Verlagerung des Produkt- hin zum Kommunikationswettbewerb festzustellen.
- Die Kommunikationsaufwendungen steigen.
- Aufgrund der Vielfalt der Medien überlappen sich deren Wirkungsbereiche.
- Die Werbung wird gleichartiger, sie ist oft schwer unterscheidbar.

Abbildung 68: Gründe für eine Integration der Kommunikation
Quelle: Holland 2014d, S. 798

9.3 Planungsschema

Analog der strategischen Unternehmensplanung sind bei der Planung von Dialogmarketing-Aktionen mehrere Phasen und Planungsebenen zu beachten, die in der Abbildung 69 zusammengefasst sind.

Dabei ist zu beachten, dass die Übersicht die einzelnen Planungsschritte zwar chronologisch hintereinander stellt, diese Chronologie allerdings nur der modellhaften Darstellung dient. In der praktischen Umsetzung gibt es zahlreiche

Rückkopplungsschleifen, Feed-backs zwischen den einzelnen Stufen und notwendige Parallelarbeiten. Einzelne Planungsschritte werden zunächst grob abgearbeitet, um dann in einem später folgenden Prozess spezifiziert und detailliert zu werden.

Da die Aufgaben bei der Planung einer Dialogmarketing-Aktion sehr vielfältig und unterschiedlich sein können, ist es auch möglich, dass einzelne Schritte für eine konkrete Aktion überflüssig sind, dafür aber andere, hier nicht genannte, einen wichtigen Stellenwert einnehmen.

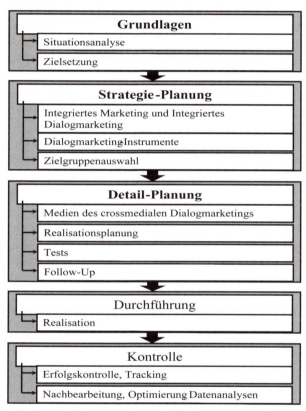

Abbildung 69: Planungsschema für Dialogmarketing-Aktionen

Das in Abbildung 69 dargestellte Planungsschema untergliedert die Planung in fünf Ebenen:

1. In der ersten Ebene werden die Planungsgrundlagen durch eine Situationsanalyse gelegt. Dazu können die aus der strategischen Planung bekannten Instrumente, wie die Analyse der Marktteilnehmer und die SWOT-Analyse, herangezogen werden. Eine genaue Definition der verfolgten Ziele ist unerlässlich für die spätere Erfolgskontrolle.

2. Anschließend erfolgt mit der Einbettung der Aktion in die strategische Unternehmensplanung und das Integrierte Marketing, mit der Entscheidung

für die eingesetzten Instrumente und der Definition der anzusprechenden Zielgruppe die Strategieplanung.
3. Die Detailplanung umfasst die Festlegung der einzusetzenden Medien, deren Realisation anschließend zu planen ist. Um die Aktion zu optimieren, sollte der Einsatz von Tests geprüft werden. Damit das Unternehmen nicht vom Response und Erfolg einer Aktion „überrascht" wird und die reagierenden Personen möglichst zeitnah mit einer qualitativ hochwertigen Antwort zufriedengestellt werden, sollte hier das Follow-up geplant werden.
4. Die Durchführung umfasst die Herstellung und Streuung der Werbemittel oder die Schaltung der Online-Aktion.
5. Schließlich ist die Kontrollphase nicht zu vernachlässigen; neben der Erfolgskontrolle hat auch die Nachbearbeitung zu erfolgen, die beispielsweise das Einspeisen aller neu gewonnenen Kundeninformationen in die Database beinhaltet.

Die für das Dialogmarketing spezifischen einzelnen Planungsaufgaben werden im Verlauf dieses Buches beschrieben.

9.4 Tests im Dialogmarketing

9.4.1 Arten von Tests

Ein wichtiger Vorteil des Dialogmarketings besteht in der Möglichkeit der Werbeerfolgskontrolle. Vor der Hauptaussendung lassen sich Werbemittel testweise einsetzen, um die Erfolgsaussichten zu prüfen und eine möglichst wirkungsvolle Form zu finden. Vor allem vor dem Versand von Mailings werden häufig mehrere Testvarianten dieses Werbebriefes entwickelt und getestet (Schöberl, 2008, S. 148 ff.).

Unter einem Test versteht man die Variation einer unabhängigen Variablen und die Analyse der Wirkung auf eine abhängige Variable. Bei einem Test im Direktmarketing kann es sich bei der unabhängigen Variablen beispielsweise um die Zielgruppe oder die kreative Gestaltung der Ansprache handeln. Die abhängige Variable stellt den Erfolg der Aktion dar, gemessen beispielsweise in Responsequote oder Kosten pro Neukunde.

In dem Test wird nun eine unabhängige Variable verändert und an Hand einer Stichprobe untersucht, wie sich diese Änderung auf die Zielgröße (abhängige Variable) auswirkt. Bildlich gesprochen „dreht man an einer Schraube" und versucht damit das Ergebnis zu optimieren.

Bei der Konzeption eines Tests ist darauf zu achten, dass immer nur ein Merkmal variiert wird, um die eindeutige Zuordnung von Ursachen und Wirkungen nicht zu gefährden.

Eine Übersicht über mögliche Tests gibt die Abbildung 70.

9.4 Tests im Dialogmarketing

1. Test eigener Adress-Segmente
2. Test externer Adresslisten
3. Test von Selektionsmöglichkeiten
4. Produkttest
5. Test von Innovationen
6. Preis- und Konditionentest
7. Test von Angebotsformen
8. Gestaltungstest
9. Konzepttest
10. Zeittest
11. Regionaltest

Abbildung 70: Tests im Dialogmarketing

1. **Test eigener Adress-Segmente:** Die Adressen von eigenen Kunden werden nach Kriterien, die in der Kundendatenbank gespeichert sind, ausgewählt und testweise angeschrieben.

2. **Test externer Adresslisten:** Unterschiedliche Adressenlisten werden durch Aussendung an eine kleine, aber repräsentative Auswahl getestet, bevor man sich zum Anmieten aller Adressen dieser kompletten Liste entscheidet. Die Adresslisten unterscheiden sich beispielsweise durch die Quelle der Adresse (Kunden eines bestimmten Versandhändlers, Abonnenten einer Zeitschrift etc.).
   Meist werden ca. 5.000 Adressen aus dem Gesamtbestand ausgewählt, wobei die Grundlagen der Stichprobentheorie bezüglich der Repräsentativität und der Stichprobengröße zu beachten sind. Mehrere Listen werden mit den gleichen Mailings gegeneinander getestet. Die Listen mit den besten Ergebnissen, gemessen an der Rücklaufquote oder am Bestellwert, werden dann für die Hauptaussendung verwendet.

3. **Test von Selektionsmöglichkeiten:** Ähnlich den Listentests, die im Allgemeinen ebenfalls verschiedene Zielgruppen vergleichen, sollen diese Tests zeigen, mit welchen Selektionskriterien für Zielgruppen eine Steigerung von Bestellwert oder Rücklaufquote erreicht werden kann. Diese Selektionsmöglichkeiten umfassen beispielsweise soziodemografische Merkmale oder Daten des Kaufverhaltens.

4. **Produkttest:** Einer repräsentativen Gruppe von Empfängern wird ein Produkt angeboten, um die Akzeptanz zu prüfen. Analog dem Markttest oder Store-Test bei Stationärhändlern können so die Marktchancen beurteilt werden.

5. **Test von Innovationen:** Innovationstests stellen eine spezielle Form des Produkttests dar.

6. **Preis- und Konditionentest:** Die Instrumente der Kontrahierungspolitik, wie Preise und Zahlungsbedingungen, werden durch unterschiedliche Testvarianten auf ihre Wirkung überprüft.

7. **Test von Angebotsformen:** Eine spezielle Angebotsform ist beispielsweise der kostenlose Drei-Monats-Test für eine Kreditkarte oder das „Mini-Abo" einer Zeitschrift.

8. **Gestaltungstest:** Einer der wichtigsten Tests für Mailings – neben dem Listentest – ist der Gestaltungs- oder Kreativtest. Einzelne Bestandteile des Mailings werden variiert und in ihrer Erfolgswirkung beurteilt. Es soll herausgefunden werden, ob beim Einsatz einfacherer Werbemittel der Werbeerfolg proportional zu den sinkenden Kosten abnimmt.
   So könnte beispielsweise ein Test ermitteln, dass die Rücklaufquote durch besonders aufwendige Mailings (personalisiert, vierfarbige Prospekte, gute Papierqualität) zwar ansteigt, diese Zunahme aber durch einen überproportionalen Anstieg der Kosten überkompensiert wird.
9. **Konzepttest:** Der Konzepttest überprüft ein Mailingkonzept als Ganzes, beispielsweise die Verwendung von Gewinnspielen oder den Einsatz von Geschenken.
10. **Zeittest:** Im Laufe eines Jahres sind Schwerpunkte für die Nachfrage unterschiedlicher Produkte zu erkennen, die durch die Saisonalität des Konsums zu erklären sind. Der optimale Zeitpunkt für den Versand von Mailings lässt sich ebenso testen wie die optimale Frequenz von Werbebriefen oder der optimale Zeitpunkt für eine Nachfassaktion.
11. **Regionaltest:** Vor allem bei Angeboten, die schwerpunktmäßig in bestimmten Gebieten nachgefragt werden (beispielsweise Trachtenmode), dienen die Regionaltests dazu, die besonders erfolgsträchtigen Gebiete herauszufinden.

9.4.2 Test-Design

Bei allen Experimenten und Tests ist zu beachten, dass jeweils nur ein Kriterium variiert werden darf, da ansonsten die genaue Zuordnung der Ergebnisse nicht möglich ist. Die Wirkungen der Testvariationen müssen sich genau differenzieren lassen. Als Folge aus dieser Variation nur eines einzigen Testkriteriums ergeben sich sehr schnell große Testanlagen, wenn mehrere Variablen auf ihre Wirkung überprüft werden sollen.

Zusätzlich zu den Testgruppen sollte eine Kontrollgruppe eingesetzt werden, um eine Bezugsbasis für die Beurteilung des Erfolgs zu haben.

Durch eine entsprechende Codierung kann sichergestellt werden, dass die Rückläufe auch eindeutig den Varianten zugeordnet werden können.

> **Beispiel für den Einsatz von Kontrollgruppen:**
>
> Ein Unternehmen, das bisher das Mailing A eingesetzt hat, möchte nun drei Testvarianten X, Y und Z überprüfen. Bei diesem Test sollte neben den Varianten X, Y und Z auch das Mailing A als Kontrollinstrument eingesetzt werden.
>
> Das Mailing A hat bei seinem letzten Einsatz eine Responsequote von 2,4 Prozent erbracht.

Variante	Responsequote
X	2,2 %
Y	2,7 %
Z	2,3 %
A	2,8 %

Der Test führt zu dem beschriebenen Ergebnis.

Ohne den Einsatz von A zur Kontrolle hätte man geschlossen, dass die Variante Y das beste Ergebnis erbringt. Tatsächlich haben sich jedoch seit dem letzten Einsatz externe Faktoren geändert und zu einer allgemein angehobenen Erfolgsquote geführt.

9.4.3 Probleme bei Tests

Das Dialogmarketing hat zwar den Vorteil der relativ einfachen Erfolgskontrolle; wenn ein Test jedoch einer tiefergehenden Auswertung unterzogen werden soll, sind einige spezifische Probleme zu berücksichtigen.

- **Ceteris-Paribus-Problem:** Es ist nicht möglich, bei einem Test wirklich alle außer einer unabhängigen Variablen konstant zu halten. Externe Einflüsse, die von dem Unternehmen nicht kontrolliert und kaum gemessen werden können, verändern sich und beeinflussen das Testergebnis.
- **Problem der kleinen Zahlen:** Wenn ein Unternehmen einen Rücklauf von 3 Prozent auf sein Mailing erwartet, wären bei einer Auflage von 1.000 Mailings nur 30 Reagierer zu erwarten. Es ergibt sich das „Problem der kleinen Zahlen", das bei geringen Unterschieden im Erfolg der Varianten zu großen Veränderungen der Zielgrößen führt. Zufallsbedingte, statistisch nicht signifikante Differenzen können zu Fehlinterpretationen führen. Aus diesem Grund darf ein Test einen bestimmten Mindestumfang nicht unterschreiten.
- **Problem der Auswertungstiefe:** Je tiefer die Auswertung erfolgen soll, desto zufallsabhängiger werden die Ergebnisse, da sich die Datenbasis verkleinert, wenn neben der Responsequote im Zeitablauf auch das weitere Kaufverhalten analysiert oder Rentabilitätsberechnungen durchgeführt werden sollen.
- **Problem der Differenzierung:** Eine saubere Differenzierung der Auswertung durch die Codierung der Antwortkarten ist eine notwendige Bedingung für den Aussagewert des Tests. Vor allem bei der telefonischen Erfassung von Interessenten ist die Zuordnung zu den Testvarianten erschwert.
- **Problem der Time-Lags:** Die Wirkung einer Dialogmarketing-Aktion erfolgt zwar häufig unmittelbar nach der Aktion, aber viele Interessenten werden erst wesentlich später reagieren, so dass sich Time-Lags ergeben, die nicht in der Testauswertung berücksichtigt werden können.

- **Problem der klassischen Werbewirkung:** Neben der unmittelbaren Response hat eine Dialogmarketing-Aktion sicherlich auch Ziele der klassischen Kommunikation erreicht. Es hat zur Entwicklung von Image und Bekanntheitsgrad beigetragen und den Boden für eine Follow-Up-Aktion bereitet, die dann eventuell mit einer höheren Erfolgswahrscheinlichkeit eingesetzt wird. Die erste Stufe hat somit Ausstrahlungseffekte auf nachfolgende Aktivitäten. Diese psychologische Werbewirkung ist in der Testauswertung kaum zu erfassen.

9.4.4 Testumfang

Damit aus einem Testergebnis auf den Erfolg bei der Aussendung an alle Adressen geschlossen werden kann, muss der Test repräsentativ sein. Die Stichprobe muss die gleichen Merkmale aufweisen wie die Grundgesamtheit; sie muss ein verkleinertes, aber wirklichkeitsgetreues Modell der Grundgesamtheit darstellen.

Die Repräsentativität der Stichprobe erreicht man dadurch, dass die anzuschreibenden Testpersonen nach dem Zufallsprinzip ausgewählt werden. Entweder wird ein Zufallszahlengenerator eingesetzt, oder man entnimmt jede x-te Adresse aus der Grundgesamtheit (n-th selection).

Zur Bestimmung der notwendigen Größe der Stichprobe für den Test muss auf die Stichprobentheorie der induktiven Statistik zurückgegriffen werden, die auf der Wahrscheinlichkeitsrechnung basiert (Holland, Scharnbacher 2015, S. 262). Nur wenn die Stichprobengröße einen bestimmten Wert überschreitet, kann aus dem Testergebnis mit vorgegebener Wahrscheinlichkeit (beispielsweise 95 Prozent oder 99 Prozent) auf das Ergebnis der Hauptaussendung geschlossen werden. Ansonsten wirken sich Zufallsfehler zu stark aus.

Bei einer angenommenen Testgröße von nur 500 Mailings und einer Rücklaufquote von 3 Prozent wäre mit 15 Antworten zu rechnen. Ob nun aber 15 oder 12 oder 20 Rückläufe eintreffen, liegt im Bereich des Zufalls, man kann von diesem Ergebnis nicht hochrechnen und prognostizieren. Nach dem „Gesetz der großen Zahl" wird ein deutlich größerer Testumfang benötigt, um Rückschlüsse ziehen zu können.

Die vereinfachte Formel für den notwendigen Stichprobenumfang beruht auf dem statistischen Urnenmodell mit Zurücklegen (Holland, Scharnbacher 2015, S. 264).

$$n \geq \frac{t^2 PQ}{e^2}$$

n = Größe der Stichprobe

t = Sicherheitsgrad aus der Tabelle der Standardnormalverteilung. Der Sicherheitsgrad muss vom Bearbeiter vorgegeben werden.
  Wenn man mit einer Sicherheit von 99 Prozent von dem Testergebnis auf den Werbeerfolg bei allen Adressen schließen will, beträgt t = 2,58.

Bei dem üblichen Wert von 95 Prozent lautet der Wert für t = 1,96.

P = Prozentsatz der Reagierer, der sich aus der Erfahrung ergibt. P muss geschätzt werden.

Q = Gegenwahrscheinlichkeit zu P. Wenn man mit 5 Prozent Response rechnet, ist P = 0,05 und Q = 1 – P = 0,95.

e = Der Stichprobenfehler gibt den Genauigkeitsgrad (die Fehlertoleranz) der Schätzung an. Wenn die Response auf 0,1 Prozentpunkte genau geschätzt werden soll, ist die Variable e = 0,001.

Dieses Urnenmodell mit Zurücklegen geht davon aus, dass das erste Element der Stichprobe aus der Grundgesamtheit gezogen wird, seine Eigenschaft notiert wird und es dann wieder zurückgelegt wird, bevor man das nächste Element auswählt. Damit ist es möglich, dass in der Stichprobe mehrmals das gleiche Element zu finden ist.

In der Praxis der Tests von Dialogmarketing-Aktionen liegt dieses Urnenmodell natürlich nicht vor. Die Stichprobe wird in einem Zug der Grundgesamtheit entnommen. Oder aber sie wird zwar Element für Element entnommen aber dazwischen nicht wieder in die Grundmenge zurückgegeben (analog zur Ziehung der Lottozahlen). Es ist nicht denkbar, dass die gleiche Adresse mehrmals ausgewählt wird.

Trotzdem wird in der Praxis meist auf diese vereinfachte Formel zurückgegriffen, die allerdings eine sehr große Grundgesamtheit unterstellt. Die Stichprobe darf nicht mehr als 5 Prozent der Grundgesamtheit umfassen (Auswahlsatz).

Falls der Auswahlsatz unter 0,05 beträgt, geht man davon aus, dass die entnommenen Elemente nur einen geringen Teil der Grundgesamtheit ausmachen. Es macht dann nur einen sehr kleinen Unterschied, ob das Ziehen mit oder ohne Zurücklegen ausgeführt wird.

Natürlich weiß man die Stichprobengröße nicht vor der Anwendung der Formel, aber aus der Erfahrung lässt sich der Auswahlsatz abschätzen. Falls der berechnete notwendige Stichprobenumfang mehr als 5 Prozent der Grundgesamtheit beträgt, muss eventuell noch einmal mit der exakten Formel gerechnet werden. Dadurch ergibt sich ein geringfügig kleinerer Wert, so dass beim Umgang mit der vereinfachten Formel eventuell eine zu große Zahl ausgewiesen wird. Man macht also keinen schwerwiegenden Fehler, wenn der Test etwas umfangreicher wird, als er sein müsste. Der Aussagewert des Tests wird nicht beeinträchtigt. Aus diesen Gründen wird in der Praxis im Allgemeinen mit der vereinfachten Formel (mit Zurücklegen) gearbeitet.

Die Formel für die notwendige Stichprobengröße im Modellfall ohne Zurücklegen soll hier nicht dargestellt werden, sie lässt sich in der einschlägigen Literatur zur Statistik nachlesen.

Einige Beispielrechnungen, bei denen immer – wie in der Praxis üblich – von einem Sicherheitsgrad von 95 Prozent (t = 1,96) ausgegangen wird, sollen den Umgang mit den Formeln erläutern.

1. Beispiel: Ein Unternehmen plant eine Testaussendung eines Mailings, das einen prognostizierten Rücklauf von 2 Prozent erbringen wird.

Die Rücklaufquote soll auf ± 0,1 Prozentpunkte genau geschätzt werden. Der Sicherheitsgrad, mit dem das Testergebnis tatsächlich eintreten wird, soll 95 Prozent betragen.

$$n \geq \frac{t^2 PQ}{e^2}$$

P = 0,02 (Response 2 Prozent)
Q = 0,98 (Q = 1 – P)
t = 1,96 (Tabelle der Standardnormalverteilung)
e = 0,001 (Stichprobenfehler ± 0,1 Prozentpunkte)

$$n \geq \frac{1{,}96^2 \cdot 0{,}02 \cdot 0{,}98}{0{,}001^2} = 75.295{,}36$$

Der Stichprobenumfang muss mindestens 75.296 Adressen umfassen, da grundsätzlich aufgerundet werden muss. Wenn bei dem Test dann ein Responsewert von 2 Prozent erreicht wird, wäre folgende Aussage möglich:

„Mit einem Sicherheitsgrad von 95 Prozent wird auch bei der Hauptaussendung eine Rücklaufquote zwischen 1,9 Prozent und 2,1 Prozent eintreten."

2. Beispiel: Der große Testumfang des ersten Beispiels lässt sich durch einen höheren Wert für e reduzieren.

Falls in dem obigen Beispiel eine Fehlertoleranz von 0,4 Prozentpunkten akzeptiert würde, ergäbe sich:

$$n \geq \frac{1{,}96^2 \cdot 0{,}02 \cdot 0{,}98}{0{,}004^2} = 4.705{,}96$$

Es müssten mindestens 4.706 Mailings versandt werden.

„Mit einem Sicherheitsgrad von 95 Prozent wird bei der Hauptaussendung eine Rücklaufquote zwischen 1,6 Prozent und 2,4 Prozent eintreten."

In der Praxis werden häufig Testumfänge von 5.000 verwendet, wobei größere Unternehmen auch Tests in Auflagen von 20.000 oder 50.000 durchführen.

10 Planung crossmedialer Kampagnen

10.1 Crossmediales Dialogmarketing

> Das **crossmediale Dialogmarketing** und dabei speziell die Integration von Online- und Offline-Medien führt zu einer Wirkungsverstärkung. Das Resultat sind messbare ökonomische Variablen und ein psychologischer Effekt. Trotz dieser validierten Wirkung von Crossmedia zeichnen sich in der Praxis zahlreiche Barrieren und Herausforderungen ab (Holland 2014d, S. 804 ff.).

Einige andere Begriffe, die auch im Zusammenhang mit dem Crossmedialen Marketing verwendet werden, sind:

- Crossmedia
- Multichannel
- 360-Grad-Kommunikation
- Corporate Communications
- Total Communications
- Interdisziplinäre Kommunikation
- Vernetzte Kommunikation
- Ganzheitliche Kommunikation
- Holistische Kommunikation
- Synergetische Kommunikation
- Media-Mix
- Ganzheit-Werbung
- …

Das Thema Crossmedia ist im Zuge der weiter zunehmenden Informationsüberlastung sehr aktuell. Aus der Sicht des Marketings gilt es, relevante Zielgruppen mit einem Höchstmaß an Effizienz anzusprechen. Unternehmen fordern immer wieder konkrete Wirkungsnachweise und die optimale Allokation der Marketingbudgets. Gleichzeitig wird klassische Kommunikation, wenn eindimensional geschaltet, zunehmend ineffizienter (Holland, Wengerter 2012, S. 65–92).

Die Medien erfahren eine steigende Interaktivität und Dialogfähigkeit durch die Verwendung von Rückkanälen. Schlagworte wie Social Communities, Internet-TV, interaktives Fernsehen, WAP-Portale, E-Magazines sind nur einige Beispiele für Kommunikationskanäle, die mit Hilfe der Digitalisierung eine Dialogfunktion übernehmen. „Die Digitalisierung macht aus den Medien Dialogmedien" (Wiedmann 2006, S. 157–172).

Die Medienwechselbereitschaft nimmt indessen stetig zu. Immer mehr Menschen nutzen Medien mittlerweile parallel. Ein erhöhter Wiedererkennungseffekt durch crossmediale Ansprache kann somit durch die parallele Nutzung differenzierter Touchpoints zu einer Steigerung der Werbeeffizienz führen. Der Begriff „Crossmedia" hat sich mittlerweile in der Praxis etabliert. Oftmals nutzen Menschen zwar den Begriff Crossmedia, meinen aber nur den Media-Mix.

Das Ziel strategischer Managemententscheidungen besteht darin, den langfristigen Erfolg eines Unternehmens zu sichern. Funktionsbereichsstrategien umfassen dabei die operative Seite der Organisation und damit die Frage, wie die jeweiligen Organisationseinheiten die vorhandenen Ressourcen, Prozesse und Mitarbeiter einsetzen und koordinieren, um die Unternehmensstrategie effektiv umzusetzen (Johnson, Scholes 2011, S. 28).

> **Crossmediales Dialogmarketing** verlangt in diesem Zusammenhang ein Höchstmaß an organisatorischer Planung, da eine übergreifende Vernetzung stattfinden muss. Aufgrund der Komplexität crossmedialer Kampagnen fordert die Praxis ein funktionierendes Kampagnenmanagement, das Richtlinien für die Kanäle, Prozesse und Aufgabenverteilungen klar definiert. Sorgfältig abgestimmte Agenturnetzwerke sind dabei ebenso gefragt wie eine nachhaltige Integration neuer Kanäle wie Social Media.

Crossmediales Dialogmarketing wirkt und birgt neben zahlreichen Chancen auch Herausforderungen für Marketers in der Zukunft. Dialogmarketing setzt darüber hinaus deutliche Handlungsimpulse, liefert Informationen, bietet Interaktionsmöglichkeiten und animiert zum Kauf. Die Vernetzung von Offline- und Online-Medien wird zum Teil in der Praxis erfolgreich umgesetzt; nach wie vor besteht jedoch immenser Nachholbedarf bei vielen Unternehmen.

Die Zeit ist reif für „echtes" Crossmedia. Viele analoge Instrumente des Dialogmarketings werden zukünftig durch digitale ergänzt und ersetzt. Vor allem Mailings, Kataloge und Kundenzeitschriften lassen sich digital „effektiver und effizienter einsetzen und steuern" (Thommes 2011, S. 25).

Eine der größten Herausforderungen für die erfolgreiche Vernetzung von Online und Offline im Dialogmarketing bleibt die Thematik der Organisation und die Frage nach der Definition von Verantwortlichkeiten und Prozessen. Erfolgreiches Vernetzen kann nur dann funktionieren, wenn Beteiligte aus unterschiedlichen Disziplinen in Teamarbeit miteinander agieren und auch externe Dienstleister, wie beispielsweise Agenturen, optimal in den Kooperationsprozess eingebunden werden. Unternehmen müssen in diesem Kontext geeignete Organisationsstrukturen schaffen und notwendige personelle und finanzielle Ressourcen bereitstellen.

Die Komplexität crossmedialer Dialogkampagnen könnte hierdurch bewerkstelligt werden und der gewonnene Synergieeffekt den Mehraufwand kompensieren. Die Einbindung interaktiver und sozialer Kanäle wird dabei in der Zukunft nicht mehr zur Debatte stehen. Die Frage des zielführenden Umgangs mit den neuen Medien wird Unternehmen jedoch noch einige Zeit beschäftigen.

10.2 Kampagnenmanagement

Der Wandel der Mediennutzung spricht – gerade bei jüngeren Zielgruppen – für eine Vernetzung von Online- und Offline-Maßnahmen im Dialogmarketing. Die mediale Parallelnutzung und der Wandel hin zu den digitalen und sozialen Kanälen unterstreichen die Notwendigkeit einer personalisierten Kundenansprache. Der Ausbau vorhandener Touchpoints durch eingängige und wiedererkennbare Kommunikation und die Besetzung unterschiedlicher Mediakanäle erzeugt räumliche Nähe zum Kunden und verstärkt das Argument für crossmediale Integration.

Die Abbildung 71 stellt acht Kriterien für erfolgreiche Crossmediale Kampagnen zusammen.

---

1. **Durchgängige Leitidee:** Ist ein durchgehendes Leitmotiv, eine durchgehende Leitidee, eine Story etc. erkennbar?
2. **Geeignete Medienauswahl im Hinblick auf Zielgruppe, Produkt und Markt:** Eignet sich die Wahl der Medien für die Mediennutzung der Zielgruppe? Passen die gewählten Medien zum Produkt und zur Marke?
3. **Zeitliche, formale und inhaltliche Integration:** Sind die Erfordernisse integrierter Kommunikation erfüllt?
4. **Redaktionelle und werbliche Vernetzung sowie Hinweisführung:** Welches Medium verweist auf welche anderen? Welche weiteren Hinweise zu anderweitigem Markenkontakt gibt es abgesehen vom gerade genutzten Medium?
5. **Interaktionsmöglichkeiten und Aktivierung:** Welche Response- und Interaktionsmöglichkeiten hat der Konsument? Welche Methoden werden angewendet, um ihn zum „Mitmachen" zu überreden?
6. **Multisensorische Ansprache:** Werden unterschiedliche Sinne angesprochen? Welche der gewählten Medien spre-chen welche Sinne an?
7. **Zielmedium, Konvergenz und CRM-Potenzial:** Gibt es ein Zielmedium, in welches die Konsumenten geleitet werden können? Können dort Kundenprofile unter Beachtung der gesetzlichen Richtlinien erstellt werden?
8. **Mehrwert und Nutzwert für den Verbraucher:** Welchen Mehrwert und welchen Nutzen hat der Konsument durch die gewählten Medien? Wo werden gleichsam Interessen und Bedarf beziehungsweise Bedürfnisse der Konsumenten angesprochen?

Abbildung 71: Kriterien für erfolgreiche Crossmediale Kampagnen
Quelle: Mahrdt 2009, S.18

10.2 Kampagnenmanagement

10.2.1 Grundlagen des Kampagnenmanagements

Zum Kampagnenmanagement gehören sowohl eine ganzheitliche Konzeption als auch die Durchführung von Kommunikationsmaßnahmen über unterschiedliche Kanäle inklusive der Kontrolle und kontinuierlichen Optimierung des Marketingprozesses. Das Kampagnenmanagement ist die zentrale Aufgabe der Marketing-Automation im operativen CRM.

> Eine **Kampagne** ist eine zielgerichtete, zeitlich und inhaltlich abgestimmte Ansprache von Kunden und Nichtkunden, die mit speziellen Produkten bzw. angebotenen Dienstleistungen umworben werden. Dabei werden Kampagnen, die über verschiedene Kommunikationskanäle wie beispielsweise E-Mail, Telefon, Mailing, Internet laufen, als Crossmediale-Kampagnen bezeichnet. Die Basis des Kampagnenmanagements sind Software-Systeme, die Kampagnen wie Mailings, Online-Aktionen oder Telefonanrufe für Kunden planen, steuern und überwachen und somit deren effiziente Abwicklung ermöglichen. Eine durchgängige Automatisierung ist die Voraussetzung für ein effizientes Kampagnenmanagement und reduziert die Fehleranfälligkeit. Dafür müssen Prozesse definiert werden und eine Software vorhanden sein, die diese durchgängig abbildet.

Vom strategischen Ansatzpunkt her soll das Kampagnenmanagement profitable Kundenbeziehungen langfristig gestalten mit dem Ziel, die Kundenzufriedenheit und damit die Kundenloyalität zu erhöhen. Kampagnenmanagement wird, sofern es den geschlossenen Kreislauf verfolgt, umso effizienter, je länger es im Einsatz ist. So resultiert aus dem umfangreichen Datenmaterial und dessen Analyse ein klares und eindeutiges Bild vom Kunden und dessen Profitabilität. Folglich kann durch eine immer gezieltere Selektion der Zielgruppe eine individuellere Angebotserstellung und Kommunikation stattfinden. Dementsprechend ergibt sich eine erhöhte Kampagnenfrequenz, wenn das Unternehmen sicherstellen möchte, dass es weiterhin möglichst viele Kunden kontaktiert. Der erhöhte Arbeitsaufwand für die gesteigerte Anzahl der Kampagnen wird durch die Automatisierung und damit die Zeiteinsparung und die gesteigerte Effizienz kompensiert (Köpper 2014, S. 667–682).

Durch die automatisierten Prozesse sind selbst komplexe Kampagnen parallel durchführbar und eine schnellere Reaktion auf Marktgegebenheiten ist möglich. Zudem sind organisationsübergreifende Kampagnen unter Einbeziehung der verschiedenen Kommunikationskanäle praktikabel. Eine zeitnahe Kontrolle des Kampagnenerfolges und der -profitabilität ermöglichen wiederum einen gezielten Einsatz des Marketingbudgets.

10.2.2 Aufgaben im Dialogmarketing

Auf Grund der Informations- und Werbeflut wird die Durchführung gezielter Aktionen für genau definierte Zielgruppen immer wichtiger, um sich von den Wettbewerbern abzusetzen. Im Mittelpunkt der effektiven Kundenansprache steht deshalb das One-to-One-Marketing, das individuelle Eigenschaften der Kunden bei den Kampagnen berücksichtigt. So dient die Interaktion und das Feedback zwischen Kunde und Unternehmung der Gewinnung neuer Erkenntnisse, auf deren Basis das Unternehmen über die Bedürfnisse seiner Kunden lernt und in die Lage versetzt wird, spezielle Produkte und Services anzubieten (Peppers, Rogers 1999, S. 15 f.).

Daraus ergibt sich die Aufgabe des Kampagnenmanagements, dem richtigen Kunden das passende Angebot in einem zutreffenden Kommunikationsstil über den richtigen Kommunikationskanal und vor allem zum richtigen Zeitpunkt zu vermitteln. Hierbei soll ein einheitliches Erscheinungsbild des Unternehmens „One Face to the Customer" über die gesamten Kundenkontakte – die Customer Touchpoints – hinweg vermittelt werden. Angestrebt wird dabei eine wirkungsvolle Verbindung der einzelnen Kommunikationskanäle, eine sogenannte Multi-Channel-Integration. Das Kampagnenmanagement steuert, koordiniert und synchronisiert dabei die anfallenden Aktivitäten, wobei je nach Kampagnentiefe sehr komplexe Aufgabenstellungen zu bewältigen sind (Gawlik, Kellner, Seifert 2002, S. 47).

Synchronisation von Marketing- und Verkaufskampagnen

Ziel des Kampagnenmanagements ist es, die Marketing- und Verkaufskampagnen zu synchronisieren und zu integrieren und dadurch Synergieeffekte zu realisieren. Wenn gleichzeitig mehrere Kampagnen über unterschiedliche Kanäle stattfinden, müssen diese von einer zentralen Stelle gesteuert werden und dezentral allen betroffenen Mitarbeitern, beispielsweise im Vertrieb und im Call Center, zu Verfügung gestellt werden.

Response-Optimierung

Durch die Optimierung der Responsequoten lassen sich die Auflagen von Mailings und damit die Kosten reduzieren. Wenn nur die Zielpersonen angesprochen werden, die die höchsten Responsequoten erwarten lassen, steigert das die Rücklaufquoten und senkt die Kosten, beispielsweise für Porto, Papier, IT und Personal.

Automatisierung von Prozessen

Bei regelmäßiger Nutzung des Kampagnenmanagements mit hohen Aussendevolumina ist die kostengünstige Automation von standardisierten Teilschritten entscheidend.

Die Teilschritte mit einem hohen Automatisierungspotenzial sind:

Analyse, Planung, IT-unterstützte Darstellung, Fulfillment (von Mailing, E-Mail, Online), Response-Erfassung, Response-Abwicklung in der Fachabteilung.

Die Automation ist notwendig, um bei großen Rücklaufmengen eine reibungslose und zeitnahe Abwicklung sicherzustellen. Wenn Rückstände in der Abwicklung entstehen, hat dies mehrere negative Konsequenzen:

Das Serviceversprechen kann nicht eingehalten werden. Vor allem bei der Ansprache über elektronische Medien wird eine große Reaktionsgeschwindigkeit durch die Kunden oder Interessenten erwartet. Eine geringe Reaktionsgeschwindigkeit führt zu Imageverlusten. Mit steigenden Rückständen nimmt die Zahl der Rückfragen von wartenden Kunden zu. Diese Rückfragen haben steigende Kosten für die Beantwortung zur Folge und eine abnehmende Zufriedenheit der Kunden.

Anwendungsoptimierung durch Anwenderfreundlichkeit

Ein optimales System zum Kampagnenmanagement zeichnet sich unter anderem durch seine Anwenderfreundlichkeit aus. Eine Kampagne kann selbst dann umgesetzt werden, wenn der Anwender keine detaillierten Kenntnisse bezüglich der IT und der Prozessabläufe hat. Ein hoher Automatisierungsgrad ist eine Voraussetzung für eine höchstmögliche Anwenderfreundlichkeit.

Der Nutzer eines solchen Tools genießt den Vorteil einer intuitiven Steuerung und einer Bedienbarkeit ohne aufwendige Einführungsschulungen. Durch ein „Mitdenken" des Systems im Hintergrund werden Fehler der Nutzer vermieden. Dazu kommen Entscheidungshilfen wie die grafisch aufbereitete Prozessfolge- und Analysedarstellung, die es dem Anwender erleichtern, Entscheidungen für nichtautomatisierbare Prozesse zu treffen. Zu der Anwenderfreundlichkeit trägt eine nachvollziehbare Dokumentation der Kampagnenschritte bei, die es einer Urlaubs- oder Krankheitsvertretung ermöglicht, in kurzer Zeit einen umfassenden Einblick über den Stand der Kampagne zu erhalten.

Einbindung von dezentralen Unternehmenseinheiten

Ein weiteres Ziel des Kampagnenmanagements ist die Einbindung von dezentralen Unternehmenseinheiten in die zentrale Planung und Umsetzung von Kampagnen. In vielen Branchen spielen die dezentralen Kanäle eine besondere Rolle in der Marktbearbeitung.

Vor allem bei der Nachfassung angesprochener Kunden werden die Kontaktpunkte über Außendienst oder Call Center entscheidend.

> **Beispiel für die Einbindung von Kundenbetreuern:**
>
> Durch die Einbindung dezentraler Kundenbetreuer lässt sich die Zielgruppenselektion dadurch beeinflussen, dass Wissen und Informationen über einzelne Kunden einfließen. Vor Beginn der Kampagne werden Listen erstellt, die sortiert nach Geschäftsstellen den Kundenbetreuern zur Verfügung gestellt werden. Diese Listen werden manuell bearbeitet, der Kundenberater hat also die Möglichkeit, einzelne Kunden auszuschließen und andere hinzuzufügen. So ist sichergestellt, dass das Know-how und die Kundenkenntnisse, die dezentral bei dem Kundenbetreuer vorliegen, mit in die Kampagne einfließen.
>
> Feedbackmeldungen von den dezentralen Kundenberatern müssen in das Data Warehouse einfließen, damit es nicht zu Informationsverlusten kommt.
>
> Auch bei der zeitlichen Planung ist die Mitwirkung bezüglich der Anspachetermine sinnvoll, um regionale Besonderheiten zu berücksichtigen, aber auch die Auslastung der Filiale zu planen und zu steuern.
>
> In der Phase der Umsetzung benötigt der Kundenberater für eine nochmalige zielgerichtete Kundenansprache alle kampagnenrelevanten Daten sowie die Möglichkeit einer dezentralen Response-Erfassung.

Reduzierung des Aufwands durch zentrale Dokumentenverwaltung

In vielen Fällen wiederholen sich Kampagnen oder sind sogar als Dauerkampagnen konzipiert, so dass auf vorhandene Vorlagen zurückgegriffen werden kann. Um einen einfachen und durchgängigen Zugriff auf die Dokumente sicherzustellen, hält das Kampagnenmanagement eine zentrale Dokumentenverwaltung bereit. Änderungen müssen nur einmal zentral erfolgen; somit ist gewährleistet, dass immer die aktuellen Versionen im Einsatz sind.

10.2.3 Funktionen

Die Funktionen können bei einem **standardisierten Kampagnenprozess** in sechs Phasen eingeteilt werden (Abbildung 72):

1. Konzeption
2. Analyse
3. Angebotsplanung und -durchführung
4. Kundenreaktion
5. Reaktion des Unternehmens
6. Evaluierung

Als beispielhafte Grundlage für die folgenden Beschreibungen eines Kampagnenmanagement-Systems dient das „Campaign Management Tool" der Firma SAS Institute GmbH in Heidelberg.

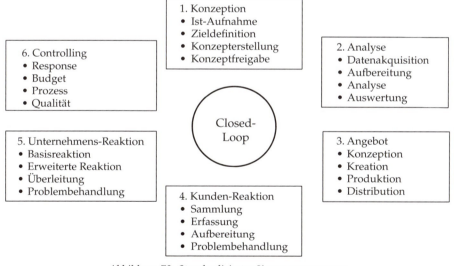

Abbildung 72: Standardisierter Kampagnenprozess
Quelle: Nitsche 2002, Folie 21

Konzeption

Die Konzeption umfasst die Ist-Aufnahme, die Zieldefinition, die Konzepterstellung und die Konzeptfreigabe (Abbildung 72).

Analyse

Die Analyse umfasst die Datenakquisition, in der die gesammelten Daten aus dem Customer Data Warehouse bereitgestellt werden. Bei der anschließenden Datenaufbereitung werden die verschiedenen Dateien über die Kunden und deren Produktnutzung zusammengeführt und bei Bedarf mit externen Informationen beispielsweise zum Wohnumfeld angereichert. Zudem wird die Datenqualität überprüft. Eine Qualifizierung des vorhandenen Adressmaterials kann durch Dublettenabgleich, Fehlerbereinigung und einen Abgleich mit der Umzugsdatenbank der Deutschen Post erfolgen.

Um ein noch umfassenderes Kundenbild zu erhalten, können weiterhin Abgleiche zwischen online und offline generierten Daten durchgeführt werden (El Himer, Klem, Mock 2001, S. 131).

Innerhalb der eigentlichen Analyse und Auswertung muss das Unternehmen die ihm vorliegenden Adressdaten inklusive der gespeicherten Zusatzinformationen kennenlernen. Unter Einbindung von OLAP und Data Mining werden Kundengruppen definiert, analysiert und kampagnenspezifisch selektiert. Diese Kundensegmentierung ist die Basis für die spätere Umsetzung differenzierter Marketingstrategien inklusive einer individuellen Kundenansprache, so dass ein für den Kunden attraktives Angebot zusammengestellt werden kann.

Eine Kundensegmentierung ist nur multidimensional wirksam und erfordert die Beantwortung verschiedener Fragen:

Welchen Vertriebsweg bzw. Kommunikationsweg und welche Ansprache bevorzugt der Kunde? Wie loyal ist er und welches Risiko stellt er dar? Würde er einen neuen Kunden werben? Welche Produkte benötigt er und vor allem welchen Ertrag bringt er?

Die Profitabilität und der Customer Lifetime Value (CLV), der wiederum die Kundenbehandlung (Customer Treatment) über die verschiedenen Kommunikationskanäle hinweg steuert, sind dabei ausschlaggebend für die Unterteilung. Je größer der CLV ist, desto persönlicher und zeitnaher erfolgt in der Regel die Kommunikation. Ein niedrig eingestufter Kunde wird dabei eher über einen für das Unternehmen günstigeren Kanal wie E-Mail oder SMS angesprochen oder zum Großteil über das Internet bedient.

Das analytische CRM greift dabei auf das Pareto-Prinzip (80–20-Regel) zurück, denn oft reichen lediglich 20 Prozent der anzusprechenden potenziellen Kunden aus, um bereits 80 Prozent der tatsächlichen Kunden zu erreichen. So kann eine sorgfältige Analyse der Kunden früherer Kampagnen zu erheblichen Kosteneinsparungen führen und den Wirkungsgrad einer Marketing-Kampagne erhöhen, indem der optimale Anteil der anzusprechenden potenziellen Kunden (Ausstattungsdichte) unter dem konkreten Aufwand-Nutzen-Aspekt ermittelt wird.

Angebotsplanung und -durchführung

In der dritten Phase wird das Konzept des Angebotes erstellt, dessen Kernstück die Auswahl der Zielgruppe und das damit verbundene Festlegen der Inhalte ist. Weiterhin müssen der zeitliche Rahmen inklusive der Versandzyklen sowie die Kanäle für die ausgehende (Outbound) und eingehende (Inbound bzw. Response) Kommunikation festgelegt werden. Damit einher gehen die Planung der internen und externen Ressourcen sowie eine Kosten-Nutzen-Kalkulation.

Zudem können Kampagnenauslöser festgelegt werden, das heißt zu einem bestimmten Zeitpunkt oder Ereignis werden Marketing-Aktionen automatisch angestoßen.

Ein Kampagnenmanagement-System liefert einen detaillierten Überblick über alle gegenwärtigen und zukünftigen Kampagnen, deren Start und Abschluss sowie den jeweiligen Kampagnenstatus. Kampagnen können zudem ein- oder mehrstufig geplant und somit Folgeaktionen direkt eingegeben werden.

Weiterhin muss sichergestellt werden, dass sich die Informationen an die Kunden nicht überschneiden oder zu häufig stattfinden. Um diese Mehrfachansprache von Kunden zu vermeiden, lassen sich Selektionen priorisieren, mit denen garantiert wird, dass Kunden nur durch eine definierte Anzahl von Kampagnen angesprochen werden. Ziel dieser Phase ist eine detaillierte Entwicklung der Marketing-Kampagne und deren Fokussierung auf ertragreiche Kundenpotenziale über alle Kommunikationskanäle hinweg.

Reaktion der Kunden

Die Sammlung aller Reaktionen auf die Kampagne erfolgt zeitnah auf den unterschiedlichen Kanälen beispielsweise per Call-Center, Fax, E-Mail oder im Internet. Im Anschluss daran werden die Reaktionen mittels elektronischer Datenverarbeitung erfasst. Teilweise geschieht dies automatisch, etwa bei Reaktionen, die über das Internet eingehen. Coupons hingegen können per Scanner und Reaktionen wie E-Mails oder Briefe manuell erfasst werden. Daraufhin erfolgt die Aufbereitung der Daten. Die vollständigen Datensätze werden unmittelbar weitergeleitet, unvollständige werden möglichst direkt korrigiert. Zusätzlich werden die Daten über die Anzahl der Reaktionen und die Art des Kanals täglich gesammelt an das Kampagnen-Controlling übermittelt. Bei der Problembehandlung werden wichtige fehlende Angaben nachträglich beispielsweise durch Anruf erhoben.

Reaktion des Unternehmens

Idealerweise besitzt das Kampagnenmanagement-System eine Schnittstelle zum Customer Interaction Center, so dass die eingehenden Antworten direkt der jeweiligen Aktion zugeordnet werden können. Für die generierten Ausgabemengen, beispielsweise die Reagierer, legt das Kampagnenmanagement-System eine Marketing- oder Kontakthistorie an. Die Kundenreaktionen auf die Kampagne werden dabei automatisch erfasst und in der Kundenhistorie fortgeführt, die für weitere Analysen beispielsweise über die Loyalität eines Kunden verwendet werden kann. Die Ergebnisse dienen wiederum als Grundlage für die Definition von Marketing-Aktionen, mit denen Kundenbindung und -entwicklung forciert werden sollen. Eine Aktionssteuerung, die regelmäßig in definierten Abständen abläuft, stößt auf Grund von bestimmten Zeitpunkten oder Ereignissen automatisch eine Marketing-Aktion bzw. weitere Kommunikationsmaßnahmen an. Dabei kann gegebenenfalls eine direkte Befüllung der Kanäle erfolgen.

Evaluierung

Abschließend werden in der Erfolgskontrolle die eingegangenen Antworten (Response) analysiert sowie detaillierte Informationen über die aktuelle und die vergangenen Kampagnen in Form eines ausgeprägten Berichtswesens (Reporting) ausgewertet und dokumentiert. Dabei sind die Anzahl, Güte und die Kanäle der Reaktionen von Bedeutung und werden laufend untersucht und monatlich kommuniziert. Die Einhaltung des Budgets sowie Informationen wie „Cost per Customer" werden fortwährend überwacht, dokumentiert und mit weiteren Informationen wie dem durchschnittlichen Prämienpreis angereichert. Auf der Basis der budgetierten und tatsächlich angefallenen Kosten sowie der Daten über Ausgabemengen und Reagierer kann ein Soll-Ist-Bericht bezüglich der Kosten mit entsprechenden Budgetvergleichen ausgegeben werden.

Closed Loop

Nach der Evaluierung wird der Kreislauf geschlossen, indem die bisher gespeicherten Daten insbesondere aus der Kontakthistorie und dem Controlling wieder analysiert werden, um auf dieser Basis bestehende und neue Kampagnen zu optimieren. Der geschlossene Regelkreis aus Datenanreicherung, -sammlung, -analyse und -aufbereitung und das Zurückspielen an die operative Ebene wird als „Closed Loop Marketing" bezeichnet.

Der Closed Loop ist die Basis für ein ganzheitliches Marketing, da Wissen von Loop zu Loop weitergegeben wird. Jeder Loop kann unzählige Wertschöpfungsketten beinhalten, die sich je nach Angebotsvarianten, Vertriebs- und Kommunikationskanälen unterscheiden. Werden die gewonnenen Kundendaten und Erkenntnisse aus bisherigen Aktionen für künftige Kampagnen genutzt, so gewinnt das System mit jeder weiteren durchgeführten Kampagne an Reife und Zielgenauigkeit. Daher bezeichnet man das Kampagnenmanagement-System auch als ein lernendes System. Eine kontinuierliche Wissensanreicherung sowie -speicherung im Customer Data Warehouse begleitet die Wertschöpfungskette, wodurch immer vollständigere Bilder der Kunden und Prozesse entstehen, die dem nachfolgenden Loop wieder zur Verfügung gestellt werden (El Himer, Klem, Mock 2001, S. 89).

> Der **Erfolg einer Kampagne** liegt in der Zufriedenheit des Kunden, die wiederum davon abhängig ist, ob er sich individuell und zuvorkommend betreut fühlt. Daher ist die Wichtigkeit einer schlüssigen Strategie, die sowohl die Segmentierung als auch die Ansprache der Kunden regelt, nicht zu unterschätzen. In diesem Zusammenhang spielen präzise und aktuelle Kundendaten und darauf aufbauende ausgereifte Datenanalysen eine erhebliche Rolle. Zudem werden Kampagnen häufig abgewickelt, ohne dass ein einheitlicher und abgestimmter Prozess definiert wurde. Stattdessen werden die Aufgaben auf Grund von historisch gewachsenen Kompetenzen, die über verschiedene Abteilungen verteilt sind, ausgeführt. Oftmals ist eine mangelnde abteilungsübergreifende Kommunikation der Grund für Fehlplanungen.

10.3 Customer Journey-Analyse

10.3.1 Begriff Customer Journey-Analyse

> Als logische Konsequenz der zunehmenden Digitalisierung werden Werbekampagnen heute mit einer Vielzahl von Medienkanälen geplant, und Internetnutzer kommen potenziell in mehreren Kanälen mit den Werbemitteln eines Unternehmens in Berührung. Die Verzahnung von Online-Kanälen wie Suchmaschinenwerbung, Display-Werbung, Social Media, Newsletter und vielen anderen mit den klassischen Offline-Kanälen wie Fernsehen, Print etc. ist dabei mittlerweile zum Standard geworden, da die Konsumenten unterschiedliche Informations- und Kaufkanäle kombinieren und Informationssuche, Kaufanbahnung und Kaufimpuls oftmals in anderen Kanälen stattfinden als der eigentliche Kauf. Marken werden heute crossmedial in Zeitschriften, auf dem Smartphone oder in sozialen Netzwerken quer durch die virtuelle und reale Welt erlebt. Die früher für den Konsumenten eher begrenzte Menge an Berührungspunkten wird mit dem Internet und den zunehmenden Möglichkeiten des Online-Marketings unüberschaubar.

Insbesondere aufgrund der genauen Messbarkeit erscheint das Medium Internet für Marketingmaßnahmen besonders attraktiv und immer mehr Budget wird von den Offline-Kanälen zu den Online-Medien umgeschichtet (BVDW 2012c, S. 8 f.). Was im Offline-Bereich nur schwer messbar ist und eigentlich nur mittels aufwändiger Marktforschung nachgewiesen werden kann, lässt sich im Online-Marketing durch Online-Controlling-Mechanismen, Web-Tracking und Analyseverfahren genau abbilden.

Das enorme Potenzial an Möglichkeiten zur Messung und Analyse von Online-Marketing-Kampagnen und die stark wachsende Anzahl der Kommunikationskanäle erhöhen allerdings zugleich auch die Komplexität und Unübersichtlichkeit in der Gesamtbetrachtung der Aktivitäten und stellen Marketer vor neue Herausforderungen.

Die Komplexität hat in einem derartigen Umfang zugenommen, dass ein manuelles Kampagnen-Controlling fast unmöglich geworden ist. Insbesondere wenn zahlreiche Kommunikationskanäle vom werbetreibenden Unternehmen genutzt werden, wird der Bedarf nach Tools größer, die die gesamte „Reise des potenziellen Kunden" (Customer Journey) – von der ersten Bedürfnisweckung bis zur gewünschten Zielhandlung – nachverfolgen können. Diese vielen digitalen Spuren der Verbraucher zu erfassen und zusammenhängend zu analysieren, ist für Unternehmen von höchster Bedeutung. Schließlich war es schon immer der Wunsch der Marketer, einen möglichst umfassenden Blick auf die Kaufentscheidungsprozesse der Konsumenten zu erhalten, indirekte Wirkungen und Wechselwirkungen ihrer Marketingkampagnen zu erfassen und den Anteil einzelner Maßnahmen am Gesamterfolg zu ermitteln, um – daran gemessen –

das Budget effizient zu verteilen. Sie wollen wissen, wie, wo und wie lange sich die Nutzer im Netz aufhalten, mit dem Ziel, ihnen passgenaue Werbe- und Produktangebote anzubieten (Holland, Flocke 2014S. 827 f.).

Der Begriff Customer Journey ist aus dem klassischen Marketing schon relativ lange bekannt. Er bezeichnet die „Reise" eines potenziellen Kunden über verschiedene Kontaktpunkte (sogenannte Touchpoints) mit einem Produkt bzw. einer Dienstleistung, einer Marke oder einem Unternehmen, von der Inspiration und Bedürfnisweckung über die Informationsbeschaffung und Suche bis hin zur finalen Zielhandlung. Die finale Zielhandlung kann dabei beispielsweise ein Kauf, eine Newsletter-Anmeldung oder eine Anfrage sein. Eine Customer Journey kann sich je nach Branche und Produktkategorie über mehrere Stunden, Tage oder Monate erstrecken.

Kennt man die Berührungspunkte und Wege der Konsumenten, fällt es leichter, sie in möglichst jeder Phase des Entscheidungsprozesses optimal anzusprechen.

Im Online-Marketing stammt der Begriff Customer Journey aus dem E-Commerce, genauer gesagt aus dem erfolgsbasierten Performance-Marketing. Bezeichnungen wie User Journey, Consumer Journey, Path to Conversion und Werbemittelnutzungspfad werden häufig synonym zu Customer Journey genutzt, da diese teilweise schwer voneinander abzugrenzen und stark verwandt sind.

Eine einheitliche und verbindliche Definition zur Customer Journey im Online-Marketing ist noch nicht erkennbar, was der Entwicklung und Transparenz zu dem Thema noch im Wege steht. Aus diesem Grund hat sich die Fachgruppe Performance Marketing im BVDW zusammengetan und eine erste Definition hergeleitet.

> Demnach stellt die **Customer Journey** „alle messbaren Kontaktpunkte eines Nutzers auf dem Weg zu einer definierten Aktion dar. Hierbei werden alle Marketingkanäle berücksichtigt, mit denen ein Konsument im Rahmen dieser Aktion in Berührung kommt, wobei sowohl Sicht- als auch Klickkontakte einbezogen werden" (Bundesverband Digitale Wirtschaft (BVDW) e.V. 2012d, S. 7). Die Customer Journey beschreibt demzufolge die Reise des Konsumenten bzw. Users durch das Internet, bei der dieser mit mehreren Online-Kontaktpunkten über Views oder Klicks in Berührung kommt.

Bei der Customer Journey-Analyse steht das Nachverfolgen genau dieses Kundenpfades im Internet im Vordergrund, um herauszufinden, welches Werbemittel welchen Beitrag zum Kauf eines Produkts leistet (Zunke 2012a, S. 20). Marketer können exakt analysieren, welche und wie viele Touchpoints Konsumenten bis zur finalen Zielhandlung benötigen und in welcher Phase des Entscheidungsprozesses und Kombination die unterschiedlichen Medien besonders stark wirken. Die Kenntnis dieser Informationen kann werbetreibende Unternehmen dabei unterstützen, ihre Marketingmaßnahmen gezielt auf jene Kanäle zu verteilen, die in der entsprechenden Phase am effektivsten und effizientesten sind.

Die einzelnen Bestandteile des Ansatzes der Customer Journey-Analyse sind nicht fest definiert und variieren im Zusammenhang mit den jeweiligen Software-Anbietern und Agenturen. Bisher gibt es keine allgemeinen Standards zur Methodik und die meisten Dienstleister haben ihre eigenen, ganz individuellen Lösungen entwickelt und mit dem Label „Customer Journey-Analyse", „Customer Journey-Tracking", „Cross-Channel-Tracking" oder „Multi-Channel-Tracking" versehen.

Mit Hilfe einer Customer Journey-Analyse sollen Erkenntnisse über das Verhalten und über die Präferenzen der Zielgruppen sowie über die Nutzung und Reaktion auf digitale Werbung im Netz gewonnen werden. Ziel einer derartigen Analyse ist es, potenzielle Kunden auf ihrer Reise durch die digitale Welt an jeder Station mit der passenden Botschaft anzusprechen und den Werbemittel-Mix so aufzubauen, dass alle Phasen des Kaufentscheidungsprozesses optimal bedient werden (Zunke 2012b).

Die Customer Journey-Analyse zielt außerdem darauf ab, Wirkungen und Wechselwirkungen von Marketingkampagnen zu erfassen und vor allem Wirkungszusammenhänge und Synergien zwischen den einzelnen Kanälen und Kontaktpunkten aufzudecken, um darauf aufbauend Optimierungspotenziale abzuleiten. Es geht dabei darum herauszufinden, welche Wirkung die Kanäle aufeinander haben und welcher Kanal beziehungsweise welcher Touchpoint welchen Beitrag für die Zielhandlung (z.B. Kauf) geleistet hat (Bartholomäus 2011, S. 50).

Von den Analyseergebnissen ausgehend soll dann das Werbe- bzw. Mediabudget entsprechend optimal auf die einzelnen Kanäle und Werbemittel verteilt werden (Zunke 2012a, S. 20). Somit können die Erkenntnisse aus der Analyse der Customer Journey nicht nur zur Kampagnenplanung und -steuerung, sondern auch zur effizienten Budgetplanung und -verteilung eingesetzt werden (Schumann 2012, S. 28). In der Idealvorstellung würde jedem Marketingkanal nur so viel Budget zugeschrieben, wie er zum Zustandekommen der Konversion beiträgt.

10.3.2 Verzahnung von On- und Offline in der Customer Journey-Analyse

> In Zeiten crossmedialer Mediennutzung ist die Verzahnung von Online-Kanälen mit klassischen Offline-Kanälen mittlerweile zum Standard geworden. Werbetreibende Unternehmen wissen, dass sich Konsumenten fast immer online und offline zugleich bewegen und während eines Entscheidungsprozesses sowohl mit Online und Offline Touchpoints in Berührung kommen. Sie planen ihre Marketingaktivitäten daher auch über mehrere On- und Offline-Kanäle hinweg und entwickeln crossmediale Kampagnen.

Dabei ist die Integration von Offline-Kanälen eine der größten Herausforderungen der Customer Journey-Analyse. Um aber die „echte" Reise des Kunden während des Entscheidungsprozesses nachvollziehen zu können, müsste man eigentlich sowohl die Online- als auch die Offline-Welt betrachten. Einen Bruch zwischen On- und Offline dürfte es hier nicht geben, wenn man exakt arbeiten möchte.

Eine vollständige Erfassung und Einbeziehung der Offline-Kontaktpunkte ist und bleibt wahrscheinlich eine Utopie, dennoch haben einige Anbieter erste Ansätze entwickelt, um die Werbewirkung zwischen klassischen und digitalen Medien zu erfassen und crossmediale Wirkungszusammenhänge zu erforschen. Zwar befindet sich die Branche noch im Experimentier- und Teststadium und die Messungen können nie so genau und verlässlich sein wie die der Online-Kontakte, aber mit der Einbeziehung der Offline-Kanäle kann ein genaueres Ergebnis erzielt werden als mit der reinen Betrachtung der Online-Welt. Die Ergebnisse und Schlussfolgerungen sind allerdings kritisch zu hinterfragen, da bestimmte Eindrücke aus der Offline-Welt, wie beispielsweise Empfehlungen von Freunden und Bekannten, nicht in der Customer Journey-Analyse abzubilden sind.

Um auch Offline-Kanäle in die Customer Journey-Analyse einzubeziehen, wurden diverse Lösungsansätze entwickelt. Wichtig ist bei allen Ansätzen, dass es einen digitalen Rückkanal gibt, denn ohne diesen ist die Wechselwirkung zwischen klassischen und digitalen Kanälen nicht messbar (Rose 2012).

Um beispielsweise den Einfluss von TV-Werbung in der Customer Journey-Analyse zu berücksichtigen, greifen die Dienstleister gerne auf die Sendepläne der Werbekunden zurück (Zunke 2012c, S. 22). Hintergrund ist, dass nach der Ausstrahlung eines TV-Spots die Besucherzahl auf der Webseite gewöhnlich ansteigt und dieser somit auch eine Online-Wirkung hat. Werden beispielsweise alle Besucher, die innerhalb von fünf bis acht Minuten nach einer Spotausstrahlung zusätzlich auf der Webseite surfen, mit einem „TV Cookie" markiert, kann der Kanal TV zumindest ansatzweise in die Attributionsmodelle einbezogen werden. Die Genauigkeit von TV-Tracking hängt von der Art des Spots ab. Ein auf Markenbildung ausgelegter Spot wird deutlich weniger Zugriffe in den ersten Minuten nach Ausstrahlung haben als ein Spot, der auf direkte Interaktion ausgerichtet ist.

Es können grundsätzlich sowohl Direkteingaben als auch Anfragen nach Produkten und Unternehmen in Suchmaschinen nach der TV-Ausstrahlung automatisiert gezählt werden. Lediglich die Mediapläne des werbetreibenden Unternehmens müssen in die Software integriert werden und auf der jeweiligen Ziel-Website muss ein Tracking-Pixel installiert werden. Beim TV-Tracking bleibt allerdings nicht nachweisbar, ob die Besucher wirklich aufgrund des TV-Spots auf die Webseite kamen.

Auch Printwerbemittel wie Kataloge, Flyer oder auch Plakate können in die Customer Journey-Analyse integriert werden. Hier werden oft QR-Codes oder spezielle Kampagnen-URLs genutzt, um einen digitalen Rückkanal herzustellen.

Ähnlich funktioniert das auch mit Dialogmailing-Kampagnen, indem die Zeit, der Log-in-Status und speziell für diese Kampagne vergebene Merkmale wie Coupon-Code als Zuordnungskriterium definiert und abgespeichert werden (Maurer 2012).

Daneben wird auch mittlerweile Telefon-Tracking eingesetzt. Um Telefonanrufe in die Customer Journey-Analyse zu integrieren, wird ein Nutzer, der auf eine AdWords-Anzeige geklickt hat, mit einem speziellen Cookie markiert, und diesem wird eine individuelle Telefonnummer eingeblendet. Ein späterer Anruf kann so der Customer Journey genau zugeordnet werden.

> **Beispiele für Offline-Integration:**
>
> Auch E-Commerce-Firmen wie Rocket Internet (Zalando) und Mirapodo (Otto-Gruppe) nutzen die Möglichkeit der Offline-Integration in ersten Ansätzen.
>
> Bei Rocket Internet wird neben dem Telefon-Tracking und der Messung der TV-Performance vor allem der Printbereich evaluiert. Hier wird mit Gutschein-Codes gearbeitet, da der Nutzer so einen Anreiz bekommt, sich mit dem Unternehmen zu identifizieren. Rocket Internet nutzt das Tracking der Offline-Werbemittel nach eigenen Angaben hauptsächlich zur Budgetallokation auf Basis der einzelnen Medien, um zu sehen, in welchen Zeitungen, Sendern oder Sendungen die beste Wirkung erzielt werden kann. Man verlässt sich im Vergleich zu den Online-Medien allerdings nicht so genau auf die Ergebnisse und es werden immer auch noch klassische Metriken bei der Bewertung mit herangezogen (Eisenbrand 2012, S. 13).
>
> Beim Online-Schuh-Shop Mirapodo, einer Tochter des Bauer-Versands und damit Teil der Otto-Group, wird auch versucht, den Kanal TV in die Customer Journey-Analyse mit einzubeziehen. Dafür werden die TV-Mediapläne über den Traffic-Verlauf der Webseite gelegt und auf Basis der Uhrzeit gemessen. Die entsprechenden Ausschläge bei Besuchern, die über bestimmte Kanäle in den Online-Shop kommen, werden dann als TV-Traffic interpretiert.
>
> Die Betrachtung erfolgt teilweise sogar schon sekundengenau, und es wird zudem darauf geachtet, wie einzelne Sendungen beziehungsweise Wochentage funktionieren und welche Online-Auswirkungen festgestellt werden können. So konnte in der Vergangenheit beispielsweise ermittelt werden, dass das Wetter einen Einfluss auf die Zahlen hatte.
>
> Für die Integration von Katalogen, Flyern und Mailings setzt Mirapodo wie auch Rocket Internet auf Gutschein-Codes. Zudem werden auch A/B-Tests durchgeführt, um verschiedene Versionen der Werbemittel miteinander zu vergleichen. Aber auch bei Mirapodo wird offline nicht mit dem gleichen Detailgrad gearbeitet, wie das im Online-Bereich passiert (Eisenbrand 2012, S. 14).

Zusammenfassend gibt es zwar erste Ansätze der Offline-Integration, diese stehen aber noch am Anfang ihrer Entwicklung und können wegen der Interpretationsspielräume nie so valide sein wie die Messungen der Online-Kanäle. Betrachtet man mit diesem Hintergrund die Ergebnisse ausreichend kritisch, können durchaus Zusatzkenntnisse gewonnen werden, die der „echten" Reise des Kunden näher kommen als die reine Online-Betrachtung.

10.3.3 Prozessschritte einer Customer Journey-Analyse

Obwohl jede Customer Journey-Analyse individuell ist, gibt es einige grundsätzliche Prozessschritte, die zu einem erfolgreichen Ablauf beitragen und daher berücksichtigt werden sollten. Abbildung 73 zeigt die einzelnen Prozessschritte beispielhaft. In der Praxis läuft zwar nicht jede Customer Journey-Analyse genau nach diesen Schritten ab, dennoch soll das Schema als eine Art Leitlinie dienen.

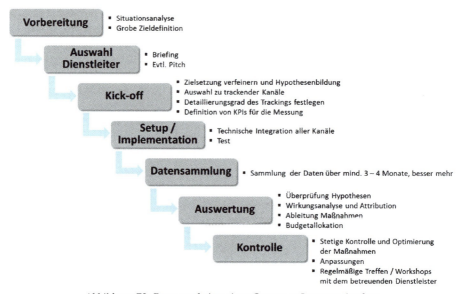

Abbildung 73: Prozessschritte einer Customer Journey-Analyse

Die Customer Journey-Analyse startet in der Regel mit der Phase der Vorbereitung seitens des werbetreibenden Unternehmens. Hier sollte sich das Unternehmen bereits erste Gedanken über die aktuelle Situation machen und erste Ziele definieren, die mit der Customer Journey-Analyse erreicht werden sollen, bevor dann im nächsten Schritt der passende Dienstleister ausgewählt wird. Bevor entschieden werden kann, welche Informationen wo zusätzlich getrackt werden sollen, ist zunächst eine Analyse der bestehenden Systemlandschaft zu erstellen. Allerdings haben Unternehmen häufig bereits Teile der Journey erfasst, beispielsweise über dazu geeignete Adserver. In diesem Fall müssen die Daten nur noch zusammengeführt werden.

Ist die Wahl des Dienstleisters und damit auch des Tracking-Systems gefallen, sollten in einem Kick-off-Meeting alle beteiligten Parteien zusammenkommen und zunächst die zuvor vom Unternehmen gebildete Zielsetzung verfeinern, Erwartungen klarstellen und zu prüfende Hypothesen bilden. In diesem Schritt ist es auch essentiell, die zu trackenden Kanäle auszuwählen, den Detaillierungsgrad des Trackings festzulegen und KPIs für die Messung zu definieren. Die beteiligten Partner sollen dadurch ein gemeinsames Verständnis von der Analyse bekommen.

In der Setup- bzw. Implementationsphase, die mehrere Monate dauern kann, erfolgt die technische Integration aller beteiligten Kanäle. Gegebenenfalls sollte hier auch ein Pretest erfolgen, bevor dann die eigentliche Datensammlung startet. Erste Auswertungen sollten erst nach mindestens drei bis vier Monaten durchgeführt werden. In der Auswertungsphase werden dann die Hypothesen überprüft und entweder verifiziert oder falsifiziert. Hier findet auch die Wirkungsanalyse und Attribution statt.

Anhand der Erkenntnisse werden dann konkrete Maßnahmen abgeleitet und, wenn notwendig, Budgets anders allokiert.

Wichtig ist dann zum Schluss die Kontrolle. Da es sich bei der Customer Journey-Analyse nicht um ein einmaliges Projekt, sondern einen kontinuierlichen Prozess handeln sollte, werden die abgeleiteten Maßnahmen laufend kontrolliert und optimiert. Das Verhalten der Kunden verändert sich von Zeit zu Zeit und eventuell werden Anpassungen nötig. Die Schritte der Datensammlung, Auswertung und Kontrolle sind damit nie abgeschlossen. Kommen neue Kanäle hinzu oder ändert sich etwas an der ursprünglichen Fragestellung, muss natürlich auch das Setup angepasst werden.

Es empfiehlt sich in jedem Fall, regelmäßige Treffen beziehungsweise Workshops mit dem Dienstleister und allen beteiligten Parteien durchzuführen, damit die Customer Journey-Analyse auch den notwendigen Stellenwert erhält und sich zu einem zentralen Arbeitsmittel der täglichen Online-Marketingpraxis entwickeln kann.

11 Wahl der Zielgruppe

11.1 Differenziertes Marketing

In den letzten Jahrzehnten hat sich bei vielen Unternehmen aus einem undifferenzierten Massenmarketing eine immer detailliertere Differenzierung ergeben. Diese Fragmentierung der Märkte ist an der ständig zunehmenden Angebotsvielfalt erkennbar. Zahlreiche Unternehmen haben die Entwicklung vom Massenmarketing über das Marktlückenmarketing bis hin zum Dialogmarketing, bei dem eine individuelle Einzelansprache realisiert wird, erfolgreich praktiziert.

Im Marketing muss heute eine immer feinere Marktsegmentierung erfolgen; die Konsumenten wollen gezielt und spezifisch angesprochen werden.

Im differenzierten Marketing wird der Gesamtmarkt aller aktuellen und potenziellen Kunden in Segmente aufgeteilt, die Personen mit möglichst ähnlichem Verhalten und ähnlichen Einstellungen enthalten. Die Segmente sollen intern homogen sein und sich von den anderen Gruppen möglichst stark unterscheiden. Diese unterschiedlichen Klassen werden mit einem jeweils darauf abgestimmten Marketing angesprochen. Den Konsumenten in den einzelnen Gruppen werden somit unterschiedliche Produkte mit einer speziellen Kommunikation oder Distribution und einem unterschiedlichen Preis angeboten, um das Marktpotenzial unter Berücksichtigung der verschiedenen Erwartungshaltungen und Preisbereitschaft der Segmente optimal auszuschöpfen.

Der wichtigste Erfolgsfaktor bei der Konzeption von Dialogmarketing-Aktionen ist die Auswahl der anzusprechenden Zielgruppe (Vögele 2003, S. 88). „Besser ein schlechtes Mailing an die richtige Zielgruppe als ein gutes an die falsche."

Schätzungen besagen, dass der **Erfolg des Dialogmarketing** vor allem von folgenden Faktoren abhängt:

- **Die richtige Adresse:** 40 bis 55 Prozent
- **Das richtige Produkt:** 20 bis 35 Prozent
- **Der richtige Zeitpunkt:** 15 bis 25 Prozent
- **Die richtige Ansprache:** 10 bis 20 Prozent

Um die geeignete Zielgruppe für eine Aktion auszuwählen, ist es erforderlich, den Gesamtmarkt zu segmentieren. Dazu sind entweder die dem Unternehmen zur Verfügung stehenden Kundenadressen mit Hilfe des Database Marketing nach spezifischen Kriterien zu unterteilen oder die für die Neukundengewinnung anzumietenden Adressen werden beispielsweise durch die mikrogeografische Segmentierung qualifiziert.

11.2 Die Loyalitätsleiter

Gerade im Dialogmarketing ist es häufig sinnvoll, bei der Segmentierung nach der Anzahl der erreichten Stufen auf der „Loyalitätsleiter" zu unterscheiden. Je nachdem, wie intensiv der Kontakt zwischen Zielperson und Unternehmen ist, sind unterschiedliche Vorgehensweisen bei Dialogmarketing-Aktionen empfehlenswert (Kreutzer 1991, S. 633).

Die Loyalitätsleiter zeigt den Weg einer Person, die keine Beziehung zu dem Unternehmen hat, bis zum Stammkunden, wobei folgende Stufen unterschieden werden (Abbildung 74).

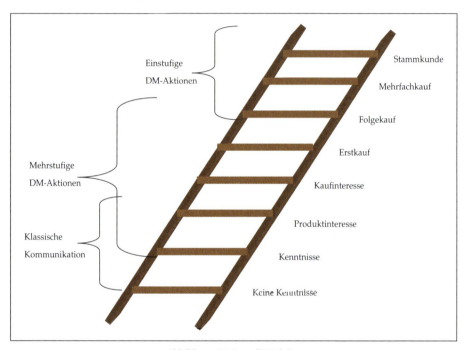

Abbildung 74: Loyalitätsleiter

Keine Kenntnisse

Die Zielpersonen haben keine Kenntnisse über das Unternehmen und sein Angebot. In dieser Phase ist das klassische Marketing sinnvoll, um einen Bekanntheitsgrad und ein Image aufzubauen. Bei Dialogmarketing-Aktionen ist es nur bei Artikeln im niedrigen Preissegment, die für den Impulskauf geeignet sind, möglich, diese unmittelbar zu verkaufen. Ansonsten sind mehrstufige Werbewege zu planen, bei denen zuerst beispielsweise durch Online-Aktionen, Mailings oder Coupon-Anzeigen Informationen übermittelt werden, um Kenntnisse über das Unternehmen und seine Angebote weiterzugeben.

Kenntnisse

Die Personen kennen das Unternehmen und sein Angebot. Das Ziel von Marketing-Maßnahmen besteht nun darin, diese Kenntnisse in ein Interesse zu verwandeln.

Produktinteresse

Nach dem AIDA-Schema ist die zweite Phase (Interest) des Kaufentscheidungsprozesses erreicht. Bei mehrstufigen Dialogmarketing-Aktionen entspricht diese Phase der Interessentengewinnung. Personen, bei denen man ein Produktinteresse voraus setzen kann, haben bereits die ersten Stufen der Loyalitätsleiter zurückgelegt und lassen sich leichter zu Käufern machen.

Kaufinteresse

Wenn aus dem Produktinteresse in der nächsten Stufe des Kaufentscheidungsprozesses ein Kaufinteresse geworden ist, ist damit die letzte Stufe vor dem Kauf erreicht.

Erstkauf

Mit dem ersten Kauf durch einen neuen Kunden ist im Allgemeinen nicht das Ziel einer Dialogmarketing-Aktion erreicht. Meist verfolgt der Anbieter das Ziel, eine langfristige Kundenbeziehung aufzubauen.

Folgekauf

Kunden, die bereits auf eine frühere Aktion positiv reagiert haben, lassen sich leichter zu einem weiteren Kauf bewegen als Nichtkunden. Dies gilt natürlich nur, wenn die Erstkäufer mit dem Produkt und der Abwicklung (After-Sales-Service) zufrieden gestellt wurden. Es ist wesentlich leichter, einem bestehenden Kunden ein zusätzliches Angebot zu verkaufen, als einen neuen Kunden zu gewinnen.

Mehrfachkauf

Einem Mehrfachkäufer kann ohne langwierige Überzeugungsarbeit in einer einstufigen Aktion ein Angebot zugesandt werden, das direkt bestellfähig ist. Je länger der Kunde bei einem Unternehmen aktiv war und je öfter er auf Aktionen reagiert hat, desto mehr Informationen über den Kunden hat der Anbieter. Diese Informationen können durch ein Database Marketing zur Kundensegmentierung genutzt werden.

Stammkunde

Vor allem der Stammkunde, über den viele Informationen in der Kundendatenbank gespeichert sind, kann zielgruppenspezifisch durch die Nutzung von Database Marketing angesprochen werden. Im Rahmen der Marktsegmentierung ist die Gesamtzahl der in Frage kommenden Kunden bzw. Nichtkunden in möglichst homogene Segmente aufzuteilen. Durch diese Segmentierung sollen Unterschiede zwischen den Zielpersonen herausgearbeitet werden.

> **Beispie für das Marketing an der Loyalitätsleiter:**
>
> Ein Automobilhersteller orientiert sich in seinem Marketing an der Loyalitätsleiter und plant mehrere Kommunikationskampagnen:
>
> 1. Eine Kampagne zur Markteinführung eines neuen Elektro-Autos in sechs Monaten.
> 2. Eine Kampagne zur Neukundengewinnung bei Interessenten, die bereits Prospekte für ein bestimmtes Modell angefordert haben.
> 3. Eine Kampagne für neue Kunden, die vor einem Jahr erstmals ein Auto dieser Marke gekauft haben.
> 4. Eine Kampagne für langjährige Kunden, die an die Werkstatt gebunden werden sollen.
>
> Diese vier Aufgaben lassen sich leicht auf der Loyalitätsleiter einordnen.

11.3 Kriterien der Marktsegmentierung

Die Kundensegmentierung kann nach unterschiedlichen Kriterien erfolgen, wie die Abbildung 75 verdeutlicht.

Kategorien	Einzelkriterien	Beispiele
Geografie	Region, Wohnort, Mikrogeografie, …	Unterschiedliche Präferenzen in den Regionen, …
Soziodemografie	Alter, Geschlecht, Einkommen, Beruf, Haushaltsgröße, Alter der Kinder, …	Produkte für Kinder, Luxusgüter für Prämienkunden, …
Verhalten	Kaufverhalten, Informationsverhalten, Geschäftsstättenwahl, Markentreue, …	Mobile-Verträge für Nutzungsgewohnheiten, spezielle Produkte für Online-Käufer
Psychografie	Einstellungen, Meinungen, Persönlichkeitsmerkmale, …	Produkte für umweltbewusste Menschen, Bio-Produkte, …
Benefit	Nutzenerwartungen, Grund-, Zusatznutzen, reine Funktion oder Statusprodukt, …	PKWs oder Armbanduhren in vielen Preisklassen für unterschiedliche Erwartungen
Life-Style	Psychografie, Demografie, Kaufverhalten, Sinus-Milieus, …	Reisen für Abenteuerlustige, Luxusprodukte für Statusbewusste
Loyalitätsleiter	Grad der „Nähe" des Kunden zu dem Unternehmen	Angebote für Interessenten, Kunden, Stammkunden, …

Abbildung 75: Kriterien der Kundensegmentierung

Geografische Segmentierung

Die geografische Segmentierung wird angewandt, wenn die Bewohner unterschiedlicher Gebiete ein unterschiedliches Verhalten aufweisen.

Stadt- und Landbevölkerung, Einwohner im Norden oder Süden, Westen oder Osten, die unterschiedliche Vorstellungen haben, können so mit unterschiedlichen Angeboten und einem differenzierten Marketing bedacht werden.

Die mikrogeografische Marktsegmentierung, die in einem späteren Kapitel dargestellt wird, ermöglicht es, Adressen von Bewohnern ähnlicher Wohngebiete zu selektieren, von denen ein vergleichbares Konsumverhalten unterstellt werden kann.

Soziodemografische Marktsegmentierung

Aus Bestellscheinen, Anträgen und telefonischen Auskünften sind den Unternehmen, die einen direkten Kundenkontakt pflegen, eine Reihe von soziodemografischen Merkmalen bekannt, die in einer Datenbank abgelegt werden sollten (z.B. Adresse, Geschlecht, Alter, Einkommen, Beruf, Haushaltsgröße, Zahl der Kinder, …). Dabei wird von dem Kunden die Erlaubnis eingeholt, diese Daten zu speichern.

Die soziodemografische Marktsegmentierung ist neben der geografischen die älteste Form der Einteilung, die sich ohne großen Aufwand realisieren lässt. Schon früh haben Unternehmen ihre Kunden nach dem Geschlecht, dem Alter, der Haushaltsgröße, dem Einkommen oder nach geografischen Kriterien in Gruppen eingeteilt.

Zum Teil lassen sich aus den Daten des Kaufverhaltens Rückschlüsse auf soziodemografische Merkmale ziehen. So kann ein Sortimentsversender aus den Bekleidungsbestellungen einen Überblick über Geschlecht und Alter der zum Haushalt gehörenden Personen erhalten, falls es sich nicht um Sammelbesteller handelt, die für einen größeren Personenkreis mitbestellen.

Zu der soziodemografischen Segmentierung kam in den letzten Jahrzehnten die psychologische Segmentierung und schließlich die Bildung von Typologien hinzu.

> **Beispiele für soziodemografische Marktsegmentierung:**
>
> Die Adressenvermieter bieten ihren Kunden Programme an, die aus dem Vornamen unter Berücksichtigung modischer Vorlieben für bestimmte Namen mit einiger Sicherheit das Alter abschätzen. Da das Geburtsdatum bei den meisten Adressen nicht bekannt ist oder Gründen des Datenschutzes nicht weitergeben werden darf, kann dann beispielsweise ein Unternehmen mit einer jugendlichen Zielgruppe durch eine Selektion nach Vornamen den Erfolg seiner Aktion optimieren. Bei der Miete von Fremdadressen zur Neukundengewinnung werden dann nur bestimmte Vornamen ausgewählt. Dieser Schluss von dem Vornamen auf das Alter ist mit einer ca. 80 prozentigen Sicherheit möglich.
>
> Viele Banken und andere Finanzdienstleister segmentieren ihre Kunden nach soziodemografischen Kriterien und ordnen diese nach der Phase des Familienlebenszyklus in Segmente ein. Die Segmente heißen beispielsweise Jugend-, Nest-, Etablierungs- oder Ruhestandsphase. Für jede Phase gibt es unterschiedliche Angebote und Ansracheformen (Abbildung 76).

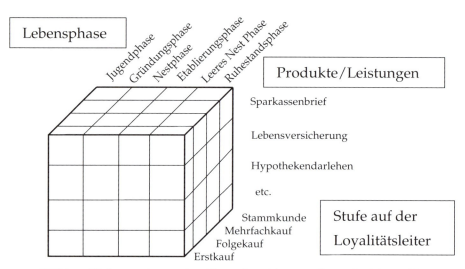

Abbildung 76: Segmentierung eines Finanzdienstleisters nach Familienlebenszyklus und Loyalitätsleiter

Marktsegmentierung nach Verhalten

Zu den Kriterien des beobachtbaren Verhaltens zählen die Nutzung von Medien, das Informationsverhalten, die Einkaufsstättenwahl und das Kaufverhalten.

Durch jede Marketing-Aktion und jeden Kontakt mit den Kunden entstehen beispielsweise bei Online-Händlern neue Informationen, die in die Kundendatenbank aufgenommen werden sollten und damit zu einem immer umfassenderen Wissen führen. Für jede Werbeaktivität lässt sich durch die Werbeerfolgsmessung erfassen, ob und wie die Kunden darauf reagiert haben.

Durch die Berücksichtigung von Kaufdaten, wie dem letzten Bestelldatum, dem Umsatz, der Art der bestellten Sortimente, können die persönlichen Präferenzen für spätere Angebote beachtet werden.

Benefit-Segmentierung

Die Benefit-Segmentierung orientiert sich an den Nutzenerwartungen, die Konsumenten an Produkte haben. Diese Nutzenerwartungen determinieren das Kaufverhalten und können zur Definition von Marktsegmenten herangezogen worden.

Wenn man sich die Werbung für Zahnpasta vor Augen hält, wird deutlich, dass auch dort häufig die Nutzenerwartungen der Kunden als Ansatzpunkt für eine Segmentierung dienen. Es gibt Zahnpasta gegen Karies, gegen Parodontose, gegen Zahnfleischbluten, für weiße Zähne, für frischen Atem usw.

Auch ein E-Commerce-Unternehmen kann seinen Zielmarkt nach dem Benefit segmentieren und seine Kataloge und Angebote in die erfolgversprechenden Felder positionieren.

Psychografische Marktsegmentierung

Bei der psychografischen Marktsegmentierung werden die Personen nach psychologischen Kriterien wie Einstellungen, Persönlichkeitsmerkmalen und nach Verhaltensmerkmalen in möglichst homogene Gruppen zusammengefasst.

Die psychografische Segmentierung beruht auf der Erkenntnis, dass sich das Kaufverhalten und die Bedürfnisse genauer anhand von persönlichen Merkmalen differenzieren lassen als durch soziodemografische und geografische Merkmale.

So ist weniger das kalendarische Alter als das psychologische Alter – wie alt der Mensch sich fühlt – relevant für die Analyse und Erklärung von Bedürfnissen.

Lifestyle-Segmentierung

Auch die Lifestyle-Segmentierung beruht auf psychografischen Kriterien, wobei die Breite der verarbeiteten Informationen über die Zielpersonen sehr umfangreich ist, und auch Daten der Soziodemografie und des Kaufverhaltens genutzt werden.

> **Beispiel für Lifestyle-Segmentierung:**
>
> Das Marktforschungsinstitut Sinus hat auf der Basis von Interviews zehn Lifestyle-Typen ermittelt, die in Abbildung 77 benannt werden. Diese zehn Typen werden in einem Koordinatensystem dargestellt, dem die Dimensionen „Soziale Lage" und „Grundorientierung" zu Grunde liegen.
>
> Für den Aufbau dieser Typologie befragt Sinus die Menschen nach den unterschiedlichsten Merkmalen. Folgende Faktoren werden dabei berücksichtigt:
>
> - **Freizeit und soziales Leben:** Freizeitaktivitäten, Freizeitmotive, Ausübung verschiedener Sportarten, bevorzugte Urlaubs-/Reiseart, soziales Netzwerk
> - **Interessen:** Musik, Themen, Gruppenmitgliedschaften
> - **Stilpräferenzen:** Wohnstil, Kleidungsstil
> - **Outfit:** Einstellung zum Outfit, Body-Image
> - **Konsum:** Öko-Einstellungen, Einstellung zu Essen und Trinken, Einstellung zu Geld und Konsum
> - **Grundorientierung:** Lebensphilosophie und Moral, Zukunftsoptimismus, soziales Milieu
> - **Arbeit:** Arbeitszufriedenheit, Arbeitseinstellungen, Berufserwartungen
> - **Familie:** Einstellung zu Familie, Partnerschaft und Emanzipation, Rollenbilder, Wohnsituation
> - **Politik:** Politisches Interesse und Parteiensympathie, Politikwahrnehmung
>
> Mit Hilfe multivariater statistischer Verfahren werden die Daten so verdichtet, dass sich zehn Typen ergeben, die in einem Koordinatensystem

dargestellt werden. Der waagrechten Achse ist die Grundorientierung zugeordnet, auf der senkrechten Achse findet sich die soziale Lage (Abbildung 77).

Die Beschreibung der Typen lautet (www.sinus-sociovision.de):

Sozial gehobene Milieus:

- Konservativ-etabliertes Milieu (10 %) – Das klassische Establishment: Verantwortungs- und Erfolgsethik; Exklusivitäts- und Führungsansprüche; Standesbewusstsein; zunehmender Wunsch nach Ordnung und Balance
- Liberal-intellektuelles Milieu (7 %) – Die aufgeklärte Bildungselite: kritische Weltsicht, liberale Grundhaltung und postmaterielle Wurzeln; Wunsch nach Selbstbestimmung und Selbstentfaltung
- Milieu der Performer (8 %) – Die multi-optionale, effizienz-orientierte Leistungselite: globalökonomisches Denken; Selbstbild als Konsum- und Stil-Avantgarde; hohe Technik- und IT-Affinität; Etablierungstendenz, Erosion des visionären Elans
- Expeditives Milieu (8 %) – Die ambitionierte kreative Avantgarde: Transnationale Trendsetter – mental, kulturell und geografisch mobil; online und offline vernetzt; nonkonformistisch; auf der Suche nach neuen Grenzen und neuen Lösungen

Milieus der Mitte:

- Bürgerliche Mitte (13 %) – Der leistungs- und anpassungsbereite bürgerliche Mainstream: generelle Bejahung der gesellschaftlichen Ordnung; Wunsch nach beruflicher und sozialer Etablierung, nach gesicherten und harmonischen Verhältnissen; wachsende Überforderung und Abstiegsängste
- Adaptiv-pragmatisches Milieu (10 %) – Die moderne junge Mitte mit ausgeprägtem Lebenspragmatismus und Nützlichkeitsdenken: Leistungs- und anpassungsbereit, aber auch Wunsch nach Spaß und Unterhaltung; zielstrebig, flexibel, weltoffen – gleichzeitig starkes Bedürfnis nach Verankerung und Zugehörigkeit
- Sozialökologisches Milieu (7 %) – Engagiert gesellschaftskritisches Milieu mit normativen Vorstellungen vom „richtigen" Leben: ausgeprägtes ökologisches und soziales Gewissen; Globalisierungs-Skeptiker, Bannerträger von Political Correctness und Diversity (Multikulti)

Milieus der unteren Mitte / Unterschicht

- Traditionelles Milieu (13 %) – Die Sicherheit und Ordnung liebende ältere Generation: verhaftet in der kleinbürgerlichen Welt bzw. in der traditionellen Arbeiterkultur; Sparsamkeit und Anpassung an die Notwendigkeiten; zunehmende Resignation und Gefühl des Abgehängtseins

- Prekäres Milieu (9 %) – Die um Orientierung und Teilhabe („dazu gehören") bemühte Unterschicht: Wunsch, Anschluss zu halten an die Konsumstandards der breiten Mitte – aber Häufung sozialer Benachteiligungen, Ausgrenzungserfahrungen, Verbitterung und Ressentiments
- Hedonistisches Milieu (15 %) – Die spaß- und erlebnisorientierte moderne Unterschicht / untere Mitte: Leben im Hier und Jetzt, unbekümmert und spontan; häufig angepasst im Beruf, aber Ausbrechen aus den Zwängen des Alltags in der Freizeit

Die einzelnen Typen sind für das Dialogmarketing und die unterschiedlichen Medien unterschiedlich aufgeschlossen; einige werden eher Offline erreicht, andere Online.

Die Verteilung der Sinus-Milieus zeigt die Abbildung 77. Auf der Ordinate sind diese Milieus nach ihrem sozialen Status eingeordnet. Der Status wird über die Kriterien Alter, Bildung, Beruf und Einkommen gebildet.

Die Abszisse bestimmt sich nach der Werteorientierung dieser Milieus.

Einige Adressanbieter bieten es an, Adressen nach Sinus-Milieus selektiert anzumieten.

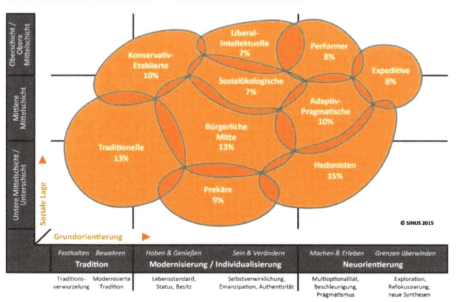

Abbildung 77: Sinus-Milieus
Quelle: Sinus

Dafür werden adressgenaue mikrogeografische Daten über sämtliche Haushalte in Deutschland in 38 Typen eingeteilt. Das Datensystem von Mosaic wird mit den Sinus-Milieus kombiniert; für jedes Haus wird eine statistische Wahrscheinlichkeit errechnet, mit der die einzelnen Sinus-Milieus dort auftreten. Die Abbildung 78 gibt die Bezeichnungen dieser 38 Wohngebietstypen an.

Gruppe A: Statushohe Großstädter

1: Attraktive innerstädtische Wohnlagen
2: Wohlhabende Akademiker in Villenvierteln
3: Gut verdienende Familien in neueren Eigenheimen im Umland

Gruppe B: Gutsituierte in stadtnahen Umlandgemeinden

4: Gediegene ältere Einzelhäuser
5: „Speckgürtel": Gute neuere Einzelhäuser
6: Gute neue Einzelhäuser
7: Alte Ortskerne
8: Neue Reihenhäuser im ländlichen Raum

Gruppe C: Gute Wohngebiete in mittelgroßen Städten

9: Einfache Häuser im Grünen
10: Ältere Mehrfamilienhäuser
11: „Aufsteiger": Gehobene Berufe in Außenbezirken
12: Mittelstand in ländlichen Gemeinden

Gruppe D: Städtische Problemgebiete

13: Sozialer Wohnungsbau und einfache Mehrfamilienhäuser
14: Nicht modernisierter Altbau
15: Blockbebauung geringen Standards
16: Multi-kulturelle Innenstadtbereiche

Gruppe E: Hochhäuser und einfache Mietwohnungen

17: Hochhäuser einfachen Standards
18: Älterer sozialer Wohnungsbau
19: Einfache städtische Zeilenbausiedlungen
20: „Soziale Brennpunkte"
21: Jüngere Leute in älteren Mietwohnungen

Gruppe F: Rentner in einfachen Nachkriegsbauten

22: Mittelstand in älteren Quartieren
23: Einfache Leute in Mietwohnungen
24: Einfache allein stehende Rentner

Gruppe G: Alte Häuser auf dem Land

25: Jüngere Dorfbewohner
26: Einfache Berufe auf dem Land

Gruppe H: Arbeiter in kleinen Städten

27: Gering qualifizierte Arbeiter
28: Selbstständige in neueren Häusern
29: Handwerker im ländlichen Raum
30: Sozial schwache Kleinstädter
31: „Peripherie": Dörfer in Randlagen

> **Gruppe I: Ältere Leute in Umlandgemeinden**
> 32: Senioren im Umland
> 33: Ältere Familien am Stadtrand
> 34: Solide Rentner in Zweifamilienhäusern
> 35: Ältere Leute in älteren Häusern
> 36: Gutsituierte Senioren in Vororten
>
> **Gruppe J: Landbevölkerung**
> 37: Ältere Landbevölkerung
> 38: Landbevölkerung
>
> **Gruppe K: Gewerbehäuser**
> 39: Häuser mit rein gewerblicher Nutzung

Abbildung 78: 38 Wohngebietstypen von Mosaic
Quelle: creditreform

Der hybride Konsument

Das Kaufverhalten wird immer komplexer und lässt sich heute immer weniger durch „Schubladendenken" vereinfachen. Die Segmentierungsansätze werden zwar laufend verfeinert, aber der „hybride Konsument", der sich je nach Situation ganz unterschiedlich verhält, macht den Marktforschern ihre Arbeit immer schwerer.

Es gibt immer mehr Verbraucher, nicht nur unter den jüngeren, die sich in einem Moment sehr preisbewusst verhalten und bei einem Discounter einkaufen, und wenig später den Erlebniskauf in einem teuren Fachgeschäft genießen. Der Kunde einer Fast-Food-Kette besucht am Abend ein exklusives Spezialitätenrestaurant (Holland, Mienert 1997, S. 30 ff.).

> Es sind heute nicht mehr unbedingt unterschiedliche Menschen in verschiedenen Segmenten, sondern immer häufiger „vagabundiert" der gleiche Konsument zwischen unterschiedlichen Käufergruppen.

Verfassungsmarketing

Einen neuen Ansatz für die Segmentierung von Zielgruppen hat das Marktforschungsinstitut Rheingold aus Köln entwickelt. Es geht von der mentalen Verfassung aus, in der sich der Mensch befindet. Ein Vorteil dieses Ansatzes liegt darin, dass der Mensch nicht fest in eine Schublade einsortiert wird (z.B. der Hedonist), sondern dass er seine Verfassung, seinen Gemütszustand, mehrmals täglich ändern kann.

Viele Marken dienen dem Menschen ...

- dem Ausdruck seiner Stimmung
- der Verstärkung seiner Stimmung
- der Veränderung seiner Stimmung

> **Beispiel für Verfassungsmarketing:**
>
> In der Situation, in der ein Mensch einen kleinen Schokoladen-Snack benötigt, um neue Energie für eine Aufgabe zu tanken, kann er zwischen vielen Marken auswählen. Was wird er bevorzugen: Mars, Snickers, Milky Way, Bounty, …?
>
> Es ist zu bezweifeln, dass diese Entscheidung durch den Lebensstil und die Wertorientierung dominiert wird und die Sinus-Milieus in diesem Fall eine Erklärung liefern können.
>
> Wenn man die werbliche Kommunikation betrachtet, wird deutlich, dass diese Schokoladen-Snacks für bestimmte Stimmungen und Verwendungsgelegenheiten oder für bestimmte mentale Verfassungen positioniert sind.
> - Bounty → steht dafür, sich einem Tagtraum hinzugeben
> - Snickers → benötigt man, um sich durchzubeißen, z.B. beim Sport
> - Merci → damit kann man Danke sagen
> - Kitkat → lässt die Zeit stillstehen, man macht eine Pause
>
> Diese Analyse der menschlichen Verfassung hat den Vorteil, dass diese sich mehrmals täglich ändern kann und der Mensch nicht, wie bei anderen Typologien „in Schubladen gesteckt" wird.

Neuromarketing

Neuromarketing kombiniert Methoden aus den Neuro- und Kognitionswissenschaften mit der Konsumforschung, um Zustände und Prozesse im Organismus des Konsumenten beobachtbar und messbar zu machen und die Erkenntnisse und Methoden der Hirnforschung auf marketingrelevante Fragestellungen anzuwenden (Koschnick 2007, S. 9).

Ähnlich der Sinus-Milieus hat der Psychologe Häusel ein Modell zur Segmentierung von Kunden auf Basis neurobiologischer Erkenntnisse erstellt. Das sogenannte Limbic Types Modell basiert auf den Motiv- und Emotionssystemen. Da die meisten Kunden deutliche Schwerpunkte in ihren Motivsystemen haben, lassen sie sich recht eindeutig typisieren und in Zielgruppen einordnen.

Die Abbildung 79 zeigt die sieben von Häusel definierten Limbic Types. Die Werte geben den Anteil dieser Gruppe an der deutschen Gesamtbevölkerung an (www.haeusel.com). Dabei werden diese Typen wie folgt beschrieben:

- **Harmoniser:** hohe Familien- und Sozialorientierung
- **Genießer:** offen für Neues, Freude an sinnlichem Genuss
- **Hedonisten:** ständig auf der Suche nach Neuem, stark ausgeprägte Individualität, verhalten sich sehr spontan
- **Abenteurer:** außerordentlich risikofreudig, geringe Impulskontrolle
- **Performer:** hohe Leistungsorientierung, Ehrgeiz und Statusorientierung
- **Disziplinierte:** starkes Pflichtbewusstsein, konsumieren eher wenig
- **Traditionalisten:** geringe Zukunftsorientierung, Wunsch nach Ordnung und Sicherheit

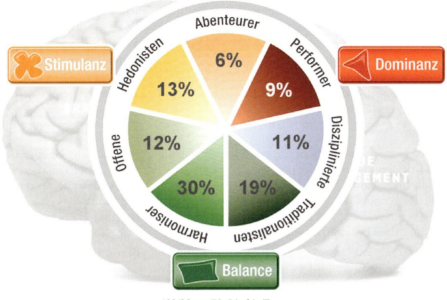

Abbildung 79: Limbic Types
Quelle: www.haeusel.com

11.4 Mikrogeografische Segmentierung

11.4.1 Grundgedanke der mikrogeografischen Segmentierung

In Zeiten übersättigter Märkte, in denen eine Absatzsteigerung nur noch durch Verdrängungswettbewerb möglich ist, sowie wachsender Individualisierung und Differenzierung auf Seiten der Verbraucher muss sich auch das Marketing differenzieren und auf immer kleinere und spezifisch definierte Marktsegmente beziehen.

> Die **mikrogeografische Marktsegmentierung** erweitert dabei die Ansätze konventioneller Segmentierungsmodelle durch integrierte geografische Informationen. Damit werden neben den soziodemografischen und psychografischen Daten aus Marktforschungsstudien auch Daten über das Wohnumfeld eines Menschen berücksichtigt.

Die Verbreitung und ständige Weiterentwicklung der Informationstechnologie mit ihren Methoden der Feingliederung von geografischen Gebieten und die immer dichtere Informationsgewinnung durch Markt- und Meinungsforschung ermöglichen eine kombinierte Analyse der Daten.

Die Grundidee dieser Kombination aus Personen- und Geografiedaten basiert darauf, dass Menschen unterschiedlicher Wohngebiete auf Grund differierender Lebensstile nur durch ein differenziertes Marketing zu erreichen sind.

> Dabei geht man von der Hypothese aus, dass sich der Lebensstil und das Kaufverhalten von Personen durch ihre Wohnverhältnisse, also die **Neighbourhood-Affinität** nach dem Prinzip „gleich und gleich gesellt sich gern", erklären lässt.

Menschen tendieren dazu, ihre Wohnung so zu wählen, dass ihr eigener Lebensstil dem der Nachbarn entspricht (Friedrichs 1995, S. 93). Booth analysierte schon im Jahre 1889 die räumliche Verteilung sozialer Klassen in London und beschrieb dabei die Segregation, welche sich mit der ungleichmäßigen Verteilung von Bevölkerungsgruppen über separate Teilgebiete einer übergeordneten Raumeinheit beschäftigt (Burnside 1996, S. 11).

Die Segregation lässt sich durch Determinanten wie Beruf, Bildung, Einkommen, Alter, Familiengröße und -struktur, ethnische und religiöse Zugehörigkeit erklären.

Zwischen dem Wohnumfeld und dem Verhalten der entsprechenden Bewohner gibt es deutliche Wechselwirkungen; die Umwelt löst bestimmte Verhaltensweisen aus, die unter anderem durch Gruppennormen erklärt werden können (Kroeber-Riel 1990, S. 425).

11.4.2 Vorgehensweise

Geografische Gliederungssysteme

Das Fundament für die weitere Analyse legt die geografische Gliederungssystematik, die ein zu untersuchendes Gebiet flächendeckend strukturiert.

Unterschiedliche Gliederungssystematiken liegen bereits vor und können dabei als Basis dienen:

Postalische Gliederungssystematik (Postleitzahlen), Administrative Gliederungssystematik (Gemeinden, Städte, Kreise, Regierungsbezirke, Bundesländer, etc.), Zulassungsbezirke des Kraftfahrtbundesamtes, Wahlkreise und Wahlbezirke, Telefonvorwahlbereiche, Nielsen-Gebiete, etc.

> Die **mikrogeografische Segmentierung** bezieht sich auf kleinere räumliche Einheiten. Es muss eine Feingliederung eines bestimmten Gebietes, beispielsweise Deutschland, gefunden werden, die folgenden Anforderungen genügt (Meinert 1997, S. 455):
> - Die Feingliederung soll flächendeckend sein.
> - Jede zu bildende Zelle soll möglichst gleich viele Haushalte bzw. Personen beinhalten.

11.4 Mikrogeografische Segmentierung

- Aus Datenschutzgründen sollten die Zellen so groß sein, dass ein Rückschluss auf einzelne Haushalte nicht möglich ist.
- Die Haushalte, die in eine Zelle zusammengefasst werden, sollen räumlich eng beieinander liegen, damit die Gebiete auch in einer Karte abgegrenzt werden können.
- Die einzelnen Zellen sollen Haushalte umfassen, die intern möglichst homogen und extern möglichst heterogen sind.

Die Unternehmen, die mikrogeografische Segmentierungssysteme entwickelt haben, wählten unterschiedliche Vorgehensweisen bei ihren Ansätzen. Es wurden Mikroparzellen gebildet, die zunächst die Größe der Wahlbezirke hatten (ca. 1.000 Einwohner). Später wurden diese Parzellen immer weiter verkleinert bis zu Straßenabschnitten oder sogar einzelnen Häusern.

Die Abbildung 80 zeigt ein Wohnquartier mit etwa 100 Haushalten in einem postalischen Zustellbezirk, einen Wohnblock mit 20 Haushalten und schließlich eine Zelle, die aus datenschutzrechtlichen Gründen aus mindestens fünf Haushalten bestehen muss. Diese Zellen müssen, wie die Abbildung 80 zeigt, nicht aus unmittelbar nebeneinander liegenden Häusern bestehen. Hierzu werden vielmehr solche Häuser zusammengefasst, die homogen sind.

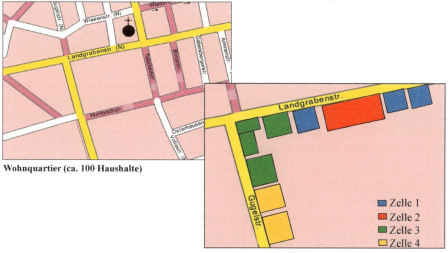

Abbildung 80: Wohnquartier, Wohnblock und Zelle
Quelle: Karstadt Quelle Information Services

Datenanreicherung der Marktparzellen

Um die definierten Parzellen nun beschreiben und bewerten zu können, müssen diese mit Daten angereichert werden, die aus vielfältigen Quellen stammen.

Das Statistische Bundesamt stellt sozio-demografische und sozio-ökonomische Daten (wie Einwohnerzahl, Alter, Bildungsstand, Berufsgruppen) zur Verfügung, die in der Regel auf Basis von Stadt- bzw. Landkreisstrukturen vorliegen. Allerdings sind diese Daten zum Teil veraltet und beziehen sich auf zu große Flächeneinheiten.

Als weitere Datenquelle dient das Verzeichnis aller Festnetzanschlüsse in Deutschland. Über die Zählung der an einer Adresse angemeldeten Telefonanschlüsse kann auf die Gebäudestruktur (Ein-, Zwei-, Mehrfamilienhaus) geschlossen werden.

Auch die Vornamensanalyse dient der weiteren Datenanreicherung. Die Adressanbieter haben die ihnen vorliegenden Adressen mit verfügbarem Geburtsjahr analysiert und festgestellt, dass eine enge Korrelation zwischen dem Vornamen und dem Alter besteht. Auf Grund von modischen Vorlieben für bestimmte Vornamen kann mit hoher Wahrscheinlichkeit auf die Altersklasse geschlossen werden.

Die wohl aussagefähigste Art der Erhebung von Daten stellt die Begehung oder auch die Auswertung von Luftaufnahmen dar. Die Firma Schober hat alle Wohngebiete in Deutschland begehen lassen. Dabei wurde mit Hilfe eines strukturierten Fragebogens jedes Haus individuell klassifiziert.

Eine weitere Möglichkeit der Anreicherung von Daten stellt der Erwerb externer Informationen dar. Hierzu werden beispielsweise Kundendaten von Versandhandelsunternehmen, Verlagen, Telekommunikationsdienstleistern, Reiseveranstaltern oder anderen Unternehmen den Geografiedaten zugespielt. Auch Erhebungen von Marktforschungsinstituten können zu einer weiteren Anreicherung der Daten genutzt werden.

Daneben gibt es zahlreiche weitere Quellen, wie Informationen zur Infrastruktur (Gewerbe- und Bebauungsstruktur), Daten zur Einkommensstruktur und Kaufkraft, Daten zum Ausländeranteil und Berufsstruktur oder Daten zum PKW-Besitz, die aus den unterschiedlichsten Quellen zur Verfügung stehen und die Informationsbasis verbreitern.

Die Methoden für die Gewinnung und Erhebung von Daten zur Klassifikation von Zielmärkten sind sehr vielfältig. Erst die Kombination verschiedener Informationen aus möglichst vielen verschiedenen Sparten ermöglicht den Rückschluss auf die Bevölkerungsstruktur in den gebildeten Parzellen.

Die Anbieter von mikrogeografischen Marktsegmentierungssystemen haben umfangreiche Erfahrungen darin gesammelt, aussagefähige, vollständige und möglichst gut gepflegte Datenbestände aufzubauen und diese dann beispielsweise mit Hilfe von Faktorenanalysen zu verdichten.

Die zusammengestellten Daten müssen in die geografische Gebietsunterteilung implementiert werden und den gebildeten Parzellen eindeutig zugeordnet werden. Hierzu wird eine Software eingesetzt, welche die sogenannte Geocodierung zulässt. Auf der Basis von Postleitzahl und Straße, in Kombination mit der Hausnummer wird ein Identifikationscode vergeben, der die zugehörigen

Raumeinheiten kennzeichnet. Auf Basis dieses Codes erfolgt die Zuordnung von Merkmalen als auch der Abgleich mit einer Adressdatei.

Bildung von Segmenten

Nachdem die Daten mit der entsprechenden Geocodierung gesammelt sind, müssen diese nun in Segmente eingeteilt werden, die möglichst homogen und für das Kaufverhalten relevant sind.

Mit Hilfe der multivariaten statistischen Verfahren, wie der Cluster-, Diskriminanz- und Faktorenanalyse werden Segmente identifiziert, in denen nach dem Kriterium der Neighbourhood-Affinität Menschen mit ähnlichem Lebensstil wohnen.

> Dabei folgt man **dem Grundsatz der Marktsegmentierung**: Die Menschen werden in Segmente eingeteilt, die intern homogen und extern heterogen sind. Die Menschen innerhalb eines Segmentes sind sich ähnlich, von anderen Segmenten grenzen sie sich möglichst deutlich ab.

Die mikrogeografische Segmentierung wurde in Deutschland vor allem von den Unternehmen entwickelt, die sie zu Zwecken des Dialogmarketings einsetzen. Informationen über Kunden und potenzielle Kunden sind im Dialogmarketing unabdingbare Voraussetzungen für die Selektion und Segmentierung geeigneter Zielgruppen.

Bei bereits bestehenden Kundenkontakten lassen sich die gewonnenen Informationen in Kundendatenbanken ablegen und stehen dann durch Methoden des Database Marketings zur Verfügung. Wenn aber Neukunden durch die Anmietung von Adressen gewonnen werden sollen, setzt die Datenschutzgesetzgebung der Informationsbeschaffung über Privatpersonen enge Grenzen. Während die Weitergabe von Informationen im Bereich Business-to-Business sehr weitgehend ist, sind die Möglichkeiten der Adressanbieter im Privatbereich stark eingeschränkt.

> Ein E-Commerce-Unternehmen hat beispielsweise sehr genaue Vorstellungen über seine angesprochene Zielgruppe, aber es benötigt zur Neukundengewinnung entsprechende Adressen. Ein Adressbroker verfügt dagegen über riesige Mengen von Adressen mit zum Teil auch recht genauen weiterführenden Informationen, deren Weitergabe aber durch das Datenschutzrecht begrenzt ist. Die mikrogeografische Segmentierung stellt einen Ansatz dar, dieses Dilemma zu lösen, wenn die Informationen nicht auf die Einzelperson bezogen werden können, sondern als listenmäßige Aufstellung Segmente von mehreren Haushalten umfassen.

11.4.3 Datenschutzrechtliche Aspekte

Es ist die Aufgabe des Bundesdatenschutzgesetzes (BDSG), personenbezogene Daten vor Missbrauch bei der Speicherung, Übermittlung, Veränderung oder Löschung zu schützen und der Beeinträchtigung schutzwürdiger Belange der Betroffenen (beispielsweise das Recht auf informationelle Selbstbestimmung) entgegenzuwirken.

In §3 BDSG heißt es, dass personenbezogene Daten Einzelangaben über persönliche oder sachliche Verhältnisse einer bestimmten oder bestimmbaren natürlichen Person sind.

Unter folgenden Umständen dürfen personenbezogene Daten ohne eine gesonderte Zustimmung der Person geschäftsmäßig vermarktet werden:

- Die Daten stammen aus allgemein zugänglichen Quellen (§32 Abs. 1 Satz 2 BDSG). Dazu gehört der größte Teil der Informationen, die zum Aufbau mikrogeografischer Datenbanken dienen, wie beispielsweise die Daten des Statistischen Bundesamtes über die Wahlergebnisse zu den Bundestagswahlen, Kaufkraftdaten aus Erhebungen von Marktforschungsinstituten oder die aus Adressbüchern gewonnenen Informationen.

- Es besteht kein Grund zu der Annahme, dass durch die Speicherung der Daten schutzwürdige Belange der betroffenen Adressinhaber beeinträchtigt werden. Diese schutzwürdigen Belange wurden vom Gesetzgeber nicht klar definiert. Sie werden als Privatsphäre, Intimsphäre bzw. Persönlichkeitsrecht ausgelegt.

Die im Rahmen der Informationsbeschaffung für mikrogeografische Segmentierungssysteme gesammelten psychografischen sowie soziodemografischen Daten gelten zwar als personenbezogen, doch sind sie auf Grund ihrer nicht eindeutigen Bestimmbarkeit auf eine einzelne natürliche Person nicht den gesetzlichen Bestimmungen unterworfen.

Zur Weitergabe personenbezogener Daten zum Zweck der Marktbearbeitung sagt das BDSG (§28 Abs. 2 Nr. 1 Buchstabe A und B) aus, dass die Übermittlung der Daten lediglich dann rechtens ist, wenn der Empfänger ein berechtigtes Interesse glaubhaft dargelegt hat oder es sich um listenmäßig oder ähnlich zusammengefasste Daten nach BDSG §28 Abs. 2 Nr. 1 Buchstabe B handelt und kein Grund zu der Annahme besteht, dass der Betroffene ein schutzwürdiges Interesse an dem Ausschluss der Übermittlung hat.

Das berechtigte Interesse kann dabei beispielsweise in einer Geschäftsanbahnung liegen.

Ein schutzwürdiges Interesse liegt bei sensitiven Daten vor (z.B. gesundheitliche Verhältnisse, strafbare Handlungen, Ordnungswidrigkeiten, religiöse oder politische Anschauungen). Die schutzwürdigen Interessen des Betroffenen werden nicht verletzt bei Daten wie: Berufs-, Branchen- oder Geschäftsbezeichnungen, Namen, Titel, akademische Grade, Anschrift, Geburtsjahr, Zugehörigkeit zu einer Personengruppe etc.

Da jede Angabe, sofern sie nicht im BDSG explizit als sensitive und somit schutzwürdige Angabe gilt, als nutzbar ausgewiesen wird und auch die Angabe „Zugehörigkeit zu einer Personengruppe" in § 28 BDSG als nicht sensitives Datum ausgewiesen, jedoch nicht explizit definiert, wird, ist die Informationsanreicherung durch interne und externe Datenquellen kaum begrenzt. Weiterhin werden Daten innerhalb der mikrogeografischen Segmentierung als listenmäßige Aufstellung betrachtet und erfüllen somit den Erlaubnistatbestand gemäß §§ 28, 29 BDSG, sofern die Segmente mehrere (mindestens fünf) Haushalte umfassen.

Derzeit wird allerdings auf politischer Ebene über weitere Verschärfungen des Datenschutzes diskutiert, nachdem mehrere Fälle von Missbrauch bekannt wurden.

11.4.4 Leistungsspektrum

Die mikrogeografische Segmentierung kann für zahlreiche Aufgaben im Marketing eingesetzt werden, indem die mikrogeografischen Daten mit den unternehmensinternen Kundendatenbanken und Informationssystemen verbunden werden.

Einsatzmöglichkeiten finden sich bei allen Marketing-Instrumenten, beispielsweise seien in der Abbildung 81 einige Aufgaben genannt.

- Markt- und Potenzialanalysen
- Gebietsstruktur- und Standortanalysen
- Kundenanalysen
- Penetrationsanalysen
- Interessenten- und Neukundengewinnung
- Qualifizierung von Neukunden
- Optimierung der Kundendatenbank
- Qualifizierung und Selektion von Kunden
- Risikoanalysen
- Steuerung werblicher Maßnahmen
- Einsatz von Postwurf-Spezial
- Einsatz von Werbebriefen

Abbildung 81: Einsatzmöglichkeiten der mikrogeografischen Segmentierung im Marketing

Markt- und Potenzialanalysen

Zur Erreichung strategischer Ziele im Marketing ist es notwendig, regionale Märkte quantitativ und qualitativ in möglichst tiefer geografischer Gliederung zu charakterisieren, damit differenzierte Regionalmarkt-Strategien entwickelt werden können. Das IT-gestützte Geo-Marketing ist in der Lage, die unterschiedlichen umfangreichen Daten mit räumlichen Dimensionen für verschiedene Segmente nach eigenen Parametern aufzubereiten und die Ergebnisse grafisch darzustellen. So lassen sich eigene Marktanteile und Marktpotenziale analysieren, und die Informationsbasis für strategische und operative Maßnahmen kann gelegt werden.

Gebietsstruktur- und Standortanalysen

Die Gebietsstrukturanalyse ist ein geeignetes Mittel für die Standortplanung im Einzelhandel. Aus den Daten der mikrogeografischen Segmentierung lassen sich thematische Karten drucken, die Informationen über die Kundenstruktur einschließlich soziodemografischer (z.B. Alter, Kaufkraft) und psychografischer (z.B. Wohngebietstyp) Daten verarbeiten. Das Unternehmen kann erkennen, in welchen Gebieten die angesprochene Zielgruppe wohnt.

Kundenanalysen

Die Kundenstrukturanalyse soll Aufschluss darüber geben, wie sich der typische oder besonders gute Kunde des eigenen Unternehmens charakterisieren lässt.

Dazu werden die eigenen Kundendaten auf die geo-codierten Daten eines mikrogeografischen Systems übertragen und mit den dort gespeicherten Informationen verglichen. Festgestellte Korrelationen können in thematischen Karten dargestellt werden, die dann Aussagen über Käuferstrukturen zulassen.

Penetrationsanalysen

Die Penetrationsanalyse verbindet Informationen aus Kundenstruktur- und Gebietsstrukturanalysen. Es lässt sich feststellen, wie sich die Kunden und der Absatz des eigenen Unternehmens auf die geografischen Segmente verteilen. Durch die Verbindung der Daten kann die Marktdurchdringung analysiert werden. Mit der Penetrationsanalyse lässt sich die Marktdurchdringung definierter Gebiete ermitteln. Einzelhandelsunternehmen oder Banken können so das Einzugsgebiet ihrer Filialen bzw. Zweigstellen überprüfen.

Interessenten- und Neukundengewinnung

Ein Unternehmen, das über eine eindeutige Zielgruppendefinition verfügt, hat bei der Adressmiete die Möglichkeit, mit der mikrogeografischen Segmentierung die Adressdaten um Geo-Daten (z.B. Kaufkraft, Altersstruktur, Kaufverhalten) anzureichern.

Qualifizierung von Neukunden

Neu gewonnene Kunden, die den ersten Kauf oder die erste Bestellung getätigt haben, werden bewertet, um ihr zukünftiges Kaufverhalten und ihren „Lifetime-Value" zu prognostizieren. Durch die Verknüpfung der Adresse mit mikrogeografischen Daten lassen sich weitere Informationen gewinnen und Potenziale für Up- und Cross-Selling-Aktionen erkennen.

Optimierung der Kundendatenbank

Die unternehmensinternen Kundendaten lassen sich durch Informationen aus der Mikrogeografie ergänzen, um eine bessere Kundenkenntnis zu erhalten und genauere Selektionen durchführen zu können. Moderne Datenbanken sind im

Rahmen des Data Mining in der Lage, Kundenadressen mit einer Vielzahl von Merkmalen zu verwalten, neue Daten einzupflegen und Zusammenhänge zwischen den einzelnen Merkmalen eigenständig zu erkennen und auszuwerten.

Qualifizierung und Selektion von Kunden

Aus der um mikrogeografische Informationen angereicherten Kundendatenbank lassen sich Rückschlüsse auf das Kaufverhalten ziehen. Nach dem Prinzip der „Neighbourhood-Affinität" werden Kunden selektiert, die für bestimmte Angebote geeignet erscheinen.

Risikoanalysen

Die Qualifizierung von Kunden mit Daten aus der Mikrogeografie kann beispielsweise zur Bonitätsprüfung bei Anträgen für Kreditkarten oder Mobiltelefonanschlüsse genutzt werden. Versicherungsunternehmen können analysieren, welche Kundenmerkmale mit einer hohen Stornoquote korreliert sind, und diese Ergebnisse bei der Neukundengewinnung sowie zur Bestandssicherung einsetzen.

Steuerung werblicher Maßnahmen

Bei flächendeckenden Werbemaßnahmen, die regional differenziert werden, wie nicht adressierten Werbesendungen (Postwurfsendungen oder Haushaltswerbung) oder Außenwerbung dient die mikrogeografische Segmentierung dazu, mit Hilfe der gewonnenen Zielgruppenkriterien die relevanten Märkte zu selektieren.

Einsatz von Postwurf-Spezial

Die deutsche Post bietet mit dem Produkt Postwurf-Spezial („An die Bewohner des Hauses Fontanestraße 24") die Möglichkeit, nur ausgewählte geografische Segmente anzusprechen, die auf Grund der Erkenntnisse aus der mikrogeografischen Segmentierung eine hohe Affinität zu dem beworbenen Angebot haben.

Einsatz von Werbebriefen

Beim Einsatz von Mailings können gezielt kleine Segmente angesprochen und getestet werden, damit lassen sich Streuverluste minimieren.

11.5 Zielgruppenselektion auf Business-to-Business Märkten

Wenn ein Unternehmen keine Endverbraucher sondern gewerbliche Kunden anspricht (Business-to-Business), gelten natürlich völlig andere Kriterien für die Segmentierung.

> Die **Kaufentscheidungen** werden von einer Organisation statt von einer einzelnen Person getroffen. Oft sind an der Entscheidung zahlreiche Personen beteiligt, bei großen Unternehmen und hohen Kaufvolumina können über 50 Personen in den Kauf involviert sein.

Die Kaufentscheidung ist stärker rational geprägt, wenn man auch nicht vergessen sollte, dass es auch bei Business-to-Business-Geschäften immer Menschen sind, die eine Entscheidung fällen. Auch hier spielen psychologische Kriterien eine entscheidende Rolle.

Die Segmentierungskriterien betreffen die Demografie des kaufenden Unternehmens, also die Größe, die Branche, den Standort und die Verflechtungen zu anderen Unternehmen. Diese relativ allgemeinen Kriterien lassen in entsprechenden Firmen-Verzeichnissen recherchieren (Abbildung 82).

Das Beschaffungskonzept beschäftigt sich mit der Frage, welche Personen im Unternehmen an der Kaufentscheidung beteiligt sind und welche Rollen diese spielen (Buying Center). Bei der Untersuchung des Kaufverhaltens von Organisationen unterscheidet das Buying Center-Konzept fünf verschiedene Rollen. An der Kaufentscheidung sind zahlreiche Menschen beteiligt, die entweder formal in den Prozess involviert sind oder aber informell einen Einfluss darauf nehmen.

Diese Personen werden nach den Rollen, die sie dabei einnehmen, unterschieden in:

1. **User:** Diese Personengruppe nutzt später das Produkt, dessen Kauf nun entschieden wird. Es handelt sich um die Mitarbeiter in der Produktion, die mit den Werkzeugen arbeiten, die zum Kauf anstehen, oder um die Mitarbeiter in der Verwaltung, die mit einer bestimmten Software zu arbeiten haben. Diese User haben Anforderungen an das Produkt, die berücksichtigt werden müssen, um die Motivation dieser Gruppe aufrecht zu halten.

2. **Decider:** Die Decider sind diejenigen, die über den Kauf entscheiden. Ab einem bestimmten Volumen muss die Geschäftsführung entscheiden und die Gelder freigeben.

3. **Buyer:** Der Einkäufer regelt die formalen Aspekte des Kaufs. Er verhandelt über den Preis und die Konditionen.

4. **Influencer:** Ein Beeinflusser kann sich außerhalb des Unternehmens befinden. Es handelt sich um einen Berater oder Experten, dessen Expertise vor dem Kauf eingeholt wird.

5. **Gatekeeper:** Der Informationsselektierer filtert beabsichtigt oder auch unbeabsichtigt den Informationsstrom. Der Assistent der Geschäftsführung wird gebeten, sich einen Marktüberblick für ein bestimmtes Investitionsobjekt zu verschaffen. Er trifft bereits eine Auswahl und beschäftigt sich nur mit bestimmten Anbietern. Er sortiert die Angebote vor und stellt manche Anrufe nicht zu seinem Vorgesetzten durch.

Im Dialogmarketing besteht das Ziel darin, die einzelnen Mitglieder des Buying-Centers zu kennen, damit man sie richtig ansprechen kann. Der Anbieter kann dem Buying-Center ein Selling-Center gegenüber stellen. Problematisch dabei ist die Tatsache, dass die Mitglieder dieses Kauf entscheidenden Gremiums nicht formal festgelegt sind. Nur einige aus dieser Gruppe sind in einem Organigramm aufgeführt.

11.5 Zielgruppenselektion auf Business-to-Business Märkten

Auch schon bestehende Geschäftsbeziehungen zwischen Verkäufer und Käufer sowie die Kenntnis der Kaufkriterien können zur Segmentierung genutzt werden.

Die personengebundenen Kriterien tragen der Tatsache Rechnung, dass auch die Entscheider in Unternehmen Menschen sind und sich nicht nur rein rational verhalten. Die Einkaufsentscheidung spiegelt die Risikofreudigkeit und die Lieferantentreue wider und wird von den Eigenschaften der Personen geprägt. Jeder Verkäufer weiß, dass manche Verkäufer mit einigen Kunden zurechtkommen und mit anderen nicht.

Schließlich können situationsbedingte Kriterien nützlich sein, Business-Kunden zu segmentieren. In Abhängigkeit von der Dringlichkeit des Bedarfs (ist eine Maschine gerade irreparabel ausgefallen und man braucht sofort Ersatz oder handelt es sich um einen langfristig geplanten Kauf), der Höhe des Auftragsvolumens und der Art des Kaufs (z.B. erstmaliger Kauf, Wiederholungskauf) wird das Entscheidungsverhalten extrem differieren.

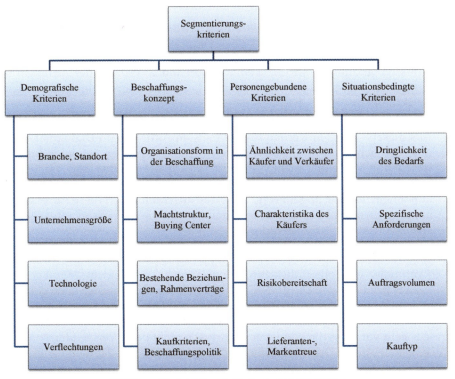

Abbildung 82: Selektionskriterien in B-t-B Märkten

11.6 Listbroking

11.6.1 Adressmiete

Eine Zielgruppensegmentierung mit Hilfe von Database Marketing ist nur bei eigenen Kunden möglich, da nur hier die notwendigen Informationen zur Verfügung stehen. Eigene Kundenadressen erbringen bei Dialogmarketing-Aktionen die besten Ergebnisse, da diese Kunden bereits einige Stufen auf der Loyalitätsleiter zurückgelegt haben.

Wenn aber neue Kunden geworben werden sollen, so müssen entweder Adressen gewonnen werden, oder das Unternehmen muss Fremdadressen anmieten. Die Gewinnung von Adressen ist durch unterschiedliche Methoden wie Coupon-Anzeigen, Beilagen, Gewinnspiele oder Freundschaftswerbung möglich. Viele Unternehmen haben aber feststellen müssen, dass die durch ein attraktives Gewinnspiel gewonnenen Adressen keinen großen Wert haben und kaum für eine weitere Bearbeitung lohnenswert sind.

Auch die eigene Ermittlung von Fremdadressen anhand von Adressbüchern, Branchenverzeichnissen und Messekatalogen ist wenig Erfolg versprechend und sehr zeit- und kostenintensiv. Auch sind viele Angaben in diesen Verzeichnissen veraltet. Erfahrungsgemäß sind rund 10 Prozent der Adressen in Telefonbüchern und anderen Publikationen bereits beim Erscheinen schon nicht mehr aktuell.

> Aus diesen Gründen werden für die meisten Aktionen im Dialogmarketing, die sich nicht an eigene Kunden richten, Adressen gemietet. Man spricht von Miete und nicht vom Kauf, da Adressen in der Regel nur zur einmaligen Nutzung überlassen werden. Das Unternehmen, das zur Neukundengewinnung angemietete Adressen anschreibt, darf diese Adressen nur dann in seinen Bestand übernehmen, wenn die Zielperson antwortet, ansonsten ist die Adresse verloren.

Der Vermieter kontrolliert dies durch eingestreute Kontrolladressen mit geringfügigen Schreibfehlern. Die großen Adressenbroker übernehmen auch gern die komplette Abwicklung der Aktion einschließlich Druck und Verarbeitung der Werbemittel, damit die Adressen nicht das Haus verlassen. Das Datenschutzgesetz sieht vor, dass die gemieteten Adressen nicht beim Verwender, sondern bei einem neutralen Dritten, beispielsweise der Druckerei oder dem Lettershop, verarbeitet werden.

Der Kauf von Adressen spielt in der Praxis keine große Rolle, kann aber beispielsweise bei einer Geschäftsaufgabe sinnvoll sein.

Abbildung 83 zeigt die Vorgehensweise des Listbrokings und die Beziehungen zwischen den Marktteilnehmern.

11.6 Listbroking

Es wird deutlich, dass der Adressmieter die Adressen nicht erhält, sondern diese bei einem „neutralen Dritten" verarbeitet werden. Der Mieter erhält nur die Reaktionen und kann diese in seine Datenbank aufnehmen.

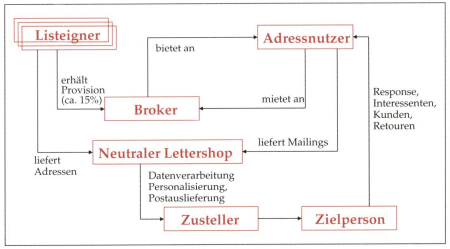

Abbildung 83: Listbroking

Beispiel für Listbroking:

Ein Unternehmen möchte Adressen anmieten, um neue Interessenten für sein Angebot zu gewinnen (siehe Abbildung 80).

Das Unternehmen wendet sich an einen Adressbroker, der eine gute Kenntnis des Marktes hat und über Adressen verfügt, die auf dem neuesten Stand sind. Der Broker arbeitet mit einer großen Menge von Listeignern zusammen, das sind Unternehmen, die über Kundenadressen verfügen und diese auch weitergeben. Es kann sich dabei um Versandhändler, Verlage, Telekommunikationsanbieter, Reiseveranstalter usw. handeln. Der Broker hat eventuell auch eigene Adressen, er berät den Adressnutzer und stellt die geeigneten Adresslisten zusammen. Der Adressnutzer mietet die Adressen bei dem Broker, der für seine Vermittlung eine Provision von den Listeignern bekommt.

Nach dem Datenschutzrecht ist nun vorgesehen, dass der Adressnutzer die Adressen nicht selbst erhält, sondern die weitere Abwicklung über den „Neutralen Dritten" erfolgt. Dabei kann es sich um eine Druckerei bzw. um einen Lettershop handeln. Der Adressnutzer liefert seine Mailings (digital oder schon gedruckte Bestandteile) an diesen Lettershop; die Listeigner liefern ihre Adressen. Der Lettershop druckt die Mailings und liefert sie an den Zusteller, der diese wiederum an die Zielperson ausliefert.

Wenn die Zielperson Interesse an dem Angebot hat, reagiert sie und richtet ihre Reaktion an den Adressnutzer. Wenn nun eine dreiprozentige Res-

> ponsequote erreicht wird, kann das Unternehmen diese drei Prozent in seine Datenbank aufnehmen und diese Interessenten oder Kunden weiter bearbeiten. Die restlichen 97 Prozent darf er nicht ein weiteres Mal ansprechen, wenn die Adressen für die einmalige Nutzung gemietet wurden.
>
> Wenn der Adressnutzer seine Mailings selbst produzieren möchte (als Serienbriefe), so bekommt er die Adressen von dem Adressbroker auch in jeder gewünschten Form zur Verfügung gestellt. In diesem Fall wird aber sehr genau mit Hilfe von Kontrolladressen die einmalige Nutzung überprüft. Bei Verstoß dagegen sind empfindliche Konventionalstrafen vereinbart.

Im Regelfall wird die vertragliche Beziehung zwischen den Marktteilnehmern als Auftragsdatenverarbeitung gemäß § 11 BDSG ausgestaltet. Wesentlich hierfür ist, dass die Adressen des Listeneigentümers in seinem Auftrag und ausschließlich im Rahmen seiner Weisungen verarbeitet werden. Der „neutrale Dritte" (EDV, Lettershop) darf dabei in keinem wirtschaftlichen Verhältnis zum Nutzer (Mieter) stehen. Rechtlich verlassen damit die Daten nicht den Herrschaftsbereich des Eigentümers und gelangen nicht in den Zugriff des Mieters.

Als Vermieter von Adressen kommen alle Unternehmen in Frage, die ihre Kundenlisten nicht konkurrierenden Unternehmen zur Verfügung stellen, beispielsweise Versandhandelsunternehmen, Zeitschriftenverlage, Reiseveranstalter etc.

Daneben gibt es die großen Adressenverlage, die Adressenlisten von verschiedenen Unternehmen akquirieren und weitervermieten. Zu den größten Adressenverlagen zählen AZ Bertelsmann und Schober (Geiger 2014, S. 307 ff.).

11.6.2 Novelle des Bundesdatenschutzgesetzes (BDSG)

An dieser Stelle können natürlich keine rechtsverbindlichen Auskünfte über dieses komplexe Problem des Listbrokings gegeben werden, dafür ist die Rechtslage zu unübersichtlich und sie ändert sich wegen der aktuellen Diskussionen ständig. Die folgenden Ausführungen sollen jedoch einen Überblick über den aktuellen Stand geben.

Angesichts zahlreicher Missbrauchsfälle wurden im Jahr 2008 aktuelle Forderungen zur Änderung des BDSG (Bundesdatenschutzgesetz) diskutiert. Dazu gehört die Abschaffung des Listenprivilegs, so dass in Zukunft eine schriftliche Einverständniserklärung der Kunden für die Weitergabe ihrer Adresse erforderlich sein soll. Außerdem soll eine Kennzeichnungspflicht für die Herkunft der Daten vorgeschrieben werden und alle Zugriffe auf Daten sollen dokumentiert werden.

> Kunden werden grundsätzlich ihre **Einwilligung** geben müssen, wenn ihre Daten zu Werbezwecken verwendet werden, dies bedeutet einen Paradigmenwechsel im Adressgeschäft und einen Fall des Listenprivilegs.

Bisher konnten Unternehmen, Adresslieferanten oder Listbroker frei mit personenbezogenen Kundendaten handeln, wenn nicht die Weitergabe ausdrücklich ausgeschlossen war. Jetzt ist die Situation umgekehrt: der Kunde muss aktiv einwilligen (Opt-In), dass seine Adressdaten weitergegeben werden dürfen.

Was ist künftig ohne Opt-In zulässig?

- Wer einen Kunden oder Interessenten geworben hat, also über Bestandsadressen verfügt, darf ihn weiter bewerben und neben der Adresse auch weitere Daten in der Kundendatenbank speichern.
- Die Ansprache von Kontakten in ihrer beruflichen Funktion, also B-to-B-Kontakte, und unter ihrer beruflichen Adresse wird erlaubt.
- Mit eigenen Rechnungen, Lieferungen und Werbeschreiben darf Werbung für Dritte verschickt werden (Beipackwerbung).
- An Bestandsadressen darf Werbung mit fremden Angeboten verschickt werden, soweit die Herkunft der Adresse erkennbar ist. Ob sich die Ausnahme auf Empfehlungswerbung oder die Datennutzung beschränkt, ist noch nicht eindeutig geklärt.
- Parteien und andere gemeinnützige Organisationen erhalten eine eigene Ausnahme für die Spendenwerbung.
- Eine eigene Ausnahme für Verlage ist nicht zu erwarten.
- Der Forderung der Versicherungswirtschaft nach einer Ausnahme für Konzerne wird nicht entsprochen.
- Ein Einwilligungsvorbehalt wird für Markt- oder Meinungsforschung ohne Werbecharakter nicht gelten. Eine eigene Sonderregelung ist geplant.
- Die wettbewerbsrechtlichen Beschränkungen für E-Mail, SMS, Fax und Telefon gelten unverändert fort.

11.6.3 Business-Adressen

> Die Adressenverlage bedienen sich einer Vielzahl von Quellen, die größten Teils öffentlich zugänglich sind. In Deutschland existieren über 4 Millionen Firmenadressen, die von den Adressverlagen auf einem möglichst aktuellen Stand (tagesaktuell) gehalten werden.

Die Abbildung 84 gibt einen Überblick über die von von der AZ Bertelsmann Direct GmbH genutzten Quellen zur Recherche von Business-Adressen.

Die Marktkonditionen für die Miete von Business-Adressen lauten (Schefer 2002, S. 51):

- In der Regel ist nur die einmalige Nutzung der Adressen für eine adressierte oder telefonische Werbeaktion nach AGB erlaubt.
- Die Mehrfach- und Dauernutzung des Adressmaterials ist nur mit besonderer Vereinbarung gestattet.

- Die Überprüfung von unerlaubter Nutzung erfolgt durch Kontrolladressen (kodierte mit Fehlern versehene Adressen).
- Die Preise liegen etwa zwischen 70 und 190 € pro Tausend Adressen und hängen davon ab, wie stark die Adressen selektiert bzw. mit Zusatzinformationen versehen wurden. Die Adressverlage berechnen im Allgemeinen Mindestauftragswerte (ca. 150 €) und Datenbankpauschalen (ca. 60 €).
- Die Anbieter geben eine Qualitätsgarantie und vergüten je Retoure ca. 0,30 bis 0,50 €.

Der Abschnitt mit den Business-Adressen in den Adresskatalogen ist nach Branchenzugehörigkeit gegliedert, dabei werden die fünfstellige Wirtschaftszweig-Systematik des Statistischen Bundesamtes und auch ausländische Codierungen und Klassifikationen angeboten. Firmenadressen werden heute in über 10.000 Selektionen angeboten.

In den größten 150.000 deutschen Unternehmen mit einem Umsatz über 2,5 Millionen Euro sind über eine halbe Millionen Entscheider namentlich nach Funktion und hierarchischer Stellung bekannt (Schefer 2002, S. 55). Durch den Einsatz dieser Entscheider-Adressen können die verantwortlichen Personen im Unternehmen direkt und namentlich angesprochen werden, um Streuverluste zu vermeiden. Ein an eine konkrete Person gerichtetes Mailing erreicht sicherlich eine höhere Wirkung als ein Werbebrief an die Position des EDV-Leiters.

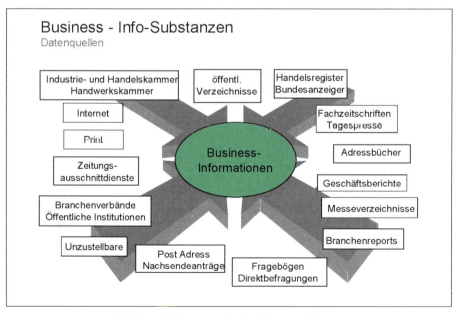

Abbildung 84: Datenquellen für Business-Adressen
Quelle: Schefer 2002, S. 50

11.6.4 Consumer-Adressen

> Bei der **Miete von Consumer-Adressen** werden die gespeicherten Informationen und Selektionsmöglichkeiten durch das Bundesdatenschutzgesetz (BDSG) eingeschränkt.

Das Geschäft der Vermietung und Vermittlung der Listen ist durch den § 28 des BDSG geregelt. Hiernach ist die Übermittlung oder Nutzung für Zwecke der Werbung, der Markt- und Meinungsforschung zulässig, wenn es sich um Daten über Angehörige einer Personengruppe handelt, die sich auf die folgenden Informationen beschränken (Schefer 2002, S. 64):

- eine Angabe über die Zugehörigkeit des Betroffenen zu dieser listenmäßig zusammengefassten Personengruppe,
- Berufs-, Branchen- oder Geschäftsbeziehung,
- Namen,
- Titel,
- akademische Grade,
- Anschrift und
- Geburtsjahr.

Es darf kein Grund zu der Annahme bestehen, dass der Betroffene ein schutzwürdiges Interesse an dem Ausschluss der Übermittlung oder Nutzung hat.

Die Listbroker, Adressenverlage und -verarbeiter, die Mitglied des Deutschen Dialogmarketing Verbands (DDV) sind, haben sich ergänzende Qualitäts- und Leistungsstandards auferlegt und haben entsprechende Verpflichtungserklärungen abgegeben.

Die Marktkonditionen sind hier weitgehend vergleichbar mit dem Business-Bereich (Schefer 2002, S. 59):

- In der Regel ist nur die einmalige Nutzung der Adressen für eine schriftliche Werbeaktion erlaubt (gemäß AGB).
- Die Überprüfung der Nutzung erfolgt durch Kontrolladressen.
- Der Preis pro Tausend Adressen liegt bei durchschnittlichen Privatadressen zwischen 100 und 200 Euro, wobei ein Mindestauftragswert und eine Datenbankpauschale zu berücksichtigen ist.
- Retouren werden in aller Regel nicht vergütet.

Die Adressbroker nutzen zur Datenanreicherung die unterschiedlichsten Quellen.

Sie führen Befragungen von Konsumenten durch, in denen entsprechende Informationen in breit angelegten Marktforschungsuntersuchungen abgefragt werden. Die Informationen über Wohnsituation und Art und Zustand des Hauses stammt aus mikrogeografischen Untersuchungen. Die Versandhandelsaffinität wird daraus abgeleitet, ob der Kunde Erfahrungen im Kauf per Post hat, also ob er bereits Kunde bei einem Versandhandelsunternehmen ist.

- Die Konsumschwerpunkte ergeben sich aus der Herkunft der Adresse. Die Quelle, aus der diese Adresse stammt, gibt Aufschluss über die Konsumschwerpunkte der Person. Diese Person hat vielleicht eine bestimmte Zeitschrift abonniert, ist Kunde bei einem Spezialversender und hat eine Kundenkarte von einem Handelsunternehmen. Daraus wird auf das Kaufverhalten geschlossen.

11.6.5 Datenpflege und Adressqualifizierung

Fehlerhafte Adressen

Fehlerhafte Adressbestände können vielerlei Ursachen haben.

Bei Business-Adressen ist zu beachten, dass die öffentlich zugänglichen Verzeichnisse, aus denen die Adressen gewonnen werden, bei ihrem Erscheinen erfahrungsgemäß bereits zu fünf bis zehn Prozent veraltet, fehlerhaft oder ungültig sind.

> Bei den Consumer-Adressen liegt eine erste Ursache für eine postalisch unkorrekte Anschrift häufig schon in der Anschriftennennung durch den Adressaten (= Reagierer auf eine Werbesendung) begründet. Fehlerhafte Schreibweisen komplizierter Straßen- und Ortsnamen und unterschiedlichste Abkürzungs- und Trennungsvarianten kommen ebenso oft vor, wie postalisch falsche Angaben auf Grund von Unkenntnis. Die schlechte Gestaltung von Reaktionsbelegen (z.B. Coupons, Antwortkarten) ist ebenfalls ursächlich für viele Fehler.

Adressbestände altern schnell; der Anteil der Unzustellbaren (Retouren) ist bereits bei einem über ein Jahr nicht eingesetzten und nicht gepflegten Bestand erheblich. Etwa 1,6 Prozent der so genannten „toten" Anschriften ergeben sich dabei durch die aktuelle Sterberate und etwa zwölf Prozent jährlich durch die Umzüge von Haushalten. Das macht bei über 37 Mio. Haushalten eine Änderungsquote von mehr als 4 Mio. Anschriften mit mehr als 7 Mio. Personen aus.

Um diese „Umzügler" erfassen zu können, ist der Vermerk der Vorausverfügung (Rücksendevermerk: „Falls Empfänger verzogen, bitte mit neuer Anschrift zurück") auf den Aussendungen sinnvoll, da die Post die ihnen bekannten neuen Adressen dem Absender mit Zuleitung der Retoure mitteilt. Die Post verlangt für die Vorausverfügungen und damit für die Rückgabe der Unzustellbaren ein Entgelt.

Dubletten-Abgleich

Wenn Adressen aus unterschiedlichen Quellen stammen, ist ein Abgleich notwendig, um die doppelt erfassten Kunden zu ermitteln. Die Überschneidungsrate der Versender ist groß, da viele Versandhandelskunden bei mehreren Unternehmen aktiv sind. Bei den Großversendern beträgt diese Überschneidungsrate ca. 50 Prozent. Wenn ein Sortimentsversender 5 Millionen Adressen zur Neukundengewinnung anschreiben will, muss er mindestens 10 Mio. Adressen belegen.

Neben der großen Zahl von Dubletten, werden die Adressen eliminiert, die bereits in der eigenen Kundenliste vertreten sind. Außerdem wird die Liste von Personen, die sich für adressierte Direktwerbung sperren ließen (Robinson-Liste), beachtet. Auch Kunden, die nicht zahlen (Black-Lists), oder „tote Adressen" (unzustellbare) werden von der Aktion ausgeschlossen.

> Für den Adressabgleich wurden unterschiedliche Verfahren entwickelt, um Dubletten, also doppelt oder mehrfach vorkommende Adressen herauszufinden. Damit werden Streuverluste minimiert und Verärgerungen von Konsumenten über Mehrfachzustellungen vermieden.

Bei den Match-Code-Verfahren werden bestimmte Kriterien definiert, nach denen Adressen verglichen werden. Beispielsweise werden beim Abgleich mehrerer Listen die ersten drei Buchstaben von Vor- und Nachname und der Straße und weiterhin die Hausnummer und die Postleitzahl verglichen. Wenn es bei diesem Test gleiche Kriterien bei zwei Adressen gibt, wird eine eliminiert.

Ein Nachteil dieses Verfahrens liegt darin, dass unterschiedliche Schreibweisen von Namen nicht erkannt werden. Wenn ein Herr Meier also in unterschiedlichen Versionen erfasst ist (Meier, Meyer, Mayer, Maier, etc.), handelt es sich nach dem Match-Code-Verfahren um unterschiedliche Personen, da Unterschiede in den geprüften Kriterien auftreten. Um dies zu vermeiden, kann das Verfahren so verändert werden, dass es beispielsweise nur die ersten beiden und dann jeden vierten Buchstaben von Namen und Straße sowie Hausnummer und Postleitzahl prüft. Es werden Parameter eingestellt, die aussagen, dass nur eine gewisse Anzahl der verglichenen Kriterien identisch sein muss, um eine Adresse zu eliminieren.

Auf diese Weise versucht man, das Risiko von Overkill und Underkill zu begrenzen. Underkill bedeutet, dass man bei der Elimination eher vorsichtig vorgeht, so dass die Gefahr von Dubletten sehr groß bleibt. Beim Overkill sollen auf keinen Fall Dubletten bei der Aussendung bleiben. Dafür wird andererseits in Kauf genommen, dass auch einige unterschiedliche Zielpersonen als gleich definiert werden und nicht mit einem Mailing ausgestattet werden.

Das phonetische Verfahren des Adressabgleichs basiert auf der Phonetik und vergleicht Adressen nach der Lautbildung und Aussprache. Es geht nicht um eine rein mechanische Analyse wie beim Match-Code-Verfahren, sondern hier werden die Buchstaben des Alphabets ersetzt durch Symbole, die den Klang ausdrücken (Lautschrift). Herr Meier aus dem obigen Beispiel würde also bei unterschiedlicher Schreibweise als die gleiche Person erkannt.

Adressen können auch direkt im Dialog bei der Eingabe schriftlicher Bestellungen oder bei der telefonischen Bestellannahme phonetisch überprüft werden. Bei der Eingabe öffnet sich auf dem Bildschirm ein Fenster und zeigt eventuelle ähnliche Adressen zur Überprüfung.

Postordnungsmäßigkeit und Aktualität

> Um günstigste Portotarife auf Grund von Porto-Optimierungsverfahren in Anspruch nehmen zu können und damit weitere Qualifizierungsprogramme effizient greifen können, ist die Aktualisierung der Adressbestände auf Postordnungsmäßigkeit vorweg erforderlich (Schefer 2002, S. 75). Jede Adresse ist auf Richtigkeit und Vollständigkeit entsprechend den amtlichen Vorgaben der Deutschen Post AG zu untersuchen und gegebenenfalls zu korrigieren oder zu aktualisieren.

Am Markt existieren bewährte Programmpakete, die alle postalisch relevanten Informationen wie Postleitzahl, Ort, Straße und gegebenenfalls Hausnummer auf postalische Gültigkeit und orthografische Richtigkeit überprüfen und gegebenenfalls berichtigen.

Die zu überprüfenden Adressbestände werden per Abgleich gegen diese Dateien Satz für Satz mit den gespeicherten korrekten Schreibweisen verglichen. Durch komplexe Prüfalgorithmen, Ähnlichkeitsanalysen und Näherungsverfahren erkennen diese Programme selbst extreme Schreibweisen, Abkürzungen usw. und ersetzen diese automatisch durch die richtigen Angaben. Maschinell nicht korrigierbare, mehrdeutige Adressen werden für eine nicht zu umgehende manuelle Überarbeitung getrennt ausgegeben. Die dabei erreichte Standardisierung von Adressschreibweisen ermöglicht anschließend auch eine bessere Dublettenerkennung.

Auch wenn die postalischen Elemente einer Adresse korrekt sind, ist damit noch nicht sichergestellt, ob die in einer Datei gespeicherten Personen und Haushalte (noch) dort wohnen. Je nach Größe und Pflegezustand eines Bestandes (wenn dieser schon länger nicht mehr eingesetzt oder aktualisiert wurde) kann es wirtschaftlich günstig sein, die Kenntnis über mit hoher Wahrscheinlichkeit nicht mehr unter der vorliegenden Anschrift existente Personen durch einen Positiv-Abgleich gegen eine möglichst komplette, aktuelle, „lebende" bundesweite Haushaltsdatei zu gewinnen.

Die im Abgleich positiv ermittelten Adressen, die sowohl im Überprüfungs- als auch im Lebend-Bestand existent sind, werden anschließend weitergeführt und stehen zum Einsatz zur Verfügung.

Umzugsadressen

Seit dem Jahr 1995 ist in Deutschland ein Adressen-Änderungsdienst auf Basis von Original-Nachsendeanträgen der Umzügler verfügbar. Dieser Service wird von der für diese Aufgabenstellung gegründeten „Deutsche Post Adress GmbH" geboten, einem Gemeinschaftsunternehmen der Deutschen Post AG und AZ Bertelsmann Direct.

> Die Deutsche Post Adress sammelt Nachsendeanträge der Bundespost und stellt sie nach EDV-Erfassung und postgerechter Aufbereitung für die Adressaktualisierung zur Verfügung.

Gegenwärtig können so jährlich Umzugsmeldungen von über 6 Millionen Privatpersonen und bis zu 200.000 gewerbliche Ummeldungen bereitgestellt werden. Da die neuen Adressen bereits ca. eine Woche nach Ausstellung der Nachsendeanträge erfasst sind, wird so eine zeitnahe, wirtschaftliche und zuverlässige Aktualisierung ermöglicht.

Negativ- und Risiko-Adressen

Auch wenn Adressen postalisch absolut korrekt und zustellfähig sind, müssen diese nicht grundsätzlich für Werbezwecke geeignet sein. Beispielsweise ist die Ansprache von Personen, die in der Robinson-Liste geführt werden, nicht sinnvoll und führt nur zu Verärgerung, da diese Personen einem Einsatz ihrer eigenen Anschrift für die Werbeansprache per Post ausdrücklich widersprochen haben.

Auch die Adressen von zahlungsunfähigen und -unwilligen Personen sollten vor einer werblichen Aussendung eliminiert werden. Die Anzahl der Personen, die vor Gericht ihre Zahlungsunfähigkeit erklärt haben, beträgt über zwei Millionen.

Für Abgleiche gegen eigene oder angemietete Privatadressbestände stehen bei einigen Dienstleistern Sammlungen an Negativ- und Risiko-Adressen (so genannte „Nixie-Pools") zur Verfügung. Diese Gesamtpools umfassen mehrere Millionen Anschriften (Schefer 2002, S. 81). Die Abbildung 85 gibt einen Überblick über Negativ- und Risiko-Adressen.

- Robinson-Liste: Diese Liste wurde vom Deutschen Dialogmarketing Verband (DDV) initiiert und umfasst Personen, die keine schriftliche Werbung von Unternehmen erhalten wollen, mit denen sie bisher nicht in Kontakt standen. Diese Datei umfasst aktuell ca. 500.000 Anschriften. Die Bereinigung eines Werbebestandes um diese Adressen ist unbedingt zu empfehlen, denn dem Willen der „Robinsons" sollte entsprochen werden, außerdem ist bei dieser Zielgruppe auch kein wirtschaftlicher Einsatz von Dialogmarketing-Aktionen zu erwarten.
- „Tote" Adressen: In dieser Datei werden Adressen von unzustellbaren Aussendungen aus der letzten Zeit geführt. Zumeist kommt eine derartige Liste durch die Zusammenarbeit eines Dienstleisters mit mehreren Großauflieferern, die ihre jeweiligen (überprüften) Aussendungs-Retouren beisteuern, zustande.
- Dubiose Adressen: Jedes Unternehmen, das Produkte per Post gegen Rechnung anbietet und verkauft, muss mit Bestellern rechnen, die ihren Zahlungsverpflichtungen nicht nachkommen. Der Grund hierfür ist entweder die Zahlungsunfähigkeit oder sogar eine betrügerische Absicht. Vielen E-Commerce-Unternehmen entstehen hierdurch jährlich Verluste in Millionenhöhe. Durch das Herausfiltern dieser risikoträchtigen Adressen aus (angemieteten) Werbedateien wird das Risiko von Zahlungsausfällen reduziert.
Natürlich lohnt sich der Aufwand für den Abgleich und Einsatz dieser Bereinigungs-Dateien mit zum Teil Millionen von Negativ-Adressen nicht in jedem Fall. Zur Entscheidungsfindung ist eine Kosten-/Nutzen-Betrachtung unter Einbeziehung aller relevanten Faktoren (Streuvolumen, Werbekosten, Bestellwert etc.) vorab anzustellen.

Abbildung 85: Negativ- und Risiko-Adressen

12 Data-Driven-Marketing

12.1 Bedeutung des Data-Driven-Marketings

> **Data-Driven-Marketing** (datengestütztes Marketing) ist eine Methode, Informationen und Kenntnisse über Kunden und Märkte für den Einsatz des Marketing-Instrumentariums zielgerichtet zu nutzen. Es ist eine Voraussetzung für den Einsatz von Dialogmarketing-Instrumenten. Nur wenn die Reaktionen der Zielpersonen, auf die der Einsatz des Dialogmarketings ausgerichtet ist, in einer Datenbank erfasst werden, kann sich ein „Dialog" entwickeln.

Durch Data-Driven-Marketing kann eine größere Zielgenauigkeit bei der Segmentierung der Märkte erreicht werden, die Geschäfts- und Kundenbeziehungen lassen sich besser analysieren, steuern und nutzen. Dadurch wird es möglich, individuell und interaktiv mit den Kunden, Interessenten oder Zielpersonen zu kommunizieren.

Das Data-Driven-Marketing lässt sich durch vier wesentliche Merkmale bestimmen:

- Der Einsatz von Database-Technologie dient zur Erfassung, Bearbeitung und zur Bereitstellung von Adressen und weiteren Informationen über Zielpersonen.
- Data-Driven-Marketing ermöglicht die Nutzung der Daten und Informationen für den Einsatz der Dialogmarketing-Instrumente.
- Mit dem Database Marketing soll die Ausgestaltung eines Dialoges zwischen dem Unternehmen und der Zielperson ermöglicht werden. Die Zielperson kann hier im Consumer-Bereich oder auch im Business to Business liegen. Wichtig ist, dass dieser Dialog vom ersten Kontakt bis hin zur Bildung eines Stammkundenverhältnisses bzw. dem Ende der konkreten Beziehung aufrechterhalten wird.
- Das Data-Driven-Marketing hat einen Systemcharakter, der durch die permanente Sammlung kommunikationsnotwendiger Daten und die langfristige Perspektive beschrieben wird.

Mittels des Data-Driven-Marketings eröffnet sich ein strategischer Spielraum. Die für eine gezielte und differenzierte Ansprache notwendigen Informationen werden systematisch generiert, aufbereitet und verarbeitet. Durch das datenbasierte Management wird dafür Sorge getragen, dass die Daten immer aktuell bleiben und konsequent genutzt werden. Durch die Bereitstellung von

Informationen und deren Koordination kann eine größtmögliche Effizienz der Dialogmarketing-Instrumente bei minimierten Streuverlusten erreicht werden.

Die Inhaberin eines „Tante Emma Ladens" kann noch alle wichtigen Informationen über ihre Käufer im Kopf haben und ist damit in der Lage, die Bedürfnisse der Kunden zu berücksichtigen und jeden einzelnen individuell anzusprechen. Große Unternehmen mit unüberschaubaren Kundenzahlen haben häufig Probleme, die Informationsflut zu kanalisieren und handhabbar zu machen. Informationen über Kunden sind aber ein wichtiges Betriebskapital und sollten auch produktiv genutzt werden, um Wettbewerbsvorteile zu erreichen. Mit dieser Technik der Entscheidungsunterstützung durch Databases können Unternehmen mit großer Kundenzahl die Kundendaten und -reaktionen auf frühere Aktionen für den Einsatz des Marketing-Instrumentariums nutzen und damit eine stärkere Zielgruppenorientierung erreichen.

> **Data-Driven-Marketing** schafft die Voraussetzungen für die effiziente Koordination und Erfolgskontrolle der Medien im Dialogmarketing und ist ein bedeutendes Hilfsmittel bei der Vertriebssteuerung. Der Kunde kann individuell in personalisierten Werbemitteln angesprochen werden, und seine Präferenzen können in den zugesandten Angeboten Berücksichtigung finden, um eine gefestigte Kundenbindung zu erreichen.

Durch die Nutzung des datengetriebenen Marketings lässt sich ein strategisches Denken in die Praxis umsetzen. In diesem strategischen Ansatz wird berücksichtigt, dass mit dem Dialogmarketing im Allgemeinen nicht ein einmaliger Kauf sondern eine langfristige Kundenbeziehung angestrebt wird. Das Ziel besteht darin, einen Neukunden auf der „Loyalitätsleiter" Schritt für Schritt empor zu führen, denn viele Aktionen zur Neukundengewinnung erreichen erst nach mehreren Saisons ihren break-even-point.

Durch den Einsatz des datengetriebenen Marketings lässt sich ein geschlossener Regelkreis (closed loop) umsetzen, der sich bei jedem Einsatz weiter optimiert (Abbildung 86).

Das Unternehmen verfolgt eine bestimmte Marketing-Strategie zur Realisation seiner Ziele und möchte bestimmte Zielgruppen ansprechen. Über die diese Zielpersonen liegen Informationen und Daten in der Database vor.

Diese Daten werden genutzt, um für eine bestimmte Aktion die zu kontaktierenden Personen zu selektieren. Die Reaktionen werden erfasst und analysiert; sie führen so zu neuen Informationen, die im nächsten Durchlauf des Kreislaufs zu einer genaueren Selektion eingesetzt werden. Mit jeder „Umdrehung" akkumuliert sich das Wissen über die Kunden und steigt dadurch die Erfolgsquote.

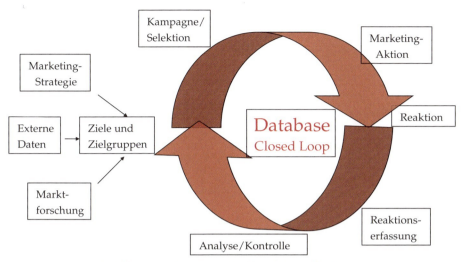

Abbildung 86: Closed Loop des Data-Driven-Marketings

12.2 Speicherrelevante Daten

Der Inhalt, den eine Kundendatenbank enthalten sollte, hängt davon ab, in welcher Branche das jeweilige Unternehmen tätig ist. Einer der großen Sortimentsversender ist an anderen Kundendaten interessiert als ein Spezialversender, ein Automobilhersteller oder eine Versicherung.

Es lassen sich allgemein die folgenden vier Datenkategorien unterscheiden (Link 2002, S. 96):

- Grunddaten: Zu den Grunddaten zählen Adresse und längerfristig gleichbleibende Kundendaten, die unabhängig von den Angeboten des Unternehmens und dem Kaufverhalten des Kunden sind.
- Aktionsdaten: Die Aktionsdaten beinhalten die Informationen über die kundenbezogenen Maßnahmen, die bisher von dem Anbieter an die entsprechende Person gerichtet wurden. Hier werden beispielsweise die Mailings fest gehalten (Mail-History), die die Zielperson erhalten hat.
- Reaktionsdaten: Die Reaktionsdaten enthalten schließlich die Informationen über die Auswirkungen dieser Maßnahmen, also über die Reaktionen (beispielsweise Bestellungen, Informationsanforderungen) der Zielperson.
- Potenzialdaten: Potenzialdaten sind auf die Zukunft bezogen und liefern Anhaltspunkte für das Nachfrageverhalten in bestimmten Produktgruppen zu bestimmten Zeitpunkten. Sie bieten dem Unternehmen die Grundlage für die Prognose des zukünftigen Kundenwertes (customer-life-time-value).

Die Abbildung 87 zeigt beispielhaft den Branchen übergreifend dargestellten Aufbau einer Datenbank mit einer sehr breiten und tiefen Informationsbasis.

Welche Daten tatsächlich gespeichert werden, sollte anhand von Kosten-Nutzen-Überlegungen entschieden werden. Einige der genannten Kriterien werden sich in der Praxis, wenn überhaupt, nur mit großem Aufwand erheben lassen.

Grunddaten:	Aktionsdaten:

⇒ **Adresse:**
  – Name, Vorname, Titel, akadem. Grade
  – Etage, Telefon, mobile, mail
  – Änderungen bei Name und Adresse …
⇒ **Soziodemografie:**
  – Geburtsdatum, Geschlecht, Familienstand
    Erreichbarkeit
  – Familienlebenszyklus, Alter der Kinder
  – Ausbildung, Beruf, Einkommen …
⇒ **Psychografie:**
  – Einstellungen, Lifestyle, Interessen u. Hobbies
  – Kaufmotive, Informationsnutzung
  – Wohngebietstyp (Miete, Eigentum, Garten) …
⇒ **Vorliegen der Datennutzungs-Erklärung**
	⇒ **Kontaktdaten:**
	  – Quelle der Adresse (Art des 1. Kontaktes)
	  – Datum des 1. Interesses
	  – Datum des 1. Kaufs
	  – zuständiger Verkäufer/Filiale,
	⇒ **Marketingdaten:**
	  – Kommunikationsgrundlage
	    (Club, Katalogkd.)
	  – Werbemitteleinsatz
	  – zuletzt versandte Werbemittel
	    (Mail-History), …

Reaktionsdaten:	**Potenzialdaten:**

⇒ **Kaufverhalten (quantitativ):**
  – Datum der letzten Bestellungen/Käufe
  – Kaufhäufigkeit, (Ø) Umsatz (kumuliert)
  – Retouren, gekaufte Produktgruppen,
  – Verbindung zu Daten d. Finanzbuchhaltung, …
⇒ **Kaufverhalten (qualitativ):**
  – Beschwerden, Affinitäten zu Produktgruppen
  – Änderungen im Kaufverhalten, …
⇒ **Kundenbewertung:**
  – DB, Kundenstatus (aktiv, passiv, A-B-C)
  – Punktwert nach Scoring-Modell (z.B. RFMR)
  – Kundenbindung, Kundenzufriedenheit, …
⇒ **Bonitätsdaten:**
  – Zahlungsverhalten, Kreditlimit, Kontostand,…
	⇒ **Bedarf:**
	  – Bedarfsmenge, Bedarfszeitpunkte
	  – Bedarf bestimmter Produktgruppen
	  – Nutzung von Konkurrenzprodukten, …
	⇒ **Kundenpotenzial:**
	  – Kundenportfolio, Kaufhäufigkeit
	  – Kundenwert (customer-lifetime-value), …

Abbildung 87: Aufbau einer Kundendatenbank

Die Datenschutzbestimmungen lassen die Speicherung personenbezogener Daten zu, wenn das Unternehmen ein berechtigtes Interesse an diesen Informationen hat und dem keine schutzwürdigen Belange des Betroffenen entgegenstehen.

Da das Verbraucherverhalten zunehmend multidimensional zu erklären ist, muss auch die Kundendatenbank diese Multidimensionalität widerspiegeln. Es sind immer mehr Variablen als Indikatoren für zukünftige Aktivitäten zu erfassen. Soziodemografische Kriterien allein reichen zur Klassifizierung des hybriden Konsumenten nicht mehr aus.

Die Interessenten- und Kundendaten müssen in regelmäßigen Abständen aktualisiert und gepflegt werden, sonst kann sich der Informationswert der Marketingdatenbank innerhalb kurzer Zeit auf Grund von Veränderungen der Kundendaten schnell verringern.

Jeder Kontakt mit dem Kunden muss genutzt werden, um die Datenbank zu aktualisieren und neue Merkmale zu erhalten. Die Quellen, aus denen diese Informationen über Kunden stammen können, sind beispielsweise:

- **Online-Medien:** Kontakte und Anfragen, die über das Internet zustande kommen, dabei entstehende Daten werden in die Database eingespeist.

- **Online-Analytics und Web-Trakking:** Nutzungsverhalten von Online-Medien
- **E-Mail-Marketing:** Reaktion auf E-Mails und Leseverhalten
- **Bestellungen:** Formulare für die Erstbestellung enthalten oft zusätzliche Fragen zu Qualifizierung der Datenbank
- **Informationsanforderungen:** Neben Kundendatenbanken werden auch einige Interessentendatenbanken geführt.
- **Coupons:** Rückläufe von Couponanzeigen oder Gewinnspielen
- **Call Center:** Daten, die bei Telefonaten angefallen sind

Auskunftsfreude von Kunden:

Bei der Auskunftsbereitschaft der Kunden klaffen Aussagen über Datenschutzbedenken und Realität häufig weit auseinander. Nach einer Studie des Handelsblatts gibt fast die Hälfte der Befragten an, die AGB und Datenschutzerklärungen auf Internetseiten zu lesen. Weniger als zehn Prozent sagen, dass sie persönliche Daten in sozialen Netzwerken oder für Preisausschreiben oder Coupons offenlegen. Diese Selbstauskünfte aus der Umfrage stehen in einem deutlichen Kontrast zum beobachtbaren Verhalten. So hat fast jeder zweite Deutsche eine Kundenkarte; ebenso viele nutzen Facebook. Beides geht aber nicht, ohne persönliche Daten preiszugeben (Handelsblatt Research Institut 2013).

Werden Teilnehmern pauschal fünf Euro für Datenpakete angeboten, stimmen mehr als 80 Prozent spontan der Datenbereitstellung zu. Auch bei sehr detaillierten Datensätzen aus sozialen Netzwerken liegt die Bereitschaft der Teilnehmer, Daten zu verkaufen, bei über 80 Prozent, die dafür geforderten Preise sind höher.

In der Umfrage waren nur 12 Prozent der Befragten bereit, ein Datenpaket mit ihren persönlichen Präferenzen zu verkaufen. Im Experiment taten es 98 Prozent.

Von ihren Kontaktdaten wollten sich in der Umfrage nur sieben Prozent trennen. Im Experiment taten es 88 Prozent (Handelsblatt Research Institut 2013).

12.3 Big Data

12.3.1 Bedeutung von Big Data

„Big Data" ist in Deutschland seit Mitte des Jahres 2012 eines der Hype-Themen und wird facettenreich diskutiert. Zum einen werden die verschiedenen Anwendungsbereiche erörtert – vom Einsatz im Gesundheitswesen, über den Einsatz im Sicherheitsbereich und in der öffentlichen Verwaltung bis hin zum Einsatz im Marketing. Zum anderen findet eine Auseinandersetzung mit der technischen und rechtlichen Seite von Big Data statt (Rossa, Holland 2014, S. 250).

Das Beratungsunternehmen Gartner hat Big Data im Jahr 2011 zum ersten Mal in seinen Hype Cycle „Emerging Technologies" aufgenommen (Pettey, Goasduff 2011). Nach dem aktuellen Hype Cycle befindet sich Big Data am Ende der ersten von fünf Phasen, der „Technology-Trigger"-Phase, und nähert sich der zweiten Phase an, dem „Peak of Inflated Expectations". Nach Einschätzung von Gartner wird Big Data in zwei bis fünf Jahren das Plateau der Produktivität erreicht haben (LeHong, Fenn 2012).

Auf Unternehmensseite ist das Interesse an dem Thema zwar groß, doch wissen die meisten Unternehmen nicht, wie und wofür sie Big Data konkret einsetzen könnten. Als eine der Hürden am Markt gilt der Mangel an Anwendungsbeispielen.

Vom Begriff abgeleitet, bedeutet „Big Data" zunächst nur „große Datenmengen". Diese Bedeutung kennzeichnet jedoch nur seinen Kern.

> Der Digital-Verband BITCOM stellt folgende Definition auf: „**Big Data** bezeichnet den Einsatz großer Datenmengen aus vielfältigen Quellen mit einer hohen Verarbeitungsgeschwindigkeit zur Erzeugung wirtschaftlichen Nutzens." Weiter heißt es: „Big Data liegt immer dann vor, wenn eine vorhandene Unternehmensinfrastruktur nicht mehr in der Lage ist, diese Datenmengen und Datenarten in der nötigen Zeit zu verarbeiten." (BITKOM 2012d, S. 21)

Diese Definition zeigt die Vielschichtigkeit von Big Data. Mit den Merkmalen „große Datenmenge", „Vielfältigkeit" und „hohe Geschwindigkeit" charakterisiert sie eine bestimmte Konstellation von Daten. Im weiteren Sinne kann man unter Big Data den Einsatz dieser Daten zur Stiftung wirtschaftlichen Nutzens verstehen. Big Data wird so zu einem Teil der strategischen und operativen Unternehmensführung und Unternehmenskultur. Dies klingt auch im zweiten Teil der Definition mit der Erwähnung der Herausforderungen an die Unternehmensinfrastruktur an. Diese lässt sich in eine institutionelle, personelle und materielle Infrastruktur unterteilen (Buhr 2013, S. 4 ff.). Die materielle Infrastruktur umfasst die in Big Data enthaltene informationstechnologische Komponente.

Mit Big Data ist erstmals eine umfassende Marktanalyse und Marktbeobachtung möglich. Der Beobachtungsradar kann dank Big Data extrem groß und nahezu lückenlos sein. Mit Big Data ist auch genau das Gegenteil des weiten Radars, nämlich eine Fokussierung auf das einzelne Individuum möglich. Big Data lässt fundierte Vorhersagen direkt aus den Daten und Algorithmen zu, ohne dass deren Ergebnisse einer Interpretation durch Experten bedürfen (Rossa, Holland 2014, S. 296).

12.3.2 Die „5 Vs" von Big Data

Volume: Wie groß ist „Big"?

Der große Datenumfang ist das, was Big Data zunächst den Namen gab. Doch was bedeutet groß? Unzweifelhaft steigt das Datenaufkommen zusehends. Allein von 2000 bis 2002 wurden mehr Daten generiert als in den 40.000 Jahren zuvor (BITKOM 2012d, S. 12). Nach einer Studie wird das Datenvolumen von 2005 bis 2020 um Faktor 300 von 130 Exabyte auf 40 Zettabyte wachsen und sich damit etwa alle zwei Jahre verdoppeln (Ganz, Reinsel 2012, S. 1).

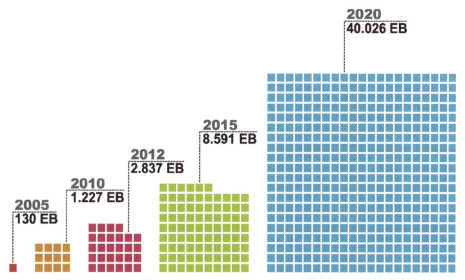

Abbildung 88: Das Wachstum des weltweiten Datenaufkommens 2005–2020

Wird heute zum Teil schon die Verwendung von Daten im Giga- und Terrabytebereich als Big Data bezeichnet, plant IBM zusammen mit ASTRON im DOME-Projekt das Sammeln von 14 Exabyte Daten pro Tag. Diese müssen verarbeitet und täglich in einer Größe von einem Petabyte gespeichert werden (Engbersen 2013). Nicht nur, wenn man sich vor Augen führt, dass ein Exabyte Daten digitalisierter Musik einer Abspieldauer von zwei Millionen Jahren entsprechen, sondern auch verglichen mit den heutigen oben genannten Dimensionen kann man dem DOME-Projekt zweifelsohne „Big Data" bescheinigen. Es übertrifft selbst den vermeintlichen Datenriesen Facebook, der täglich 500 Terrabyte Daten verarbeitet, um das 28.000-fache und lässt somit daran zweifeln, ob die heutigen Datenmengen wirklich „Big" sind (Kling 2012).

Betrachtet man zudem die Mooresche Gesetzmäßigkeit (Moore 1965, S. 114–117), nach der sich die Kapazität der Datenverarbeitung alle 12 bis 24 Monate verdoppelt, so kommt man zu dem Schluss, dass die Festlegung einer absoluten Grenze für die Größe von Big Data nicht möglich und nicht sinnvoll ist. Würde man eine derartige Festlegung treffen, würde sich Big Data qua Definition schnell überleben. Selbst das DOME-Projekt würde irgendwann den Charakter von Big Data verlieren.

In Betracht käme die Definition der Größe in Relativität zu den aktuellen Verarbeitungs- und Speichermöglichkeiten. Fraglich ist jedoch, ob dies sinnvoll ist. Allein aufgrund des zeitlichen Fortschritts könnten so Big Data-Projekte zu Nicht-Big Data-Projekten werden.

Schließlich ließe sich Größe auch im Sinne der Anzahl der verwendeten Datensätze interpretieren. In diesem Fall ist es nicht aufgrund der zeitlichen Veränderung, wohl aber aufgrund der unterschiedlichen Konstellationen der Einzelfälle nicht sinnvoll, eine absolute Anzahl an Datensätzen als Grenze zu fixieren. Vielmehr ist darauf abzustellen, ab wann ein Mehr an Daten zu einer signifikanten Veränderung des Ergebnisses und der daraus abgeleiteten Erkenntnisse und des Nutzens führt.

> Big Data ist im Ergebnis nicht „Big", wenn gewisse Datengrößen überschritten werden, sondern erst, wenn die Menge der eingesetzten Daten zu einem Ergebnis führen, das mit weniger Daten nicht hätte erreicht werden können.

Variety: Wie unterschiedlich sind Big Data-Daten?

> Die immer größer werdende Datenmenge entsteht nicht zuletzt aufgrund der ständigen Zunahme der Datenquellen. Smartphones, Social Media, Internet-Transaktionen, aber auch Kameras und Sensoren und das Internet der Maschinen produzieren immer mehr Daten. Mit der Vielfalt der Quellen geht die Bandbreite der Datenarten und -strukturen einher. Anhand der Struktur lassen sich Daten grob in drei Arten unterteilen: strukturierte, semistrukturierte und unstrukturierte Daten.

Unter strukturierten Daten versteht man Daten, die eine gleichartige Struktur aufweisen. Deren Anordnung und Verknüpfung erfolgt in einer bestimmten Art und Weise. Strukturierten Daten liegt ein zuvor festgelegtes Datenbankmodell zugrunde, das die einzelnen Datenelemente und die Relationen untereinander definiert. Die Struktur ermöglicht eine effiziente Verwaltung und einen einfachen Zugriff auf die Daten. Ein Beispiel für derartige Datenstrukturen sind SQL-Datenbanken.

Im Gegensatz zu strukturierten Daten weisen semistrukturierte Daten kein allgemeingültiges einheitliches Schema auf. Sie implizieren die Strukturinformation, auch wenn diese nicht immer offensichtlich ist. Im Gegensatz zu strukturierten Daten sind mit semistrukturierten Daten tiefe, unregelmäßige und volatile Strukturen ohne wiederkehrende Komponenten darstellbar, was einen flexibleren Einsatz ermöglicht. Gleichzeitig verursacht das Mehr an Flexibilität auch ein Mehr an Aufwand beim Auslesen und Verarbeiten der Daten (Abiteboul, Buneman, Suciu 2000, S. 11–13). Semistrukturierte Daten, die auch als strukturtragende oder sich selbsterklärende Daten bezeichnet werden, sind z.B. die im Internet weit verbreiteten HTML-, XML- oder JSON-Dateien, aber auch E-Mails, die zumindest im Header eine gewisse Struktur aufweisen.

Unstrukturierte Daten kommen, wie der Name vermuten lässt, ohne jegliche formale Struktur daher. Die fehlende Struktur erschwert die automatische Verarbeitung. Die Modellierung dieser Daten, um automatisch zu verarbeitende Strukturen zu gewinnen, ist oft mit einem Informationsverlust verbunden.

Neben der manuellen Strukturierung der Daten werden unterschiedliche Verfahren zu deren Aufbereitung eingesetzt. Dies sind z.B. Textanalysen und Textmining, maschinenlernende Systeme, basierend auf latent semantischer Analyse, statistischer Bayes-Klassifikation oder neuronalen Netzen sowie linguistischen Verfahren. Auf Basis dieser Verfahren werden dann beispielsweise mittels Sentimentanalysen die Stimmungslagen in sozialen Netzwerken analysiert.

Betrachtet man strukturierte und semistrukturierte Daten auf der Ebene eines einzelnen Datums, kann dieses selbst unstrukturiert sein. So ist z.B. die Nachricht einer E-Mail als Text unstrukturiert, wohingegen die E-Mail als solche semistrukturiert ist. Gleiches gilt für einen Text in einer strukturierten Datenbank.

Neben Texten zählen auch Bilder, Videos oder Töne zu unstrukturierten Daten. Schätzungen zufolge sind rund 85 Prozent aller Daten unstrukturiert und beherbergen eine Fülle an nützlichen Informationen (BITKOM 2012d, S. 12; Goetz 2012).

Velocity: Wie schnell ist schnell?

Daten zu erheben, zu speichern und zu verarbeiten ist nicht neu. Was sich bei Big Data ändert, ist die zeitliche Dimension. Die Geschwindigkeit nimmt in der Datenentstehung, der Speicherung sowie in der Datenverarbeitung zu.

Das oben beschriebene Datenwachstum geht damit einher, dass in der gleichen Zeit immer mehr Daten entstehen. Diese müssen verarbeitet und zum Teil auch gespeichert werden.

> Nicht nur auf der Seite der Datenentstehung, sondern auch bei der Datenverwendung ändern sich im Sinne von Big Data die Anforderungen an die Geschwindigkeit. Kennzeichen von Big Data ist es, dass die Daten schnell verarbeitet werden. Gilt bei Business-Intelligence-Analysen die tägliche Datenverarbeitung als schnell, so meint Big Data damit eine realtime- oder near-realtime-Verarbeitung. Auch hier ist es nicht möglich und sinnvoll, einen starren Grenzwert zu fixieren. Je nach Anwendungsfall können Verarbeitungsgeschwindigkeiten im Millisekundenbereich bis hin zu Sekunden, Minuten oder gar Stunden realtime bzw. near-realtime entsprechen.

Die Steuerung der Auslieferung bestimmter Banner auf einer Homepage, basierend auf einer Big Data-Analyse, erfordert eine Antwort innerhalb weniger Millisekunden. Wird aufgrund einer Big Data-Analyse ein neues Produkt evaluiert, können hingegen Minuten bis Stunden ausreichend sein. Diese schnelle Art der Datenverarbeitung wird unter den Fachtermini „Komplexes Event-Processing" und „Streaming-Data" zusammengefasst (Klausnitzer 2013, S. 91 ff.).

Technologisch wird dieser Anforderung derzeit mit den sogenannten In-Memory-Datenbanken und der von Google entwickelten MapReduce-Technologie entsprochen, die ein parallelisiertes Verarbeiten einzelner Abfragen ermöglichen (Dean, Ghemawat 2004, S. 1 f.).

> **Beispiele für Dialog in Realtime:**
>
> Ein Beispiel für einen Dialog in Realtime liefert die Deutsche Telekom: Alert-Teams der Deutschen Telekom steigen aktiv in laufende Dialoge in Sozialen Medien ein – in Echtzeit! Während eines Dialogs zwischen Personen zum Thema Planung einer neuen Küche meldet sich unvermittelt ein Mitarbeiter der Deutschen Telekom: „damit mehr Zeit für die Planung der Küche bleibt, kümmere ich mich gerne um den Umzug des telefonanschlusses, wenn ich darf." (Gentsch 2015, S. 49).
>
> Amazon experimentiert mit „predicted deliveries" und liefert damit ein weiteres Beispiel für die Geschwindigkeit der Aktionen, die durch Big Data ermöglicht werden – faster than realtime! Bestellungen sollen verschickt werden, bevor der Kunde diese bestellt hat. Amazon prognostiziert die Bestellungen aus dem historischen Kaufverhalten des Kunden, aus der Zeitdauer und den Mausbewegungen der Betrachtung und aus der Wunschliste.

Veracity: Welche Qualität haben Big Data-Daten?

> Menge und Vielfalt der Big Data-Daten bringen Unterschiede in der Qualität der Daten mit sich. Das Anstreben einer möglichst hohen Datenqualität ist auch bei Big Data empfehlenswert. Allerdings hat man nicht immer Einfluss auf die Qualität der Daten und muss deren Volatilität in Kauf nehmen.

So lässt sich beispielsweise eine gewisse Ungenauigkeit in der Standortbestimmung per GPS in den Häuserschluchten von New York nicht vermeiden. Denkt man weiter an die von Menschen erfassten Texte, so kann man sich vorstellen, wie die jeweilige Aufrichtigkeit und Stimmung Einfluss auf die Qualität dieser haben kann (Schroeck et al. 2012, S. 5). Neben der Qualität der Daten selbst kann auch die Verarbeitung und Auswertung der großen Datenmengen zur Qualitätsminderung beitragen.

Value: Welchen Wert haben Big Data-Daten?

> Wie eingangs beschrieben, werden die großen Datenmengen unterschiedlicher Struktur und Qualität erst dann zu Big Data im weiteren Sinne, wenn daraus schnell Erkenntnisse und Nutzen generiert werden können. Diese Erkenntnisse sind der Mehrwert von Big Data.

Wenn man die oben erörterten charakteristischen Merkmale von Big Data zugrunde legt, würde der Nutzen durch den Einsatz einer großen Zahl von Datensätzen unterschiedlicher Quellen und Qualität entstehen. Fraglich ist, ob immer alle Merkmale erfüllt sein müssen, um eine Unternehmung als Big Data einzustufen. Auch wenn die volle Kraft zumeist in der Kombination von Datenquellen liegt, könnte man sich vorstellen, dass das Fehlen dieser Variety durch eine sehr große Menge von Datensätzen einer Quelle ausgeglichen werden kann.

Big Data beschreibt mehr die Art der Datennutzung und eine dementsprechende Philosophie, als dass es um die rein formale Einordnung einer Unternehmung anhand der oben genannten Kriterien als Big Data geht. Big Data ist mehr als die Summe von Kriterien und vor allem mehr als die Summe seiner Daten. Im Kontext dieses Beitrags wird Big Data so verstanden, dass sich durch das Zusammenspiel der Kriterien ein Nutzen ergibt, der ohne diese nicht hätte erreicht werden können.

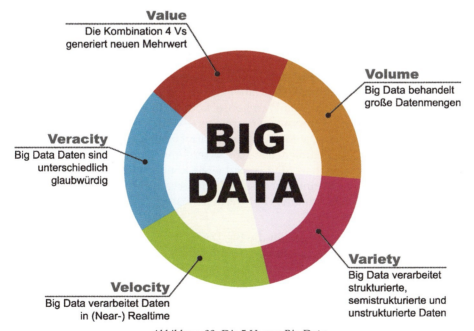

Abbildung 89: Die 5 Vs von Big Data
Quelle: Rossa, Holland 2014, S. 255

12.3.3 Herausforderungen für Unternehmen

Datenhaltung und Technik

Big Data-Marketing bedeutet für Unternehmen eine große Chance. Gleichzeitig stellt es sie aber vor zahlreiche Herausforderungen bezüglich der Technik, der Strukturen und dem Umgang mit den Daten. Diese müssen gelöst werden, um von Big Data profitieren zu können (Holland 2015, S. 15–38).

> Die **Basis für Big Data** bilden viele Datensätze unterschiedlicher Struktur und eine Technik, die deren Speicherung und schnelle Verarbeitung ermöglicht. Heute findet man in Unternehmen oftmals verteilte Datensilos vor. Die unterschiedlichen Anwendungen wie ERP (Enterprise Ressource Planning), CMS (Content Management System), CRM (Customer Relationship Management), ECMS (Enterprise Content Management System), FiBu (Finanzbuchhaltung) und Webshop bilden ihr eigenes Ecosystem und speichern ihre Daten in separaten Datenbanken. Einige Unternehmen überführen Teile dieser Daten in ein Data-Warehouse.

Ein Data-Warehouse ist auf strukturierte und gut dokumentierte Daten mit einer durch das Datenmodell sichergestellten Integrität ausgelegt. Weiter ist ein Data-Warehouse entsprechend den vom Fachbereich definierten Anforderungen aufgebaut. Die Herangehensweise ist demnach so, dass zunächst die Fragen, die durch die Analyse beantwortet werden sollen, definiert werden. Anhand der notwendigen Analyse wird dann das Data-Warehouse aufgebaut oder erweitert. Die Berichtgenerierung im Data-Warehouse erfolgt periodisch (Holland 2009, 203).

Um von der explorativen Big Data-Analyse profitieren zu können, müssen die Unternehmen eine technische Big Data-Plattform kreieren und zur Verfügung stellen. Besteht bereits ein Data-Warehouse, könnte dies nach Ansicht von IBM um gewisse Big Data-Komponenten erweitert werden (Thomas 2013). Diese müssen unstrukturierte Daten in all ihren Formen speichern. Darüber hinaus müsste diese Big Data-Plattform auch die sogenannte Data in Motion, die auch Streaming Data genannt werden, verarbeiten können. Streaming Data sind Daten, die, zumindest in einem gewissen Zeitintervall, permanent anfallen und in Echtzeit in die -Plattform integriert werden müssen. Nur so werden Echtzeit-Analysen ermöglicht.

Neben diesen Anforderungen an die Big Data Integration muss die Big Data-Plattform auch die unstrukturierten Daten durch Verfahren wie Sentiment-Analysen verarbeiten. Die Verarbeitung sämtlicher Daten muss in der Big Data-Plattform so performant sein, dass die Abfragen in Realtime bzw. Near-Realtime verarbeitet werden können. Techniken, die hierfür zum Einsatz kommen, sind MapReduce Cluster und InMemory-Datenbanken (Gimnich 2013).

Derartige Plattformen sind derzeit noch relativ neu und mit entsprechenden Kosten verbunden. Jedoch ist aufgrund der technischen Entwicklungen damit zu rechnen, dass diese Techniken schon bald sehr viel günstiger erhältlich sein werden. Eine Studie zeigt, dass derzeit 53 Prozent der befragten Unternehmen Probleme mit der Datenintegration haben. Die gezeigten Entwicklungen könnten dabei helfen, diese Probleme zu beseitigen und für eine Big Data-Basis zu sorgen (Kraus 2013, S. 18).

Prediction versus Reporting

> Stellt ein Unternehmen allein die technische Plattform zur Verfügung, ist zwar ein wichtiger Grundstein gelegt, Big Data wird jedoch nicht zur vollen Entfaltung kommen. Wie bereits gezeigt ist einer der wesentlichen Unterschiede zwischen der Big Data-Welt und Small-Data-Welt, dass Big Data mehr als nur retrospektive Analysen ermöglicht. Big Data versucht, die Zukunft vorherzusagen. Um diese Vorhersagen zu erstellen, müssen sich Unternehmen darauf einlassen, sich an Daten und Algorithmen zu orientieren.

Wollen Unternehmen von der Möglichkeit, mittels Big Data-Vorhersagen treffen zu können, profitieren, müssen sie die dafür nötigen Daten als Rohmaterial in ihrer Big Data-Plattform verfügbar machen.

> **Beispiele für Big Data-Prognosen:**
>
> Da die Daten allein nicht preisgeben, welche möglichen Vorhersagen in ihnen stecken, müssen die Unternehmen dazu in der Lage sein, die richtigen Fragen zu stellen. So konnte in einem Fall eine Bäckerei, die sich die Frage gestellt hat, was die Wetterprognosen über den Absatz der Backwaren verraten könnten, die Retourenquoten aus den Filialen drastisch verringern und so die Profitabilität steigern (IBM Deutschland GmbH 2011).
>
> In einem anderen Fall hat sich die dm-drogerie markt GmbH & Co. KG gefragt, welche Informationen nötig sein würden, um den Mitarbeiterbedarf in einer Filiale pro Tag zu errechnen. Die Antwort lag darin, Daten zu den Tagesumsätzen, Paletten-Anliefer-Prognosen der Verteilzentren, filialindividuelle Parameter wie Öffnungszeit und Größe, aber auch Daten zu Ferien, Markttagen, Baustellen und Wettervorhersagen miteinander zu verknüpfen. Im Ergebnis erhielt das Unternehmen wesentlich genauere Planungen, als sie mit den einfachen Hochrechnungen der Filialverantwortlichen möglich waren (BITKOM 2012d, S. 58).

Bei der heute vorherrschenden Datenanalyse wird im Nachhinein versucht, Zusammenhänge zu erklären und Veränderungen festzustellen. Auf Grundlage dieser Analyse werden gegebenenfalls von Menschen Vorhersagen getroffen, um das Unternehmen zu steuern. Die Analyse selbst ist dabei risikofrei. Sie liefert die Erkenntnisse, die die Daten beherbergen. Wenn eine Prognose nicht zutrifft, dann liegt der Fehler nicht in der Analyse, sondern in den daraus gezogenen Schlüssen. Bei Big Data hingegen liefert der Algorithmus direkt die Vorhersage. Aus Sicht der Unternehmen bedarf es daher den Mut, den Zahlen mehr zu vertrauen als den zahlengestützten menschlichen Vorhersagen. Will ein Unternehmen Big Data erfolgreich einsetzen und zu einem echten Big Data-Unternehmen werden, muss das Management diesen Mut zu einem Teil der gelebten Unternehmensphilosophie werden lassen.

Personal und Strukturen

Die Daten, die Technik und der Mut, sich auf Big Data-Vorhersagen einzulassen, allein reichen nicht aus, um Big Data in einem Unternehmen zu etablieren. Vielmehr müssen auch die personellen und strukturellen Voraussetzungen geschaffen werden.

> Big Data kann in nahezu allen Bereichen des Marketings und des Unternehmens sinnvoll eingesetzt werden. In der logischen Schlussfolgerung müssen alle diese Bereiche Zugriff zu den Big Data-Informationen erhalten. Hierfür müssen Unternehmen die Voraussetzungen schaffen. Ist es so, dass heute die einzelnen Abteilungen „auf ihren Datensilos sitzen", muss für erfolgreiches Big Data-Marketing für mehr Datendemokratie im Unternehmen gesorgt werden. Dafür muss im ersten Schritt ermittelt werden, an welcher Stelle welcher Informationsgehalt benötigt wird. Dabei ist nicht primär die Frage zu klären, auf welche Daten die einzelnen Abteilungen zugreifen können, sondern welche Informationen an diesen Stellen benötigt werden (Pletsch 2013, S. 208).

In den Big Data-Analyseprozess sind in der Regel mehrere Parteien involviert. Prinzipiell kann man hier drei Parteien unterscheiden: die Fachabteilung, die IT-Abteilung und die Analyseabteilung.

Die Fachabteilungen sind diejenigen, die die Informationen aus den Daten für ihre Arbeit benötigen.

Die IT-Abteilung ist diejenige, die sich um das Big Data-System, bestehend aus Hard- und Software, kümmert. Da IT-Abteilungen klassischerweise noch mehr Systeme betreuen, die historisch oder real gesehen mehr Bedeutung haben, muss dies mit zunehmender Bedeutung von Big Data für das Unternehmen in dem Personal- und Budgetplan der IT-Abteilung berücksichtigt werden.

Die Analyseabteilung besitzt besondere Analysekenntnisse und kennt sich in den Datenstrukturen aus. Sollte diese Aufgabe im Unternehmen nebenbei von der IT-Abteilung erledigt werden, ist mit der im Big Data-Zeitalter gestiegenen Bedeutung der Analyse zu prüfen, ob dies auch künftig sinnvoll ist.

Die Analyseabteilungen müssen mit entsprechenden Spezialisten besetzt werden. Diese Data-Scientists müssten über vielseitige Fähigkeiten verfügen. „[…] [T]he powerful combination of skills […] of data hacker, analyst, communicator, and trusted adviser – all of which must be applied to a specific technology or product", beschreibt Emily Waltz die entsprechenden Fähigkeiten (Waltz 2012).

Diese Talente dürften auf dem Arbeitsmarkt schwer zu finden sein, zumal es kaum Ausbildungen für dieses neue Berufsbild gibt. Daher ist es für Unternehmen umso wichtiger, sich rechtzeitig um entsprechendes Personal zu kümmern, dieses fortzubilden und sich so Big Data-Kompetenzen aufzubauen.

Zusätzlich zu den Data-Scientists könnte es unter Umständen sinnvoll sein, auch Data-Designer zu akquirieren oder auszubilden. Die Aufgabe dieser besteht darin, die Ergebnisse, die die Daten liefern, gut verpackt und anschaulich darzustellen, damit sie z.B. in einem Report an das Management schnell verstanden werden (Klausnitzer 2013, S. 163 ff.).

Korrelation versus Kausalität

Menschen sind daran gewöhnt, nach der Ursache für eine Gegebenheit zu fragen. Zunächst wird eine These aufgestellt, die dann im Anschluss untersucht wird. Im Ergebnis wird diese These entweder bejaht oder verneint.

Mit Big Data haben Unternehmen so viele Daten zur Verfügung, dass es nicht mehr sinnvoll ist, manuell einzelne Thesen für Kausalitäten aufzustellen und diese zu prüfen. Mit den neuen und schnellen Big Data-Technologien können durch anspruchsvolle computergestützte Analysen Abhängigkeiten automatisch erkannt werden.

> **Beispiel für Prognosen auf Basis von Korrelationen:**
>
> Google hat ein Tool entwickelt, das anhand der Suchanfragen Grippe-Trends vorhersagt. Dafür wurden 450 Millionen mathematische Modelle getestet, um die aussagekräftigsten Korrelationen von Suchanfragen mit Krankheiten aufzudecken (Ginsberg, u.a. 2009, S. 4). Mit manuellen Hypothesen hätte dies nicht bewerkstelligt werden können. Vor allem aber würde es dieses Tool nicht geben, wenn Google auf Kausalität bestanden hätte. Die Grippe-Trend-Vorhersagen basieren auf Korrelationen und somit auf statistischen Wahrscheinlichkeiten.

Quantität versus Qualität

Die Qualität der Daten gilt heute als essentiell für die Qualität der darauf aufsetzenden Analysen und Reports. Im Data-Warehouse wird die Datenqualität anhand der Merkmale Vollständigkeit, Konsistenz und Zeitnähe beurteilt. Der gesamte Data-Warehouse-Prozess ist anhand dieser Merkmale qualitätsgelenkt (Hinrichs 2002, S. 25). Der Grund liegt darin, dass bei wenigen Daten einzelne bis wenige Datensätze schlechter Qualität zu einem falschen Ergebnis führen können. Selbst wenn mehr Daten zur Verfügung stehen, werden diese oft komprimiert, um sie mit den Tools und Systemen in der nötigen Geschwindigkeit verarbeiten zu können. Ein klassisches Beispiel hierfür sind die Data-Marts im Data-Warehouse.

> Die **Big Data-Technologien** versetzen Unternehmen in die Lage, diese Vorselektion und gegebenenfalls anschließende Hochrechnung der Ergebnisse hinter sich zu lassen und stattdessen alle Daten mit in die Analyse einzubeziehen. Ist die Menge der Daten größer, verliert das einzelne Datum an Bedeutung. Ist es von einer schlechten Qualität, fehlerhaft oder gar fehlend, so hat dies keinen spürbaren Einfluss auf das Ergebnis.

Man stelle sich beispielsweise eine App vor, die den Standort eines Benutzers ermittelt, um diesem passende Angebote anzeigen zu können. Würde die App die Standortbestimmung einmal am Tag durchführen, wäre man auf eine fehlerfreie und genaue Bestimmung angewiesen. Würde man die Lokalisierung hingegen jede Stunde oder gar noch öfter durchführen, wäre es unbedeutend, dass die einzelne Messung Fehler behaftet wäre. Die Masse der Daten würde den Fehler ausgleichen.

Im Zeitalter von Big Data gilt der Grundsatz „Mehr übertrumpft wenig" und oft sogar der Grundsatz „Mehr übertrumpft besser" (Mayer-Schönberger, Cukier 2013, S. 33).

Ein anderes Beispiel wäre der Einsatz von Big Data zur Analyse der Marktpreise für ein Produkt. Man könnte diesen durch die manuelle Suche nach Preisen von dem Produkt und Konkurrenzprodukten ermitteln. Diese Preise wären sehr exakt, da ein Mensch sehr gut die unterschiedlichen Erscheinungsformen der Preisauszeichnungen erkennen kann. Andererseits könnte man mittels Big Data-Analysen das Web, Prospekte, Kataloge und vieles mehr automatisch nach Preisen durchsuchen. Hierbei würden die Bots vermutlich auch einige Preise falsch erfassen. Dafür können wesentlich mehr Daten ermittelt und ausgewertet werden. Im Ergebnis würde dies trotz qualitativ schlechteren Daten zu einem qualitativ hochwertigeren Ergebnis führen.

Diese Beispiele zeigen, dass die einzelne Datenerhebung nicht unbedingt von höchster Qualität sein muss. Es könnte daher sinnvoll sein, mehr günstige und qualitativ schlechtere Messgeräte und -methoden einzuführen als wenige teure, die eine höhere Qualität haben. Selbstverständlich müssen die Daten so gut sein, dass daraus eine belastbare Erkenntnis gezogen werden kann. Eine Premiumqualität ist hingegen bei einer ausreichenden Menge nicht nötig.

Um von Big Data profitieren zu können, müssen Unternehmen verstehen, dass es in der Regel sinnvoller ist mehr Daten zu haben als wenige Premiumdaten. Dieses Verständnis muss ebenso wie die anderen bereits erwähnten Punkte in der Unternehmenskultur Niederschlag finden.

Algorithmen versus Experten

> Bislang haben in Unternehmen Experten ihre Expertisen aufgrund ihrer Erfahrung und den zur Verfügung stehenden Analysen gegeben. Mit Big Data können Vorhersagen allein mit Algorithmen und Daten erstellt wer-

> den. Diese Vorhersagen können dabei wesentlich genauer sein als die der Experten. Unternehmen müssen sich darauf einlassen, den Algorithmen mehr zu vertrauen als menschlichen Expertisen.

Dies wird zwangsläufig zu Spannungen mit den Experten führen, da sich diese in ihrer Kompetenz beschnitten und in ihrer Ehre gekränkt fühlen werden. Dabei wird es jedoch nicht sinnvoll sein, eine Entweder-oder-Entscheidung zu treffen. Vielmehr benötigen Unternehmen weiterhin Experten, die z.B. die Big Data-Ergebnisse hinsichtlich Plausibilität beurteilen. Experten können Trugschlüsse aus Big Data-Analysen verhindern. Zudem können sie helfen, die richtigen Fragen zu stellen.

Unternehmen stehen somit vor der Herausforderung, ihre Experten auf einen Wandel vorzubereiten. Sie müssen ihren Experten verständlich machen, dass Big Data nicht ihr Feind ist, sondern eine Chance bedeutet. Experten können mit Big Data ihre Expertisen auf mehr und aussagekräftigere Daten stützen. Dafür müssen sie sich hinsichtlich der Einstellung sowie hinsichtlich ihrer Fähigkeiten wandeln. Das „Bauchgefühl" darf kein überwiegendes Entscheidungskriterium mehr sein, auch wenn es ein wichtiges Instrument für eine positiv kritische Wachsamkeit ist. Dafür müssen Experten mehr statistische und analytische Kenntnisse erlangen. Diese können im Zeitalter von Big Data wichtiger werden als das Fachwissen (Mayer-Schönberger, Cukier 2013, S. 141 f.).

Der Mut zum Experimentieren

Unternehmen müssen die Einstellung von Managern, Experten und Mitarbeitern zu dem Umgang mit den Daten, den Analysen und den Vorhersagen ändern. Die Schaffung von strukturellen und personellen Voraussetzungen ist hierfür alleine nicht ausreichend. Auch reicht es nicht aus, den Mitarbeitern die Vorteile von Big Data verständlich zu machen und dies in der Unternehmenskultur zu verankern. Vielmehr müssen der Mut zum Experimentieren und die Akzeptanz des Scheiterns zu einem Teil der Unternehmenskultur werden.

Wie bereits beschrieben, werden in der Small-Data-Welt die Technologie und Methoden an den zuvor festgelegten Bedürfnissen ausgerichtet. Das Risiko, kein Ergebnis zu erhalten, ist hier dementsprechend klein. Die definierten Berichte werden genau die Daten enthalten, die man geplant hat. Die für die Untersuchung aufgestellten Hypothesen werden mit wahr oder falsch beantwortet.

> Bei Big Data hingegen ist der Ausgang der Analyse zu Beginn offen. Man weiß nicht, ob und welche verwertbaren Korrelationen und Erkenntnisse gefunden werden. Daher muss der Mut aufgebracht werden, Big Data-Projekte zu starten, obwohl man deren Ausgang und Wert nicht abschätzen kann. Diese Offenheit, Experimentierfreude und dieser Entdeckergeist muss in einem Big Data-Marketing Unternehmen einen hohen Stellenwert einnehmen. Ohne dies wird Big Data nicht effizient genutzt werden können.

Die Verankerung des Muts darf dabei nicht ein formaler Teil der Unternehmensphilosophie bleiben. Er muss gelebt werden und seinen Ausdruck auch in der Bemessung von Budgets finden. Auch die KPIs (Key Performance Indicators), nach denen Mitarbeiter gesteuert und bewertet werden, dürfen das Scheitern eines Big Data-Projektes nicht ohne weiteres bestrafen. Vielmehr sollten Anreize für die sinnvolle und effiziente Nutzung von Big Data gesetzt werden, um den Big Data-Geist im Unternehmen zu fördern.

Responsibility: Der Umgang mit Daten

> Big Data kann das Marketing kundenzentrierter werden lassen. Big Data-Marketing ermöglicht eine 360-Grad-Sicht auf den Kunden. Die datenschutzrechtlichen Anforderungen für die Verarbeitung personenbezogener Daten sind hoch. Ohne personenbezogene Daten ist ein kundenzentriertes Big Data-Marketing nicht vorstellbar. Daher ist es für Unternehmen essentiell, von Kunden und Interessenten die Genehmigung, ihre Daten für ein zielgerichtetes Marketing verwenden zu dürfen, zu erhalten.

Öffentliche Diskussionen über Datenschutz, Datenvorratsspeicherung und Auseinandersetzungen mit als „Datenkraken" angesehenen Unternehmen wie Facebook oder Google tragen dazu bei, dass die Verbraucher hinsichtlich ihrer Daten und deren Verarbeitung immer sensibler werden. Auch datenbezogene Skandale wie z.B. der Prism-Skandal machen deutlich, dass die negativen Folgen der vielen Daten, wie etwa die Spionagemöglichkeiten, für Verbraucher realer und bewusster werden (Pitzke 2013). Insgesamt könnte mit der Zunahme der Bedeutung von Big Data eine Zunahme der Sensibilität der Nutzer bezüglich des Schutzes ihrer Daten einhergehen.

Die Folge davon wäre, dass die Benutzer künftig nicht mehr so freizügig und leichtfertig ihre Daten preisgeben und deren Nutzung zustimmen. Sie werden künftig mehr abwägen, ob die Kosten, die mit der Einwilligung in die Erhebung, Verarbeitung und Nutzung der Daten verbunden sind, in einem angemessenen Verhältnis zu dem erwarteten Nutzen stehen.

Unternehmen müssen sich dessen künftig noch bewusster als derzeit sein. Dementsprechend müssen sie die Daten der Kunden und Interessenten und die erteilten Permissions als wertvolles Gut betrachten und entsprechend verantwortungsvoll mit diesen umgehen. Unternehmen, die dies nicht berücksichtigen, laufen Gefahr, dass sie keine Permissions erhalten und so um zahlreiche Big Data-Möglichkeiten gebracht werden. Es muss bewusst werden, dass im Social Media-Zeitalter Unternehmen, die mit den Daten der Nutzer nicht verantwortungsvoll umgehen, schnell entlarvt werden können. Darüber hinaus werden die Möglichkeiten, die Big Data mit sich bringt, nicht den Unternehmen vorenthalten bleiben. Auch Verbraucher werden durch Big Data neue Möglichkeiten erhalten, sich besser über die Unternehmen informieren zu können.

Auch das in der Datenschutz-Grundverordnung (DG) geplante „Recht auf Vergessen werden" nach Art. 7 Abs. 4 DG birgt für Unternehmen die Gefahr in sich, dass Verbraucher die Permission entziehen, wenn sie dem Unternehmen nicht mehr vertrauen. Einem Verbraucher, der einmal seine Einverständniserklärung entzogen hat, diese erneut abzuverlangen, dürfte ähnlich schwierig und teuer werden, wie einen neuen Kunden zu gewinnen.

Insgesamt könnte Big Data zu einer Verlagerung der Machtverhältnisse im Umgang mit den Daten führen. Künftig könnten die Verbraucher die Macht erhalten, Unternehmen zu einem verantwortungsvollen und für den Verbraucher nutzenstiftenden Umgang mit den Daten zu zwingen. Dessen müssen sich Unternehmen bewusst sein und sich entsprechend verhalten.

Technik
Die Systeme müssen künftig insb. auch unstrukturierte Daten schnell speichern und verarbeiten

Prediction ./ Reporting
Big Data ermöglicht neben retrospektiven Reports auch Vorhersagen direkt aus den Daten

Personal & Struktur
Personal muss aus- und fortgebildet werden. Datensilos sind abzuschaffen

Korrelation ./ Kausalität
Korrelationen müssen in der Big-Data-Welt als wertvoll und oftmals ausreichend angesehen werden

Quantität ./ Qualität
Bei der Menge der Big-Data-Daten schwindet die Bedeutung der Qualität des einzelnen Datums

Algorithmus ./ Experten
Den Algorithmen muss künftig so vertraut werden, wie bisher den Experten vertraut wird

Mut zu Expermentieren
Es muss der Mut zum Experimentieren aufgebracht werden, auch wenn kein Ergebnis garantiert ist

Resonsibility
Personenbezogene Daten müssen verantwortungsvoll behandelt werden

Abbildung 90: Herausforderungen an Unternehmen im Big Data-Zeitalter
Quelle: Rossa, Holland 2014, S. 295

Erfolgsbeispiele:

Nach einer Untersuchung des McKinsey Global Institute konnten große Handelsketten, die Big Data-Analysen nutzen, zwischen 1999 und 2009 im Durchschnitt ein jährliches Umsatzwachstum von 9 Prozent erzielen – die anderen lagen unter 5 Prozent. Im Online-Handel erreichten Nutzer von Big Data-Analysen plus 24 Prozent – die anderen minus 1 Prozent (Lewinski 2013, S. 28–31).

Der norddeutsche Einzelhändler Dodenhof konnte durch Auswertung der Daten von 450.000 Kunden und 150.000 Transaktionen in seinen 140 Mailings pro Jahr eine achtmal höhere Responsequote und Conversion-Rate als der Branchendurchschnitt erreichen (Lewinski 2013, S. 28–31).

Das Reiseportal weg.de optimiert auf seinem Weg von Big Data zu Smart Data über ein Multichannel-Tracking von Daten aus Internetsuchen (SEO),

Suchmaschinen- und Webanzeigen (SEA), Displaymessungen, Newslettern, Preisvergleichsportalen und TV sein Werbebudget.

Durch die Messung von Leistungsdaten in diversen Online- und Offline-Kanälen konnten die Ausgaben stärker dorthin gesteuert werden, wo Kunden mit dem Portal in Interaktion treten. Im Ergebnis wurde der ROI um 144 % erhöht, die Anzahl der Kundenaktionen um 28 % (Ballhaus 2013, S. 34–36).

12.3.4 Fazit und Ausblick

Big Data wird oft als eine neue Ressource oder als „Rohöl" bezeichnet. Versteht man die reinen Datenmengen als Big Data, so mag diese Analogie richtig sein. Das Verständnis von Big Data geht aber davon aus, dass die Daten das Rohöl sind. Ähnlich dem Rohöl, das gefördert und raffiniert werden muss, müssen die Daten verbunden und mit Hilfe von intelligenten Algorithmen zu nützlichen Informationen umgewandelt werden. Unternehmen brauchen keine Daten, sie benötigen den Mehrwert, der in den Daten steckt. Big Data führt dazu, dass der Produktionsfaktor Ressourcen um die Daten erweitert wird. Unternehmen werden klären müssen, wer für diese neue Ressource verantwortlich ist. Die Angliederung der Verantwortung im IT-Bereich scheint weniger plausibel als die Kreation eines Chief Data Officer (CDO).

Dass die Daten im Gegensatz zum Rohöl nicht knapp, sondern sich im Gegenteil exponentiell vermehren werden, ist ein unausweichliches Faktum. Die aktuellen Entwicklungen zeigen, dass künftig alles, was datenmäßig ermittelt werden kann, in Daten erfasst werden wird. Smartphones, RFID-Chips und Sensoren haben hier die Grundsteine gelegt. Google Glass, Touch-Fußböden und vernetzte Maschinen werden die Entwicklung fortsetzen. Erste Sensoren, die die Benutzung gewöhnlicher Alltagsdinge wie Trinkflaschen, Gießkannen oder Musikinstrumente in Daten erfassen können, sind bereits entwickelt. Die fortschreitenden technischen Erneuerungen werden dies vorantreiben und dafür sorgen, dass die Welt vollständig datafiziert wird.

Big Data im Marketing ermöglicht drei Formen von Analysen.
- Zum einen ist mit Big Data erstmals eine umfassende Marktanalyse und Marktbeobachtung möglich. Der Beobachtungsradar kann dank Big Data extrem groß und nahezu lückenlos sein.
- Zum anderen ist mit Big Data genau das Gegenteil des weiten Radars, nämlich eine Fokussierung auf das einzelne Individuum, möglich.
- Zuletzt lässt Big Data fundierte Vorhersagen direkt aus den Daten und Algorithmen zu, ohne dass deren Ergebnisse einer Interpretation durch Experten bedürfen.

Der Einsatz von Big Data wird dann erfolgreich gelingen, wenn aus „Big Data" „Smart Data" wird.

12.4 Kundenwert-gesteuertes Dialogmarketing

12.4.1 Steuerung von Marketing-Maßnahmen

Die Voraussetzung für Data-Driven-Marketing bildet ein IT-System. Diese IT-Konfiguration ist mit Informationen anzureichern, die sowohl aus unternehmensinternen (z.B. Buchhaltung, Bestellungen, Außendienst), als auch aus externen Quellen (z.B. Adressverlage, Listbroker, Datenbanken) gewonnen werden können. Die über die Zielpersonen gewonnen Informationen werden in der Kundendatenbank gespeichert, durch Scoring-Modelle oder Selektions-Modelle verarbeitet und für den Einsatz der Marketing-Instrumente genutzt. Die Anwendungsmöglichkeiten sind äußerst vielfältig und erlauben den Unternehmen einen zielsicheren Einsatz vor allem der Dialogmarketing-Instrumente.

Mit dem Data-Driven-Marketing werden nahezu alle Aufgaben des Dialog- und Onlinemarketings von der Neukundengewinnung bis hin zur Erfolgskontrolle abgedeckt.

Mit Hilfe des Data-Warehouse wird im Marketing die Nutzung aller kundenbezogenen und sonstigen Daten ermöglicht, um den Einsatz des Marketing-Instrumentariums zu optimieren.

> Das **Datenbasierte Marketing** dient dazu, Entscheidungen über den Einsatz von Marketing-Instrumenten auf der Basis von Informationen zu fällen. Es handelt sich also um ein Entscheidungsunterstützungs-System, decision-support-system. Das System fällt die Entscheidungen über die Ansprache der Kunden auf der Basis von definierten Regeln automatisch und schließt menschliche Fehlentscheidungen aus.

12.4.2 Verfahren der Kundenbewertung

Eine notwendige Grundlage für den Einsatz eines zielgerichteten Dialogmarketings stellt die Bewertung der Kunden oder Interessenten auf der Basis der Kundendatenbank dar. Bei jedem direkten Kontakt mit einem Menschen, beispielsweise bei einem Verkaufs- oder Beratungsgespräch, findet eine unbewusste subjektive Bewertung statt, die sich dann in der Freundlichkeit oder Beratungsqualität widerspiegeln kann.

Mit steigender Kundenzahl und einer differenzierten Ansprache wird es im Rahmen des Managements von Kundenbeziehungen notwendig, Modelle und Verfahren zu entwickeln, die in der Lage sind, den einzelnen Kunden möglichst objektiv zu bewerten und darauf aufbauend maßgeschneiderte Konzepte anzubieten.

Die Abbildung 91 gibt einen Überblick über die wichtigsten Modelle zur Bewertung von Kunden.

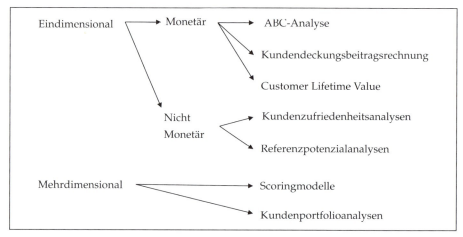

Abbildung 91: Kundenbewertungsmodelle
Quelle: Cornelsen 2000, S. 91

12.4.3 ABC-Analyse

Eine der einfachsten Kundenbewertungsverfahren ist die ABC-Analyse, bei der die Kunden nach ihrem Umsatz oder Deckungsbeitrag in drei oder auch mehr Segmente eingeteilt werden. Trotz des Namens sollte die Differenzierung der Kunden schon feiner sein, nur drei Gruppen sind oft zu wenig differenziert. Nichts spricht dagegen, zehn, zwanzig oder mehr Gruppen zu bilden, sofern das Marketing eine so genaue Unterscheidung sinnvoll erscheinen lässt. Viele Unternehmen arbeiten in ihrem Dilogmarketing mit mehr als 1.000 Kundengruppen.

> Eine wichtige Erkenntnis aus dieser Analyse ist das Verhältnis zwischen dem Anteil und dem Wert der Kunden. Bei vielen Unternehmen trifft die Pareto-Regel zu, nach der auf 20 Prozent der Kunden 80 Prozent des Umsatzes oder Deckungsbeitrags entfallen. Die unterschiedlichen Segmente können dann durch differenzierte Maßnahmen im Rahmen des Managements der Kundenbeziehung angesprochen werden. So werden A-Kunden beispielsweise persönlich durch leitende Mitarbeiter betreut, B-Kunden durch den Außendienst und C-Kunden durch Call-Center.

Diese relativ einfache Bewertung lässt jedoch viele wichtige Faktoren außer Acht und bezieht sich ausschließlich auf vergangenheitsorientierte Werte.

12.4 Kundenwert-gesteuertes Dialogmarketing

Beispiel für Pareto-Regel:

Nach einer Analyse aus den USA muss die 80–20-Regel bezogen auf den Deckungsbeitrag als 225–20-Regel bezeichnet werden. 20 Prozent der Kunden erbringen 225 Prozent des Gesamtdeckungsbeitrages; weitere 60 Prozent der Kunden liegen in der Nähe der Gewinnschwelle und die verbleibenden 20 Prozent der Kunden führen dazu, dass 125 Prozent des Deckungsbeitrages wieder verloren gehen (Wäscher 2000, S. 8–12).

Beispiel für ABC-Analyse:

Ein Unternehmen hat seine Kunden nach dem Umsatz und auch nach dem mit ihnen erzielten Deckungsbeitrag bewertet und dabei folgende Übersicht aufgestellt.

Kundenverteilung nach dem Umsatz:
- A-Kunden: 15 % des Kundenbestandes erzielen 70 % des Gesamtumsatzes
- B-Kunden: 35 % des Kundenbestandes erzielen 20 % des Gesamtumsatzes
- C-Kunden: 50 % des Kundenbestandes erzielen 10 % des Gesamtumsatzes

Kundenverteilung nach dem Deckungsbeitrag:
- A-Kunden: 20 % d. Kundenbestandes erzielen 100 % des kumulierten DB
- B-Kunden: 30 % des Kundenbestandes erzielen 50 % des. kumulierten DB
- C-Kunden: 40 % des Kundenbestandes erzielen – 10 % des kumulierten DB
- D-Kunden: 10 % des Kundenbestandes erzielen – 40 % des. kumulierten DB

In den Abbildungen 92 und 93 ist das Ergebnis der Analyse grafisch dargestellt.

In der Abbildung 92 ist zu sehen, dass für dieses Unternehmen annähernd die oft zitierte 80–20-Regel zutrifft. Etwa 20 Prozent der Kunden sind für 80 Prozent des Umsatzes verantwortlich. Da jede Kundengruppe einen Beitrag zu Umsatz liefert, zumindest keinen negativen, ist die Umsatzkurve stetig steigend. Die „schlechteste" Kundengruppe kann allenfalls eine Steigung von Null verursachen.

Eine Darstellung auf der Basis der kundenbezogenen Deckungsbeiträge ergibt ein dramatischeres Ergebnis. Hier können die „schlechten" Kundengruppen sehr wohl einen negativen Deckungsbeitrag haben und damit eine negative Steigung verursachen. Die Abbildung 93 zeigt, dass die besten 20 Prozent der Kunden einen Deckungsbeitrag von 100 Prozent zu verantworten haben, die besten 50 Prozent einen von 150 Prozent. Die übrige Hälfte der Kunden stellt ein Verlustgeschäft dar und führt die Kurve wieder auf 100 Prozent zurück.

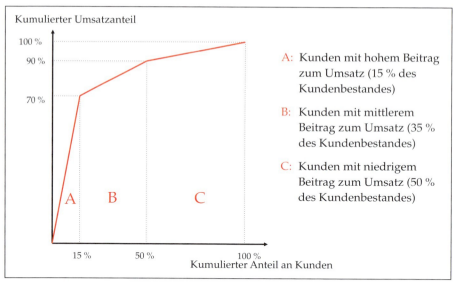

Abbildung 92: ABC-Analyse nach dem Umsatz

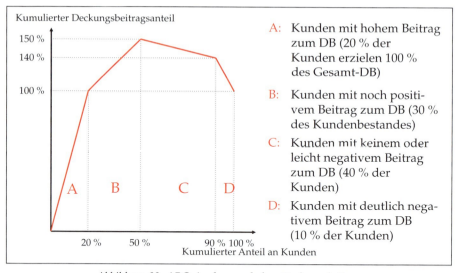

Abbildung 93: ABC-Analyse nach dem Deckungsbeitrag

12.4.4 Scoring-Modelle

> Zur Auswertung der im Data Warehouse gespeicherten Daten wurden **Scoring-Modelle** entwickelt, die auf das künftige Kaufverhalten der Kunden schließen. In diese Punktbewertungsmodelle kann eine Vielzahl von Kriterien eingehen, von denen das Unternehmen festgestellt hat, dass sie einen Aussagewert für den weiteren Verlauf der Kundenbeziehung haben.

Die Grundform dieser Scoring-Modelle stellt die RFMR-Methode (auch RFM-Methode genannt) dar, mit der amerikanische Versandhandelsunternehmen schon seit ca. dem Jahr 1920 Kunden bewerten. Ausgehend von den Kaufdaten Recency (letztes Kaufdatum), Frequency (Kaufhäufigkeit) und Monetary Ratio (Umsatzhöhe) werden Punkte vergeben und kumuliert. Die RFMR-Methode stellt also nicht den aktuellen Stand der Entwicklung dar, sondern die Urform der Punktbewertungsmodelle zur Kundenbewertung. An dieser Methode soll die Vorgehensweise erläutert werden.

- **R = Recency:** Je weniger lang der letzte Kauf des Kunden zurückliegt, desto mehr Punkte bekommt er.
- **F = Frequency:** Je öfter der Kunde im Verlaufe der Geschäftsbeziehung oder im Laufe des letzten Jahres gekauft hat, desto größer ist die Wahrscheinlichkeit, dass er wiederkauft, und damit der Punktwert, der ihm zugeordnet wird.
- **MR = Monetary Ratio:** Der kumulierte Umsatz oder Bestellwert des Kunden wird in einen Punktwert umgerechnet und zu den aus Recency und Frequency errechneten Punkten addiert.

Die Nutzung des Modells für die Werbemittelsteuerung dient der Entscheidungsunterstützung und der konsequenten Umsetzung von Kundeninformationen in das Marketing. Weiter entwickelte Modelle beziehen auch die Sortimente, aus denen bestellt wurde, in die Analyse ein. Ein Kunde, der einen hohen Umsatz bei einem Universalversender durch den Kauf von Elektrogeräten erreicht hat, ist für die Zukunft nicht so Erfolg versprechend wie ein Bekleidungskäufer mit einem geringeren Umsatz. Bei einem Bekleidungskäufer ist mit Wiederholungskäufen zu rechnen, dagegen hat der Gerätekäufer seinen Bedarf für mehrere Jahre gedeckt.

Diese Überlegungen werden in dem weiter entwickelten FRAT-Modell berücksichtigt.

- **F = Frequency:** Die Kaufhäufigkeit bekommt in diesem Modell das höchste Gewicht.
- **R = Recency:** Das letzte Kaufdatum wird auch hier einbezogen.
- **A = Amount of Purchase:** Amount of Purchase entspricht der Höhe des Umsatzes oder Bestellwertes.
- **T = Type of Merchandise:** Neu in diesem Modell ist der durch das T (Type of Merchandise) symbolisierte Sortimentsbereich oder die Warenart, aus der gekauft wurde. Dieser Bestandteil des Systems muss nach Analysen von Vergangenheitsdaten für das Unternehmen individuell festgelegt werden.

Neuere Scoring-Modelle sind in der Lage Hunderte von Merkmalen zu verarbeiten und nutzen intelligente Software auf der Basis der Künstlichen Intelligenz (z.B. Neuronale Netze).

> **Beispiel für RFMR-Modell:**
>
> Die Abbildung 94 zeigt ein Scoring-Modell, das neben den Kriterien der RFMR-Methode auch die Retouren und die erhaltenen Werbemittel berücksichtigt. Jeder Kunde bekommt bei dieser Bewertung einen Startwert von 25 Punkten.
>
> Wenn das letzte Kaufdatum (recency) nicht länger als ein halbes Jahr zurückliegt, werden 40 Punkte addiert. Liegt der letzte Kauf schon länger als 2 Jahre zurück, gibt es 15 „Strafpunkte". Für die frequency wird die Zahl aller Käufe der letzten 18 Monate mit dem Multiplikator 6 gewichtet. Der monetary ratio wird hier über den Durchschnittsumsatz der letzten 3 Käufe erfasst. Liegt dieser unter 25 Euro, werden 5 Punkte addiert.
>
> Die Anzahl der retournierten Artikel führt in diesem Modell zu einem Punktabzug. Letztlich werden die Kunden für die Werbemittel mit Punktabzug belastet, aus denen noch nicht bestellt wurde. Ein Sonderkatalog „kostet" in diesem Beispiel 6 Punkte; wenn daraus bestellt wurde, gilt er als „bezahlt".
>
> Die einzelnen Punkte können unterschiedlich stark gewichtet werden und werden schließlich zu einem Gesamtwert kumuliert.

Startwert	25 Punkte					
Letztes Kaufdatum	bis 6 Mon. + 40 Punkte	bis 9 Mon. + 25 Punkte	bis 12 Mon. + 15 Punkte	bis 18 Mon. + 5 Punkte	bis 2 Jahre – 5 Punkte	früher –15 Punkte
Häufigkeit der Käufe in den letzten 18 Monaten	Zahl der Aufträge multipliziert mit dem Faktor 6					
Ø Umsatz (€) der letzten drei Käufe	bis 25 + 5 Punkte	bis 50 + 15 Punkte	bis 100 + 25 Punkte	bis 150 + 35 Punkte	bis 200 + 40 Punkte	> 200 + 45 Punkte
Anzahl Retouren kumuliert	0 – 1 0 Punkte	2 – 3 –5 Punkte	4 – 6 –10 Punkte	7 – 10 –20 Punkte	11 – 15 –30 Punkte	über 15 –40 Punkte
Zahl der Werbesendungen seit letztem Kauf	Hauptkatalog je – 12 Punkte		Sonderkatalog je – 6 Punkte		Mailing je –2 Punkte	

Abbildung 94: Beispiel zur RFMR-Methode
Quelle: Link, Hildebrandt 1993, S. 49

12.4.5 Dynamisches Kundenscoring

> In dieser Form des Kundenscorings werden dynamische Faktoren zur Definition eines Kundenwertes eingesetzt. Für unterschiedliche Kunden und Aufgabenstellungen werden unterschiedliche Kriterien gewählt. Aus dem Informationsbestand, der in der Database über einen Kunden verfügbar ist, werden die Segmentierungskriterien ausgewählt, die für die entsprechende Fragestellung relevant sind.

Anders als bei der RFMR-Methode, die statische, fest definierte Bestimmungsgrößen verwendet, kann somit flexibler auf die spezifischen Probleme reagiert werden. Die entsprechend ausgewählten Faktoren werden dann bewertet, und jedem Kunden wird ein Wert zugeordnet. Diese dynamisch erstellten Auswertungen können bei jeder neuen Anfrage anders zusammengesetzt sein, wiederkehrende Anfragen werden jedoch durch Standardauswertungen beantwortet. Die Methoden des Data Mining sind in der Lage, die relevanten Faktoren aus einer Database herauszufiltern und zu bewerten.

> **Beispiel für dynamisches Kundenscoring:**
>
> Die Abbildung 95 zeigt, wie ein Versandhandelsunternehmen aus seiner Database Kunden selektiert, denen ein Bücherkatalog zugesandt werden soll. Es werden Kriterien analysiert, die einen positiven Einfluss haben auf die Wahrscheinlichkeit, aus diesem Katalog zu bestellen. Nach diesen Kriterien werden anschließend Gruppen von Kunden gebildet, die mit diesem Katalog angesprochen werden.
>
> Wenn ein Kunde in einer Großstadt lebt, vorzugsweise im Ballungsraum im Rhein-Main-Gebiet ist die Wahrscheinlichkeit groß, dass er aus einem Bücherkatalog bestellen wird. Wenn es sich um eine weibliche Kundin mit Doppelnamen und Doktortitel handelt, steigt die Erfolgswahrscheinlichkeit weiter.
>
> In der Abbildung 96 werden 16 verschiedene Gruppen von Kunden nach ihrer Reaktionswahrscheinlichkeit auf ein Werbemittel gebildet und in eine Reihenfolge gebracht. Die durchschnittliche Responsequote liegt bei 7 Prozent. Wenn nur Kunden mit einer überdurchschnittlichen Reaktionswahrscheinlichkeit angeschrieben werden sollen, müssten die ersten sieben Klassen ausgewählt werden.

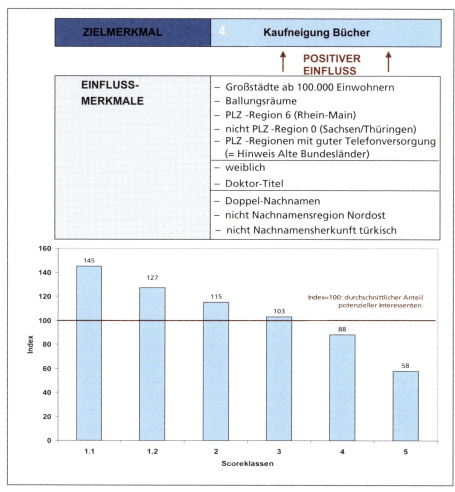

Abbildung 95: Scoring-Modell zur Prognose von Kaufwahrscheinlichkeiten
Quelle: Karstadt Quelle Information Services

12.4 Kundenwert-gesteuertes Dialogmarketing

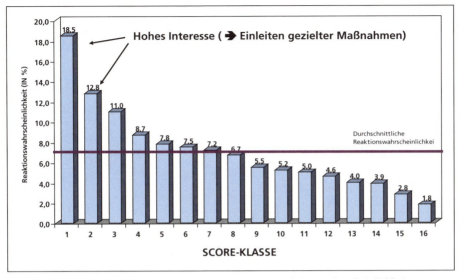

Abbildung 96: Scoring-Modell zur Prognose von Reaktionswahrscheinlichkeiten
Quelle: Karstadt Quelle Information Services

12.4.6 Customer Lifetime Value

> Der **Customer Lifetime Value (CLV)** geht davon aus, dass ein Kunde im Laufe seines Lebens eine Vielzahl von Käufen bei dem Unternehmen tätigt, und stellt diesen lebenslangen Wert in den Vordergrund der Betrachtung. Der Kunde oder potenzielle Kunde wird nicht mehr an Hand des Ertrags aus einem einzigen Kauf bewertet, sondern auf der Basis des insgesamt möglichen Deckungsbeitrags. Dieser Wert bezieht sowohl die schon getätigten Umsätze als auch die in der Zukunft liegenden potenziellen Umsätze ein, so dass das Chancenpotenzial einer langfristigen Bindung eines Kunden abgeschätzt werden kann.

Mit Verfahren der Investitionsrechnung ist es möglich, den abgezinsten Barwert (Kapitalwert) einer Kundenbeziehung zu berechnen, der sämtliche Einnahmen und Ausgaben berücksichtigt und auf einen einheitlichen Bezugszeitpunkt abzinst. Die Diskontierung hat die Aufgabe, Zahlungen vergleichbar zu machen, die zu verschiedenen Zeiten fällig werde.

Die Akquisitionskosten werden als Investition in die Zukunft angesehen, die man über die Laufzeit der Kundenbeziehung abschreiben kann.

In der Abbildung 97 findet sich die Formel zur Berechnung des Customer Lifetime Value in Analogie zur Kapitalwertmethode.

$$CLV = -I_0 + \sum_{t=0}^{T} \frac{x_t \cdot (p-k) - M_t}{(1+r)^t} \cdot R^t$$

Mit Kundenbindungswahrscheinlichkeit:

- t   = Jahr
- T   = voraussichtliche Zahl der Jahre, in denen der Umworbene Kunde bleibt
- x_t = Abnahmeprognose für das Jahr t
- p   = Produktpreis
- k   = Stückkosten
- M_t = kundenspezifische Marketingaufwendungen im Jahr t
- r   = Kalkulationszinsfuß
- R   = Retention Rate
- I_0 = Akquisitionskosten im Zeitpunkt t = 0

Abbildung 97: Customer Lifetime Value
Quelle: Bruhn 2001, S. 221f.

12.4.7 Kundenportfolios

> Bei der **Kundenbewertung durch ein Kundenportfolio** werden zwei Segmentierungskriterien zueinander ins Verhältnis gesetzt, durch die Eingruppierung der Kunden in dieses Koordinatensystem kann die jeweilige Position visualisiert werden. Diese Methode wird in vielen Unternehmen in der strategischen Planung genutzt, um damit Produkte bzw. strategische Geschäftsfelder zu analysieren – hier wird sie auf Kunden angewendet.

Ausgehend von den Portfolio-Modellen für Produkte oder strategische Geschäftsfelder wurden solche für die Bewertung von Kunden entwickelt. So wird in Anlehnung an die Vier-Felder-Matrix der Boston Consulting Group an die Stelle des Marktanteils nun der eigene Lieferanteil bei dem Kunden gesetzt und an die Stelle des Marktwachstums tritt das Wachstum des Kundenumsatzes.

An die Stelle der Marktattraktivität des McKinsey-Modells tritt die Attraktivität des Kunden und statt der relativen Wettbewerbsstärke wird die eigene Stärke bei dem Kunden, die Wettbewerbsposition, bewertet, wobei diese Kriterien sich aus vielen quantitativen und qualitativen Kriterien zusammensetzen.

Wenn man beispielsweise die Kriterien Kundenattraktivität und Wettbewerbsposition in Bezug setzt, lässt sich erkennen, bei welchen Kunden im Rahmen des Customer Relationship Managements ein höheres Marketingbudget gerechtfertigt erscheint. Dies betrifft die Kunden mit einer hohen Kundenattraktivität (z.B. Kunden mit hohem Umsatz, hohem Umsatz-Potenzial, hohem Potenzial für Weiterempfehlungen), bei denen das Unternehmen eine starke Wettbewerbsposition (z.B. hohe Loyalität, hoher Bekanntheitsgrad, gutes Image) hat (Abbildung 98).

In einem anderen Ansatz werden die Kriterien Kundenpotenzial und Kundenloyalität in Beziehung zueinander gesetzt, daraus ergeben sich Grundlagen für die Entwicklung von Kommunikationsstrategien. Für jeden Kunden lässt sich eine optimale Maßnahmensteuerung an Hand der Position im Portfolio bestimmen. Außerdem können Strategien entwickelt werden, mit denen Kunden von der einen in die nächst höhere Gruppe geführt werden.

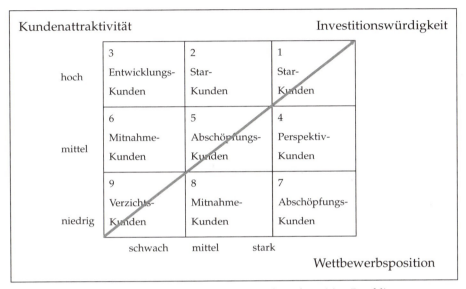

Abbildung 98: Kundenattraktivitäts-Wettbewerbsposition-Portfolio
Quelle: Link, Hildebrand 1997b, S. 169

12.5 Einsatzmöglichkeiten des Datenbasierten Marketings

Selektion

Die Database legt die Informationsgrundlage für die Selektion von Zielpersonen, auf die bestimmte definierte Kriterien zutreffen. Viele Unternehmen, die Kundenclubs gegründet und Kundenkarten herausgegeben haben, verfolgen dabei als wichtigstes Ziel den Aufbau einer Database, um die Kunden und ihr Kaufverhalten individuell bewerten zu können.

So könnte ein Automobilhersteller, der die durchschnittliche Haltedauer seiner Neuwagen kennt, alle Kunden aus seiner Datenbank selektieren, deren Auto ein bestimmtes Alter hat, und diesen eine Probefahrt und ein Umtauschangebot anbieten.

Bei vielen Unternehmen trifft die bekannte 80/20-Regel (Pareto-Kriterium) zu, die besagt, dass etwa 20 Prozent der Kunden 80 Prozent des Umsatzes oder Deckungsbeitrages verantworten. Gleichzeitig haben die meisten Unternehmen eine große Anzahl von „Karteileichen" oder „Non-Potentials" in ihrer Kundendatei. Nur mit einer Kundendatenbank ist es möglich, die Kunden zu selektieren und Kategorien (A-, B-, C-Kunde) zuzuordnen, damit die A-Kunden mit anderen Marketing-Aktivitäten angesprochen werden als die unrentablen.

Ein elementarer Grundsatz des Data-Driven-Marketings lautet: "Fish where the big fish are!"

> **Beispiel für Konzentrationskurve:**
>
> Die Abbildung 99 zeigt die Konzentrations- oder „Lorenz-Kurve" für eine Fundraising-Organisation. Auf der Abszisse sind die Spender (Donators) abgetragen, auf der Ordinate das Spendenvolumen (Donations).
>
> Ohne Database ergibt sich die in der Abbildung eingezeichnete 45-Grad-Linie. Das heißt, wenn nicht alle Spender in einem Spendenmailing angesprochen werden, sondern beispielsweise nur 50 Prozent, dann wird man auch 50 Prozent des maximal möglichen Spendenaufkommens realisieren können.
>
> Da die Spender aber in einer Database erfasst sind, ist es möglich diese nach ihrer „Qualität" zu ordnen, was in der Abbildung ersichtlich ist. Wenn nun die spendenwilligsten 50 Prozent angesprochen werden, so lässt sich damit bereits ca. 83 Prozent des Spendenvolumens abschöpfen. Mit Zweidrittel der Spender sind bereits über 90 Prozent der „donations" zu erzielen. Die Fundraising-Organisation kann mit dieser Kenntnis auch die Wirtschaftlichkeit ihrer Mailing-Aktionen bewerten und definieren, bis zu welcher Grenze der Einsatz rentabel ist.

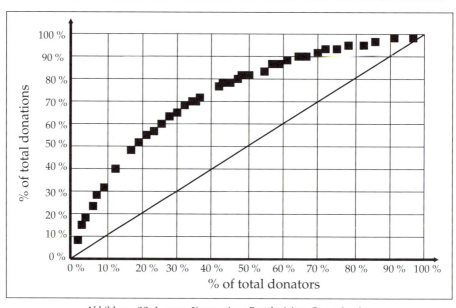

Abbildung 99: Lorenz-Kurve einer Fundraising-Organisation

Segmentierung

Database Marketing wird genutzt zur Segmentierung von Kunden für bestimmte Marketing-Aktivitäten. So lassen sich aus der Kundendatenbank auf Grund der gespeicherten Informationen beispielsweise Personensegmente herausfiltern, von denen man ein gesteigertes Interesse für bestimmte Angebote erwarten kann.

Wenn die Kundendatenbank die für die Marktsegmentierung relevanten Merkmale enthält, bietet sie die Grundlage für die Bildung von möglichst homogenen Kundengruppen, die unterschiedlich angesprochen werden. So können Kundentypen, die sich durch ihre Soziodemografie, durch ihr Kaufverhalten oder durch psychografische Kriterien unterscheiden, die für sie passenden Angebote erhalten.

Marktforschung

Die Kundendatenbank eines Unternehmens ist eine gute Voraussetzung für jede Kundenbefragung. Der wesentliche Vorteil einer auf die Database gestützten Befragung liegt darin, dass die Untersuchung mit bekannten und damit nicht mit anonymen Personen stattfindet. Es ergibt sich die Möglichkeit, nicht nur festzustellen, wie viel Prozent der eigenen Kunden mit einem Ablauf zufrieden sind, sondern was der einzelne Kunde denkt. Die Befragungsergebnisse können den einzelnen, individuell bekannten Personen zugeordnet werden, wenn man keine Anonymität zugesichert hat.

Man kann somit dem Bedürfnis nach einer individuellen Kundenorientierung gerecht werden. Außerdem werden im Allgemeinen mit Kundenbefragungen beispielsweise zur Zufriedenheit (Customer Satisfaction Index) nicht nur Informationen generiert, sondern sie wirken sich auch sehr positiv auf die Kundenbindung aus.

Informationsgewinnung

Eine statistische Auswertung der gespeicherten Daten über Soziodemografie und vor allem über das Kaufverhalten führt zu Informationen, die einen effektiveren Einsatz der Instrumente ermöglichen.

> **Beispiel für Regressionsanalyse:**
>
> Ein Versandhandelsunternehmen kann beispielsweise die Kunden aus der Datenbank selektieren, die von Nachlieferungen betroffen waren („Artikel kommt in sechs Wochen"), und überprüfen, wie sich das auf die Retourenquote ausgewirkt hat.
>
> Durch Nachlieferungen kommt es zur Verärgerung von Kunden und zu erhöhten Rücksendequoten der nachgelieferten Produkte, da der Besitzwunsch inzwischen abgekühlt ist oder sich der Besteller das Produkt in der Zwischenzeit bei einem Stationärhändler gekauft hat.
>
> Man kann davon ausgehen, dass die Retourenquote mit zunehmender Lieferzeit steigt; mit Hilfe der Database lässt sich eine genaue Regression errechnen.

> Wenn einerseits quantifizierbar ist, wie groß der Verlust bei Überhängen ist, und andererseits, welche Auswirkungen die Kundenverärgerung bei nicht rechtzeitiger Lieferung hat, lassen sich die Lagerbestandsmengen optimieren. Weiterhin lassen sich Substitutionswirkungen zwischen den Sortimentsteilen oder die langfristige Entwicklung bestimmter Kundengruppen untersuchen.

Neukundengewinnung

Durch eine zielgerichtete Vorgehensweise lassen sich gerade für die Neukundengewinnung mit dem Datenbasierten Marketing neue Impulse setzen. So können mittels statistischer Verfahren (beispielsweise durch Cluster- und Diskriminanzanalysen) Kundenstrukturen ermittelt werden, die charakteristische Merkmale für einen guten Kunden ausweisen. Nur die systematische und stufenweise Weiterqualifizierung von Adressen ermöglicht es, dass weitgehend Streuverluste vermieden werden und nur dort Folgekosten entstehen, wo es ökonomisch sinnvoll ist.

> **Beispiel für Interessentenqualifizierung:**
>
> Porsche unterhält neben der Kundendatenbank auch eine Interessentendatenbank. Ein Interessent, der Informationen von Porsche anfordert, bekommt einen Fragebogen, in dem er unter anderem nach seinem bisherigen Fahrzeugbestand, seinem Alter, Beruf und Einkommen gefragt wird. Die Daten werden von Porsche bewertet, um die Kaufwahrscheinlichkeit zu schätzen. Die Interessenten werden in Gruppen klassifiziert und erhalten eine unterschiedliche Betreuung.
>
> Der A-Interessent wird an den zuständigen Händler gemeldet, der B-Interessent wird per Dialogmarketing weiter betreut und der C-Interessent bekommt zwar den angeforderten Prospekt, wird dann aber nicht weiter verfolgt.

Selektion inaktiver Kunden

Kunden, die in der Database verzeichnet sind, aber seit längerer Zeit nicht mehr aktiv waren, werden selektiert und mit einem speziellen Angebot angesprochen, damit der Kontakt nicht abreißt.

Handelsunternehmen, die durch ihren Kundenclub diese Information haben, selektieren alle Kunden, die seit einem halben Jahr nicht mehr im Stationärgeschäft waren, und senden diesen ein Angebot mit dem Anreiz, wieder in das Geschäft zu kommen.

Selektion unrentabler Kunden

Unrentable Kunden können bei Online-Händlern solche sein, die sehr hohe Retourenquoten aufweisen. Auch eine Bank oder Versicherung hat sicherlich einen sehr hohen Anteil von unrentablen Kunden in der Datei.

Aus der Database können diese Kunden identifiziert werden. Vielleicht lassen sich Gründe für diesen Zustand finden, oder die Kunden können durch Cross-Selling-Angebote für das Unternehmen aufgewertet werden.

> **Beispiel für Kundenselektion:**
>
> Die Versandhändler stehen in jeder Saison vor der Frage, welchen Kunden sie ihre halbjährlich erscheinenden Kataloge schicken sollen, und bei welchen Kunden sich dieser Versand wahrscheinlich nicht lohnt. Auf die umfangreichen Hauptkataloge der Sortimentsversender entfallen Herstellungskosten von ca. 10 Euro. Zusätzlich muss die Abteilung, die sich mit dem Katalogversand beschäftigt, klären, wie viele Kataloge die Sammelbesteller bekommen sollen, welche Kunden zuerst bedacht werden, und welche Spezialkataloge an welche Kunden verschickt werden sollen.
>
> Eine Hilfe bei der Beantwortung dieser für die Katalogauflage wichtigen Fragen bietet das Datenbasierte Marketing. Aus der Auswertung der Kundendatenbanken lassen sich Beziehungen und Kausalitäten erkennen, die sich in Entscheidungsunterstützungssysteme umsetzen lassen.
>
> Die Versandhändler haben Scoring-Modelle (beispielsweise RFMR-Methode) entwickelt, die den Kunden je nach Kaufhäufigkeit, Bestellwert und Dauer der Kundenbeziehung Punktwerte zuordnen. Die Höhe des Punktwertes entscheidet darüber, ob der Kunde mit einem Katalog ausgestattet wird.

Unterstützung des Außendienstes

Gerade der Außendienst profitiert von einem gezielten IT-Einsatz. So können mit Hilfe des Data-Driven-Marketings Vorbereitungen des Verkaufgesprächs getroffen werden (beispielsweise Besuchsvereinbarungen oder Nachfassen der Terminvereinbarungen), die Durchführung einzelner Gespräche mit an das Firmennetz gekoppelter Informationstechnologie perfektioniert werden und zum Abschluss in der Phase der Nachbereitung speziell angepasste Verträge oder Danksagungen verschickt werden.

13 Data Warehouse und Data Mining

13.1 Grundlagen

Data Warehouse Systeme erfahren in den letzten Jahren als Management Informationssysteme (MIS) eine immer größer werdende Bedeutung. Die Informationen, speziell über Kunden, werden dabei als wichtiger Erfolgsfaktor erkannt, der das Bestehen in hart umkämpften Märkten ermöglicht. Aufgrund einer zunehmenden Datenflut – Big Data – in den verschiedenen operativen Systemen (OLTP-Systeme, Online Transaction Processing) sehen sich viele Unternehmen mit den früheren Management Informationssystemen der „Executive Information Systems" (EIS) nicht in der Lage, die relevanten Informationen zur Entscheidungsfindung aufzubereiten, weil diese lediglich standardisierte Auswertungen erlauben und ihren Schwerpunkt bei der Abwicklung von betrieblichen Prozessen haben.

Data Warehouse Systeme bilden als zentrale Datenbank die Grundlage für Analysetools und neuartige Decision Support Systeme (DSS) zu umfangreichen Auswertungen und multidimensionaler Datenanalyse (beispielsweise mit OLAP). Mit multidimensionaler Datenanalyse können die Daten, die aus unterschiedlichen operationalen Systemen stammen, gesamtheitlich aus beliebigen Blickwinkeln betrachtet und ausgewertet werden.

Data Mining-Verfahren ergänzen die Verfahren der Decision Support Systeme, indem sie selbstständig Beziehungsmuster in den Daten erkennen; sie setzen sich aus bereits bekannten Verfahren der klassischen Marktforschung und der künstlichen Intelligenz zusammen. Sie generieren in einem Lernprozess an Hand der in Data Warehouse Systemen gesammelten Informationen neue Erkenntnisse für das Management.

> **Data Warehouse Systeme und Data Mining-Verfahren** werden für das Dialogmarketing in Zusammenhang mit Customer Relationship Management und One-to-One Marketing bedeutsam. Dabei geht es häufig darum, der steigenden Anzahl verschiedener Lebensstilgruppen gerecht zu werden oder in Angesicht einer häufig hohen Fluktuation innerhalb der Gesamtkundschaft Kundenbindung zu betreiben, um den Kundenlebenszyklus zu verlängern.

Der Kunde wird dafür mit Hilfe von Data Warehouse Systemen und Data Mining zum „transparenten Kunden", soweit es die rechtlichen Restriktionen zulassen. Es gilt, dem richtigen Kunden zur richtigen Zeit am richtigen Ort ein angemessenes Angebot zu machen.

13.2 Datenqualität

Ein Data Warehouse ist nur dann für das Dialogmarketing nutzbar, wenn die Kundendaten möglichst aktuell, fehlerfrei und vollständig sind.

Die Qualität der Kundendaten wird nach vier Dimensionen bewertet:

1. **Technische Datenqualität:** Die technische Datenqualität ist dann gegeben, wenn die Daten richtig übertragen wurden.
2. **Formale Datenqualität:** Die Datentypen müssen den Vorgaben entsprechen; es sollen keine leeren Felder oder Leerzeichen auftreten.
3. **Inhaltliche Datenqualität:** Die inhaltliche Datenqualität leidet, wenn die Datenbank falsche Anreden oder Fehler in den Adressen enthält. Eine nicht zeitnahe Aktualisierung und schlechte Pflege wirkt sich fatal auf die Qualität von Kundenselektionen aus.
4. **Komplette Datenqualität:** Die Gesamtbetrachtung der Datenqualität beschäftigt sich beispielsweise mit der Frage, welche wichtigen Daten über die Kunden noch fehlen, um diese richtig bewerten zu können.

Eine empfehlenswerte Vorgehensweise zur Steigerung der Qualität von Data Warehouses könnte nach dem in der Abbildung 100 dargestellten Schema ablaufen.

1. Korrektur der Adressen	Vergleich der Adressen mit einer aktuellen Datenbank aller existierenden Postleitzahlen, Orte und Straßen
2. Prüfung der Existenz der Adressen	Vergleich der Adressen mit einer aktuellen Datenbank aller vorhandenen Häuser und Prüfung auf Existenz
3. Prüfung der Existenz der Person und Korrektur des Namens	Abgleich der Personen mit einer aktuellen Datenbank aller existierenden Menschen an den jeweiligen Adressen
4. Korrektur der Änderungen von Adressen	Abgleich der Adressen gegen eine aktuelle Datenbank mit allen postalischen Änderungen
5. Nachtragen der Adressen bei Umzügen	Vergleich der Personen mit den umgezogenen Menschen an Hand der Umzugsdatenbank
6. Sterbefälle	Abgleich der Personen in der Datenbank mit Spezialdatenbanken mit gestorbenen Menschen
7. Korrektur der Anrede (Geschlecht)	Vergleich des Geschlechts des Vornamens mit dem eingetragenen Geschlecht in der Referenz-Datenbank
8. Korrektur der Titel	Abgleich mit den eingetragenen Titeln in einer Referenz-Personendatenbank
9. Ergänzung bzw. Überprüfung von Telefonnummern	Ergänzung der Daten durch Spezialdatenbanken mit Telefonnummern, E-Mail-Adressen, etc.
10. Ergänzung und Überprüfung des Alters	Ergänzung der Daten durch Spezialdatenbanken mit Altersdaten oder Schätzung durch Vornamensanalyse
11. Überprüfung der Berufsbezeichnungen, etc	Spezialprogramme, die beispielsweise durch Plausibilitätsprüfung 50-jährige Studenten erkennen

12. Auffinden von Inkonsistenzen in den Daten	Spezialprogramme, z.B. durch Zählungen, Gruppierungen, Klassenbildung, etc.
13. Auffinden von Dubletten	Einsatz von entsprechenden Programmen zur Dubletten-Eliminierung
14. Auffinden von Haushalten	Programme zum Auffinden von Haushalten unter Nicht-Berücksichtigung des Vornamens
15. Eigene Spezialprogramme	Viele Fälle sind unternehmensspezifisch, z.B. unmögliche Produktkombinationen, etc.

Abbildung 100: Steigerung der Datenqualität

13.3 Data Warehouse und Data Mining im Regelkreis des Data-Driven-Marketings

Datenbasiertes Marketing basiert auf kundenindividuellen in einer Kundendatenbank gespeicherter Informationen und zielt auf einen Regelkreis in Form eines marktgerechten und marktgerichteten Entscheidungsfindungs -und Lernprozesses, in dem in einem Dialog mit dem Kunden immer wieder folgende Schritte durchlaufen werden:

Zieldefinition – Strategie, weiteres Vorgehen – Aktion – Reaktion – Analyse, Auswertung, Kontrolle

Diese Vorgehensweise entspricht dem Regelkreis des Datenbasierten-Marketings (closed loop). Das Ziel ist es, durch Dialogmarketing den Kontakt mit den Kunden bzw. Wunschkunden so eng wie möglich zu halten, um auf diese Weise langfristige Kundenbeziehungen aufzubauen.

Das Data Warehouse für Marketing (siehe Abbildung 101) wird nicht ausschließlich aus den Daten in der Marketingdatenbank, sondern aus allen relevanten unternehmensinternen und -externen Daten gespeist und ermöglicht eine gesamtheitliche Betrachtung des Kunden oder Wunschkunden zu Analysezwecken. Auch Daten, die nicht in der Marketingdatenbank enthalten sind, können für die Analyse wertvoll sein, beispielsweise Daten der Warenwirtschaft.

Während sich die unternehmensinternen Daten in den verschiedenen operationalen Systemen befinden, werden externe Daten wie soziodemografische Daten von Marktforschungsinstituten oder Adressdaten von Informationsbrokern häufig zugekauft, um Wunschkunden gezielt ansprechen zu können. Einen Überblick über die Vielfalt der verwendeten Daten gibt das Kapitel zum Thema Big Data.

Externe Daten können aus verschiedenen Datenquellen stammen. Sie werden auch dazu benutzt, bereits bestehende Kundendaten mit zusätzlichen Daten anzureichern, um daraus neue Informationen für Marketingmaßnahmen zu gewinnen.

13 Data Warehouse and Data Mining

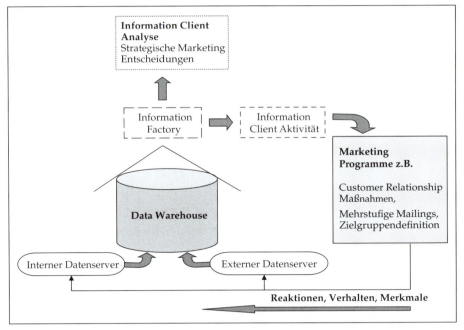

Abbildung 101: Logisches Modell eines Database Marketing-Systems
Quelle: Mentzl, Ludwig 1998, S. 487

Datenquellen für unternehmensexterne Daten:
- Marktforschung
- Erhebungen
- Transaktionen
- Adressdaten
- Luftbilder
- Register
- Statistik

Nachdem externe und interne Daten über einen Datenserver in das Data Warehouse geladen sind, erfolgt in der Information Factory die inhaltliche Weiterverarbeitung für multidimensionale Betrachtung und besondere marketingsspezifische Auswertungen.

Die „Information Client Analyse" ermöglicht durch Decision Support Systeme (DSS), OLAP und Data Mining das Treffen strategischer Marketingentscheidungen, während die „Information Client Aktivität" Marketing Programme steuert, die in der „Information Client Analysis" beschlossen werden.

Diese Aktivitäten zielen direkt auf den Dialog mit dem Kunden oder potenziellen Kunden. An Hand von Responseelementen werden Verhalten und Merkmale erfasst und fließen als Reaktionen in das Data Warehouse zurück.

Sie führen in der Information Client Analyse durch Auswertungen zu einer besseren Selektionsgrundlage für die nächsten Marketing-Aktionen und zu einem Lernprozess. In der Information Client Aktivität werden die Reaktionen genutzt, um daraufhin den nächsten Schritt in einer vorab festgelegten Marketing-Aktion durchzuführen, beispielsweise eine Nachfassaktion des Call Centers.

In einem fortlaufenden Dialog, auch in Form von mehrstufigen Mailings, soll durch Auswertung der Maßnahmen in der Information Client Analyse und durch deren Steuerung in der Information Client Aktion die Ansprache an die individuellen Wünsche und Bedürfnisse der Kunden angepasst werden. Grundsätzlich stehen dem Unternehmen dafür sämtliche Instrumente zur gezielten Kundenansprache, beispielsweise auch Call-Center und Vertriebsmitarbeiter zur Verfügung, um Cross Selling Potenziale zu nutzen oder für einen Kunden oder potenziellen Kunden die geeigneten Produkte zu finden.

13.4 Begriff des Data Warehouse

Unter einem Data Warehouse wird allgemein, in Analogie zum Begriff des Lagerhauses, eine zentrale Datenbank verstanden, auf deren Inhalte die Nutzer schnell, leicht und systematisch zugreifen können. Hierbei können alle verfügbaren internen und externen Datenquellen genutzt und die relevanten Informationen abgerufen werden (Wacker 2002, S. 883 f.).

In großen Unternehmen existiert eine Vielzahl möglicher Datenquellen. Die Zielsetzung, für die Anwender alle relevanten Informationen schnell und leicht zur Verfügung zu stellen, stellt viele Unternehmen vor komplexe Aufgaben (Knowledge-Management). Es ist zu bedenken, dass ein Data Warehouse lediglich die relevanten Informationen beinhalten kann, die in Informationsbedarfsanalysen bestimmt wurden. Das Marketing-Data Warehouse umfasst nur Daten, die für das Marketing nützlich sind.

Das Data Warehouse enthält zudem vorwiegend aggregierte, also zusammengefasste Daten.

Das Data Warehouse wird in großen Unternehmen zudem häufig um sogenannte Data Marts erweitert. Data Marts sind „Mini-Data Warehouses" für die einzelnen Geschäftsbereiche oder Fachabteilungen im Unternehmen, die weniger stark aggregierte Daten als das Data Warehouse verwenden und in der Regel ein Data Warehouse speisen.

> Ein Data Warehouse ist „... eine speziell zur Entscheidungsunterstützung aufgebaute Datenbank, in der historische Daten aus unternehmensinternen, operativen Systemen und (optional) externen Datenquellen themenorientiert zusammengeführt und integriert gespeichert werden." (Neckel, Knobloch 2005, S. 370 f.).

Die Abbildung 102 zeigt den Aufbau einer Data Warehouse eines Versandhändlers.

Diese Datenbank speist sich aus unterschiedlichen internen Systemen, wie dem Kundeninformationssystem, der Artikeldatenbank und der Auftragsabwicklung, und wird durch externe Daten, wie mikrogeografische Analysen, angereichert.

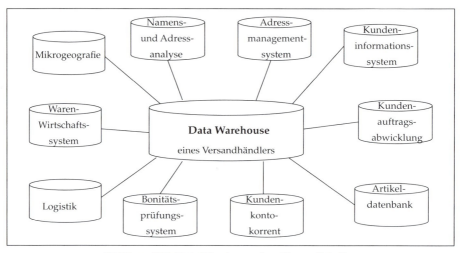

Abbildung 102: Data Warehouse eines Versandhändlers

Mit dem Ziel ein Data Warehouse aufzubauen, werden die strategisch relevanten Informationen aus den OLTP-Systemen und externen Quellen extrahiert, transformiert und anschließend in ein Data Warehouse Datenmodell geladen (siehe Abbildung 103).

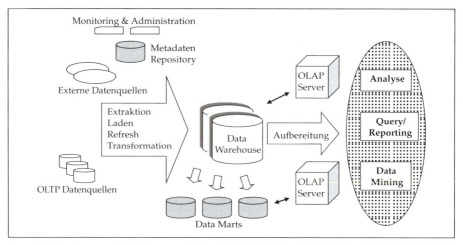

Abbildung 103: Die Architektur des Data Warehouses
Quelle: Surajit, Umeshwar 2000, S. 518

Die Transformation der Daten setzt sich aus deren Filterung, Harmonisierung, Verdichtung und Anreicherung zusammen.

Filterung umfasst die Extraktion und Bereinigung der operativen Daten. Dabei werden aus Performancegründen lediglich die Daten aus den Quellsystemen extrahiert, die auch wirklich benötigt werden. Daraufhin folgt in der Harmonisierung die wirtschaftliche Abstimmung der gefilterten Daten. Dabei werden Disharmonien, die durch die Heterogenität der unterschiedlichen operativen Quellsysteme bedingt sind, beispielsweise unterschiedliche Kodierungen, Synonyme, Homonyme und Schlüsselverletzungen, beseitigt. Die Verdichtung betrifft die Aggregation gefilterter und harmonisierter Daten. In der Anreicherung werden aus Performancegründen auf Basis konsistenter Dimensionsdefinitionen Summenstrukturen erzeugt, denn die Anwender interessieren sich in der Berichterstellung und der multidimensionalen Datenanalyse vorwiegend für das Ermitteln von Kennzahlen.

Es ist beim Transformationsprozess grundsätzlich zu beachten, dass die Data Warehouse Datenbank nicht überladen wird, denn dies würde zu erheblich längeren Ladezeiten führen und die Abfrageperformance der einzusetzenden Tools stark beeinträchtigen.

In der Metadaten Repository befindet sich die zentrale Sammlung der notwendigen Meta Daten, die benötigt werden, um die Daten aus den verschiedenen Quellsystemen zu extrahieren und in das zentrale Data Warehouse Datenmodell überführen zu können.

Im Bereich Monitoring und Administration wird diese Metadaten Repository verwaltet und die Transformation von einem Projektteam überwacht und gesteuert.

Ein wichtiger Aspekt eines Data Warehouses ist auch die Datenqualität, um keine verfälschten Ergebnisse zu erzielen. Fehler in der Datenqualität können verschiedene Ursachen haben, die in der Erfassung der Daten in den operationalen Systemen liegen, und werden nicht allein unter dem Aspekt der Bereinigung fehlerhafter Daten aufgefasst, sondern stellen einen Prozess dar, um die Qualität langfristig zu sichern und messbar zu machen.

13.5 Auswertungen mit OLAP

Mit **OLAP (Online Analytical Processing)** ändert sich der Blickwinkel auf die zu untersuchenden Daten. Die Datenanalyse erfolgt nicht mehr datensatzorientiert, sondern im multidimensionalen Raum, der auch als Würfel dargestellt wird. Darin sind die Datenobjekte über verschiedene Dimensionen, die eine hierarchische Dimensionsstruktur aufweisen, definiert.

Die Anwender können analysierend durch die Daten navigieren, um Trends zu entdecken, Ausnahmen herauszufinden und die zu Grunde liegenden Daten anschauen, um damit Geschäftsentwicklungen ihres Unternehmens zu erkennen. OLAP ist eine Abfragemethode, die Endbenutzern einen mehrdimensionalen schnellen Zugriff und eine benutzerfreundliche interaktive Analyse von Daten ermöglicht.

In Abbildung 104 sind die Informationen über den Absatz einzelner Produkte in den unterschiedlichen Verkaufsgebieten in den Monaten eines Jahres in einem OLAP-Würfel dargestellt. Den drei Achsen des Würfels werden die Merkmale zugeordnet. Ein viertes Merkmal wird anschließend in den Würfel „hineingegeben". Das Beispiel enthält den Absatz eines Unternehmens mit den folgenden Dimensionen:

- Zeit (Monate eines Jahres)
- Region (Verkaufsbezirke)
- Produkt (Sortiment, Warengruppe)

Der Absatz oder Deckungsbeitrag wird als viertes Merkmal innerhalb des Würfels dargestellt. Wenn es um die Analyse des Deckungsbeitrags geht, der in dem Monat A in der Region B mit dem Produkt C erzielt wurde, so kann dieser in dem Würfel durch eine farbige Darstellung deutlich gemacht werden – von dunkelrot bis hellgrün.

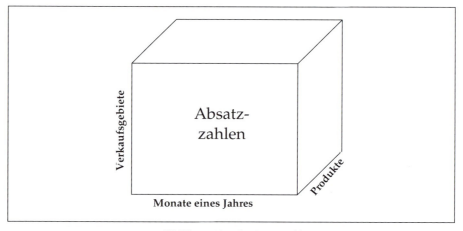

Abbildung 104: OLAP-Würfel

Allgemeines Ziel der multidimensionalen Datenanalyse ist es, durch folgende Operationen die Masse der Daten zu aussagekräftigen Kennzahlen zu verdichten.

Slice und Dice

Slicing ist die Auswertung eines OLAP-Würfels durch Festlegung auf eine Kategorie oder Hierarchiestufe einer Dimension. Dadurch ergibt sich bei insgesamt drei Dimensionen eine zweidimensionale Betrachtung auf die anderen Dimensionen, die dann einer Kreuztabelle gleicht. Der Ausschnitt dieses Würfels wird als Slice bezeichnet.

Dice beinhaltet das Austauschen der gegenübergestellten Dimensionen. Der Würfel wird damit gezielt „gedreht", so dass die sichtbare zweidimensionale Matrix die gewünschten Dimensionen enthält.

Slice und Dice bietet damit die Möglichkeit, beliebig den Blickwinkel auf die zu analysierenden Daten zu ändern. Der OLAP-Würfel könnte durch Slicing zu der Darstellung aller Produkte nach Anspracheart auf das letzte Jahr beschränkt sein. Mit Dicing könnte die Sichtweise zu Vertriebsweg nach Produkten geändert werden.

Drill down und Roll up

Durch Drill down kann die dargestellte Ansicht verfeinert werden, indem die Darstellung in der nächsten niedrigeren Hierarchiestufe einer Dimension erfolgt beispielsweise von Produktgruppen zu einzelnen Produkten. Roll up bezeichnet den umgekehrten Weg.

Screening (oder Selection, Filtering)

Screening betrifft das Setzen eines Filters in einer Dimension für die weitere Analyse, beispielsweise kann der Würfel auf Produkte beschränkt werden, die sich einen negativen Deckungsbeitrag haben.

Scoping

Scoping beschränkt wie das Screening die Sicht auf die Datenbankobjekte, jedoch erfolgt dies zum Aufbau des zu analysierenden Würfels und damit in einer anderen Stufe der multidimensionalen Datenverarbeitung. Es könnte damit vorab bestimmt werden, dass der Würfel nur Produkte enthält, deren Marktanteil sich im letzten Jahr negativ entwickelt hat.

> **Beispiel für OLAP:**
>
> Abbildung 105 zeigt ein typisches Beispiel für eine OLAP-Auswertung. In dem Würfel sind die abgesetzten Mengen eines Unternehmens differenziert nach den drei Kriterien aufgeführt:
>
> - Monate des Jahres
> - Verkaufsbezirke des Unternehmens
> - Produktgruppen des Unternehmens
> - In diesen dreidimensionalen Würfel werden die Absatzzahlen als viertes Kriterium hinein gegeben und durch Farbverläufe verdeutlicht (beispielsweise von dunkelrot für starke Absatzverluste bis dunkelgrün für deutliche Absatzgewinne).
>
> Durch diese grafische Darstellung lassen sich markante Entwicklungen besonders übersichtlich verdeutlichen.

Der Produktmanager für das Produkt B hat nun die Möglichkeit, sich „eine Scheibe aus dem Würfel herauszuschneiden" (slice) und damit nur seinen Verantwortungsbereich über alle Monate und alle Verkaufsgebiete zu betrachten. Durch drill down ist ihm eine tiefere Auswertung möglich, so kann er beispielsweise alle unterschiedlichen Packungsgrößen analysieren.

Der Gebietsmanager für das Verkaufsgebiet 5 schneidet sich ebenfalls seine Scheibe aus dem Würfel und analysiert die Verkaufszahlen aller Produkte über alle Monate nur in seinem Gebiet. Eine tiefere Auswertung führt ihn dann zu allen Filialen und Verkaufsmitarbeitern.

Der Finanzleiter analysiert die Geldströme über alle Gebiete und Produkte in einem Monat und verfeinert seine Auswertung bis auf die Ebene von Tagen.

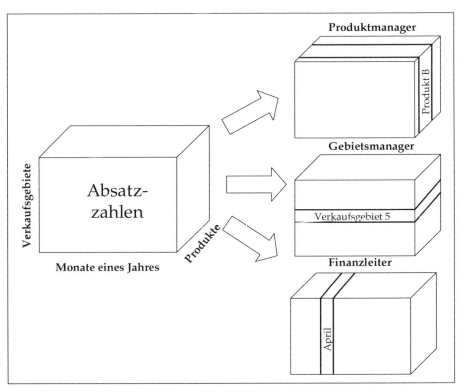

Abbildung 105: OLAP-Auswertung

13.6 Data Mining

13.6.1 Data Mining-Prozess

Während mit Hilfe von SQL-Abfragen und OLAP Hypothesen verifiziert werden, die der Anwender aufstellt, decken Data Mining-Verfahren als induktive Verfahren des maschinellen Lernens autonom Beziehungsmuster in den vorhandenen Daten auf. Data Mining wird daher auch als „entdeckungsgetriebenes" System verstanden. „Data Mining „Gibt Antworten auf Fragen, die noch gar nicht gestellt wurden."

> Unter Data Mining wird in Analogie zum Gold Mining das Schürfen oder Graben in Daten nach Informationen bzw. Wissen verstanden. Aus der unüberschaubaren Menge von Daten soll Wissen generiert werden. Durch die Identifizierung von Mustern in Daten werden Marketing-Maßnahmen angestoßen. Statt Gold Nuggets sucht man Knowledge Nuggets.

Das Data Mining basiert auf unterschiedlichen Wissenschaften:
- **Statistik:** Die Statistik liefert Methoden zur Datenexploration, -auswahl und -transformation sowie zur Mustererkennung.
- **Datenbankforschung:** Die Datenbankforschung liefert Methoden, um Daten effizient zu speichern, zu prüfen, etc.
- **Künstliche Intelligenz:** Die Künstliche Intelligenz liefert Verfahren für das Data Mining, wie Neuronale Netze oder Genetische Algorithmen.
- **Mathematik**
- **Informatik**
- **Marketing**

Die Methoden des Data Mining haben beispielsweise folgende Aufgaben:
- **Visualisierung:** Histogramm, Streuungsdiagramm, ...
- **Klassifikation:** Zuordnung von Objekten zu Klassen
- **Segmentierung:** Zusammenfassung von Objekten in Gruppen, die vorher nicht bekannt sind
- **Prognose:** Vorhersage unbekannter Merkmalswerte auf Basis anderer Merkmale
- **Abhängigkeitsanalyse:** Beziehungen zw. Merkmalen eines Objektes
- **Abweichungsanalyse:** Identifizierung von Objekten, die den Regelmäßigkeiten der meisten anderen Objekte nicht folgen, Ursachen erforschen

> **Beispiel für Data Mining:**
> Mit Data Mining-Tools wurden die Kaufgewohnheiten in einem convenience-store in den USA analysiert.

> Als Ergebnis stellte sich heraus, dass der Kauf von Bier und Windeln am Freitagabend sehr stark korrelierte. Eltern (Väter?) kaufen zum Wochenende ein Six-Pack Bier für sich und Windeln für die Kinder.
>
> Folglich wurden Bier und Windeln am Freitag zusammen im Laden positioniert (Zweitplatzierung), der Einkauf wurde erleichtert und die Verkaufszahlen gesteigert.

Typische Fragestellungen des Data Minings:

- **Welche Produkte werden kombiniert gekauft?** (z.B. Rentenpapiere mit offenen Investmentfonds, hochwertiger Käse mit teurem Wein) → Cross-Selling
- **Wie lassen sich Kunden segmentieren?** (z.B. Hinsichtlich welcher Eigenschaften gleichen sich Kunden, die zur Konkurrenz abgewandert sind? Welche Eigenschaften haben die besonders profitablen Kunden?)
- **Wie verhalten sich die Kunden?** (z.B. Wie verhalten sich die Kunden einer Bank, deren Kontostand steigt? Wie reagieren Versandhandelskunden, die bereits dreimal gemahnt wurden?)
- **Welche Kunden weichen vom typischen Schema ab?** (z.B. Welche Kunden kündigen unerwartet?)

Data Mining wird im Allgemeinen als Prozess verstanden. Ein typisches Schema für die Vorgehensweise bei Data Mining-Projekten umfasst die folgenden Schritte:

1. Zielformulierung
2. Operationalisierung des Ziels → Data Mining-Aufgabe
3. Daten- und Analysebasis
4. Erstellung des Modells → Methode auswählen, Transformation der Daten
5. Mining
6. Validierung, Simulation, Interpretation, Implementierung
7. Überprüfung, Sensitivitätsanalyse

13.6.2 Data Mining-Verfahren

Die Abbildung 105 gibt einen Überblick über ausgwählte Data Mining-Verfahren, wobei OLAP nicht zu den Data Mining-Verfahren im engeren Sinne gehört, aber in der Praxis häufig nicht von diesen abgegrenzt wird.

Custeranalyse

Die Custeranalyse wird zu Segmentierungszwecken eingesetzt und ist ein multivariates iteratives Verfahren, das an Hand von Merkmalen Gruppen (Profile, Cluster) erstellt, deren Mitglieder sich innerhalb der Gruppen in ihren Merkmalsausprägungen weitgehend gleichen, während sich die Gruppen untereinander möglichst stark unterscheiden.

- **Clusteranalyse:** Erstellt Gruppen (Cluster), deren Mitglieder intern homogen und extern heterogen sind.
- **Entscheidungsbaum:** Leitet aus Datenmengen bei vorgegebenen Klassen Regeln ab, um unbekannte Objekte zu klassifizieren.
- **Regressionsanalyse:** Untersuchung des funktionalen Zusammenhangs zwischen Variablen.
- **Neuronale Netze:** Selbstständig lernende Systeme, die in Analogie zum menschlichen Gehirn Synapsen (Verbindungen) und Nervenknoten (Knoten) darstellen.
- **Fuzzy-Logic:** Generiert aus unscharfen Informationen Aussagen.
- **Genetische Algorithmen:** Nutzen Evolutionsstrategien und entstammen der Biologie.
- **OLAP:** Grafische Darstellung von Daten in drei Dimensionen.

Abbildung 106: Ausgewählte Data Mining-Verfahren

Zu der Berechnung der verschiedenen Gruppen können verschiedene Ähnlichkeitsmaße herangezogen werden; ein weit verbreitetes Ähnlichkeitsmaß für die Clusteranalyse ist die euklidische Distanz.

Beispiel für Clusteranalyse:

Ein Online-Händler untersuchte, in welche Gruppen sich Kunden einteilen lassen, die bis zu einem bestimmten Zeitpunkt bestellt haben und dann abgesprungen sind, an Hand eines Samples von ca. 300.000 Kunden. Für die Clusteranalyse wurden soziodemografische Daten, Serviceorientierung (beispielsweise Ratennutzung, Schnelllieferservice), Bestellverhalten (Preissensibilität, wer wie oft bestellt hat) und Fulfillment Daten („Verärgerungsparameter" wie Lieferdauer, Pannen …) eingesetzt.

Das Ergebnis stellte vier Hauptcluster dar, wobei die Gruppen der älteren Kunden und der Bedarfsbesteller dominierten, wie die Abbildung 107 zeigt. Dies veranlasste das Unternehmen ein Seniorenmailing zu verschicken, das sich an alle Kunden richtete, die zu Cluster 1 gehören und gleichzeitig in der Bestellwahrscheinlichkeit gering waren.

Der Erfolg dieser Aktion war durchaus zufriedenstellend. Im Ergebnis konnten wesentlich mehr Kunden aktiviert werden, als im Durchschnitt zu den anderen Kunden.

Cluster	Kundentyp	Anteil
1	Ältere Kunden (wesentlich älter als die anderen Cluster)	34 %
2	Bedarfsbesteller (nutzen Versandschiene um Bedarf zu decken, sind aber keine typischen Versandhandelskunden)	43 %
3	Der verärgerte Anspruchsvolle" (längere Lieferzeiten, höherer Anteil gestrichener Positionen, höheres Anspruchsniveau)	6 %
4	Restgruppe (individuelle Gründe des Absprunges)	17 %

Abbildung 107: Clusteranalyse zur Segmentierung abgesprungener Kunden
Quelle: Neckermann

Entscheidungsbäume

Entscheidungsbäume sind Verfahren des induktiven maschinellen Lernens, die aus gegebenen Datenmengen Regeln ableiten, bei denen die Klassen der Elemente vorgegeben sind, um unbekannte Objekte zu klassifizieren (Shaghaghi 1996, S. 95).

Sie werden für Segmentierungen und Prognosemodelle eingesetzt. In einem iterativen Prozess wird in jedem Knoten des Entscheidungsbaums das Attribut abgefragt, welches allein die Klassifikation der Daten hinsichtlich der Klassen einer Zielvariablen am besten erklärt. Dieses Attribut wird dann zur Aufteilung der Daten in Untermengen verwendet, und die Untermengen werden separat betrachtet. Die Aufteilung in Unterklassen wird mittels eines errechneten Schwellenwertes, der die Datensätze den Klassen der Zielvariablen zuordnet, durchgeführt.

Die bekanntesten Verfahren zur Aufteilung in Unterklassen sind die Trennung nach dem Informationsgehalt für CART-Bäume und nach dem Chi-Quadrat-Unabhängigkeitstest für CHAID-Bäume. Bei CHAID-Bäumen wird der Chi-Quadrat-Abstand genutzt, um die Variable auszuwählen, welche die größte Abhängigkeit zur Zielvariablen aufweist. Je größer der Chi-Quadrat-Abstand, desto stärker ist die Abhängigkeit der betrachtenden Variable zur Zielvariablen. Nachdem die Variable mit dem größten Chi-Quadrat-Abstand berücksichtigt wurde, werden ebenso mittels Chi-Quadrat-Test die Unterteilungen in Klassen der Variablen errechnet. Dazu werden alle möglichen Kombinationen der Klasseneinteilung zu benachbarten Ausprägungen ausgewertet. Dies ermöglicht im Gegensatz zum CART-Verfahren auch eine Aufteilung des Attributs in mehr als zwei Unterklassen und daher eine kompaktere Form der Darstellung.

In der Praxis sind Entscheidungsbäume weit verbreitet, weil die Generierung eines Entscheidungsbaums relativ schnell durchgeführt werden kann und die Darstellung der Ergebnisse in einer intuitiv verständlichen Form erfolgt.

Beispiel für Entscheidungsbäume:

Die Dresdner Bank erstellte mit Answer Tree 2.0 von SPSS eine CHAID-Analyse zur Segmentierung ihrer bestehenden Kunden hinsichtlich eines Bausparvertrages. Darin wurde untersucht, nach welchen Merkmalen sich Kunden mit Bausparvertrag von Kunden ohne Bausparvertrag unterscheiden.

Die Zielvariable enthält daher die Klassen der Kunden mit und ohne Bausparvertrag.

Für die Analyse wurden externe Marktforschungsdaten von Claritas verwandt. Zunächst wurden die externen Daten bereinigt, indem die nicht relevanten Daten eliminiert wurden, nachdem eine Häufigkeitsauswertung der einzelnen Variablen durchgeführt wurde. Danach wurden für die übrig gebliebenen Merkmale mit „kleinen Entscheidungsbäumen" Klassen gebildet, indem jedes Merkmal einzeln der Zielvariablen nach dem Chi-Quadrat-Unabhängigkeitstest gegenüber gestellt wurde. Daraufhin wurden die einzelnen Variablen entsprechend umkodiert beispielsweise in Altersklassen, damit das CHAID Verfahren nicht zu viele Kombinationen der Merkmalsausprägungen errechnet, da diese das Verfahren wegen starker Beanspruchung an die Rechenleistung verlangsamen. Dabei erwiesen sich viele Merkmale als nicht geeignet, die Zielvariable zu erklären und wurden daher für den endgültigen Entscheidungsbaum nicht mehr berücksichtigt, oder es wurden beispielsweise bei dem Merkmal Entfernung zum Arbeitsplatz nach dem Median Klassen gebildet.

Der endgültige Entscheidungsbaum lieferte überraschende Erkenntnisse für das Database Management der Dresdner Bank.

Als beste Kundengruppe wurden Bild-Leser im Alter bis 50 Jahren, die auch den Kicker lesen, identifiziert, von denen 20,8 Prozent einen Bausparvertrag abgeschlossen haben. Die nächstbeste Kundengruppe sind hauptberufliche Angestellte des öffentlichen Dienstes, die in einem Haushalt mit vier bis fünf Personen leben, mit einem Anteil von 12,6 Prozent an Bausparern. Daraufhin wurde die Anzahl der Fälle derjenigen Gruppen, die eine überdurchschnittliche Wahrscheinlichkeit haben, einen Bausparvertrag abzuschließen, aufsummiert und der Grundgesamtheit gegenübergestellt.

Das Ergebnis war, dass bei einer Ansprache an 55,6 Prozent der bestehenden Kunden 30 Prozent mehr Abschlüsse getätigt werden konnten als im Durchschnitt aller Kunden. Eine Life-Style-Analyse soll nun detaillierter Auskunft über diese Kunden geben.

Regressionsanalyse

Die Regressionsanalyse untersucht den funktionalen Zusammenhang zwischen der zu erklärenden Variable bzw. den zu erklärenden Variablen (bei multipler Regression) und der unabhängigen Variable bzw. den unabhängigen Variablen (bei multivariater Regressionsanalyse).

Im einfachsten Fall der linearen Regression wird eine Gerade der Form $y = ax + b$ gesucht, die der Menge der Beobachtungswerte am nächsten kommt. Die Parameter a und b werden dann so bestimmt, dass für die vorliegenden

Werte x der Wert y optimal durch die Funktion beschrieben wird. Abweichungen von der Funktion werden pauschal einer unbekannten und nicht näher definierten Störvariablen zugerechnet, die den angenommenen funktionalen Zusammenhang überlagert.

Die Berechnung erfolgt dabei meist durch die Methode der kleinsten Quadrate, die auf der Summe der quadrierten Abweichungen zwischen der jeweiligen Merkmalsausprägungen y und der Funktion basiert.

Die logistische Regression ist eine robuste Methode, die besonders im Marketing Anwendung findet. Unter der Annahme, dass ein Kunde entweder geht (0) oder bleibt (1) bzw. reagiert (1) oder nicht reagiert (0), wird die größte Wahrscheinlichkeit (log likelihood) berechnet, mit der sich ein Kunde diesen beiden Zuständen annähert. Die Wahrscheinlichkeit wird hierbei von den definierten Einflussfaktoren bestimmt.

Eine schrittweise Regression der Einflussfaktoren steigert häufig die Qualität der Vorhersage (Van den Poel, Buckinx 2004, S. 256 f.).

Neuronale Netze und Kohonen-Netze

Neuronale Netze sind selbstständig lernende Systeme, die in Analogie zum menschlichen Gehirn Synapsen (Verbindungen) und Nervenknoten (Knoten) herstellen. Auf Grund bestimmter Algorithmen decken sie Strukturmuster auf und interpretieren diese selbstständig. Daraufhin passt sich das neuronale Netz in einem fortlaufenden Prozess automatisch an die ermittelten Ursache-Wirkungs-Zusammenhänge an.

Sie werden daher häufig in der Prognoseplanung, in Scoring Modellen, als Segmentierungsverfahren und in verschiedenen Optimierungsmodellen angewandt.

Ein neuronales Netz besteht dabei aus einer großen Anzahl unabhängiger kleiner Einheiten, den Neuronen, die (theoretisch) alle miteinander verbunden sind. Jedes Neuron reagiert dabei gemäß seiner Aktivierungsfunktion auf die eingehenden Signale anderer Neuronen und erzeugt selbst ein Ausgangssignal, das wiederum theoretisch an alle anderen Neuronen verschickt wird (Wieken 1999, S. 104).

Neuronale Netze eignen sich daher besonders für die Verarbeitung von verrauschten, lückenhaften oder sogar widersprüchlichen Daten, weil in der Trainingsphase neuronale Netze die Fähigkeit erlernen, die wesentlichen Strukturen zu erkennen und die zufälligen Phänomene herauszufiltern.

Bei Kohonen-Netzen handelt es sich um Segmentierungsverfahren, die auf den Prinzipien der neuronalen Netze basieren und selbstständig Cluster innerhalb eines Datensatzes bilden. Im Unterschied zu den bisher betrachteten neuronalen Netzen bestehen neuronale Netze in der Regel lediglich aus einer Input- und einer meist zweidimensionalen Outputschicht. Ein Neuron besitzt dabei weder Aktivierungsfunktion noch Schwellenwert und repräsentiert die Ähnlichkeit der zugehörigen Gewichte zum Input.

In der Trainingsphase passt das Output-Neuron mit dem höchsten Ähnlichkeitswert zum Input seine Gewichte an den Input an. Daraufhin werden die umliegenden Neuronen in der Nachbarschaft des ermittelten Neurons adaptiert, um eine automatische Anordnung (= Cluster) ähnlich reagierender Neuronen zu erreichen (Krahl, Windheuser 1998, S. 83).

> **Beispiel für Künstliche Neuronale Netze:**
>
> Die Otto Group und die Physics Information Technologies GmbH (Phi-T) gründeten ein Joint Venture, Phi-T Products & Services, um künstliche neuronale Netze zur Verbesserung der Absatz-Prognosen zu entwickeln. Die Gründe für diese Kooperation liegen in dem komplexer werdenden Angebot, dem zunehmenden Online-Anteil und den unbekannten Wechselwirkungen zwischen den Vertriebskanälen.
>
> Erste Tests der Neuro-Bayes-Technologie ergaben eine Verbesserung der Prognosegüte im Katalogbereich um 20 bis 30 %, im Online-Bereich sogar um rund 50 %. Grundlage der Prognosen sind Daten wie Artikelbeschreibung, Angebotsträger, Versandtermin, Farbe, Größe, Seitenanteil im Katalog und Marke.
>
> Das künstliche neuronale Netz findet Zusammenhänge zwischen den Daten und nutzt diese als Basis zur Berechnung der Absatz-Prognose. Zum Einsatz kommt ein selbstständig lernendes künstliches System, das bekannte und vor allem bisher unbekannte Wechselwirkungen erkennt.

> **Beispiel für Einsatz Neuronaler Netze:**
>
> Der Versender „Atelier Goldner Schnitt" hat sich auf Damenmode für die Altersgruppe der über 60jährigen spezialisiert und ist in acht europäischen Ländern aktiv. Er versendet in jeder Saison über 50 verschiedene Basis-Werbemittel, deren Einsatz mit Data Mining optimiert wird.
>
> Als **Ziele des Einsatzes von Neuronalen Netzen** gelten:
> - Optimale Werbemittelstreuung
> - Cross- und Up-Selling-Analysen
> - Prognose der Kundenabwanderung
> - Bonitätsprüfung
>
> Üblicherweise werden 500 bis 1.000 Variablen pro Kunde für die Analyse ausgewählt, für spezifische Auswertungen sind auch bis zu 10.000 Variablen möglich.
>
> Typischerweise ermittelt das Unternehmen ca. 1.000 Kundensegmente mit einem Scorewert für jedes Segment, der beispielsweise eine Response- oder Umsatzprognose ermöglicht. Neuronale Netze sind dabei in der Lage, Kennzahlen, die für die Segmentierung wichtig sind, automatisch zu erkennen und höher zu gewichten. Aus der Segmentierung ergibt sich eine Klassifizierung für die differenzierte Ansprache der einzelnen Kunden. Wenn die Zielgröße beispielsweise die Umsatzprognose für ein bestimmtes Werbemittel ist, lassen sich durch die Zuordnung der Werbe-

kosten solche Kundengruppen ausgrenzen, für die der Werbeaufwand nicht rentabel ist.

Der Versender kombiniert den Einsatz der Neuronalen Netze mit herkömmlichen statistischen Verfahren, um die Transparenz der Analysen sicherzustellen.

Im Idealfall wird eine Genauigkeit von 99,9 Prozent über alle Segmente erreicht, in einzelnen Segmenten liegt sie bei 98 Prozent. (Brändli, Imhoff 2005, S. 4–6)

Fuzzy Logic

Die Verfahren der Fuzzy Logic sind ebenfalls dem subsymbolischen Ansatz zuzuordnen.

An Hand eines Expertenwissens, das beispielsweise von verschiedenen Fachleuten bereit gestellt wird, werden sogenannte Fuzzy-Regeln bestimmt, die aus unscharfen Informationen Aussagen ableiten, zum Beispiel: „WENN das Alter ist jung UND der Kopf ist kahl, DANN liegt ein potenzieller Kunde für das neue Haarwuchsmittel vor". Sie erlauben damit eine realistische Abbildung menschlicher Auffassungsgabe und Verhaltens (Krahl, Windheuser 1998, S. 83).

Das Unternehmen Fuzzy! Informatik GmbH stellt in seinem Firmenprospekt den Grundgedanken von Fuzzy Logic durch eine einfache Headline dar:

„W knn mr FZZY hlfn?"

Obwohl alle Vokale fehlen, ist der Leser in der Lage, den unscharfen Text zu entschlüsseln. Durch Fuzzy Logic wird auch eine Software in die Lage versetzt, mit unscharfen Informationen, die häufig dem menschlichen Denken entsprechen, zurechtzukommen.

Um aus unscharfen Informationen durch eine logische Verknüpfung Aussagen fällen zu können, werden zuerst an Hand des Expertenwissens (= Fuzzy Control) Zugehörigkeitsfunktionen für die vorliegenden unscharfen Eigenschaften (Informationen) bestimmt (Wieken 1999, S. 109).

Denkbar ist aus den verschiedenen unscharfen Informationen ein Regelwerk aufzubauen. Im ersten Schritt werden die Messwerte aus dem Datensatz entnommen, um sie zu „fuzzifizieren", das heißt zu Eingangswerten der Zugehörigkeitsfunktionen zu transformieren. Danach wird ermittelt, welche Zugehörigkeitsgrade von „sehr jung" bis „sehr alt" und „kahl" bis „haarig" vorliegen und daraufhin mittels „Defuzzyfizierung" eine Stellgröße für den Regler oder die Steuerung errechnet, die beispielsweise angibt, inwieweit ein potenzieller Kunde vorliegt.

Fuzzy Logik eignet sich im Data Mining zum Training neuronaler Netze, da die Radiale Basis Funktion (RBF) neuronaler Netze der Darstellung unscharfer numerischer Informationen ähnelt. Der Vorteil ist es, dass das Training eines neuronalen Netzes nicht mit zufälligen Initialisierungen startet, sondern dafür bereits bestehendes Expertenwissen genutzt werden kann (Krahl, Windheuser

1998, S. 92). Ansonsten ist Fuzzy Logik als deduktives Verfahren nicht dem Data Mining zuzuordnen.

Die Abbildung 108 zeigt einige Anwendungen von Fuzzy Logic. Im Dialogmarketing ist Fuzzy Logic wichtig bei der Recherche von Adressen und dem Abgleich von Dubletten. Auch für die Belieferung von Kunden, deren Bestellung fehlerhaft („Pritti Wummen") oder unvollständig („Wommack, Revolution") ist, leistet das Programm wertvolle Dienste.

Sie suchen	FUZZY! findet
Personen: Schepanski, M., Wiesmeier	Szczepanski, Martina Wießmayer
Artikel: 4-kant Schraube gehärtet Tschio Schips Pritti Wummen DVD	Gehärtete Vierkantschraube Chio Chips DVD Pretty Woman
Buchtitel: Wommack, Revolution	Die zweite Revolution in der Automobilindustrie, Roos, Womack, Jones

Abbildung 108: Beispiele für die Anwendung von Fuzzy Logic
Quelle: FUZZY! Informatik GmbH

Genetische Algorithmen

Genetische Algorithmen gehören den Evolutionsstrategien an, die aus der Biologie entstammen. Dabei geht es darum, aus einem Fundus zufällig bereitgestellter Anfangslösungen eine (zumindest nahezu) optimale Lösung zu entwickeln (Krahl, Windheuse, 1998, S. 93). Ausgehend von einer Anfangspopulation an Individuen besitzt jedes Individuum Eigenschaften, die binär kodiert sind. Mit Hilfe nachfolgender Verfahren werden daraus neue Generationen mit neuen Populationen gewonnen:

- **Selektion:** Aus einer vorgegebenen Palette an Lösungsvorschlägen werden die besten ausgelesen.
- **Kreuzung (= Cross Over):** Ihre Kenngrößen werden kombiniert und als neue Generation von Basislösungen aufgefasst.
- **Mutation:** Die Kenngrößen werden zufälligen Abänderungen unterworfen, um sicherzustellen, dass die Suche nach der optimalen Lösung nicht auf den anfänglichen Vorrat der Kenndaten beschränkt bleibt („Inzucht Gefahr").

Wenn die Elterngeneration mehr „paarungsreife" Kinder als Eltern produziert, werden die „fittesten" selektiert beispielsweise unter Berücksichtigung der Überlebenswahrscheinlichkeit.

Je „fitter" ein Individuum ist, umso mehr „fitte Kinder" kann es produzieren.

> **Beispiele für Responseoptimierung:**
>
> Der Meister Verlag (München) ist die deutsche Tochtergesellschaft der international operierenden IMP Gruppe (International Masters Publisher). Kerngeschäft ist das Vermarkten von Sammelprodukten durch Mailings.
>
> Meister nutzt statistische Verfahren zur Responseoptimierung und zur Prognose dauerhafter Kundenbeziehungen. Die Vorhersagegenauigkeit und -sicherheit für den Absatz einer Dialogmarketing-Kampagne konnte durch den Einsatz von Data Mining (Neuronale Netze) deutlich erhöht werden.
>
> Dadurch war es möglich, ca. 150.000 Euro in einer einzigen Mailing-Aktion einzusparen (Zipser 2006, S. 15).
>
> Die Deutsche Bank stützt sich im Privatkundengeschäft auf analytisches CRM und nutzt das Data Mining unter anderem für Kundensegmentierung, Cross-Selling und Customer Retention. Die Bank hat ein CRM-Projekt INCCOM (Integrated Customer Communication Management) initiiert. Ziel ist, alle Kanäle (Filialen, Internet, Call-Center, Direktmarketing-Systeme) zu integrieren.
>
> Mit Hilfe von Data Mining werden komplexe Fragestellungen beantwortet, beispielsweise:
>
> Wie hoch ist die Wahrscheinlichkeit, dass sich ein Kunde der Produkte A und B auch für C interessiert?
>
> Mit dem Einsatz des Data Mining konnte die Responserate für Cross Selling-Kampagnen um 100 % gesteigert und die cost-per-customer-ratio um ein Drittel gesenkt werden.

13.7 Multivariate statistische Verfahren

Die Statistik stellt eine Reihe von Verfahren zur Verfügung, die dazu dienen, aus Marktforschungs- oder Kundendaten homogene Marktsegmente zu errechnen.

Umfangreiche Befragungen von Konsumenten zu bestimmten Themen und Produkten werden mit Hilfe dieser Verfahren analysiert, um Segmente nach den oben beschriebenen Kriterien ermitteln zu können (Holland, Scharnbacher 2015, S. 15 ff.).

Die multivariaten statistischen Verfahren unterscheiden sich von den einfachen statistischen Verfahren (uni- oder bivariate) dadurch, dass sie an einer Vielzahl von Untersuchungsobjekten (z. B. Personen) mehrere Variablen (z. B. Fragestellungen, Verhaltensweisen) messen und diese gleichzeitig auswerten.

Faktorenanalyse

Die Faktorenanalyse verfolgt das Ziel, aus einer großen Anzahl von Merkmalen einige Hintergrundfaktoren herauszufinden, die die Zusammenhänge zwischen den Merkmalen (Interkorrelationen) berücksichtigen.

In einer Marktforschungsstudie werden beispielsweise Kunden über das Image eines Produktes befragt, das an Hand von sehr vielen Merkmalen erhoben wird. Ein Teil dieser Merkmale wird dann im Allgemeinen von vielen Interviewten in die gleiche Richtung gehend bewertet.

Die Verfahren der Faktorenanalyse untersuchen somit, ob der Vielzahl von Merkmalen einige wenige Faktoren zu Grunde liegen, mit deren Hilfe eine anschaulichere Beschreibung der Fragestellung (z.B. Image) möglich ist. Die Faktorenanalyse zeigt die Korrelationen zwischen den Merkmalen auf und gibt Faktoren mit der Stärke ihrer Beziehung zu den Merkmalen an. Die Interpretation und Bezeichnung der Faktoren muss vom Bearbeiter gefunden werden.

Typische Fragen der Faktorenanalyse lauten:

Kann man die Vielzahl von Eigenschaften, die die Kunden mit bestimmten Marken verbinden, auf wenige Faktoren reduzieren?

Wie lassen sich die unterschiedlichen Marken mit diesen Faktoren beschreiben?

Clusteranalyse

Die Clusteranalyse wird vor allem bei der Zielgruppensegmentierung genutzt. Sie hat die Aufgabe, eine Vielzahl von unterschiedlichen Elementen in Gruppen oder Cluster zusammenzufassen, die mit einem differenzierten Marketing angesprochen werden.

Die einzelnen Cluster sollen so gebildet werden, dass sich die Elemente in einer Gruppe möglichst ähnlich sind und sich von den anderen Clustern möglichst stark unterscheiden; es wird eine interne Homogenität und externe Heterogenität angestrebt.

Die Clusteranalyse beantwortet Fragen wie:

Lässt sich die Bevölkerung eines Landes nach ihrem Lifestyle in Typen einteilen?

Lassen sich die Kunden eines Versandhauses nach ihrem Kaufverhalten in Typen einteilen (Mode-, Hartwaren-, Gelegenheitskäufer)?

> **Beispiel für Clusteranalyse:**
>
> Die Bildung von Käufertypologien basiert auf der Clusteranalyse. Eine repräsentative, genügend große Stichprobe von Konsumenten wird mit Hilfe eines Fragebogens zu zahlreichen Fragestellungen zur Soziodemografie, zum Kaufverhalten, zur Psychografie und anderen Themen interviewt. Die Daten werden dann mit Hilfe der Clusteranalyse daraufhin geprüft, ob es möglich ist, auf Grund der im Fragebogen gemachten Antworten Ähnlichkeiten bei den Interviewten festzustellen, die eine Typenbildung erlauben.

Diskriminanzanalyse

Mit der Diskriminanzanalyse lassen sich die Unterschiede zwischen definierten Gruppen von Untersuchungseinheiten analysieren. Das Verfahren sucht Unterschiede zwischen den Gruppen und ermittelt die unabhängigen Variablen, die möglichst viel zur optimalen Trennung der Gruppen beitragen. Die Diskriminanzanalyse kann in Verbindung mit der Clusteranalyse zur Abgrenzung der Segmente genutzt werden. Sie legt die Grundlage für die Beschreibung der Cluster oder Personentypen.

Typische Fragen der Diskriminanzanalyse sind:

Die in einer Database gespeicherten Kundendaten werden darauf untersucht, ob sich die besonders guten Stammkunden von den Gelegenheitskäufern durch beispielsweise das Alter oder regionale Kriterien unterscheiden.

In welcher Hinsicht unterscheiden sich Abonnenten einer Zeitschrift von den Kioskkäufern?

Multidimensionale Skalierung

Die multidimensionale Skalierung (MDS) verfolgt das Ziel, die festgestellten Beziehungen zwischen Objekten grafisch im Koordinatensystem darzustellen. Durch eine Befragung werden Daten über Objekte (z.B. Marken, Zeitschriften) erhoben. Die multidimensionale Skalierung stellt dann die relevanten Eigenschaften oder Nutzendimensionen der Objekte in einem Koordinatensystem dar. Die Objekte werden so in das System positioniert, dass ähnlich beurteilte nah zusammen liegen.

Das Ergebnis ist ein Positionierungsmodell, das beispielsweise zur Identifikation psychologischer Marktlücken dienen kann.

Typische Fragestellungen sind:

Welches Image besitzen die Produkte in einem Markt?

Entspricht das eigene Produkt oder das eigene Unternehmen den Idealvorstellungen der Konsumenten?

Conjoint-Analyse

Der Begriff Conjoint setzt sich aus CONsidered JOINTly („ganzheitlich betrachtet") zusammen.

Conjoint-Analyse (auch Conjoint Measurement) ist eine Methode, die in der Psychologie entwickelt wurde. Der Begriff bezeichnet eine Vorgehensweise zur Messung der Bewertung eines Gutes. Dazu werden bestimmte Eigenschaften des Gutes (Stimuli) mit bestimmten Bedeutungsgewichten versehen, um daraus ein möglichst allgemein gültiges Gesamt-Präferenzurteil der Verbraucher über das Gut ableiten zu können.

Die Conjoint-Analyse ist die heute am häufigsten eingesetzte Analysemethode zur Erhebung der Präferenzen von Konsumenten. Mit Hilfe der Conjoint-Analyse wird untersucht, in welchem Maß einzelne Merkmale bzw. Merkmalskombinationen, die ein bestimmtes Produkt auszeichnen, vom Nutzer bevorzugt werden.

Da jedes Gut als Kombination von Produkteigenschaften mit bestimmten Merkmalsausprägungen aufgefasst werden kann, hat das Verfahren Conjoint eine sehr weite Verbreitung gefunden.

Wesentlich für die Conjoint-Analyse ist das so genannte dekompositionelle Prinzip dieses Verfahrens: Die Bewertungen der Befragten beziehen sich zunächst auf ganzheitliche Produktkombinationen, die bei der Auswertung zerlegt und auf diejenigen Merkmale und deren Ausprägungen umgerechnet werden, die in die Bewertung mit eingeflossen sind.

Durch diese Vorgehensweise entspricht die Conjoint-Analyse in hohem Maße dem tatsächlichen Bewertungsprozess einer realen Kaufsituation, in der der Konsument ebenfalls mit ganzheitlichen Produkten konfrontiert ist. Da diese Produkte aus Befragtensicht sowohl gewisse Vor- als auch gewisse Nachteile haben, wird er dazu gebracht, die Bedeutung der verschiedenen Eigenschaften relativ zueinander abzuwägen und sich die tatsächliche Bedeutung der einzelnen Merkmale bewusst zu machen.

14 Customer Relationship Management

14.1 Notwendigkeit des Beziehungsmanagements

Auch heute noch legen viele Unternehmen den Schwerpunkt ihrer Marketing-Bemühungen auf die Neukundengewinnung, allerdings kommt dem Thema Kundenbindung ein steigendes Interesse in Wissenschaft und Praxis zu. Stagnierende Märkte mit einem ständig schärfer werdenden Verdrängungswettbewerb, der die Akquisition neuer Kunden zunehmend erschwert, sind Gründe für diese Entwicklung. Markterfolge hängen immer stärker von der intensiven Pflege des eigenen Kundenstammes ab.

Kundenbindung (Kundentreue oder -loyalität) äußert sich in einem Wiederkaufverhalten.

> Gelingt es einem Unternehmen, seine Kunden an sich zu binden, so wirkt sich dies Gewinn steigernd aus, dadurch dass sich Marktanteil und Umsatz bei gleichzeitiger Kostenreduktion erhöhen. Je länger die Stammkundenbeziehung andauert, umso mehr Gewinn kann das Unternehmen aus dieser Beziehung erwirtschaften und umso dauerhafter und vielversprechender wird sein Gewinnpotenzial (Abbildung 109).

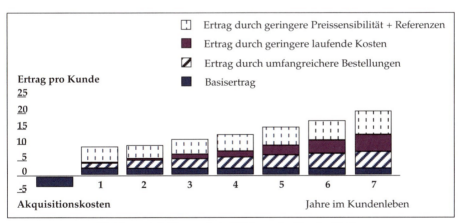

Abbildung 109: Ökonomische Wirkung der Kundenbindung
Quelle: Reichheld, Sasser 1990, S. 105–111

Im Mittelpunkt des CRM stehen die Sicherung der Kontinuität, Stabilität und Intensität einer ökonomisch attraktiven Hersteller-/Handels-Kundenbeziehung, die Senkung der Kosten für Akquisition und Beziehungspflege sowie die Anbahnung neuer Beziehungen durch Referenzwirkungen zufrieden gestellter Kunden.

Für das After-Sales-Marketing stellt die Kundenbindung als Ausdruck einer von hoher Kundenzufriedenheit geprägten dauerhaften Geschäftsbeziehung das zentrale Ziel dar.

Ein effektives Beziehungsmarketing nutzt dabei vor allem solche Instrumente des Dialog- oder One-to-One-Marketings, die die Interaktivität zwischen Hersteller und Kunden unterstützen und den Dialog mit vorhandenen und potenziellen Kunden eröffnen.

Die Abbildung 110 enthält einige Statements, die die Bedeutung des Kundenbindungsmanagements verdeutlichen.

- Einen Neukunden zu gewinnen, kostet etwa fünfmal soviel wie die Erhaltung einer bestehenden Kundenverbindung.
- Marketing orientiert sich heute noch überwiegend an der Realisation von Erstverkäufen. Dabei wird völlig übersehen, dass 65 Prozent des Umsatzes mit Stammkunden erfolgt.
- Fünf Prozent weniger Abwanderungen von bestehenden Kunden steigern den Kundenwert um bis zu 75 Prozent.
- Die Wahrscheinlichkeit, dass ein sehr zufriedener Kunde nachbestellt, ist dreimal höher als bei einem nur zufriedenen Kunden.
- Bei Xerox ist die Wiederkaufwahrscheinlichkeit bei sehr zufriedenen Kunden in den ersten 18 Monaten nach dem Kauf sechs Mal größer als bei zufriedenen Kunden.
- Ein über einen längeren Zeitraum durch ein Unternehmen zufriedengestellter Kunde gibt seine Erfahrungen an durchschnittlich drei Personen weiter, ein unzufriedener Kunde hingegen an durchschnittlich elf.
- Nur das Unternehmen, das seine Kunden langfristig zufrieden stellt, kann somit auf die Mundpropaganda als ein gezielt eingesetztes Marketing-Instrument bauen.
- 95 Prozent der verärgerten Kunden bleiben dem Unternehmen treu, wenn ihr Problem innerhalb von 5 Tagen gelöst wird.
- Jeder Prozentpunkt nachhaltig erhöhter Kundenzufriedenheit steigert die Rentabilität (gemessen als ROI) um 7,25 Prozent.

Abbildung 110: Statements zum Kundenbindungsmanagement
Quelle: Holland, Heeg 1998, S. 21f.; Scharioth 1993, S. 22; Hothum 1993, S. 39; Wachter, Haupt 1995, S. 51; Töpfer, Mann, 1996, S. 26

In einer Studie von Adobe System aus dem Jahr 2012 wurden 33 Mrd. Besuche bei 180 E-Commerce-Unternehmen in den USA und in Europa analysiert. Dabei wurden die Käufer in die Kategorien Erstkäufer, Wiederkäufer und Stammkunden eingeteilt, die gemessene Zielgröße war der durchschnittliche

14.1 Notwendigkeit des Beziehungsmanagements

Umsatz pro Besuch (RPV – revenue per visit). Die Abbildung 111 zeigt, dass der Durchschnittsumsatz eines Wiederkäufers um den Faktor Drei höher war als bei einem Erstbesucher. Bei Stammkäufern erhöhte sich der Wert um den Faktor Sieben im Vergleich zum Erstkäufer, diese Daten beziehen sich auf Europa.

Als wichtigster Grund werden die verbesserten Konversionsraten (Gesamtzahl aller Bestellungen während eines bestimmten Zeitraums dividiert durch die Gesamtzahl aller Besuche) angesehen.

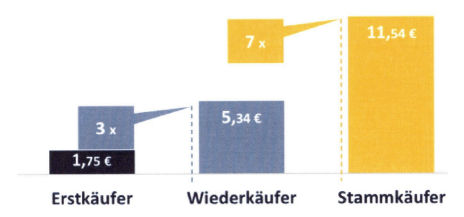

Abbildung 111: Durchschnittlicher Umsatz pro Besuch
Quelle: brainsins 2012

Von der ersten Kontaktaufnahme bis hin zur Kundenbindung verändert sich die Kundenbeziehung stetig. Erfahrungen werden gesammelt und akkumuliert, Erwartungen werden angepasst, Vertrauen muss sich aufbauen und die Zufriedenheit muss sich erhöhen, wenn eine dauerhafte Kundenbindung entstehen soll.

> **Kundenzufriedenheit** ist eine notwendige allerdings noch keine hinreichende Bedingung für den Aufbau einer langfristigen Kundenbeziehung.

In jeder Stufe des Prozesses bieten sich unterschiedliche Ansätze und Chancen für konkrete CRM-Maßnahmen. Das Kundenbindungsmanagement beginnt mit der ersten Stufe, der Kontaktaufnahme, schon vor dem ersten Kauf, so dass eine Integration von Pre-Sales- und After-Sales-Marketing notwendig ist. Der Kundenbedarfslebenszyklus strukturiert die unterschiedlichen Bedürfnisse in den Lebensphasen eines Menschen. Auch mit diesem Ansatz lassen sich die Maßnahmen des Relationship Marketings steuern (Bruhn 2001, S. 45).

> **Ge-bunden versus ver-bunden:**
> Es gibt unterschiedliche Arten der Kundenbindung. Im Rahmen des CRM kommt es nicht darauf an, dass der Kunden (vertraglich) gebunden ist, sondern das Ziel besteht darin, eine Verbundenheit zu erreichen, die sich aus der Zufriedenheit des Kunden mit dem Unternehmen speist sowie aus dem gegenseitigen Vertrauen.

Eine faktische Bindung des Kunden kann man erreichen durch vertragliche Bindungen (z.B. Zwei-Jahres-Vertrag), durch eine technisch-funktionale Bindung (z.B. Bindung des Kunden an ein bestimmtes System auf Grund von Kompatibilität) oder durch eine ökonomische Bindung, bei der der Vertrag nur mit einem ökonomischen Einsatz durch den Kunden gelöst werden kann (z.B. Auflösungsgebühr).

Im Marketing dagegen besteht das Ziel darin, eine emotionale Bindung, Kundenloyalität durch Kundenzufriedenheit, zu erreichen. Diese emotionale Bindung führt zu einer verringerten Bereitschaft zum Hersteller-, Marken- oder Einkaufsstättenwechsel und somit über den Wiederkauf zu einer hohen Kundenloyalität.

14.2 Gründe für die Entwicklung des CRM

Zahlreiche Entwicklungen der letzten Jahre, die in der Abbildung 112 zusammengefasst sind, haben die Basis für den Erfolg des CRM gelegt. Die wichtigsten Auslöser für die Entwicklung des CRM sind die Änderungen der Marktsituation, des Konsumentenverhaltens und der Kommunikationstechnologien.

Nur die Unternehmen, die das Instrumentarium des Customer Relationship Managements beherrschen, werden in der Zukunft gegenüber dem Wettbewerb im Kampf um profitable Kunden bestehen können.

Veränderte Marktsituation

Die zunehmende Beschleunigung der Marktveränderungen in den letzten Jahren hat den Wettbewerbsdruck weiter verstärkt. Durch das Internet wurden die Globalisierungstendenzen weiter beschleunigt. Markteintrittsbarrieren sanken, und neu gegründete Unternehmen können über dieses Medium weltweit ihre Produkte anbieten, so dass der Spezialversender aus den USA nun mit dem lokalen Anbieter in Konkurrenz tritt. Der voranschreitende Trend zu Fusionen und Kooperationen auf der Unternehmensseite führte zu neuen Marktsituationen mit hohem Wettbewerbsdruck auf gesättigten Märkten.

Durch das Internet veränderten sich die Kräfte auf den Märkten. Dem Kunden erleichtern die Online-Technologien die Informationsgewinnung und den Preisvergleich erheblich, die Transparenz der Märkte für die Nachfrager steigt. Der Informationsvorsprung liegt nun auf Seiten der Kunden.

Marktsituation	Verstärkter Wettbewerbsdruck
	Gesättigte Märkte
	Globalisierung
	Kooperation und Konzentration
	Steigende Markttransparenz durch neue Kommunikationstechnologien
	Fehlende USPs
Konsumentenverhalten	Demografische Verschiebungen
	Preis- versus Qualitätsbewusstsein
	Versorgungs- versus Erlebniskauf
	Individualisierung und Differenzierung
	Gestiegener Informationsstand
	Wertewandel
	Hybrider Verbraucher
	Wachsende Informationsüberlastung
	Abbau von Dissonanzen
	Aufbau und Sicherung von Beziehungen
Kommunikationstechnologien	Steigende Akzeptanz und Nutzung neuer Kommunikationstechnologien
	Internet
	Direktvertrieb
	E-Commerce

Abbildung 112: Gründe für die Entwicklung des CRM

Andererseits werden die Angebote immer austauschbarer, da in den meisten Branchen ausgereifte Technologien vorausgesetzt werden können. Den meisten Angeboten fehlt eine Unique Selling Proposition (USP); der Grundnutzen ist gleich, und auch über einen Zusatznutzen ist eine Differenzierung kaum noch möglich. Die Produktqualität wird zur Selbstverständlichkeit und es besteht ein „technologischer Patt", so dass eine Profilierung über das reine Produkt kaum noch möglich ist.

> Hier bietet das CRM einen Ansatz, eine USP über eine individuelle Kundenbetreuung zu schaffen. Da die Produktqualitäten immer weniger zum qualifizierenden Merkmal geeignet sind, „kauft" der Kunde heute einen vertrauenswürdigen Partner. Die Beziehung zum Anbieter und die Qualität der Kundenbetreuung werden zum entscheidenden Erfolgsfaktor.

- Verändertes Konsumentenverhalten

Demografische Verschiebungen, das gestiegene Informationsniveau der Bevölkerung sowie viele weitere Einflussfaktoren führen zu einem geänderten Konsumentenverhalten. Auf gesättigten Märkten entwickelt sich ein zunehmendes Preis- und Qualitätsbewusstsein. Der gestiegene Informationsstand der Konsumenten legt die Basis für eine breite Akzeptanz und Nutzung neuer Kommunikationstechnologien wie des Internets.

Traditionelle Wertvorstellungen verlieren zunehmend an Bedeutung. Immer mehr Menschen sind in der Lage, ihr Verhalten an den eigenen Wertvorstellungen auszurichten. Die zunehmende Zersplitterung und Fragmentierung der Gesellschaft führt zu der Notwendigkeit einer immer individuelleren Kundenansprache. Die Entwicklung zum hybriden Verbraucher, der sich extrem widersprüchlich verhält, macht das „Schubladendenken" früherer Ansätze der Marktsegmentierung hinfällig. Derselbe Mensch tätigt einerseits reine Versorgungskäufe bei einem Discounter und andererseits Erlebniskäufe im hochpreisigen Handel. Der Wertewandel führt zu einer immer stärkeren Individualisierung und Differenzierung in immer kleineren Marktnischen.

Die elementaren menschlichen Bedürfnisse sind befriedigt, und das Streben nach Selbstverwirklichung stellt ein zentrales Ziel in unserer Gesellschaft dar. Darauf muss sich auch das Marketing mit Hilfe von CRM-Strategien einstellen.

Die Konsumenten leiden unter einer wachsenden Kommunikationsüberlastung; sie werden täglich mit einer Vielzahl von Informationen über die unterschiedlichsten Medien konfrontiert. Es gibt ein überreichliches Angebot von Informationen, aber eine Knappheit an Aufmerksamkeit. Angesichts dieser Informationsüberlastung muss die (Werbe-) Botschaft auf das spezifische Interesse des Einzelnen ausgerichtet sein, um eine Wirkung erzielen zu können.

> In diesem Zusammenhang kommt dem CRM und den personalisierten und adressierten Werbebotschaften im Rahmen des Dialogmarketings eine immer größer werdende Bedeutung zu. Die Kontakthäufigkeit und -regelmäßigkeit von mehrstufigen Dialogmarketing-Aktionen zur Intensivierung der Kundenbeziehung haben dabei einen entscheidenden Einfluss auf die Geschäftsbeziehung mit dem Kunden.

> **Beispiel für Informationsüberlastung:**
>
> Ein Konsument, der der täglichen Informationsüberlastung überdrüssig ist und kaum noch durch die klassischen Kommunikationsmedien erreicht werden kann, liest möglicherweise ein Mailing von seinem Kundenclub sehr ausführlich. Wenn dieser Brief individuell an ihn gerichtet ist und in seinen Inhalten auf den Empfänger und seine Interessen abgestellt ist, ragt dieses Werbemittel aus dem „Grundrauschen der Werbung" heraus und kann eine Wirkung erzielen.

Viele Konsumenten beginnen nach dem Kauf eines Produktes an der Richtigkeit ihrer Entscheidung zu zweifeln bzw. den Kauf als eine Störung ihres inneren Gleichgewichts zu empfinden. Die Theorie der kognitiven Dissonanz besitzt dabei im Rahmen der kognitiven Gleichgewichtstheorien eine herausragende Bedeutung. Sie geht von der Hypothese aus, dass Individuen ein dauerhaftes Gleichgewicht ihres kognitiven Systems anstreben. Gerade in diesem Zusammenhang erlangen CRM-Strategien eine immens hohe Bedeutung, um dem Kunden zu versichern, dass er die richtige Kaufentscheidung getroffen hat und von dem Unternehmen bestens betreut wird.

> **Beispiel für kognitive Dissonanz:**
>
> In der Automobilindustrie werden Mailings direkt nach dem Kauf eines neuen Autos versandt, um dieser kognitiven Dissonanz zu begegnen. Ein Kunde, der nach der Vertragsunterzeichnung nichts mehr von dem Händler oder Hersteller hört und noch mehrere Monate auf die Auslieferung seines Fahrzeuges warten muss, kann eine Dissonanz empfinden. Gerade nach dem Kauf eines Automobils werden Argumente zur Kaufbestätigung gesucht und Prospekte oder Tests besonders aufmerksam gelesen. Wenn dem Neukunden nun das gleiche Interesse entgegen gebracht wird wie vor der Vertragsunterzeichnung, so kann sich eine emotionale Verbundenheit und Loyalität einstellen.

Auf Grund der geschilderten Marktbedingungen und des wachsenden Kosten- und Ertragsdrucks in vielen Unternehmen gewinnen Aspekte der Kundenbindung mit einem Aufbau und einer Sicherung von Beziehungen als Erfolgsfaktoren im Wettbewerb zunehmend an Bedeutung. Zahlreiche Studien weisen auf die Wichtigkeit der Kundenbindung hin. Die Unternehmen haben die Möglichkeit, beispielsweise durch Kundenclubs oder Kundenkontaktprogramme eine Beziehung zu ihren Kunden aufzubauen und diese zu erhalten.

Kommunikationstechnologien

Das Internet erlebt eine rasante Ausbreitung. Keine andere Kommunikationstechnologie, sei es das Telefon, Fernsehen oder Fax, hat in der Vergangenheit eine so schnelle Verbreitung gefunden.

Durch die interaktiven Medien wird die Basis für die zunehmende Bedeutung des Direktvertriebs und E-Commerce gelegt. Sie eröffnen neue Wege der Interaktion mit Kunden und potenziellen Kunden, die mit den übrigen Kommunikationswegen im Rahmen einer integrierten Kommunikation oder Cross-Media-Strategie abgestimmt werden müssen. Dem Kunden stehen unterschiedliche Kommunikationskanäle offen, mit dem Unternehmen in Kontakt zu treten, sei es telefonisch, per E-Mail, als Response auf eine Anzeige oder im persönlichen Verkaufsgespräch. Das CRM hat die Aufgabe, diese vielfältigen Beziehungen zu managen, zu integrieren und eine optimale Gesamtwirkung herbeizuführen.

14.3 Begriffe des Customer Relationship Managements

14.3.1 CRM

In den letzten Jahren hat ein neuer Begriff das Marketing beherrscht: Customer Relationship Management (CRM). Wenn man sich genauer mit dem Begriff auseinander setzt, wird deutlich, dass CRM sehr unterschiedlich verstanden und interpretiert wird. Zum einen besetzen viele Software-Hersteller den Begriff und nehmen ihn für sich in Anspruch, so dass bei einigen Entscheidern in

Unternehmen der Eindruck entsteht, der Einsatz von CRM-Software garantiere praktisch automatisch die Erreichung einer höheren Kundenbindung und der Marketingziele.

Andererseits behaupten Marketing-Spezialisten, dass zu einem erfolgreichen Customer Relationship Management mehr gehöre als nur eine geeignete Software, die allerdings notwendig sei, um die Basis für diesen Ansatz zu legen. Wieder andere Manager hielten CRM für eine „Eintagsfliege" oder einen modischen Trend, mit dem man sich nicht beschäftigen müsse und der in einem Jahr wieder vergessen sein werde – diese Einschätzung wurde allerdings schnell widerlegt.

Customer Relationship Management wird meist sehr umfassend verstanden als ein strategischer Ansatz, der zur vollständigen Planung, Steuerung und Durchführung aller interaktiven Prozesse mit den Kunden genutzt wird. CRM umfasst das gesamte Unternehmen und den gesamten Kundenlebenszyklus und beinhaltet das Database Marketing und entsprechende CRM-Software als Steuerungsinstrument. Das Ziel besteht darin, eine optimale Kundenorientierung zu erreichen.

CRM stellt also kein isoliertes Instrument dar, sondern muss als Philosophie in die Unternehmensprozesse einfließen, um eine konsequente Kundenorientierung zu erreichen. Die Implementierung eines CRM-Software-Tools ist dafür ein wichtiges Instrument um eine optimale Gesamtwirkung herbeizuführen.

Customer Relationship Management ist ein junger Begriff, der sich in einer dynamischen und sehr stürmischen Entwicklung befindet. Da sich die technischen Möglichkeiten sowie die Einsatzbereiche ständig ausweiten, besteht ein Grundproblem des CRM in der fehlenden einheitlichen und allgemein akzeptierten Definition.

Der Deutsche Dialogmarketing Verband (DDV) hat ein Forum Customer Relationship Management gegründet, das sich auf folgende Definition als Arbeitsgrundlage geeinigt hat:

> „CRM ist ein ganzheitlicher Ansatz zur Unternehmensführung. Er integriert und optimiert abteilungsübergreifend alle kundenbezogenen Prozesse in Marketing, Vertrieb, Kundendienst sowie Forschung und Entwicklung.
>
> Dies geschieht auf der Grundlage einer Datenbank mit einer entsprechenden Software zur Marktbearbeitung und an Hand eines vorher definierten Verkaufsprozesses.
>
> Zielsetzung von CRM ist dabei die Schaffung von Mehrwerten auf Kunden- und Lieferantenseite im Rahmen von Geschäftsbeziehungen" (DDV 2000).

Dies setzt aus der Sicht des Forums voraus, dass CRM-Konzepte Vorkehrungen zur permanenten Verbesserung der Kundenprozesse und zu einem lebenslangen Lernen der Mitarbeiter enthalten, so dass die Kontakte zwischen Unternehmen und Kunden permanent optimiert werden können.

14.3 Begriffe des Customer Relationship Managements

„CRM sorgt dafür, dass die bereits seit langem formulierten Ansprüche des Relationship Marketings und der Kundenorientierung endlich in die Tat umgesetzt werden – und das bei jedem Mitarbeiter im Unternehmen", so Prof. Peter Winkelmann, der das Forum als Berater bei der Begriffsbestimmung unterstützt hat. CRM sei dabei das entscheidende Mittel zur faktischen Umsetzung von Marketing-Konzepten in die Praxis. In Zukunft werde der Kunde entscheiden, wie er vom Unternehmen angesprochen werden will und sich den für ihn besten Weg zum Lieferanten selbst suchen" (DDV 2000).

Dieser für das aktuelle Dialogmarketing elementare Begriff soll durch einige weitere Definitionen beleuchtet werden:

„Customer Relationship Management versteht sich als kundenorientierte Unternehmensstrategie. Basis dafür ist eine moderne Informationstechnologie. Ziel sind profitable Kundenbeziehungen, welche durch ganzheitliche und individuelle Marketing- und Servicekonzepte gestützt werden." (Hippner, Wilde 2004).

„CRM is a cross functional process for achieving a continuing dialogue with customers across all their contact and access points with personalized treatment of the most valuable customers to insure retention and the effectiveness of marketing initiatives." (Hutt, Speh 2004).

„CRM ist ein kundenorientierter Managementansatz, bei dem Informationssysteme das erforderliche Wissen zur Unterstützung der Frontoffice-Prozesse in Marketing, Verkauf und Service sammeln, analysieren und integriert bereitstellen." (Schulze 2000).

„CRM umfasst alle Aktivitäten, die ein Unternehmen gezielt einsetzt, um jeden einzelnen seiner Kunden besser kennen zu lernen, zu seiner Zufriedenheit zu bedienen und mit ihm zusammen zu arbeiten." (Kotler, Bliemel 1999).

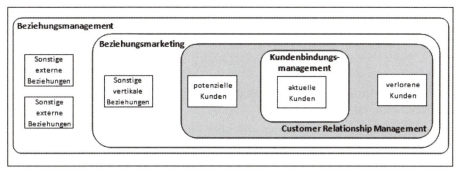

Abbildung 113: Abgrenzung des CRM
Quelle: Hippner, Wilde 2006, S. 22

Die Abbildung 113 zeigt eine Abgrenzung des CRM von ähnlichen Begriffen.

- **Kundenbindungsmanagement** bezieht sich auf die Kunden des Unternehmens.
- **Customer Relationship Management** betrifft auch die verlorenen und die potenziellen Kunden; somit beschäftigt sich das CRM auch mit dem Thema der Kundengewinnung und -zurückgewinnung.

- Das **Beziehungsmarketing** beinhaltet die vorher genannten Begriffe als Teilmenge und hat darüber hinaus alle weiteren vertikalen Beziehungen beispielsweise zu vorgelagerten Marktpartnern (Lieferanten, Kapitalgeber, Arbeitskräfte) und zu nachgelagerten (Handel) zum Thema.
- Das **Beziehungsmanagement** ist noch weiter zu verstehen und beschäftigt sich beispielsweise mit den Beziehungen zur Öffentlichkeit oder zu staatlichen Einrichtungen.

Im CRM steht der Kunde im Mittelpunkt. Es geht nicht länger darum, bestimmte (auf dem Lager liegende) Produkte möglichst vielen Kunden zu verkaufen und Marktanteile zu maximieren. Das Ziel besteht jetzt darin, einem bestimmten Kunden möglichst viele Angebote zu verkaufen. Der Kunde mit seinem bisherigen Kaufverhalten und seinen Präferenzen ist durch die Kundendatenbank bekannt, so dass man ihm ein optimales Angebot machen kann.

Eine Bank legt nicht nur Kataloge und Prospekte mit ihren Angeboten aus, sondern ermittelt in der Kundendatenbank (Data Warehouse) mit Verfahren des Data Mining Kunden mit spezifischen Bedürfnissen und Verhaltensstrukturen. Diesen Kunden wird dann ein individuell auf sie zugeschnittenes Angebot gemacht. Die wichtigsten Kernaussagen zum CRM lauten (Holland 2009, S. 245):

- CRM ist kein Modethema.
- CRM ist kein „alter Wein in neuen Schläuchen".
- CRM ist keine Software.
- CRM ist ein ganzheitlicher Ansatz zur Unternehmensführung.
- CRM integriert und optimiert abteilungsübergreifend alle kundenbezogenen Prozesse.
- CRM basiert auf einer Database.
- CRM stellt nicht das Produkt, sondern den Kunden in den Mittelpunkt.
- CRM beinhaltet eine permanente Verbesserung der Kundenprozesse.
- CRM setzt die Ansprüche des Relationship Marketings und der Kundenorientierung in die Tat um.
- CRM koordiniert die Kommunikation über alle Kanäle, Produkte und Serviceleistungen.
- CRM ermöglicht dem Kunden die Entscheidung darüber, wie er mit dem Unternehmen in Interaktion treten will.

14.3.2 Electronic-CRM und Social-CRM

Auch in der Entwicklung des Customer Relationship Managements wirken sich die aktuellen Tendenzen aus. Mit der Zunahme der Bedeutung von Online-Dialogmarketing etablierte sich ein neuer Begriff: E-CRM.

14.3 Begriffe des Customer Relationship Managements

> **E-CRM:**
> „Electronic Customer Relationship Management ist der digitale Kundenbindungsprozess, um den Weg zu einer echten Eins-zu-eins-Beziehung zwischen Unternehmen und Kunden zu bereiten. Dabei werden Präferenzen des Kunden aus vorherigen Interaktionen extrapoliert, über eine beziehungsoptimierende Feedback-Schleife in den Web-Applikationen hinterlegt, damit das Unternehmen bei der automatisierten Digitalkommunikation auf die Kundenbedürfnisse personalisiert und in Echtzeit eingehen kann." (Meyer, Weingärtner, Döring 2001, S. 80).

Da die Kommunikation der Menschen zunehmend in den Sozialen Medien stattfindet und auch das Dialogmarketing diese Medien aktiv einsetzt, muss auch das Customer Relationship Management diese Kontakte berücksichtigen: S-CRM.

> **S-CRM:**
> „Social CRM ist eine Strategie zur Beteiligung des Unternehmens an kollaborativen Konversationen von Kunden und Interessierten in Social Media-Kanälen, um für beide Seiten Vorteile aus der kollek-tiven Wissensgenerierung zu realisieren. Es ist die Antwort des Unternehmens auf die Vorherrschaft des Nutzers von Social Media über die Kommunikationsinhalte, -orte und -zeitpunkte. Ziel ist es, Beziehungen zu Interessierten und Kunden über Social Media zu intensivieren, um daraus für die Kundeninteraktion zu lernen." (Greve 2011, S. 268).

Die Ziele des Social CRM können wie folgt klassifiziert werden (Greve 2011, S. 261–285):

- **Kommunizieren:** Beteiligung an interaktiven Konversationen online
- **Anreizen:** Initiierung von Mundpropaganda
- **Unterstützen:** Hilfe von Kunden zur Selbsthilfe
- **Beteiligen:** Verbesserung von Produkten und Dienstleistungen durch das Einbeziehen von Kunden in den Produktentwicklungsprozess
- **Beobachten:** Sammlung von Erkenntnissen und Wissen über Kunden und Nutzer

14.3.3 Customer Experience Management

Customer Experience Management stellt das Kundenerlebnis oder die Kundenerfahrung in den Fokus.
Kundenerlebnisse werden verstanden als eher kurzfristige, emotionale Erlebnisse, bei denen das „persönliche und subjektive Erleben des Konsums" im

Vordergrund steht. Dagegen resultiert die Kundenerfahrung aus der Reflexion der einzelnen Kundenerlebnisse. Kundenerfahrung ist oftmals mit der „Aneignung von Wissen, Kenntnissen, Fähigkeiten und Fertigkeiten" hinsichtlich eines Produktes oder einer Dienstleistung verbunden. Der Kunde bildet sich mittels der Reflexion der wahrgenommenen Erlebnisse ein Urteil darüber, ob die gemachte Erfahrung als positiv oder als negativ empfunden wird (Bruhn, Hadwich 2012, S. 9).

Die **Customer Experience** stellt die Gesamtheit aller Eindrücke dar, die ein Kunde während der gesamten Dauer einer Kundenbeziehung von einem Unternehmen erhält. Sie umfasst sämtliche individuellen Wahrnehmungen und Interaktionen des Kunden an den verschiedenen Kontaktpunkten (Touchpoints) mit einem Unternehmen. Sie stellt ein holistisches Konstrukt dar, das mehrere Prozessphasen mit einschließt und als vorgelagertes Konstrukt zur Kundenbindung betrachtet wird.

Die Customer Experience, als vielschichtiges und multidimensionales Konstrukt, setzt sich aus verschiedenen Erlebnisdimensionen zusammen. Diese Erlebnisdimensionen werden unterteilt in sensorische, affektive, kognitive, verhaltensbezogene, soziale und Lifestyle-Dimension.

- **Sensorische Dimension:** Die Aufnahme von Umweltreizen über die fünf Sinne bietet dem Kunden einen Nutzen in Form einer angenehmen, sensorischen Wahrnehmung.

- **Affektive bzw. emotionale Erlebniskomponente:** Sie spricht die Stimmungs- und Gefühlsebene an und reicht von positiven Stimmungen bis zu Freude und Stolz. Nutzen besteht in der Befriedigung, die der Kunde durch ein positives Gefühl im Rahmen der Beziehung zu einem Unternehmen, einer Marke oder einem Produkt erlebt.

- **Kognitive Dimension:** Diese Dimension spricht den Intellekt des Konsumenten an. Durch Überraschung, Provokation oder Faszination wird der Kunde dazu angeregt, sich auf kreative Weise mit einer Sache zu befassen. Dabei wird das Problemlösungsverhalten stimuliert.

- **Verhaltensbezogene Dimension:** Diese umfasst die Schaffung von physischen Erlebnissen sowie von Interaktionsmöglichkeiten. Ziel sind rationale Verhaltensänderungen über die Dauer der Nutzung eines Produktes bzw. einer Dienstleistung sowie die Veränderung des Lebensstils des Konsumenten.

- **Soziale bzw. relationalen Ebene:** Individuelle Erlebnisse werden in einen entsprechenden sozialen Bezug gesetzt. Durch Interaktionsmöglichkeiten mit dem Anbieter sowie mit anderen Kunden kann dem Kunden eine soziale Identität und das Gefühl von Zugehörigkeit vermittelt werden.

- **Lifestyle-Dimension:** Das Aufzeigen alternativer Lebensstile, die ein Produkt bzw. eine Dienstleistung bietet, dient zur Bestätigung der Werte, Einstellungen und Meinungen der Konsumenten.

Die verschiedenen Erlebnisdimensionen sind zwar eng miteinander verknüpft, dennoch verdeutlichen sie, dass Kunden auf unterschiedlichen Ebenen angesprochen werden können. Diese generieren neben dem funktionalen Nutzen einen emotionalen Mehrwert für den Kunden. Ein ganzheitliches Erlebnis wird dabei erst durch die Ansprache aller Dimensionen sichergestellt (Holland, Ramanathan 2016; Brakus, Schmitt, Zarantonello 2009, S. 52–68; Gentile, Spiller, Noci 2007, S. 395–410).

CEM wird definiert als „Prozess des strategischen Managements aller Kundenerlebnisse mit einem Anbieter an sämtlichen Kontaktpunkten." Der CEM-Prozess umfasst die systematische, d.h. die bewusste und zielgerichtete Analyse und Gestaltung von Interaktionen zwischen einem Unternehmen und seinen Kunden, um diese durch positive Erlebnisse zu begeistern und nachhaltig an das Unternehmen, die Marke bzw. das Produkt zu binden (Bruhn, Hadwich 2012, S. 23).

> **Der Unterschied zwischen CEM und CRM stellt sich wie folgt dar:**
>
> - CRM-Ansätze werden aus der Perspektive des Unternehmens auf den Kunden erarbeitet. Hierbei stehen zumeist funktionale Maßnahmen im Mittelpunkt, die darauf ausgerichtet sind, die rationalen Erwartungen von Kunden an das Produkt bzw. an die Dienstleistung zu erfüllen.
> - CEM beinhaltet die Perspektive des Kunden auf das Unternehmen. Es findet nicht nur eine Ausrichtung auf die Funktionalität des Produktes und auf funktionale Transaktionen statt, sondern auch auf das Erleben sowie auf Verwendungs- und Verbrauchssituationen des Kunden. Das Ziel ist die Generierung einzigartiger, positiver Kundenerlebnisse über alle Phasen des Kundenbeziehungszyklus hinweg.

14.4 Charakteristika und Ziele von CRM

Die Definitionsansätze von CRM lassen auf verschiedene CRM-typische Charakteristika und Ziele schließen (Dangelmaier, Uebel, Helmke 2002, S. 3–16):

Kundenorientierung

Im Zentrum von CRM steht eine konsequente Ausrichtung sämtlicher Unternehmens-Aktivitäten an den Bedürfnissen der Kunden und potenziellen Kunden im Sinne einer ganzheitlichen Kundenbearbeitung.

Langfristigkeit der Kundenbeziehungen

Angestrebt sind andauernde Kundenbeziehungen als Voraussetzung für eine langfristige Kundenbindung, welche primär zur Steigerung des Gewinns, des Marktanteils und des Unternehmenswachstums beitragen sollen, beispielsweise durch eine verringerte Preissensitivität der gebundenen Kunden, Weiterempfehlungen, Wiederholungs- und Folgekäufe, Cross- und Up-Selling oder Kosteneinsparungen durch gesunkene Marketingkosten. Ferner tragen treue Kunden zu einem Imagegewinn und auf Grund der Loyalität gegenüber dem Unternehmen zu einer ökonomischen Risikoabgrenzung auch in kritischen Situationen bei.

Wirtschaftlichkeitsorientierung

Der Fokus der Kundenbearbeitung sollte hierbei auf Kunden liegen, die langfristig besonders profitabel sind. Auskunft hierüber gibt beispielsweise der Wert eines Kunden (Customer Lifetime Value).

Individualisierung durch Differenzierung der Kundenbeziehung

Eine individualisierte bzw. kundenspezifische One-to-One-Kundenbearbeitung erfordert eine Differenzierung der Kundenbeziehungen sowohl im Hinblick auf Produkte bzw. Dienstleistungen als auch den Dialog mit dem Kunden. Da eine kundenspezifische Ausgestaltung der Geschäftsbeziehung in der Regel mit zusätzlichen Kosten einhergeht, sollte bei diesbezüglichen Entscheidungen der Kundenwert als wichtige Profitabilitätsgröße berücksichtigt werden. So ist es möglich, dass ein Unternehmen zunächst Verluste in Kauf nimmt, wenn der Kunde hohe Profitabilität verspricht.

Systematisierung

Eine systematische, an den Bedürfnissen der Kunden ausgerichtete Kundenbearbeitung ist über den gesamten Kundenbeziehungslebenszyklus hinweg, von der Kundenneugewinnung, -bindung bis zur Kundenrückgewinnung, zu gewährleisten.

IT-Anwendung/CRM-Software

Das Ziel der qualitativen Verbesserung der Kundenbeziehung durch eine auf Mehrwert fokussierte, differenzierte Kundenbearbeitung erfordert eine ganzheitliche Abbildung des Kunden und ist daher durch eine spezielle CRM-Software bzw. DV-Technologie zu unterstützen. Diese ermöglicht die systematische Zusammenführung und bedarfsspezifische Bereitstellung aller kundenbezogenen Informationen im Sinne eines integrierten Informationssystems und dient dazu, Kundenbearbeitungsprozesse schneller, effektiver und effizienter zu gestalten, was zu einer Optimierung der Relation zwischen den erzielten Umsätzen und entstandenen Kosten führen soll.

Effizienz- und Effektivitätssteigerungen

Die Effizienz- und Effektivitätssteigerungen resultieren beispielsweise aus einer Vereinfachung der täglichen administrativen Arbeit durch Prozessoptimierungen, eine systematische Datenintegration und -verteilung oder eine schnelle und gezielte Analyse dieser Daten. Eine Optimierung der internen Back-Office-Bearbeitungsprozesse, beispielsweise durch Workflow-Funktionalitäten zur automatisierten Verteilung von Informationen, ermöglicht an der Schnittstelle zum Kunden (Front-Office-Bereich) ein optimales, auf die Bedürfnisse des Kunden zugeschnittenes Leistungsangebot.

Hinsichtlich der Kundendatenbank können Effektivitätssteigerungen im Allgemeinen erzielt werden, wenn eine Konzentration auf wesentliche Informationen, die Erfassung dieser Informationen auf Basis vordefinierter Ziele, wie beispielsweise die Bedeutung einer Information für die Kundenzufriedenheit, sowie die Aktualität der Daten gewährleistet sind.

14.5 Effekte des Customer Relationship Managements

> Ausschlaggebend **für Effizienz- und Effektivitätssteigerungen** und damit eine Steigerung des Unternehmenswertes durch CRM ist jedoch die intensive, ganzheitliche Ausrichtung der Kundenbearbeitung an den Bedürfnissen der Kunden. Dies erfordert eine konsequente Orientierung an kundenorientierten Zielen, wie Kundenzufriedenheit und -bindung, welche durch gezielten Einsatz der Ressourcen von Marketing, Service und Vertrieb zu erreichen ist.

Abbildung 114 stellt die Ziele des CRM-Ansatzes im Überblick dar.

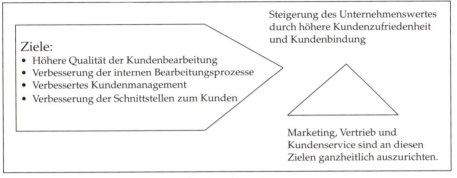

Abbildung 114: Ziele des CRM-Ansatzes
Quelle: Dangelmaier, Uebel, Helmke 2002, S.5

14.5 Effekte des Customer Relationship Managements

> Das **Customer Relationship Management** verfolgt durch die Intensivierung der Beziehungen zwischen Unternehmen und Kunden unterschiedliche Ziele. Durch das Beziehungsmanagement werden die Kunden nicht als „König" sondern als Partner auf der gleichen Ebene angesehen; zu ihnen wird eine Verbundenheit aufgebaut. Der Kunde soll nicht als König behandelt werden, er ist kein Diktator, sondern in einer partnerschaftlichen Beziehung.

Durch das Management der Kundenbeziehungen strebt das Unternehmen eine höhere Sicherheit, mehr Wachstum sowie eine Rentabilitätssteigerung an (Abbildung 115).

Aus Rentabilitätsgründen ist natürlich zu beachten, dass die Kosten für den Einsatz von CRM-Maßnahmen den Nutzen nicht übersteigen dürfen. Das Ziel kann nicht darin bestehen, eine totale, maximale Kundenzufriedenheit zu erreichen; dieses zu realisieren kann für das Unternehmen nicht wirtschaftlich sein. Anzustreben ist eine wirtschaftlich optimale Kundenzufriedenheit, die niedriger liegt. Es drängt sich allerdings der Eindruck auf, dass die meisten Unternehmen heute noch deutlich unter diesem Optimum liegen. Bei der Analyse der Wirtschaftlichkeit kann nicht unbedingt von einem schnellen Return-on-Investment ausgegangen werden. CRM muss als Investition in die Zukunft angesehen werden.

Sicherheit	Vertrauen Stabilität der Geschäftsbeziehung Aktives Feedback
Wachstum	Absatzsteigerung Cross-Selling Weiterempfehlung
Rentabilität	Kosteneinsparung Finanzieller Spielraum für Aktionen Geringere Preissensibilität Erlössteigerung

Abbildung 115: Effekte des Managements der Kundenbeziehung

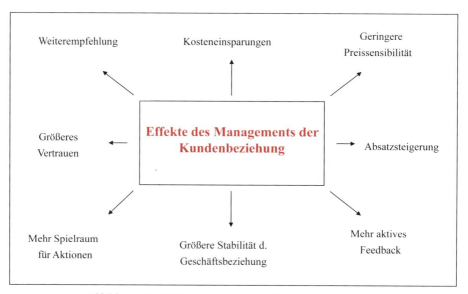

Abbildung 116: Wirkungen des Kundenbindungsmanagements

Sicherheit

Durch den Einsatz des CRM soll eine höhere Sicherheit in der Beziehung zwischen Unternehmen und Kunden erreicht werden. Diese Sicherheit äußert sich in dem Aufbau einer Vertrauensbeziehung. Die Grundlage einer jeden Kundenbeziehung ist ein Mindestmaß an Vertrauen, das die Partner aufbringen müssen. Durch klassische Kommunikation (z.B. Imagekampagnen) bemühen sich die Unternehmen, diese Vertrauensposition und einen gewissen Bekanntheitsgrad aufzubauen. Ohne Vertrauen würde ein potenzieller Kunde dieses Unternehmen nicht in Anspruch nehmen.

Ein Vertrauensfundament wird durch positive Erlebnisse in einer Kundenbeziehung geschaffen und durch gezielte Maßnahmen ausgebaut – Customer Experience Managemen. Neben einer freundlichen Bedienung und Beratung und einer angenehmen Einkaufsatmosphäre im Stationärhandel ist auch ein angemessenes Preis-/Leistungsverhältnis ein Faktor des Vertrauensaufbaus. Auch die gezielte Kommunikation mit auf die Interessen des Kunden ausgelegten Kommunikations-Maßnahmen spielt eine wichtige Rolle zur Bildung positiver und vertrauensbildender Kontakte.

Durch die Stärkung des Vertrauens und die emotionale Bindung des Kunden im Rahmen des CRM wird eine stärkere Immunisierung gegenüber Wettbewerbern und damit eine größere Stabilität in der Geschäftsbeziehung erreicht. Kurzfristige negative Einflüsse beispielsweise durch preisaggressive Angebote der Wettbewerber und Veränderung der Wettbewerbsstruktur führen dann nicht so schnell zu negativen Folgen für das Unternehmen.

Durch CRM ist es möglich, die Toleranzgrenze für zwangsläufig auftretende Zufriedenheitsschwankungen und damit die Kundenloyalität zu steigern und so eine gewisse Stabilität für den Absatz des Unternehmens zu erreichen. Kunden, zu denen das Unternehmen eine aktive positive Beziehung aufbauen konnte, sind eher bereit, sowohl positives als auch negatives Feedback zu leisten. Dieses Feedback wird erfahrungsgemäß jedoch nur von einem sehr geringen Teil der Kunden gegeben, wenn dies nicht ausdrücklich von dem Unternehmen gefördert wird. Der größte Teil der Unzufriedenen wechselt ohne Feedback zur Konkurrenz und gibt stattdessen seine negativen Erfahrungen an viele Freunde und Bekannte weiter.

Beziehungsmanagement fördert die Bereitschaft des Kunden seine Beschwerde zu äußern. Ein wesentlicher Bestandteil eines Beziehungsmanagementsystems ist die gleichzeitige Implementierung eines Beschwerdemanagementsystems, um einen maximalen Nutzen aus den gewonnen Informationen zu ziehen und solchen Kunden zu helfen, die ein Problem mit dem Unternehmen haben, damit die Beziehung aufrecht erhalten wird.

Kunden mit einer guten Beziehung sind eher bereit, Wünsche und Bedürfnisse zu äußern, was wiederum den Dialog und damit die Intensivierung der Beziehung ermöglicht.

Wachstum

Ein wichtiges Ziel des Customer Relationship Managements ist das Unternehmenswachstum, das sich durch unterschiedliche Faktoren erreichen lässt. Eine Absatzsteigerung kann sowohl durch die Steigerung der Kaufhäufigkeit als auch durch die Erhöhung der Kaufintensität bei loyalen Kunden erreicht werden.

> Ein Kunde, der durch CRM-Aktivitäten eng an das Unternehmen gebunden ist, wird eher bereit sein, auf Cross-Selling-Angebote zu reagieren und damit zum Wachstum des Unternehmens beitragen.

Wenn es dem Unternehmen gelingt, den Kunden Produkte und Serviceleistungen zu bieten, die deren Anforderungen und Erwartungen in vollem Maße entsprechen oder diese sogar noch übertreffen, dann besteht die Chance, Begeisterung hervorzurufen. Begeisterung ist eine Basis für positive Mund-zu-Mund-Propaganda in Form von Freundschaftswerbung oder Member-gets-Member-Aktionen und wirkt sich somit absatzsteigernd aus.

Rentabilität

Letztlich soll sich der Einsatz des CRM auch auf eine Steigerung des Gewinns und der Rentabilität auswirken.

Die Kosteneinsparungen durch Beziehungsmanagement werden an zwei Auswirkungen besonders deutlich. Einerseits sind die Kosten eines Beziehungsmanagementsystems im Vergleich zur Neukundengewinnung um den Faktor fünf bis zehn geringer, andererseits sinken die laufenden Betreuungskosten dadurch, dass die Kunden die Arbeitsabläufe kennen. Die Effizienz der Beziehung steigt somit im Laufe der Zeit, denn die loyalen Kunden sind im Umgang mit dem Unternehmen erfahren und die Betreuungskosten werden sich reduzieren.

Durch die Verminderung der Streuverluste auf Grund einer besser gezielten Kundenansprache ist eine starke Effizienzsteigerung der Werbebudgets zu erreichen. Zielgruppenkenntnis und darauf aufbauende Clusterung bilden die Grundlage für eine differenzierte Marktbearbeitung. Die Kunden können durch eine Bewertung ihrem tatsächlichen Wert entsprechend angesprochen und betreut werden. Dadurch entsteht insbesondere für die potenzialträchtigen Kunden ein finanzieller Spielraum für Sonderaktionen.

Viele Unternehmen haben eine große Anzahl unrentabler Kunden in ihrer Datenbank. Eine Kundenklassifizierung erlaubt es, den geringen Anteil der „High Potentials" herauszufiltern, für die ein erhöhter Betreuungsaufwand lohnenswert erscheint.

Die Preiselastizität nimmt bei steigender Beziehungsintensität ab. Dadurch sind die Kunden bereit, für vertraute und für gut befundene Leistungen einen höheren Preis zu bezahlen. Dieser Sachverhalt bezieht sich sowohl auf die Hauptleistung als auch auf Zusatzleistungen wie beispielsweise Beratung oder Servicedienstleistungen. Weiterhin besteht die Möglichkeit einer Erlössteigerung durch Cross-Selling, also durch den Verkauf von Zusatzsortimenten, die oftmals nicht in einer direkten Preisoptik und einem intensiven Konkurrenzvergleich stehen.

Dabei ist zu beachten, dass die Effekte nicht nur positive Aspekte beinhalten, da die Erwartungen, die ein Kunde in die intensive Betreuung hat, auch erhöhte Ausgaben nach sich ziehen. Außerdem sind entsprechende Vorinvestitionen notwendig, um die positiven Effekte zu erzielen.

14.6 CRM und integriertes Marketing

Da dem Kunden oder auch potenziellen Kunden im Rahmen des CRM die Freiheit gelassen wird, selbst zu entscheiden, über welche Kommunikationswege er mit dem Unternehmen in Interaktion treten möchte, und es für diese Zwecke eine Vielzahl von „customer touchpoints" gibt, ist die Integration und Koordination aller Instrumente der Kommunikationspolitik und darüber hinaus aller Marketing-Instrumente ein unabdingbarer Bestandteil des CRM.

Die Kommunikationspolitik hat im Laufe des Kaufentscheidungsprozesses unterschiedliche Aufgaben und Ziele, die in der Abbildung 117 dargestellt sind. Die Instrumente der Unternehmenskommunikation treten dabei mit wechselnden Schwerpunkten in Erscheinung und müssen aufeinander abgestimmt werden, um die Beziehung zur Zielperson entsprechend den Vorgaben des Customer Relationship Managements optimal zu gestalten.

Die wichtigsten Instrumente der Kommunikationspolitik, die im Verlauf des Kaufentscheidungsprozesses eingesetzt werden können, um die in der Abbildung 117 aufgeführten Ziele zu erreichen, sind:

- Klassische Werbung
- Dialog-Kommunikation
- Interaktive Online-Medien
- Sponsoring
- Events
- Persönlicher Verkauf
- Etc.

Für alle diese Instrumente lassen sich unterschiedliche Werbemittel – beispielsweise Anzeigen, Fernsehspots, Radiospots bei der klassischen Werbung – einsetzen, die wiederum in verschiedenen Werbeträgern – beispielsweise Fernsehsender oder Zeitschriftentitel – geschaltet werden.

Die Integration der Kommunikationspolitik als elementarer Bestandteil des CRM soll durch die Abstimmung der Instrumente erreichen, dass der von einem Kommunikationsmittel hervor gerufene Effekt die Wirkungen der anderen Maßnahmen verstärkt, und sich die einzelnen Kontakte in ihren Wirkungen multiplizieren. Die Integration bezieht sich dabei auf die:

- **Formale Abstimmung** (Hausfarbe, Schriftzug, Slogan, Corporate Design),
- **Inhaltliche Abstimmung** (Schlüsselbilder, Positionierung),
- **Zeitliche Abstimmung** (Kontinuität, Mediapläne).

Kommunikationsziele	
Kontakt	Berührung mit der Werbebotschaft Aufnahme der Botschaft
Aktivierung	Wirkung auf das Bewusstsein Weckung der Aufmerksamkeit Aufbau von Vorstellungen u. Assoziationen Weckung von Interesse an der Botschaft Wirkung auf Gefühl und Emotionen
Kognition	Bekanntheitsgrad Aufbau, Festigung der Bekanntheit von Botschaft und Angebot Erinnerung an die Botschaft Vermittlung von Wissen und Informationen über Angebot
Emotion	Image Beeindruckung durch Inhalt der Botschaft und Angebot Schaffung von Einstellungen zum Objekt der Kommunikation Hinstimmung zum Angebot Überzeugung von der Gültigkeit der Werbebotschaft
Verhaltenslenkung	Erzeugung von Wünschen nach dem Angebot Entscheidung für das Angebot Interessentengewinnung
Verhalten	Kundengewinnung Handlung in Form von Aufsuchen der Kaufstätte, Botschaftsweitergabe, etc. Kauf
Produktverwendung	Erste Verwendung Nutzung im Alltag
Bewertung	Eignung des Produktes zur Befriedigung des Bedürfnisses (Un-)bewusste Zufriedenheitsbewertung
Zufriedenheit	Kundenzufriedenheit Zufriedenheit mit der Kaufabwicklung Zufriedenheit mit dem Angebot Zufriedenheit mit dem Service
Folgekauf	Kundenbindung Kundenrückgewinnung Entscheidung zum Folgekauf Wiederholungskauf
Mehrfachkauf	Entscheidung zu Markentreue oder Einkaufsstättentreue Wiederholter Kauf
Stammkunde	Entscheidung zu Loyalität Markentreue Clubmitgliedschaft Freundschaftswerbung, Member gets Member

Abbildung 117: Kommunikationsziele im Laufe des Kaufentscheidungsprozesses

14.7 CRM-Instrumente im Marketing

Innerhalb aller Marketing-Instrumente ergeben sich Ansätze zur Gestaltung des Customer Relationship Managements, wie die Abbildung 118 zeigt.

Abbildung 118: Marketinginstrumente im CRM

Ansatzpunkte in der Produkt- und Sortimentspolitik liegen in der gemeinsamen Produktentwicklung und der Mass Customization. Auch durch Qualitäts- und Leistungsgarantien sowie Value-Added-Services kann eine Kundenbindung im Rahmen des CRM erreicht werden.

Die in den letzten Jahren von vielen Unternehmen herausgegebenen Kundenkarten und die damit verbundenen Rabatt-, Bonus- oder Payback-Systeme sind CRM-Instrumente aus der Kontrahierungspolitik.

In der Distributionspolitik kann auf Online-Bestellungen und Abonnements zurückgegriffen werden und in der Kommunikationspolitik werden zahlreiche Loyalty-Programme mit einer One-to-One-Kommunikation eingesetzt. Auch die Kundenclubs und virtuellen Communities sowie ein gezielt eingesetztes Beschwerdemanagement können der Kommunikationspolitik zugerechnet werden.

Die Abbildung 119 stellt die wichtigsten Marketing-Instrumente im Rahmen des Kundenbindungsmanagements mit ihren angestrebten Wirkungen dar.

	Primäre Wirkung		
	Fokus Interaktion	Fokus Zufriedenheit	Fokus Wechselbarrieren
Produktpolitik	• Gemeinsame Produktentwicklung • Internalisierung/Externalisierung	• Individuelle Angebote • Qualitätsstandards • Servicestandards • Zusatzleistungen • Besonderes Produktdesign • Leistungsgarantien	• Individuelle technische Standards • Value-Added Services
Preispolitik	• Kundenkarten (bei reiner Informationserhebung)	• Preisgarantien • Zufriedenheitsabhängige Preisgestaltung	• Rabatt- und Bonussysteme • Preisdifferenzierung • Preisbundling • Finanzielle Anreize • Kundenkarten (bei Rabattgewährung)
Kommunikationspolitik	• Direct Mail • Event-Marketing • Online-Marketing • Proaktive Kundenkontakte • Servicenummern • Kundenforen/-beiräte	• Kundenclubs • Kundenzeitschriften • Telefonmarketing • Beschwerdemanagement • Persönliche Kommunikation	• Mailings, die sehr individuelle Informationen (hoher Nutzwert für den Kunden) übermitteln • Aufbau kundenspezifischer Kommunikationskanäle
Distributionspolitik	• Internet/Gewinnspiele • Produkt-Sampling • Werkstattbesuche	• Online-Bestellung • Katalogverkauf • Direktbelieferung	• Abonnements • Ubiquität • Kundenorientierte Standortwahl

Abbildung 119: Instrumente des Kundenbindungsmanagements
Quelle: Homburg, Bruhn 2005, S. 3–37

14.8 Komponenten von CRM-Systemen

Die CRM-Instrumente lassen sich in folgende drei Bereiche einteilen (Abbildung 120):

- Operative CRM-Instrumente
- Kollaborative CRM-Instrumente
- Analytische CRM-Instrumente

Operative CRM-Instrumente

Das operative CRM umfasst alle CRM-Funktionalitäten, die den direkten Kundenkontakt unterstützen und somit im Front-Office-Bereich angesiedelt sind. Sie zielen darauf ab, den Dialog zwischen Kunde und Unternehmen sowie die dazu erforderlichen Geschäftsprozesse in den Bereichen Marketing, Vertrieb und Service zu optimieren. Im Mittelpunkt stehen daher Lösungen zur Marketing-Automation wie z.B. Kampagnenmanagement, zur Sales-Automation wie z.B. Computer Aided Selling (CAS), Interactice Selling Systeme (ISS) oder Marketing Enzyklopädien mit multimedialen Produktpräsentationen, und Lösungen zur Service-Automation, beispielsweise im Bereich des Beschwerdemanagements (Hippner, Wilde 2002, S. 20–29).

14.8 Komponenten von CRM-Systemen

Operative CRM-Funktionalitäten	Kollaborative CRM-Funktionalitäten (Multi-Channel-Management)	Analytische CRM-Funktionalitäten
Kampagnenmanagement/Letter Shop Computer Aided Selling Systeme (CAS) Interaktive Selling Systeme (ISS) Marketing Enzyklopädie Systeme (MES) Produktkonfiguration Beschwerdemanagement Kundendatenmanagement After-Sales-Service ERP-Einbindung	Brief/Fax, Face-To-Face Communication Center Management/Call Center Management: Computer Telephony Int. (CTI) Automatic Call Distrib. (ACD) Skill Based Routing (SKR) Interaktive Voice Response/Spoken Dialogue System (IVR/SDS) Internet/Mail/WAP/ E-Mail-Management-Response-System (EMRS) Call-Back-Button	Customer Data Warehouse/ Data Mining/OLAP: Kundensegmentierung/ -profilierung Kaufwahrscheinlichkeiten Cross-Selling-Potenziale Forecasting und Simulationen Kundenzufriedenheitsanalyse Kundenprofitabilität Monitoring von Marketing/ Sales Force/Service Budget-Sortimentsoptimierung/Category Management Besuchshäufigkeitsoptimierung/Geo-Marketing

Abbildung 120: Funktionalitäten von CRM-Systemen
Quelle: Dangelmaier, Uebel, Helmke 2002, S. 3–16

Zur Vermeidung von Insellösungen ist das operative CRM über leistungsfähige Schnittstellen an vorhandene Back-Office-Lösungen, wie ERP- (Enterprise Resource Planning-) Systeme, Systeme des Supply Chain Management (SCM) oder des Computer Integrated Manufacturing (CIM), anzubinden. So ist beispielsweise gewährleistet, dass dem Kunden zuverlässige Informationen, beispielsweise hinsichtlich der Verfügbarkeit von Produkten oder Lieferterminen, gegeben werden können.

Kollaborative CRM-Instrumente

Funktionalitäten des kollaborativen CRM betreffen die Interaktion zwischen einem Unternehmen und seinen (potenziellen) Kunden im Hinblick auf eine effektive und effiziente Kundenbearbeitung. Sie dienen der gesamten Steuerung, Unterstützung und Synchronisation sämtlicher dafür erforderlicher Kommunikationskanäle, wie z.B. Internet, Mailing oder Telefonie. Dem wird durch den Terminus „Multi-Channel-Management" Rechnung getragen. Das Customer Interaction Center (CIC) dient hierbei als multimediale Kommunikationsschnittstelle.

Analytische CRM-Instrumente

Die Funktionalitäten des analytischen CRM (aCRM) zielen auf die Erfassung, Aufbereitung und anwendungsorientierte Auswertung von Kundendaten. Sie ermöglichen beispielsweise eine Optimierung der Kundensegmentierung oder der Bewertung der Profitabilität von Kundenbeziehungen als Basis für eine differenzierte Kundenbearbeitung.

Analytische CRM-Funktionalitäten führen über eine gezielte Informationsverteilung zu einer effektiven Gestaltung der Kundenbearbeitung. Fokussiert wird somit auf eine qualitative Verbesserung der Kundenbeziehungen, woraus eine erhöhte Kundenzufriedenheit, Kundenbindung und folglich eine Steigerung der Umsätze resultieren sollen.

Das Customer Data Warehouse, in welchem alle kundenbezogenen Informationen aus den verschiedenen Geschäftsprozessen zusammengeführt und aufgezeichnet werden, bildet die Datenbasis für die einzusetzenden analytischen CRM-Funktionalitäten, zu deren Umsetzung Methoden, wie Data Mining, OLAP, Business Intelligence oder Data Knowledge Management, dienen.

> **Die Aufgaben des CRM lassen sich in vier Phasen unterteilen:**
>
> **1. Aufbau des Kundenkontaktes:** Mit Hilfe der Instrumente des CRM lassen sich potenzielle Kunden identifizieren, indem beispielsweise auf der Basis der Database Kundenstrukturanalysen durchgeführt werden, die Selektionskriterien für die Neukundengewinnung ergeben. Diese potenziellen Kunden werden zu einem Erstkauf geführt, und der Kontakt mit ihnen wird gepflegt.
>
> **2. Transaktion:** Über das CRM wird sichergestellt, dass die Verträge mit den Kunden erstellt und abgeschlossen werden. Die Kunden erhalten die angeforderten Angebote sowie Lieferinformationen.
>
> **3. Fulfillment:** Die nächsten Stufen in dem Prozess zwischen Unternehmen und Kunde, die durch das CRM optimiert werden müssen, sind die Abwicklung des Kaufs, die Lieferung und die Rechnungsstellung.
>
> **4. Service:** Der Aspekt, der in der allgemeinen Diskussion um das Thema CRM die wichtigste Rolle spielt, ist das After-Sales-Marketing. Hier müssen die Serviceleistungen sowie der Kundendienst und andere Dienstleistungen in dem CRM-System koordiniert und gesteuert werden um eine Loyalität aufzubauen.

14.9 E-CRM

14.9.1 Relationship Management im Internet-Zeitalter

Die Nutzung des Internets als wichtige Schnittstelle zum Kunden und als technologische Plattform für das CRM-System wird als E-CRM (oder eCRM) bezeichnet.

Der Einsatz des Internets für die Gestaltung der Kontakte zu Kunden und potenziellen Kunden bietet für das CRM neue Möglichkeiten und Herausforderungen. Die besonderen Eigenschaften des Internets, wie beispielsweise die Auflösung räumlicher und zeitlicher Distanzen zwischen Anbieter und Nachfrager sowie die multimediale und interaktive Informationsübermittlung, machen es zu einem idealen Medium zum Aufbau, zur Pflege und Intensivierung von Kundenbeziehungen.

14.9 E-CRM

Das veränderte Kommunikationsverhalten der Kunden bedingt durch neue Medien wie das Internet, aber auch der steigende Wettbewerb und die immer homogeneren Produkte, zwingen die Unternehmen zum Umdenken. Sie müssen nicht nur völlig neu überdenken, wie sie ihre Geschäfte abwickeln, sondern auch, wie sie ihre Produkte auf den Markt bringen und Leistungen für ihre Kunden erbringen können. Es gilt schließlich, eine langfristige Beziehung zu den Konsumenten aufzubauen, denn gerade die Gestaltung von Kundenbeziehungen ist eine der zentralen Aufgaben des Marketings.

> Da aber heute Kunden permanent mit neuen Produkten konfrontiert und somit die bestehenden Kundenbeziehungen stets neu in Frage gestellt werden, ergibt sich das marketingpolitische Ziel, die Beziehungen zu den Verbrauchern aktiv und intelligent zu managen, so dass möglichst eine weitgehende Immunisierung gegenüber Konkurrenzangeboten erfolgt. Die Akronyme CRM (Customer Relationship Management) und E-CRM (Electronic Customer Relationship Management) sind in diesem Zusammenhang die wohl am meisten diskutierten Schlagworte der aktuellen Marketingpraxis.

Im Rahmen des CRM verfolgen Unternehmen das Ziel, die Beziehungen zu ihren Kunden positiv auszubauen und somit eine langanhaltende und möglichst stabile Partnerschaft zu gewährleisten. Das Beziehungsmanagement ist als ein ganzheitlicher Ansatz kundenorientierter Unternehmensführung zu verstehen, so dass entsprechend die gesamten Prozesse einer Unternehmung auf den Kunden fokussiert sind und bedürfnisgerechte Servicedienstleistungen anboten werden. Es sind alle Abteilungen, die im Unternehmen Kundenkontakt haben, zu integrieren; dies betrifft in der Regel Marketing, Service und Vertrieb.

Dabei kommt es darauf an, alle Kontaktpunkte zum Kunden zu berücksichtigen. Dies beinhaltet alle Interaktionsmöglichkeiten, die der Konsument hat, um entweder eine Frage, einen Auftrag oder einen Wunsch an das Unternehmen zu übermitteln. Es gilt außerdem, sämtliche Kommunikationskanäle beispielsweise Telefon, Fax, und E-Mail zum Verbraucher zusammenzuführen und zusätzlich Interessenten und Kunden nach ihrem Wert zu klassifizieren.

Einen besonderen Stellenwert haben in diesem Zusammenhang CRM-Systeme, da sie dazu dienen, die Information über die Kunden effizienter in der Unternehmensorganisation zu verteilen und somit eine differenziertere, auf die individuellen Bedürfnisse ausgerichtete Kundenbearbeitung zu ermöglichen. Die zentrale Zielgröße im CRM-Konzept ist die Kundenzufriedenheit, die einen Indikator für die Kundenbindung und letztendlich auch einen wesentlichen Einflussfaktor auf den langfristigen Erfolg eines Unternehmens darstellt.

14.9.2 Begriff des E-CRM

Der E-CRM-Begriff, also das Electronic Customer Relationship Management, ist in der Marketingliteratur mit einem breit gestreuten Anspruchsspektrum belegt. So sehen manche Autoren es innerhalb der Marketingfunktion als eine Ergänzung des Instrumentariums und verstehen darunter schlicht die Verknüpfung von CRM mit der Internettechnologie, wobei nun aus dem CRM das E-CRM wird (Stojek, Ulbrich 2001, S. 125).

> Das **Electronic Customer Relationship Management** beschäftigt sich demnach mit den elektronischen Möglichkeiten des Kundenbeziehungsmanagements. Dies bedeutet, dass durch die gezielte Planung, Analyse und Steuerung der Kundenbeziehungen mit Hilfe der elektronischen Medien, insbesondere des Internets, die Bedürfnisse und Wünsche der Kunden besser berücksichtigt werden können, als dies bisher möglich war. Das Anspruchsspektrum des elektronischen Beziehungsmanagements wird bei anderen Autoren sogar dahingehend weitergeführt, dass diese den Begriff E-CRM als eine umfassende Unternehmensphilosophie ansehen und nach deren Verständnis die Ausrichtung des Unternehmens auf den Kunden ohne informationstechnologische Unterstützung nicht möglich wäre (Eggert, Fassot 2001, S. 4).

In diesem Zusammenhang ist ebenso der Begriff des Electronic Commerce (E-Commerce) zu erwähnen; verstehen doch viele Autoren den Begriff E-CRM auch als eine Verknüpfung von CRM mit E-Commerce, also mit dem elektronischen Handel. Dieser lässt sich als die digitale Anbahnung, Aushandlung und Abwicklung von Transaktionen zwischen den Wirtschaftssubjekten definieren. E-Commerce wird allerdings auch häufig mit dem Begriff des E-Business verwechselt. Jedoch ist E-Business der Oberbegriff für den gesamten elektronischen Geschäftsprozess, der über das Medium Internet abläuft, und beinhaltet dabei sämtliche Transaktionen mit den Kunden und Lieferanten sowie alle an diesem Prozess beteiligten Personen.

Dass das E-Commerce eine nicht unbedeutende Rolle im E-CRM spielt, zeigt die Tatsache, dass die Anwendung des elektronischen Handelns einen starken Einfluss auf das Marketing eines Unternehmens nimmt. Auf Grund neuer Informationstechnologien können nun die Unternehmen nicht nur ihre Produkte zu jeder Zeit und an jedem Ort der Welt anbieten, sondern auch die Art und Weise, wie mit den Kunden in Kontakt getreten wird bzw. Informationen ausgetauscht werden, hat sich insbesondere durch das Medium Internet stark geändert (Koi 2001, S. 4 f.).

> Zusammenfassend kann also festgestellt werden, dass sich unter dem Begriff des E-CRM auch die Bezeichnung des E-Business Relationship Management verstehen lässt, was die Analyse, Planung und Steuerung der Kundenbeziehung mit Hilfe der neuen elektronischen Medien, mit dem Ziel der umfassenden Ausrichtung des gesamten Unternehmens auf den Kunden, beinhaltet.

Dies bedeutet konkret, dass die durch den Internet-Auftritt gewonnenen Kundeninformationen mit dem Ziel in das CRM-System übernommen werden, kundenindividuelle Internetseiten und echte One-to-One-Kommunikation mit dem Kunden aufzubauen. Die Kundenorientierung steht demnach bei jedem E-CRM-Konzept im Vordergrund (Eggert, Fassot 2001, S. 5). Die Möglichkeiten des E-CRM lassen sich in drei Bereiche unterteilen:

- Individualisierung der Beziehungen zwischen Anbieter und Nachfrager: Eine Individualisierung im Bereich der Produktpolitik zeigt sich beispielsweise bei der Mass Customization, der maßgeschneiderten Produkte und Leistungen gemäß den Wünschen und Bedürfnissen des Kunden. Eine Individualisierung im Bereich der Kommunikationspolitik führt zum One-to-One-Marketing, also zur direkten, individuellen und dialogorientierten Kundenansprache mit den Medien des Dialogmarketings.
- Interaktion zwischen Anbieter und Nachfrager: An die Stelle der einseitigen Informationsübermittlung tritt hier die Zwei-Wege-Kommunikation mit einem wechselseitigen, intensiven und beschleunigten Informationsaustausch beispielsweise per E-Mail.
- Integration des Kunden in die Prozesse des Unternehmens: Aus der wechselseitigen Interaktion entsteht langfristig der Einbezug des Kunden in die Prozesse und Aktivitäten des Unternehmens, beispielsweise bei der Entwicklung neuer Produkte oder der Produktverbesserung.

14.9.3 Kundenorientierte Sichtweise des E-CRM

Es ist im Ansatz des elektronischen Beziehungsmarketings genauso wie bei CRM zu erkennen, dass es als Konzept zur Erhöhung der Kundenorientierung eines Unternehmens gesehen wird. Kundenorientierung soll in Verbindung mit einer Kundenselektion an Hand des Kundenwertes eine längerfristige Profitabilität des Unternehmens auch auf wettbewerbsintensiven Märkten ermöglichen (Eggert, Fassot 2001, S. 5).

> **Kundenorientierung** bedeutet die Ausrichtung des Unternehmens an den Ansprüchen seiner Kunden und zwar mit dem Ziel, deren Bedürfnisse und Wünsche so zu befriedigen, dass diese dem Unternehmen die Treue halten. Daher sollte ein kundenorientiertes Unternehmen stets Kenntnis darüber haben, wer seine Kunden sind, was seine Konsumenten möchten und auch, was das Unternehmen insgesamt leisten kann, um die Kundenerwartungen und -ansprüche erfüllen zu können.

Somit darf ein auf den Kunden ausgerichtetes Unternehmen auch nicht die „innere Dimension" vergessen. Dies bedeutet, dass jeder Mitarbeiter, ob er nun in einem direkten Kontakt mit dem Konsumenten steht oder nicht, das Bewusstsein haben muss, dass seine Tätigkeit im Dienste des Kunden steht. Die einzelnen Mitarbeiter und auch ganze Abteilungen sind voneinander abhängig, so dass sich von einem internen Kundenverhältnis sprechen lässt. Werden diese internen Beziehungen missachtet, so kann sich dies über Umwege auf die Zufriedenheit und damit auch auf die Loyalität (Treue) der Endverbraucher auswirken (Stolpmann 2000, S. 39).

Somit ist es auch zu einer der zentralen Herausforderungen des Top-Managements geworden, eine zunehmende Kundenorientierung mit Hilfe von CRM- und auch E-CRM-Systemen zu erreichen.

In einem Zeitalter der neuen Medien und den damit verbundenen Möglichkeiten des E-Business benötigt ein wirklich kundenorientiertes Unternehmen mehr als nur eine einfache Website im Internet. Es sollte vielmehr über eine gut geplante und auch integrierte E-Business-Strategie verfügen, die dabei sowohl Kundenwünsche als auch Unternehmensziele berücksichtigt. Nur dann können die Unternehmen ihre Kundenbeziehungen stabilisieren und schließlich durch zufriedene Kunden höhere Umsätze und Erträge erzielen.

14.9.4 Informations- und Wissensmanagement als Voraussetzungen für E-CRM

Die Kundenorientierung erschöpft sich bei vielen Unternehmen darin, den Kunden zuvorkommend und zügig zu bedienen und ihm auch nach dem Kauf bei Fragen und Problemen zur Verfügung zu stehen. Jeder Kunde hat normalerweise ein weit gehendes Bedürfnis, das es von Seiten der Unternehmung zu befriedigen gilt.

> Die Ausrichtung auf die Kundenbedürfnisse kann unternehmensintern durch eine Anpassung der Leistungen an die individuellen Bedürfnisse der einzelnen Kunden deutlich verbessert werden. Um dies gewährleisten zu können, bedarf es eines gewissen Informationsmanagements, das die für die betrieblichen Leistungsprozesse relevanten Informationen als Ressourcen betrachtet, auf die ein Unternehmen jederzeit zurückgreifen kann.

Von Bedeutung sind aber nicht nur Informationen über den Kunden und dessen individuelle Erwartungen und Bedürfnisse, sondern auch über die eigenen Produkte bzw. Leistungen, die Unternehmensphilosophie sowie interne Prozessabwicklung und Informationen über die aktuelle Marktlage.

Da nun CRM sowie E-CRM in den Unternehmensprozessen Marketing, Verkauf und Service und weiteren stattfindet, muss ein Informationsfluss zwischen diesen einzelnen Prozessen sichergestellt werden, um das volle Potenzial des Beziehungsmanagements ausschöpfen zu können. Durch eine prozessorientierte Kategorisierung, Filterung und Aufbereitung der vorher genannten Informationen entsteht schließlich entscheidungsrelevantes Wissen für die Mitarbeiter aller Relationship-Management-Prozesse (Schmid, Bach, Österle 2001, S. 103–112).

Dementsprechend ist Beziehungsmanagement also umso effektiver, je besser und auch vielfältiger die vorliegenden Informationen über einzelne Kunden sind. Hierbei spielen auch die modernen Datenbanktechniken eine besondere Rolle.

Sie sind es schließlich, die es heute selbst Produzenten von Massengütern des Konsumgeschäftes ermöglichen, individuelle Kundendaten zu speichern und diese für die Zwecke der Kundenansprache zu nutzen. Gerade das Internet bietet dazu hervorragende Voraussetzungen, denn lässt es doch durch die Verfolgung der vom Kunden hinterlassenen elektronischen Spuren eine tiefgreifende Analyse des jeweiligen Kundenverhaltens zu. Es sind in diesem Zusammenhang aber nicht nur die Präferenzen eines Kunden für bestimmte Produkte analysierbar, sondern auch bestimmte Informationen bzw. kritische Prozessschritte, die eventuell zu einem Abbruch des elektronischen Dialogs geführt haben könnten. Die Systematisierung dieser Informationen lässt individuelle Kundenprofile entstehen, die schließlich zu einer Segmentierung entsprechender Kundengruppen herangezogen werden können.

14.9.5 Systemorientierte Betrachtung des E-CRM

> Die zentrale Zielsetzung, die mit dem Konzept des Relationship Managements verfolgt wird, liegt in der langfristigen Bindung von profitablen Kunden an das Unternehmen. Als wesentliche Grundlage für die Erreichung dieses Ziels wird ein umfassendes Informationspotenzial und Wissen über die Struktur, das Verhalten und die Bedürfnisse der Kunden benötigt. Um diese Information und dieses Wissens aber optimal nutzen zu können, bedarf es der Organisation, also einer Bewahrung, Bereitstellung und auch Analyse aller an den einzelnen Customer Touchpoints erhaltenen Kundenkontakte und -reaktionen. Für ein erfolgreiches Kundenbeziehungsmanagement bedarf es also einer effizienten Datenbank. Die gewonnenen „Informationsfragmente" werden in einem Data Warehouse zusammengeführt und bewahrt, welches eine einheitliche Sicht auf den Kunden gewährt und somit die Mitarbeiter des Unternehmens mit allen relevanten kundenbezogenen Daten versorgt.

Das Data Warehouse stellt in seiner Gesamtheit ein Wissenspool dar, der zur kontinuierlichen Optimierung der kundenbezogenen Geschäftsprozesse ausgewertet werden kann. Dies erfolgt mit unterschiedlichen Analyseansätzen wie beispielsweise Data Mining oder Online Analytical Processing (OLAP). Dadurch wird das Relationship Management zu einem lernenden Prozess, in dem die Kundenreaktionen genutzt werden, um die Abstimmung von Kundenkommunikation, Produkten und auch Dienstleistungen auf differenzierte Kundenbedürfnisse kontinuierlich zu verbessern (Hippner, Wilde 2001, S. 213 f.).

14.9.6 E-CRM-Systeme

Es dominieren bisher auf dem CRM-Markt noch traditionelle Client-Server-Systeme, die aber hohe Aufwendungen für die Netzadministration sowie Hardwareausstattung jedes einzelnen Benutzers erfordern. Allerdings sind einzelne Anbieter von CRM-Software bereits dazu übergegangen, ihre CRM-Systeme internet- also webfähig zu machen, um so dem Internettrend Rechnung tragen zu können. Diese webfähigen Systeme nutzen aber im Gegensatz zu den von vornherein für den Interneteinsatz konzipierten, also webbasierten Systemen, die Vorteile der Internettechnologie nicht vollständig aus.

Echte E-CRM-Lösungen sind webbasiert und nicht nur webfähig, dies bedeutet, dass sie in einem Internetbrowser (Anzeigenprogramm zum Durchblättern des WWW) wie beispielsweise dem Microsoft Internet Explorer laufen und keinerlei Datenbanken auf dem Computer des Anwenders erfordern, sondern alle Daten direkt über das Internet gelesen werden können.

Die webbasierten Lösungen können als sogenannte Thin Clients laufen: Der Anwender benötigt dann lediglich einen Browser mit Internetzugang, um mit seinem E-CRM-System auf einem beliebigen (z.B. öffentlichen) Computer zu arbeiten. Neben der Systemunabhängigkeit liegen die Vorteile dieses Systems vor allem auch in der Schnelligkeit der Datenverfügbarkeit sowie Datensicherheit. E-CRM-Systeme bieten im Gegensatz zu den lediglich webfähigen Systemen neben dem globalen Nutzen, den moderne Internettechnologien für die unternehmensinterne wie die unternehmensübergreifende Zusammenarbeit aufweisen, auch weitere konkrete Vorteile für den Anwender: aktuellere Daten, maximale Verfügbarkeit und Flexibilität und auch geringere Kosten.

> Der Zugriff auf Online-Daten mittels Internet ermöglicht grundsätzlich eine Beschleunigung des Informationsflusses, das heißt es können mehr Daten schneller und aktueller ausgetauscht werden, und alle Anwender haben unmittelbaren Zugriff auf diese Daten.

Auch in der Unternehmensbetrachtung ergeben sich wichtige Vorteile: Können doch Geschäftsprozesse im Zeitablauf an die sich ändernden Marktanforderungen schnell angepasst werden, ohne dass Eingriffe in die Datenbank erforderlich sind (Enders, Kay-Enders 2001, S. 203 f.).

Inwieweit ein E-CRM-System aber nun konkret das Unternehmen unterstützen kann, lässt sich anhand des nachfolgenden Verkaufszyklus näher beschreiben:

- Anregungsphase: Das E-CRM-System muss hier das Unternehmen, beispielsweise durch sogenanntes Profiling dabei unterstützen, Marktforschung zu betreiben, also die kundenspezifischen Surf- und Bestellgewohnheiten auf der eigenen Website auszuwerten. Schließlich können mit solchen Informationen den Kunden konkrete Empfehlungen geschickt oder angezeigt werden.

- Evaluationsphase: Hier sollte ein E-CRM-System den Kunden bei der unverbindlichen Information über Produkte und Angebote des Unternehmens unterstützen. Ideal wären Kosten-Nutzen-Vergleiche.
- Kaufphase: In dieser Phase steht eine effiziente Transaktionsabwicklung des Kaufes im Vordergrund. Eine Verknüpfung mit der Anwendersoftware im Unternehmen könnte dem Kunden die Möglichkeit bieten, Aufträge mitzuverfolgen und sich Statusmeldungen über den Verkaufsprozess geben zu lassen.
- After-Sales-Phase: E-CRM-Systeme helfen hier durch gesammeltes Wissen über den Kunden und über Produkte. So wird die Unterstützung der Kundenbindung, beispielsweise über Serviceplattformen im Internet, zur Förderung des Erfahrungsaustausches unter den Kunden möglich. Es lässt sich also feststellen, dass E-CRM-Systeme ein wichtiger Schritt zur Förderung der Zusammenarbeit zwischen verschiedenen Marktpartnern sind. Sie verändern nicht nur vollständig die Arbeitsweise der Systemnutzer, sondern bilden dafür die Grundlage. Unternehmen, denen es gelingt, die daraus resultierenden Vorteile für ihr Geschäft zu nutzen, werden daher einen signifikanten Wettbewerbsvorteil besitzen.

15 Beziehungsmanagement

15.1 Phasen einer Kundenbeziehung

Die Entwicklung einer Beziehung hängt in hohem Maße von den Erfahrungen mit der Interaktion ab, die die Betroffenen in den frühen Phasen einer Verbindung gemacht haben. Die Sozialpsychologie unterteilt die theoretischen Beziehungsmodelle in mehrere Schritte. Das Vier-Phasen-Modell lässt sich auf die Beziehung zwischen Kunden und Unternehmen übertragen (Link, Hildebrand 1997b, S. 164).

Phase 1: Auswahl: In der Auswahlphase findet ein Vergleich der möglichen Interaktionspartner statt. Der potenzielle Kunde entscheidet, mit wem er eine mehr oder weniger dauerhafte Beziehung eingehen möchte. Ein Anbieter kann nur dann in die Auswahlmenge des Interessenten oder Kunden (relevant set) gelangen, wenn er im Bewusstsein des Konsumenten verankert ist. Um diese Verankerung zu erreichen, wird meist auf klassische Kommunikation zurückgegriffen.

Phase 2: Verhandlung: Die zweite Phase der Beziehung dient dem Finden einer Übereinkunft darüber, welchen Nutzen bzw. Beitrag jede Partei bei Zustandekommen eines Geschäftsabschlusses erhält bzw. leistet. Im Rahmen des transaktionsorientierten Handelns versucht jede Partei schon vor dem eigentlichen Kauf den für sich größtmöglichen Nutzen auszuhandeln. Bei einem echten Beziehungsmanagement steht im Gegensatz dazu nicht die Optimierung eines kurzfristigen Erfolges sondern des customer-lifetime-value im Vordergrund.

Phase 3: Verpflichtung: Sobald eine bestimmte Intensität in der Geschäftsbeziehung erreicht ist, gehen die Partner eine wechselseitige Verpflichtung mit einem starken Bedürfnis nach ausgleichender Gerechtigkeit ein. Eine empfundene Gerechtigkeit kommt dann zu Stande, wenn der jeweilige Nutzen der Partner in einem angemessenen Verhältnis zu den jeweiligen geleisteten Beiträgen steht.

Phase 4: Institutionalisierung: Eine Beziehung gilt dann als institutionalisiert, wenn eine gewisse Konstituierung und damit eine Loyalität erkennbar sind. In einer Business-to-Consumer-Beziehung könnte dies die Mitgliedschaft in einem Kundenclub sein, die durch bestimmte Regeln und Abläufe definiert wird. Der Eintritt in diese Phase der Institutionalisierung erfordert ein hohes Vertrauenspotenzial. Der Partner wird in diese Beziehungsphase nur dann eintreten, wenn er sich sicher ist, dass er von der Institutionalisierung der Verbindung langfristig profitieren kann. Ein loyaler Kunde in dieser Phase wirkt als positiver Meinungsbildner und ist eher bereit, zusätzliche Angebote zu akzeptieren und an Cross-Selling-Aktivitäten zu partizipieren.

15.2 Anspruchsniveau in einer Beziehung

Jeder Beteiligte hat ein gewisses Anspruchsniveau, das darüber entscheidet, ob eine Beziehung aufgenommen oder fortgesetzt wird. Die Folgen eines Kontaktes werden an einem Minimum-Anspruchsniveau gemessen, welches erreicht sein muss, damit eine Interaktion als akzeptabel bewertet wird. Wird die Interaktion am Anfang einer Beziehung als unterhalb dieses Niveaus bewertet, wird es nicht zum Aufbau einer Beziehung kommen.

Wenn das Interaktionsniveau dagegen erst im Verlauf der Beziehung kurzfristig unter das Standard-Anspruchsniveau fällt, muss dies nicht unbedingt eine direkte Beendigung der Beziehung nach sich ziehen. Geht der Partner hingegen davon aus, dass auch die weiteren Interaktionseinheiten unter diesem Level bleiben, hat dies einen Beziehungsabbruch zur Folge.

Bei der individuellen Festsetzung des Anspruchsniveaus bezieht die betreffende Person alle ihre positiven und negativen Erfahrungen ein, die sowohl materieller als auch immaterieller Natur sein können. Je höher das gegenwärtige Beziehungsniveau über dem Standard-Anspruchsniveau wahrgenommen wird, als umso attraktiver und zufriedenstellender wird eine solche Beziehung bewertet. Die Interaktionen werden an einem Vergleichsniveau für Alternativen überprüft, das bei Wahl der besten Alternative erreicht werden kann, wobei dies höchst subjektiv wahrgenommen wird.

Für ein Unternehmen stellt sich nun die Frage, welche Faktoren bei der Bildung der Beziehungsniveaus relevant sind und welche Bedeutung den einzelnen Faktoren beigemessen wird. Weiterhin sollten dem Unternehmen das gegenwärtige Beziehungsniveau potenzieller Interaktionspartner, das Standard-Anspruchsniveau sowie das Vergleichsniveau für Alternativen bekannt sein. Für die Beantwortung dieser Fragen steht das Unternehmen vor dem Problem der Bewertung von Beziehungen.

Bei der Identifikation der Höhe des Beziehungsniveaus ist eine einmalige Ermittlung nicht ausreichend. Die Ausbildung der unterschiedlichen Niveaus bei den Interessenten oder Kunden stellt einen dynamischen Prozess dar. Somit wird es bei sich ändernden Rahmenbedingungen zu einer Verschiebung der subjektiv wahrgenommenen Niveaus kommen.

15.3 Faktoren der Kundenbeziehung

Im Rahmen der Beziehungsgestaltung spielt eine Vielzahl von Einflüssen eine Rolle, es ist also nicht möglich, diese Erfolgsfaktoren für die Aufnahme und Fortführung von Beziehungen vollständig zu nennen. Einige ausgewählte Faktoren mit ihrer Bedeutung für das Marketing werden im Folgenden erläutert. Hierzu werden Erfolgsfaktoren ausgewählt, denen im Rahmen der Initiierung und Aufrechterhaltung einer Beziehung eine große Bedeutung eingeräumt wird.

Ähnlichkeit der Einstellungen

Der Grad der Ähnlichkeit von Einstellungen hat einen bedeutenden Einfluss auf die Phasen einer Beziehung. Gleichartige Einstellungen fördern das Aufkommen von Sympathien für den anderen und damit die Erhaltung der Beziehung. Es ist einer Beziehung abträglich und könnte sogar zu deren Beendigung führen, wenn in wesentlichen Bereichen unterschiedliche oder sogar entgegengesetzte Meinungen und Einstellungen vorherrschen. Grundlegende Einstellungen von Unternehmen sind in vielen Fällen in den Unternehmensleitbildern dokumentiert.

Es kommt eher dann zu einer Initiierung und Aufrechterhaltung von Beziehungen, wenn sich die daran beteiligten Personen als einander ähnlich wahrnehmen und die in dem Unternehmensleitbild festgelegten Faktoren akzeptiert werden.

Vertrauenswürdigkeit

Eine der wichtigsten Eigenschaften für eine gut funktionierende Beziehung ist das gegenseitige Vertrauen; Misstrauen verhindert den Abschluss von Geschäften. Ein Kunde wird kein Interesse an einem weiteren Kontakt mit einem Unternehmen haben, wenn das Vertrauen erschüttert ist. Vertrauenswürdigkeit baut auf mehreren Faktoren auf, und das Unternehmen muss diese beachten, wenn es von seinen Kunden in dieser Hinsicht positiv bewertet werden will. Einige wichtige Verhaltensweisen, die zur Vertrauenswürdigkeit beitragen, sind ein berechenbares Verhalten, klare und deutliche Mitteilungen und Äußerungen sowie die Ehrlichkeit.

Kompetenz

Ob ein potenzieller Kunde eine Beziehung zu einem Unternehmen aufbauen möchte, hängt sehr stark davon ab, inwieweit er dem Unternehmen zutraut, die zu Beginn und im Laufe der Beziehung sich ergebenden Anforderungen und Probleme zu bewältigen. Diese Kompetenz kann durch verschiedene Wege vermittelt werden, beispielsweise durch Referenzen (z.B. Veröffentlichungen, Aussagen bekannter Persönlichkeiten oder Referenzkunden), durch die Marktstellung (z.B. Unternehmensgröße) oder durch die werbliche Kommunikation.

Zusätzliche Dienstleistungen rund um ein Kernprodukt stellen einen weiteren Indikator für Kompetenz dar.

Geografische Nähe

Die physische Nähe ist für den Beginn einer Kundenbeziehung vor allem für den stationären Handel entscheidend. Der Zusammenhang zwischen räumlicher Nähe und Beziehungswahl beruht darauf, dass der zeitliche Aufwand, eine Strecke zu überbrücken, und die Kosten für die Raumüberbrückung für eine Interaktion mit zunehmender Entfernung wachsen.

Ein bedeutender Faktor der geografischen Nähe ist der Sicherheitsaspekt. Ein Kunde fühlt sich sicherer, wenn er bei einer Entscheidung für einen Interaktionspartner, mit dem er möglicherweise eine lang andauernde Beziehung eingeht, diesen in seiner Nähe weiß.

Dies zeigt sich auch an der abwartenden Haltung gegenüber Geschäftsabschlüssen im Internet und daran, dass die Beziehungen, die Kunden über interaktive Medien eingehen, meist sehr kurzfristig sind, und sich eine Loyalität nur schwer entwickelt. Der Wettbewerber ist nur einen Mausklick entfernt. Auf Grund dessen entstehen neue Formen von Kundenbindungssystemen (Internet-Communities), die durch eine Generierung von Mehrwerten Wechselbarrieren für den Kunden aufbauen sollen.

15.4 Kundenanalyse

Die Analyse von Kundenbedürfnissen und Kundenzufriedenheit bildet die elementare Voraussetzung einer konsequenten und langfristigen Kundenbindung. Obwohl eine solche Analyse Grundvoraussetzung ist, um kundengerecht agieren, das heißt entsprechende Unternehmensaktivitäten bzw. Kundenbindungsstrategien ableiten zu können, wird sie häufig in unzureichendem Maße eingesetzt und ist damit oftmals Grund für das Scheitern solcher Strategien.

Voraussetzung für die Analyse von Kunden ist die Erfassung, Speicherung und Bereitstellung von Kundeninformationen. Diese können beispielsweise im Rahmen von Kundenbefragungen oder informellen Gesprächen gewonnen und dann in Kundendatenbanken gespeichert und für Analysen bereitgestellt werden. Im Rahmen eines Datenbasierten Managements werden die Informationen bzw. Daten in speziellen Database zusammengefasst und können dann beispielsweise bei der Segmentierung von Kunden herangezogen werden. Die Kundenanalyse umfasst die folgenden Aufgaben.

Kundensegmentierung als Ausgangspunkt der Kundenanalyse

Bestehende und potenzielle Kunden werden an Hand bestimmter Segmentierungskriterien, wie beispielsweise sozioökonomischer, psychografischer oder verhaltensorientierter Merkmale, in homogene Kundengruppen gegliedert.

Beurteilung der Stabilität einer Kundenbeziehung

Die Intensität einer Bindung zwischen Kunde und Unternehmen bzw. die Gefahr einer Abwanderung hängt entscheidend von der Zufriedenheit des Kunden ab. Diese kann mit Hilfe verschiedener Methoden gemessen werden. Insbesondere der Kundenzufriedenheitsindex (KZI) und der Kundenloyalitätsindex (KLI) (Werner 1998, S. 148–156) als wichtige Größen multiattributiver Verfahren zur Messung von Kundenzufriedenheit können zur Beurteilung der Stabilität einer Kundenbeziehung herangezogen werden.

Ermittlung der Wertigkeit bzw. Attraktivität der Kunden für das Unternehmen

Wichtige Hilfestellung hierbei bietet der Kundenwert als Summe aller diskontierten Ein- und Auszahlungen eines einzelnen Kunden, die während der Akquisitionsphase und im Verlauf der gesamten Geschäftsbeziehung entstehen (Meffert, Bruhn 2000, S. 153). Dieser kann als Kennzahl der Profitabilität einer

Kundenbeziehung wichtige Anhaltspunkte für die „allowable costs" der Kundenbearbeitung liefern. Zu seiner Ermittlung stehen verschiedene Analysemethoden zur Verfügung, wie beispielsweise die ABC-Analyse, statische Verfahren der Kundenwertanalyse wie die Kundendeckungsbeitragsrechnung oder die Kundenorientierte Prozesskostenrechung sowie dynamische Verfahren wie die Berechnung des Kundenkapitalwerts (KKW) bzw. Customer Lifetime Value (Homburg, Sieben 2000, S. 482–484; Stahl, Hinterhuber, Friedrich, Matzler 2000, S. 189–191).

Kundenportfolioanalysen dienen zur Abschätzung der künftigen Profitabilität eines Kunden. Mit Hilfe von begleitenden Scoring-Modellen, beispielsweise der RFMR-Methodik, kann ferner auf das künftige Kaufverhalten der Kunden geschlossen werden.

15.5 Kundenzufriedenheitsanalyse

Die Ursachen für Unzufriedenheit als Hauptursache von Abwanderungen sind häufig unklar, bieten jedoch entscheidende Ansatzpunkte zur kundenorientierten Weiterentwicklung des Unternehmens. Im Rahmen der Root-Cause-Analysis (Venohr, Zinke 2000, S. 162) werden etwa durch Befragung abgewanderter Kunden Gründe und Situationen der Abwanderung herausgearbeitet.

> **Kundenzufriedenheit** bildet den Ausgangspunkt für eine systematische Kundenorientierung. Daher ist eine Analyse von Kundenzufriedenheit bzw. -unzufriedenheit unbedingt notwendig, welche hilft, Probleme und latente Bedürfnisse von Kunden aufzudecken, um so wichtige Anhaltspunkte für eine kundenorientierte Verbesserung des Leistungsangebots zu schaffen. Im Rahmen dieser Analyse gilt es folglich die Kunden zu ihrer Zufriedenheit und Bindung hinsichtlich eines bestimmten (Leistungs-)Angebots zu befragen (Scharnbacher, Kiefer 1998, S. 5 ff.).

Es sind objektive und subjektive Verfahren der Messung der Kundenzufriedenheit zu unterscheiden, die in Abbildung 121 zusammengestellt wurden.

Objektive Verfahren basieren auf quantitativen oder qualitativen Indikatoren, wie Erlösminderungen oder von Experten beobachteten Kontaktsituationen. Subjektive Verfahren basieren auf Urteilen oder Befragungen.

Die Gesamtzufriedenheit der Kunden, ausgedrückt durch den Kundenzufriedenheitsindex (KZI), und die Kundenbindung, erfasst mit Hilfe des Kundenloyalitätsindex (KLI), können an Hand der Bewertung verschiedener Indikatoren bzw. Fragestellungen – üblicherweise an Hand einer Skala von 0 bis 100 – durch Bildung eines Mittelwerts operationalisiert werden. Hohe Indizes deuten hierbei auf eine hohe Kundenzufriedenheit bzw. -bindung (Homburg, Faßnacht, Werner 2000, S. 513–516).

> **Objektive Verfahren**
>
> - Quantitative Indikatoren (Umsatz, Marktanteil, Erlösminderung, Loyalitätsraten)
> - Qualitative Indikatoren (Experten beobachten und bewerten ausgewählte Kundenkontaktsituationen)
>
> **Subjektive Verfahren**
>
> - Ereignisorientiert
>   - Subjektive Zufriedenheitsurteile, die Kunden bei konkreten Ereignissen in Kontakt mit dem Unternehmen gebildet haben
> - Merkmalsorientiert
>   - Implizit: Auswertung qualitativer Aspekte, welche sich aus Kundenbeschwerden oder Vorschlägen von Kunden entwickelt haben
>   - Explizit: Messung durch quantitative Verfahren, Kundenbefragungen

Abbildung 121: Verfahren zur Messung der Kundenzufriedenheit
Quelle: Feistel 2008, S. 60

Weiterhin ist neben der Gesamtzufriedenheit die Zufriedenheit der Kunden hinsichtlich einzelner, unternehmensindividuell festzulegender Leistungsbestandteile (z.B. Kundenbetreuung) und der diese bestimmenden Leistungskriterien (z.B. Freundlichkeit des Kundenbetreuers, Behandlung von Reklamationen etc.) zu erfragen (Homburg, Faßnacht, Werner 2000, S. 513–516).

Um konkrete Kundenbindungsmaßnahmen aus den Ergebnissen der Messung von Kundenzufriedenheit und -bindung ableiten zu können, sind die einzelnen Leistungsbestandteile ferner hinsichtlich ihrer Wichtigkeit für die Kunden, z.B. hinsichtlich Basis-, Leistungs- und Begeisterungsfaktoren (Matzler, Sauerwein, Stark 2000, S. 254), zu untersuchen, etwa mit Hilfe der Kausalanalyse, welche die Zufriedenheiten mit einzelnen Leistungsbestandteilen mit der Gesamtzufriedenheit (KZI) in Beziehung setzt. Je stärker der Zusammenhang zwischen beiden Größen, desto höher die Wichtigkeit der Leistungsbestandteile. Die Erstellung von Kundenzufriedenheitsprofilen an Hand dieser beiden Größen sowie Kundenwert-Kundenzufriedenheit-Portfolios (Stahl, Hinterhuber, Friedrich, Matzler 2000, S. 191–194) ermöglichen schließlich die Ableitung strategischer Implikationen (Homburg, Faßnacht, Werner 2000, S. 523 f.).

Matzler und Bailom (Matzler, Bailom 2000, S. 201) haben ein Schema entwickelt, welches einen möglichen Ablauf der Kundenzufriedenheitsanalyse darstellt (Abbildung 122).

Nicht nur die bestehenden sondern auch die verlorenen Kunden sollten analysiert werden, um deren Abwanderungsgründe zu klassifizieren.

15.5 Kundenzufriedenheitsanalyse

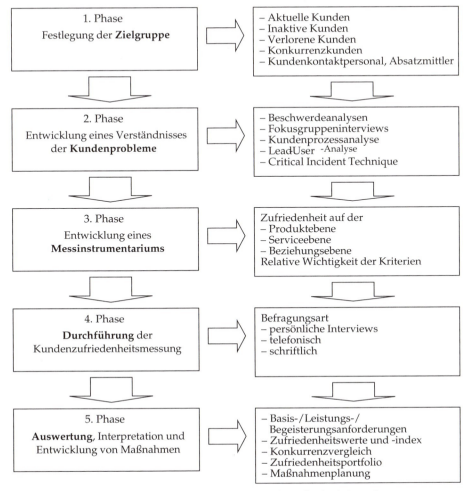

*Abbildung 122: Phasen-Schema zur Kundenzufriedenheitsanalyse
Quelle: Matzler, Sauerwein, Stark 2000, S. 251–274*

In einer Studie wurden die folgenden **Gründe für Kundenverluste** gefunden (Busch 1998, S. 55):

- 1 % der Kunden ist verstorben
- 3 % der Kunden verlässt durch Umzug das Einzugsgebiet
- 5 % verändern ihre Wertvorstellungen im Laufe der Zeit, sie ändern (Kauf-)gewohnheiten
- 9 % akzeptieren eine Preiserhöhung nicht
- 14 % akzeptieren einen Qualitätsmangel des Produktes nicht und wandern ab
- 68 % verlassen ihren Lieferanten wegen mangelnder Servicequalität und eines Defizits an Kundenfreundlichkeit

> Es zeigt sich, dass mehr als ein Drittel der verlorenen Kunden mit dem Service und der Freundlichkeit der Kundenbeziehung unzufrieden waren. Diese Probleme lassen sich durch ein optimiertes Kundenbeziehungsmanagement lösen!

Der Net Promoter Score ist eine Methode zur Messung der Kundenloyalität, die im Jahr 2003 von Satmetrix Systems, Inc., Bain & Company und Fred Reichheld entwickelt wurde. Dabei werden vereinheitlichte und vereinfachte Fragebögen eingesetzt, die dennoch aussagekräftige Ergebnisse erzielen und die Berechnung eines Indikators für die langfristige Profitabilität ermöglichen (Reichheld, Markey 2012, S. 56).

Den Probanden wird folgende Frage gestellt: „Auf einer Skala von 0–10, wie wahrscheinlich ist es, dass Sie dieses Unternehmen (oder Produkt/Dienstleistung/Marke) einem Freund oder Kollegen weiterempfehlen?"

In der Auswertung werden drei Gruppen unterschieden:

- **Promotoren** (Score 9–10) sind loyale Enthusiasten, die Folgekäufe tätigen, eine Marke weiterempfehlen und das Wachstum des Unternehmens fördern.
- **Passiv zufriedene Kunden** (Score 7–8) sind zwar zufriedene, aber wenig enthusiastische Kunden, die relativ leicht durch Angebote von Wettbewerbern abgeworben werden können.
- **Kritiker** (Score 0–6) sind unzufriedene Kunden, die einem Unternehmen durch negative Mundpropaganda schaden können und somit Wachstum behindern.

Dieses Verfahren misst eindimenional nur die Weiterempfehlungsbereitschaft und berücksichtigt nicht Konstrukte wie Erwartungen, Erfahrungen, Zufriedenheit, Loyalität, Wiederkauf.

15.6 Generierung von Kundenbindungsstrategien

Aufbauend auf den Erkenntnissen der zuvor durchgeführten Analysen gilt es in einem nächsten Schritt Kundenbindungsstrategien zu entwickeln. Im Rahmen der Strategiefestlegung sind folgende Dimensionen einer Kundenbindungsstrategie zu berücksichtigen (Bruhn, Homburg 2000, S. 18 f.):

- **Objekt:** Zunächst ist festzulegen, auf welches Objekt sich die Kundenbindungsstrategie beziehen soll, also mit beispielsweise welchem Produkt der Kunde gebunden werden soll.
- **Zielgruppe:** In einem nächsten Schritt gilt es die Kundenbindungszielgruppe zu definieren. Eine exakte Definition bildet die Grundlage für eine gezielte und individualisierte Ansprache, die bei Kunden mit hohem Kundenwert als Kernzielgruppe individueller gehalten sein sollte.
- **Art der Kundenbindung:** Weiter wird die Art der Kundenbindung als Maßgabe für die zu verfolgende Basisstrategie festgelegt. Georgi (Georgi 2000,

15.6 Generierung von Kundenbindungsstrategien

S. 238) unterscheidet hier zwischen Verbundenheitsstrategie, die Kundenbindung über psychologisch-emotionale Bindungsursachen verfolgt, und Gebundenheitsstrategie, die auf faktischen Bindungsursachen basiert.

- **Kundenbindungsinstrumente:** Nachfolgend werden die Kundenbindungsinstrumente entsprechend der zuvor festgelegten segmentspezifischen Basisstrategie bestimmt. Beispielsweise sind diese im Rahmen der Verbundenheitsstrategie eher dialog- und interaktionsorientiert und auf Kundenzufriedenheit ausgerichtet. Die Instrumente, die im Rahmen der Gebundenheitsstrategie eingesetzt werden, zielen hingegen in der Regel auf die Errichtung von Wechselbarrieren.

- **Kooperationsstrategie:** Nach einer Konkretisierung der Intensität und des Einsatzzeitpunktes der Kundenbindung ist in einem letzten Schritt die Festlegung einer Kooperationsstrategie, beispielsweise zwischen Hersteller und Händler, zu überdenken. Diese kann im Hinblick auf eine Optimierung von Synergien hinsichtlich einer erhöhten Wirkung der Kundenbindungsmaßnahmen sinnvoll sein.

Die Ausrichtung des Kundenbindungsmanagements am Kundenbeziehungslebenszyklus (Georgi 2000, S. 229 f.) ermöglicht eine effiziente Realisierung der Bindung von Kunden in den unterschiedlichen Phasen ihrer Beziehung. Basisstrategien sollten folglich den einzelnen Phasen des Kundenbeziehungslebenszyklus angepasst sein, dessen idealtypischer Verlauf Abbildung 123 darstellt.

Abbildung 123: Kundenbeziehungslebenszyklus
Quelle: Blum 2014, S. 181; Munich Business School 2011

Im Rahmen des Kundenbindungsmanagements sind auch in den Phasen der Kundenakquisition und -rückgewinnung Verbundenheits- oder Gebundenheitsstrategien einzusetzen. Dies erfordert neben einer langfristigen auch eine kurzfristige Anwendung dieser Strategien (Georgi 2000, S. 238–240):

- **Anbahnungsphase:** Während der Anbahnungsphase kann es ratsam sein eine kurzfristige Verbundenheitsstrategie zu verfolgen. Unternehmen können beispielsweise durch kurzfristige Niedrigpreise Fairness dokumentieren und so Vertrauen und Kundenzufriedenheit als Basis einer weiteren Kundenbeziehung fördern.
- **Sozialisierungsphase:** Innerhalb der Sozialisierungsphase hat der Kunde bereits erste Erfahrungen mit dem Unternehmen gesammelt. Die Verfolgung einer kurzfristigen Gebundenheitsstrategie beispielsweise durch Abschluss kurzfristiger Verträge mit Kunden, ermöglicht Unternehmen unter Umständen Kostensenkungspotenziale zu realisieren.
- **Wachstumsphase:** Um die Beziehungsintensität zu erhöhen und höhere Preise durchzusetzen, ist in der Wachstumsphase die Verfolgung einer langfristigen Verbundenheitsstrategie empfehlenswert, in welcher etwa dem Kunden individualisierte Leistungen angeboten werden.
- **Reifephase:** Im Rahmen der Reifephase kann die Beziehungsintensität in der Regel nicht weiter gesteigert werden. Investitionen in die Beziehung sind meist nicht mehr lohnenswert. Eine langfristige Gebundenheitsstrategie (z.B. Zwei-Jahres-Verträge) kann helfen Umsätze der Kunden sicherzustellen, ohne dass es weiterer Investitionen in den Kunden bedarf.
- **Kundenrückgewinnungsphase:** In der Kundenrückgewinnungsphase sollte analog der Anbahnungsphase eine kurzfristige Verbundenheitsstrategie verfolgt werden. Eine emotionale Ansprache des Kunden soll dazu führen, dass dieser die Beendigung der Geschäftsbeziehung überdenkt und gegebenenfalls revitalisiert.

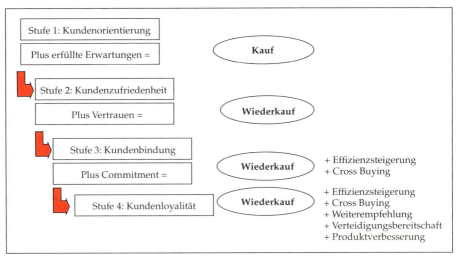

Abbildung 124: Der Weg zur Kundenloyalität
Quelle: Förster, Kreuz 2002

Abbildung 125: Entwicklungsstufen der Kundenbindung
Quelle: Wessling 2002, S. 26

15.7 Kundenkontaktprogramme

Viele Unternehmen bedienen sich zur Steigerung der Kundenzufriedenheit und zur Sicherung einer langfristigen Kundenbindung einer Strategie, in der die Kundenbetreuung und das Service-Marketing in ein sogenanntes Kundenkontaktprogramm (KKP) münden.

> Bei einem **KKP** handelt es sich um ein zentral entworfenes, meist regional umgesetztes Dialogmarketing-Programm, das über eine permanente aber nicht aufdringliche Präsenz zu einer emotionalen Verbundenheit des Kunden mit dem Produkt bzw. dem Händler führen soll. Kundenkontaktprogramme haben, in Abhängigkeit von der jeweiligen Kauffrequenz, meist eine lange Laufzeit (drei bis fünf Jahre). Der Beginn der Maßnahme wird durch den Kunden selbst bestimmt, beispielsweise durch den Abschluss eines Kaufvertrages.

Die weitere Kontaktpflege richtet sich dann nach den jeweiligen Eckdaten, beispielsweise dem Datum des Kaufvertragsabschlusses.

Der Ablauf der zuvor festgelegten Kontaktfolge richtet sich demnach an individuellen Daten aus, das heißt, es werden Aussendungen verschiedenster Art und in wechselnder Anzahl verschickt.

Ein Kundenkontaktprogramm erfordert eine zentrale Kundendatenbank mit lokaler Datenpflege, ein modulares Angebot, Kreativität bei der Kundenansprache sowie leistungsfähige Logistikpartner. Die Abwicklung des Kundenkontaktprogramms wird zumeist von einer externen Agentur im Auftrag des jeweiligen Unternehmens durchgeführt.

16 Kundenzufriedenheit, Kundenbindung und Kundenwert

16.1 Bedeutung der Kundenzufriedenheit

Kundenzufriedenheit ist eine wichtige Voraussetzung für den langfristigen Geschäftserfolg. In Zeiten verschärften Wettbewerbs und steigenden Anspruchsdenkens seitens der Kunden gewinnt diese Erkenntnis immer mehr an Bedeutung. Seit Beginn der neunziger Jahre ist die Kundenzufriedenheit zum Gegenstand expliziter Zielformulierung geworden. In den folgenden Unternehmensleitsätzen wird dies sehr deutlich.

> **Beispiele für Bedeutung der Kundenzufriedenheit:**
> - **Rank Xerox:** Customer Satisfaction is the number-one priority of every employee
> - **Hertz Autovermietung:** Zufriedene Kunden sind unser größtes Unternehmensvermögen
> - **Toyota:** Wir wollen in der Bundesrepublik die Automobilmarke mit der höchsten Kundenzufriedenheit werden
> - **TUI Gruppe:** An erster Stelle steht bei uns die Kundenzufriedenheit

Im wirtschaftlichen Sinne beschreibt die Zufriedenheit oder Unzufriedenheit die emotionale Reaktion eines Kunden auf eine unternehmerische Leistung. Es ist ein Qualitätsurteil, welches zum einen von der Kundenerwartung vor dem Kauf und zum anderen von der tatsächlichen Erfahrung mit der angebotenen Leistung abhängt. Dieses Urteil kann durch alle Eindrücke mit der Bezugsquelle bzw. in allen Phasen des Kaufprozesses entstehen. Zu berücksichtigen ist, dass Zufriedenheit und Unzufriedenheit zwei Extrempunkte sind, zwischen denen ein Bereich der Unsicherheit und Indifferenz existiert.

Zur Erläuterung der Entstehung von Zufriedenheit/Unzufriedenheit hat sich der Erklärungsansatz des Confirmation/Disconfirmation-Paradigma durchgesetzt (Homburg, Rudolph 1998, S. 35).

Zufriedenheit/Unzufriedenheit entsteht laut des C/D-Paradigmas durch einen vom Kunden angestellten kognitiven Vergleich von Erwartungen (Soll-Leistung) vor dem Kauf mit tatsächlichen Erfahrungen (Ist-Leistung) mit einer unternehmerischen Leistung nach dem Kauf. In der folgenden Abbildung 126 wird dieser Zusammenhang verdeutlicht.

Kundenzufriedenheit ist demnach das Ergebnis eines Vergleichsprozesses zwischen der wahrgenommenen Leistung des Produktes und der Erwartung an

16 Kundenzufriedenheit, Kundenbindung und Kundenwert

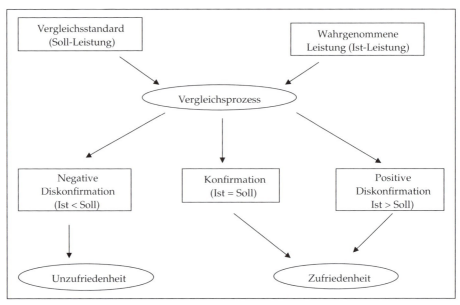

Abbildung 126: Confirmation/Disconfirmation-Paradigma
Quelle: Homburg, Giering, Hentschel 2000, S. 85

dieses Produkt. Kunden ziehen Vergleichsstandards als Soll-Leistung heran, um sich ihr Zufriedenheitsurteil zu bilden. Als Vergleichsstandard kommen unter anderem Erwartungen, Erfahrungsnormen, Ideale und wahrgenommene Wertedifferenzen in Betracht, dabei können auch mehrere Standards gemeinsam herangezogen werden.

Bei der Ist-Komponente wird zwischen objektiv und subjektiv wahrgenommener Produktrealität bzw. -erfahrung während oder nach dem Verbrauch oder Gebrauch unterschieden, wobei zu beachten ist, dass verschiedene Kunden auf Grund unterschiedlicher Wahrnehmung ein und dieselbe Leistung unterschiedlich beurteilen.

> Ein Kunde vergleicht nach einem Kauf – entweder unterbewusst oder sehr gezielt und überlegt – die Erwartungen, die er an das gekaufte Produkt hatte, mit der tatsächlich erlebten Leistung. Dieser kognitive Vergleich der Soll- und Ist-Komponente einer Leistung führt zur Confirmation oder Disconfirmation von Erwartungen.

Von Confirmation spricht man, wenn die Erwartungen den Erfahrungen mit der unternehmerischen Leistung entsprechen. Hieraus entsteht in der Regel Zufriedenheit beim Kunden. Im Gegenzug liegt eine Disconfirmation vor, wenn Erfahrungen und Erwartungen nicht übereinstimmen. Zufriedenheit kann dabei erzeugt werden, wenn die Erwartungen durch die Erfahrungen übertroffen werden (positive Nicht-Bestätigung). Dagegen wird Unzufriedenheit erzeugt, wenn die Erwartungen des Kunden nicht erfüllt werden (negative Nicht-Bestätigung). Je größer das Ausmaß der Bestätigung bzw. Nicht-Bestätigung ist, desto intensiver ist die emotionale Reaktion.

Der Soll-Ist-Vergleich ist jedoch komplexer als beschrieben, da Wahrnehmungsverzerrungen die Kundenzufriedenheitsmessungen erschweren. Folgende verhaltenswissenschaftliche Theorien erklären den Wahrnehmungsprozess durch den Konsumenten (Homburg, Rudolph 1998, S. 44 f.):

- **Assimilationstheorie:** Der Mensch strebt in der Regel nach Gleichgewicht. Die Nicht-Bestätigung von Erwartungen löst einen Zustand psychischer Spannungen aus, welche er wieder abbauen möchte. Ein Kunde wird deshalb die Produktwahrnehmung in Richtung seiner Erwartungen korrigieren, um sein kognitives Gleichgewicht wieder herzustellen. Die Minimierung oder Assimilation der Diskrepanz zwischen Erwartungen und Produktleistung steht hierbei im Vordergrund.
- **Kontrasttheorie:** Besteht eine Diskrepanz zwischen der subjektiven Erwartung des Kunden und der tatsächlichen Produktleistung, neigt der Kunde dazu, die Unterschiede zu übertreiben. Das Produkt wird bei negativer Nicht-Bestätigung schlechter bewertet als es der Wahrheit entspricht. Im Gegenzug wird die Leistung bei positiver Nicht-Bestätigung höher bewertet.
- **Generelle Verneinungstheorie:** Durch negative Nicht-Bestätigung entwickelt sich eine generelle ablehnende Einstellung gegenüber dem Produkt. Das Produkt wird bei einer Diskrepanz zwischen Soll- und Ist-Leistung ungünstiger bewertet, als wenn keine spezifischen Erwartungen bestünden.
- **Assimilations-Kontrast-Theorie:** Es besteht ein Spielraum seitens der Reaktion des Kunden. Ist die Diskrepanz beim Soll-Ist-Vergleich gering und wird diese vom Konsumenten toleriert, so führt dies zur Assimilation der Diskrepanz, das heißt der Kunde gleicht Erwartung und Erfahrung ab. Überschreitet allerdings die Differenz ein bestimmtes Maß der Toleranz und wird diese vom Kunden nicht mehr akzeptiert, so kommt es zum Kontrasteffekt und die Differenz wird überbewertet.

Aktuelle Ansätze der Kundenzufriedenheitsforschung berücksichtigen bei der Definition des Konstrukts Kundenzufriedenheit neben dem Ergebnis eines kognitiven Vergleichs auch affektive Momente. So wurden unter anderem ein Zusammenhang zwischen den Gefühlen während des Konsums und der Kundenzufriedenheit sowie ein Einfluss auf die Stärke des Zusammenhangs durch bestimmte Persönlichkeitsmerkmale von Kunden nachgewiesen.

Weiterhin steht nicht mehr, wie im C/D-Paradigma, die einzelne Transaktion im Mittelpunkt, sondern die gesamte Geschäftsbeziehung zwischen Kunde und Unternehmen. Denn erst eine stabile Zufriedenheit auf Basis wiederholter Erfahrungen ermöglicht das Entstehen von Vertrauen und wird somit zur Grundvoraussetzung für eine lange Geschäftsbeziehung (Homburg, Giering, Hentschel 2000, S. 85).

Der wirtschaftliche Wandel, die verschärften Wettbewerbsbedingungen auf den immer enger werdenden Märkten und das immer weiter steigende Anspruchsdenken der Kunden machen es den Unternehmen schwer, langfristig wachsende und hohe Renditen zu erzielen. Auf Grund der Homogenität der Produkte stellt es kein großes Risiko mehr für Konsumenten dar, zwischen Unternehmen bzw. Marken hin- und herzuwechseln. Es muss eine Strategie verfolgt werden, in welcher der Kunde zum zentralen Orientierungspunkt wird.

> Statt der einzelnen Transaktion rückt damit ein **stabiler Kundenstamm** in den Mittelpunkt der Betrachtung. Die Loyalität bestehender Käufer soll stabilisiert und erhöht werden. Die Kundenorientierung und das davon abgeleitete Unternehmensziel der Kundenzufriedenheit bilden die Grundlage für den langfristigen Markterfolg und sind somit Ausdruck der gültigen Marketingauffassung. Kundenorientierung sowie Kundenzufriedenheit sollten die Richtschnur für alle unternehmerischen Entscheidungen sein.

Eine gesteigerte Kundenzufriedenheit kann zu folgenden positiven ökonomischen Konsequenzen führen:

Erhöhte Wiederkaufrate und damit Steigerung der Kundentreue

Durch höhere Wiederkaufraten können insbesondere Akquisitions- und Beziehungskosten eingespart werden. Die Gewinnung eines Neukunden ist im Vergleich zur Bindung eines bestehenden Kunden fünf- bis siebenmal teurer. Im Allgemeinen entfallen fast 70 Prozent des Umsatzes auf Wiederkäufe. Jedoch kann eine so hohe Wiederkaufsrate nur erfolgen, wenn die Erwartungen des Kunden erfüllt wurden und der Kunde zufrieden ist.

Langfristig führen die höheren Wiederkaufraten zu einer stabileren Kundenbasis, aus welcher ein höherer und beschleunigter Cash Flow mit einer geringeren Volatilität sowie ein verbesserter Residualwert des Unternehmens resultieren. Bei einer nachhaltig erhöhten Kundenzufriedenheit von nur einem Prozentpunkt beträgt damit die potenzielle Steigerung des Return on Investment 7,25 Prozent (Bruhn, Murmann 1998, S. 1, 3, 36).

Verringerung der Wechselbereitschaft und Abwanderungsrate

Um das Problem der Nachfrager besser zu lösen als die Konkurrenz, müssen komparative Wettbewerbsvorteile gesucht und realisiert werden. Die strikte Kundenorientierung, welche auf Kundenzufriedenheit zielt, kann hier als Mittel zur Erreichung von Wettbewerbsvorteilen gesehen werden.

Bei einer Senkung der Abwanderungsrate um nur fünf Prozent kann der Gewinn um bis zu 85 Prozent gesteigert werden. Außerdem schenkt ein zufriedener Kunde konkurrierenden Anbietern und deren Marketing-Maßnahmen geringere Beachtung.

Positive Mund-zu-Mund-Propaganda

Mund-zu-Mund-Propaganda ist die persönliche Kommunikation über einen Anbieter bzw. dessen Angebot mit positiver, neutraler oder negativer Richtung. Mundwerbung kann auf Grund des Verhalten steuernden Potenzials als aktives Marketinginstrument eingesetzt werden. Sie hat einen größeren Einfluss auf die Wahrnehmung als Massenkommunikation, da sie von Freunden und Bekannten stammt und somit persönlicher und glaubhafter als die anonyme Marketing-Kommunikation ist. Mundwerbung hängt vom Grad der Zufriedenheit des Kunden, seinem Involvement, der Kauf- bzw. Nutzungshäufigkeit und der letzten Kauf- oder Beziehungsepisode ab.

Steigerung des Cross-Selling-Potenzials

Wirkt sich die positive Erfahrung mit einer Leistung auf die Akzeptanz weiterer Produkte des gleichen Anbieters positiv aus, spricht man von Cross-Selling. Durch den Verkauf zusätzlicher Leistungen, die auf denselben Kernkompetenzen des Herstellers beruhen, wird ein zusätzlicher Deckungsbeitrag generiert und der Cross-Selling-Effekt ausgenutzt. Die Einführung neuer Produkte und Dienstleistungen kann so erleichtert, Verkaufszahlen bzw. Umsätze können erhöht und eine schnellere Marktpenetration kann bei niedrigen Beziehungskosten realisiert werden.

Erhöhung der Preisbereitschaft

Zufriedene Kunden mit entsprechend hoher Loyalität gegenüber dem Anbieter weisen eine niedrige Preissensibilität auf. So werden preispolitische Wirkungen aus eigener Preiserhöhung und aus Preissenkungen der Konkurrenz im bestimmten Rahmen abgefangen. Für bewiesene Vertrauenswürdigkeit kann ein höherer Preis gefordert und die Reaktionszeit sowie das Reaktionsausmaß auf Preissenkungen der Konkurrenz verringert werden.

Unzufriedenheit entsteht, wenn die Erwartungen des Kunden enttäuscht werden. Abbildung 127 zeigt die Verhaltensoptionen bei Unzufriedenheit.

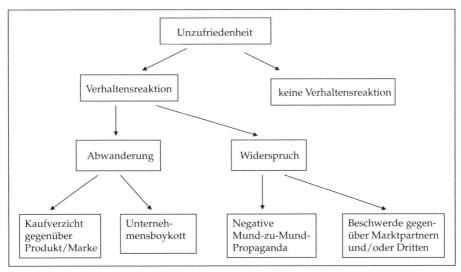

Abbildung 127: Verhaltensoptionen bei Unzufriedenheit
Quelle: Meffert 2000, S. 369

16.2 Kano-Modell der Kundenzufriedenheit

Zufriedene Kunden sind nicht automatisch treu. Hinter scheinbar zufriedenen können sich indifferente Kunden verbergen, da ihre Erwartungen lediglich erfüllt, aber nicht übertroffen wurden. Diese Kunden betrachten die Leistung als austauschbar und ziehen schneller Konkurrenzangebote in Betracht als begeisterte Kunden. Dass er zufrieden gestellt wird, erwartet der Kunde. „Das ist ja wohl das Mindeste, was man erwarten kann!" Um einen Kunden zu einem loyalen Verhalten zu bringen, bedarf es deutlich mehr.

> **Beispiele für Kundenbegeisterung:**
>
> Das Unternehmen Xerox stellte fest, dass begeisterte Kunden im Vergleich zu nur zufriedenen Kunden ungefähr sechsmal so treu sind.
>
> Die Daten des deutschen Kundenzufriedenheitsbarometers belegen, dass überzeugte bzw. begeisterte Kunden wesentlich häufiger Produkte weiter empfehlen als nur zufriedene. So geht der Kunde laut empirischen Studien erst dann von Beliebigkeit in der Wahl zu loyalem Kaufverhalten über, wenn eine bestimmte Wahrnehmungsschwelle überschritten wird (Stahl, Hinterhuber, v. d. Eichen, Matzler 2002, S. 195 f.).

In diesem Zusammenhang gewinnt das von Noriaki Kano entwickelte Kano-Modell an Bedeutung. Hier werden drei Zufriedenheitsfaktoren unterschieden (Abbildung 128).

Basisfaktoren

Die Basisfaktoren werden vom Kunden vorausgesetzt und zielen auf grundlegende Merkmale der Leistung ab. Es handelt sich um Mindestanforderungen bzw. Kernleistungen („must-be quality elements").

Ihre Erfüllung ist für die Entstehung von Kundenzufriedenheit notwendig – aber nicht hinreichend. Sind diese Eigenschaften nicht vorhanden, führt dies zu Unzufriedenheit. Das Vorhandensein führt aber nicht automatisch zu Zufriedenheit, auch wenn die Erwartungen des Kunden übertroffen werden, sondern lediglich zu „Nichtunzufriedenheit".

Basisfaktoren sind austauschbare Merkmale, die sich folglich nicht für die Differenzierung gegenüber dem Wettbewerb eignen.

Leistungsfaktoren

Leistungsfaktoren werden ausdrücklich vom Kunden verlangt. Ihr Vorhandensein führt mit hoher Wahrscheinlichkeit zu

Zufriedenheit, wenn die Erwartungen des Kunden übertroffen werden, als auch zu Unzufriedenheit, wenn Erwartungen nicht erfüllt werden. Das Verhältnis von Zufriedenheit und Erfüllungsgrad wird als linear angenommen, sodass der Grad der Zufriedenheit proportional zum Grad der Erfüllung steigt.

Leistungsfaktoren eignen sich nur bedingt zur Differenzierung, wobei dies im Einzelfall geprüft werden muss, da Kunden unter Umständen sehr unzufrieden reagieren, falls der Erwartungshaltung nicht oder unzureichend entsprochen wird.

Begeisterungsfaktoren

Begeisterungsfaktoren werden von den Kunden nicht ausdrücklich erwartet und erhöhen deshalb den wahrgenommenen Nutzen einer Kernleistung, mit ihnen kann ein Kunde überrascht werden. Das Nicht-Vorhandensein von Begeisterungsfaktoren löst nicht unbedingt Unzufriedenheit aus. Sind die Begeisterungsfaktoren aber vorhanden, neigt der Kunde dazu, den gesamten Produkt- oder Leistungsnutzen aufzuwerten. Begeisterungsfaktoren lassen sich meist auf der Service- und Beziehungsebene finden, sie gehören also nicht unbedingt zum Kern des Angebots.

Sie gestatten es, eine Leistung wirksam von der des Wettbewerbs zu differenzieren. In der Wahrnehmung der Kunden führt bereits eine kleine Steigerung der Leistung zu einer überproportionalen Steigerung des Kundennutzens. Sie können nicht gegen fehlende Basisfaktoren aufgerechnet werden.

Neben diesen drei zentralen Faktoren werden in dem Modell zwei weitere unterschieden.

Gegenteilige Faktoren

„Reverse quality elements" sind solche, deren Vorhandensein Unzufriedenheit hervorruft. Sie verhalten sich umgekehrt proportional zu den Begeisterungsfaktoren und sollten ggf. aus dem Leistungsangebot eines Unternehmens gestrichen werden. Es ist nicht nur die Schaffung positiver Customer Experiences, sondern auch die Vermeidung negativer von Bedeutung.

Indifferente und fragwürdige Faktoren

Gegenüber diesen sind die Kunden gleichgültig, sie sind infolgedessen ohne Bedeutung für die Positionierung (Appel, Rose 2008, S. 34 f.).

Das Kano-Modell ist als dynamisch zu begreifen, die Erwartungen der Kunden verschieben sich. Diese Klassifizierung ändert sich im Zeitablauf; was den Kunden heute begeistert, kann morgen schon von ihm verlangt werden und übermorgen bereits selbstverständlich sein. So verbirgt sich hinter der Forderung nach Kundenbegeisterung häufig eine Kostenfalle, so dass es im Laufe der Zeit zu einer absinkenden Kundenbegeisterung bei gleichzeitig steigenden Kosten kommt. Zentrales Ziel der Kundenorientierung sollte somit der Aufbau und Erhalt profitabler Kundenbeziehungen sein (Stahl, Hinterhuber, v. d. Eichen, Matzler 2002, S. 196–198).

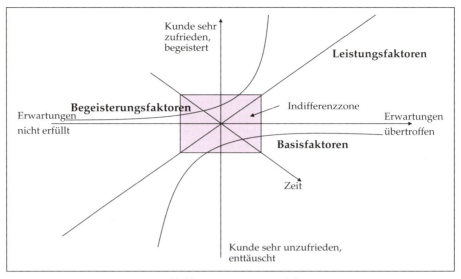

Abbildung 128: Kano-Modell
Quelle: Matzler, Stahl, Hinterhuber 2006, S. 20

16.3 Kundenbindung

Zu Beginn der 90er Jahre wurden erstmals Studien zur Beziehung zwischen Kundenzufriedenheit und Kundenbindung erstellt. Reichheld und Sasser zeigten in diesem Zusammenhang auf, dass Zufriedenheit zwar positiv für ein Unternehmen ist, die Kundenbindung jedoch das zukünftige Ergebnis einer Unternehmung nachhaltiger bestimmt (Reichheld, Sasser 1990, S. 105–111). Das Ziel der hohen Kundenbindung ist somit eine bedeutsame strategische Aufgabenstellung für marktorientierte Unternehmen.

Nach der Pareto-Regel erbringen bei vielen Unternehmen 20 Prozent der Kunden 80 Prozent des Umsatzes. Das Ertragspotenzial eines Kunden ist bei ausschließlicher Betrachtung des Erstkaufes aber nur gering, es kann erst durch langfristige Kundenbindung ausgeschöpft werden. Es gilt, bestehende Kundenpotenziale zum einen durch Wiederholungskäufe zu erhalten und zum anderen diese durch Zusatz-, Folge- oder erhöhte Wiederkäufe auszubauen. Auf diese Weise sind mittels Kunden bindender Maßnahmen Sicherheits-, Wachstums- und Rentabilitätsziele erreichbar.

Zwei Sichtweisen von Kundenbindung sind möglich (Bruhn, Homburg 2001, S. 8 f.):

- **Anbieterbezogene Perspektive:** Bei der anbieterbezogenen Perspektive hat die Kundenbindung einen eher instrumentalen Charakter. Unter Kundenbindung werden hier alle Aktivitäten verstanden, die auf die Herstellung oder Intensivierung der Bindung aktueller Kunden zielen und somit die Geschäftsbeziehungen zu den Kunden enger gestalten. In diesem Zusammenhang wird häufig der Begriff des Kundenbindungsmanagements verwendet.

- **Nachfrageorientierte Perspektive:** Bei der nachfrageorientierten Perspektive wird die Kundenbindung eher verhaltensorientiert interpretiert. Hier ist die Bindung eines Kunden mit dessen Loyalität gegenüber einem Anbieter gleichzusetzen. Die Loyalität bezieht sich dabei sowohl auf bisheriges als auch auf sein zukünftiges Verhalten.

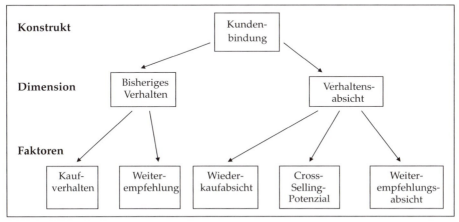

Abbildung 129: Kundenbindung aus nachfragebezogener Sicht
Quelle: Homburg, Giering, Hentschel 2002, S. 8

Die wirkliche Loyalität eines Kunden kann nicht nur über sein Kaufverhalten erfasst werden. Wechselbarrieren oder Zufallseinflüsse können Kunden hindern, den Anbieter zu wechseln. Aus diesem Grund muss auch die positive Einstellung des Kunden gegenüber dem Anbieter erfasst werden. Hinweise für die positive Einstellung geben dabei neben dem Kaufverhalten das Weiterempfehlungsverhalten und die Absicht, weitere Produkte nachzufragen.

In Abbildung 130 wird vereinfacht die klassische Wirkungskette dargestellt, die sich vom Erstkontakt über Kundenzufriedenheit, -loyalität und -bindung bis hin zum ökonomischen Erfolg erstreckt.

Zu berücksichtigen ist, dass der Ablauf der Wirkungskette entweder positiv oder negativ durch moderierende externe oder interne Faktoren beeinflusst wird. Zu den unternehmensexternen moderierenden Faktoren zählen unter anderem die Bequemlichkeit der Kunden, marktbezogene Dynamik und Ertragspotenzial der Kunden. Unter „variety seeking" versteht man den Wunsch des Kunden nach neuen Erfahrungen. Er ist zwar zufrieden mit der Marke, möchte aber „einfach einmal etwas Neues probieren". Als Beispiel für unternehmensinterne moderierende Faktoren können Individualität der Leistung, Mitarbeitermotivation und Möglichkeiten vertraglicher Bindungen genannt werden (Bruhn, Homburg 2001, S. 9).

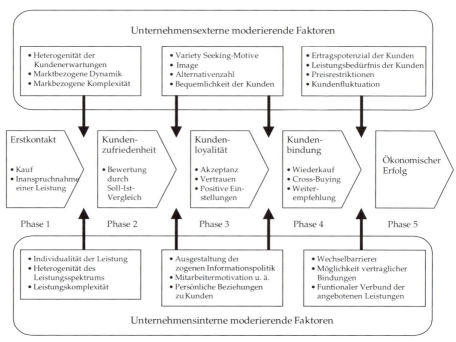

Abbildung 130: Wirkungskette der Kundenbindung
Quelle: Bruhn, Homburg 2005, S. 10

Beispiele für ökonomische Wirkung der Kundenbindung:

Dass Kundenbindung eine Erfolg versprechende Strategie mit ökonomischem Erfolg für ein Unternehmen darstellt, beweisen mittlerweile einige Untersuchungen. So zeigten beispielsweise die Daten des Swedish Customer Satisfaction Barometers, dass eine Erhöhung der Kundenzufriedenheit um jeweils einen Indexpunkt für die nächsten fünf Jahre eine durchschnittliche Steigerung des Return on Investment um 11,3 Prozent bedeutet.

Weiter zeigt eine Untersuchung von Reichheld und Sasser, dass in Abhängigkeit von der Branche die Senkung der Kundenabwanderungsrate um 5 Prozent zu einer Gewinnsteigerung von 25 Prozent bis 85 Prozent führen kann. Das Gewinnpotenzial einer dauerhaften Kundenbeziehung resultiert dabei aus erhöhten Kauffrequenzen, gestiegenen Rechnungsbeiträgen, Gewinnwirkungen aufgrund von Weiterempfehlungen sowie der Möglichkeit, höhere Preise durchzusetzen (Meyer, Blümelhuber 2000, S. 274).

16.4 Zusammenhang zwischen Kundenzufriedenheit und Kundenbindung

Die Annahme, dass Zufriedenheit ein Garant für die Kundenbindung darstellt, wurde in der letzten Zeit zunehmend in Frage gestellt. So sind beispielsweise laut einer Studie zwischen 65 Prozent und 85 Prozent der Kunden, die den Anbieter wechseln, mit ihrem früheren Anbieter zufrieden gewesen. Beim Anbieterwechsel trotz Zufriedenheit spielen häufig fehlende Convenience, Konkurrenzaktionen, Preise oder das Motiv „Variety seeking" eine Rolle. Eine andere Studie aus dem Dienstleistungssektor zeigt wiederum auf, dass 65 Prozent der Kunden treu bleiben, obwohl sie nicht vollständig zufrieden sind (Homburg, Giering, Hentschel 2000, S. 83 ff.).

> Verhaltenstheoretische Grundlagen zur Analyse loyalen Kaufverhaltens erklären den Zusammenhang zwischen Kundenzufriedenheit und Kundenbindung mit der psychologischen Motivation und den kognitiven Entscheidungsprozessen des Individuums und stellen die Zufriedenheit als eine wesentliche Determinante des Loyalitätsverhaltens heraus (Homburg, Giering, Hentschel 2000, S. 90 f.).

Theorie der kognitiven Dissonanz

Die Theorie der kognitiven Dissonanz gehört zu den verhaltenswissenschaftlichen Stimulus-Organism-Response-Theorien (S-O-R-Theorien). Ausgangspunkt ist die Annahme, dass alle Individuen ein dauerhaftes Gleichgewicht ihres kognitiven Systems anstreben, welches sich durch die Summe von Kognitionen (Wissen, Erfahrungen, Meinungen) und ihren Beziehungen zueinander ergibt. Liegt ein Ungleichgewicht (Dissonanz) vor, entsteht beim Individuum ein als unbequem empfundener psychischer Spannungszustand. Bei der Überschreitung einer gewissen Toleranzschwelle wird das Individuum durch entsprechendes Verhalten versuchen, das Gleichgewicht wieder herzustellen.

Kognitive Dissonanzen treten oft nach einer Kaufentscheidung auf, da dem Kunden Zweifel kommen, ob er die richtige Wahl getroffen hat. Resultiert Unzufriedenheit aus der Kaufentscheidung, verstärkt sich das Spannungsgefühl und der Kunde wird bemüht sein, dieses beispielsweise durch Abwanderung abzubauen. Je besser die Erwartungen des Kunden erfüllt werden, umso wahrscheinlicher tritt Zufriedenheit ein und umso größer wird die Loyalität sein, da der Kunde danach strebt, sein kognitives Gleichgewicht zu bewahren (Homburg, Giering, Hentschel 2000, S. 54 f.).

Die Lerntheorie

Eine Vielzahl von Theorien hat sich im Laufe der Zeit entwickelt, um das vielschichtige und komplexe Lernverhalten von Individuen zu erklären. Im Zusammenhang zwischen Kundenzufriedenheit und Kundenbindung ist vor allem die Theorie „Lernen nach dem Verstärkungsprinzip" zu nennen. Hier wird davon ausgegangen, dass nur jene Verhaltensweisen beibehalten werden, welche in der Vergangenheit zur „Belohnung" führten. Verhaltensweisen, auf welche „Bestrafung" folgte, werden nach dieser Theorie abgelegt bzw. geändert. Die Zufriedenheit mit einem Produkt wirkt als positive Verhaltensverstärkung. Folglich steigt die Wahrscheinlichkeit, dass der Kunde das Produkt erneut nachfragt und damit loyal gegenüber dem Anbieter auftritt, je öfter der Kunde beim Wiederkauf Zufriedenheit erfahren hat.

Die Risikotheorie

Die Risikotheorie besagt, dass Kunden bestrebt sind, das subjektiv wahrgenommene kaufspezifische Risiko so gering wie möglich zu halten. Man unterscheidet dabei zwischen funktionellem, finanziellem, physischem, sozialem und psychologischem Risiko. Laut der Theorie versuchen Kunden, durch entsprechende Strategien die Risiken zu verringern. Zu den Risikoreduktionsstrategien gehören die Beschaffung von zusätzlichen Informationen, die Orientierung an Meinungsführern oder das loyale Kaufverhalten. Bei Zufriedenheit bleibt der Konsument dem Anbieter treu, um das Risiko der Unzufriedenheit bei einem anderen Anbieter zu minimieren. Das Ausmaß an empfundenem Risiko hängt vom Involvement des Kunden ab. Je höher das Involvement ist, desto stärker ist der Zusammenhang zwischen Zufriedenheit und Loyalität, da das wahrgenommene Unzufriedenheitsrisiko hier besonders hoch eingestuft wird (Homburg, Giering, Hentschel 2000, S. 91).

Der Zusammenhang zwischen Kundenzufriedenheit und Kundenbindung ist kein empirisch ausgiebig erforschtes Phänomen. Nicht von der Hand zu weisen ist aber, dass die Zufriedenheit von Kunden eine wesentliche Voraussetzung für deren Bindung ist. Einflussfaktoren wirken dabei, je nach ihrer Ausprägung, auf die Stärke des Zusammenhangs der beiden Konstrukte ein. Die Abbildung 131 gibt einen Überblick über die wichtigsten moderierenden Variablen, die auf die Stärke des Zusammenhangs der beiden betrachteten Konstrukte einwirken.

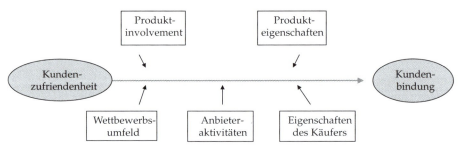

Abbildung 131: Moderierende Größen des Zusammenhangs zwischen Kundenzufriedenheit und Kundenbindung
Quelle: Homburg, Giering, Hentschel 2002, S. 99

Produktinvolvement

Das Involvement beschreibt das Interesse und die innere Verbundenheit eines Individuums in Bezug auf ein Produkt. Das Involvement eines Kunden beeinflusst dessen Treueverhalten positiv. Betrachtet man den Zusammenhang zwischen Zufriedenheit und Bindung, so ist davon auszugehen, dass diese durch das Produktinvolvement verstärkt wird, das heißt bei stark involvierten Kunden führt Zufriedenheit eher zur Bindung als bei schwach involvierten.

Wettbewerbsumfeld

Weiter wird der betrachtete Zusammenhang durch das Wettbewerbsumfeld beeinflusst. Zahlreiche Wettbewerbskonstellationen verstärken oder schwächen in Abhängigkeit von ihrer jeweiligen Ausprägung den Zusammenhang der Konstrukte. Moderierende Größen sind hier beispielsweise die Anzahl der wahrgenommenen Alternativen, die Marktdynamik und Akquisitionstätigkeiten der Wettbewerber. So sind zufriedene Kunden weniger treu, wenn es viele Konkurrenten gibt und diese sich einen harten Wettbewerb liefern.

Produkteigenschaften

Auch die Produkteigenschaften sind moderierende Größen. So entstehen beispielsweise bei technologisch komplexen Produkten häufig technologische Wechselbarrieren, die auch bei geringer Zufriedenheit des Kunden eine Abwanderung unwahrscheinlich machen. Weiter bringen komplexe Produkte informationsbedingte Wechselbarrieren mit sich. Denn es ist unmöglich oder nur mit einem zeitlich bzw. finanziell hohen Aufwand verbunden, die notwendigen Kenntnisse zur Evaluierung oder Benutzung von Konkurrenzalternativen zu besorgen (Homburg, Giering, Hentschel 2002, S. 99).

Charakteristika des Käufers

Untersuchungen zeigten, dass auch sozioökonomische Charakteristika des Käufers Auswirkungen auf den betrachteten Zusammenhang haben. Ältere Menschen neigen eher zu habituellem und damit treuem Verhalten, auch wenn sie einmal weniger zufrieden sind. Weiterhin übt das Einkommen Einfluss auf den Zusammenhang aus, da finanziell besser gestellte Konsumenten weniger wirtschaftlichen Restriktionen ausgesetzt sind und die Zufriedenheit somit Hauptentscheidungskriterium sein kann. Auch psychologische Merkmale spielen beim Kaufentscheidungsprozess eine Rolle. Vor allem ist hier das Motiv der systematischen Abwechslungssuche (Variety Seeking) zu nennen.

Aktivitäten des Anbieters

Weiter können Aktivitäten des Anbieters, beispielsweise bewusste Kundenbindungsmaßnahmen, den Zusammenhang zwischen Kundenzufriedenheit und Kundenbindung verstärken. Auch der Einsatz des Marketing-Mix-Instrumentariums ist entscheidend. Liegt ein schlechtes Distributionssystem vor und ist das Produkt im Handel nicht verfügbar, stellt dies im Konsumgüterbereich eine häufige Ursache zur Abwanderung trotz Zufriedenheit dar.

16.5 Kette der Kundenwerttreiber

16.5.1 Kundennutzen

Abbildung 132 stellt eine Reaktionskette, die Kette der Kundenwerttreiber, dar. Sie führt auf, welche Verhaltensreaktionen beim Kunden ausgelöst werden müssen, damit der Kundenwert sich positiv entwickelt.

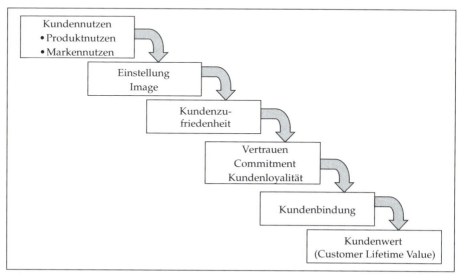

Abbildung 132: Kette der Kundenwerttreiber
Quelle: Bauer, Stokburger, Hammerschmidt 2006, S. 32

Jedes Produkt weist neben materiellen Eigenschaften auch immaterielle Eigenschaften auf, welche mit Nutzenvorstellungen in Verbindung gebracht werden. Zu treffende Kaufentscheidungen werden nicht nur durch die Eigenschaften des Produktes bestimmt, sondern letztlich durch ein Bündel von Nutzenkomponenten.

Customer Value

Welchen Nutzen hat der Kunde von diesem Produkt?

Aus Sicht des Kunden wird der Kundennutzen als customer value bezeichnet. Er gibt das Ausmaß an, in dem ein Anbieter die Ziele bzw. Bedürfnisse des Kunden erfüllt.

Customer Equity

Welchen Nutzen hat das Unternehmen von dem Kunden?

Der Kundennutzen aus Sicht des Unternehmens ist definiert als customer equity. Er ergibt sich aus den Erlösen und Kosten für das Unternehmen aus einer Kundenbeziehung.

Der Zusammenhang von customer value und customer equity besteht darin, dass Kunden dem Unternehmen erst dann einen ökonomischen Wert stiften, wenn ihnen selbst ein Nutzen zuteil wird. Für den Anbieter gilt es daher kundenorientiert zu handeln, indem er die Kundenbedürfnisse in seinen Unternehmensentscheidungen berücksichtigt. Effizient ist dies allerdings nur dann, wenn die Leistungen innerhalb einer Geschäftsbeziehung alle Kundenbedürfnisse abdecken und diese auch von Kundenseite wahrgenommen werden. Es besteht somit die Notwendigkeit, den Kundennutzen in seinen einzelnen Facetten anhand von Nutzentheorien zu analysieren, um bedürfnisorientierte Lösungen zu schaffen (Bauer, Stokburger, Hammerschmidt 2006, S. 110 ff.).

Der wahrgenommene Nutzen trägt entscheidend zur Kaufentscheidung bei. Dabei wird zwischen Grund- und Zusatznutzen unterschieden. Der Grundnutzen resultiert aus physikalisch-chemisch-technischen Eigenschaften und repräsentiert die funktionale Qualität des Gutes. Er stellt die Minimalanforderung des Kunden an das Produkt und damit den Ausgangspunkt für die Kaufentscheidung dar. Unter dem Zusatznutzen hingegen ist eine psychosoziale Nutzenstiftung zu verstehen, welche über die reine Funktionsfähigkeit des Produktes hinausgeht, wie beispielsweise Erlebnisse oder Empfindungen gegenüber einer Marke oder einem Anbieter.

Auf unübersichtlichen und komplexen Märkten stellen Marken für den Nachfrager eine Orientierungshilfe dar. Eine angemessene Gestaltung und Kommunikation der Markeneigenschaften tragen zur Erhöhung des Markennutzens bei.

16.5.2 Einstellung und Image

Um beim Kunden Nutzenwahrnehmungen zu generieren, präsentiert der Anbieter thematische Informationen, welche die positiven Eigenschaften eines Produktes oder einer Dienstleistung hervorheben sollen. Für die Bindung des Kunden an das Unternehmen ist es darüber hinaus wichtig, auch unthematische Informationen zur Verfügung zu stellen, die das Unternehmen als Ganzes beschreiben und beim Rezipienten Gefühle wie Sympathie und Vertrautheit auslösen. Ziel ist es, Markenidentität (Selbstbild der Marke) und Markenimage (Fremdbild der Marke) in Einklang zu bringen.

Das dadurch erzeugte Image steht eng mit dem Kaufverhalten eines Konsumenten in Zusammenhang.

16.5.3 Kundenzufriedenheit

Ob Kunden nachhaltig mit den erbrachten Leistungen des Unternehmens zufrieden sind, hängt davon ab, inwieweit das gekaufte Angebot die eigenen Erwartungen erfüllt. Bedingt durch verschärften Wettbewerb und die daraus resultierenden Auswahlmöglichkeiten für den Kunden, zielen immer mehr Unternehmen explizit auf die Bewahrung und Schaffung von Kundenzufriedenheit ab.

Das Ziel einer möglichst hohen Kundenzufriedenheit ist eine erhöhte Wiederkaufrate und damit die Steigerung der Kundentreue, eine Verringerung der Wechselbereitschaft und Abwanderungsrate, eine positive Mund-zu-Mund Propaganda, eine Steigerung des Cross-Selling-Potenzials und eine Erhöhung der Preisbereitschaft.

Zur Erläuterung der Entstehung von Kundenzufriedenheit bzw. Unzufriedenheit sei auf den Erklärungsansatz des Confirmation/Disconfirmation-Paradigma und auf das Kano-Modell verwiesen.

16.5.4 Vertrauen, Commitment, Kundenloyalität

Die Konstrukte Vertrauen, Commitment und Loyalität gelten als die zentralen Konsequenzen eines positiven Images und hoher Zufriedenheit.

Vertrauen

Ziel ist es, im Wettbewerb zwischen Unternehmen dauerhafte Kundenbindungen zu entwickeln. Hier stellt sich insbesondere die Frage nach dem Vertrauen, welches für eine erfolgreiche Unternehmen-Kunden-Beziehung unabdingbar ist.

Vertrauen wird definiert als eine „freiwillige Erbringung einer riskanten Vorleistung unter Verzicht auf explizite vertragliche Sicherungs- und Kontrollmaßnahmen gegen opportunistisches Verhalten in der Erwartung, dass der Vertrauensnehmer moti-viert ist, freiwillig auf opportunistisches Verhalten zu verzichten." (Picot, Reichwald, Wigand 2003, S. 125).

Genauer betrachtet kann der Prozess der Vertrauensentwicklung in vier Phasen unterteilt werden (Bauer, Stokburger, Ham-merschmidt 2006, S. 126 f.).

Die erste Phase beschreibt das Kennenlernen des Vertrags- bzw. Verhandlungspartners. Dies ermöglicht die Reduktion eines Risikogefühls und stellt das Fundament dar, auf welchem Vertrauen sukzessive aufgebaut werden kann. In der zweiten Phase dient das erlernte Wissen als Grundlage für die Voraussagbarkeit zukünftiger Verhaltensweisen, was wiederum dazu führt, dass sich in der dritten Phase eine Art Verlässlichkeit zwischen den Interagierenden einstellt und Meinungen über Persönlichkeit sowie Qualitätsempfinden vervollständigt werden können. Die vierte und intensivste Phase wird als Glaubensphase bezeichnet. Emotionale Sicherheit entsteht und das Vertrauen wird auf dritte Personen übertragen. Diese starke Stufe des Vertrauens kann zwischen Hersteller und Konsument allerdings nur selten erreicht werden.

Commitment

Der Begriff des Commitments wird als innere Bindung gegenüber einem anderen Akteur verstanden. Auf Geschäftsebene wird durch Commitment die Bereitschaft ausgedrückt, eine Geschäftsbeziehung über lange Zeit aufrechterhalten zu wollen. Das bedeutet, dass nicht nur der rationale Nutzenaspekt oder vertragliche Bindungen der Partner eine Rolle spielen, sondern ebenso der emotionale Aspekt, die so genannte innere Verbundenheit oder innere Verpflichtung. Hierbei handelt es sich um einen moralischen Zwang, die Geschäftsbeziehung nicht aufzulösen (Bauer, Stokburger, Hammerschmidt 2006, S. 127 f.).

Loyalität

Vertrauen und Commitment bilden die Determinanten der Loyalität. Vertrauen schafft die Basis und bewirkt eine innere Verpflichtung (Commitment) des Kunden zum Unternehmen. Dies beeinflusst wiederum die Loyalität positiv.

Loyalität meint, eine Geschäftsbeziehung im weitesten Sinne vertrauensvoll zu pflegen und ihr treu zu bleiben. Der Kunde steht zu seinem Geschäftspartner, schätzt ihn und bekennt sich sogar dann zu ihm, wenn die Beziehung vorübergehend Störungen oder Wandlungen ausgesetzt ist.

Im Allgemeinen drückt sich die Kundenloyalität durch den Wiederkauf eines bereits erworbenen oder den Zusatzkauf (Cross Buying) eines weiteren Produktes aus. Im besten Fall empfiehlt der Kunde Produkte an potenzielle Neukunden weiter.

Die Kundenloyalität wird als Teil der im folgenden Kapitel beschriebenen Kundenbindung verstanden. Deshalb sind diese beiden Konstrukte eng miteinander verknüpft.

16.5.5 Kundenbindung

Hat ein Unternehmen den Kunden durch eine Leistung zufrieden gestellt und dadurch dessen Vertrauen und seine Loyalität gefördert, gilt es, ihn längerfristig an das Unternehmen zu binden. Die Kundenbindung wird somit als systematische Folge von Kundenzufriedenheit begriffen.

> Mit der **Kundenbindung** werden ökonomische Ziele verfolgt, deren Erreichung zum Unternehmenserfolg beitragen, darunter hauptsächlich Wachstum und Rentabilität. Dass sich die Kundenbindung positiv auf den Unternehmenserfolg auswirkt, wird in der Literatur mit der Tatsache belegt, dass die Akquisition von Neukunden wesentlich teurer ist, als bestehende Kundenbeziehungen aufrecht zu erhalten.

Der Kundenbindungsprozess, also der Prozess hin zur Bindung von Kunden ab der ersten Kontaktaufnahme, innerhalb einer Bank wird in der Abbildung 133 vorgestellt.

PHASEN	MERKMALE
Kontaktaufnahme	Das Bedürfnis des Konsumenten nach einer bestimmten Leistung. Der Kunde empfindet ein gewisses Risiko und sucht daher nach vertrauenswürdigen Informationsquellen. Die Bank muss in dieser Phase vor allem Glaubwürdigkeit und Leistungsbereitschaft vermitteln.
Begegnung/erste Leistungsnutzung	Der erste Kontakt ist hergestellt, der Kunde empfindet immer noch Unsicherheit und will seine ersten Erfahrungen sammeln, um die Bank zu testen. In dieser Phase stehen die Leistungserklärung und die vertrauensbildenden Maßnahmen seitens der Bank im Vordergrund.
Bewertung/ Abwägung	Der Kunde bewertet die Leistung der Bank aufgrund seiner ersten Erfahrungen und klärt sein Verhältnis zur Bank ab. Er bestimmt in dieser Phase, ob und inwieweit er Folgetransaktionen abschließen möchte. Die Bank muss in dieser Phase Transparenz, Kommunikationsfähigkeit und Offenheit vermitteln.
Akzeptanz/ Vertrauen	Der Kunde entwickelt aufgrund einer konstanten Leistungsqualität der Bank Akzeptanz und Vertrauen. Die Bank muss in dieser Phase vor allem eine konstante Leistungserfüllung und ein aktives Beschwerdemanagement sicherstellen.
Bindung/ Empfehlung	Der Kunde glaubt an die umfassenden Konzepte des Unternehmens und bindet sich an die Bank, indem er weitere Leistungsangebote in Anspruch nimmt. Konkurrenzangebote verlieren in dieser Phase an Attraktivität. Aufgrund der positiven Erfahrungen empfiehlt der Kunde die Bank weiter. Die Bank muss in dieser Phase versuchen, dieses Potenzial durch gezielte Hilfestellungen und Anreize weiter auszuschöpfen.

Abbildung 133: Kundenbindungsprozess bei Banken
Quelle: Putz 2002, S.56

16.5.6 Kundenwert

Der Kundenwert ist als ein Maß für die ökonomische Bedeutung von Kundenbeziehungen zu verstehen, das heißt deren direkten und/oder indirekten Beitrag zur Zielerreichung eines Anbieters. Negativ abgegrenzt würde dies dem Schaden entsprechen, der eintritt, wenn diese Kunden abwandern.

Der Wert eines Kunden ergibt sich aus den Erlösen und Kosten einer Kundenbeziehung. Durch eine Steigerung der Kundenbindung werden auf der Erlösseite sowohl die Mengen- als auch Preiskomponente positiv beeinflusst. Zum einen wird der Kundenwert durch höheren Absatz aufgrund häufigerer und schnellerer Wiederkäufe und der Inanspruchnahme zusätzlicher Leistungsangebote des Unternehmens erhöht und zum anderen ergibt sich der Wert eines Kunden auch durch die Weiterempfehlungen an andere Konsumenten, die dadurch potenzielle Neukunden darstellen (Referenzwert). Auch ist die Erzielung eines höheren Preises bei gebundenen Kunden wahrscheinlicher, da diese häufig

16.5 Kette der Kundenwerttreiber

eine geringere Preissensibilität aufweisen. Die Abbildung 134 stellt Kennzahlen dieser Wirkungskette zusammen.

Ähnlich positive Effekte durch Kundenbindung entstehen auf der Kostenseite: So können beispielsweise die hohen Akquisitionskosten bei gebundenen Kunden ganz oder teilweise eingespart werden. Unternehmen sind aufgrund einer langfristigen Bindung des Kunden in der Lage, die Bedürfnisse und Präferenzen des Kunden besser kennen zu lernen und dadurch Beziehungskosten (Beratungs- und Betreuungskosten) zu senken und die Effizienz der Leistungserstellung zu steigern.

> Summiert man die einem individuellen Kunden zurechenbaren Zahlungsüberschüsse über die gesamte Beziehungsdauer und diskontiert diese auf den Gegenwartszeitpunkt, ergibt sich der customer lifetime value (CLV) eines Kunden.

	Typ	Kennzahl	Operationalisierung
Vorkaufphase	Kenntnis/ Wissen	Ungestützter Bekanntheitsgrad (Recall)	Anteil Kunden, die die Marke spontan aus dem Gedächtnis kennen.
		Gestützter Bekanntheitsgrad (Recognition)	Anteil Kunden, die die Marke nach Nennung des Namens spontan erkennen.
	Einstellung/Image	Kundennutzen/ Customer Value	Wahrgenommene Preiswürdigkeit der Angebote aus Sicht der Stammkunden/ Interessenten.
		(Marken-) Image	Art und Ausprägung der Eigenschaften und Kompetenzen, die mit dem Unternehmen, der Marke oder den Leistungen verbunden werden.
	Verhaltensabsichten	Kaufabsicht	Kundenäußerung, eine gewisse Leistung erwerben, bzw. in Anspruch nehmen zu wollen.
Kaufphase	Umsatz pro Kauf		Durchschnittlicher Kaufbetrag von Stammkunden.
	Auftragsquote		Aufträge in Relation zu Anfragen bei Stammkunden.
	Umsatz bei Erstkauf		Durchschnittliche Umsatzhöhe des Erstauftrags bzw. -kaufs.
	Vertrauen/ Commitment	Kundenzufriedenheitsindex	Anteil der Kunden, die mit dem Unternehmen bzw. der Marke oder Leistung zufrieden sind.
		Beschwerde- bzw. Reklamationsanzahl	Zahl der Beschwerden in einer Periode.

Typ	Kennzahl	Operationalisierung
Vertrauen/ Commitment	Vertrauen	Kundenwahrnehmung von Anbieterkompetenz und der Wahrscheinlichkeit, dass dieser auf opportunistisches Verhalten verzichtet.
	Commitment	Absicht, eine Beziehung fortzusetzen verbunden mit der Bereitschaft, dafür auch kurzfristige Opfer zu bringen.
Loyalität	Wiederkaufabsicht	Absicht der eigenen Kunden, beim Anbieter erneut zu kaufen.
	Weiterempfehlungsbereitschaft bzw. -absicht	Bereitschaft bzw. tatsächliche Absicht der eigenen Kunden, den Anbieter anderen Konsumenten weiterzuempfehlen.
Kundenbindung	Relative Zeitdauer seit letztem Kauf (Recovery)	Zeitdauer seit dem letzten Kauf bzw. erwartete durch-schnittliche Zeitdauer bis zum Wiederkauf.
	Wiederkaufrate	Anteil der Kunden am Gesamtkundenstamm, die Wieder-käufe getätigt haben, oder Anteil des Umsatzes mit vor-handenen Kunden am Gesamtumsatz.
	Kundenbindungsrate (gewichtet)	Anteil der Kunden zum Zeitpunkt t0, die in t1 noch Kunde sind; pro Jahr oder nach Alter der Beziehung. Ggf. ge-wichtet nach Umsatz oder Deckungsbeitrag.
	Kundendurchdringungsrate (share of wallet)	Anteil der Bedarfsdeckung des Kunden beim Anbieter in Relation zum geschätzten Gesamtbedarf des Kunden.
	Kundendeckungsbeiträge mit Stammkunden	Erzielte Kundendeckungsbeiträge mit bisherigen Stamm-kunden.
	Umsatz mit Stammkunden	Erzielter Umsatz mit Stammkunden.
	Cross-Buying-Rate	Tatsächliche Zusatzkäufe nach Anzahl/ Art, Umsatz pro Zeiteinheit.
	Weiterempfehlungen	Anzahl tatsächlicher Weiterempfehlungen in einer Periode t.
	Wechselbereitschaft	Grundsätzliche Bereitschaft, die Geschäftsbeziehung aufzulösen und zu Kokurrenzanbietern zu wechseln.
	Stornoquote bei Stammkunden (gewichtet)	Anteil der stornierten Aufträge von Stammkunden an allen Aufträgen (ggf. umsatzgewichtet).
	Kundenabwanderungsrate (gewichtet)	Anteil der Kunden aus t0, die in t1 nicht mehr Kunde sind (=Kundenfluktuationsrate, attrition rate, churn rate). Ggf. gewichtet nach Umsatz oder Deckungsbeitrag.

(Kaufphase)

Abbildung 134: Ausgewählte Kennzahlen der Wirkungskette
Quelle: Bauer, Stokburger, Hammerschmidt 2006, S. 107 ff.

16.6 Kundenzufriedenheit und Kundenwert

Nach van den Poel ist der ökonomische Wert der Kundenbindung durch folgende fünf Tatbestände bestimmt (Van den Poel, Larivière 2004, S. 197):

- Erfolgreiche Kundenbindung verringert die Wechselbereitschaft, und Unternehmen können die Kundenbedürfnisse durch eine bestehende Beziehung besser bedienen.
- Langzeit-Kunden nehmen mehr Produkte in Anspruch und helfen durch Mund-zu-Mund Propaganda, weitere Kunden zu akquirieren.
- Langzeit-Kunden werden durch das existierende Wissen und die somit niedrigeren Dienstleistungskosten für das Unternehmen kostengünstiger.
- Langzeit-Kunden neigen dazu, weniger sensibel auf Marketing-Maßnahmen zu reagieren.
- Abwandernde Kunden verursachen einen Umsatzschwund beim Unternehmen und es entstehen Opportunitätskosten. Das Unternehmen muss verstärkt liquide Mittel einsetzen um Kundenlücken zu schließen. Dies kostet fünf bis sechs Mal mehr als Kunden zu binden.

Die Treiber des Kundenwerts auf instrumenteller, psychologischer und ökonomischer Ebene beschreibt die Abbildung 132.

- **Value Equity:** Durch den individuellen Einsatz der Marketing-Instrumente kann der Nutzen des Angebotes für den Kunden gesteigert werden. Das Produkt wird beispielsweise persönlich auf die Wünsche des Kunden zugeschnitten (Customizing), der Preis wird auf den Kunden abgestimmt und die Distribution erfolgt so, wie es für den Käufer bequem ist. Damit steigen für den Kunden die wahrgenommene Qualität, die Attraktivität des Preises und die Bequemlichkeit. Der funktionale Nutzen – der value equity – nimmt zu.
- **Brand Equity:** Die direkte Kommunikation führt zu einer Image- und Markenbildung und trägt positiv zu der öffentlichen Wahrnehmung der Marke bei. Damit steigen Markenbekanntheit und -bewusstsein; die öffentliche Wahrnehmung des Unternehmens verbessert sich. Für den Kunden nimmt der emotionale Nutzen – der brand equity – zu.
- **Relationship Equity:** Durch die Tatsache, dass der Kunden in einen engen Dialog mit dem Unternehmen (durch die Integration in die Produktentwicklung und die kontinuierliche Kommunikation beispielsweise in Kundenbindungsprogrammen) eingebunden wird, entstehen Vertrauen, Einfühlungsvermögen und ein Gefühl von Gegenseitigkeit.

Der Kunde erkennt einen Nutzen in der Kundenbeziehung – relationship equity.

> Das bedeutet, dass der Gesamtnutzen des Angebotes für den Kunden durch den Dialog gesteigert werden kann. Damit nimmt die Wahrscheinlichkeit des Wiederkaufs zu und der Kunde hat einen höheren Wert für das Unternehmen, denn er wird einen höheren Umsatz erbringen und geringere Kosten verursachen (siehe Abb. 135).

16 Kundenzufriedenheit, Kundenbindung und Kundenwert

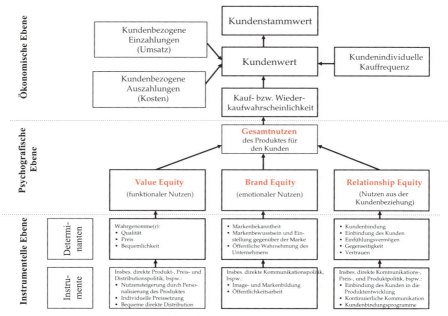

Abbildung 135: Kundenwertmodell
Quelle: Wirtz 2005, S. 219

Abbildung 136 macht deutlich, durch welche Einflussfaktoren sich die Kundenzufriedenheit auf den Wert des Unternehmens auswirkt.

Eine höhere Kundenzufriedenheit bewirkt eine höhere Wahrscheinlichkeit für einen Wiederkauf eine gestiegene Akzeptanz für Cross-Selling-Angebote des Unternehmens. Die zufriedenen Kunden sind weniger preissensibel, der Preis ist für sie nicht mehr ein so wichtiges Argument, wenn sie positive Erfahrungen mit dem Anbieter gemacht haben. Auch kann man nur von zufriedenen Kunden eine Bereitschaft zu einer positiven Mundwerbung (word of mouth) und die Bereitschaft zur Freundschaftswerbung erwarten.

Diese Ergebnisse der ersten Ebene führen im nächsten Schritt dazu, dass die Akquisitionskosten niedriger sind, denn es müssen ja weniger Neukunden geworben werden, wenn weniger Kunden verloren gehen. Die Kosten der Kundenbeziehung nehmen ab und die Kundenbasis gewinnt an Stabilität. Das Unternehmen kann wegen der geringeren Preissensibilität höhere Kosten und höhere Verkaufszahlen realisieren. Es durchdringt den Markt schneller und kann auf ein positives Image setzen.

Diese Ergebnisse der zweiten Ebene bewirken wiederum eine positive Entwicklung der Treiber des Unternehmenswertes. Der Cash-Flow fließt schneller und in höherem Maße. Das Residuum zwischen Ein- und Auszahlungen ist günstiger und der Cash-Flow unterliegt weniger starken Schwankungen.

Alle diese Zusammenhänge steigern den Wert des Unternehmens als Ganzes.

16.6 Kundenzufriedenheit und Kundenwert

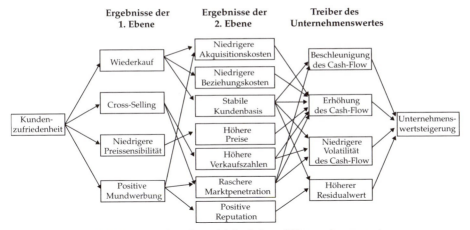

Abbildung 136: Kundenzufriedenheit und Unternehmenswert
Quelle: Matzler, Stahl, Hinterhuber 2006, S. 9

17 Kundenclub und Kundenkarten

17.1 Begriff des Kundenclubs

Angesichts der rasanten und tief greifenden Veränderungen der Märkte und Konsumenten wird es immer wichtiger, Strategien zur Abgrenzung gegenüber Wettbewerbern zu entwickeln und sich damit ein eigenständiges und unverwechselbares Profil zu verleihen. Kundenbindungsstrategien werden wichtiger, um die hohen Kosten zur Akquisition neuer Kunden durch eine möglichst lange Dauer der Geschäftsbeziehung zu amortisieren.

Unter diesen Bedingungen gehen immer mehr Unternehmen zu einer zielgruppenspezifischen Dialogkommunikation auf der Basis eines Kundenclubs über. Kundenclubs sind seit etwa zwanzig Jahre in ihrer jetzigen Form bekannt, sie waren vor allem in den letzten Jahren ein viel diskutiertes Thema.

Die Aufstellung einer allgemeingültigen Definition des Kundenclubs ist problematisch, denn es sind die unterschiedlichsten konzeptionellen Ansätze, bei sehr verschiedenen Zielgruppen und Marketingzielen, zu beobachten. Es gibt jedoch einige Merkmale, die für einen Kundenclub typisch sind.

So lässt sich ein Kundenclub als strategisches Marketing-Instrument eines Unternehmens mit dem Ziel der Kundenbindung definieren, das durch regelmäßige dialogorientierte Kommunikation sowie exklusive Angebote und Vorteile für die Mitglieder gekennzeichnet ist.

> **Kundenclubs** werden auch als Vereinigungen von Nutzern und Anwendern bestimmter Produkte und Dienstleistungen dargestellt. Kundenclubs werden von Herstellern und Händlern gegründet, sie dienen primär der Kundenbindung. Es handelt sich dabei um ein Marketing-Instrument, das von einem Unternehmen geplant und umgesetzt wird, das nur eine Teilmenge aller bestehenden und potenziellen Kunden anspricht, diesen exklusive Leistungen anbietet, eine Kundenaktivität voraussetzt und auf einer intensiven, dialogorientierten Kommunikation basiert.

In einem Kundenclub sind Menschen organisiert, die an einer Kommunikation und Interaktion mit dem Unternehmen interessiert sind. Ein Kundenclub offeriert dieser Zielgruppe ein Bündel exklusiver Leistungen, die Nicht-Mitgliedern nicht geboten werden.

Damit lässt sich der Kundenclub von anderen Zusammenschlüssen, die sich ebenfalls als Clubs bezeichnen, abgrenzen. Diese Abgrenzung ist beispielsweise sinnvoll gegenüber Verbraucher- und Automobilclubs, die kein Kundenbindungsinstrument darstellen, sondern beispielsweise gemeinnützige Zwecke verfolgen.

Auch Buch- und Reiseclubs sind keine Kundenclubs im definierten Sinne. Buchclubs stellen einen Vertriebskanal dar und arbeiten im Gegensatz zu Kundenclubs primär verkaufs- und gewinnorientiert. Auch Reiseclubs, die als ein von einem Reiseveranstalter veranlasster Zusammenschluss reisefreudiger Menschen gelten, sprechen keine Teilmenge von Kunden an, um diesen Vorteilsangebote zukommen zu lassen.

> **Merkmale von Kundenclubs:**
> - Sie dienen der Kundenbindung und Neukundengewinnung
> - Sie schaffen Möglichkeiten der Kommunikation
> - Sie ermöglichen den Aufbau einer umfangreichen Datenbank
> - Sie erlauben einen auf Kundendaten basierten Dialog
> - Sie unterstützen andere Unternehmensbereiche
> - Sie ermöglichen eine Steigerung von Umsatz, Marktanteil und Gewinn

17.2 Anforderungen und Voraussetzungen

Das konzeptionelle Grundgerüst ist die Basis für die erfolgreiche Implementierung eines Kundenclubs. Es ist notwendig, den Club im Sinne des Integrierten Marketings in die übergeordnete Marketing-Strategie des Unternehmens einzugliedern. Bei der Konzeption ist festzulegen, welche Zielgruppe der Club ansprechen soll, ob es Eintrittsvoraussetzungen gibt und welche Leistungen angeboten werden sollen.

> Bei der Definition der Zielgruppe muss entschieden werden, ob der Club sich auf die Stammkunden beschränkt oder ob er auch gelegentliche oder sogar potenzielle Kunden ansprechen soll. Zur primären Zielgruppe zählen im Allgemeinen die bestehenden Kunden des Unternehmens. Ist das Clubziel der Aufbau einer Interessentendatenbank oder die Gewinnung von Neukunden, setzt dies die Aufnahme von Nichtkunden voraus. Besonders bei sehr heterogenen Zielgruppen ist es sinnvoll, den Club auf wenige Segmente zu beschränken, um so eine Verwässerung der Clubleistungen zu verhindern.

Einige Unternehmen, wie beispielsweise der Modelleisenbahnhersteller Märklin, führen sogar mehrere Clubs für unterschiedliche Zielgruppen. Typische Zielgruppen sind sporadische Käufer, Stammkunden, die besonders rentabel für das Unternehmen sind, Käufer von erklärungsbedürftigen Produkten oder Kunden mit einer hohen Affinität zum Unternehmen.

Die Eintrittsvoraussetzungen legen die „Offenheit" beziehungsweise „Geschlossenheit" eines Clubs fest. Sie werden bestimmt durch den geforderten

Mitgliedsbeitrag, aber auch durch andere Bedingungen, die das Unternehmen an einen Eintritt in den Club fordert, beispielsweise einen bestimmten Mindestumsatz des Kunden.

Geschlossener Club

Bei einem geschlossenen Club ist der Zugang in der Regel mit einer zu erbringenden Leistung wie beispielsweise einem jährlichen Mitgliedsbeitrag oder einem Abonnement eines Clubmagazins verbunden. Durch diese Zugangsbarrieren werden Randzielgruppen von der Mitgliedschaft abgehalten, nur die interessierte Kernzielgruppe tritt dem Club bei. Auf diese Weise können Streuverluste minimiert und dadurch die Effizienz der Werbemaßnahmen erhöht werden. Naturgemäß hat ein geschlossener Club einen exklusiveren Charakter als ein offener Club.

Durch den Finanzierungsbeitrag kann der Clubbetreiber besondere Serviceleistungen anbieten. Die Mitglieder geschlossener Kundenclubs erwarten für ihre Mitgliedsgebühr besondere Leistungen; sie erhoffen sich attraktive geldwerte oder prestigebringende Vorteile.

Der Nutzen einer Mitgliedschaft in einem geschlossenen Club muss für das potenzielle Neumitglied sofort klar erkennbar sein. Nachteilig ist, dass die Mitgliedsentwicklung gebremst wird und sich nicht so rasant entwickelt wie bei einem offenen System. Wenn der Clubbetreiber aber mehr Wert auf die Qualität der Mitglieder legt als auf die Quantität, bietet sich ein geschlossener Club mit Zugangsbarrieren an.

Offener Club

Offene Clubs dagegen sind für jedermann frei zugänglich, ohne rechtliche oder finanzielle Zugangsbeschränkungen und ohne Erhebung einer Mitgliedsgebühr.

Eine spezielle Zielgruppe steht hier nicht im Mittelpunkt, vielmehr wird die Gesamtzielgruppe des Unternehmens angesprochen. Durch die fehlende Zutrittsbarriere weisen diese Clubs in der Regel deutlich höhere Mitgliederzahlen auf.

Die Akzeptanzquote bei den möglichen Mitgliedern ist höher als bei geschlossenen Clubs, da hier geringere Hemmschwellen aufgebaut werden.

Auf Grund des fehlenden Budgets muss sich ein offener Club in erster Linie aus dem Marketingetat finanzieren. Dies bedeutet, dass er in der Regel für den Betreiber teurer ist als ein geschlossener Club. Die Folgen sind meist eingeschränkte Serviceleistungen. Ein weiterer Nachteil ist das mögliche Imageproblem. Für viele Menschen gilt etwas, das kostenlos ist, als sehr geringwertig.

Ein Kundenclub muss dem Mitglied einen echten Mehrwert liefern. Der Kunde tritt bewusst in den Club ein und bleibt ihm treu, wenn er von den Leistungen des Clubs überzeugt ist. Die persönlichen Vorteile für die Mitglieder sind die höchste Motivation einem Club beizutreten. Basis des Leistungsprogramms sind dabei Angebote, die eng mit der Grundleistung des Unternehmens verbunden sind. Diese verbessern die Produktnutzung und somit die Kundenzufriedenheit und bilden damit eine Voraussetzung für die emotionale Kundenbindung.

Um den Cluberfolg jedoch zu sichern, sollte ein exklusives Leistungsprogramm mit materiellen und immateriellen Bestandteilen geschnürt werden. Materielle Vorteile wie spezielle Angebote oder Preisnachlässe sind finanziell messbar. Immaterielle Vorteile lösen eine emotionale Kundenbindung aus und sind zur Abgrenzung gegenüber dem Wettbewerb geeignet (Luigart 2002, S. 1058).

Die Anzahl der Leistungen hängt von der Homogenität der Zielgruppe ab. Je unterschiedlicher die Ansprüche, desto mehr Leistungen müssen angeboten werden.

17.3 Ziele eines Clubs

Die **Ziele eines Kundenbindungsprogramms** können sehr vielfältig sein, sie lassen sich durch die folgenden wesentliche Aspekte beschreiben:

- Bindung von Kunden (insbesondere von Stammkunden)
- Akquisition neuer Kunden
- Aufbau und Optimierung einer Kundendatenbank
- Umsatz- bzw. Marktanteilssteigerung
- Emotionale Effekte (Status, Prestige, Zugehörigkeit)
- Marktforschung (leicht zugängliche Gruppe)
- Schaffung von Kommunikationsmöglichkeiten
- Unterstützung anderer Unternehmensbereiche

Das Problem vieler Clubs ist das Fehlen klarer Zieldefinitionen. Nach einer Schätzung erfolgen 80 Prozent aller Club-Vorhaben ohne klare Zielsetzungen (Butscher 1998a).

Vor diesem Hintergrund erscheint es umso wichtiger, die möglichen Ziele zu strukturieren. Dazu sollte zwischen den unternehmensbezogenen und den clubbezogenen Zielen unterschieden werden. Die wichtigsten **clubbezogenen Ziele** sind:

- Die „richtigen" Kunden zum Eintritt und zur Mitgliedschaft bewegen.
- Die „richtigen" Kunden ausreichend lange im Club halten.
- Die Clubmitglieder zur Inanspruchnahme der Clubleistungen motivieren.

Ein Kundenclub zielt somit auf die Schaffung von kontinuierlichen und persönlichen Dialogmöglichkeiten mit dem Kunden ab. Die Kommunikation verläuft beidseitig, also sowohl vom Unternehmen zum Kunden als auch umgekehrt. Diese Interaktion führt zu einem dialogorientierten Kommunikationskonzept.

Ein Club bietet seinen Mitgliedern einen Nutzen, der über den „normalen" Nutzen der von dem Unternehmen verkauften Produkte hinausgeht. Dieser Zusatznutzen oder Mehrwert steht Nicht-Mitgliedern nicht zur Verfügung.

Ein Kundenclub wird von einem Unternehmen initiiert, um mit den Mitgliedern in einen regelmäßigen, direkten Kontakt zu treten und ihnen ein Leistungspaket mit einem hohen wahrnehmbaren Nutzen zu bieten. Das Ziel ist die Aktivierung der Mitglieder und die Zunahme der Kundenbindung durch den Aufbau einer emotional gefärbten Beziehung. Das bedeutet, dass er in erster Linie Marketingziele und erst in zweiter Linie finanzielle Ziele erfüllen muss. Er ist somit nicht zwingend gewinnorientiert (Butscher 1998b, S. 49 ff.).

Ein Kundenclub setzt aktives Handeln auf der Seite des potenziellen Mitglieds voraus, da nur sehr selten eine automatische Mitgliedschaft durch den Kauf eines Produktes entsteht.

Der Fokus eines Kundenclubs kann, je nach Konzeption und Zielsetzung, auf einer oder auf mehreren Kundengruppen oder einzelnen Segmenten dieser Gruppen liegen, er schließt sowohl bestehende als auch potenzielle Kunden ein.

Ein Kundenclub sollte zwar gewisse ökonomische Anreize bieten, der Schwerpunkt sollte allerdings auf der emotionalen Bindung liegen.

Diese Kundenbindungsmaßnahmen dienen nicht nur dazu, den Umsatz zu steigern und Cross-Selling-Potenziale zu nutzen, mit ihrer Hilfe lassen sich auch Daten über die Kunden sammeln, um eine Datenbank mit Zusatzinformationen zu qualifizieren.

Der Club bietet den Kunden eine Gemeinschaft von Gleichgesinnten und damit eine emotionale Bindung an den Träger. Zugleich entstehen zahlreiche Synergieeffekte, die bei einer richtigen Einbindung des Clubs in das Marketing auch genutzt werden können.

Aus der Sicht des Kunden sind die Eintrittsmotive rationaler, emotionaler und gemischter Natur. Zu den rationalen Motiven zählen Informationssuche und bessere Nutzung der Grundleistung. Emotionale Motive sind das Streben nach sozialem Prestige und private Unterhaltung sowie Annehmlichkeiten. Gemischte Ziele sind der Kommunikations- und Kontaktbedarf und die Suche nach Schnäppchen. Erfahrungsgemäß dominieren bei Befragungen von Kunden die rationalen und gemischten Motive, da diese sich am einfachsten identifizieren und abfragen lassen.

Im Jahr 2013 befragte das Marktforschungsinstitut Emnid 1.000 Personen in Deutschland zu den Gründen, aus denen Kundenkarten genutzt werden. Eindeutig an der ersten Stelle der Nennungen stand das Motiv Geld zu sparen, gleich gefolgt von den attraktiven Prämien. Es scheinen also die rationalen Motive zu dominieren (Abbildung 137).

Gründe zur Nutzung von Kundenkarten	Prozent
Geld sparen	52
Gibt attraktive Prämien	23
Spaß am Punktesammeln	15
Gehört zum Einkaufen dazu	10
Vorteile nutzen	4
Schnell/bequem/unbürokratisch	3
Zum bargeldlosen Einkauf	2
Erhalte zusätzliche Informationen	2
Nutze generell keine Kundenkarten	24

Abbildung 137: Aus welchem Grund nutzen Sie Kundenkarten? (Angaben in %)
Quelle: TNS Emnid, Deutsche Bevölkerung ab 16 Jahren, n = 1.000, Horizont 2013, S. 34

17.4 Kommunikationsinstrumente

17.4.1 Clubkarte

> Die **Kommunikation innerhalb eines Kundenclubs** ist ein elementarer Bestandteil. Einem Unternehmen, das keine spezifische Kommunikation mit den Clubmitgliedern betreibt, wird es nicht gelingen, sich von der Konkurrenz wirkungsvoll abzuheben. Jede dauerhafte Kundenbeziehung muss durch eine begleitende Kommunikation unterstützt werden.

Die Clubkarte ist ein besonderer Bestandteil eines Kundenclubs. Nahezu kein Club kommt ohne Karte aus, da sie die Grundfunktion des Legitimationsnachweises beziehungsweise eine Ausweisfunktion übernimmt. Die Clubkarte ist ein Ausweis für die Clubzugehörigkeit, für die Inanspruchnahme verschiedener Clubleistungen oder die bevorzugte Behandlung eines Mitglieds. Die Karte dient als Werbeträger, steigert die emotionale Bindung an den Club und sichert dem Emittenten eine beständige Aufmerksamkeit. Allerdings muss dazu die Karte bei dem Kunden präsent sein. Es ist zwingend erforderlich, dass die Karte dem Kunden einen Mehrwert liefert, damit sie nicht in einer Schublade verschwindet.

Die Clubkarte kann mit einer Zahlungsfunktion ausgestattet werden. Diese Zahlungsfunktion bietet dem Kunden einen Mehrwert und wird dem Kunden gegen eine geringe Gebühr oder sogar kostenfrei ausgestellt. Der Kunde kann damit bargeldlos, unter Umständen sogar zu vergünstigten Konditionen einkaufen.

Das Unternehmen erhält durch die Auswertung der Transaktionsdaten detaillierte Informationen über das Kaufverhalten seiner Kunden und kann so seine Angebote entsprechend optimieren. Das Verhalten des Kunden wird somit berechenbarer und transparenter. Auf Grund der hohen Kosten ist eine Kooperation mit einem Kreditkartenemittenten oder einem Finanzdienstleister in Form einer Co-Branding-Karte vorteilhaft. Damit reduziert das Unternehmen sein Risiko bei Forderungsausfällen und Missbrauch.

Kundenkarte	Mit oder ohne Zahlungsfunktion Bonuskarte (z.B. Miles & More) Zugangsberechtigung (z.B. Metro) Rabattkarte Infocard mit oder ohne Chip
Kundenkarte mit Zusatzleistungen	Telefonkarte Elektronischer Ausweis, Zugangskarte Schlüsselkarte (z.B. Empfang verschlüsselter TV-Programme) Fahr-, Eintritts-, Verrechnungskarte (z.B. für Parkgebühr)
Terminalkarte	Bankterminalkarte Masterkey für Gültigkeitszeitraum Transaktionsnummer für E-Cash
Wertkarte	Anonyme Kundenkarte Elektronische Geldbörse
Wertkarte mit mehreren Börsen	Beispielsweise für Telefoneinheiten Rabatte Flugmeilen
Affinity-Karte	Kreditkarte für bestimmte Zielgruppe (z.B. Golfer, Segler) Emittierendes Unternehmen bleibt im Hintergrund
Co-Branding-Karte	Kombination aus Kundenkarte und Kreditkarte Weltweit einsetzbar Spezielle Unternehmesleistungen (z.B. FC Bayern Karte, Harley-Davidson Karte)
Klassische Kreditkarte	Mit eigenem Kreditrahmen Monatliche Bezahlung in einer Summe oder auf Raten
Debit-Karte	Sofortige Abbuchung vom Girokonto ohne Kredit Beispiel: EC-Karte
Charge-Karte	Belastung am Ende des Monats In der Regel Lastschrift-Einzug Viele „Kreditkarten" sind Charge-Karten

Abbildung 138: Arten von Kundenkarten

Für den Kunden bietet die Co-Branding-Karte den Vorzug, dass er damit nicht nur in den Filialen des Herausgebers bezahlen kann, sondern auch überall dort, wo entsprechende Kreditkarten akzeptiert werden. Der Nachteil dieser Form von Kundenkarte ist die Tatsache, dass der Kunde damit in engerer Beziehung zum Kreditkarteninstitut steht als zum Kartenherausgeber. Zudem ist eine Erfassung der Kaufdaten mit der Co-Branding-Karte nicht möglich.

> **In der Praxis haben Kundenkarten die folgenden Funktionen:**
>
> - **Ausweisfunktion:** Die Kundenkarte dient dazu, die Mitgliedschaft im Kundenclub nachzuweisen.
> - **Zahlungsfunktion:** Der Karteninhaber kann seine Einkäufe bargeldlos bezahlen. Häufig kann man heute die Kundenkarte mit einer Kreditkarte kombinieren lassen.
> - **Bonusfunktion:** Der Wert eines jeden Einkaufs wird mit Punkten vergütet, die in Prämienartikel oder Bargeld umgewandelt werden.
> - **Rabattfunktion:** Bei Vorlage entsprechender Coupons erhält der Karteninhaber beim Kauf bestimmter Produkte sofortigen Rabatt.
> - **Treuefunktion:** Der Karteninhaber wird für loyales Verhalten belohnt. Zum Beispiel kann das Unternehmen den Bonus ab einem bestimmten Umsatz erhöhen.
> - **Leistungsfunktion:** Die Kundenkarte berechtigt den Inhaber, bestimmte Serviceangebote des ausgebenden Unternehmens in Anspruch zu nehmen (z.B. kostenloses Parken).
> - **Erinnerungsfunktion:** Der Kunde wird durch die Karte an das Unternehmen und dessen Leistungen erinnert.
> - **Prestigefunktion:** Die Kundenkarte kann das Bedürfnis nach Anerkennung befriedigen, wenn sich ihre Besitzer einer ausgewählten Gruppe zugehörig fühlen.

Abbildung 139: Funktionen von Kundenkarten

17.4.2 Clubmagazin

Die Kommunikation mit dem Kunden spielt bei einem Kundenclub eine herausragende Rolle. Sie muss über aktuelle Angebote, Grund- und Zusatzleistungen des Clubs, Hintergründe und Berichte aus dem Clubleben informieren. Ein unverzichtbares Kommunikationsinstrument stellt ein Clubmagazin dar. Es fördert die Kommunikation zwischen den Clubmitgliedern und dem Unternehmen.

Jedoch ist zu beachten, dass das Magazin wie auch alle anderen Leistungsangebote auf die speziellen Bedürfnisse der Zielgruppe zugeschnitten sein muss. Es ist wichtig, das spezifische Interesse der Zielgruppe zu ergründen. Das Leserinteresse, nicht das Interesse des Clubträgers sollte im Vordergrund stehen. Die Clubzeitung genießt bei den Mitgliedern eine hohe Aufmerksamkeit, wenn sie deren Anforderungen genügt. Sie erscheint auf Grund des Wiedererkennungseffektes im Allgemeinen viermal im Jahr. Erscheint das Magazin seltener, wird es als regelmäßiges Dialoginstrument des Clubs nicht mehr wahrgenommen. Ein Dialog kommt bei zu seltener Erscheinungsweise erst gar nicht zu Stande und insofern kann das Magazin auch die Kundenbindung nicht erhöhen.

Bei der Gestaltung der Clubzeitschrift ist zu beachten, dass das Magazin vom Inhalt wie auch vom Layout ansprechend und interessant gestaltet sein sollte, so dass es die Aufmerksamkeit des Lesers gewinnt. Je nach Orientierung und Zielsetzung des Clubs hat das Clubmagazin unterschiedliche Schwerpunkte.

Eine Integration von verschiedenen Dialog-Elementen wie beispielsweise Anforderungs- und Bestellformularen oder Servicenummern bietet die Möglichkeit, mit dem Mitglied eine Interaktion aufzubauen und so die Bindung des Lesers zu verstärkten.

Ein Clubmagazin wirkt auf verschiedenen Ebenen und hat deshalb auch unterschiedlichen Ansprüchen zu genügen.

- **Journalistische Ziele:** Die Kundenzeitschrift muss mit einem eigenständigen Konzept und Erscheinungsbild einen Informations- und Nutzwert haben, um Akzeptanz zu finden. Der Leser sollte Unterhaltung und glaubwürdige Informationen finden und die Möglichkeit zu Interaktionen im Rahmen des Dialogmarketings.
- **Kommunikationsziele:** Die Kundenzeitschrift hat die Aufgabe der klassischen Kommunikation und sollte für das Unternehmen bzw. die Marke Image und Positionierung aufbauen sowie Kompetenz vermitteln. Dieses Instrument dient dem Aufbau von Kundenbindung und zur Gewinnung von Neukunden.
- **Marketingziele:** Das Marketing verfolgt mit der Kundenzeitschrift die Ziele des Dialogmarketings. Neben der Vermittlung von Botschaften sollen Dialoge angestoßen werden, die auch der Informationsgewinnung über die Leser dienen. Durch Interaktionen wird die Kundenbindung gestärkt und das Potenzial von Cross Selling geschaffen.

Neben dem Clubmagazin werden auch Mailings und Newsletter in der Club-Kommunikation eingesetzt.

17.5 Prämiensysteme

Auch wenn die Hauptbindung des Clubs über emotionale Komponenten erfolgen sollte, üben Bonussysteme einen großen Reiz aus. Dabei ist es allerdings empfehlenswert, Produkte als Prämien anzubieten und keine Rabatte, um die Kosten zu reduzieren.

Auch wenn viele Kunden einen sofortigen Nutzen vorziehen, sind Prämiensysteme meist so konstruiert, dass die Kunden Punkte sammeln müssen und diese später nach einem vorher definierten System in Prämien eintauschen können. Der Anreiz eines Bonussystems, das Ziel einer Prämie, kann deutlich höherwertig sein als der von Rabatten auf einen konkreten Einkauf.

Bonusprogramme bieten allein jedoch keine echte Differenzierungsmöglichkeit, da sie leicht kopierbar sind und den Konkurrenzkampf verstärken können. Ein weiterer wesentlicher Nachteil der Bonusprogramme entsteht durch einen hohen administrativen Aufwand.

Die Abbildung 140 verdeutlicht, welche Funktionen des Kundenbindungsprogramms welche Anreize für die Mitglieder bieten und welche Nutzenpotenziale dadurch entstehen.

Den Teilnehmern werden Rabatte und Boni geboten, die finanzielle Anreize und somit materielle Anreize bieten. Immaterielle Anreize erkennen die Clubmitglieder durch spezielle Serviceangebote und Interaktionsmöglichkeiten, die den Mitgliedern geboten werden. Schließlich kann das Zugehörigkeitsgefühl zu einem exklusiven Kreis einen positiven Status verleihen.

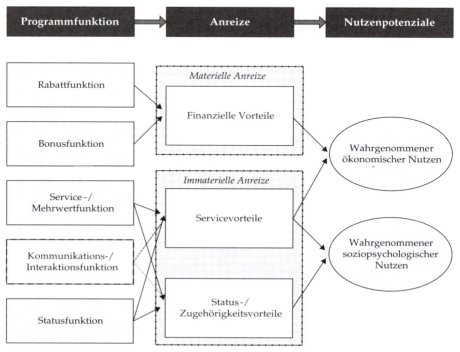

Abbildung 140: Nutzenpotenziale von Kundenkartenprogrammen aus Unternehmenssicht
Quelle: Hoffmann 2007, S. 61

17.6 Finanzierungskonzept

Die Implementierung eines Kundenclubs ist mit hohen Kosten verbunden. Zu den Kosten der Konzeption und Gründung kommen die laufenden Kosten für die Kommunikation und Leistungsabwicklung. Ein Club ist ein langfristiges Bindungsinstrument, die zu erwartende Gesamtbelastung muss bereits bei der Planung prognostiziert werden. Zu den einmaligen Kosten eines Clubs gehören die Kosten für die Konzeptentwicklung, die Investitionen für das benötigte Service-Center, die Bereitstellung einer Datenbank und einer Telefonanlage sowie die Clubleistungen.

Hinzu kommen die laufenden Kosten wie Grundkosten, Miete, Versicherung, Personalkosten, Kosten für die Leistungsabwicklung, die Mitgliederwerbung, die Kommunikation und die strategische Weiterentwicklung des Konzepts.

17.6 Finanzierungskonzept

Während die Initialkosten und die Grundkosten mit steigender Mitgliederzahl nur noch degressiv steigen, also die Kosten je Mitglied sinken, nehmen vor allem die Kosten für die Kommunikation und den Telefonservice mit zunehmender Mitgliederzahl zu.

Die Kernerlöse sind neben Aufnahmegebühren und Mitgliedsbeiträgen, Deckungsbeiträge aus Verkäufen von Clubleistungen, Provisionen und Lizenzgebühren.

Ein solides und langfristiges Finanzierungskonzept ist ein elementarer Bestandteil bei jeder Konzeption. Fast alle Clubauflösungen sind auf finanzielle Probleme zurückzuführen. Pro Mitglied und Jahr müssen Kosten von 25 bis 35 Euro kalkuliert werden. Dieser Betrag kann sich je nach Leistungen auch verdoppeln.

Die Finanzierungsquellen können neben dem Mitgliedsbeitrag und dem Marketingetat auch Fremdwerbung durch Anzeigen anderer Firmen im Clubmagazin, Verkauf einer Clubedition und Kooperationen mit externen Partnern sein. Nutzt man diese Potenziale zur Kostendeckung konsequent aus, so kann sich ein Club durchaus selbst finanzieren.

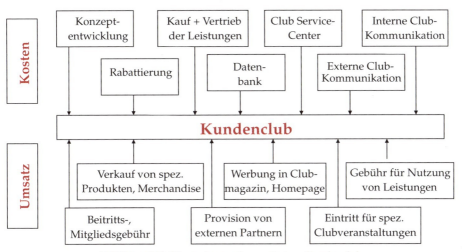

Abbildung 141: Finanzierungskonzept eines Kundenclubs
Quelle: Butscher, Müller 2006, S. 393

Zahlreiche gescheiterte Projekte machen es deutlich, dass es nicht in jeder Situation sinnvoll ist, einen Kundenclub zu gründen. Ganze Branchen haben sich mittlerweile völlig aus dem Clubgeschäft zurückgezogen, wie beispielsweise die Zigarettenindustrie, die mit dem „West-" und dem „Camel-Club" zu den Vorreitern der Clubidee gehörte. Insgesamt kann festgestellt werden, dass die Praxis der Kundenclubs durch eine hohe Zahl von Misserfolgen gekennzeichnet ist.

Der **Erfolg eines Clubs** hängt im Wesentlichen von vier Faktoren ab:
- Von der regelmäßigen und informativen Kommunikation und Interaktion zwischen dem Clubbetreiber und den Mitgliedern

- Von den angebotenen Vorteilen (zeitsparende Vorteile wie Hotlines, informationsfilternde wie zum Beispiel Datenbanken und geldwerte wie zum Beispiel Sonderkonditionen bei Kooperationspartnern)
- Von der Servicequalität des Kundenclubs
- Von der Höhe des Mitgliedsbeitrags

Der entscheidende Vorteil eines Kundenclubs ist der Aufbau eines persönlichen Verhältnisses zum Kunden durch die zielgerichtete und effektive Ansprache mittels kundenorientierter Dialogmaßnahmen. Die Kommunikation zwischen dem Unternehmen und dem Kunden wird durch verschiedene Maßnahmen gefördert, um eine langfristige Bindung des Verbrauchers an den Hersteller zu entwickeln und zu vertiefen. Die Zugehörigkeit zu einer ausgewählten Gruppe soll dem Mitglied ein Gefühl der Besonderheit und der Exklusivität vermitteln.

Ein wesentliches Defizit der Kundenclubs in der Praxis liegt im weitgehenden Fehlen von abgesicherten Erfolgsaussagen. Nur wenige Clubs können gültige und nachvollziehbare Aussagen darüber machen, inwieweit der Club seine übergeordneten Ziele erreicht. Viele Clubs arbeiten hier mit groben Indikatoren oder argumentieren allein mit Mitgliederzahlen, oder es fehlt auch nach Jahren noch jede Erfolgsbeurteilung.

Ein entscheidendes Problem ist die Schwierigkeiten der Erfolgsmessung bei Kundenclubs, da es zum einen nicht möglich ist, eine eindeutige Kausalbeziehung zwischen dem geänderten Kundenverhalten auf der einen Seite und den

Kennzahl-Bereich	Inhalt	Kennzahlen
Teilnehmerentwicklung	An-/Abmeldung von Personen Responseraten Verteilung auf Anmeldekanäle	• Teilnehmerbestand • Responseraten in %
Earn	Anzahl der gebuchten Punkte • nach Incentivierungsarten • nach Incentivierungspartnern	• Umsatz-Punkte nach Partnern • % Umsatz-Punkte nach Partnern • % Umsatz-Punkte nach Arten
Burn	Anzahl der eingelösten Punkte nach Arten (Prämie, Überweisung, Spende)	• Punkte-Abgang • Ø Transaktionen pro Teilnehmer
Call Center	Callmengen und Calldauer Erreichbarkeit, Servicelevel, Lost-Call-Rate	• % Lost Call-Rate gesamt • % Erreichbarkeit • % Service Level
Internetauftritt	Nutzung und Performance des Internetauftritts	• Besucher Homepage • Logins erfolgreich • % Online-Anmeldungen an Versuchen
Lettershop	Performance des Lettershops	• Lettershop-Eingang nach Art • Lettershop-Ausgang nach Art
Service-Prozesse	Anzahl an Service-Anfragen Bearbeitungszeiten Involvierte Service Support-Level	• Call-Sofortlösungen • Service-Anfragen • Beschwerden nach Thema
Customer Insight	Güte der Anmelde- und Fragebögen hinsichtlich Informationen über Kunden (quantitativ und qualitativ)	• % Erreichbarkeit • % präferierter Werbekanal • % Fragebogen-Rücklauf
Kundenwert/-bindung	Untersuchung des Einflusses des Programms auf Kundenwert und -bindung (teilweise über Kontrollgruppenvergleiche)	• Zielgruppenmatch • Cross-/Upselling • Churn-Rate • Usage

Abbildung 142: Kennzahlen des Kundenclub-Controllings
Quelle: Kapp 2005

Clubaktivitäten auf der anderen Seite herzustellen. Die Kundenbindung ist zudem nur schwer operationalisierbar.

In der Praxis erfolgt die Erfolgskontrolle meist an Hand relativ einfach zu messender Kriterien, wie den Mitgliederzahlen oder dem Pro-Kopf Umsatz im Vergleich zwischen Mitgliedern und Nicht-Mitgliedern.

Einen Überblick über Kennzahlen des Kundenclub-Controllings gibt die Abbildung 142.

17.7 Virtual Communities

17.7.1 Merkmale

Auch bei Communities im Internet, als Gruppen von Menschen mit gemeinsamen Interessen, steht die Interaktion und Kommunikation unter den Mitgliedern und die Bindung der Mitglieder an die Community im Mittelpunkt. Die Mitglieder einer Community können selbst aktiv werden und mit anderen Teilnehmern in Kontakt treten, sie haben ein gemeinsames Interesse an einer bestimmten Sache.

Eine Virtuelle Community besteht nicht nur aus einer Website, die einen Themenschwerpunkt hat und die den Nutzern der Website Chats, Diskussionsforen und Download-Bereiche bietet, im Hintergrund steht auch eine Kundenbindungsstrategie.

Fünf Merkmale kennzeichnen virtuelle Communities (Hagel, Armstrong 1999, S. 23):

Ein spezifischer Interessenschwerpunkt

Virtuelle Communities zeichnen sich durch einen speziellen gemeinsamen Interessenschwerpunkt aus. Dieser gemeinsame Fokus bietet den potenziellen Mitgliedern eine Motivation, sich in der Community zu organisieren.

Er kann den unterschiedlichsten Gebieten entstammen, beispielsweise ein bestimmtes Themengebiet (Sport, Wirtschaft, Kultur), ein bestimmter geografischer Bereich (Hauptstädte, Länder) oder eine spezifische Fachkenntnis (Marketing, Recht).

Die Integration von Inhalt und Kommunikation

Virtuelle Communities sammeln eine Fülle von Informationen zu dem spezifischen Interessenschwerpunkt der Gemeinschaft und bereiten diese für ihre Mitglieder auf. Die Mitglieder können dieses Informationsmaterial über verschiedene Wege nutzen. Sie haben die Möglichkeit an „schwarzen Brettern" ihre Mitteilungen allen anderen Teilnehmern zur Verfügung zu stellen. In virtuellen Chatrooms und per E-Mail kann schriftlich miteinander kommuniziert werden, so dass der Wert des zur Verfügung gestellten Materials gesteigert wird.

Die Nutzung von Informationen, die von den Mitgliedern bereitgestellt werden

Virtuelle Communities bieten die Möglichkeit der Verbreitung von eigenen Informationen. Die Mitglieder können ihre Erfahrungen austauschen und ihr Wissensspektrum erweitern.

Der Zugang zu konkurrierenden Anbietern

Da sich Virtuelle Communities als Interessenvertretung für ihre eigenen Mitglieder verstehen, versuchen sie eine größtmögliche Vielfalt an Informationen bereitzustellen. Diese Informationen kommen jedoch nicht nur aus den eigenen Quellen, sondern auch von konkurrierenden Anbietern und Wettbewerbern stammen. Diese Fülle an Informationen aus verschiedenen Quellen ermöglicht dem Nutzer eine sachlich besser begründete und kosteneffiziente Entscheidungshilfe.

Kommerzielle Orientierung

Virtuelle Communities werden zunehmend kommerziell organisiert sein. Die Kunden sind nicht die einzigen, die von virtuellen Communities profitieren werden. Für die Anbieter stellen sie ein Mittel dar, ihre Märkte zu verbreitern und dadurch einen größeren Umsatz zu erzielen. Die Unternehmen, die mehr über die bisherigen Geschäftsaktivitäten ihrer Kunden und potenziellen Käufern wissen, weil sie bereits durch eine Virtuelle Community in Interaktion mit ihnen stehen, werden die individuellen Kundenbedürfnisse besser verstehen. Wenn die Anbieter diese Informationen konsequent nutzen und ihre Produkte darauf ausrichten, können sie ihren Kundenstamm ausbauen und höhere Umsätze pro Kunde erzielen.

Die ersten Virtuellen Communities sind bereits in den achtziger Jahren, zu Beginn der Verbreitung des Internets, durch die Kommunikation zwischen Wissenschaftlern in Form von Newsgroups entstanden. In diesen Newsgroups wird ein weltweiter Gedankenaustausch über Forschung, Lehre, Computer, Freizeitgestaltung, Musik, Kunst und vieles mehr gepflegt.

Die Mitteilungen, die sich auf diesen „schwarzen Brettern" sammelten, sind mit der Zeit zu einer unschätzbaren Fundgrube an Informationen geworden.

Um eine Virtual Community aufzubauen, die sowohl den Mitgliedern und als auch dem Unternehmen einen wirklichen Mehrwert liefert, müssen zunächst die Inhalte, also die Online-Angebote im Bereich Interessen, Shopping, Unterhaltung oder Beziehungsaufbau geschaffen werden. Es müssen Informationen, Produkte, Dienstleistungen und Entertainment mit dem Ziel bereitgestellt werden, die Kommunikationsmöglichkeiten zwischen den Teilnehmern in der Community zu ermöglichen. Das Engagement der einzelnen Mitglieder zahlt sich in vielfältiger Weise aus. Es lassen sich beispielsweise die Aufwendungen für die Beschaffung und Aktualisierung von Informationen dadurch einschränken, dass individuelle Erfahrungsberichte der Mitglieder, Kommentare, Sachwissen, Ankündigungen zu Veranstaltungen und Events nahezu kostenfrei die Aktualität, das Ausmaß und die Lebendigkeit des Informationsangebots steigern.

17.7.2 Brand Communities

> Unter einer **Brand Community** versteht man „eine ortsungebundene, offline und/oder online existierende, interessenbasierte Gemeinschaft, die speziell auf eine bestimmte Marke ausgerichtet ist und dabei durch die Schaffung einer Umgebung mit einem hohen Identifikationspotenzial Anhänger und Bewunderer der Marke sowie Kunden mit einem generellen Interesse an der Marke interaktiv vereinigt. Kennzeichnend ist hierbei die Herausbildung eines starken Gemeinschaftsgefühls und einer sozialen Identität. Idealerweise verbinden sich in einer BC traditionelle Community-Werte sowohl mit funktionalen als auch mit individuellen Bedürfnissen." (Loewenfeld 2006).

Drei Hauptmerkmale kennzeichnen eine Brand Community (Muniz, O'Guinn 2001, S. 412–432):

- **Conciousness of Kind:** Die Mitglieder einer Gemeinschaft spüren untereinander eine intrinsische Verbindung – ein „Wir-Gefühl". Das geteilte, kognitive Bewusstsein gilt als konstituierendes Element einer Community. Die Mitglieder einer Brand Community zeigen sich nicht nur loyal ihrer Marke gegenüber, sondern entwickeln auch ein ablehnendes Gefühl gegenüber anderen Marken (oppositional brand loyality).
- **Shared Rituals and Traditions:** Die verhaltensrelevanten Normen und Werte grenzen die Community nach außen ab. Ihr Ursprung ist in gemeinsamen Konsumerlebnissen und -erfahrungen mit der Marke zu sehen. Sie haben in der Brand Community die Funktion, das gemeinsame Bewusstsein und die Kultur der Community aufrechtzuerhalten. Rituale und Traditionen benötigen ein geteiltes Wissen, bspw. über die Geschichte der Marke.
- **A Sense of moral Responsibility:** Das Gefühl des einzelnen Mitglieds, jedem anderen Mitglied und der ganzen Community verpflichtet zu sein. Mitglieder helfen sich gegenseitig beim Gebrauch des Produktes und bei auftretenden Problemen. Hier hat sich die Kommunikation über das Internet als besonders nützlich erwiesen, da in Brand Communities Informationen, Ratschläge oder Anleitungen zur Lösung von Problemen in großer Zahl jederzeit abrufbar sind.

Nicht alle Mitglieder einer Brand Community haben die gleiche Bindung und die gleiche Motivation; Kozinets unterscheidet vier Mitgliedstypen (Kozinets 1999, S. 252–264):

1. **Tourists:** Tourists haben nur lose oder gar keine sozialen Verbindungen zu der Gemeinschaft und nur ein geringes oder vorübergehendes Interesse an der Thematik der Community.
2. **Minglers:** Die Minglers suchen den Kontakt und besitzen starke soziale Verbindungen zu der Gemeinschaft. Sie können durch Bekannte schon eng mit der Gruppe verknüpft sein. Jedoch besteht auch bei ihnen nur ein oberflächliches Interesse am Thema.

3. **Devotees:** Devotees bilden das genaue Gegenteil zu den Minglers. Sie besitzen ein großes Interesse für das Thema und sind geradezu enthusiastisch in Bezug auf das Produkt. Die sozialen Kontakte über die Gemeinschaft sind für sie jedoch von zweitrangiger Bedeutung.
4. **Insider:** Insider haben einen engen Bezug zum Thema und auch engen sozialen Kontakt innerhalb der Gemeinschaft. Sie genießen ein hohes Ansehen und werden oft um Rat gefragt.

17.7.3 Zielsetzung

Das Ziel der Virtuellen Community ist es, das Gemeinschaftsgefühl und das Engagement unter den Nutzern aufzubauen und somit einen Mehrwert für alle Beteiligten beispielsweise durch Informationsgewinne zu generieren. Es ist wichtig, bei der Gründung eine klare Zielsetzung zu definieren und die Ideen zu bündeln, um eine zugkräftige und erfolgreiche Community zu etablieren. Die Zielerreichung hängt sehr stark von dem Maß der Identifikation der Mitglieder-Bedürfnisse ab.

Es muss bei der Zielsetzung der Community berücksichtigt werden, in welchen Lebensbereichen sie ihren Mitgliedern dienen soll. Die Betreiber einer Community müssen sich die Fragen stellen, welche Art von Gemeinschaft sie aufbauen wollen und welchen Bedürfnissen die Gemeinschaft gerecht werden soll. Sobald diese Fragen beantwortet sind, kann der Club strategisch geplant werden.

Um die Zielsetzung zu identifizieren, haben Hagel und Armstrong in ihrem Buch „Net Gain" die Community nach den Gemeinsamkeiten der Mitglieder kategorisiert. Sie definieren dabei drei Typen von Communities (Hagel, Armstrong 1999, S. 135):

- **Geografische Communities:** Diese Art von Gemeinschaft wird im Hinblick auf einen bestimmten geografischen Raum gebildet, in dem alle Teilnehmer der Community ein identisches Interesse haben, meist weil sie selbst dort ansässig sind. In einer solchen Gemeinschaft können beispielsweise Informationen darüber angeboten werden, welche Veranstaltungen in der jeweiligen Stadt oder in dem jeweiligen Gebiet stattfinden. Beispielsweise gibt es Verzeichnisse zu Themen wie Restaurants, Kulturangebote, Theaterkritiken, Galerien, Museen, Sportveranstaltungen und virtuelle Chatrooms für Unterhaltungen über Wochenendpläne und andere Themen. Die Mitglieder schätzen diese Seiten auf Grund der aktuellen Informationen.
- **Demografische Communities:** Demografische Gemeinschaften lassen sich nach dem Geschlecht, dem Lebensabschnitt oder der ethnischen Herkunft einteilen. Beispiele hierfür sind Communities für Teenager, Senioren, Alleinerziehende oder ausländische Bürger in einem fremden Land. Auch hier können sich die Mitglieder mit Hilfe von virtuellen Chatrooms, schwarzen Brettern oder Mailing-Listen austauschen.
- **Themenspezifische Communities:** Themenspezifische Communities beschäftigen sich mit Interessensschwerpunkten. Dazu zählen unter anderem Ge-

meinschaften, die sich auf Hobbies und Freizeitbeschäftigungen wie Malen, Musik, Sport oder Gartenpflege und auf Interessensbereiche wie Religion, Wirtschaft oder Politik konzentrieren. Der Nutzen dieser themenorientierten Gemeinschaften besteht darin, dass sie Menschen zusammenbringen und ihnen Zugang zu spezifischen Informationen ermöglichen.

Trotz dieser Kategorisierung haben die Organisatoren nicht immer einen Einfluss auf die Entwicklung der Community, ihre Zielsetzung kann sich im Laufe der Zeit weiterentwickeln. Mit zunehmendem Wachstum werden Untergemeinschaften entstehen, die sich verschiedenen Kategorien zuordnen lassen.

17.7.4 Cases zu Kundenclubs

Die Agentur serviceplan hat für das Kundenbindungsprogramm der Lufthansa Miles & More eine sehr erfolgreiche Dialogmarketingaktion unter dem Titel „Mein Weg zum Mond" entwickelt.

Zur Zielgruppe gehörten alle HON Circle Teilnehmer, sie sind die wertvollsten Kunden von Miles & More.

Die Herausforderung für diese Aktion bestand darin, dass das Vielfliegerprogramm diese Kunden anlässlich ihres Ge-burtstags mit einem individuell auf sie zugeschnittenen Geschenk überraschen möchte, um ihnen so zeigen, wie wichtig sie für das Programm und seine Partner-Airlines sind.

Die kreative Idee ging von dem Insight aus, dass HON Circle Teilnehmer alle eines gemeinsam haben – sie legen beeindruckende Strecken in der Luft zurück. Daher gratuliert Miles & More ihnen mit einem hoch individuellen Geschenk, das genau das zeigt.

Der HON Circle Teilnehmer erhält einen edlen Kristallquader mit 3D-Laser-Gravur, die für seine anhand der erflogenen Meilen errechnete Position vor bzw. hinter dem Mond steht. Den Bezugspunkt bildet dabei die Erde. Auf diese Weise wird die gewaltige Flugleistung des Teilnehmers von einer völlig neuen Perspektive beleuchtet, die zum Staunen einlädt und die Wertschätzung von Miles & More unmittelbar zum Ausdruck bringt.

Die Erwartungen wurden mehr als übertroffen, die Reaktionen der Empfänger waren überaus positiv: „Ein wirklich außergewöhnliches Geburtstagsgeschenk", lobte ein HON Circle Teilnehmer in einem Dankesschreiben.

Auch das HON Circle Service-Team erhielt viele Anrufe, in denen Lob und Dank ausgesprochen wurden.

Diese Kampagne wurde im Jahr 2015 vom Deutschen Dialogmarketing Verband mit dem Deutschen Dialogmarketing Preis in Bronze ausgezeichnet (DDV 2015, S. 100 f.).

Die Dialogmarketingaktion, die die gkk DialogGroup für die Payback GmbH realisiert hat, zeigt, wie die relativ abstrakten Prämienpunkte eines Bonusprogramms veranschaulicht werden können.

Unter dem Titel „Achtung, Payback Gammelpunkte!" erfolgte eine Ansprache der programmaktiven Payback Kunden durch ein Mailing.

Abbildung 143: Lufthansa Miles & More: „Mein Weg zum Mond"

Dieses Mailung hatte die Herausforderung zu bewältigen, dass 20 Mio. Payback Kunden jeden Tag unzählige Punkte sammeln. Leider vergessen manche, ihre gesammelten Punkte auch wieder einzulösen, zum Beispiel in Prämien oder Wert-gutscheine der Partner. Sogar der Hinweis auf einen baldigen Punkteverfall erzeugt manchmal zu wenig Aufmerksamkeit. So bringen sich einige Kunden selbst um ihre Belohnung für das Punktesammeln und können nicht die Attraktivität des Programms erfahren.

Die Agentur entwickelte eine Idee, die den Punkteverfall anfassbar macht: Die Payback Kunden erhalten ihre angesammelten Gammelpunkte zugeschickt – wie ein Lebensmittel eingeschweißt in eine Frischhalte-Verpackung. Das groß aufgedruckte Verfallsdatum macht deutlich, dass es jetzt allerhöchste Zeit zum Einlösen ist. Praktischerweise sind auch gleich einige attraktive Prämien-Vorschläge auf der Rückseite aufgedruckt. So wird jeder Kunde wieder daran erinnert: „PAYBACK lohnt sich für mich!"

Das Ergebnis dieser erfolgreichen Aktion: 72% der angeschriebenen Kunden haben innerhalb der ersten drei Wochen nach dem Versand der Mailings Punkte eingelöst. Insgesamt wurden über eine Million Punkte abgebaut.

33% der Empfänger haben in der Nachbetrachtung bereits mehrfach wieder Punkte eingelöst. Keine andere Maßnahme zur Vermeidung von Punkteverfall war bislang so erfolgreich.

Im Jahr 2013 erhielt diese Aktion den ddp in Gold (DDV 2013, S. 108 f.).

Abbildung 144: Payback: „Achtung, Payback Gammelpunkte!"

18 Controlling von Dialogmarketing-Aktionen

18.1 Kontrollierbarkeit des Dialogmarketings

> Ein wichtiger **Vorteil des Dialogmarketings** liegt in der schnellen und eindeutigen Erfolgsmessung, welche durch dessen Responseorientierung ermöglicht wird. Jede Form der direkten Kommunikation mit Zielpersonen enthält eine Möglichkeit und Aufforderung zur Reaktion, so dass sich ein Dialog zwischen dem Unternehmen und seinen Kunden und Interessenten entwickeln kann. Diese Reaktion kann als individuelles Feedback des Absenders gemessen werden.

Die Messbarkeit des Erfolges mit der eindeutigen Zuordnungsmöglichkeit von Kosten und Erträgen erlaubt eine genaue Rentabilitätsberechnung und die Durchführung von Tests zur Optimierung der Werbeansprache.

Zur Erfolgskontrolle der klassischen Kommunikation werden in der Praxis eine Vielzahl von Kennzahlen eingesetzt, wie beispielsweise Share of Voice, Bekanntheitsgrad, Imagewert, Recall und Reichweite. Diese Größen müssen mit großem Aufwand durch Marktforschungsstudien erhoben werden. Auch die Kennzahlen zur Kostenkontrolle, wie Tausender-Kontakt-Preise (TKP), Kosten pro Anzeige, Produktionskosten und Kosten pro Gross Rating Point (GRP) sind nicht alle eindeutig bestimmbar, sondern unterliegen Bewertungsspielräumen.

Diese Erfolgsgrößen der klassischen Kommunikation sind schwierig zu isolieren und haben kaum einen Bezug zum Rechnungswesen und Controlling eines Unternehmens; dort wird mit völlig anderen Kennzahlen operiert. Gelegentlich wird in der Praxis der Verdacht geäußert, dass die Verantwortlichen zur Bewertung einer Aktion aus dem großen Angebot genau diejenige Kennzahl auswählen, die „gerade am besten passt".

Im Dialogmarketing sind diese Probleme der Erfolgsmessung nicht gegeben. Durch die Responseorientierung ist die Wirkung greifbar. Natürlich müssen auch Online-Medien oder Mailings die Aufmerksamkeit des Empfängers erregen und ein positives Image vom Anbieter und dem angebotenen Produkt vermitteln – diese Wirkungen, die der Reaktion vorgeschaltet sind, lassen sich auch hier nur durch Marktforschung ermitteln.

Aber das eigentliche Ziel des Dialogmarketings, die Reaktion in Form von Interessentengenerierung, Absatz oder Neukundengewinnung, ist einfach zu erfassen. Die Reaktion erreicht den Absender und ist genau der Zielperson zuzuordnen.

Die Kosten einer Dialogmarketing-Aktion können zu den Erfolgen ins Verhältnis gesetzt werden. Die Kosten pro Anfrage, pro Auftrag oder pro Neukunde lassen sich aus den Daten von Rechnungswesen und Controlling berechnen und können dort verbucht werden. Costs per Mail, Costs per Call, Costs per Response und Costs per Order sind gebräuchliche Kennzahlen, die eindeutig bestimmt sind und nicht durch Bewertungsspielräume verfälscht werden können.

18.2 Erfolg in Abhängigkeit von der Zielsetzung

Um zu beurteilen, ob eine Aktion erfolgreich war, müssen die angestrebten Ziele bekannt sein.

Wenn durch eine Dialogmarketing-Maßnahme angestrebt wird, bestehende Kunden auf der Loyalitätsleiter weiterzuentwickeln und aus einem Einmalkäufer einen Mehrfachkäufer zu machen, benötigt man ein Kundenbewertungssystem zur Erfolgsmessung. Man betrachtet hierzu mit Hilfe eines Scorings-Modells, wie der RFMR-Methode, den Wert eines Kunden vor und nach einer Aussendung.

Wenn das vorrangige Ziel darin besteht, neue Kunden zu gewinnen, lässt sich das leicht an der Anzahl der Reaktionen auf eine Aussendung überprüfen. Dazu müssen lediglich die bereits in der Kundendatenbank gespeicherten Kunden von den Rückläufen subtrahiert werden.

Durch weitergehende Kontrollrechnungen werden neben der Anzahl der Rückläufe auch die Höhe der Bestellwerte und Umsätze und die längerfristige Entwicklung der Neukunden beurteilt.

> **Beispiel für Kontrolle der Neukundengewinnung:**
>
> Die Abbildung 145 zeigt die Liste eines Sortimentsversenders zur Kontrolle einer Neukundengewinnungsaktion. Diese Tabelle erfasst das Ergebnis einer Neukundenakquisition bei fast 650.000 gemieteten Adressen.
>
> Die erste Spalte zeigt die Herkunft der Adressenlisten. Die erste Liste besteht aus Kunden eines Versenders A, die innerhalb der letzten 18 Monate bestellt haben. Die zweite Liste besteht aus einer weiteren Kundenliste eines Versenders B.
>
> In den weiteren Zeilen finden sich die Kunden zahlreicher anderer Versender, die Abonnenten von Zeitschriften und Adressen aus vielen anderen Quellen.
>
> Den folgenden beiden Spalten ist die Anzahl der angeschriebenen Adressen der jeweiligen Zielgruppe und die Anzahl der Reaktionen zu entnehmen. Durch die Division dieser beiden Zahlen ergibt sich die Reaktionsquote.
>
> So wurden aus der ersten Liste 14.705 Adressen angeschrieben. Von diesen haben 935 als Interessenten reagiert und einen Katalog angefordert, das entspricht einer Responsequote von 6,4 Prozent.

18.2 Erfolg in Abhängigkeit von der Zielsetzung

Die folgende Spalte gibt die Anzahl der Neukunden an, also diejenigen, die aus dem Katalog eine Bestellung getätigt haben und somit von ihrem Interessentenstatus zu Kunden wurden. Die entsprechende Umwandlungsquote findet sich in der letzten Spalte.

Von den 936 Interessenten der ersten Adressliste haben 117 eine Bestellung aufgegeben, dies entspricht einer Umwandlungsquote von 12,5 Prozent.

Als weiteren Erfolgsmaßstab gibt die Tabelle die erzielten Umsätze mit den Neukunden bis zu einem festgelegten Stichtag an.

Die 117 Neukunden aus der ersten Adressliste haben ein Umsatzvolumen von 37.500 Euro erreicht, was einem Durchschnittsumsatz von 320 Euro entspricht.

Somit wurden drei Erfolgskennzahlen gebildet (Responsequote, Umwandlungsquote, Umsatz), die sich natürlich auch kombinieren lassen. Zusätzlich ist eine Bewertung der einzelnen Adresslisten untereinander oder an Hand des Durchschnittes in der letzten Zeile möglich.

Lfd. Nr.	Adressliste	Anzahl der Aussendungen	Anzahl der Reaktionen	Responsequote in %	Anzahl der Neukunden	Umwandlungsquote in %	Umsatzvolumen in T€	Durchschnittsumsatz in €
1	A	14.705	936	6,4	117	12,5	37,5	320
2	B	3.012	134	4,4	19	14,2	9,4	492
3	C	611	48	7,9	13	27,1	4,2	326
4	D	2.230	105	4,7	12	11,4	5,0	418
5	E	7.297	204	2,8	20	9,8	5,5	274
6	F	2.115	121	5,7	23	19,0	13,2	576
7	G	2.149	91	4,2	8	8,8	3,1	388
8	H	3.332	153	4,6	14	9,2	2,7	192
9	I	3.774	152	4,0	18	11,8	9,8	544
10	J	2.103	104	4,9	19	18,3	7,0	370
11	K	2.655	132	5,0	9	6,8	3,0	337
12	L	4.501	209	4,6	16	7,7	3,3	208
13	M	3.917	222	5,7	23	10,4	8,0	349
14	N	2.085	117	5,6	11	9,4	7,9	718
15	O	12.797	755	5,9	97	12,8	60,5	624
...								
Σ		649.989	33.232	5,1	3.908	11,8	1.470,1	376

Abbildung 145: Ergebnisse einer Neukundengewinnungsaktion

18.3 Kundenwert als zentrale Kennzahl

Das strategische Dialogmarketing-Controlling betrifft langfristige Entscheidungen und den Aufbau von Erfolgspotenzialen. Es verfolgt die Zielsetzung, die übergeordneten Marketing-Ziele langfristig zu realisieren sowie zukünftige Erfolgspotenziale zu schaffen und zu erhalten.

Eine zentrale Kennzahl des strategischen Dialogmarketing-Controllings stellt der Kundenwert dar. Der Wert eines Kunden für das Unternehmen hängt beispielsweise von den in der Abbildung 146 dargestellten Faktoren ab.

Monetäre Bestimmungsfaktoren
- Umsatz (Ist und Potenzial)
- Deckungsbeitrag (Ist und Potenzial)
- Preissensibilität, -bewusstsein
- Kosten der Kundengewinnung und -bindung
- Serviceansprüche
- Dauer der vertraglichen Bindung
- ...

Nicht-monetäre Bestimmungsfaktoren
- Weiterempfehlungs-Potenzial
- Meinungsführer- und Referenz-Potenzial
- Reklamationsverhalten
- Psychologisches Bindungspotenzial
- Erreichbarkeit von Vertrauen
- Glaubwürdigkeit
- Zufriedenheit
- Commitment
- ...

Zusätzliche nicht-monetäre Bestimmungsfaktoren im B-t-B-Bereich
- Marktstellung
- Machtpotenzial
- Referenz-Potenzial
- Image
- Bekanntheitsgrad des Unternehmens
- Innovationspotenzial
- Synergiepotenzial
- ...

Abbildung 146: Determinanten des Kundenwertes

Der effiziente Einsatz des Dialogmarketings setzt die Bewertung der Kunden bzw. Interessenten voraus.

Zunächst sind es monetäre Größen, die zur Kundenbewertung herangezogen werden. Neben dem aktuellen Umsatz und kundenbezogenen Deckungsbeitrag sollte dabei auch das Potenzial (Cross-Selling-Potenzial) berücksichtigt werden. Der Kundenwert hängt ab von den Kosten der Gewinnung und Bindung dieses Kunden, seinem Preisbewusstsein, seinen Serviceansprüchen und der Dauer einer eventuellen vertraglichen Bindung (z.B. Abonnement).

Neben diesen monetären Determinanten hängt der Wert eines Kunden davon ab, ob dieser ein hohes Potenzial für Weiterempfehlungen birgt und ob er in seinem Umfeld als Meinungsführer auftritt und Referenzen für das Unternehmen abgibt. Ein ausgeprägtes Reklamations- und Retourenverhalten verursacht dagegen hohe Kosten. Ein gesteigerter Kundenwert kann bei einer engen psychologischen Bindung zu dem Unternehmen mit Vertrauen, Glaubwürdigkeit, Zufriedenheit und Commitment unterstellt werden.

18.4 Messung des Kundenwertes

Die eindimensionalen monetären Modelle bewerten den Wert eines Kunden oder potenziellen Kunden (Interessent) nach dem Umsatz oder Deckungsbeitrag.

Der Customer Lifetime Value prognostiziert den Wert während der gesamten Kunden-Lebensdauer und geht davon aus, dass ein Kunde im Laufe seines Lebens eine Vielzahl von Käufen bei dem Unternehmen tätigt. Dabei werden sowohl die schon realisierten Umsätze als auch die in der Zukunft liegenden potenziellen Umsätze einbezogen, so dass das Chancenpotenzial einer langfristigen Bindung eines Kunden abgeschätzt werden kann.

Analog der Kapitalwertmethode aus der Investitionsrechnung wird der abgezinste Barwert (Kapitalwert) einer Kundenbeziehung berechnet; dazu werden die Akquisitionskosten für den individuellen Kunden behandelt wie die Anschaffungskosten eines Investitionsobjektes, die über die „Lebensdauer" abgeschrieben werden können.

Es wird prognostiziert, welchen Umsatz und Deckungsbeitrag der Kunde in jedem Jahr verursacht und welche Kosten für Betreuung und Marketing-Aktionen für ihn anfallen. Der Überschuss wird mit einem Kalkulationszinssatz diskontiert und über die Dauer, die der Kunde aktiv bleibt, kumuliert. Wenn die kumulierten, diskontierten Überschüsse die Akquisitionskosten übersteigen, ist die Kundengewinnung wirtschaftlich.

Mit der Einbeziehung der nichtmonetären Determinanten wird berücksichtigt, dass Kunden, die sehr zufrieden mit dem Unternehmen sind, eine größere Kaufwahrscheinlichkeit haben und damit auch einen größeren Wert, der nicht unbedingt in Geldeinheiten ausgedrückt werden kann. Diese zufriedenen Kunden bieten auch eine bessere Chance für die Gewinnung neuer Kunden, da sie bereit sind, ihre positiven Erfahrungen als Meinungsführer weiterzugeben. Sie haben das Potenzial durch Referenzen (z.B. Freundschaftswerbung oder „Member gets Member") zur Neukundengewinnung beizutragen.

Mit Hilfe von Scoring-Modellen wird der Kundenwert auf der Basis von Kriterien berechnet, die einen Aussagewert für den weiteren Verlauf der Kundenbeziehung haben. Für diese Kriterien werden bei jedem Kunden (oder Interessenten) Punkte vergeben, die dann unterschiedlich gewichtet und addiert werden, so dass auf das zukünftige Kaufverhalten geschlossen werden kann.

Die Portfolio-Analyse, mit der die strategische Wettbewerbsposition von Produkten oder Geschäftsfeldern eines Unternehmens untersucht wird, lässt sich auch auf die Kunden übertragen. Dazu werden zwei Segmentierungskriterien zueinander ins Verhältnis gesetzt; durch die Eingruppierung der Kunden in dieses Koordinatensystem kann die jeweilige Position visualisiert werden. Die Abbildung 147 verdeutlicht die Grundsätze des wertorientierten Dialogmarketings.

Jede Aktivität des Dialogmarketings hat drei unterschiedliche **Auswirkungen auf den Unternehmenswert**:

- **Customer Equity:** Jede Aktion kann durch die Interaktion mit der Zielperson bei dieser Vertrauen und Zufriedenheit aufbauen und ein Commitment für das Unternehmen bewirken. Die Beziehungsqualität verbessert sich und damit der Wert des Kunden – Customer Equity.
- **Brand Equity:** Jede Aktion führt dazu, dass sich die Bekanntheit der Marke bei dem Empfänger verbessert. Dies führt zu einer geänderten Einstellung und zu einer Sympathie gegenüber der Marke. Die Stärke der Marke steigt – Brand Equity.
- **Knowledge Equity:** Jede Aktion im Dialog mit dem Kunden steigert die Informationen, die über den Kunden vorliegen. Die Menge und Qualität der Daten verbessern sich und damit auch die Wissensbasis – Knowledge Equity.

Aus den unmittelbaren Folgen einer Aktivität wird letztlich auf die Auswirkungen auf den Unternehmenswert geschlossen.

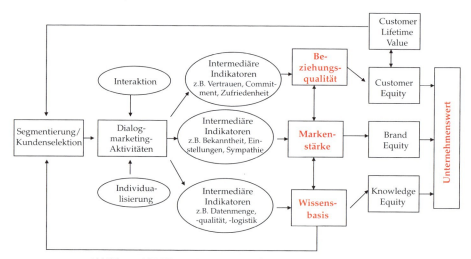

Abbildung 147: Wertorientiertes Dialogmarketing-Management
Quelle: Mann, Rath 2008, S. 16

18.5 Balanced Scorecard im Dialogmarketing

> Zum Controlling und zur strategischen Steuerung eines Unternehmens bietet sich das Instrument der **Balanced Scorecard** an. Es handelt sich dabei um ein Führungsinstrument zur Ausrichtung der Organisation an strategischen Zielen in den unterschiedlichen Perspektiven (Finanzen, Kunden, Prozesse, Mitarbeiter). Damit wird sichergestellt, dass ein Unternehmen nicht vorrangig durch finanzwirtschaftliche Kennzahlen gesteuert wird und dabei andere Effekte in den Hintergrund geraten, sondern ein ganzheitlicher Blick erfolgen kann.

Die Balanced Scorecard gibt einen Überblick über die Leistungsfähigkeit und Effektivität und ist ein Instrument zur Einrichtung eines integrierten Managementsystems und zur Steuerung struktureller Frühindikatoren für den Geschäftserfolg.

Die dabei berücksichtigten Dimensionen umfassen meist die Finanz-, Kunden-, Prozess-, Mitarbeiterperspektive.

Die Übertragung einer Balanced Scorecard auf Aktivitäten des Dialogmarketings zeigt die Abbildung 148; hier kommt eine Lernperspektive hinzu. Zu allen Perspektiven sind beispielhafte Ziele, Messgrößen, Zielwerte und Aktivitäten eingetragen.

Durch den Einsatz einer Balanced Scorecard ist eine ganzheitliche Sicht auf das Unternehmen möglich. Die Effizienz und Effektivität der Aktivitäten können aus unterschiedlichen Perspektiven bewertet werden. In der Abbildung 148 werden die Auswirkungen einer Aktivität beurteilt in Bezug auf:

- den Unternehmenswert
- die Beurteilung durch die Kunden
- die Optimierung der Prozesse
- den Erfolg der Kampagne
- die Lernfortschritte im Unternehmen

Wertperspektive

Hier geht man der Frage nach, welchen Beitrag für den Unternehmenswert die Aktivität leistet? Mögliche Ansätze dazu sind:

- Kundenstammwert erhöhen, z.B. durch angepasste Betreuungsintensität
- Markenwert erhöhen, z.B. durch Erhöhung der Bekanntheit in den Zielgruppen
- Anzahl der Kunden erhöhen, z.B. durch Umwandlung von Interessenten in Kunden

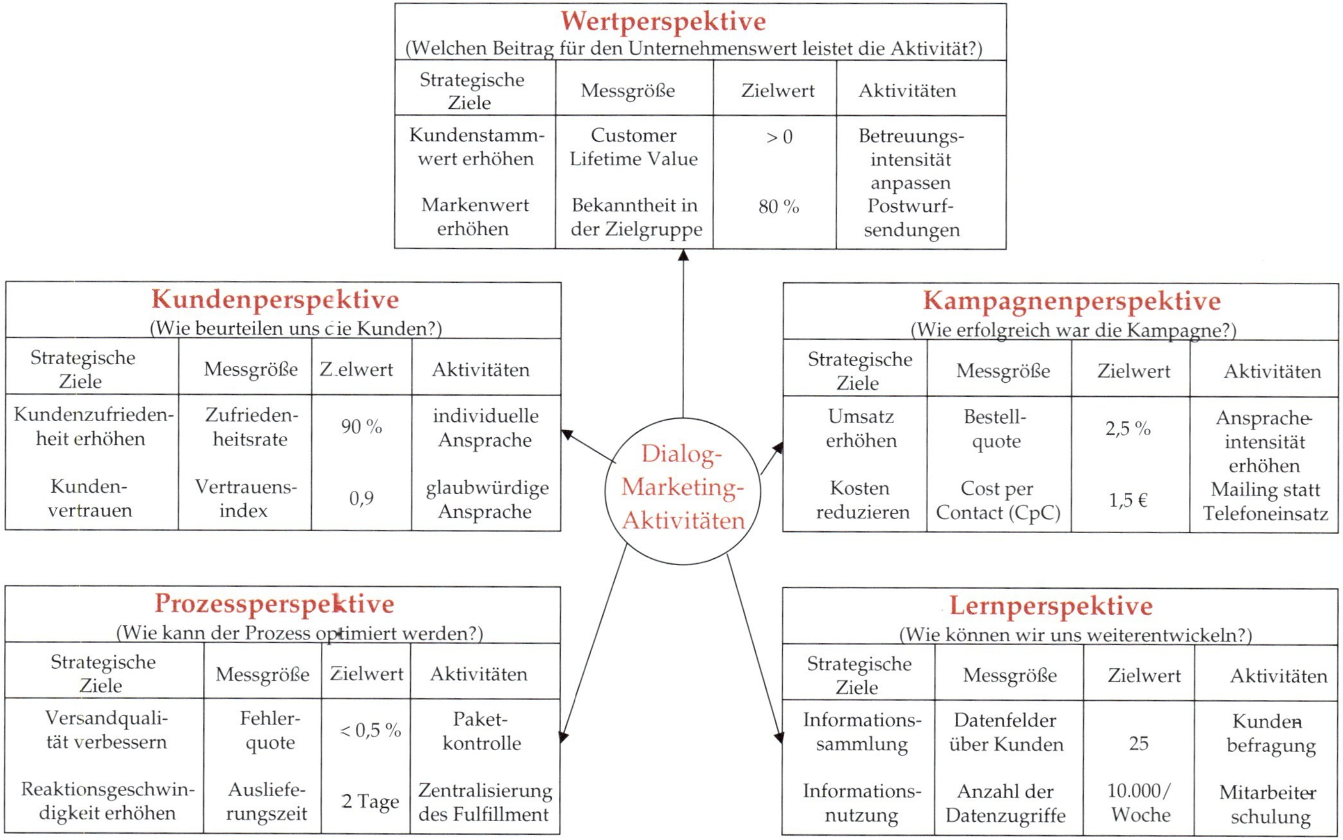

18 Controlling von Dialogmarketing-Aktionen

Wertperspektive
(Welchen Beitrag für den Unternehmenswert leistet die Aktivität?)

Strategische Ziele	Messgröße	Zielwert	Aktivitäten
Kundenstammwert erhöhen	Customer Lifetime Value	> 0	Betreuungsintensität anpassen
Markenwert erhöhen	Bekanntheit in der Zielgruppe	80 %	Postwurfsendungen

Kampagnenperspektive
(Wie erfolgreich war die Kampagne?)

Strategische Ziele	Messgröße	Zielwert	Aktivitäten
Umsatz erhöhen	Bestellquote	2,5 %	Anspracheintensität erhöhen
Kosten reduzieren	Cost per Contact (CpC)	1,5 €	Mailing statt Telefoneinsatz

Lernperspektive
(Wie können wir uns weiterentwickeln?)

Strategische Ziele	Messgröße	Zielwert	Aktivitäten
Informationssammlung	Datenfelder über Kunden	25	Kundenbefragung
Informationsnutzung	Anzahl der Datenzugriffe	10.000/ Woche	Mitarbeiterschulung

Kundenperspektive
(Wie beurteilen uns die Kunden?)

Strategische Ziele	Messgröße	Zielwert	Aktivitäten
Kundenzufriedenheit erhöhen	Zufriedenheitsrate	90 %	individuelle Ansprache
Kundenvertrauen	Vertrauensindex	0,9	glaubwürdige Ansprache

Prozessperspektive
(Wie kann der Prozess optimiert werden?)

Strategische Ziele	Messgröße	Zielwert	Aktivitäten
Versandqualität verbessern	Fehlerquote	< 0,5 %	Paketkontrolle
Reaktionsgeschwindigkeit erhöhen	Auslieferungszeit	2 Tage	Zentralisierung des Fulfillment

Dialog-Marketing-Aktivitäten

Abbildung 148: Aufbau einer Dialogmarketing-Scorecard
Quelle: Mann, Rath 2008, S. 26

Kampagnenperspektive

Wie erfolgreich ist die Kampagne für sich betrachtet? Der Erfolg kann erreicht werden durch:

- Umsatzerhöhung, z.B. mehr Käufe durch erhöhte Anspracheintensität
- Kostenreduktion, z.B. durch vermehrte Nutzung günstigerer Ansprachekanäle
- Reichweitenerhöhung, z.B. mehr Kontakte durch eine Vielzahl von Medien
- Selektionsoptimierung, z.B. mehr Response durch verbessertes Scoring

Kundenperspektive

Wie beurteilen die Kunden das Unternehmen? Eine bessere Kundenbeurteilung kann erreicht werden durch:

- Kundenzufriedenheit erhöhen, z.B. durch individuelle Ansprache
- Kundenvertrauen erhöhen, z.B. durch mehr qualifizierte Beratung
- Kundenverluste reduzieren, z.B. durch bessere Früherkennung der Kündiger

Prozessperspektive

Eine Optimierung des Prozesses kann erreicht werden durch:

- Berücksichtigung von Kundenvorschlägen, z.B. schneller Feedback an Kunden zu Verbesserungsvorschlägen
- Erhöhung der Reaktionsgeschwindigkeit, z.B. Auslieferungszeiten reduzieren

Lernperspektive

Die Aktion kann dazu dienen, die Kundenansprache zu optimieren. Ansatzpunkte dazu ergeben sich aus:

- Sammlung von mehr Daten, z.B. mehr Datenfelder pro Kunde durch Kundenbefragungen
- Intensivierung der Informationsnutzung, z.B. durch Mitarbeiterschulungen zu den Selektionsmöglichkeiten

18.6 Kennziffern des Dialogmarketing-Controllings

18.6.1 Responsequote

Das operative Dialogmarketing-Controlling beschäftigt sich mit kurzfristig orientierten Zielgrößen, welche die Realisation von Erfolgspotenzialen betreffen. Es überwacht die Wirtschaftlichkeit von Dialogmarketing-Aktionen anhand von liquiditäts- und rentabilitätsorientierten Kennzahlen.

18 Controlling von Dialogmarketing-Aktionen

> Die Kennziffer, die am einfachsten zu ermitteln ist und in der Praxis die größte Verbreitung gefunden hat, ist die **Rücklauf- oder Responsequote**. Die Rücklaufquote berechnet sich durch die Division der Anzahl der Reaktionen auf eine Aktion durch die Anzahl der Aussendungen:

$$\text{Rücklaufquote} = \frac{\text{Anzahl der Reaktionen}}{\text{Anzahl der Aussendungen}} \times 100$$

Zur fortlaufenden Überwachung der Rücklaufquote wird eine Eingangsstatistik geführt und täglich die Anzahl der eintreffenden Antworten aufgelistet. Zusätzlich lassen sich täglich zahlreiche weitere Informationen erfassen, die für die Zielerreichung des Unternehmens relevant sind:

- die Anzahl der unzustellbaren Mailings
- der Absatz oder Umsatz
- der Bestellwert
- die Anzahl der abgeschlossenen Verträge

Eine grafische Darstellung der täglich eingegangenen Reaktionen zeigt einen typischen Verlauf, wie er in Abbildung 149 dargestellt ist.

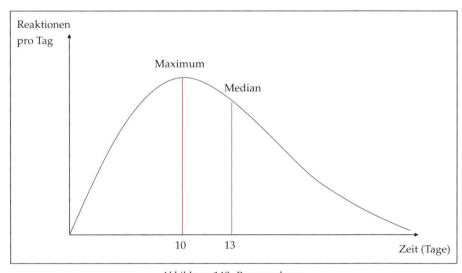

Abbildung 149: Responsekurve

Auf der Abszisse sind die Eingangstage und auf der Ordinate die täglich eintreffenden Reaktionen aufgeführt. Zunächst steigt die Kurve steil an, sie erreicht (in diesem Beispiel) am zehnten Eingangstag ihr Maximum und fällt dann mit einer geringen negativen Steigung. Die Kurve verläuft asymmetrisch, sie ist linkssteil bzw. rechtsschief.

Unabhängig von der Branche oder dem Inhalt des Angebots lässt sich in der Praxis immer wieder dieser typische Verlauf erkennen. Die Länge der Kurve und auch die Amplitude können sich sehr stark unterscheiden, aber die mathematische Grundform, der typische asymmetrische linkssteile Verlauf der Kurve, ist immer sehr ähnlich.

Die Kontrolle der Eingangsstatistik erleichtert die frühzeitige Beurteilung des Erfolges. Etwa drei Tage nach dem Erreichen des Maximums wird der Median erreicht; an diesem Zeitpunkt ist ungefähr die Hälfte aller insgesamt zu erwartenden Reaktionen eingetroffen ist. Wegen der Asymmetrie der Kurve liegt der Wert auf der Abszisse, der die Fläche unter der Kurve in zwei gleiche Hälften teilt, der Median, rechts vom Maximum.

Die Frage nach den durchschnittlich zu erwartenden Rücklaufquoten auf die unterschiedlichen Medien des Dialogmarketings lässt sich kaum beantworten. In Abhängigkeit von der verfolgten Zielsetzung, dem Angebot und den genutzten Verstärkern und Filtern können die Responsequoten stark differieren.

> **Beispiel für zu erwartende Rücklaufquoten:**
>
> Ein Immobilienmakler ist vielleicht mit einem Rücklauf von 0,1 Promille sehr zufrieden. Dagegen erwartet ein Anbieter aus dem Konsumgüterbereich bei einem extrem günstigen Angebot, das mit einem attraktiven Gewinnspiel gekoppelt ist, vielleicht eine Responsequote von 10 Prozent.

Neben den unterschiedlichen zu erwartenden Responsequoten differieren auch die Reaktionsgeschwindigkeiten extrem bei den verschiedenen Medien. Wenn auch die Form der linkssteilen Kurve bei allen Kommunikationskanälen gleich ist, so kann die auf der Abszisse abzutragende Zeitspanne bei E-Mails in Minuten bemessen sein und bei einem Katalog in Wochen.

18.6.2 Kosten pro Bestellung und Break-Even-Point

Die Rücklaufquote lässt sich mit einfachen Mitteln maximieren. Durch die Verwendung von Verstärkern, wie Gewinnspielen, attraktiven Angeboten, Übernahme der Portogebühren durch den Empfänger oder aufwendige Werbemittel, lässt sich eine Steigerung der Response erreichen.

Das Ziel der meisten Dialogmarketing-Aktionen dürfte aber nicht in einer Response-Maximierung liegen, sondern es ist auch eine Wirtschaftlichkeit anzustreben. Neben der Rücklaufquote sind auch die Kosten der Aussendung zu beachten, die auf die Anzahl der Rückläufe verteilt werden.

$$\text{Kosten pro Auftrag} = \frac{\text{Gesamtkosten der Aussendung}}{\text{Anzahl der Aufträge}}$$

$$\text{Kosten pro Interessent} = \frac{\text{Gesamtkosten der Aussendung}}{\text{Anzahl der Interessenten}}$$

Diese Kennziffer beinhaltet zwar neben der Anzahl der Rückläufe auch die Kosten der Werbeaktion, aber sie gibt noch keinen Aufschluss über die Rentabilität. Dazu müssten auch die Erträge berücksichtigt werden.

Der Break-Even-Point – die Gewinnschwelle – stellt auch im Dialogmarketing die zentrale Erfolgskennziffer für die Wirtschaftlichkeit einer Aktion dar. Er gibt die erforderliche Reaktionsquote in Prozent des Aussendevolumens an, bei der die Kosten der Aktion durch die Erträge gedeckt werden. Ein Überschreiten dieses Wertes bedeutet Gewinn, ein Unterschreiten Verlust.

$$\text{BEP in \%} = \frac{\text{Aktionskosten pro Stück}}{\text{Deckungsbeitrag pro Bestellung}} \times 100$$

Der Break-Even-Point stellt einen Soll-Wert dar, den man bereits vor der Aktion festlegen kann. Es ist der Kostendeckungspunkt, ab dem sich eine Aktion selbst trägt und die Gewinnzone erreicht wird.

Problematisch ist es, den Deckungsbeitrag festzulegen, der durch eine Bestellung erreicht wird. Vor allem wenn in dem Werbemittel nicht nur eines sondern viele alternative Produkte angeboten werden, kann man hier lediglich mit Durchschnittswerten operieren.

18.7 Case zum Dialogmarketing-Controlling

An Hand eines einfachen hypothetischen Beispiels soll die Erfolgsmessung einer Dialogmarketing-Aktion demonstriert werden. In diesem Beispiel geht es um den Versand von Mailings an Fremdadressen mit dem Ziel des Verkaufs einer Software für mittelständische Unternehmen (Abbildung 150).

- **Auflage des Mailings:** Es sollen 100.000 Exemplare des Werbebriefes verschickt werden.
- **Fixkosten des Mailings:** In die Fixkosten gehen die von der Auflage unabhängigen Kosten ein, die für die Entwicklung der Werbestrategie, die Kreation des Werbemittels und die Anfertigung der druckfähigen Vorlage anfallen. Dabei handelt es sich um Honorare für die Werbeagentur sowie die Kosten für Fotografien, Lithografien und ähnliches. In diesem Beispiel betragen die Fixkosten 20.000 Euro, somit 0,20 Euro pro Werbebrief.
- **Variable Kosten des Mailings:** Zu den auflagenabhängigen Kosten zählen im Wesentlichen die drei Positionen Produktion, Adressenmiete und Porto. Die Produktionskosten umfassen Papier, Druck, Schneiden, Falzen, Kuvertieren etc. und können je nach dem Aufwand und Umfang des Mailings sehr unterschiedlich sein. Wenn die Werbebriefe nicht an eigene Adressen versandt werden, müssen Adressen gemietet werden. Die Kosten für jede gemietete Adresse sind abhängig von dem Umfang der Selektionen. In dem vorliegenden Beispiel soll von variablen Stückkosten in Höhe von 0,60 Euro ausgegangen werden.

18.7 Case zum Dialogmarketing-Controlling

Mailingkosten	Betrag	Betrag pro Stück
Auflage des Mailings: 100.000		
Fixkosten des Mailings: • Kreation, Agentur • Fotografien, Druckvorlagen, etc.	20.000 €	0,20 €
Variable Kosten des Mailings: • Adressmiete • Produktion, Druck • Versand, Porto, etc.	60.000 €	0,60 €
Gesamtkosten des Mailings	80.000 €	0,80 €

Abbildung 150: Kosten des Mailings

- **Kosten pro Mailing:** Die Summe aus fixen und variablen Stückkosten beträgt 0,80 Euro pro versandtem Mailing.
- **Deckungsbeitrag:** Die Kalkulation des Deckungsbeitrags ist vor allem dann problematisch, wenn in dem Mailing nicht nur ein Angebot beworben wird, sondern wenn es einen umfangreichen Prospekt mit vielen Alternativen oder sogar einen Katalog enthält. In diesen Fällen wird man nur mit Durchschnitts- oder Erfahrungswerten kalkulieren können.

In dem vorliegenden Beispiel wird nur ein Produkt angeboten, das einen Verkaufspreis von 80 Euro hat. Die variablen Kosten für den Einkauf des Artikels und den Versand werden mit 40 Euro angegeben. Der Deckungsbeitrag beträgt 40 Euro.

Aufträge	Betrag pro Stück
Umsatz pro Auftrag	80 €
Variable Kosten pro Auftrag • Einkaufspreis • Versand, etc.	40 €
Deckungsbeitrag pro Auftrag	40 €

Abbildung 151: Deckungsbeitrag

- **Break-Even-Point:** Aus diesen Angaben lässt sich die Gewinnschwelle errechnen.

$$\text{BEP in \%} = \frac{0,80}{40,00} \times 100 = 2,0\,\%$$

Wenn 2,0 Prozent der angeschriebenen Personen das Produkt kaufen, wird die Gewinnschwelle erreicht (Abbildung 152).

- **Rücklaufquote:** Die Anzahl der Bestellungen in dem Beispiel betrage 4.000. Bezogen auf die 100.000 versandten Mailings entspricht dies einer Responsequote von 4 Prozent.

$$\text{Responsequote} = \frac{4.000}{100.000} \times 100 = 4\,\%$$

- **Retourenquote:** Nicht alle Bestellungen dürfen als Umsatz verbucht werden, denn es besteht die Möglichkeit des Widerrufs bzw. der Rückgabe. Im vorliegenden Beispiel werden 200 Bestellungen von den Kunden retourniert.

$$\text{Retourenquote} = \frac{200}{4.000} \times 100 = 5\,\%$$

- **Festbestellungen:** Es bleiben 3.800 Festbestellungen, was einer Bestellquote von 3,8 Prozent entspricht.

$$\text{Bestellquote} = \frac{3.800}{100.000} \times 100 = 3,8\,\%$$

Damit wird die Gewinnschwelle um 1,8 Prozentpunkte überschritten, die Aktion ist rentabel.

- **Aktionskosten pro Bestellung:** Um die Kosten pro Bestellung zu berechnen, werden die Gesamtkosten der Aktion dividiert durch die Anzahl der Festbestellungen.

$$\text{Aktionskosten pro Bestellung} = \frac{100.000 \times 0,80}{3.800} = 21,05\ \text{Euro}$$

Jede Festbestellung muss Kosten in Höhe von 21,05 Euro tragen. Da der Stückdeckungsbeitrag 40 Euro beträgt, ist die Aktion mit einem Stückgewinn von 18,95 Euro rentabel.

Erfolgskontrolle	Formel	Beispielrechnung
Break-Even-Point	BEP in % = $\frac{\text{Aktionskosten pro Stück}}{\text{Deckungsbeitrag pro Auftrag}}$	BEP in % = $\frac{0,60}{25}$ = 2,4 %
Rücklaufquote	Responsequote in % = $\frac{\text{Anzahl Reaktionen}}{\text{Anzahl Aussendungen}}$	Resp. q. in % = $\frac{13.125}{200.000}$ = 6,56 %
Retourenquote	Retourenquote in % = $\frac{\text{Anzahl Retouren}}{\text{Anzahl Bestellungen}}$	Ret. q. in % = $\frac{2.625}{13.125}$ = 20 %
Festbestellquote	Festbestellquote in % = $\frac{\text{Anzahl Festbestellungen}}{\text{Anzahl Aussendungen}}$	Festbest. q. in % = $\frac{10.500}{200.000}$ = 5,25 %
Aktionskosten pro Bestellung	Akt. k. pro Best. = $\frac{\text{Gesamtkosten d. Aussendung}}{\text{Anzahl der Festbestellungen}}$	Akt. k. pro Best. = $\frac{120.000}{10.500}$ = 11,43 €
Rohgewinn der Aktion	Rohgewinn = Deckungsbeitrag − Gesamtkosten der Aktion	Rohg. = (50−25) · 10500 − 120000 = 142.500 €

Abbildung 152: Kennziffern der Erfolgskontrolle

Umsatz – DB – Rohgewinn	Betrag
Umsatz	80 × 3.800 = 304.000 €
Deckungsbeitrag	40 × 3.800 = 152.000 €
Gesamtkosten der Aussendung	80.000 €
Rohgewinn	72.000 €

Abbildung 153: Rohgewinn

Rohgewinn der Aktion

Rohgewinn: (40,00 – 21,05) × 3.800 = 72.000 Euro

Der Umsatz beträgt 304.000 Euro, der Deckungsbeitrag genau die Hälfte davon. Abzüglich der Kosten der Mailing-Aktion verbleibt ein Rohgewinn in Höhe von 72.000 Euro.

18.8 Dialogmarketing-Controlling in der Praxis

> Der Vorteil der **Erfolgsmessung im Dialogmarketing** wird von den Unternehmen in der Praxis erstaunlich wenig genutzt. Oft sind die Mitarbeiter so stark in das Tagesgeschäft eingebunden, dass wenig Zeit für konzeptionelle Überlegungen bleibt. Die nächste Aktion läuft schon wieder, die alte Aktion ist abgeschlossen. Wenn eine Aktion jedoch nicht bewertet und analysiert wird, werden Potenziale für die Optimierung verschenkt.

In einer Befragung wurden 953 Unternehmen, die im Dialogmarketing aktiv sind, gebeten Auskunft über die Kennzahlen zu geben, mit denen sie den Erfolg ihrer Kampagnen messen. Die Ergebnisse sind in der Abbildung 154 zu sehen.

Die am häufigsten verwendete Kennzahl ist erwartungsgemäß die Responsequote, die aber nur von 86 Prozent der Unternehmen erfasst wird.

82 Prozent der befragten Unternehmen halten die Kosten einer Kampagne fest und 77 Prozent zählen die Kundenanfragen, die durch eine Aktion erzeugt wurden. Nur 65 Prozent berechnen die Kosten pro Mailing und nur 53 Prozent die Umsätze pro Order bzw. die Kosten pro Kontakt. Der Break Even Point wird nur von der Hälfte berechnet.

In einer Befragung zum Einsatz des Kampagnenmanagements in großen deutschen Unternehmen aus dem Jahr 2009 wurde ebenfalls nach den Kennziffern gefragt, mit denen der Erfolg einer Kampagne kontrolliert wird.

Hier gab nur 65 Prozent der Unternehmen an, die Responsequote zu erfassen. Eine nach Responsemedium differenzierte Messung haben nur 43 Prozent. Die Kosten pro Auftrag werden von 42 Prozent gemessen (Holland, Köroglu 2010, S. 177–222).

Die Deutsche Post AG fragt die Unternehmen in ihrem Dialogmarketing Monitor auch der Erfolgskontrolle im Dialogmarketing. Bei volladressierten Werbesendungen (Mailings) gaben 52% an, keine Erfolgsmessung zu betreiben. Von den verbleibenden 48% ermitteln 82% die Rücklaufquote, 17% die Costs per Order. 6% führen Kundenbefragungen durch, 4% messen den Erfolg durch Coupons, Gutscheine oder Gewinnspiele und 1% meint, den Erfolg an Hand von Umsatz oder Verkaufszahlen messen zu können (Deutsche Post 2015, S. 56).

Kennziffern im Dialogmarketing-Controlling	Nutzung in Prozent n=953
Responsequoten	86,0
Kampagnenkosten	82,4
Anzahl Kundenanfragen	76,8
Kosten pro Mail	64,6
Retourenzahlen	61,3
Kundenzufriedenheitsbefragungen	59,8
Beschwerdemanagement	59,7
Qualitative Diskussionen	57,7
Umsätze pro Order	53,2
Kosten pro Kontakt	53,1
ROI der Aktion	52,8
Break Even Point der Aktion	50,2
Kosten pro Order	45,2
Kundenwartedauer bei Inbounds	27,8
Kundenprozessanalysen	26,4
Gesprächsdauer pro Call	21,4

Abbildung 154: Controlling von Dialogmarketing-Aktionen
Quelle: Krummenerl 2005, S. 94

18.9 Case zur Erfolgskontrolle bei einer Neukundengewinnung

In dem folgenden Testszenario wird von einem Stationärhändler ausgegangen, der mit modischer Bekleidung handelt und in den Versandhandel einsteigen möchte. Die dabei verwendeten Werte beruhen auf Erfahrungswerten und sind somit realitätsnah (Abbildung 155). Dazu werden vier unterschiedliche Neukundengewinnungswege auf ihre Wirtschaftlichkeit untersucht:

18.9 Case zur Erfolgskontrolle bei einer Neukundengewinnung

- Postwurf Spezial
- Beilagen in Tageszeitungen und Zeitschriften
- Mailings an Fremdadressen
- Anzeige

Für die Maßnahmen zur Gewinnung von Neukunden wird in dem Testszenario eine Auflage von 100.000 Stück vorgesehen, die vierte Alternative (Anzeige) erscheint in einer Auflage von einer Million.

Die Responsequoten schwanken zwischen 0,3 Prozent für die Anzeige mit Tip-on-Card und 2,5 Prozent für das Mailing. Der Bestellwert wird mit 60 Euro pro Bestellung angenommen. Ferner werden Nichtlieferungen von 5 Prozent angenommen, da die modischen Artikel teilweise sehr schnell ausverkauft sind und nicht nachgeliefert werden können. Die Retouren betragen 35 Prozent, dieser Wert ist bei Bekleidung durchaus üblich.

Der Wareneinsatz wird mit 35 Prozent angesetzt, dieser Wert beinhaltet die Tatsache, dass die Retouren abgepreist werden müssen. Die Abwicklung kann mit 10 Euro pro Bestellung kalkuliert werden. Gerade bei der Neukundengewinnung sind die Forderungsausfälle mit 3 Prozent sicherlich nicht zu hoch angesetzt, die Verwaltungskosten werden mit 2 Prozent kalkuliert.

Die Werbekosten setzen sich für die Gewinnungswege sehr unterschiedlich zusammen und werden in den folgenden Abbildungen erläutert.

Für die Beurteilung des Erfolges einer Neukundengewinnungsmaßnahme wird im Versandhandel der CPO (Costs per Order) verwendet. Dazu werden die Werbekosten durch die Anzahl der Aufträge dividiert.

Postwurf Spezial

Mit Hilfe der teiladressierten Werbesendungen ist es möglich, Straßenzüge und Häusertypen nach festgelegten (mikrogeografischen) Kriterien auszuwählen.

In der Beispielrechnung wird eine Responsequote von 1,5 Prozent unterstellt und damit ein CPO von 55 Euro erreicht.

Beilagen in Tageszeitungen und Zeitschriften

Im Gegensatz zu Anzeigen können durch Beilagen in Printmedien Kunden einstufig gewonnen werden. Es wird eine Response von einem Prozent angenommen, die zu einem CPO von 75 Euro führt.

18 Controlling von Dialogmarketing-Aktionen

Erfolgsgrößen	Postwurf Spezial	Tageszeitungs-Beilage	Mailing an Fremdadressen	Anzeige mit Tip-On-Card (2-stufig)
Auflage (in Tsd)	100	100	100	1.000
Response (%)	1,5	1,0	2,5	0,3
Aufträge	1.500	1.000	2.500	3.000
Bestellwert (in Euro pro Stk.)	60	60	60	60
Nachfrage gesamt (in Tsd Euro)	90	60	150	180
– Nichtlieferungen (5%)	4,5	3	7,5	9
– Retouren (35%)	29,9	20	49,9	59,9
Bruttoumsatz (in Tsd Euro)	55,6	37	92,6	111,1
Nettoumsatz (: 1,19)	46,7	31,1	77,8	93,4
– Wareneinsatz (35%)	16,3	10,9	27,2	32,7
Deckungsbeitrag (in Tsd Euro)	30,4	20,2	50,6	60,7
– Abwicklungskosten (in Tsd Euro)	15	10	25	30
– Forderungsausfälle (3%)	1,4	0,9	2,3	2,8
– Werbekosten (in Tsd Euro, s. Abb. 188)	83	75	143	130
– Verwaltungskosten (2%)	0,9	0,6	1,6	1,9
Ergebnis (in Tsd Euro)	– 69,9	– 66,3	– 121,3	– 104,0
Costs per Order	55,3	75	57,2	43,3

Abbildung 155: Erfolgsrechnung verschiedener Neukundengewinnungswege

Mailings an Fremdadressen

Im Testszenario wird von einer Responsequote von 2,5 Prozent ausgegangen und damit ein CPO von 57 Euro erreicht.

Anzeige

In zielgruppenaffinen Zeitschriften und Tageszeitungen können Anzeigen geschaltet werden, die ein Responseelement enthalten. Der Interessent hat die

18.9 Case zur Erfolgskontrolle bei einer Neukundengewinnung

Möglichkeit einen Katalog anzufordern und wird dann in der zweiten Stufe eventuell zu einem Erstkäufer und damit Kunden.

Für das Testszenario wird eine Response von zwei Prozent bei aufgespendeter Tip-on-Karte prognostiziert und eine anschließende Umwandlungsquote der Interessenten in Kunden von 15 Prozent. Wenn die Anzeige eine Auflage von einer Million hat, reagieren 20.000 Interessenten, von denen wiederum 3.000 zu Kunden umgewandelt werden. Im Rechenbeispiel des Testszenarios entstehen Werbekosten in Höhe von 130.000 Euro, ein Neukunde kann mit Werbekosten von 43 Euro gewonnen werden.

Der größte Teil der Kosten entsteht für die Schaltung der Anzeige.

In diesem Beispiel ist die Anzeige mit dem niedrigsten CPO verbunden, allerdings reagiert das Ergebnis sehr stark auf die angenommenen Responsequoten. Die Stückkosten lassen sich durch höhere Auflagen senken, was ebenfalls die Costs per Order verändert.

Im konkreten Fall bieten sich Tests an, um die Annahmen zu überprüfen und den Einsatz der Werbemittel zu optimieren.

18 Controlling von Dialogmarketing-Aktionen

Postwurf Spezial	Kosten	Kosten pro Stück
Druck:	300 Euro pro 1000	0,30
Agentur:	2000 Euro pro DIN A4-Seite, 16 Seiten	0,32
Lettershop:	30 Euro pro 1000	0,03
Streuung:	180 Euro pro 1000	0,18
Gesamt:		0,83

Tageszeitungs-Beilage	Kosten	Kosten pro Stück
Druck:	300 Euro pro 1000	0,30
Agentur:	2000 Euro pro DIN A4-Seite, 16 Seiten	0,32
Porto:	130 Euro pro 1000	0,13
Gesamt:		0,75

Mailing an Fremdadressen	Kosten	Kosten pro Stück
Druck:	300 Euro pro 1000 Stk.	0,30
Agentur:	2000 Euro pro DIN A4-Seite, 16 Seiten	0,32
Lettershop:	30 Euro pro 1000	0,03
Porto:		0,65
Adressmiete:	130 Euro pro 1000	0,13
Gesamt:		1,43

Anzeige mit Tip-On-Card (2-stufig)	Kosten in Euro	Kosten pro Stück (Aufl. 1 Mio.)
Kreation und Umsetzung:	10.000	0,01
Schaltkosten:	80.000	0,08
Porto für Reagierer bei 2 % Response	10.000	0,01
Mailingkosten für Reagierer:	30.000	0,03
Gesamt:		0,13

Abbildung 156: Werbekosten für Neukundengewinnungswege

Literaturverzeichnis

Abiteboul, S., Buneman, P., Suciu, D., Data on the Web: From Relations to Semistructured Data and Xml, San Francisco 2000
Absatzwirtschaft (Hrsg.), Studie Online-Marketing-Trends 2013 – Online-Kanäle beliebter als klassische Werbung, http://www.absatzwirtschaft.de/content/online-marketing/news/online-kanaele-beliebter-als-klassische-werbung;79545, 2013
Absolit (Hrsg.), Studie Online-Marketing-Trends 2011, http://www.online-marketing-info.de/download/Online-Marketing-Trends-2011-Kurzversion.pdf, 2011
Absolit, www.absolit.de
Amberg, M., Lang, M. (Hrsg.), Innovation durch Smartphone & Co. – Die neuen Geschäftspotenziale mobiler Endgeräte, Düsseldorf 2011
Appel, P., Rose, N., Dynamische Kombination, Die Kano-Analyse als Online-Tool, in: Research & Results, Nr. 2/2008, S. 34 f.
Apple (Hrsg.), Apple's App Store Marks Historic 50 Billionth Download, http://www.apple.com/pr/library/2013/05/16Apples-App-Store-Marks-Historic-50-Billionth-Download.html, 2013
Arthur D. Little Austria, denkwerk, Mediencluster NRW (Hrsg.), Studie Future of Advertising 2015, http://www.adlittle.at/uploads/tx_extthoughtleadership/Studie_Future_of_Advertising_2015.pdf, 2011
Aschoff, M., Professionelles Direkt- und Dialogmarketing per E-Mail, München, Wien 2002
A.T. Kearney (Hrsg.), Studie The Mobile Economy 2013, http://www.gsmamobileeconomy.com/GSMA%20Mobile%20Economy%202013.pdf, 2013
Axel Springer, Bauer Media KG (Hrsg.), Studie VerbraucherAnalyse 2012 Klassik III Märkte, http://online.mds-mediaplanung.de/vakm/8d585dbd510e183aed8770710a43a0f3/client #zielgruppe, 2012
Azuma, R., A Survey of Augmented Reality, in: Presence: Teleoperators and Virtual Environments 6, Nr. 04/1997, S. 355–385

Baier, M., Elements of Direct Marketing, New York 1983
Baines, A., The Handbook of International Direct Marketing, London 1992
Ballhaus, J., Radikale Kundennähe durch IT, in absatzwirtschaft Sonderausgabe dmexco 2013, S. 34–36
Bartholomäus, U., Das Datenmonster bändigen – Customer Journey: Wohin geht die Reise?, in: Internet World Business, 23/2011, S. 50
Bauer, H., Dirks, T., Bryant, M. (Hrsg.), Erfolgsfaktoren des M-Marketing – Strategien, Konzepte und Instrumente, Berlin, Heidelberg 2008
Bauer, H., Reichardt, T., Bökamp, M., Konsumentenakzeptanz von Location Based Services, in: Bauer, H., Dirks, T., Bryant, M. (Hrsg.), Erfolgsfaktoren des M-Marketing – Strategien, Konzepte und Instrumente, Berlin, Heidelberg 2008, S. 206–220
Bauer, H., Reichardt, T., Neumann, M., Erfolgreiches Marketing im Mobilfunknetz, in: Bauer, H., Dirks, T., Bryant, M. (Hrsg.), Erfolgsfaktoren des M-Marketing – Strategien, Konzepte und Instrumente, Berlin, Heidelberg 2008, S. 110–128
Bauer, H., Stokburger, G., Hammerschmidt, M., Marketing Performance, Wiesbaden 2006
Beck, S., Social Media im Business-to-Business, in: Holland, H. (Hrsg.), Digitales Dialogmarketing, Wiesbaden 2014, S. 721–751
Becker, J., Marketing-Konzeption, 7. Aufl., München 2002
Berlecon Research, Studie Basisreport Mobile Marketing – Einsatz, Erfolgsfaktoren, Dienstleister, http://www.berlecon.de/studien/downloads/BerleconBR_MoMa.pdf, 2003

Bird, D., Praxis-Handbuch Direktmarketing, Landsberg am Lech 1990

BITKOM (Hrsg.), Tablet Computer erobern den Massenmarkt, http://www.bitkom.org/ files/documents/ BITKOM_Presseinfo_Markt_fuer_Tablets_und_PCs_14_12_2011.pdf, 2011

BITKOM (Hrsg.), Der App-Boom geht weiter, http://www.bitkom.org /files/documents/ BITKOM-Presseinfo_App-Verbreitung_10_10_2012.pdf, Zugriff: 2012a

BITKOM (Hrsg.), Fast eine Milliarde App-Downloads allein in Deutschland, http://www.bitkom.org/ files/documents/BITKOM-Presseinfo_Markt_Apps_in_Deutschland _23_02_2012.pdf, 2012b

BITKOM (Hrsg.), Fast 40 Prozent haben ein Smartphone, http://www.bitkom.org /files/ documents/BITKOM _Presseinfo_Smartphone-Verbreitung_03_10_2012.pdf, 2012c

BITCOM (Hrsg.), Big Data im Praxiseinsatz – Szenarien, Beispiele, Effekte, Berlin 2012d

BITKOM (Hrsg.), Rekord bei App-Downloads, http://www.bitkom.org /files/documents/ BITKOM-Presseinfo_App-Downloads_26_03_2013.pdf, Zugriff: 2013a

BITKOM (Hrsg.), Smartphones sorgen für 96 Prozent des Handy-Umsatzes, http://www.bitkom.org /files/documents/BITKOM_Presseinfo_Smartphone-Markt_13_02_2013.pdf, 2013b

BITKOM (Hrsg.), Umsatz mit Apps hat sich 2012 mehr als verdoppelt, http://www.bitkom.org /files/documents/BITKOM_Presseinfo_Apps_werden_zum_Wirtschaftsfaktor_09_05_2013.pdf, 2013c

BITKOM (Hrsg.), Zahlungsbereitschaft für Apps steigt, http://www.bitkom.org /files/ documents/BITKOM-Presseinfo_Bezahl-Apps_04_02_2013.pdf, Zugriff: 2013d

Blum, G., Customer Relationshipmanagement (CRM), in Holland, H. (Hrsg.), Digitales Dialogmarketing, Wiesbaden 2014, S. 175–223, S. 181

BMWi (Hrsg.), Studie Monitoring-Report Digitale Wirtschaft 2012 – MehrWert für Deutschland, http://www.bmwi.de/BMWi/Redaktion/PDF/Publikationen/it-gipfel-2012-monitoring-report-digitale-wirtschaft-2012-langfassung,property=pdf,bereich=bmwi2012, sprache=de,rwb=true.pdf

Brändli, D., Imhoff, J., Neuronale Netze, Beherrschung der Informationskomplexität als Wettbewerbsvorteil, in: Database Marketing, Heft 2 2005, S. 4–6

Brainsins: http://www.brainsins.com/en/blog/the-roi-of-customer-loyalty-in-ecommerce/2328 2012

Brakus, J., Schmitt, B., Zarantonello, L., Brand Experience: What Is It? How Is It Measured? Does It Affect Loyalty?, in: Journal of Marketing, Vol. 73, No. 3/2009, S. 52–68

Brehme, W., Mucksch, H. (Hrsg.), Das Data Warehouse Konzept: Architektur – Datenmodelle – Anwendungen; mit Erfahrungsberichten, Wiesbaden 1998

Bruhn, M., Relationship Marketing, München 2001

Bruhn, M., Unternehmens- und Marketingkommunikation, München 2005

Bruhn, M., Kommunikationspolitik, 7. Aufl. München 2013

Bruhn, M., Esch, F.-R., Langner, T. (Hrsg.), Handbuch Kommunikation, Wiesbaden 2009

Bruhn, M., Hadwich, K. (Hrsg.), Customer Experience, Forum Dienstleistungsmanagement, Wiesbaden 2012

Bruhn, M., Hadwich, K., Customer Experience als Themenbereich in Wissenschaft und Praxis, in: Bruhn, M., Hadwich, K. (Hrsg.), Customer Experience, Forum Dienstleistungsmanagement, Wiesbaden 2012, S. 3–36

Bruhn, M., Homburg, C. (Hrsg.), Handbuch Kundenbindungsmanagement, 5. Aufl., Wiesbaden 2005

Bruhn, M., Murmann, B., Nationale Kundenbarometer, Messung von Qualität und Zufriedenheit, Wiesbaden 1998

Buhr, W., What is infrastructure?, Volkswirtschaftliche Diskussionsbeiträge, Diskussion Paper No. 107–03, Siegen o. J., http://www.wiwi.uni-siegen.de/vwl/research/diskussionsbeitraege/pdf/107–03.pdf, 2013

Bundesnetzagentur (Hrsg.), Studie Jahresbericht 2012 – Energie, Kommunikation, Mobilität: Gemeinsam den Ausbau gestalten, http://www.bundesnetzagentur.de/SharedDocs/ Downloads/DE/Allgemeines/Bundesnetzagentur/Publikationen/ Berichte/2013/Jahresbericht2012.pdf?__blob=publicationFile&v=4#page=72, 2013

Bundeverband Digitale Wirtschaft BVDW (Hrsg.), DMMA Onlinestar 2011, Berlin 2011

Bundeverband Digitale Wirtschaft (BVDW) Hrsg., DMMA OnlineStar 2011, Düsseldorf 2011b, S. 60 f.

Bundeverband Digitale Wirtschaft BVDW (Hrsg.), Studie MAC Mobile Report 2012/02 – Mobile Advertising im Überblick, http://www.bvdw.org/mybvdw/media/download/mac-report12-2.pdf?file=2408, 2012a

Bundeverband Digitale Wirtschaft BVDW (Hrsg.), BVDW: Markt für Mobile Advertising verzeichnet auch in 2011 starkes Wachstum, http://www.bvdw.org/presseserver/bvdw_mac_mobile_kampagnen/120510_bvdw _mobile_kampagnen_final.pdf 2012b

Bundesverband Digitale Wirtschaft (BVDW) e.V., OVK Online-Report 2012/02. http://www.ovk.de/ovk/ovk-de/online-werbung/daten-fakten/downloads.html, 2012c, S. 1–21

Bundeverband Digitale Wirtschaft (BVDW) e.V., Customer Journey – Definitionen und Ausprägungen, http://www.bvdw.org/medien/fachgruppe-performance-marketing-dmexco-seminarfolien-customer-journey-definitionen-und-auspraegungen-?media=4198, 2012d, S. 1–25

Bundeverband Digitale Wirtschaft BVDW (Hrsg.), Studie MAC Mobile Report 2013/01 – Mobile Advertising im Überblick, http://www.bvdw.org/medien/mac-mobile-report-2013-01?media=4660, 2013

Burnside, A., The Only Way Is Up, in: New Perspectives – The Business Magazine for Targeting, Profiling and Demographics, Vol. 1, Issue 1, July 1996, S. 10–14

Burow, D., Die Bedeutung des Werbebriefs in Zeiten der Digitalisierung, in: Gerdes, J., Hesse, J., Vögele, S. (Hrsg.), Dialogmarketing im Dialog, S. 211–220, Wiesbaden (2013)

Busch, B., Aktive Kundenbindung. Vom klassischen Verkaufen zum Kundenerfolgsmanagement. Der Verkäufer als »Client Manager«. Beziehungsmanagement und Clienting sichern langfristige Kundenbindung, Berlin 1998

Butscher, S., Kundenbindungsprogramme & Kundenclubs, Ettlingen 1998a

Butscher, S., Kundenbindung durch Kundenclubs, in: Marketing Journal, Heft 1 1998b, S. 49 ff.

Butscher, S., Müller, L., Kundenbindung durch Kundenclubs, in: Hinterhuber, H., Matzler, K. (Hrsg.), Kundenorientierte Unternehmensführung, 5. Aufl., Wiesbaden 2006, S. 383–397

Campillo-Lundbeck, S., DM wirbt ohne Werbung, Horizont, 31.10.2013

Campillo-Lundbeck, S., UNILEVER-CMO Keith Weed, „Das Marketing des 20. Jahrhunderts hat bald ausgedient", Horizont, 15.1.2016

Clemens, T., M-Marketing – Grundlagen, Rahmenbedingungen und Praxis des Dialogmarketings über das Mobiltelefon, Düsseldorf 2003

cocomore (Hrsg.), Pampers Outdoor Kampagne, http://www.cocomore.de /pampers-outdoor-kampagne, 2013

comScore (Hrsg.), Studie 2012 Mobile Future in Focus, http://www.the-exchange.ca/upload/docs/comScore%202012%20Mobile%20Future%20in%20Focus.pdf, 2012

Cornelsen, J., Kundenwertanalysen im Beziehungsmarketing, Nürnberg 2000

Czech-Winkelmann, S., Der neue Weg zum Kunden – Vom Trade-Marketing zum Shopper-Marketing – Grundlagen, Konzepte, Instrumente, Frankfurt am Main 2011

Dallmer, H., Von der Direktwerbung zum Direktmarketing, in: Marketing-Journal 1972/2

Dallmer, H. (Hrsg.), Das Handbuch, Direct Marketing & More, 8. Aufl., Wiesbaden 2002

Dallmer, H., Das System des Direct Marketing – Entwicklungsfaktoren und Trends, in: Dallmer, H. (Hrsg.), Das Handbuch, Direct Marketing & More, 8. Aufl., Wiesbaden 2002, S. 3–32

Dangelmaier, W., Uebel, M., Helmke, S., Grundrahmen des Customer Relationship Management-Ansatzes, in: Uebel, F., Helmke, S., Dangelmaier, W. (Hrsg.), Praxis des Customer Relationship Management, Branchenlösungen und Erfahrungsberichte, Wiesbaden 2002, S. 3–16

Literaturverzeichnis

Dean, J., Ghemawat, S., MapReduce: Simplified Data Processing on Large Clusters, 2004, http://research.google.com/ archive/ mapreduce-osdi04.pdf, 2004

Deutscher Dialogmarketing Verband, Social CRM, Wiesbaden 2013b

Deutscher Direktmarketing Verband (DDV) (Hrsg.), Dialogmarketing Perspektiven 2006/2007, Wiesbaden 2007

Deutscher Direktmarketing Verband (DDV) (Hrsg.), Dialogmarketing Perspektiven 2007/2008, Wiesbaden 2008

Deutscher Direktmarketing Verband (DDV) (Hrsg.), Dialogmarketing Perspektiven 2008/2009, Wiesbaden 2009

Deutscher Direktmarketing Verband (DDV) (Hrsg.), Dialogmarketing Perspektiven 2009/2010, Wiesbaden 2010

Deutscher Direktmarketing Verband (DDV) (Hrsg.), Dialogmarketing Perspektiven 2010/2011, Wiesbaden 2011

Deutscher Direktmarketing Verband (DDV) (Hrsg.), Dialogmarketing Perspektiven 2011/2012, Wiesbaden 2012

Deutscher Direktmarketing Verband (DDV) (Hrsg.), Dialogmarketing Perspektiven 2012/2013, Wiesbaden 2013

Deutscher Direktmarketing Verband (DDV) (Hrsg.), Dialogmarketing Perspektiven 2013/2014, Wiesbaden 2014

Deutscher Direktmarketing Verband (DDV) (Hrsg.), Dialogmarketing Perspektiven 2014/2015, Wiesbaden 2015

Deutscher Dialogmarketing Verband (DDV) (Hrsg.), Dialogmarketing Perspektiven 2015/2016, Wiesbaden 2016

Deutscher Direktmarketing Verband (DDV) (Hrsg.), Deutscher Dialogmarketing Preis 2010, Wiesbaden 2010

Deutscher Direktmarketing Verband (DDV) (Hrsg.), Deutscher Dialogmarketing Preis 2011, Wiesbaden 2011

Deutscher Direktmarketing Verband (DDV) (Hrsg.), Deutscher Dialogmarketing Preis 2012, Wiesbaden 2012

Deutscher Direktmarketing Verband (DDV) (Hrsg.), Deutscher Dialogmarketing Preis 2013, Wiesbaden 2013

Deutscher Direktmarketing Verband (DDV) (Hrsg.), Deutscher Dialogmarketing Preis 2014, Frankfurt 2014

Deutscher Direktmarketing Verband (DDV) (Hrsg.), Deutscher Dialogmarketing Preis 2015, Frankfurt 2015

Deutsche Post AG, Dialogmarketing Monitor 27, Bonn 2015

Dholakia, N., Rask, M., Dholakia, R. (Hrsg.), M-Commerce – Global Experiences and Perspectives, Hershey (Pennsylvania) 2006

Dushinski, K., The M-Marketing Handbook – A Step-by-Step Guide to Creating Dynamic M-Marketing Campaigns, Medford (New Jersey) 2009

Ebersbach, A., Glaser, M., Heigl, R., Social Web, 2. Aufl. Konstanz 2011, S. 28–32

ECC Handel, GS1 Germany (Hrsg.), Studie Mobile Couponing – Studie zu Einsatz und Potenzial mobiler Coupons und Coupon-Apps von GS1 Germany in Zusammenarbeit mit ECC Handel, http://www.ecckoeln.de/ Downloads/Themen/Mobile/Mobile-Couponing-Management-Summary.pdf, 2012

Eckstein, A., Halbach, J., Studie Mobile Commerce in Deutschland – Die Rolle des Smartphones im Kaufprozess, Band 31 der Reihe „Ausgewählte Studien des ECC Handel", http://www.ecc-handel.de/Downloads/ Themen/Mobile/ECC_Handel_Mobile_Commerce_in_Deutschland_2012.pdf, 2012

Eggert, A., Fassot, G., Elektronisches Kundenbeziehungsmanagement (eCRM), in: Eggert, A., Fassot, G. (Hrsg.), eCRM – Management der Kundenbeziehung im Internet-Zeitalter, Stuttgart 2001

Eisenbrand, R., Auf dem Weg aus der Ahnungslosigkeit, in: ONEtoONE, 12/2012, S. 10–14

El Himer, K., Klem, C., Mock, P., Marketing Intelligence – Lösungen für Kunden- und Kampagnenmanagement, Bonn 2001

eMarketer (Hrsg.), Worldwide, More Money Goes Mobile, http://www.emarketer.com / Article/Worldwide-More-Money-Goes-Mobile/1009582, 2013

Enders, A., Kay-Enders, B., eCRM-Systeme in der Unternehmenspraxis, in: Eggert, A., Fassot, G. (Hrsg.), eCRM – Management der Kundenbeziehung im Internet- Zeitalter, Stuttgart 2001

Engbersen, T., The DOME Project: Big Data to the Extreme, Vortrag auf dem IBM Management Forum, Berlin, 16.04.2013

Europäische Kommission (Hrsg.), Studie E-Communications Haushaltsumfrage, http://ec.europa.eu/-public_opinion/archives/ebs/ebs_335_de.pdf, 2010

Fallend, K. u.a. (Hrsg.), Perspektiven mobiler Kommunikation – Neue Interaktionen zwischen Individuen und Marktakteuren, Wiesbaden 2010

Fassnacht, M., Möller, S., Was tun, wenn der Kunde seine Ruhe wünscht?, in: absatzwirtschaft 1/2005, S. 48–53

Feistel, M., Strategisches Kundenbindungsmanagement, Wiesbaden 2008

Feld, S., Peters, K., Die Optimierung der Öffnungsquote von Spenden-Mailings, in: Deutscher Direktmarketing Verband (DDV) (Hrsg.), Dialogmarketing Perspektiven 2007/2008, Wiesbaden 2008, S. 125–144

Fiege, R., Redenz, S., Grundlagen integrierter Social-Media-Initiativen in der Reiseindustrie, in: Holland, H. (Hrsg.), Digitales Dialogmarketing, Wiesbaden 2014, S. 705–719

Fittkau & Maaß Consulting (Hrsg.), Bremsen Datenschutzbedenken Location-based Services für Smartphones?, http://www.w3b.org/nutzungsverhalten/bremsen-datenschutzbedenken-location-based-services-fur-smartphones.html, 2012

Fittkau & Maaß Consulting (Hrsg.), Studie Mobile Web & Location-based Services – Perspektiven der Nutzer, Potentiale für die Touristik, http://www.itb-kongress.de/media/itbk/itbk_media/itbk_pdf/praesentationen_2013/e_travel_world/ stage_8_03_13/1300_8_Stage_1300_Perspektiven_der_Nutzer_Fittkau.pdf, Zugriff: 2013a

Fittkau & Maaß Consulting (Hrsg.), Augmented Reality: Das Produkt von Träumern oder bald auch Realität?, http://www.w3b.org/e-commerce/augmented_reality_produkt_von _traeumern_oder_realitaet.html, 2013b

Flier, S., Der Supermarkt im Smartphone, http://www.lebensmittelzeitung.net /business/standorte/handelsformate/ protected/Online-Handel_6221_12948.html, 2012

Flurry Analytics (Hrsg.), iOS and Android Adoption Explodes Internationally, http://blog.flurry.com/bid/88867/iOS-and-Android-Adoption-Explodes-Internationally, 2012

Förster, K., Erfolgsfaktoren für virales Mobilmarketing: Eine empirische Studie der Rahmenbedingungen und Anforderungen, in: Fallend, K. u.a. (Hrsg.), Perspektiven mobiler Kommunikation – Neue Interaktionen zwischen Individuen und Marktakteuren, Wiesbaden 2010, S. 76–103

Förster, A., Kreuz, P., Offensives Marketing im E-Business, Loyale Kunden gewinnen – CRM-Potenziale nutzen, Berlin u a. 2002

Friedrichs, J., Stadtsoziologie, Opladen 1995

Ganz, J., Reinsel, D., The Digital Universe in 2020: Big Data, Bigger Digital Shadows, and Biggest Growth in the Far East, o. O. 2012, http://germany.emc.com/collateral/analyst-reports/idc-the-digital-universe-in-2020.pdf, 2012

Gawlik, T., Kellner, J., Seifert, D., Effiziente Kundenbindung mit CRM – Wie Procter & Gamble, Henkel und Kraft mit ihren Marken Kundenbeziehungen gestalten, Bonn 2002

Geiger, C., Die Facetten der Adresse – Adressen- und Listmanagement, in: Holland, H. (Hrsg.), Digitales Dialogmarketing, Wiesbaden 2014, S. 303–325

Gentile, C., Spiller, N., Noci, G., How to Sustain the Customer Experience: An Overview of Experience Components that Co-create Value With the Customer, in: European Management Journal, Vol. 25, No. 5/2007, S. 395–410

Gentsch, P., Big Data – Neue Möglichkeiten zur Kundengewinnung und Kundenbindung im digitalen Raum: Best & Next Practices, Vortrag auf den Horizont Digital Marketing Days, Berlin, 14.7.2015

Georgi, D., Kundenbindungsmanagement im Kundenbeziehungslebenszyklus, in: Bruhn, M., Homburg, C. (Hrsg.), Handbuch Kundenbindungsmanagement. Grundlagen – Konzepte – Erfahrungen, 3. Aufl., Wiesbaden 2000, S. 227–247

Gimnich, R., Big Data im Kunden-zentrierten Unternehmen – Projekte und Erfahrungen für eine zielorientierte Kundenansprache, Vortrag auf dem IBM Management Forum, Berlin, 16.04.2013

Ginsberg, J., Mohebbi, M., Patel, R., Brammer, L., Smolinski, M., Brilliant, L., Detecting influenza epidemics using search engine query data, research.google.com/archive/papers/detecting-influenza-epidemics.pdf, 2009

Goetz, R., Data Quality Reboot Series For Big Data: Part 2 Persistence Vs. Disposable Quality, http://blogs.forrester.com/michele_goetz/12-09-07-data_quality_reboot_series_for_big_data_part_2_persistence_vs_disposable_quality, 2012

Google, Ipsos OTX MediaCT (Hrsg.), Unser mobiler Planet – Deutschland, http://www.bvdw.org/ mybvdw/media/download/our-mobile-planet-germany-de.pdf?file=2266, 2012

Greve, G., Social CRM, Zielgruppenorientiertes Kundenmanagement mit Social Media, in: Greve, G., Hopf, . (Hrsg.), Online Targeting und Controlling, Wiesbaden 2011, S. 261–285

Greve, G., Hopf, G. (Hrsg.), Online Targeting und Controlling, Wiesbaden 2011

GreyStripe (Hrsg.), Studie Advertiser Insights Report – Smartphone Moms Insights, http://www.greystripe.com/ system/files/Greystripe-AIR-Moms-0511.pdf, 2011

Haberich, R. (Hrsg.): Future Digital Business, Heidelberg, München, Landsberg, Frechen, Hamburg 2013

Häusel, H.-G., Brain Script – Warum Kunden kaufen, Freiburg 2004

Hagel, J., Armstrong, A., Net Gain, New York 1999

Handelsblatt Research Institut, Big Data und Datenschutz, 2013

Hartmann, W., Kreutzer, R., Kuhfuß, H., Kundenclubs & More, Wiesbaden 2004

Hell, H., Die Erfolgs-Story des Direktmarketing, Landsberg am Lech 1989

Helmke, S., Dangelmaier, W., Marktspiegel Customer Relationship Management, Anbieter von CRM-Software im Vergleich, Wiesbaden 2001

Hetzel, M., Smartphones als Wegbereiter für Kundentreue, in: Amberg, M., Lang, M. (Hrsg.), Innovation durch Smartphone & Co. – Die neuen Geschäftspotenziale mobiler Endgeräte, Düsseldorf 2011, S. 123–151

Hinrichs, H., Datenqualitätsmanagement in Data Warehouse-Systemen. Dissertation, Universität Oldenburg 2002

Hinterhuber, H., Matzler, K. (Hrsg.), Kundenorientierte Unternehmensführung, 2. Aufl., Wiesbaden 2000

Hinterhuber, H., Matzler, K. (Hrsg.), Kundenorientierte Unternehmensführung, 3. Auflage, Wiesbaden 2002

Hinterhuber, H., Matzler, K. (Hrsg.), Kundenorientierte Unternehmensführung, 5. Aufl., Wiesbaden 2006

Hippner, H., Wilde, K., Data Mining im CRM, in: Helmke, S., Dangelmaier, W. (Hrsg.), Effektives Customer Relationship Management: Instrumente – Einführungskonzepte – Organisation, Wiesbaden 2001

Hippner, H., Wilde, K., CRM – ein Überblick, in: Helmke, S., Uebel, M., Dangelmaier, W. (Hrsg.), Effektives Customer Relationship Management. Instrumente – Einführungskonzepte – Organisation, 2. Aufl., Wiesbaden 2002, S. 3–37

Hippner, H., Wilde, K., IT-Systeme im CRM - Aufbau und Potenziale, Wiesbaden 2004

Hippner, H., Wilde, K., Grundlagen des CRM, 2. Aufl., Wiesbaden 2006, S. 22

Hodgson, R. S., Direct Mail and Mail Order Handbook, 3. Edition, Chicago 1980

Hoffmann, A., Die Akzeptanz kartenbasierter Kundenbindungsprogramme aus Konsumentensicht – Determinanten und Erfolgswirkungen, Diss., Münster 2007

Holland, H., Direktmarketing-Aktionen professionell planen, Wiesbaden 2001

Holland, H. (Hrsg.), CRM im Direktmarketing, Wiesbaden 2001

Holland, H. (Hrsg.), Das Mailing – Planung, Gestaltung, Produktion, Wiesbaden 2002
Holland, H. (Hrsg.), Direktmarketing-Fallstudien, Wiesbaden 2002
Holland, H., Dialogmarketing, Pocket Power Vertrieb, München, Wien 2002
Holland, H., Customer Relationship Management, in: Gablers Wirtschafts-Lexikon, 16. Aufl., Wiesbaden 2004, S. 637–639
Holland, H., Direktmarketing, 3. Aufl., München 2009
Holland, H. (Hrsg.), Digitales Dialogmarketing, Wiesbaden 2014a
Holland, H., Grundlagen des Dialogmarketings, in: Holland, H. (Hrsg.), Digitales Dialogmarketing, Wiesbaden 2014b, S. 3–28
Holland, H., Dialogmarketing über alle Medien, in: Holland, H. (Hrsg.), Digitales Dialogmarketing, Wiesbaden 2014c, S. 351–377
Holland, H., Crossmediale Kommunikation, in: Holland, H. (Hrsg.), Digitales Dialogmarketing, Wiesbaden 2014d, S. 795–823
Holland, H., Big-Data-Marketing: Chancen und Herausforderungen für Unternehmen, in: Braun, G., Schwarz, T. (Hrsg.), Leitfaden Data Driven Marketing, Waghäusel 2015, S. 15–38
Holland, H., Bammel, K., Mobile Marketing, Direkter Kundenkontakt über das Handy, München 2006
Holland, H., Flocke, L., Customer-Journey-Analyse, in: Holland, H. (Hrsg.), Digitales Dialogmarketing, Wiesbaden 2014, S. 825–855
Holland, H., Hoffmann, P., Crowdsourcing-Kampagnen, in: Holland, H. (Hrsg.), Digitales Dialogmarketing, Wiesbaden 2014, S. 327–347
Holland, H., Koch, B., Mobile Marketing, in: Holland, H. (Hrsg.), Digitales Dialogmarketing, Wiesbaden 2014, S. 431–458
Holland, H., Heeg, S., Erfolgreiche Strategien für die Kundenbindung, Von der Automobilbranche lernen, Wiesbaden 1998
Holland, H., Köroglu, S., Einsatz und Nutzung von Kampagnen-Management im Rahmen von Vertriebs- und Marketingstrategien in deutschen Unternehmen, in: Deutscher Dialogmarketing Verband e. V. (Hrsg.), Dialogmarketing Perspektiven 2009/2010, Wiesbaden 2010, S. 177–222
Holland, H., Mienert, I., Generation X, Marketing-Mix für eine schwierige Zielgruppe, in: Markenartikel, Heft 3 1997, S. 30–34
Holland, H., Ramanathan, N., Customer Experience Management, in: Deutscher Dialogmarketing Verband e. V. (Hrsg.), Dialogmarketing Perspektiven 2015/2016, Wiesbaden 2016
Holland, H., Scharnbacher, K., Statistik im Betrieb, 15. Aufl., Wiesbaden 2015
Holland, H., Wengerter, L., Crossmedia – Integration von Online und Offline im Dialogmarketing, in: Deutscher Dialogmarketing Verband e.V., (Hrsg.), Dialogmarketing Perspektiven 2011/2012, Wiesbaden 2012, S. 65–92
Holz, S., Der Kundenclub, Ettlingen 1998
Homburg, C., Bruhn, M., Kundenbindungsmanagement – Eine Einführung in die theoretischen und praktischen Problemstellungen, in: Bruhn, M., Homburg, C. (Hrsg.), Handbuch Kundenbindungsmanagement, 5. Aufl., Wiesbaden 2005, S. 3–37
Homburg, C., Giering, A., Hentschel, F., Der Zusammenhang zwischen Kundenzufriedenheit und Kundenbindung, in: Bruhn, M., Homburg, C. (Hrsg.), Handbuch Kundenbindungsmanagement, 3. Aufl., Wiesbaden 2002, S. 81–112
Homburg, C., Faßnacht, M., Werner, H., Operationalisierung von Kundenzufriedenheit und Kundenbindung, in: in: Bruhn, M., Homburg, C. (Hrsg.), Handbuch Kundenbindungsmanagement. Grundlagen – Konzepte – Erfahrungen, 3. Aufl., Wiesbaden 2000, S. 505–527
Homburg, C., Rudolph, B., Theoretische Perspektiven zur Kundenzufriedenheit, in: Simon, H., Homburg, C. (Hrsg.), Kundenzufriedenheit, 3. Aufl., Wiesbaden 1998, S. 33–55
Homburg, C., Sieben, F., Customer Relationship Management (CRM) – Strategische Ausrichtung statt IT-getriebenem Aktivismus, in: Bruhn, M., Homburg, C. (Hrsg.), Handbuch Kundenbindungsmanagement. Grundlagen – Konzepte – Erfahrungen, 3. Aufl., Wiesbaden 2000, S. 473–501

Horizont, Nutzung von Kundenkarten, 43/2013 vom 24.10.2013, S. 34
Hothum, C., Kundenzufriedenheitsprogramme – Mehr als nur Marktforschung?, in: Planung und Analyse, Heft 6/1993, S. 39–42
Hutt, M., Speh, T., Business Marketing Management, Mason 2004

IBM Deutschland GmbH (Hrsg.), meteolytix erzeugt mit SPSS stückgenaue Absatzprognosen für Bäckereifilialen, http://public.dhe.ibm.com/common/ssi/ecm/de/ytc03358dede/YTC03358DEDE.PDF, 2011
IFH Institut für Handelsforschung (Hrsg.), Studie HANDELSkix – Das Stimmungsbarometer des stationären Einzelhandels in Deutschland, http://www.handelskix.de /app/download/7089449675/HANDELSkix_Ergebnisse+Mai+2013. pdf?t=1370936958, 2013
Initiative D21 (Hrsg.), Studie Mobile Internetnutzung – Entwicklungsschub für die digitale Gesellschaft!, http://www.initiatived21.de/wp-content/uploads/2013/02/studie_mobilesinter net_d21_huawei_2013.pdf, 2013
Interone Worldwide (Hrsg.), Studie Generation Tekki, http://henworx.de/assets/PDF/Interone_Generation_Tekki.pdf, 2005

Johnson, G., Scholes, K., Whittington, R., Strategisches Management. Eine Einführung. Analyse, Entscheidungen und Umsetzung, 9. aktualisierte Auflage, München 2011

Kapp, M., Detecon International GmbH, Effizientes Marketing – Ein Tabuthema fürs Controlling?, zitiert nach: o. V., Marketing-Controlling eines Kundenbindungsprogramms, in: Database Marketing, Nr. 12 2005, S. 16
Kato, H., Tan, K., Chai, D., Barcodes for Mobile Devices, Cambridge 2010
Kehr, T., Lührig, T., Germany: From Chart-Topping Ringtones to 3G M-Commerce in: Dholakia, N., Rask, M., Dholakia, R. (Hrsg.), M-Commerce – Global Experiences and Perspectives, Hershey (Pennsylvania) 2006, S. 112–132
Kirchner, G., Praxis der Direktwerbung, Stuttgart 1967
Klausnitzer, R., Das Ende des Zufalls, Salzburg 2013
Kling, B., 500 Terabyte täglich – Datenrausch bei Facebook, http://www.silicon.de/41571372/500-terabyte-taglich-datenrausch-bei-facebook/, 2012
Köpper, B., Kampagnenmanagement, in: Holland, H. (Hrsg.), Digitales Dialogmarketing, Wiesbaden 2014, S. 667–682
Koi, H., Unternehmensstrategien im Internet, wysiwyg://132//http://www.ruck.pl/archiv/bwl/bwl-ecommerce.shtml, S. 6, 2.6.2001
Koschnick, W., Focus-Jahrbuch 2007: Schwerpunkt: Neuroökonomie, Neuromarketing und Neuromarktforschung, München 2007
Kotabe, M., Helsen, K., Global Marketing Management, 5. Aufl., Kendallville (Indiana) 2010
Kotler, P., Bliemel, F., Marketing-Management, Stuttgart 1999
Kozinets, R., E-Tribalized Marketing? – The Strategic Implications of Virtual Communities of Consumption, in: European Management Journal, Vol. 17, 1999, S. 252–264
Krafft, M., Hesse, J., Knappik, K., Peters, K., Rinas, D. (Hrsg.), Internationales Direktmarketing, Wiesbaden 2005
Krahl, D., Windheuser, U., Data Mining: Einsatz in der Praxis, Bonn 1998
Kraus, C., Nachholbedarf in der Datenintegration, in: ONEtoONE Nr. 1/2013, S. 18
Kreutzer, R., Database-Marketing – Erfolgsstrategie für die 90er Jahre, in: Dallmer, H. (Hrsg.), Handbuch Direct Marketing, 6. Aufl., Wiesbaden 1991, S. 623–642
Kreutzer, R., Praxisorientiertes Dialogmarketing, Wiesbaden 2009
Kreutzer, R., Praxisorientiertes Online Marketing, Wiesbaden 2012
Kreutzer R., Kuhfuss, H., Hartmann, W., Marketing Excellence, Wiesbaden 2007
Kreutzer, R., Merkle, W. (Hrsg.), Die neue Macht des Marketing, Wiesbaden 2008
Kroeber-Riel, W., Konsumentenverhalten, München 1990
Krone, J., Mobiltelefonie: Von der primären Kommunikation zum konvergenten Kommunikationsangebot? Eine soziologische Marktanalyse, in: Fallend, K. u.a. (Hrsg.),

Perspektiven mobiler Kommunikation – Neue Interaktionen zwischen Individuen und Marktakteuren, Wiesbaden 2010, S. 25–63

Krum, C., M-Marketing – Erreichen Sie Ihre Zielgruppen (fast) überall, München 2012

Krumb, U., Kundenbeziehungen erfolgreich managen, Frankfurt 2002

Krummenerl, M., Erfolgsfaktoren im Dialogmarketing, Wiesbaden 2005

LeHong, H., Fenn, J., Key Trends to Watch in Gartner 2012 Emerging Technologies Hype Cycle, http://www.forbes.com/sites/gartnergroup/2012/09/18/key-trends-to-watch-in-gartner-2012-emerging-technologies-hype-cycle-2/, 2012

Levine, R., u.a., The Cluetrain Manifesto, 2. Aufl., Cambridge 2001

Lewinski, F., Wie aus Daten Kommunikation entsteht, in absatzwirtschaft Sonderausgabe dmexco 2013, S. 28–31

Li, C., Bernoff, J., Groundswell: Winning in a World Transformed by Social Technologies, Harvard 2008, S. 43

Link, J., Direct Marketing: Chancen im E-Business, in: Dallmer, H. (Hrsg.), Das Handbuch, Direct Marketing & More, Wiesbaden 2002, S. 87– 03

Link, J., Brändli, D., Schleuning, C., Kehl, R. (Hrsg.), Handbuch Database Marketing, Ettlingen 1997

Link, J., Hildebrandt, V., Database Marketing und Computer Aided Selling, München 1993

Link, J., Hildebrand, V., Ausgewählte Konzepte der Kundenbewertung im Rahmen des Database Marketing, in: Link, J., Brändli, D., Schleuning, C., Kehl, R. (Hrsg.), Handbuch Database Marketing, Ettlingen 1997b, S. 159–173

Löffler, H., Scherfke, A., Direktmarketing aus erster Hand, Wiesbaden 1999

Loewenfeld, F. von, Brand communities – Erfolgsfaktoren und ökonomische Relevanz von Markengemeinschaften, Wiesbaden 2006

Luigart, R., Strategische Erfolgsfaktoren zur Beurteilung von Kundenclubs, in: Dallmer, H. (Hrsg.), Das Handbuch, Direct Marketing & More, 8. Aufl., Wiesbaden 2002, S. 1055–1065

LZ net (Hrsg.), Pampers testet QR-Code, http://www.lebensmittelzeitung.net /news/ it-logistik/protected/Procter-Testet-QR-Code_94408.html, 2012

madvertise (Hrsg.), madreport Q1/2012, http://madvertise.com/files/downloads/ 2012/01/madreport-januar-2012.pdf, 2012

madvertise (Hrsg.), madreport Q2/2013, http://madvertise.com/wp-content/uploads/ 2013/05/madreport-Q2-13.pdf, 2013

Mahrdt, N., Crossmedia -Werbekampagnen erfolgreich planen und umsetzen, Wiesbaden 2009

Mann, A., Rath, P., Von der Response- zur Wertorientierung im Dialogmarketing, in: Deutscher Dialogmarketing Verband (DDV) (Hrsg.), Dialogmarketing Perspektiven 2007/2008, Wiesbaden 2008, S. 9–31

Matzler, K., Bailom, F., Messung von Kundenzufriedenheit, in: Hinterhuber, H., Matzler, K. (Hrsg.), Kundenorientierte Unternehmensführung – Kundenorientierung – Kundenzufriedenheit – Kundenbindung, 2. Aufl., Wiesbaden 2000, S. 197–229

Matzler, K., Sauerwein, E., Stark, C., Methoden zur Identifikation von Basis-, Leistungs- und Begeisterungsfaktoren, in: Hinterhuber, H., Matzler, K. (Hrsg.), Kundenorientierte Unternehmensführung – Kundenorientierung – Kundenzufriedenheit – Kundenbindung, 2. Aufl., Wiesbaden 2000, S. 251–274

Matzler, K., Stahl, H., Hinterhuber, H., Die Customer-based View der Unternehmung, in: Hinterhuber, H., Matzler, K. (Hrsg.), Kundenorientierte Unternehmensführung, 5. Aufl., Wiesbaden 2006, S. 3–31

Maurer, J., Attributionsmodelle durch Cross-Channel-Analysen, http://www.adzine.de/ site/artikel/7057/performance-marketing/2012/05/attributionsmodelle-durch-cross-channel-analysen, 2012

Mayer-Schönberger, V., Cukier, K., Big Data: A Revolution That Will Transform How We Live, Work and Think, London 2013

Meffert, H., Marketing, Grundlagen marktorientierter Unternehmensführung, Konzepte – Instrumente – Praxisbeispiele, 9. Aufl., Wiesbaden 2000

Meffert, H., Direct Marketing und marktorientierte Unternehmensführung, in: Dallmer, H. (Hrsg.), Das Handbuch, Direct Marketing & More, 8. Aufl., Wiesbaden 2002, S. 33–55

Meffert, H., Bruhn, M., Dienstleistungsmarketing. Grundlagen – Konzepte – Methoden. Mit Fallstudien, 3. Aufl., Wiesbaden 2000

Mehler-Bicher, A., Reiß, M., Steiger, L., Augmented Reality, München 2011

Meinert, M., Mikrogeographische Marktsegmentierung – Theorie und Praxis, in: Dallmer, H. (Hrsg.), Handbuch Direct Marketing, 6. Aufl., Wiesbaden 1997, S. 451–466

Mentzl, R., Ludwig, C., Das Data Warehouse als Bestandteil eines Database Marketing Systems, in: Brehme, W., Mucksch, H. (Hrsg.), Das Data Warehouse Konzept: Architektur – Datenmodelle – Anwendungen; mit Erfahrungsberichten, Wiesbaden 1998, S. 487

Meyer, A., Blümelhuber, C., Kundenbindung durch Services, in: Bruhn, M., Homburg, C. (Hrsg.), Handbuch Kundenbindungsmanagement, 3. Auflage, Wiesbaden 2001, S. 270–292

Meyer, M., Weingärtner, S., Döring. S., Kundenmanagement in der Network Economy - Business Intelligence mit CRM und e-CRM, Braunschweig und Wiesbaden 2001

Michael, A., Salter, B., M-Marketing – Achieving Competitive Advantage through Wireless Technology, Oxford 2006

Michelis, D., Schildhauer, T., (Hrsg.), Social Media Handbuch – Theorien, Methoden, Modelle, Baden-Baden 2010, S. 15 ff.

Möhlenbruch, D., Schmieder, U., Mobile Marketing als Schlüsselgröße für Multichannel-Commerce, in: Silberer, G., Wohlfahrt, J., Wilhelm, T. (Hrsg.), Mobile Commerce – Grundlagen, Geschäftsmodelle, Erfolgsfaktoren, Wiesbaden 2001, S. 67–89

Moore, G., Cramming more components onto integrated circuits, In: Electronics Volume 38 Nr. 8/1965, S. 114–117

Mühlenhoff, M., Hedel, L., Internet als Marketinginstrument, in: Holland, H. (Hrsg.), Digitales Dialogmarketing, Wiesbaden 2014, S. 517–535

Muniz, A., O'Guinn, T., Brand Community, in: Journal of Consumer Research, Vol. 27, 2001, S. 412–432

Neckel, P., Knobloch, B., Customer Relationship Analytics – Praktische Anwendung des Data Mining im CRM, Heidelberg 2005

Nitsche, M., Operatives Customer Relationship Management, Vortrag im Rahmen des Seminars „Der Customer Relationship Manager" des Management Circle, Frankfurt/M., 02.12.2002

Nösekabel, H., Mobile Education, 2. Aufl., Berlin 2010

Oswald, A., Tauchner, G., M-Marketing – Wie Sie Kunden direkt erreichen, Instrumente – Ausstattung – Kosten – Kampagnenbeispiele – rechtliche Rahmenbedingungen, Wien 2005

o. V., Mit 385 PS ins Dialogmarketing, in: ONEtoONE, Nr. 28.7.2008, S. 20

o.V., Traditionelle Werbung ist überholt, McDonald's intensiviert Kundendialog, Horizont, 1.7.2013

Pettey, C., Goasduff, L.; Gartner's 2011 Hype Cycle Special Report Evaluates the Maturity of 1,900 Technologies, http://www.gartner.com/newsroom/id/1763814, 2011

Peppers, D., Rogers, M., Enterprise One to One – Tools for Competing in the Interactive Age, New York 1999

Peter, J., Olson, J., Consumer Behavior and Marketing Strategy, 5. Aufl., Boston (Massachusetts) et al. 1999

Peymani, B., Der Motor läuft warm, in: W&V, Nr. 34, 2005, S. 6 f.

Picot, A., Reichwald, R., Wigand, R., Die grenzenlose Unternehmung: Information, Organisation und Management, 5. Aufl., Wiesbaden 2003

Pitzke, M., Prism-Skandal in USA: Das große Geschäft mit den Mietspionen, http://www.spiegel.de/wirtschaft/ soziales/prism-private-vertragsfirmen-spionieren-fuer-us-geheimdienst-a-904930.html, New York 2013

Pletsch, P., Datendemokratie in Unternehmen, in: Haberich, R. (Hrsg.): Future Digital Business, Heidelberg, München, Landsberg, Frechen, Hamburg 2013, S. 207–218
Ploss, D., Handbuch E-Mail-Marketing, Bonn 2002
Putz, A., Retention Marketing im Private Banking: Theoretische und empirische Analyse des Kundenbindungsmarketing im österreichischen Private Banking, o.O. 2002
PWC (Hrsg.), Mobile Wallet: Erfolgsfaktoren für das digitale Portemonnaie, http://www.pwc.de/de/technologie-medien-und-telekommunikation/mobile-wallet-erfolgsfaktoren-fuer-das-digitale-portemonnaie.jhtml, 2013

Ramani, G., Kumar , V., Interaction Orientation and Firm Performance, in: Journal of Marketing, Vol. 72, Chicago 2008, S. 27–45
Reichheld, F., Markey, B., Die ultimative Frage 2.0: Wie Unternehmen mit dem Net Promoter System kundenorientierter und erfolgreicher sind, Frankfurt 2012
Reichheld, F., Sasser, W., Zero Defections, Quality Comes to Services, in: Harvard Business Review, Vol. 68, No. 5, 1990, S. 105–111
Reust, F., Strategie: M-Marketing – Grundlagen, Technologien, Fallbeispiele, St. Gallen, Zürich 2010
Ringel, T., Goede, N., Einführung in die Funktionsprinzipien und Praxis der Suchmaschinenwerbung, in: Holland, H. Hrsg., Digitales Dialogmarketing, Wiesbaden 2014, S. 609–631
Römer, S., Affiliate-Marketing, Reichweite und Monetarisierung durch Partnerschaften, in: Holland, H. Hrsg., Digitales Dialogmarketing, Wiesbaden 2014, S. 633–651
Rose, C., Web Analytics – Big Data im Online-Marketing: zwischen Wunsch und Wirklichkeit, http://www.adzine.de/de/site/artikel/7993/web-analytics/2012/12/big-data-im-online-marketing-zwischen-wunsch-und-wirklichkeit, 2012
Rossa, P., Holland, H., Big-Data-Marketing, in: Holland, H. (Hrsg.), Digitales Dialogmarketing, Wiesbaden 2014, S. 249–301

Scharioth, J., Wie Sie Kunden durch Kommunikation binden, in: Gablers Magazin, Heft 1/1993, S. 22–24
Scharnbacher, K., Kiefer, G., Kundenzufriedenheit, Analyse, Messbarkeit, Zertifizierung, 2. Aufl., München 1998
Schefer, D., Bedeutung, Marktangebot und Qualifizierung von Adressen für die schriftliche Werbung, in: Holland, H. (Hrsg.), Das Mailing, Wiesbaden 2002, S. 45–87
Schipper, M., Mobile Marketing erfüllt die Erwartungen der Unternehmen, http://www.marketing-boerse.de/Fachartikel/details/Mobile-Marketing-erfuellt-die-Erwartungen-der-Unternehmen/374 2005
Schleuning, C., Dialogmarketing, 3. Aufl., Ettlingen 1997
Schmid, R., Bach, V., Österle, H., CRM bei Banken: Vom Produkt zum Prozessportal, in: Helmke, S., Dangelmaier, W. (Hrsg.), Effektives Customer Relationship Management: Instrumente – Einführungskonzepte – Organisation, Wiesbaden 2001, S. 103–112
Schöberl, M., Tests im Dialogmarketing, in: Schwarz, T. (Hrsg.), Leitfaden Dialogmarketing, Waghäusel 2008, S. 148–156
Schroeck, M., Shockley, R., Smart, J., Romero-Morales, D., Tufano, P., Analytics; The real-world use of big data, Executive Report des IBM Institute for Business Value, New York 2012
Schulze, J., Prozessorientierte Einführungsmethode für das CRM, Diss., St. Gallen 2000
Schumann, J., Customer Journey trifft Wissenschaft, in: Lead Digital, 18/2012, S. 26–28
Schwarz, T., Permission Marketing – macht Kunden süchtig, 2. Aufl., Würzburg 2001
Schwarz, T., Leitfaden eMail Marketing, Waghäusel 2004
Schwarz, T., Leitfaden Permission Marketing, Berlin 2005
Schwarz, T. (Hrsg.), Leitfaden Online Marketing, Waghäusel 2007
Schwarz, T. (Hrsg.), Leitfaden Dialogmarketing, Waghäusel 2008
Schwarz, T., Braun, G. (Hrsg.), Leitfaden Integrierte Kommunikation, Waghäusel 2006
Schwarz, T., E-Mail-Marketing, in: Holland, H. (Hrsg.), Digitales Dialogmarketing, Wiesbaden 2014, S. 411–429

Literaturverzeichnis

Shaghaghi, J., Maschinelles Lernen, Neuronale Netze und Statistische Lernverfahren zur Klassifikation und Prognose – Theoretische Analyse und ökonomische Anwendung, Aachen 1996

Shankar, V., Malthouse, E., Moving Interactive Marketing Forward, in: Journal of Interactive Marketing, Vol. 20, No. 1, 2006, S. 2–4

SEMPORA Consulting (Hrsg.), SEMPORA-Studie Mobiles Internet 2012: „Management-Herausforderungen durch iPad, iPhone & Co.", http://www.sempora.com/fileadmin/fm-dam/Pressemeldungen/120417_Pressemeldung_ SEMPORA_Mobile_Studie_2012.pdf, 2012

Silberer, G., Wohlfahrt, J., Wilhelm, T. (Hrsg.), Mobile Commerce – Grundlagen, Geschäftsmodelle, Erfolgsfaktoren, Wiesbaden 2001

Simon, H., Homburg, C. (Hrsg.), Kundenzufriedenheit. Konzepte – Methoden – Erfahrungen, 3. Aufl., Wiesbaden 1998

SKOPOS (Hrsg.), Studie Nutzung und Akzeptanz von QR-Codes, http://www.bvdw.org/mybvdw/media/download/skopos-bericht--akzeptanz-und-nutzung-von-qr-codes.pdf?file=2302, 2012

Stahl, H., Hinterhuber, H., Friedrich, S., Matzler, K., Kundenzufriedenheit und Kundenwert, in: Hinterhuber, H., Matzler, K. (Hrsg.), Kundenorientierte Unternehmensführung – Kundenorientierung – Kundenzufriedenheit – Kundenbindung, 2. Aufl., Wiesbaden 2000, S. 177–196

Stahl, H., Hinterhuber, H., von den Eichen, F., Stephan, A., Matzler, K., Kundenzufriedenheit und Kundenwert, in: Hinterhuber, H., Matzler, K. (Hrsg.), Kundenorientierte Unternehmensführung, 3. Auflage, Wiesbaden 2002, S. 193–212

Steimel, B., Paulke, S., Klemann, J., Praxisleitfaden M-Marketing – Status Quo, Erfolgsfaktoren, Strategien & Trends, Meerbusch 2008

Stojek, M., Ulbrich, T., E-Loyalty: Kundengewinnung und –bindung im Internet, Landsberg am Lech, 2001

Stolpmann, M., Kundenbindung im E-Business – Loyale Kunden – nachhaltiger Erfolg, Bonn 2000

Stülpnagel, P. v., Suchmaschinenoptimierung oder wie man bei Google ganz nach vorne kommt, in: Holland, H. Hrsg., Digitales Dialogmarketing, Wiesbaden 2014, S. 593–607

Surajit, C., Umeshwar, D., An Overview of Data Warehousing and OLAP Technologies, in: ftp://ftp.research.microsoft.com/users/surajitc/sigrecord.pdf, 15.11.2000, S. 518

Täubrich, K., Erfolgreiche Kundengewinnung mit M-Marketing, Berlin 2006

Tapp, A., Principles of Direct and Database Marketing, 3 rd. edition, Harlow 2005

Tapp, P., Engels, S., Telefonmarketing - Individuelle Kundenansprache von Mensch zu Mensch, in: Holland H. (Hrsg.), Digitales Dialogmarketing, Wiesbaden 2014, S. 497–513

Thomas, R., Big Data at the Speed of Business IBM Innovations for a new era!, Vortrag auf dem IBM Management Forum, Berlin, 15.04.2013

Thommes, J., Report Direktmarketing. Es geht um Effizienz, in: Horizont 16/2011, 21.04.2011, S. 25

TNS Emnid (Hrsg.), Studie Heimat to go – Medial verankert in der Region, http://www.radiozentrale.de/studien-und-daten/studien-radiozentrale/heimat-to-go/, 2011

TNS Infratest (Hrsg.), Mobile 2012: Neue Zugänge – Träume, Traumata und tausend Chancen, http://www.marketingverband.de/uploads/media/TNS_Infratest_Hartmut_Scheffler_Studie_Mobile_2012.pdf, 2012

Töpfer, A., Mann, A., Kundenzufriedenheit als Meßlatte für den Erfolg, in: Töpfer, A. (Hrsg.), Kundenzufriedenheit messen und steigern, Neuwied, Kriftel, Berlin 1996, S. 25–81

TOMORROW FOCUS Media (Hrsg.), Studie Mobile Effects 2013-1 – A part of our lifes - mobiles Internet begleitet den Alltag, http://www.tomorrow-focus-media.de/uploads/tx_mjstudien /TFM_Mobile_Effects_2013-01.pdf, 2013

Turowski, K., Pousttchi, K., Mobile Commerce – Grundlagen und Techniken, Berlin, Heidelberg 2004

Uebel, F., Helmke, S., Dangelmaier, W. (Hrsg.), Praxis des Customer Relationship Management, Branchenlösungen und Erfahrungsberichte, Wiesbaden 2002

Van den Poel, D., Buckinx, W., Customer base analysis: partial defection of behaviourally loyal clients in a non-contractual FMCG retail setting, in: European Journal of Operational Research, 02/2004, S. 252–268

Van den Poel, D., Larivière, B., Customer attrition analysis for financial services using proportional hazard model, in: European Journal of Operational Research, 1/2004, S. 196–217

Varnali, K., Toker, A., Yilmaz, C., M-Marketing – Fundamentals and Strategy, New York et al. 2011

Venohr, B., Zinke, C., Kundenbindung als strategisches Unternehmensziel: Vom Konzept zur Umsetzung, in: Bruhn, M., Homburg, C. (Hrsg.), Handbuch Kundenbindungsmanagement. Grundlagen – Konzepte – Erfahrungen, 3. Aufl., Wiesbaden 2000, S. 153–172

Vögele, S., 99 Erfolgsregeln für Direktmarketing, 5. Aufl., Landsberg am Lech 2003

Vögele, S., Dialogmethode: Das Verkaufsgespräch per Brief und Antwortkarte, 12. Aufl., Landsberg am Lech 2005

Wachter, B., Haupt, K., Kundenzufriedenheit erhöhen. Die qualitative Symbiose der Marktforschung und der Conjoint Analyse, in: Planung und Analyse, Heft 2/1995, S. 51–69

Wacker, C., Data Warehousing: Erfolgreiche Umsetzung im Gesamtkonzept der systematischen Kundenbindung, in: Dallmer, H. (Hrsg.), Das Handbuch, Direct Marketing & More, 8. Aufl., Wiesbaden 2002, S. 881–899

Wäscher, D., Erfolgsreserve Controlling, in: salesprofi, Nr. 5, Mai 2000, S. 8–12

Waltz, E., Is Data Scientist the Sexiest Job of Our Time?, http://spectrum.ieee.org/techtalk/computing/it/is-data-scientist-the-sexiest-job-of-our-time, 2012

Wehrli, H., Wirtz, B., Relationship Marketing: Auf welchem Niveau bewegt sich Europa?, in: Absatzwirtschaft 10/1996, S. 24–30

Werner, H., Merkmalsorientierte Verfahren zur Messung von Kundenzufriedenheit, in: Simon, H., Homburg, C. (Hrsg.), Kundenzufriedenheit. Konzepte – Methoden – Erfahrungen, 3. Aufl., Wiesbaden 1998, S. 145–164

Wessling, H., Network Relationship Management, 2002

Wiedmann, R., Crossmedia – Dialog über alle Medien, in: Schwarz, T., Braun, G. (Hrsg.), Leitfaden Integrierte Kommunikation, Waghäusel 2006, S. 157–172

Wieken, J., Der Weg zum Data Warehouse, Wettbewerbsvorteile durch strukturierte Unternehmensinformationen, München 1999

Willhardt, R., Auferstanden aus den Massen, in absatzwirtschaft Sonderausgabe dmexco 2013, S. 24–27

Winkelmann, P., Marketing und Vertrieb, München 2008

Wirtz, B., Integriertes Direktmarketing, Wiesbaden 2005

Wirtz, B., Burmann C. (Hrsg.), Ganzheitliches Direktmarketing, Wiesbaden 2006

Wohlfahrt, J., Wireless Advertising, in: Silberer, G., Wohlfahrt, J., Wilhelm, T. (Hrsg.), Mobile Commerce – Grundlagen, Geschäftsmodelle, Erfolgsfaktoren, Wiesbaden 2001, S. 245–263

Wonnemann, T., Der Einsatz von Database Marketing zur Kundenfindung und Kundenbindung, in: Dallmer, H. (Hrsg.), Handbuch Direct Marketing, 7. Aufl., Wiesbaden 1997, S. 591–601

Wriggers, S., Markterfolg im Mobile Commerce – Faktoren der Adaption und Akzeptanz von M-Commerce-Diensten, Wiesbaden 2006

Wurster, A., Mobile Marketing als Instrument für Below-the-Line Advertisement – Entwicklungen der mobilen B2C-Kommunikation im deutschen Markt, Saarbrücken 2010

Zipser, A., Analytisches CRM: CRM-Systeme nach Maß, o. O. 2006

Zunke, K., Serie: Customer Journey Analyse, 1. Teil – Die Legende ist tot, in: Internet World Business, 08/2012a, S. 20–21

Zunke, K., Die Reise des Kunden erfassen – so geht's, http://www.internetworld.de/Nachrichten/Marketing/Performancemarketing/Serie-Customer-Journey-Analyse-Die-Reise-des-Kunden-erfassen-so-geht-s-66470.html 2012b

Stichwortverzeichnis

ABC-Analyse 254
Absender 119
Adressenverlage 3
adressierte Werbesendung 53
Adressmiete 222
Affiliate 48
Affiliate-Marketing 83
After-Sales-Phase 323
AIDA-Schema 58
Aktionsdaten 235
Aktionskosten 394
aktives Telefonmarketing 71
Algorithmen 248
Analytische CRM-Instrumente 315
anbieterbezogene Perspektive 344
Anspruchsniveau 326
Anzeige 65, 397
Apps 126
Assimilations-Kontrast-Theorie 339
Assimilationstheorie 339
Auftragsdatenverarbeitung 224
Aufwendungen für Dialogmarketing 22
Augmented Reality 144
Auskunftsbereitschaft 237
Außenwerbung 66
automatisierte Prozesse 184
Automatisierung 185

Balanced Scorecard 387
Banner 48
Basisfaktoren 342
Bedingungen für das Dialogmarketing 17
Begeisterungsfaktoren 343
Beilagen 65, 397
Benefit-Segmentierung 204
Beschwerdecenter 91
Bestandteile eines Mailings 58
Betreffzeile 119
Beziehungsmanagement 302
Beziehungsmarketing 29, 302
Big Data 237
Big Data-Analyseprozess 246
Big Data-Technologien 248
Biometrische Verfahren 94
Blogs 156
Bonusfunktion 368
Bonusprogramme 369
Brand Community 375

Brand Equity 357, 386
Branding 83
Break-Even-Point 392, 393
Brief 54
Bundesdatenschutzgesetz 216
Business-to-Business 219
Buyer 220
Buying Center 220

Chief Data Officer 252
Chipkarte 94
Churn Rate 121
Click Through Rate 120
Clubkarte 366
Clubmagazin 368
Cluetrain Manifesto 151
Clusteranalyse 289
Codierung 176
Collectors 157
Commitment 352
Communities 116
Confirmation/Disconfirmation-Paradigma 337
Confirmed Opt-In 111
Conjoint-Analyse 290
Consumer-Adressen 227
Content 114
Content Management System 244
Controlling 396
Conversion Rate 120
Cookies 95
Corporate Design 119
Costs per Klick 121
Costs per Reader 121
Costs per Selling 121
Couponing 48
Creators 157
Critics 157
CRM 293
Crossmedia 181
crossmediale Dialogmarketing 181
crossmediale Kampagnen 183
Cross-Selling 341
Crowdsourcing 161
Custeranalyse 280
Customer Equity 350, 386
Customer Experience Management 303
Customer Interaction Center 90
Customer Journey 192

Customer Journey-Analyse 192, 196
Customer Lifetime Value 261, 385
Customer Relationship Management 35, 244, 299
Customer Relationship Managements 296
Customer Resistance 39
Customer Touchpoints 311
Customer Value 350, 355

Database Management 33
Database Marketing 13
Data-Driven-Marketing 233
Data Mining 33, 269, 279
Data-Scientists 247
Data Warehouse 253, 271, 273
Data Warehouse Systeme 269
Datenbasiertes Marketing 271
Datenqualität 270
Decider 220
Decision Support Systeme 272
Deckungsbeitrag 393
demografische Communities 376
Detailplanung 174
Dialogmarketing 12, 13
Dialogmedien 47
differenzierten Marketing 199
Digitaldruck 40
Direct Response Television 68
Direktmarketing 5, 6, 10
Direktwerbung 1
Diskussionsreichweite 157
Distributionspolitik 14, 81, 137
Double Opt-In 111
Drill down 277
Dubletten-Abgleich 228
dynamisches Kundenscoring 259

E-CRM 316
E-CRM-Lösungen 322
Einwilligung 224
Electronic Customer Relationship Management 303, 318
Elektronischer Katalog 116
E-Mail-Abruf 115
E-Mailing 112, 116
E-Mail-Marketing 48, 105
E-Mail-Marketing-Kampagne 118
emotionale Bindung 296
E-Newsletter 116
Enterprise Ressource Planning 244
Entscheidungsbäume 282
Erfolg des E-Mail-Marketings 108
Erfolgsfaktoren des Dialogmarketings 34
Erfolgskontrolle 373, 381
Events 49

Explizite Datenerfassung 96
E-Zine 116

faktische Bindung 296
Faktorenanalyse 289
Festbestellungen 394
Finanzierungskonzept 371
Firmenadressen 225
Fixkosten 392
Formen des Online-Marketings 82
Fotoportale 156
fragwürdige Faktoren 343
FRAT-Modell 257
Frequency 257
Fuzzy Logic 286

Gatekeeper 220
gegenteilige Faktoren 343
generelle Verneinungstheorie 339
genetische Algorithmen 287
geografische Communities 376
geografische Gliederungssysteme 212
geografische Segmentierung 202
geschlossener Club 363
Gestaltungsregeln 119
Gießkannenmethode 36
Globally Unique Identifies 95
Grunddaten 235

Hall of Fame 7
Haushaltswerbung 62
hybrider Konsument 34, 209
Hype Cycle 238
Identity Products 26

implizite Datenerfassung 96
Inactives 157
inaktive Kunden 266
In-App Advertising 146
Inbound-Telefonmarketings 72
indifferente Faktoren 343
Individualisierung 25, 79, 134, 154, 306, 319
Influencer 220
Info-Mailings 116
Information Client Analyse 272
Information Overload 39
Informationstechnologie 40
Instrumente des Online-Marketings 77
Integration 311
Integrierte Kommunikation 171
Integriertes Marketing 30, 170
Interaction Orientation 13
Interaktives Marketing 13
Interaktivität 134
Interessenten-Generierung 117

Stichwortverzeichnis

Joiners 157

Kampagnenmanagement 183
Kampagnenperspektive 389
Kampagnenprozess 187
Kano-Modell 342
Kaufentscheidungsprozess 18
Kausalität 247
Key Performance Indicators 250
Keyword-Werbung 84
Klassisches Marketing 16
Klickrate 114
Knowledge Equity 386
kognitive Dissonanz 298, 347
Kohonen-Netze 284
Kollaborative CRM-Instrumente 315
Kommunikationspolitik 16, 81, 138
Kommunikationstechnologien 299
Kommunikationsziele 312
kontextsensitive Dienste 130
Kontrahierungspolitik 14, 81
Kontrasttheorie 339
Kontrollgruppe 176
Konversionspfaden 135
Konversionsraten 295
Korrelation 247
Kosten pro Auftrag 391
Kosten pro Interessent 391
Kundenanalyse 218, 328
Kundenbeziehungslebenszyklus 333
Kundenbindung 44, 293, 353
Kundenbindungsmanagement 30, 35, 301
Kundenclub-Controllings 373
Kundenclubs 90, 361
Kundengewinnung 44
Kundenidentifikation 94
Kundenkarten 365, 367
Kundenkontaktprogramm 335
Kundenloyalitätsindex 329
Kundennutzen 350
Kundenorientierung 319
Kundenperspektive 389
Kundenportfolio 262
Kundenprofil 99
Kundensegmentierung 202, 328
Kundenwert 354, 384
Kundenzufriedenheit 295, 329, 337, 352
Kundenzufriedenheitsanalyse 329, 330
Kundenzufriedenheitsindex 329
Kuvert 54

Leistungsfaktoren 342
Lernperspektive 389
Lerntheorie 347
Leseverhalten 56
Lettershop 223

Lifestyle-Segmentierung 205
Limbic Types 210
Links 120
Listbrokings 222
Location Based Services 141
Login 94
Lokalisierbarkeit 134
Loyalität 353
Loyalitätsleiter 200
Loyalty-Marketing 35

Mailings 48, 53, 397
Markenfans 157
Marketing-Automation 33
Marketing-Instrumente 14, 313
Marktforschung 265
Marktnischen 9
Markt- und Potenzialanalysen 217
Mass Customization 26, 32
Massenmarketing 9, 23
M-Business 126
M-Commerce 126, 137
Median 391
Medien des Dialogmarketings 23, 47, 49
Medienkonvergenz 31
Medien mit Dialogelementen 23
Member gets Member 117
Messen 49
Metadaten Repository 275
mikrogeografische Marktsegmentierung 211
M-Marketing 126
Mobile Advertising 126, 139
Mobile Commerce 92
Mobile Inhalte 138
Mobile Marketing 31, 48, 125
Mobile Messaging 140
Mobile Payment 143
Mobile Promotion 141
Mobile Response 140
Mobile Tagging 142
Mobile-TV 140
Mobilkommunikation 127
Monetary Ratio 257
Multidimensionale Skalierung 290
Mund-zu-Mund-Propaganda 340

nachfrageorientierte Perspektive 345
Net Promoter Score 332
Neuromarketing 210
Neuronale Netze 284
Newsgroups 89
Newsletter 113
Nischenmärkte 26

objektive Verfahren 329
offener Club 363
Offline-Kanäle 194
Offline-Medien 48
OLAP 275
OLAP-Auswertung 277
OLAP-Würfel 276
On-Delivery-Informationen 87
On-Demand-Informationen 87
One-to-One-Marketing 13, 23, 79
Online Analytical Processing 275
Online-Communities 156
Online-Dialogmarketing 84
Online-Kundenclubs 90
Online-Marketing 31, 77
Online-Medien 48
Online Transaction Processing 269
Online-Werbung 84
On-Stock-Informationen 87
Opening Rate 120
Open-Source-Marketing 160
Operative CRM-Instrumente 314
Opt-In 225
Opt-Out 111
Outbound 71
Outbound-Telefonmarketings 71
Out-of-Home-Medien 49

Packungen 75
Paketbeilagen 75
Pareto-Regel 344
passive Telefonmarketing 72
Penetrationsanalysen 218
Permission 30, 129
Personalisierung 38, 93, 119
Personal Promotions 49, 73
Planungsschema 169, 173
Podcasts 156
Point of Sale 75
Postordnungsmäßigkeit 230
Postwurfsendungen 62
Postwurf Spezial 397
Potenzialdaten 235
Prämiensysteme 369
Prediction 245
Preisbereitschaft 341
Preispolitik 137
Printmedien 48, 65
Produktinvolvement 348
Produktpolitik 136
Produkt- und Sortimentspolitik 14, 81
Promotoren 332
Prospekt 55
Prozessperspektive 389
Psychografische Marktsegmentierung 205

Pull-Kommunikation 129
Pull-Marketing 30
Pull-Prinzip 78
Push-Kommunikation 129
Push-Medien 28

QR-Codes 49, 66

Reaktionsdaten 235
Reaktionsmittel 55
Reaktionsquote 382
realtime 241
Recall 355
Recency 257
Recognition 355
Regelkreis 234
Regressionsanalyse 283
Relationship Equity 357
Relationship Managements 86
Relationship-Marketing 35
Rentabilitätskontrolle 39
Reporting 245
Response 83
Responsekurve 390
Responsequote 390
Responsibility 250
Retention Rate 121
Retourenquote 394
RFMR-Methode 257
Risiko-Adressen 231
Risikoanalysen 219
Risikotheorie 348
Rohgewinn 395
ROI 145
Roll up 277

Scoping 277
Scoring-Modelle 257
Screening 277
Search-Engine-Advertising 48
Search-Engine-Optimization 48
Segmentierung 265
Selektion 263
Selling-Center 220
semistrukturierte Daten 240
Sensitivitätsanalyse 280
Session ID 95
Share of Voice 157
Single Opt-In 111
Situationsanalyse 173
Slice und Dice 276
Smartphones 128
SMS 92
Social Bookmarking 155
Social CRM 303
Social Media-Marketing 32, 48

Social Networking 155
Social Software 155
Sondernewsletter 116
Sozialen Medien 155
soziodemografische Marktsegmentierung 203
Spectators 157
Standalones 112
Standortanalysen 218
Stichprobenumfang 178
Stimmungs-Barometer 157
strukturierten Daten 240
Subjektive Verfahren 329
Suchmaschinen 48
Suchmaschinen-Optimierung 83
Synchronisation 185

Tante Emma-Prinzip 11
teiladressierte Werbesendung 62
Telefonmarketing 49, 69
Test 174
Testgruppen 176
themenspezifische Communities 376
Timing 57
Transaktionsmarketing 29
Transformationsprozess 275

Ubiquität 134
Umwandlungsquote 383
Umzugsadressen 230
Unadressierte Werbesendung 62
Unique Selling Proposition 57, 297
unrentable Kunden 266
unstrukturierte Daten 241
User 220
User Generated Content 152

Value 243
Value Equity 357
Variable Kosten 392
Variety 240
Variety seeking 347
Velocity 241
Veracity 242
Verfassungsmarketing 209
Verhalten 204
Verhaltensrelevanz 99
Vertrauen 352
Videoportale 156
Vier-Phasen-Modell 325
Virtuelle Community 373
Volume 239
Vorschaufenster 119

WAP 92
Web 2.0 151, 153
Website 48
Wechselbereitschaft 340
Wertperspektive 387
Wettbewerbsumfeld 349
Wiederkaufrate 340
Wiki 156
Wirkungskette 345
Wissenspool 321
World Wide Web 77, 84

Zahlungsfunktion 368
Ziele des E-Mail-Marketings 110
Zufriedenheits-Score 157